Stanley Weintraub
Queen Victoria

STANLEY WEINTRAUB

Queen Victoria

EINE BIOGRAPHIE

Aus dem Amerikanischen von
Christa Broermann und Wiebke Schmaltz

BENZIGER

Die amerikanische Originalausgabe erschien 1987 unter dem Titel
Victoria. An Intimate Biography
bei Truman Talley Books / E. P. Dutton, New York.
Copyright © 1987 by Stanley Weintraub

FÜR HARRY P. CLARK

Alle Rechte der Verbreitung, auch durch Film, Funk und Fernsehen,
fotomechanische Wiedergabe, Tonträger jeder Art
und auszugsweisen Nachdruck, sind vorbehalten.
Für die deutsche Ausgabe:
© 1987 Benziger Verlag AG Zürich
ISBN 3 545 34070 8

«Ich verstehe nicht, was du mit *deinem* Weg meinst»,
sagte die Rote Königin;
«hier gehören alle Wege *mir*...»

Lewis Carroll
Through the Looking Glass

Inhalt

	Vorwort des Autors	9
I	Das Jubiläum (1887)	11
II	Alexandrina Victoria (1817-1820)	30
III	Im goldenen Käfig (1820-1830)	48
IV	Das königliche Pfand (1830-1837)	64
V	Die jungfräuliche Königin (1837-1840)	90
VI	Der Prinzgemahl (1840-1843)	123
VII	Die Doppelmonarchie (1844-1848)	154
VIII	Glanz und Elend (1848-1853)	181
IX	Frau und Kriegsherrin (1853-1858)	207
X	Albert der Gute (1858-1861)	235
XI	Viktorianische Trauer (1861-1866)	272
XII	Die Königin läßt sich treiben (1866-1872)	301
XIII	Ein Traum namens Brown (1863-1883)	330
XIV	Die Feen-Königin (1872-1880)	352
XV	Der «Volks-William» (1880-1886)	388

XVI	Im Hader mit der Zeit (1886-1890)	416
XVII	Ein versinkender Stern (1891-1894)	444
XVIII	Geburt eines Mythos (1894-1897)	470
XIX	Die Kriegskönigin (1897-1900)	502
XX	Trauer um Victoria (1900-1901)	536
	Quellen	555
	Danksagungen	577

Vorwort des Autors

Die Quellen über Königin Victoria haben seit den frühen sechziger Jahren beträchtlich zugenommen. Neue Materialien sind uns zugänglich geworden, darunter das von Victoria selbst verfaßte *album consolatium*. Inzwischen wissen wir sogar, daß sie nicht das erste Kind ihres Vaters war, ja nicht einmal seine erste Tochter namens Victoria. Immer wieder gelangen durch die Forschungen der Gelehrten und aus Nachlässen neue Teile ihres lebendigen und anschaulichen Tagebuchs ans Licht, intime Aufzeichnungen, Briefe ihrer Verwandten, ihrer persönlichen und politischen Vertrauten oder Bekannten. Und manche erhellenden Episoden aus ihrem Leben, die frühere Biographen beiseite gelassen haben, weil sie an schwer zugänglichen Stellen aufgezeichnet waren, sind heute der Forschung verfügbar.

Der Fortschritt der Medizin ermöglicht uns neue Einsichten, und frühere Hemmungen, über Dinge zu sprechen, die man für allzu intim hielt oder die man nicht einmal erwähnen durfte, hat man inzwischen abgelegt. Die Ehrfurcht vor der Monarchie als Institution bildet jetzt ebenfalls kein so großes Hindernis mehr wie früher, wobei das viktorianische England selbst sich hinsichtlich seiner Republikaner und Reformer recht tolerant zeigte. Außerdem muß mit der Zeit weniger Rücksicht auf die bisweilen schmerzlichen Gefühle noch lebender Personen genommen werden, deren Angehörige, selbst vor einer Generation noch, auf ihrem Lebensweg in Victorias Bannkreis eingetreten sind.

Schreibt man ein Leben aus einer solchen dokumentarischen Fülle heraus, wie sie im Falle Victorias vorliegt, verlangt diese Aufgabe eher die Auswahl von Details als ihre Auflistung, die Überwindung alter Platitüden anstelle ihrer Wiederholung und den Ausschluß überkommener Anekdoten, die häufig zwar griffig, doch nur selten zutreffend waren. Daher werden sich Leser, die sich schon länger mit dem Leben und der Epoche Königin Victorias befaßt haben, hier einige unbekannte Namen und auch Vorfälle finden, die in den früheren Biographien nicht aufgeführt sind. Irrtümer über Fakten wie auch über Ursachen und Wirkungen, die von einer Lebensbeschreibung Victorias in die andere übergegangen sind, wurden berichtigt, zumeist stillschweigend, denn eine Biographie ist kein Rechten mit Vorgängern, deren Bemühungen stets von grundlegender Bedeutung für die eigene Arbeit sind. Sie ist vielmehr ein Versuch, sich behutsam noch ein wenig näher an jenes so schwer faßbare Gebilde heranzutasten, das wir so leichthin *Wahrheit* nennen.

Es ist nun eineinhalb Jahrhunderte her, seit eine junge Frau, getauft auf den Namen Alexandrina Victoria, mit achtzehn Jahren und einer Körpergröße von knapp 1,50 Meter Königin ihres Landes wurde – und einhundert Jahre, seit mit ihrem goldenen Thronjubiläum eine imperiale Größe von scheinbar ewiger Dauer und die Verwandlung der Königin in eine beinahe mythische Gestalt gefeiert wurde. Über das viktorianische Zeitalter zu schreiben erfordert nicht ein Buch, sondern eine Bibliothek. Dennoch versucht dieser Band, jene komplexe Persönlichkeit zu erforschen, die sich hinter den Statuen, Münzen, Briefmarken, Ortsnamen und Porträts verbirgt – und hinter dem Adjektiv *viktorianisch*. Königin Victoria war ein in höchstem Maße wahrheitsliebender Mensch. Der Autor würde sich freuen, wenn sie sich auf den folgenden Seiten in angemessener Weise zu neuem Leben erweckt sehen könnte.

I

Das Jubiläum
(1887)

Die Königin verabscheute den Buckingham Palace. Dennoch war sie im Dezember 1886 in das ihr verhaßte, trübe und neblige London zurückgekehrt, um eine Abordnung von zweihundert Damen des Hochadels aus dem ganzen Land zu empfangen, die sie zu ihrem Jubiläum aufsuchten. Victorias Thronbesteigung jährte sich 1887 zum fünfzigsten Mal, und dieses Ereignis sollte ein ganzes Jahr lang überall im britischen Weltreich gefeiert werden. Äußerlich erinnerte kaum noch etwas an das gewinnende junge Mädchen von einst. Victoria kleidete sich in Schwarz und nach der Mode des Jahres 1861, wie sie es seit dem Tode des Prinzgemahls vor fünfundzwanzig Jahren stets getan hatte. Zum Gehen benutzte sie einen Stock, um ihre kleine, aber füllige Gestalt zu stützen. Sie sah aus wie eine ganz gewöhnliche, wohlhabende Großmutter. Nur der Buckingham Palace, das Heer der Wachen mit ihren Bärenfellmützen und die Hofdiener in Samtlivree deuteten auf die Königin und Kaiserin hin.

Auf dem Weg zum Palace waren einige der adligen Damen vielleicht an Plakaten vorbeigekommen, die zu Spenden für das Guy's Hospital aufriefen: «Streichung von zweihundert Krankenhausbetten wegen Geldmangels. Bitte helfen Sie uns! Wir brauchen dringend 100 000 £!» Die Damen kamen als Abgesandte einer Spendenaktion, die «die Frauen und Mädchen des Vereinigten Königreiches als Zeichen ihrer ergebenen Wertschätzung für die öffentliche und private Persönlichkeit Ihrer Majestät» durchgeführt hatten. Der Aufruf sollte auch auf die Kolonien ausgedehnt werden, nachdem allein auf den Britischen Inseln 75 000 £ zusammengekommen waren durch Beiträge, die «zwischen einem Penny und einem Pfund Sterling» lagen. Nun sollte Victoria «selbst darüber entscheiden, wofür die Gesamtsumme verwendet werden sollte».

Andere britische Damen, von denen einige ebenfalls dem Hochadel angehörten, hatten ein konkreteres Anliegen. In einer Jubiläumspetition, die von 1 132 608 «Frauen von England» unterzeichnet war, drängten sie die Königin, gegen «Armut, Hader und sittliche Verkommenheit» vorzugehen sowie gegen die Versuchung, am «Tag des Herrn» zu trinken; zu diesem Zweck solle sie die Pubs am Sonntag schließen lassen. Ein solcher Appell hatte wenig Aussicht, die Unterstützung der Königin zu finden, denn sie nahm lieber Whisky als Milch in ihrem Tee und hegte wenig Sympathien für den Eifer der Sabbatarier. Sie hatte auch keinerlei Neigung, Betten für das Guy's Hospital zu stiften. Vielleicht wußte sie gar nichts von der Notlage dieses Krankenhauses, da sie sich selten in die einfachen Viertel von London begab und nie eine Zeitung las. Außerdem hatte sie längst entschieden, was mit den Jubiläumsspenden geschehen sollte. Das Geld, so teilte sie den Damen während ihrer Audienz mit, solle dafür verwendet werden, eine Reiterstatue des Prinzgemahls für den Park von Windsor in Auftrag zu geben.

Die Anzahl der Statuen von Prinz Albert, die ihn in allen nur erdenklichen Stellungen zeigten, im Liegen wie hoch zu Roß, erschien all denen ohnehin bereits horrend, die der Meinung waren, es gebe dringlichere nationale Anliegen. So manches im Königreich strahlte keineswegs im Glanz des Goldenen Jubiläums. Arbeitslosigkeit und Armut herrschten im reichsten Land der Welt, Unruhen erschütterten die ausgedehnten Kolonien, über denen die Sonne nie unterging, und straften die Reden von den Wohltaten der sogenannten Zivilisation Lügen. Trotzdem berichtete die britische Presse über den Wunsch der Königin an die adligen Damen ohne den leisesten Vorwurf, sie setze falsche Prioritäten, und ohne einen Aufruf zur Abdankung oder gar zur Revolution. Nach einem halben Jahrhundert war Victoria ebensosehr Mythos wie Herrscherin. Sie konnte kaum noch Fehler machen, es sei denn in den Augen einiger Extremisten, die kaum jemand beachtete.

In ganz England waren Gerüchte im Umlauf, die Königin wolle die Gelegenheit nutzen und ihren Rücktritt zugunsten ihres ältesten Sohnes erklären. Albert Edward war schon ein alternder Schürzenjäger, dem sie wenig Verantwortung übertragen hatte. Sie hatte in vertraulichen Unterredungen solchen Personen, die aller Wahrscheinlichkeit nach Klatsch an «Bertie» weitertrugen, schon mehr als einmal angedeutet, sie hoffe nur, ihn zu überleben – er tauge nicht zum König. Außerdem war sein ältester Sohn, Prinz Eddy (offiziell Albert Victor, Herzog von Clarence), noch weniger geeignet zum Regieren. In der Entwicklung zurückgeblieben und fast unerziehbar, angeblich bisexuell, verhätschelt von Scharen von Privatlehrern und königlichen Stallmeistern, denen er stets zu entkommen suchte, war er in Person das beste Argument seiner Zeit für eine Monarchie ohne politische Zuständigkeit. Der stattliche Prinz von Wales wußte wenigstens, wie man mit Menschen umging, ausgenommen seine Mutter. Aber selbst ihr gegenüber gelang ihm ein kleiner Triumph. Als Neujahrsgeschenk überreichte er ihr ein Jubiläums-Tintenfaß (Jubiläumsandenken überfluteten bereits die Geschäfte und Märkte von London). Der Deckel hatte die Form einer Königskrone, und wenn man ihn hochklappte, sah man das Gesicht der Königin samt seiner Spiegelung in einem Tintensee. «Sehr hübsch und praktisch», vertraute sie ihrem Tagebuch an.

Manche Autoren meinen, daß sich erst in diesem Augenblick «ihre Phantasie ... an dem Jubiläum entzündete». Doch schon seit Monaten war sie der Mittelpunkt der Vorbereitungen gewesen. An der Themse verkaufte man bereits patentierte Gesäßpolster, die «God Save the Queen» spielten, wann immer ihre Trägerin sich setzte, Teekannen in der Form von Königin Victorias Kopf mit einer Krone als Deckel, Spazierstöcke mit Königin Victorias Kopf als Knauf. Sie hatte schon für autorisierte Porträts und Statuen Modell gesessen. Als Kaiserin von Indien hatte sie in Prunkgewändern und mit dem Koh-i-noor Diamanten geschmückt für eine Photographie posiert, die die Regierung des Pandschab auf drei mal zwei Meter vergrößern lassen wollte. Auch eine regalfüllende Reihe von Büchern über das Jubiläum war bereits erschienen. Eines davon, *Fifty Years of a Good Queen's Reign* hatte einen ungenannten Kritiker – einen jungen Sozialisten namens Bernard Shaw – im Vormonat zu einer beißenden Bemerkung in der *The Pall Mall Gazette* angeregt: «Wenn das königliche Jubiläum ein Erfolg werden soll, dann ist es höchste Zeit, daß ein sachkundiger Zyniker ein Buch über die Schwächen Ihrer Majestät schreibt, denn ein paar Fehler sind für einen wahrhaft beliebten Monarchen unverzichtbar.» Die Welt entwachse allmählich der tatenlosen Herrschertreue, behauptete der Rezensent, und öffentliche Loblieder, die der Königin gesungen würden, seien «reine Heuchelei», prophezeite er. «Und doch muß es bei uns noch eine Menge waschechter abergläubischer Herrschertreue geben... Würde ein Windstoß morgen die Kopfbedeckung unserer Herrscherin wegblasen, so würde ‹die Haube der Königin› das Thema Bulgarien aus den Zeitungen verdrängen. Das Ideal der Monarchie lebt fraglos bei uns fort, und wir verehren die Königin, weil sie die Verkörperung dieses Ideals ist. Dieses Gefühl ist die wahre Stütze von Herrscherthronen.»

Einer Herrscherin, die manchmal für unmöglich, unzugänglich und sogar unsichtbar gehalten wurde, zeigten solche Worte, wie fern die Tage gerückt waren, in denen ihr Thron zu wanken schien.

Im Atelier von Signor Raggi in der Osnaburgh Street entstand eine riesenhafte Statue der Königin, die die getreue Kolonie Hongkong in Auftrag gegeben hatte und die eine Majestät erkennen ließ, die die Königin körperlich nur durch ihre zunehmende Beleibtheit zeigte. Immerhin wog sie in den achtziger Jahren gut 75 Kilo – «ziemlich viel für ihre Größe», wie ihr ehemaliger und zukünftiger Premierminister W. E. Gladstone außerhalb ihrer Hörweite bemerkte.

Am Rande der Gärten des Kensington Palaces, in dem sie geboren war, sollte eine bescheidene Marmorstatue der jungen Königin aufgestellt werden (Randalierer schlugen der Statue im Frühjahr 1985 die Nase ab), modelliert, aber noch nicht ausgeführt von ihrer talentierten Tochter Prinzessin Louise und ein Geschenk der Bürger von Kensington. Im Atelier von Sir Joseph Edgar Boehm, Mitglied der Royal Academy, entstand eine weitere Statue der Königin für Castle Hill, die finanziert wurde durch Subskriptionszeichnungen der «Bewohner von Windsor» – Bedienstete Victorias und Bewohner der «durch Gnade und Güte» vergebenen Wohnungen im Schloßbezirk. Die stehende, ernste Königin mit Reichsapfel und Zepter in der Hand, die Stirn in einem sonst untypisch weichen Gesicht leicht gerunzelt, sollte, nach dem Wunsch Boehms, an eine sagenumwobene Kriegerkönigin vom Schlage Boadiceas gemahnen.

Ähnliche Statuen tauchten bald überall in den rot eingetragenen Gebieten der Welt auf, gleichsam als Saat von Sir Joseph Boehms Samen. Sie unterschieden sich lediglich dadurch voneinander, daß Victoria ihr Zepter bald gesenkt hielt, als wolle sie das kaiserliche Gesetz unterstreichen, bald erhoben, sie einmal streng und einmal milde blickte oder sie hier die untersetzte Figur des Alters und dort die schlanke Gestalt der Jugend zeigte, die längst dahin war. Selbst im fernen Südafrika konnte man die Vielfalt in den Darstellungen der Königin beobachten, wenn man von Kapstadt nach Kimberley, von Port Elizabeth nach Durban und Pietermaritzburg reiste.

Überall in London gab es bereits bescheidenere Nachbildungen der königlichen Gestalt zu kaufen, Jubiläumsandenken, die in Staffordshire gebrannt oder in der Fleet Street graviert wurden. Ob Victoria tatsächlich herrschte und regierte, war eher nebensächlich; ihre Untertanen beeindruckte allein die einzigartige Tatsache, daß sie ein halbes Jahrhundert lang auf dem Thron saß. Die ihrer Untertanen, deren Gedächtnis am weitesten zurückreichte, erinnerten sich noch an den peinlichen Zustand der Monarchie zu Zeiten des geisteskranken George III. und seiner überwiegend mißratenen Kinder, den Königlichen Herzögen. Wie Victoria regierte, das konnte Sir John Brunner, Abgeordneter der Radikalen aus Cheshire, beobachten, als er Anfang Januar 1887 ins Parlament ging, um an der «Zeremonie, die man die Zustimmung der Königin zu einem Gesetz nennt», teilzunehmen. «In einem prunkvollen Raum im Oberhaus», so berichtete er seinen Wählern, «stand ein Tisch, an dessen unterem Ende rechts und links ein Schreiber saß, am oberen Ende der Lordkanzler mit je einem Peer zu beiden Seiten, gekleidet in scharlachrote Roben, die mit

Hermelinpelz gefüttert und eingefaßt waren. Der Sprecher des Unterhauses, der Vertreter des englischen Volkes, der Vertreter der Größe und der Macht Englands, stand im ‹Schafpferch›, und diese ... drei Gestalten, die kaum aussahen, als seien sie lebendig, hoben ihre Hüte genau wie Wachsfiguren. Die Schreiber an den Tischen veranstalteten ... kaum mehr als eine Art Mummenschanz, und wir begriffen, daß hiermit die Königin ihre Zustimmung zu den Gesetzen erteilt hatte, die das Unterhaus und das Oberhaus schon verabschiedet hatten.»

Allein in Ritualen, die den Namen der Königin heraufbeschworen, war sie noch in den beiden Parlamentshäusern anwesend. Oberhaus und Unterhaus wurden in ihrem Namen mit einer Rede eröffnet, die für sie geschrieben worden war und die ein Beauftragter in ihrem Namen verlas. Und doch verlieh sie der Macht ihre Legitimität. Sie symbolisierte die Nation, und viel Energie wurde darauf verwendet, Victorias ferne Repräsentation der Überseeländer zum Ausdruck zu bringen.

Lange vor den Feierlichkeiten hatte die Königin die Entwürfe für die Jubiläumsmedaillen und -münzen gebilligt. Hofdamen brachten ihr Liste um Liste mit den Namen der zu Empfängen und Zeremonien geladenen Gäste, der Teilnehmer an Besuchsfahrten und Umzügen. Schon in der Vorbereitungszeit häuften sich die öffentlichen Auftritte bei jedem Wetter für die ehemals zurückgezogen lebende Königin. Als sie Ende März nach Birmingham reiste, um den Grundstein für den neuen Gerichtshof zu legen, war sie schon heiser. Noch vor ihr lagen Soireen, Gastmahle, Bälle, Gartenempfänge, Gedächtnisgottesdienste, Überreichungen von Ehrengaben, königliche Besuchsfahrten, Abendessen mit endlosen Trinksprüchen und langweiligen Ansprachen, Einweihungen von Gebäuden und Enthüllungen von Statuen, Flottenparaden und Ausstellungseröffnungen. Zum Glück konnte ihr der leutselige Prinz von Wales, der bei solchen Anlässen eine gute Figur machte, einen Teil dieser Bürde abnehmen, wenn auch die Öffentlichkeit lieber die Königin sehen wollte, um den Glanz zu genießen, der mit ihrer Anwesenheit verbunden war. Erschien an ihrer Stelle der Prinz von Wales, kam es zu Protesten, man sei benachteiligt worden.

Einladungen an Staatsoberhäupter, die über Weltreiche oder auch nur winzige Fürstentümer regierten, mußten verschickt werden. Obwohl sie nicht mehr so gut sah, überprüfte Victoria sorgfältig, ob die Sprache, in der sie abgefaßt waren, dem Protokoll und der Rangfolge entsprach. Königliche Hoheiten mußten anders angeredet werden als Durchlauchten, der weniger vornehme Hochadel und die übrige Aristokratie hatten ihre eigenen Formen und Symbole. Listen für Titelverleihungen mußten gründlich durchgegangen und Jubiläums-Strafverlässe unterzeichnet werden. Victoria las alles, was man ihr vorlegte, lehnte ab oder revidierte, soweit es in ihrer

Macht stand. Einem Gefangenen, der wegen Tierquälerei verurteilt worden war, verweigerte sie die Begnadigung, denn das war, wie sie ausdrücklich betonte, «eines der schlimmsten Vergehen der menschlichen Natur».

Während das Jahr vorrückte und der Gipfel des Jubiläums im Juni näherkam, ergoß sich eine wahre Flut von Briefen und Telegrammen in den Buckingham Palace. Die Königin ließ sich viele davon vorlesen. Aus Agra kam ein umfangreiches Akrostichon in Hindustani und Englisch, verfaßt von einem dankbaren ehemaligen Strafgefangenen, den die Unterschrift der Königin befreit hatte. Aus Madras traf ein Gedicht in Sanskrit ein, das, wie Victoria mitgeteilt wurde, Eisenbahnen und Dampfschiffe als «himmlische Boten der Königin-Kaiserin» feierte. In Mithi, so wurde ihr berichtet, hatten die Behörden der Provinz Sind einen «Königin-Victoria-Jubiläums-Bestattungs- und -Verbrennungsbezirk» eingerichtet. In Mandalay stiftete Seine Hoheit Taksingjee von Bhownugger dreißigtausend Rupien für einen Fonds, der fünfundzwanzig Witwen, «Victoria-Jubiläums-Pensionärinnen» genannt, versorgen sollte. In Udaipur beauftragte die Maharani C.B. Birch, außerordentliches Mitglied der Royal Academy, eine große Marmorstatue der Königin zu schaffen, um sie im öffentlichen Park aufzustellen. In Rangun wurde eine «Hymne zum Goldenen Jubiläum der Kaiserin Victoria» uraufgeführt, ein flotter Marsch, der auf Clarinos, Bambusklappern, Trommeln und Harfen mit seidenen Saiten gespielt wurde. Alle passenden (und manche eher peinlichen) Gesten mußten gewürdigt, einige jedoch abgewehrt werden, wobei naturgemäß Probleme des Taktes und Geschmacks entstanden, die den Hofstaat allabendlich bis zu später Stunde in Atem hielten.

Das Jubiläum bedeutete auch, daß Geschenke in Empfang genommen und verteilt werden mußten. Viele der bereits eingetroffenen Stücke waren aus Gold oder Silber und mit funkelnden Edelsteinen geschmückt. Victorias Gaben mußten im Hinblick auf die erforderliche Anzahl bescheidener ausfallen. Sie bestanden vor allem in signierten Photographien. Aber für die buddhistischen Mönche in Mandalay wurden safranfarbene Gewänder bestellt, und am Tag des Jubiläums sollten die Krankenhauspatienten in Singapur zusätzliche Reisportionen erhalten, einschließlich der Leprakranken, wie die Königin eigens befahl.

Erschöpft von den zahlreichen Vorbereitungen, begab sich die Königin schließlich unter ihrem üblichen, kaum verhüllenden Reisenamen Gräfin von Kent (manchmal nannte sie sich auch Madame la Comtesse de Balmoral) nach Aix-les-Bains und Cannes. An der Riviera war es ihr bereits zu warm, denn sie fühlte sich, sogar in Innenräumen, am wohlsten bei einer Temperatur von knapp 15 Grad. Ende April kehrte sie zurück und regelte die mit dem Jubiläum verbundenen Probleme, die sich inzwischen angehäuft hatten. Unter anderem ging es um die Verteilung der Jubiläumsgabe der Frauen, die sie schon im Dezember angenommen hatte und der noch weitere Summen folgen sollten. Wenn man die Reiterstatue von Prinz Albert nicht gerade in Silber oder Gold goß, würden noch viele tausend Pfund übrigbleiben. Ihr Arzt, Sir William Jenner, schlug vor, sie solle eine königliche Stiftung zur Förderung der Auswanderung von Arbeitslosen einrichten, um die große Not im Land zu lindern. Victoria wünschte jedoch keineswegs, die Aufmerksamkeit auf das Heer der Unbeschäftigten zu lenken, die bereits im Hyde Park und auf dem Trafalgar Square demonstrierten. Ponsonby regte die Bildung eines Frauenkomitees zur Beratung der Königin an, dem auch die immer noch eindrucksvolle Florence Nightingale angehören sollte. Wie erwartet, empfahl das Komitee die Gründung eines «Queen's Jubilee Nursing Institute», eines Pflegeheims. Victoria stimmte zu.

In Windsor Castle erschien am 4. Mai eine Abordnung von Kolonialpremiers und -gouverneuren aus achtzig Ländern und Kolonien, angeführt vom Premierminister von Neufundland, um ihre «ergebenen, aufrichtigen und vereinten Glückwünsche» darzubringen. Die versammelte Schar gab ein farbenprächtiges Bild ab, denn die Gewandung reichte von formeller Hofkleidung bis zu Eingeborenentrachten. Nach der Gratulation wurde auf der Terrasse eine Photographie für das Album der Königin aufgenommen. Im Buckingham Palace wurde am 9. Mai eine Abordnung von einhundertsiebzig Angehörigen der Stadtbehörden von London empfangen, von denen manche in schwarzseidenen Hofanzügen, andere in offiziellen Roben und Gewändern erschienen. Angeführt wurden sie vom Lord Mayor, dem Oberbürgermeister. Die Ansprache, die «Ihrer Majestät weiterhin alles Gute» wünschte, wurde vom Stadtrichter verlesen, dann dem Lord Mayor übergeben, der niederkniete, um sie der Herrscherin zu überreichen. Dann las Victoria mit ihrer wohlklingenden Stimme, deren Klarheit sich unverändert durch all die Jahre erhalten hatte, ihre Antwort vor. Sie erinnerte daran, in welchem Maße der Wohlstand des Reiches während ihrer Regierungszeit «dem gesunden Menschenverstand und dem Wohlwollen meiner Untertanen sowie der Sympathie, die den Thron und das Volk verbunden hat», zu verdanken sei. Daß es lange Zeit gedauert hatte, bis diese Sympathie entstanden war, und daß es oft an ihr gemangelt hatte, war eine Tatsache, die Victoria bei diesem Anlaß lieber beiseite ließ. Albert hatte, wie sie wohl wußte, in den beinahe zweiundzwanzig Jahren an ihrer Seite selten Sympathie genossen.

Keine Frage, die das Jubiläum betraf, schien zu gering, um die Beachtung der Königin zu finden. Wie bei allen anderen Ereignissen, die während ihrer fünfzigjährigen Herrschaft stattfanden, wollte sie genau Bescheid wissen und ihre Ansichten dort verkünden, wo die Verfassung ihnen Gewicht beimaß – und manchmal auch dort, wo es eigentlich unzulässig war. So ordnete sie an, daß das «Te Deum», das in der Westminster Abbey gesungen werden sollte, in der musikalischen Bearbeitung des verstorbenen Prinzgemahls aufzuführen sei, und die Sitzordnung in der Abbey sollte ihre Wertschätzung der Gäste widerspiegeln. (Der dickköpfige Mr. Gladstone sollte keinen guten Platz bekommen.) Die Kartenzuteilungen ließen Victorias Vorlieben erkennen, wie ihr die Zeitschrift *Truth* vorwarf. Fünfzig gingen an die Behörden der Stadt London – an die Kaufleute und die Bankiers. Eine erhielt die Royal Society – die Repräsentantin der Naturwissenschaften. Hätte Albert noch gelebt, wäre diese Verteilung anders ausgefallen. Bei den Titelverleihungen anläßlich des Jubiläums mußte man Diplomatie walten lassen und zugleich die Ehre einer Auszeichnung zur Geltung bringen.

Nach dem Tod des Prinzgemahls war es für die Königin jahrzehntelang undenkbar gewesen, Orte öffentlicher Unterhaltung aufzusuchen. Aber am 11. Mai fuhr sie, nachdem sie im Buckingham Palace mit Lord Salisbury Tee getrunken hatte, mit Prinzessin Beatrice und in Begleitung von Hofdamen und königlichen Stallmeistern in mehreren Kutschen zur großen Ausstellungshalle am lauten und betriebsamen Earl's Court, wo sie, wie Victoria in ihr Tagebuch eintrug, «ein höchst außergewöhnliches und interessantes Schauspiel sahen – eine Aufführung von Buffalo Bills ‹Wild West›». Von Earl's Court fuhren sie direkt zum Bahnhof Paddington und waren um halb acht wieder in Windsor.

Gewöhnlich verschloß die Königin vor den Problemen der Stadt Augen und Ohren. Am 14. Mai aber machte sie in einer offenen Kutsche eine Fahrt zur Mile End Road im übervölkerten East End, um feierlich den neuen People's Palace, eine Mischung aus Theater, Ausstellungshalle und Gemeinschaftszentrum, zu eröffnen. Die Beifallsrufe wurden «gedämpft», so beklagte sie sich bei Lord Salisbury, durch ein «garstiges Geräusch», das sie noch selten, wenn überhaupt je gehört hatte – «Buhen und Johlen», wie sie es nannte. Der Premierminister erklärte ihr, daß die Übeltäter nur «Sozialisten und die schlimmsten Iren» seien. Der Vorfall bewirkte, daß sie sich auf weitere Zwischenfälle gefaßt machte. Der Premierminister bedeutete ihr in seiner vornehmen aristokratischen Art, es sei «unmöglich ..., solche Unsitten zu verhindern. Es gibt in London eine viel größere Anzahl der übelsten Radaubursschen als in jeder anderen Großstadt der Insel. Alles heruntergekommene, bettelarme und nichtnutzige Pack zieht es naturgemäß nach London.» Victoria hatte durchaus ein soziales Gewissen, aber es war jahrelang von ihren Premierministern bewußt abgestumpft worden, angefangen bei ihrem ersten, Viscount Melbourne, der jegliche Unzufriedenheit einer Meute von Hetzern zur Last legte, von denen die meisten Iren, einige Sozialisten und manche beides zusammen waren.

In High Holborn, wo – wie mit Temple Bar im Süden – die eigentliche City begann, hatte der Lord Mayor die Königin und ihr Gefolge begrüßt, hatte ihr das Amtsschwert überreicht (das sie augenblicklich wieder zurückgab) und den Weg durch die Menge zur Ausstellungshalle gebahnt, die Bertie feierlich im Namen seiner Mutter eröffnete. Fanfarenstöße erklangen, der hundertste Psalm wurde gesungen, es gab Beifallsrufe und Applaus. Dann verließ die Königin das Podium und ging zum nahegelegenen Bauplatz der Technischen Hochschule, zu der sie «mit der üblichen Zeremonie und dem üblichen Gebet» den Grundstein legte. Noch immer in Begleitung des Lord Mayor und seiner Familie sowie mit mehreren Angehörigen der Königin im Schlepptau (ein Prinz, zwei Prinzessinnen und ihre Ehegatten), blieb die Gruppe unweit der Albert Docks stehen, um Waisenknaben aus den Bernardo-Heimen in ihren Matrosenanzügen zu begrüßen. Jeder der Jungen schwenkte einen kleinen Union Jack. Dann war die königliche Gesellschaft zum Tee im Amtssitz des Lord Mayor in der City, dem Mansion House, zu Gast, wo Victoria «seltsamerweise noch nie gewesen war». Nach fünfzig Jahren als Königin wurde Victoria allmählich eine volkstümliche Herrscherin, statt zurückgezogen im Palace zu leben und vorwiegend in Form von Münzen und Briefmarken präsent zu sein.

Nicht alles nahm einen so guten Gang, besonders im weiteren Familienkreis nicht. Der Maharadscha Duleep Singh, den sie jahrelang fast wie einen Pflegesohn und mit großer Nachsicht behandelt hatte, war «ganz auf die schiefe Bahn geraten». Das war ihr sehr peinlich, als sie indische Prinzen begrüßte, die gekommen waren, um ihr die Jubiläumsehren zu erweisen. Was ihre eigene Familie betraf, so bedurfte es eines besonderen Gesetzes, um Prinz Arthur rechtzeitig für die Feierlichkeiten von seinem Kommando in Bombay zurückzurufen. Und aus Berlin kam am 19. Mai ein Telegramm von ihrer ältesten Tochter Vicky, der Princess Royal und Kronprinzessin von Deutschland, in dem sie verzweifelt bat, die Königin solle Dr. Morell Mackenzie schicken, den berühmten Halsspezialisten in London. Dieser sollte die Ärzte des Kronprinzen Friedrich Wilhelm davon abbringen, einen Luftröhrenschnitt vorzunehmen, den sie wegen des Verdachtes auf Kehlkopfkrebs für notwendig hielten. Voller Zweifel (Victorias eigene Ärzte hatten kein Vertrauen zu dem aufgeblasenen Laryngologen) sandte die Königin Mackenzie nach Berlin. Es war nur noch ein Monat bis zum Jubiläum, und sie wollte ihren Schwiegersohn dabeihaben. Mackenzie focht die Diagnose an und strich sein Honorar ein. Inzwischen bombardierte der eigensinnige Prinz Wilhelm, der ungeduldig darauf wartete, Kaiser zu werden, seine Großmutter mit Telegrammen. Es sei der Wunsch des alten Kaisers, daß er, Willy, bei den Feierlichkeiten den Platz seines kranken Vaters einnehme. Victoria schrieb an ihre Tochter: «Ihr dürft beide an diesem Tag nicht fehlen, der mich tief bewegen wird.» Der Kronprinz, inzwischen beinahe stumm, ritt dann vor dem Wagen der Königin her, wie er es bei Staatszeremonien seit Alberts Tod oft getan hatte, machte in dem feierlichen Zug eine eindrucksvolle Figur, fuhr nach Hause und starb.

Am Samstag, dem 18. Juni, als das große Ereignis unmittelbar bevorstand, versammelten sich Viscount Cranbrook (Gathorne-Hardy) und andere Kabinettsmitglieder zu einer Audienz in Windsor Castle. «Ihre Majestät war sehr freundlich», notierte er in sein Tagebuch. «Sie erwartet die bevorstehenden Zeremonien mit ziemlicher Besorgnis, besonders diejenigen, bei denen sie lange stehen muß. Ein Knie macht ihr Kummer, und bei heißem Wetter schwellen ihre Knöchel an. Sie ist jedoch offensichtlich erfreut über die außergewöhnlichen Kundgebungen, die in der Tat bemerkenswert sind. In London steigert sich die Erregung mit jedem Tag, und die Massen sind groß.»

Montag, der 20. Juni, war der fünfzigste Jahrestag ihrer Thronbesteigung. «Der Tag ist gekommen, und ich bin allein», schrieb sie in ihr Tagebuch und dachte an Albert. Dann fügte sie hinzu: «jedoch umgeben von vielen lieben Kindern ... Gott hat mich gnädig durch viele Prüfungen und Sorgen geleitet.» Nach dem Frühstück im Park von Frogmore wurde sie den Hügel vom Schloß zum Bahnhof von Windsor hinuntergefahren, wo ein Sonderzug sie erwartete und rasch nach Paddington brachte. Dann ging es weiter zum Buckingham Palace. Dort empfing sie ein Blumenarrangement, das die Buchstaben *VRI* bildete: *Victoria, regina et imperatrix* – Victoria, Königin und Kaiserin. Fünfzig Gäste von königlichem Geblüt saßen zum Lunch an einer hufeisenförmigen Tafel, wobei viele der europäischen Hoheiten durch Abkunft oder Heirat mit ihr verwandt waren. Als Hauptgang gab es neben kaltem Rinderbraten Geflügel und Zunge, *filet de bœuf au macaroni, quartier d'agneau rôti, poulets aux nouilles, côtelettes de veau panées aux pois*, gebratenes Geflügel und Wild. Zur Rechten der Königin saß der König von Dänemark, zu ihrer Linken der König von Griechenland, ihr gegenüber der König der Belgier. Es war, wie sie meinte, «ein großes Familienessen», trotz der östlichen Potentaten, deren Juwelen und Orden in ihrem «prächtigen» Goldgeschirr glänzten. Den Prunkspeisesaal «hatte ich seit 61 nicht mehr benützt», notierte sie. Es war ein anstrengender Tag. «Schließlich war ich müde und zog mich zurück.»

Am Abend fand ein Diner für die Familie statt. Ihre neun Kinder (die beim Jubiläum nicht mehr alle am Leben waren) hatten ihr ganze Scharen von Enkeln und angeheirateten Verwandten beschert. Trotzdem war sie am nächsten Morgen schon früh auf und stellte fest, der Tag sei «schön und klar, die Luft frisch». Das hieß bei ihr, es war so kühl, daß andere fröstelten. Bester Dinge saß sie in einem offenen Landauer (die gläserne Staatskutsche hatte sie abgelehnt), wobei sie die charakteristische Haube und ein schwarzes Seidenkleid trug, das mit weißer Spitze besetzt war. Lord Salisbury hatte einmal in der Hoffnung, das Aperçu möge die Ohren der Königin erreichen, dazu angemerkt, das Empire solle besser von einem Zepter als von einer Haube regiert werden. Victorias Kinder hatten die Prinzessin von Wales gebeten, die Königin dazu zu überreden, die Staatsrobe und ihre Krone zu tragen. Das lehnte sie ab, willigte aber ein, ihre Haube mit Diamanten und weißen Spitzen zu schmücken. Um ihrer Erscheinung Glanz zu verleihen, ließ sie ihre Kutsche außerdem von sechs Schimmeln ziehen und von farbenprächtiger indischer Kavallerie eskortieren.

Mit der für sie typischen Mischung aus Pomp und Schlichtheit hatte sie angeordnet, daß die «Damen Hauben und lange, hochgeschlossene Kleider ohne Umhang» tragen sollten. Die Männer, unter ihnen zweiunddreißig Prinzen, die mit der Königin verwandt waren (einer von ihnen der junge Willy), schritten in farbenfroher Festkleidung unter girlandengeschmückten Triumphbogen und Lauben hindurch. Der auffallendste war ihr Schwiegersohn, der große, bärtige Kronprinz Friedrich Wilhelm von Preußen, ein stiller und ernster Mann in seiner weißen pommerischen Kürassiersuniform und dem Silberhelm mit dem Reichsadler. Neben der Königin, der Kutsche am nächsten und ebenso alt und würdig wie Victoria selbst, ritt «George Cambridge» mit weißem Federbusch und weißem Backenbart, Oberbefehlshaber der Armee und ihr Vetter. Er war ein paar Monate älter als sie, hatte aber das Pech, der Sohn eines jüngeren königlichen Herzogs zu sein. Hätte Edward, der Herzog von Kent, nicht das Rennen um die Geburt eines Thronfolgers gewonnen, hätte der Herzog von Cambridge selbst in dem vergoldeten Landauer sitzen können, wie er sich wohl jeden Tag seines Lebens vor dem Spiegel sagen mußte. «Die Massen von den Toren des Palaces bis zur Abbey waren enorm», notierte die Königin, «es brach eine so ungeheure Begeisterung aus, wie ich sie in London noch kaum je erlebt habe... Die Chelsea-Veteranen saßen auf einer Tribüne in der Nähe von Marble Arch. Die Dekorationen entlang Piccadilly waren ziemlich schön, und es gab ganz rührende Inschriften. Sitzplätze und Podien waren bis zu den Dächern der Häuser hinauf aufgeschlagen, und so viele Hände winkten.»

Die Königin hatte Westminster Abbey seit fast neunundvierzig Jahren nicht mehr betreten – zuletzt am 28. Juni 1838, dem Tag ihrer Krönung. Jetzt saßen die geladenen Gäste von ihren Pferden ab oder stiegen aus den

Kutschen, um langsam, zu den Klängen Händels, den Mittelgang entlang zu schreiten. Die Königin schaute von ihrem erhöhten Platz aus in die düstere Kirche hinab, um vertraute Gesichter zu entdecken. Mit Alberts Kompositionen «Te Deum» und «Choral» dankte die Gemeinde für die lange Regierungszeit der Königin, und Victoria schrieb später in ihr Tagebuch: «Ich saß *allein* (ach, ohne meinen geliebten Mann, für den heute ein so stolzer Tag gewesen wäre!).» Unbewegt hörte sie vom altehrwürdigen Krönungsstuhl Edwards I. aus zu, wie Würdenträger in den Pausen zwischen den Hymnen eintönige Reden hielten, bis am Ende des Gottesdienstes die Mitglieder der königlichen Familie an der Königin vorbeizogen, um sie voller Ergriffenheit zu umarmen. Dann kehrte der Festzug zum Buckingham Palace zurück, wo Victoria Jubiläumsbroschen und -anstecknadeln an die Familie verteilte.

Es war bereits vier Uhr, Zeit für ein spätes Mittagessen. Anschließend mußte vom Balkon aus eine Ehrenparade abgenommen werden; im Ballsaal warteten Jubiläumsgeschenke und Telegramme darauf, in Empfang genommen und gelesen zu werden. «Ich war ganz erschöpft... & einer Ohnmacht nahe, daher setzte ich mich in meinen Rollstuhl und ließ mich in mein Zimmer rollen.»

Vor ihr lag noch das Abendessen für die königlichen Gäste und das diplomatische Corps. Ihre alte Kammerfrau, Annie Skerret, die ihr beim Anlegen der Krönungsgewänder vor neunundvierzig Jahren geholfen hatte, war inzwischen vierundneunzig. Darum half eine andere Zofe Victoria in ihr Jubiläumskleid. Es war mit funkelnden Diamanten besetzt und mit silbernen Rosen, Kleeblättern und Disteln bestickt, Sinnbilder der drei vereinigten Königreiche der Britischen Inseln. Obwohl Albert stets in ihren Gedanken weilte, war es doch kein Trauergewand. Abgesehen von der Witwenhaube trug sie keinerlei Trauerkleidung. Sie war eine ältere Dame, die sich in das herkömmliche Schwarz ihrer Generation kleidete, das nur bei seltenen wichtigen Anlässen Prunkgewändern Platz machte. «Ich war halbtot vor Müdigkeit», erinnerte sie sich. Sie ließ sich von ihren Dienern in das Chinesische Zimmer rollen, um von ihrem Fenster aus das Feuerwerk im Home Park zu betrachten, das von James Pain & Söhnen gezündet wurde. Über die unglückliche Panne dabei verlor sie in ihrem Tagebuch kein Wort. Das Bild Nummer 29 (von 30), eine Blumengarbe, die sich in ein pyrotechnisches Porträt der Königin von 65 Meter Länge und 60 Meter Höhe verwandeln sollte, hatte leider einen technischen Defekt: das rechte Auge der Königin zwinkerte ganz unbeherrscht, als würde sie den Massen gerade zublinzeln. Das war die einzige Panne bei einem der größten pyrotechnischen Schauspiele der Geschichte.

Der folgende Tag war nicht weniger anstrengend. Zuerst begab sich

Victoria in den St. James's Palace, um ihrer neunundachtzigjährigen Tante, der Herzoginwitwe von Cambridge, einen Höflichkeitsbesuch abzustatten. Bald sollte der Palace – früher einmal königliche Residenz – eine Ausstellung der Jubiläumsgeschenke beherbergen, deren Unterbringung bereits den Einfallsreichtum der Hofdiener auf die Probe stellte, die nicht mehr wußten, wohin damit und in einigen Fällen nur mit Mühe herausfanden, worum es sich überhaupt handelte. Im Buckingham Palace wurden dann weitere Jubiläumsmedaillen an Könige und Prinzen vergeben und weitere Geschenke entgegengenommen, darunter noch einmal 75 000 £ «in einer herrlichen goldenen Truhe» von den Frauen des Britischen Empire. Dann war es Zeit, in den Hyde Park zu gehen, wo Zelte aufgeschlagen waren, Militärkapellen spielten und 26 000 Schulkinder warteten. Der rührige *Daily Telegraph* hatte jedem einzelnen ein Rosinenbrötchen und Milch in einem Jubiläumsbecher gestiftet («einem Keramikbecher», notierte Victoria), der mit dem Porträt der Königin geschmückt war. Ein kleines Mädchen überreichte einen Blumenstrauß, der von einem breiten Band zusammengehalten wurde, das mit den Worten «Gott segne unsere Königin, nicht allein Königin, sondern Mutter, Königin und Freundin» bestickt war. (Victoria mochte Kinder nicht besonders und war kaum eine leidenschaftliche Verfechterin des herrschenden Mütterkultes zu nennen, bis ihre eigenen Kinder Familien gründeten.) Man ließ einen Ballon mit der Aufschrift *Victoria* aufsteigen, und Zeitungsberichten zufolge rief eines der Kinder laut aus: «Oh schaut mal! Da fährt die Königin in den Himmel!» «Die Kinder sangen ‹God save the Queen› ziemlich falsch», schrieb Victoria mit wohl etwas übertriebener Wahrheitsliebe in ihr Tagebuch.

Sydney Cockerell, ein Anhänger des Sozialisten William Morris, nannte den Tag «vollkommen». Er freute sich vor allem an den vielen Lampions, die den Bedford Park schmückten, an den Leuchtraketen und dem Feuerwerk. William Michael Rossetti – ein erzkonservativer Republikaner, der ein Sonett geschrieben hatte, in dem er den Königsmord pries – ging mit seinem kleinen Sohn Arthur zum Piccadilly Circus, durch die Regent Street, Bond Street und Oxford Street, um den Lichterglanz zu sehen und sich unter die Menge zu mischen. Zum ersten Mal brachte er das Kind zu der unerhört späten Zeit von 22 Uhr 30 nach Hause. Inzwischen war die Königin mit dem Zug nach Eton und Windsor zurückgekehrt, um ihre Statue von Boehm zu enthüllen und um Schülern zuzuschauen, die im Innenhof des Schlosses einen Fackelzug veranstalteten, College-Lieder sangen und ihr zujubelten. «Ich danke euch herzlich», sagte die Königin mit ihrer glockenreinen Stimme («so laut ich konnte») nach der letzten Huldigungsrede des Abends. Der Runde Turm von Windsor war mit elektrischem Licht beleuchtet, eine Neuheit für das Schloß und die Stadt. Victoria war zu erschöpft, um sich noch mehr Darbietungen anzuschauen. Sie zog sich in ihr Zimmer zurück und schrieb in ihr Tagebuch. «Diese beiden Tage werden mir für immer unauslöschlich im Gedächtnis bleiben, voll inniger Dankbarkeit gegenüber der gnädigen Vorsehung, die mich so lange beschützt hat, und gegenüber meinem ergebenen und loyalen Volk. Aber wie schmerzlich vermisse ich meine Lieben, die ich verloren habe!»

Diese Empfindungen kamen auch öffentlich in der Danksagung der Königin an ihr Volk zum Ausdruck, die durch den Innenminister bekanntgemacht wurde. Darin beschrieb Victoria das halbe Jahrhundert ihrer Regierung als «zweiundzwanzig Jahre, die ich in ungetrübtem Glück, in froher Gemeinschaft mit meinem geliebten Gatten verbrachte, während ich eine ebensolange Zeit voller Sorgen und Prüfungen durchlebte, die ich ohne seinen schützenden Arm und seine weise Hilfe tragen mußte». Ihr Land und ihre Untertanen seien mit ihrem Leben «untrennbar verbunden»; ihre «Pflicht» an ihnen wolle sie für den Rest ihrer Tage bei ihrer «höchst schwierigen und anstrengenden ... Aufgabe» stets erfüllen.

Am 23. Juni 1887 traf ein Jubiläumsgeschenk ein, das, seit langem schon geplant, die Königin sich selber machte. Zwar war sie, nachdem sie großen Druck auf den widerstrebenden Disraeli ausgeübt hatte, Kaiserin von Indien geworden, aber sie wußte, daß sie niemals dort residieren, ja nicht einmal in dieses Land fahren konnte. Als kleinen Ausgleich dafür wollte sie wenigstens indische Diener haben. Dieser Hauch von Exotik erschien in Windsor in Gestalt zweier junger Männer, nämlich Abdul Karim, vierundzwanzig Jahre alt und sichtlich der klügere der beiden, und Mahomet Buxsh, ein rundlicher, eher passiver Mensch («Sie küßten mir beide die Füße ...»). Abdul entstammte keiner dienenden Kaste, wie er wissen ließ, er war der Sohn eines Gelehrten, eines Arztes aus Agra. Rasch stellte Victoria einen englischen Tutor für ihn ein, einen jungen Mann, der erwartete, einem Prinzen zu dienen, dann aber feststellen mußte, daß er einem Diener diente. Schon am 3. August war Abdul selbst in die Rolle des Lehrers geschlüpft und unterrichtete eine willige Schülerin: die Königin. «Ich lerne gerade ein paar Wörter Hindustani», schrieb sie in ihr Tagebuch, «damit ich mit meinen Dienern sprechen kann. Das ist sehr interessant für mich, denn ich bin bisher weder mit der Sprache noch mit dem Volk wirklich in Berührung gekommen.» An Sir Henry Ponsonby schickte sie im September ein Memorandum, in dem sie ihr Wohlgefallen darüber ausdrückte, wie hilfreich Abdul ihr inzwischen geworden sei, wenn sie Dokumente unterschrieb, «denn er trocknet die Unterschriften», während Mahomet «wunderbar flink und intelligent» sei. Sir Henry begriff. Der praktische Nutzen der zwei Diener war minimal, aber sie vermittelten

Victoria ein wenig von der Exotik ihres Empires, ähnlich wie die Schalen und Teppiche und Bilder.

Das Jubiläum bescherte Probleme sowohl mit den Gaben als auch den Gebern. Bei ihrem Gartenempfang im Buckingham Palace am 29. Juni promenierte die Königin unweit des königlichen Pavillons, ihren Stock in der Hand. Neben ihr schritt der stämmige Prinz von Wales, an dessen Seite ihre kleine, füllige Gestalt beinahe verschwand. «Ich verbeugte mich nach rechts und nach links», erinnerte sie sich, «und redete mit so vielen Leuten, wie ich konnte, aber es hat mich fürchterlich angestrengt.» Sie mischte sich unter Gäste, die eingeladen waren nach «streng demokratischen Prinzipien», unter ihnen der ungeliebte Gladstone wie auch die Rudermannschaft der Königin. Sie waren so verschieden, daß die eine Hälfte sich befremdet fragte, wie die andere Hälfte nur hierhergekommen sei. Beide Hälften aber wunderten sich über die große, dunkelhäutige Königin Kapiolani von Hawaii, die als Jubiläumsgeschenk ein aus Federn hawaiianischer Vögel gesticktes *VR* in einem diamantenbesetzten Rahmen mitgebracht hatte. Prinz Willy, der durchaus kein anglophiler Kaiser werden sollte, wie man es sich von seinem Vater erhoffte, beklagte sich bei der Hofdame seiner Mutter, Hedwig von Brühl, daß ihn Victoria «ausgesucht kühl, gerade noch höflich» behandelt und seine Frau, Prinzessin Augusta, noch «hinter die schwarze Königin von Hawaii» plaziert habe. Bei dem Bankett für die Staatsoberhäupter, das der Zeremonie in Westminster Abbey folgte, hatte der Prinz von Wales die hawaiianische Königin eskortiert, während ihre Schwägerin, die zukünftige Königin Liliuokalani von Prinz «Affie», dem Herzog von Edinburgh, geführt wurde. Beim abendlichen Gartenrundgang durch die Palacegärten dem König der Belgier «zugewiesen», blieb Liliuokalani alleine stehen, weil Leopold II. seine dunkelhäutige Partnerin ablehnte. Hofleute teilten sie daraufhin dem König von Sachsen zu, der sich ebenso weigerte, eine «farbige» Person zu geleiten. Schließlich wurde Prinz Alfred von der Königin angewiesen, dafür zu sorgen, daß der Anstand gewahrt blieb.

Am nächsten Tag um drei Uhr «gab ich im Grünen Zimmer einen großen Empfang für indische Prinzen und Abgesandte», schrieb die Königin, die (zum Entsetzen Sir Henry Ponsonbys) von indischer Exotik sich stets ganz entzückt zeigte. Geschenke wurden entgegengenommen, und sie ihrerseits vergab Jubiläumsauszeichnungen. «Zu der Gruppe gehörte», so notierte sie, der «gutaussehende junge Rao von Kutch. Er war wunderschön gekleidet; er und sein Bruder waren wirklich ein Traum.» Victoria war zwar eine lang verwitwete und keusch lebende Frau von achtundsechzig Jahren, aber männliche Schönheit hatte für sie immer noch nicht ihren Reiz verloren.

Rundreisen, feierliche Geschenkübergaben und Zeremonien hatten den ganzen Sommer hindurch angedauert, so daß das übliche Interesse der Königin für die Außenpolitik ein wenig von seiner Dominanz einbüßte, obwohl Schreiben aus den exotischsten Gegenden ihres Reiches eintrafen. Unter den prachtvoll verzierten Botschaften stammte eine von der B'nai Israel Gemeinde in Poona (Indien) und eine andere, in gelbe Seide eingehüllt und samt beigefügter Übersetzung, vom Kaiser von China. Eine Botschaft aus Afrika gefiel der auf ihr Empire so sehr bedachten Königin sicherlich besser als manch einer der überschwenglichen Ergüsse, die aus den meisten Ländern kamen. Der Brief des sechsundsiebzigjährigen Häuptlings Letsie von Basutoland war eines der seltenen Dokumente, in denen ein Eingeborener die «Verantwortungslast» der Weißen rechtfertigte:

> Für uns ist es merkwürdig, daß eine Frau Königin ist, obwohl in der Heiligen Schrift steht, daß einmal eine Königin von Saba den weisen König Salomon besuchte. Wäre ich nicht alt und gebrechlich, gerne wäre ich gekommen, um Ihre Majestät mit eigenen Augen zu sehen, wie es, so habe ich gehört, viele Könige und Prinzen aus fernen Ländern getan haben.
> Wir haben auch vernommen, daß ungeheuer viele Menschen Untertanen der Königin sind, nämlich mehr als 300 Millionen. Auch sollen in ihrem Reich, in dem die Sonne niemals untergeht, alle Menschen froh sein, ihre Untertanen zu sein. Das erstaunt mich nicht, denn wir selbst verdanken unseren jetzigen Frieden und unser bloßes Dasein ihrem rettenden Eingreifen im Jahre 1868, als wir am Rande des völligen Ruins standen. Und wenn wir seither auch Probleme und Schwierigkeiten bewältigen mußten, so leben wir doch fort als ein Volk und haben außer Gott auch dem Vertreter Ihrer Majestät in diesem Land dafür zu danken, nunmehr darauf vertrauen zu dürfen, daß bessere Zeiten für uns angebrochen sind, hinfort Friede und Ruhe in diesem Land herrschen werden und wir unter der weiteren wohltätigen Herrschaft Ihrer Majestät wachsen und gedeihen, um uns der Fürsorge und des Schutzes würdig zu erweisen, die uns gewährt werden.

Basutoland (heute Lesotho) war von den plündernden Buren des Oranje-Freistaates befreit worden, als Häuptling Moshesh, Letsies Vater, verzweifelt den Gouverneur der Kapprovinz angefleht hatte, sein Land und sein Volk zu beschützen, die er unterwürfig als «bloße Läuse in der Decke der Königin» bezeichnete. Victorias große kaiserliche Decke konnte vielen Zwecken dienen.

Vor seiner Rückkehr nach Berlin im August stellte Kronprinz Friedrich der Königin Dr. Morell Mackenzie vor. Schnell mit dem Rat zur Stelle, den die Königin seiner Vermutung nach hören wollte, schlug Mackenzie Schottland mit seinem frischen Klima als geeigneten Erholungsort für den Prinzen vor. Mackenzie wußte, daß frische Luft seinem Patienten kaum noch helfen konnte, und Victoria muß das ebenfalls geahnt haben. Außerdem lag dem Vernehmen nach Friedrichs alter Vater, Wilhelm I., bereits im Sterben – es war nicht der rechte Moment für den Prinzen, Berlin fernzubleiben. Dankbar für die optimistische Diagnose bat jedoch der abgemagerte Thronfolger die Königin, den umstrittenen Arzt, dessen Beschränktheit die zuständigen deutschen Spezialisten erbost hatte, in den Ritterstand zu erheben. Die Königin dachte vor allem an Kronprinzessin «Vicky». Mackenzie nicht zu adeln hätte ihrer Tochter und ihrem Schwiegersohn bedeutet, daß Friedrich dem Tod geweiht war. Als Sir Morell sollte daher der Doktor im November bestätigen, daß der Kronprinz bald an Krebs sterben würde. «Arme, liebe Vicky», schrieb die Königin in ihr Tagebuch, «der Gedanke an all ihren Kummer bedrückt mir das Herz ... Es ist ein schrecklicher Zustand, und ich muß immer daran denken.»

Noch mehrere Wochen lang jubelten die Menschenmengen, ein weiteres Enkelkind (die zukünftige Königin Victoria Eugenie von Spanien) wurde geboren, bis nach dem Höhepunkt des Jubiläums die fröhliche Aufregung der Regierungsfeierlichkeiten allmählich verebbte. Die unausweichliche Lethargie nach dem Sturm wurde verstärkt durch neue Enttäuschungen und Sorgen.

Verborgen unter dem Pomp und Glanz der Feierlichkeiten, war auf verschiedenen Gebieten so manches nicht in Ordnung. In nächster Nähe riefen politische Streitigkeiten über die Home Rule für Irland Angst und Sorge hervor. Nur eine Straße vom Buckingham Palace entfernt, war die Unruhe in Gewalt umgeschlagen. Auf eine Anfrage der Königin bezüglich einer «menschlicheren Behandlung der schuldlosen Armen, nämlich der Arbeitslosen», hatte der Marquess of Salisbury als Antwort kaum mehr als die Ankündigung zu bieten, Trafalgar Square für öffentliche Versammlungen sperren zu lassen. Diejenigen der Armen, die lesen konnten, wollten wohl kaum den Verschwendungen des Jubiläums zujubeln, von denen die Zeitungen berichteten, während ihre Mägen knurrten. So mancher dürfte auf den Bericht aus Balmoral gestoßen sein, wonach Madame Emma Albani, die reiche und berühmte Primadonna, die zweimal für die Königin gesungen hatte, während sie beide ihre Ferien in Schottland verbrachten, von ihrer Majestät als Andenken «eine kostbare Brosche mit Diamanten, Saphiren und Perlen ... sowie die Jubiläumsmedaille» bekommen hatte.

Als Reaktion der Radikalen auf solche offensichtliche Ungerechtigkeiten im Jubiläumsjahr hatten sozialistische Gruppen in London ein «Charing

Cross Parlament» in das Bahnhofshotel einberufen, das nur wenige Schritte von Trafalgar Square entfernt lag. Das Ereignis wurde mit einer offiziell klingenden «Rede der Königin» eröffnet, verfaßt, wie in Westminster, von den Ministern der maßgeblichen Partei. «Ich habe Sie zu dieser Versammlung einberufen», begann die Rede,

> um in diesem, dem Jubiläumsjahr meiner Regierung, Angelegenheiten allergrößter Wichtigkeit zu behandeln, die unglücklicherweise seit vielen Jahren verschleppt wurden, jetzt aber keinen Aufschub mehr dulden. Diese meine Nation befindet sich in einem Zustand, der selbst die Hoffnungsfrohsten mit Angst erfüllen muß. Aufgrund der wirkungsmächtigen wirtschaftlichen Bedingungen, denen keines der jetzigen Gesetze entgegenzuwirken vermag, wird der unermeßliche Reichtum, den täglich die Arbeit meines Volkes hervorbringt, nicht nur ungleichmäßig verteilt, sondern auf so ungerechte Weise, daß der Gegensatz zwischen dem Überfluß nutzloser Müßiggänger und der Armut der fleißigen Massen zu einem Skandal und einer Schmach für unsere ganze Zivilisation geworden ist. Diese Kluft stellt Klasse gegen Klasse. Sie hat unter den hilflosen und unschuldigen Kindern gerade der meiner Untertanen, die am härtesten arbeiten, zu einer Sterblichkeit geführt, die für mich als Staatsoberhaupt beschämend und als Frau und Mutter unerträglich ist. Dies aber beruht keineswegs auf irgendeiner Knappheit natürlicher Reichtümer, nein, mein schwer bedrücktes Volk könnte seine Lage verbessern, wenn Sie sich seiner Befreiung mit dem gebotenen Eifer und Gerechtigkeitssinn ohne jedes Ansehen der Person annehmen. Jeder Tag unnötigen Aufschubs bedeutet einen Tag unnötigen und unverdienten Leidens für Millionen unschuldiger Menschen im ganzen Reich. Darum wollen Wir Ihnen hier nun eine Reihe von Maßnahmen zur Wiedergutmachung des schweren und himmelschreienden Unrechts vorlegen.

Die Unruhen am «Blutigen Sonntag» im November, die Folge des Verbotes von Protestkundgebungen auf dem Trafalgar Square, verdeutlichten das Dilemma. Die Probleme in der Mile End Road, die die Königin im Mai mit eigenen Augen gesehen hatte, konnten weder durch bürokratische Maßnahmen noch durch eine keulenschwingende berittene Polizei gelöst werden, die Demonstrationen für das Recht auf «freie Rede» unterbanden.

Victoria nahm im Einklang mit ihrer Klasse und Zeit noch immer an, daß der Fortschritt auch weiterhin von oben nach unten durchsickern würde. Sie erkannte lediglich «Ungehorsam gegenüber dem Gesetz», aber die empörenden Ereignisse senkten weitere Schatten über das Ende des

Jahres. Alles in allem dachte sie jedoch, wie sie am letzten Tag von 1887 in Osborne in ihr Tagebuch schrieb, es sei ein «glänzendes Jahr» gewesen, «reich an Segen».

Prinzessin Beatrice und ihr Mann «Liko» (Prinz Heinrich) von Battenberg kamen um Mitternacht in ihr Zimmer, um ihr ein gutes neues Jahr zu wünschen. Danach fügte Victoria ihrer Eintragung noch einen Schlußabsatz hinzu. Die letzte Zeile lautete: «Möge Gott mir weiterhin beistehen.»

II

ALEXANDRINA VICTORIA

(1817-1820)

Am 6. November 1817 starb Prinzessin Charlotte, und durch ihren Tod entstand eine Lücke in der britischen Thronfolge. Die lebhafte junge Prinzessin wäre nach ihrem Vater, dem Prinzregenten (und zukünftigen George IV.), Thronerbin gewesen. Schon mit einundzwanzig Jahren war sie der Liebling der Nation. Plötzlich, nachdem sie in fünfzigstündigen Wehen einen toten Sohn geboren hatte, war sie tot. Keiner der sieben Söhne und keine der fünf Töchter des zeitweilig geistesgestörten George III., die von insgesamt fünfzehn Kindern noch am Leben waren, hatte ein ehelich geborenes Kind, das hätte regieren können. Einige von ihnen konnten aus dem einen oder anderen Grund keine Kinder haben. Die Aussicht, daß einer der Brüder oder Schwestern König oder Königin werden könnte, war eine erschreckende Vorstellung. Sie waren bestenfalls Exzentriker, schlimmstenfalls Schandflecke des Geschlechts – «der Abschaum ihrer trüben Rasse», sagte Shelley. Selbst der loyale Herzog von Wellington gab zu, sie seien «der verdammteste Mühlstein am Halse einer jeden Regierung, den man sich nur vorstellen kann». Dennoch wollten sowohl das Parlament als auch der Prinzregent eine gesicherte Thronfolge, und sie benützten die Schulden der zur Verfügung stehenden Herzöge als Druckmittel, um sie zu ihrer Pflicht zu zwingen.

Durch den Tod der Prinzessin rückte William, der unverheiratete Herzog von Clarence, mit zweiundfünfzig Jahren in der Thronfolge nach und ebenso sein kränklicher Bruder Frederick, der Herzog von York. Prinz William hatte bereits versucht, das Dilemma seiner eigenen Schulden dadurch zu lösen, daß er Mrs. Dorothy Jordan, eine Schauspielerin, die zehn uneheliche Kinder unter dem Namen FitzClarence von ihm hatte, sitzenließ, um nach einer reichen Frau Ausschau zu halten, allerdings ohne Erfolg. Jetzt brauchte er eine zukünftige Königin. Wenn er lange genug lebte, um auf den Thron zu gelangen, würde er William IV. sein. Wenn nicht, konnte vielleicht sein Nachkomme über England herrschen. Rasch begann er sich in Deutschland nach einer Braut umzusehen.

Der jüngste unverheiratete Herzog, Adolphus von Cambridge, war erst dreiundvierzig. Er lebte nur selten in England – er hatte eine Jagdhütte und ein Landhaus im deutschen Königreich der Familie, Hannover, dessen Regent er war – und hatte keine Frau. Seine Neigung galt seiner blonden Perücke, seiner Geige, seinem wissenschaftlichen Privatlabor und seinen Investitionen. Er hatte kein Interesse daran, irgendwo über irgendwen zu regieren. Wie die übrigen Herzöge wurde er jedoch über seine Pflichten aufgeklärt. Prinzessin Charlotte war noch keine zehn Tage tot, da hatte er schon eiligst um die Hand von Augusta, Prinzessin von Hessen-Kassel, angehalten.

Zwischen den beiden kam der ledige, stämmige, fast ein Meter neunzig große Edward, Herzog von Kent. Er war fünfzig Jahre alt, hatte eine Glatze und einen schwarzgefärbten Schnurrbart. Er war bei der Armee gewesen und bekannt als ein Mann von strenger Disziplin. Innerhalb seiner eigenen Klasse aber galt er als warmherzig und menschlich. Er hielt gerne Tischreden und hatte einen wißbegierigen Geist, der mehrere Privatsekretäre mit einer regen Korrespondenz beschäftigte, vorwiegend mit öffentlichen Ämtern, die Briefe mit seinem Namenszug fürchteten. Er hatte siebenundzwanzig Jahre lang glücklich mit seiner französischen Geliebten gelebt, ohne zu wissen, daß «Julie de St. Laurent», so nannte er Thérèse-Bernardine Mongenet von Besançon, nicht so alt wie er, sondern sieben Jahre älter war. Für ihn lag die Sache schwieriger als für Adolphus. Schon ehe er sich von der liebenswürdigen Madame de St. Laurent trennte, hatte er heimlich begonnen, sich nach einer rechtmäßigen Ehefrau umzusehen, allerdings weniger aus dynastischen als aus finanziellen Gründen. Prinzessin Charlotte war damals noch am Leben, und man rechnete damit, daß sie zusammen mit ihrem Gemahl, Prinz Leopold von Sachsen-Coburg, Englands Thronfolge sicherstellen würde. Das hatte jedoch keine Bedeutung für Hannover, wie die Königlichen Herzöge wußten, denn in dem kleinen deutschen Königreich galt das Salische Gesetz. Nur männliche Erben konnten dort regieren, und sollte Charlotte Königin werden, so würde der älteste ihrer noch lebenden Onkel König von Hannover.

Edward von Kent stellte sich unter einer passenden Braut eine Frau vor, die viel Geld und das geeignete Blut für eine standesgemäße königliche Hochzeit mit in die Ehe brachte. Aber seine Nachforschungen führten ihn nur zu Damen jenseits eines gewissen Alters. Sie riefen in ihm keinerlei Neigung zur Erfüllung seiner Staatspflichten wach. Doch eine Frau erschien, wenigstens dem Papier nach, recht interessant. Der Herzog hatte Leopold – einen Prinzen von Coburg – und Charlotte unterstützt, als sich der Prinzregent ihrer Heirat entgegenstellte. Das Paar hätte ihn gerne mit Leopolds jüngerer Schwester, der verwitweten Prinzessin von Leiningen zusammengebracht, die zweiunddreißig Jahre alt war und zwei Kinder hatte, Karl und Feodora. Sie regierte für ihren kleinen Sohn das winzige Fürstentum Amorbach, das kaum fünfzehntausend Einwohner zählte, und hatte, wenn überhaupt, nur wenige ernst zu nehmende Pflichten. Karl von Leiningen, den sie 1803 geheiratet hatte und der 1814 gestorben war, hatte sein Familienterritorium nördlich des Flusses Speyer samt seiner bedeutendsten Stadt, Bad Dürkheim, an Napoleon verloren. Als Entschädigung hatte er eine verarmte Stadt und ein Stück Land weiter östlich erhalten, gleich unterhalb des Mains zwischen Mannheim und Würzburg gelegen. (Die Situation der Familie hatte sich auch nach Waterloo in nichts verbessert.) Der Herzog machte den ersten Schritt und besuchte Prinzessin Marie Louise Victoire in Darmstadt, einer der größeren Städte in Grenznähe von Amorbach. Danach setzte er einen wortreichen Brief auf, in dem er seine Zuneigung zum Ausdruck brachte und ihr einen Heiratsantrag machte. Sie konnte eine geeignete Königin für das Haus Hannover sein.

Nach dem Tod ihres Mannes hatte die Witwe und nunmehr angehende Braut, die von geschäftlichen Dingen nichts verstand, ihren Majordomus, Hauptmann Schindler, um Rat gebeten, einen Mann, der seinem Namen ein *von* hinzugefügt hatte, um seine ehrgeizigen Ansprüche geltend zu machen. In der Voraussicht, daß seine Position durch eine Eheschließung geschwächt würde, machte er Prinzessin Victoire darauf aufmerksam, daß sie auf eine beträchtliche Summe ihrer jährlichen Apanage verzichten müsse, wenn sie heiratete. Außerdem sei der Altersunterschied sogar noch größer als bei ihrer ersten Eheschließung, als sie mit siebzehn Jahren die zweite Frau des vierzigjährigen Prinzen von Leiningen geworden war. Ferner gelte es das Schicksal der Kinder zu bedenken, deren Zukunft in Deutschland liege, dazu die großen Schulden des Herzogs von Kent und Madame de St. Laurents. Für den Augenblick konnte Schindler sich durchsetzen.

Charlottes Tod verdoppelte den Eifer des Herzogs. Dem britischen Thron einen Erben zu schenken, würde zweifellos sein Schicksal günstig beeinflussen. Konkurrenz im Rennen um das große Los der Dynastie fürchtete er nicht allein von dem jüngeren Herzog von Cambridge, sondern noch eher vom Herzog von Clarence, der die älteste Tochter des Herzogs von Sachsen-Meiningen, Prinzessin Adelaide, heftig zur Heirat drängte. Sie war eine junge Frau Mitte zwanzig, zwar nicht besonders schön, aber im richtigen Alter, um Kinder zu gebären. Um Geld zu bekommen, brauchte Edward jedoch Geld. Er mußte einen angemessenen Lebensstandard vorweisen, und er mußte seine treue Geliebte entschädigen. Es blieb ihm keine andere Wahl, als Geld von Freunden zu borgen, die ein solches Darlehen als Investition in zukünftige Macht und Privilegien ansehen mochten. Im Januar 1818 konnte er Victoire dringend um eine «positive» Antwort ersuchen, und am 25. Januar schrieb sie ihm freundlich aus Amorbach zurück, Entschädigung – vermutlich für den Verlust von Heim und Einkünften – hoffe sie in der Liebe des Herzogs zu finden.

Seine Schulden seien jetzt unwichtig, erklärte Eward einem Freund, die Nation sei künftig sein Schuldner. Die einzige, die die Sache anders sah, war Madame de St. Laurent. Sie war wie vor den Kopf gestoßen, als sie, noch während das Paar zusammen in bescheidenen Verhältnissen in Brüssel lebte, in einer Londoner Zeitung einen Artikel las, der die königlichen Herzöge drängte, um der Thronfolge willen zu heiraten. Der Herzog war sehr darum besorgt gewesen, seine Verhandlungen in aller Stille zu führen und sie vor allem vor seinem kauzigen Bruder, dem Prinzregenten, zu verbergen, aber der Londoner Presse konnte man nichts verheimlichen. Die Zeitung *Morning Chronicle* hatte am 17. November, also am Tag nach Prinzessin Charlottes Tod, geschrieben, es sei nun «die inständige Bitte der Nation, daß eine baldige Heirat einer der ledigen Prinzen unverzüglich vereinbart werde». Der *Chronicle* erwähnte sodann, «vor einiger Zeit» sei das Gerücht umgegangen, der Herzog von Kent wolle «eine der Schwestern von Prinz Leopold heiraten», eine Verbindung, die England «mit Entzücken und Begeisterung... begrüße». Am 24. November hatte Madame de St. Laurent die Zeitung beim Frühstück gelesen. Es tröstete sie nicht in ihrem Unglück, daß der Herzog die Hoffnung aussprach, sein «Marinebruder» Clarence würde heiraten oder der Regent könne «*seine Scheidungspläne in die Tat umsetzen*».

Sein standhaftes Leugnen versetzte die beiden in eine Stimmung, die Kent «diesen traurigen Zustand der Ungewißheit» nannte, bis er am 6. Februar aus Amorbach Nachricht erhielt. Danach wies er seinen Majordomus in England, einen seiner ältesten Freunde aus der Militärzeit, General Frederick Augustus Wetherall, umsichtig an, ihm etwas «Vorzeigbares» für seine «einzigartige und geliebte» Madame zu schicken und ihm einen Anlaß zu geben, nach London zu reisen, «um einen *gesetzlichen* Akt zu vollziehen, für den seine Anwesenheit unverzichtbar» sei.

Wetheralls «vorzeigbares» Papier traf am 20. Februar ein, und Kent zeigte es seiner «armen, treuen Gefährtin», die sich davon aber nicht irreführen ließ. Beide wahrten sie, jeder für sich, den Schein; ja, sie verlängerten sogar den Mietvertrag für ihr Haus in Brüssel. Aber der Herzog brach nach London auf, um seine Finanzierungskampagne für die Hochzeit mit der Frau zu beginnen, von der er angeblich gar nichts wußte. Am selben Tag, dem 19. März, fuhr Thérèse-Bernardine mit einer Kutsche nach Paris, wo sie dank eines Ehrentitels von Louis XVIII. als Comtesse de Mongenet auftreten und eine Zimmerflucht im Hotel de St. Aldegonde

33

beziehen konnte. Unterstützung fand sie nur in den schmerzlich tröstenden Briefen des Herzogs und einer kleinen Pension. Er hatte ihr 1000 £ im Jahr bezahlt, bis seine finanziellen Nöte eine Kürzung erzwangen, ihrem eigenen Vorschlag entsprechend auf 400 £.

Jetzt wünschte er nur, daß seine «geliebte Gefährtin» ein würdiges Leben führen konnte, denn die Schuld, die er darüber empfand, sie verlassen zu haben, bedrückte ihn sehr. Einem gemeinsamen Freund, Baron de Mallet, schrieb der Herzog in der Hoffnung, daß Julie den Brief zu Gesicht bekäme: «Eines dürfen wir *niemals* vergessen: unsere unerwartete Trennung erwuchs allein aus der zwingenden Pflicht zum Gehorsam gegenüber meiner Familie und meinem Land, die mich zur Heirat drängten, *nicht* aber aus der allergeringsten Abschwächung einer Zuneigung, die achtundzwanzig Jahre lang Bestand hatte und die, wären nicht *diese* Umstände eingetreten, ohne Zweifel unsere Verbindung weitergetragen hätte, bis einem von uns das Los zuteil geworden wäre, diese Welt zu verlassen.»

Dennoch gelobte der Herzog, Victoire als höchsten Zweck seines Lebens anzusehen, und schlug ihr einen «Doppelplan» vor, nach dem einer die Sprache des anderen lernen sollte, um einander vertrauter zu werden. Seine Zärtlichkeit, so schrieb er ihr, könne sie vielleicht den Altersunterschied vergessen lassen. Dann lieh er von dem Bankier Thomas Coutts 3000 £. Dabei hegte er die optimistische Hoffnung, nach der Heirat vom Parlament eine jährliche Apanage von 25 000 £ zu erhalten und sogar schon vor der Hochzeit die Summe von 12 000 £ für eine «Ausstattung» – Kleidung, Geschenke, Dienstbotengehälter, all die Dinge eben, die er brauchte, um der Welt seinem neuen Status angemessen entgegentreten zu können.

Im Schloß Ehrenburg in Coburg wurde am 29. Mai 1818 um 21.30 Uhr die verwitwete Prinzessin von Leiningen nach lutherischem Ritus mit einem Mann getraut, den sie vorher erst einmal gesehen hatte. Vier Tage nach der Hochzeitsfeier in Amorbach brachen der Herzog und die Herzogin von Kent nach England auf, wo sie am 13. Juli im Kew Palace um vier Uhr nachmittags noch einmal getraut wurden, diesmal nach dem Ritus der Church of England, aber in einer zweisprachigen Zeremonie. Nicht nur die Zeremonie wurde verdoppelt, sondern der Prinzregent konnte auch zwei Bräute zum Altar führen, denn auch der Herzog von Clarence und Prinzessin Adelaide wurden zu dieser Stunde vermählt.

Die Hochzeitsreise, so erkannten Edward und Victoire, noch ehe das Band geknüpft wurde, mußte sich auf eine eilige Heimkehr nach Amorbach beschränken, wo das Leben billiger war. Das Parlament hatte nicht einen Penny zur nötigen Ausstattung beigesteuert, und es schien keinerlei Hochzeitszuschuß in Aussicht zu stehen, der den Wünschen des Herzogs auch nur entfernt entsprach. Es gab zu viele herzögliche Hochzeiten zur selben Zeit, und die Öffentlichkeit zeigte keine Neigung, gleich mehrere Apanagen für einen aufwendigen königlichen Lebensstil zu finanzieren. Schließlich wurde den heiratenden Herzögen ein kleines Zugeständnis gemacht. Das Parlament bot jedem von ihnen eine Zulage von 6000 £ zu seiner jährlichen Apanage von 25 000 £ an. Der Herzog von Kent hatte das Geld, das quälend langsam durch die Bürokratie sickerte, verzweifelt nötig, und als es mit Verspätung eintraf, war sein Darlehen über 3000 £ von Coutts bereits verbraucht. Die Hälfte des Darlehens war als Teil des Ehevertrages direkt an seine Braut übergegangen. Weitere 500 £ gingen eilig an Madame de St. Laurent, deren Mittel schon sehr knapp waren. Hochzeitsgeschenke, Geschenke für das Personal, eine neue Equipage und die Vorliebe der Herzogin für neue Hüte (von denen einer einhundertacht Pfund und zehn Schillinge kostete – für viele Menschen der Lohn eines ganzen Jahres) hatten den Rest verschlungen. Der Herzog steckte schon so tief in Schulden, daß seine Mutter, Königin Charlotte, das Paar drängte, England unverzüglich zu verlassen. Ihre Kräfte schwanden zusehends, und sie sollte nur noch vier Monate leben, aber sie machte keinerlei Anstalten, für den Herzog in die Tasche zu greifen.

Am 11. September befanden sich der Herzog und die Herzogin von Kent bereits jenseits des Ärmelkanals in Valenciennes, nur unweit im Süden der heutigen belgischen Grenze. Hier hatte der Herzog von Wellington sein Hauptquartier während der auf Waterloo folgenden Besatzung der Niederlande aufgeschlagen. Wellington gab ihnen zu Ehren ein Festessen und einen Ball.

Inzwischen war die Herzogin schwanger, wie der Herzog in einem Brief vom 18. November an den Privatsekretär des Prinzregenten, Sir Benjamin Bloomfield, bestätigte. Da das Kind im Mai erwartet werde, so schrieb der Herzog, sei es seine Pflicht, die Herzogin Anfang April nach England zu bringen, damit die Geburt «zu Hause» stattfinden könne – ein sicherlich weiser Entschluß für den Fall, daß das Kind der zukünftige Herrscher sei. Die Reise würde allerdings «eine große Belastung für unser begrenztes Einkommen bedeuten», fügte er hinzu. Dabei hatte ihm die zuständige Kommission bereits zusätzliche 2000 £ im Jahr zugestanden, rückwirkend ab April. Seinem Bruder, dem Prinzregenten, unterbreitete der Herzog seine Wünsche in der Form, als wäre er im Begriff, England den einzig möglichen Träger der Krone des Empires für die künftige Generation zu bringen. Er brauchte Reisegeld, um nach Hause zu kommen. Er brauchte eine «Yacht» für die Überfahrt. Er brauchte eine Wohnung in London für die Niederkunft seiner Frau und schlug die «Räume der verstorbenen Prinzessin von Wales» im Kensington Palace vor. Er brauchte «Geschirr und Besteck für unsere Tafel..., zumindest im bescheidensten Maße». Außerdem hatte der Arzt der Herzogin einen Erholungsurlaub von einigen Wochen in einem Seebad angeregt, etwa in der königlichen Residenz von Brighton oder Weymouth. Seine Wünsche hielten sich im Bereich des unabdingbaren Minimums, so behauptete er. Dies könne jeder leicht erkennen, der einmal die Kosten vergleiche, die sich ergäben, wenn man zusätzliches eigenes Personal mitbrächte. Aber alle Wohnräume müßten angemessen ausgestattet werden für ein so zukunftsträchtiges Ereignis. Er gab detaillierteste Anweisungen für die Veränderungen im Kensington Palace, vom Durchbrechen der Wände oder Zumauern von Türen bis hin zum Tapezieren. Raumausstattungen und Einrichtungen waren für Herrschaften von Stand nicht billig. Ein seidenbespanntes Sofa konnte an die 600 £ kosten, ein einziger Stuhl für das Speisezimmer schon weit über 200 £.

Die Bedeutung seines Geschenkes an die Nation, so wähnte der Herzog, werde garantieren, daß alle seine Forderungen erfüllt würden, zumal er jede einzeln aufgeführt und sie plausibel begründet hatte. So war es ein Schock für ihn, als Sir Benjamin Bloomfield in knapper Form zurückschrieb, der Prinzregent schlage sie alle miteinander ab.

Der Herzog von Kent wurde außerdem darüber belehrt, daß seine Gemahlin nicht die einzige Frau sei, die ein königliches Kind erwarte. Doch das wußte er bereits. Sowohl die Herzogin von Clarence als auch die Herzogin von Cambridge waren schwanger, und beide hatten die Absicht, in Hannover zu entbinden, wo der Herzog von Cambridge Regent war. Der Prinzregent, so bemerkte Bloomfield, «konnte sich nicht enthalten», der Herzogin von Kent ebenfalls Hannover zu empfehlen, weil dadurch nicht nur «hohe Ausgaben» entfielen, sondern ihr auch die «Gefahren und Mühen» einer Reise nach England erspart blieben.

Zumindest eine der Forderungen des Herzogs mußte den Zorn des Prinzregenten erregen, auch wenn er sich dessen nicht bewußt war: die Bitte, in die Wohnräume seiner verstorbenen Tochter einziehen zu dürfen, um einen Nachfolger für sie und ihren totgeborenen Sohn auf die Welt zu bringen. Der Prinzregent hatte Prinzessin Charlotte in keiner Weise gemocht und war mit ihrer Heirat nicht einverstanden gewesen. Aber sein Bruder hatte ihn jetzt ungewollt daran erinnert, daß es ihm nicht gelungen war, einen eigenen Nachfolger zu stellen. Er hatte seine Frau, Prinzessin Karoline, verabscheut und sie aus dem gemeinsamen Schlafzimmer verbannt, sobald ihr erstes und einziges Kind unterwegs war, so daß keinerlei Ausssicht mehr auf weitere eheliche Kinder bestand. Er hatte beträchtlich dazu beigetragen, daß aller Wahrscheinlichkeit nach seine Linie der Familie erlöschen würde. Und die formale Verbindung möglicher Kinder seiner Brüder mit seiner Linie war ihm gleichgültig. In Anbetracht der hohen

Kindersterblichkeit würde selbst dann, wenn sie Kinder hätten, wahrscheinlich keines lange genug leben, um die Thronfolge anzutreten.

Der Herzog von Kent war außerordentlich eigensinnig. Er schrieb an James Putnam, ein Mitglied der Kommission, die sein Einkommen überwachte, er habe keine andere Wahl, als vorerst in Amorbach zu bleiben, da er sicher wisse, daß sein Bruder ihm keinen freundlichen Empfang bereiten würde. Aber er hatte dafür gesorgt, daß sich bei den Kommissionsmitgliedern der Gedanke festsetzte, wie wichtig eine Entbindung in *England* sei. General Wetherall gegenüber brachte der Herzog die Befürchtung zum Ausdruck, er wäre womöglich gezwungen, fünf Jahre lang in Deutschland zu warten, bis er seine Schulden abbezahlen könnte. Und doch wollte er unter allen Umständen, daß sein Kind in England geboren würde. Gleichzeitig machte er sich daran – obwohl er das Geld dafür noch nicht einmal geliehen hatte –, den Besitz in Amorbach mit einem Aufwand instand zu setzen, als wolle er zumindest so lange dort bleiben, wie die Herzogin Regentin des Fürstentums war.

Entgegen manchen späteren Legenden war er in all den siebenundzwanzig Jahren mit Madame de St. Laurent nicht zum Vater geworden. Seine einzige Erfahrung mit dieser Rolle hatte er bei einer Gelegenheit gemacht, die er lieber vergessen hätte. Als Prinz Edward, mit zweiundzwanzig Jahren Oberst bei den Königlichen Füsilieren ohne erkennbare Aufgaben, hatte er in Genua mit einer jungen französischen Schauspielerin, Adelaide Dubus, zusammengelebt. Am 15. Dezember 1789 starb sie bei der Geburt einer Tochter, die der Prinz Adelaide Victoire Auguste taufte. Er regelte, daß das Kind auch ohne Vater versorgt wurde, und unterschrieb dafür eine Abmachung, derzufolge der Vater und die Schwester der Verstorbenen, Victoire, eine Pension erhielten. Als Gegenleistung sollte das Kind protestantisch erzogen werden und durfte nicht «Schauspielerin» werden (diese Bezeichnung könnte auch ein Euphemismus gewesen sein). Der Prinz ließ die kleine Victoire in der Obhut ihrer Tante zurück und fuhr nach London, um seinem Vater die peinliche Affäre zu erklären und sie möglichst harmlos darzustellen. Aber schon zwei Tage nach seiner Rückkehr wurde sein Abenteuer von der *General Evening Post* publik gemacht, und George III. befahl Edward, England wieder zu verlassen.

Als man ihm im Juli 1790 den Säugling zu Besuch brachte, war der Prinz gerade in das ferne Gibraltar abkommandiert. Weder die Tante noch die kleine Adelaide Victoire blieben lange. Edward mochte vielleicht gehofft haben, Victoire als Ersatz für ihre Schwester erben zu können, aber sie sah keinen Anlaß, irgendwelche anderen Dienste zu leisten, als für die Pflege des Kindes zu sorgen. Beträge, die an Victoire Dubus, später «Madame Barthelmy», bezahlt wurden, erscheinen regelmäßig in den Kontobüchern des Prinzen bei der Coutts-Bank, und ihr Name ist in den Registern von Genua bis 1832 verzeichnet. Das Kind taucht nicht wieder in der Geschichte auf.

Im Jahre 1819 waren Victoire (und Adelaide Victoire) nur noch Einträge in einem Hauptbuch, das der Herzog nie zu sehen bekam, Einträge, die zu seinen Schulden nur unerheblich beitrugen. Jetzt hoffte er auf ein eheliches Kind, das er nicht verstecken mußte, sondern stolz der ganzen Nation präsentieren durfte.

Aus London schrieb Joseph Hume, der zur Kommission des Herzogs gehörte, daß er unbedingt seine Frau nach England bringen solle, damit der Herrschaftsanspruch des Kindes nicht «aufgrund des Umstandes, daß die Geburt auf ausländischem Boden stattgefunden hat», angefochten werden könnte. Die Rückkehr sei die «größte und wichtigste Pflicht, die das Land von Euch erwartet», unterstrich Hume, und verlange sofortige Planung. Alderman Wood, ein weiteres Mitglied der Kommission (früher einmal Anhänger der von ihrem Mann getrennt lebenden Frau des Prinzregenten), und Lord Darnley, auch er zeichnungsberechtigt, boten an, einen Schuldschein über 10 000 £ auszustellen, damit die Entbindung in England stattfinden konnte. Diese Nachricht traf in Amorbach am 14. März 1819 ein, gleichsam in letzter Minute, denn die Herzogin ging schon dem achten Monat ihrer Schwangerschaft entgegen. Zusätzlich brachten zwei weitere Männer, Lord Dundas und Earl Fitzwilliam, je 2500 £ für das große Vorhaben zusammen und überreichten das Geld General Wetherall. Nun hatte der Herzog von Kent beinahe das Doppelte der Summe, die er ursprünglich als notwendig erbeten hatte. In bester Stimmung schrieb er am folgenden Tag dem Herzog von Bedford, daß ihm eine riesige Last von den Schultern genommen sei, «denn als *Engländer* empfand ich es als erste Pflicht gegenüber meinem *Land* wie auch meiner Familie und meinem *Kind*, jedes nur mögliche Opfer zu bringen, um zu gewährleisten, daß das Kind *ipso facto* auf britischem Boden geboren wird».

Sir Benjamin Bloomfield verkündete der Herzog am selben Tag zur Weiterleitung an den Prinzregenten, daß Freunde in England ihn «veranlaßt» hätten, zur Entbindung der Herzogin dorthin zu reisen. Die Herzogin von Kent werde am 18. April in Calais eintreffen.

Widerwillig gab der Bruder seiner Bitte um die Yacht und eine vorübergehende Einquartierung in Kensington nach, bedauerte aber, daß die Herzogin eine so wenig ratsame Reise machen wolle. Beide Seiten kannten die 400 Meilen lange und holprige Landstraße, die es zurückzulegen galt, und ebenso die meist stürmische Überfahrt über den Ärmelkanal, die auch auf der kürzesten Route immerhin drei Stunden dauerte. Aber es standen so bedeutende politische Folgen auf dem Spiel, daß der Herzog das Risiko einer verfrühten Geburt mit womöglich tödlichem Ausgang in Kauf nahm.

Der alte Kensington Palace, aus roten Ziegelsteinen erbaut und früher einmal der Landsitz von William III. und Mary, erwies sich als nicht bezugsfertig, da die Räume der verstorbenen Prinzessin, die dem Garten zu lagen, fünf Jahre lang leer gestanden hatten und gänzlich unmöbliert waren. Der Herzog mußte für neue Installationen sorgen, Möbel beschaffen und zusätzliche Einrichtungsgegenstände aus seinen Häusern in London und auf dem Land in den Palace bringen lassen. Damals gehörte Kensington noch zum Vorstadtbereich Londons, und der Palace, obwohl von George I. renoviert, war heruntergekommen und ein wenig prächtiger Wohnsitz, der zudem in verschiedene Appartements für Mitglieder der königlichen Familie unterteilt war. Mochte der Herzog seinem Bruder auch noch so glaubhaft versichert haben, er wolle in Kensington nur vorübergehend, eben für die Zeit der Entbindung, einziehen, so zeugten seine jetzigen Bemühungen und Ausgaben von anderen Absichten. Die Firma Elliot and Francis, 104 New Bond Street, schätzte den Wert des Mobiliars in den Palaceräumen des Herzogs ein Jahr später auf mehr als 6000 £. Allein die Bibliothek des Herzogs enthielt «Bücherregale aus zweiundfünfzig Teilen», was nicht darauf hindeutete, daß er gleich nach der Geburt des Kindes nach Amorbach zurückkehren wollte.

Am 23. Mai, einem Sonntag – die langwierigen Renovierungsarbeiten waren noch nicht abgeschlossen –, schickte der Herzog am Abend eine Nachricht an General Wetherall, daß bei der Herzogin die Wehen eingesetzt hätten. Man schickte auch nach den Geheimen Staatsräten seiner Majestät, die als Beobachter anwesend sein sollten. Bald hatte sich in einem Raum, der an das Zimmer der Herzogin angrenzte, eine ganze Gruppe um den General versammelt: der Erzbischof von Canterbury, der Herzog von Wellington, der Bischof von London, der Marquess von Landsdowne, Earl Bathurst, George Canning, Nicholas Vansittart (Schatzkanzler) und der Herzog von Sussex (der eine Ehe eingegangen war, die ihn von der Thronfolge ausschloß, auch keine königlichen Kinder hatte und jetzt von seiner Frau getrennt lebte).

Frau Siebold, eine deutsche Ärztin und Hebamme, überwachte die Geburt, und nach etwas mehr als sechsstündigen Wehen wurde morgens um 4.15 am Montag, dem 24. Mai 1819, ein augenscheinlich gesundes Mädchen geboren. In Hochstimmung schickte der Herzog eigens einen Boten nach Coburg zur Herzoginwitwe mit der Nachricht, das kleine Mädchen sei «ein wahrer Ausbund an Kraft und Schönheit» und auch der Mutter gehe es «ausgezeichnet». Ein englischer Arzt, Dr. David Daniel Davis, der ebenfalls zugegen war, hatte nicht einzugreifen brauchen. Aber schon bald sollte die deutsche Hebamme auf dem Rückweg nach Coburg sein. Sie mußte drei Monate später im Hause des Bruders der Herzogin von Kent, dem Herzog von Coburg, dessen Frau bei der Geburt eines Sohnes beistehen, der den Namen Albert erhielt.

Ein zweiter königlicher Enkelsohn, der nach dem König und dem Regenten George genannt wurde (wie auch der zwei Monate früher geborene Nachkomme des Herzogs und der Herzogin von Cambridge), sollte drei Tage nach der Geburt der Prinzessin auf die Welt kommen, und zwar als Kind des Herzogs und der Herzogin von Cumberland, des vierten Herzogs, der in aller Eile verheiratet worden war. Ernest von Cumberland war der fünfte Sohn Georgs III. und stand zur Thronfolge an, wenn er seine Brüder und die Prinzessin überlebte. Gerüchte bezichtigten ihn grausiger Verbrechen, die vom Inzest mit seiner Schwester Sophia bis zum Mord reichten. Diesen schlimmen Ruf verdankte er zum Teil seinem entstellten Gesicht, die Folge einer Kriegsverletzung bei Tournai im Jahre 1794, aber angeblich hatte er auch einen häßlichen Charakter. Er hatte schon vor den anderen geheiratet, nämlich 1815, und war der dritte Gatte der verwitweten Prinzessin Solms-Braunfels (der man ihrerseits nachsagte, sie habe einen ihrer Ehemänner umgebracht). Er baute auf das Salische Gesetz, das ihn und seine männlichen Nachkommen zum König von Hannover machte, falls Prinzessin Charlotte Königin würde. 1817 wurde dem Paar eine tote Tochter geboren. Aber man hoffte noch auf einen Sohn, der dann auch König von England werden könnte, da er in der Rangfolge vor Prinz George von Cambridge kam, der zwar zwei Monate älter, aber der Sohn eines jüngeren Herzogs war. Jetzt stand eine weitere königliche Tochter der Thronbesteigung im Weg, und jahrelang hielten sich unbewiesene, aber glaubhafte Gerüchte, denen zufolge Cumberland finstere Ränke gegen das Leben der Prinzessin schmiede.

Die Namen der kleinen Tochter der Kents stellten den Herzog vor ein Dilemma, während das voraussichtliche Datum der Taufe immer näher rückte. Der Prinzregent hatte wissen lassen, daß er allein Ort und Zeitpunkt der Zeremonie bestimmen wolle und er darauf bestehe, selbst die Namen auszuwählen – oder sich zumindest ein königliches Veto vorbehalte. Der Herzog war ganz vernarrt in seine Tochter und zeigte sich über das Geschlecht des Kindes keineswegs betrübt. Wo kein Salisches Gesetz herrschte, war es unbedeutend, und da seine Frau vermutlich noch weitere Kinder bekommen würde, wenn beide Elternteile nur gesund blieben, standen vielleicht auch noch Söhne in Aussicht. Aber immerhin konnte das Kind eines Tages Königin werden und brauchte entsprechende Namen, trotz der Befürchtungen des Herzogs, die er Anfang Juni dem Herzog von Orléans in einem Brief mitteilte, nämlich «daß der Bruder vor mir *aller menschlicher Voraussicht nach noch Kinder haben wird».* Aufgrund dieser Möglichkeit und der langen, unterschwelligen Feindseligkeit zwischen dem Herzog und dem Prinzregenten sei es offensichtlich der Plan des Regenten, so schrieb der Herzog vertraulich, «mich klein zu halten».

Der Herzog teilte dem Regenten seine Namenswahl mit. Der erste Name war eine Huldigung des Regenten selbst, da man ihn bitten wollte, einer der Taufpaten des Kindes zu sein. Der andere Taufpate, der dieser Aufgabe bereits zugestimmt hatte, obwohl er nicht anwesend sein konnte, war Zar Alexander I. von Rußland. Also wurden dem Prinzregenten die Taufnamen Georgiana Charlotte Augusta Alexandrina Victoria vorgeschlagen.

Der Prinzregent spielte seine Macht aus und wartete fast bis zum letztmöglichen Moment, ehe er den Eltern mitteilte, er habe geruht, die Taufe auf Montag, den 24. Juni, um drei Uhr nachmittags anzusetzen – bis dahin waren es noch drei Tage. Da die Zeremonie im Familienkreis stattfinden sollte, waren Festgewänder untersagt (die Herren hatten in Gehröcken zu erscheinen), noch durften Mitglieder des diplomatischen Corps anwesend sein. Der Herzog von York würde den Zaren vertreten; ob der Zar selbst oder Edward dazu jemand anderen vorgesehen hatten, spielte keine Rolle. Der Regent kam in eigener Person. Die Namen? Beinahe beiläufig erwähnte Sir Benjamin Bloomfield am Schluß: «Der Prinzregent wird sich Eurer Königlichen Hoheit vor der Zeremonie erklären.»

Die Namenswahl wurde am Vorabend der Taufe mit einem Eklat entschieden, auch wenn der Herzog von Kent darauf gefaßt gewesen sein mußte. Der Prinzregent hatte Kents Schwager Leopold unter Druck gesetzt, er solle zu verhindern suchen, daß das Kind den Namen Charlotte erhalte. Leopold wollte seine riesige, vom Parlament zugesprochene Apanage – 50 000 £ jährlich – natürlich nicht aufs Spiel setzen. Was die anderen Namen betraf, so verkündete der Regent seinen Entschluß: er habe beschlossen (wie die Herzogin später erklärte), «daß der Name Georgina nicht genommen werden darf, da Er nicht gewillt ist, seinen Namen vor den des Kaisers von Rußland zu setzen; ebensowenig konnte Er erlauben, daß er ihm nachgestellt werde».

Es waren noch immer mehrere Namen übrig, als sich die Gruppe im Kuppelsaal des Kensington Palace versammelte. Zu Ehren des festlichen Anlasses hatte man das königliche Taufbecken aus dem Tower gebracht. Der Erzbischof von Canterbury und der Bischof von London spendeten die Taufe, wurden aber bald vom Prinzregenten unterbrochen, der jetzt auch die Namen Charlotte und Augusta verbot und damit praktisch alle Namen, die damals in der Königsfamilie vorkamen. Vorsichtig bat der Erzbischof, der den Säugling auf dem Arm hielt, den Regenten, den Namen zu nennen, den er dem Kind geben dürfe. «Alexandrina», sagte der Regent. Der Erzbischof wartete weiter, in der Gewißheit, daß ein königliches Kind zumindest einen weiteren Namen verdiente. «Elizabeth», drängte der Herzog von Kent. Der Regent schüttelte den Kopf. «Gebt Ihr dann eben noch den Namen ihrer Mutter, aber er darf nicht vor dem des Zaren stehen.»

Als fünfte in der Thronfolge von England geboren, wenn auch erste Anwärterin ihrer eigenen Generation, sollte das Kind in den ersten Jahren als «Drina» bekannt werden. Zu Hause wurde der beliebtere Name, Victoria, bei ihrer deutschen Mutter zu *Vickelchen*. Als Victoria gelernt hatte, ihren Namen zu schreiben, verschwand Alexandrina völlig, aber es blieb ihr offizieller Name, bis sie viel später eine Änderung proklamierte. (Höchstwahrscheinlich erfuhr sie nie etwas von ihrer Halbschwester, deren zweiter Name ebenfalls Victoria war.)

Da das Kind sein wertvollstes Gut bedeutete, war der Herzog entschlossen, in England zu bleiben. Seine Kommission fürchtete, daß nun wüste Exzesse im Geldausgeben und Schuldenmachen beginnen würden. Man riet ihm daher vorsorglich, er solle im Rahmen seiner Verhältnisse leben und seine Schulden nach und nach von seinen Einkünften abbezahlen. Im Sinne der Gläubiger unterstützte Joseph Hume eine solche sparsame Lebensweise. Der Herzog dagegen trat an seine Vermögensverwalter mit der Bitte um zusätzliche 18 000 £ heran, um «Sonderausgaben» bezahlen zu können. Hauptmann Conroy, der Stallmeister des Herzogs, reagierte als Befürworter der Vorschläge Humes «mit Gefühlen der Entrüstung».

Das ungenutzte Landhaus des Herzogs in Ealing, das mit allen Finessen einschließlich mechanisch betriebener Wasserfälle ausgestattet war, hatte vom Entwurf bis zur Fertigstellung 200 000 £ gekostet. Es war dem Herzog aber nicht gelungen, es zu verkaufen, nicht einmal zum offiziellen Schätzwert von 50 000 £. Seine Kommission schlug vor, man solle eine Lotterie veranstalten, um Geld zu bekommen. Ein solcher Verkauf erforderte die Billigung des Parlaments, und Lord Castlereagh, Fraktionsführer der Regierungspartei im Unterhaus, weigerte sich, den Antrag zu unterstützen. Man würde damit einen unguten Präzedenzfall schaffen, warnte er. Inzwischen häufte der Herzog neue Schulden an. Seine Tochter aber, die kaum zwei Monate alt war, nahm er mit zu einer Militärparade.

«Was hat der Säugling hier zu schaffen?» brüllte der Regent. Edward tat, als sei er taub.

«Schaut sie euch gut an», pflegte der Herzog vertraulich zu seinen Freunden zu sagen, «sie wird einmal die Königin von England sein.»

Mit zehn Wochen wurde Victoria geimpft. Sie strotzte vor Gesundheit, und ihre Eltern wollten dafür sorgen, daß das so blieb. Der Regent war noch immer überzeugt, die Clarences würden Victoria aus der Thronfolge drängen, und stieß die Kents häufig vor den Kopf. Doch das schmälerte ihren Optimismus hinsichtlich ihrer Zukunft keineswegs, zumal Adelaide, kaum vier Monate nach dem Tod ihrer eilig getauften Tochter Charlotte Augusta auf der Reise in die Heimat des Herzogs in Calais eine Fehlgeburt hatte. Es war offensichtlich, daß sie dem Beispiel der Kents folgen wollten, für die Entbindung nach England zurückzukehren. Doch der Plan war gescheitert.

Die Feindseligkeit des Prinzregenten gegenüber den Eltern von Prinzessin Alexandrina Victoria wurde durch den Wettstreit um die Thronfolge nur unerheblich gesteigert.

Im September ging ein weiteres Memorandum des Herzogs von Kent an seine Kommission, in dem er seine gewachsenen Bedürfnisse darlegte. Diesmal schraubte er sie jedoch weit herunter und ließ seine Absicht durchblicken, das teure London zu verlassen und in ein Landhaus in Devonshire zu ziehen. Zusammen mit Conroy fuhr er sogar dorthin, um sich geeignete Häuser anzuschauen, deren Unterhalt keine allzu großen Kosten bereitete. Er fand auch ein solches Haus: das weißgetünchte Woolbrook Cottage in Sidmouth, das Alderman Wood von seiner Kommission für ihn mietete. Dort war der Winter «weniger streng», wie er seinem Schwager, dem Herzog von Coburg, am 19. November schrieb. Die Prinzessin, so fügte er stolz hinzu, sei bereits abgestillt worden und mit ihren sechs Monaten so weit entwickelt wie andere Kinder erst mit acht. Er selbst war in gehobener Stimmung, nachdem er am 2. November in London mit einem Familienfest seinen zweiundfünfzigsten Geburtstag gefeiert hatte. Seine Stieftocher hatte ein Lied gesungen, sein Stiefsohn Karl von Leiningen einen Brief in englischer Sprache aus seinem Schulort Genf geschrieben und Victoria einen Geburtstagsbrief überreicht, den ihre Mutter für sie verfaßt hatte.

Überlegungen, wie er noch mehr Geld zusammenborgen könnte, kosteten den Herzog im Dezember viel Zeit und verzögerten den Umzug nach Devonshire. Coutts weigerte sich, ihm noch weitere Darlehen seiner Bank zu gewähren, und schlug ihm auch Vorschüsse aus seinen privaten Mitteln ab. An das Bankhaus Bosanquet and Co. trat der Herzog ebenso vergeblich mit der Bitte um die 30 000 £ heran, die er angeblich nötig brauchte. Die Kents verbrachten einige Zeit auf dem Landsitz Prinz Leopolds in Claremont, um Geld zu sparen. Dort wurde ihnen dringend geraten, sie sollten doch jetzt nach Deutschland zurückkehren, nachdem der Zweck ihres Aufenthaltes in England erfüllt sei. Vom Anwalt des Herzogs, Mr. Karslake, kam der Vorschlag, man solle Castle Hill in große Parzellen aufteilen und verkaufen, die Einrichtung versteigern und das leere Haus abreißen, um Baumaterial zu gewinnen. Er schätzte, alles zusammen könnte vielleicht die Hälfte der ursprünglichen Investition des Herzogs erbringen, immer noch das Doppelte von dem, was die Kents zum Überleben ihren Angaben nach brauchten. Aber die geeignete Jahreszeit für ein solches Unternehmen war der Frühling, also mußten ihre gegenwärtigen Einkünfte bis Mai reichen.

Die Kommission war jedenfalls gewillt, «alles in ihrer Macht Stehende zu tun, mir mein Leben angenehm zu machen», wie der Herzog schrieb. Zusammen mit seinem Gefolge brach er nach Sidmouth auf. Am 21. Dezember erreichten sie Salisbury und waren dort zwei Tage lang Gäste des Bischofs, Dr. John Fishers, eines ehemaligen Tutors Edwards in dessen Knabenzeit, so daß sie erst am Nachmittag des ersten Weihnachtstages in Woolbrook Cottage ankamen, mitten in einem «fürchterlichen Schneesturm». Der Herzog schob die Schuld an einer «verteufelt widerwärtigen» Darmverstimmung und einem gastritischen Anfall bei der Ankunft auf das schlechte Reisewetter. In einem Bericht an Wetherall vom letzten Tag des Jahres erklärte er jedoch, er sei «völlig wiederhergestellt», wenn auch noch schwach.

Das Jahr 1820 begann, doch von dem milden Winter, den der Herzog erhofft hatte, war nichts zu spüren. Das Wetter im Ärmelkanal gefährdete die Schiffahrt; Schnee, Regen und Wind peitschten das Festland. Alle Mitglieder der Familie Kent waren erkältet, und Dr. Wilson kam zu regelmäßigen Visiten von seiner nahegelegenen Unterkunft herüber, um den Durchbruch von Victorias ersten beiden Zähnen zu überwachen. General Wetherall war aus London gekommen, um die Geschäfte des Herzogs zu führen, und Hauptmann Conroy versah weiterhin seinen Dienst. Während sie sich darauf einrichteten, in Devon zu überwintern, erkundete der Herzog, der mit seiner Erkältung kämpfte und einen Brief nach dem anderen schrieb, die Möglichkeiten einer Rückkehr nach Amorbach. Das Wetter in Devon, so mußte er gestehen, sei «ziemlich kanadisch».

Nachdem er mit Conroy zusammen nach den Pferden gesehen hatte, kam der Herzog eines Tages Anfang Januar durchnäßt und durchfroren nach Hause, und seine Erkältung flackerte wieder auf. Ein paar Tage später hatte er Fieber und mußte das Bett in einem Zimmer hüten, das die Herzogin ihrer deutschen Freundin Polyxene von Tubeuf als «unvorstellbar kalt» schilderte. Von Problemen bedrängt und in einem fremden Land, dessen Sprache sie nur mit Mühe lernte, bat sie Polyxene um «Ermutigung und Mitgefühl». Vickelchen habe sich von ihrer Erkältung erholt, so fügte sie an, und sei «reizender als je zuvor», «zeigt aber allmählich, daß sie ihren eigenen kleinen Willen haben will».

Am 12. Januar war das Fieber des Herzogs noch immer nicht gesunken. Man brachte ihn in ein größeres und wärmeres Zimmer, doch am selben Abend begann er zu phantasieren und zu erbrechen, wodurch er weiter geschwächt wurde. In dem Glauben, daß ein Blutverlust das Fieber des Herzogs senken würde, setzte Dr. Wilson seinem Patienten Blutegel an die Brust, und selbst die kräftige Konstitution des Herzogs begann unter den irrigen medizinischen Praktiken der damaligen Zeit nachzugeben. Er würde alle seine Brüder überleben, hatte er einst prophezeit, aber die inzwischen zu Tode geängstigte Herzogin schickte nach London, um Dr. David Dundas holen zu lassen, der von allen königlichen Ärzten den besten Ruf genoß. An seiner Stelle eilte jedoch Dr. William Maton herbei, früherer Arzt der verstorbenen Königin Charlotte. Man wollte in London nicht auf Dundas verzichten, solange George III. noch um sein Leben rang. Dr. Wilson hatte sich bereits dafür entschieden, dem Herzog noch mehr Blut zu entziehen, und entsprechend angeordnet, ihn zu schröpfen, eine Methode, die noch wirkungsvoller war, als Blutegel anzusetzen. Beim Schröpfen stülpte man einen erhitzten Becher über einen dem Patienten vorher beigebrachten Schnitt. Sobald der Becher abkühlte, füllte er sich mit Blut, das durch das dabei entstehende Vakuum aus dem Körper gesogen wurde. Um die Kopfschmerzen des Herzogs zu lindern, schröpfte man ihn auch an der Stirn, und als das Schröpfen keinerlei Besserung herbeiführte, setzte man wieder Blutegel an, um noch mehr Blut abzuzapfen. Die Lungenentzündung des Herzogs verschlimmerte sich zusehends.

Am Montag, dem 17. Januar, traf der neue Arzt ein. Er sprach kein Deutsch und nur wenig Französisch, und die Herzogin konnte noch immer sehr wenig Englisch. Dr. Maton war ein Verfechter des Aderlasses. Nachdem er seinen bereits blassen und erschöpften Patienten untersucht hatte, kam er daher zu dem Schluß, daß man ihm nicht genug Blut entzogen habe. Als Maton weiteres Schröpfen anordnete und man dies dem Herzog mitteilte, begann dieser zu weinen. Es war ihm wahrscheinlich klar, daß er die Behandlung nicht überstehen würde, auch wenn er mit der Krankheit selbst fertig werden konnte. Er hatte «unerträgliche» Schmerzen in der Seite, nach wie vor hohes Fieber, Schluckauf, Husten und immer wieder Fieberphantasien. Daß sein Geist sich zu verselbständigen begann, war die einzige Wohltat der Behandlung, da er sich nun seines Elends weniger bewußt war. Seiner Frau war es indessen vollkommen klar, was hier im Namen der Medizin geschah. Sie schrieb an Polyxene, die Lage sei jetzt «so schrecklich ... Es gibt keine Stelle mehr an seinem lieben Körper, die nicht von Schröpfgläsern, Zugpflastern oder Blutegeln verwundet ist. Er war gestern furchtbar erschöpft nach all dem, was diese grausamen Ärzte mit ihm angestellt haben ...»

Alles in allem sollte allein das Schröpfen nach den Berechnungen der Ärzte etwa dreieinhalb Liter Flüssigkeit aus dem zerrütteten Körper des Herzogs zapfen. Blutegel wurden als Allheilmittel bei fast allen Beschwerden angesetzt, und die routinemäßigen Verschreibungen von hohen Dosen Kalomel und anderen Abführmitteln entzogen dem ausgetrockneten Gewebe des Herzogs noch mehr Wasser. Antibiotika haben inzwischen die Gefahr, daß ein Patient an Lungenentzündung stirbt, fast vollständig gebannt. 1820 überlebten sie nur wenige Menschen, und die Behandlung der Ärzte stellte sicher, daß der Herzog nicht zu diesem verschwindenden Prozentsatz gehören würde. «Englische Ärzte bringen einen um», sagte der zynische Lord Melbourne später einmal zu Victoria, «französische lassen einen sterben.»

Am Donnerstag, dem 20. des Monats, schickte man im Namen der Herzogin Botschaften an Prinz Leopold und weitere Persönlichkeiten, die am Schicksal des Herzogs Anteil nahmen. Man ließ sie darin wissen, es stünde schlecht um ihn. Leopold hielt sich gerade zur Jagd in Berkshire auf. Unverzüglich machte er sich auf den Weg nach Sidmouth, «bei bitterer Kälte und scheußlicher Nässe, die ich nicht so bald vergessen werde», und in Begleitung seines engsten Beraters und früheren Arztes, Baron Christian Stockmars. An Sir Benjamin Bloomfield sandte General Wetherall eine ähnliche Nachricht, die für den Regenten bestimmt war. Bald traf ein Antwortschreiben ein, in dem der Regent seine «bange Sorge» ausdrückte. Ein Blatt im Archiv von Windsor, möglicherweise eine Fälschung des Hauses Kent, das verzweifelt auf gute Beziehungen zum Regenten, dem künftigen George IV., angewiesen war, zitiert als Antwort des Herzogs auf die Botschaft des Regenten den ergreifenden Satz: «Wenn ich ihm jetzt die Hand reichen könnte, würde ich in Frieden sterben.»

Am 22. Januar trafen Leopold und Stockmar ein. Nachdem Stockmar den Puls des Herzogs gefühlt hatte, sagte er der Herzogin, daß «menschliche Hilfe hier nichts mehr ausrichten» könne. General Wetherall nahm Stockmar beiseite und fragte ihn, «ob es dem Herzog schaden würde, wenn man ihn bitte, sein Testament zu unterzeichnen». Da Kent nicht bei klarem Bewußtsein war, fragten sich die Umstehenden, ob ein solches Dokument überhaupt rechtliche Gültigkeit haben könne. Aber der General brachte die Papiere herein, und seine vertraute Stimme, so erinnert sich Stockmar, hatte zur Folge, daß der Herzog die Menschen um sich herum erkannte. Er fragte nach seiner Frau und seinem Kind und ließ sich das Testament zweimal vorlesen. Dann setzte man seinen ausgezehrten Körper auf, stützte ihn mit Kissen, und der Herzog schrieb «Edward» unten auf das Blatt, das man ihm reichte. Er starrte auf jeden Buchstaben, den er gerade malte, und fragte nachher, ob die Unterschrift leserlich sei. «Dann sank er erschöpft in die Kissen zurück», schrieb Stockmar. Es war eine Zeit, in der man letzte Worte begierig sammelte, und die letzten des Herzogs lauteten angeblich: «Möge der Allmächtige meine Frau und mein Kind beschützen und mir all die Sünden vergeben, die ich begangen habe.» Ob er sie nun tatsächlich gesprochen hat oder nicht, die Herzogin hat sie jedenfalls so überliefert und hielt sie in Ehren.

Am nächsten Morgen, einem Sonntag, starb der Herzog. Seine Hand lag in der der Herzogin, die neben ihm kniete. «Mein Vater», so sollte Victoria mehr als fünfzig Jahre später versichern, «... wäre König geworden, hätte man ihm nicht Gesundheit und Kräfte geraubt!» Statt dessen trug man ihn nun nach Windsor, wo er in der St. George's Chapel in einem riesigen, zwei Meter zwanzig langen Sarg beigesetzt wurde, tief unten in der Familiengruft mit dem eisernen Gitter. «In der Mitte», schrieb Victoria am 15. Mai 1873 in ihr Tagebuch, «ganz nahe am Eingang, stand auf einer Art länglicher Steinplattform der Sarg meines armen, lieben Vaters. Es war für mich, sein einziges Kind, das ihn nie gekannt hat, stets feierlich und bewegend, so nahe bei seinen sterblichen Überresten zu stehen.» Die Särge der Könige von Hannover waren mit Purpur bedeckt, der Sarg ihres Vaters ruhte unter königlichem Karmesinrot.

In der Kälte von Woolbrook Cottage, überwältigt vom Schock und vom Schmerz, überließ die Herzogin die Umzugsarbeiten den Leuten ihres Gefolges. Sie hatte keine Ahnung, wie prekär ihre Lage war. Sie konnte kaum Englisch, hatte außer Stockmar keine Freunde in England und in ihrem Bruder den einzigen Verwandten. Der Herzog hatte ihr nichts als Schulden hinterlassen, und sie hatte nicht genügend eigenes Geld, um nach London, geschweige denn nach Amorbach, zurückzukehren.

Am nächsten Tag wurde die kleine Alexandrina Victoria acht Monate alt.

III

IM GOLDENEN KÄFIG

(1820-1830)

Während sein Vater, George III., feierlich aufgebahrt war – er war mit zweiundachtzig Jahren am 29. Januar 1820 gestorben –, wurde der Herzog von Kent von Sidmouth nach Windsor gebracht, begleitet von einer Reitereskorte und dem gedämpften Geläute einer Totenglocke. Der König war in Umnachtung gestorben, und Nacht war es auch, als Kents Leichnam in der St. George's Chapel ankam, deren Düsternis der Schein der Fackeln nur spärlich erleuchtete. Die Herzogin war dem Sarg nicht gefolgt. Die Gesellschaft mißbilligte es noch immer, wenn Frauen an Beisetzungen teilnahmen. «Mein Herz ist wund, und ich bin ganz allein», schrieb sie an ihre Freundin Polyxene von Tubeuf. Aber sie hatte «das liebe, kleine, süße Vickelchen... Gott hat es wirklich gut mit mir gemeint, daß er mir einen solchen Schatz geschenkt hat...»

Zusammen mit Victoria trat die Herzogin am 25. Januar die Rückreise nach London an. Ihr gingen unzutreffende Gerüchte voraus, sie sei schwanger. Edwards Geschwister standen seiner Witwe weniger mit konkreter Hilfe als mit geheucheltem Mitgefühl bei. Dabei überstieg selbst die Fahrt nach London die Mittel der Herzogin, und nur Leopold bot Hilfe an. Von Schulden und Kummer niedergedrückt, noch kaum in der Lage, sich auf englisch zu verständigen, ließ es die Herzogin zu, daß ihr Leben und das ihres Kindes ihr weltgewandter Bruder in die Hand nahm. Er erwirkte bei dem neuen König, daß sie, ihre Tochter und ein kleines Gefolge wieder Wohnräume im Kensington Palace bekamen. Außerdem bot Leopold ihr einen jährlichen Unterhaltszuschuß von 3000 £ an, um die 6000 £ aufzubessern, die von der parlamentarisch gewährten Apanage des Herzogs an die Herzogin übergingen. Für Leopold bedeutete diese Summe keine Belastung, denn er erhielt über die Zivilliste 50 000 £ im Jahr, einen Betrag, den er kaum ausgeben konnte.

Die Versicherung des Herzogs fiel an die Gläubiger. Zu ihnen zählte auch Thérèse-Bernardine Mongenet, ihren Freunden besser bekannt als Comtesse de Montgenet: Sie hatte ihrem Namen ein *t* hinzugefügt, damit er distinguierter klang. Die Herzogin war «nicht in Unkenntnis» über das langjährige Verhältnis, wie die ehemalige Madame de St. Laurent 1818 an einen Freund geschrieben hatte, und gab ihr «allen Grund zu der Annahme, daß sie es respektierte». Wenn es dafür noch eines Beweises bedurfte, dann erreichte er die Comtesse gleich nach Edwards Tod auf dem Weg über Louis-Philippe, den Herzog von Orléans: «Hier, meine liebe Comtesse, ist ein Brief für Sie von Madame der Herzogin von Kent, den mir Prinz Leopold mit der Bitte geschickt hat, ich möge ihn mit all der Rücksicht und dem Takt an Sie weiterleiten, die Ihre Lage erfordert. Ich schicke ihn Ihnen jedoch unverzüglich weiter, damit Sie Ihre Antwort vorbereiten können. Ich werde in dieser Sache in etwa drei Stunden zu Ihnen kommen, falls Sie mich empfangen können, damit wir besprechen, was ich in Ihrem Namen schreiben soll . . . Seien Sie tapfer.»

So viel Takt und Mitgefühl bedeuteten einen Luxus, auf den die Herzogin bald zu verzichten lernte. Sie mußte für ihr Kind leben, das vielleicht einmal Königin werden würde. Leopold betonte ständig die Bestimmung des kleinen Mädchens und ermahnte Victoire, mit ihm in England zu bleiben, ungeachtet der Gleichgültigkeit, wenn nicht Mißgunst seitens des neuen Königs und der königlichen Herzöge. Alle, die in der Rangfolge vor dem Kind kamen, wirkten älter, als sie waren, sahen kränklich und verlebt aus. Sie würden nicht ewig leben. Die Herzogin konnte sogar bald Regentin von England für die kindliche Königin werden. Dann wäre Leopold die eigentliche Macht hinter der Wiege. Sie würde ihren unbedeutenden Titel einer Regentin von Leiningen zugunsten ihres Sohnes Karl aufgeben müssen, der inzwischen 16 Jahre alt war, und sich auf anspruchsvollere Möglichkeiten vorbereiten. Und sie mußte ihr Kind eifersüchtig hüten, um es vor seinen durchtriebenen Onkeln zu schützen, die alle gewinnen konnten, wenn Alexandrina Victoria etwas zustieß.

In London kamen Kondolenzbesucher zur Herzogin, die bereits eingeführt hatte, daß das Kind zu seinem Schutz ständig unter der Aufsicht einer Person stehen mußte, die im Rang über der Dienerschaft stand. Die Kinderfrau schlief bei Victoria im Zimmer.

Die königlichen Herzöge schienen, zumindest aus der Ferne, von «klein Vickelchen» ganz angetan zu sein. Der König hoffte jedoch, Geldmangel würde die Herzogin zwingen, nach Deutschland zurückzukehren, obwohl ihre Schulden in Amorbach, das Ergebnis der voreiligen und aufwendigen Umbauten des verstorbenen Herzogs, ihr Haus und Hof genommen hatten.

Da ihre Einrichtung einer zukünftigen Königin angemessen sein mußte, lieh sie auf Leopolds Unterschrift zu Wucherzinsen 6000 £ (Leopold hätte ihr das Geld ebensogut gleich geben können), um ihren baufälligen und zugigen Flügel des Kensington Palace zu restaurieren und zu möblieren. Als am 3. Juli 1820 das Unterhaus dafür stimmte, die Apanagen, die während der Regierungszeit des kurz zuvor verstorbenen Königs festgesetzt worden waren, weiterzuzahlen, verkündete der knauserige Lord Castlereagh die weitere Unterstützung der Herzogin und der «kleinen Prinzessin» für überflüssig, «da Prinz Leopold großzügigerweise die Kosten für den Unterhalt und die Erziehung des Kindes auf sich genommen hat». Er brachte damit indirekt die Kritik der Öffentlichkeit an der Tatsache zum Ausdruck, daß Leopold weiterhin Jahr für Jahr die riesige Summe einsteckte, die ihm auf Lebenszeit zugesprochen worden war, als man damit rechnete, er werde der Gemahl einer englischen Königin.

Was auch die Öffentlichkeit reden mochte, in Wahrheit erhielt die Herzogin immer weniger Ratschläge von ihrem Bruder, der selten zugegen war und oft zögerte, wenn er Entscheidungen treffen sollte. Einige der früheren Gehilfen ihres Mannes waren noch immer im Dienst; General Wetherall kämpfte gegen die Überschuldung des verstorbenen Herzogs an, an der gemessen seine Versicherung über 30 000 £, die an seine Gläubiger fiel, kaum mehr als eine Anzahlung war. Im Haus der Herzogin begann sich der frühere Stallmeister des Herzogs, Hauptmann John Conroy, mit jedem Tag unentbehrlicher zu machen. Als «lieber, treuer Freund meines Edward», schrieb sie an Madame Tubeuf, «verläßt er seine Witwe nicht und tut alles, was in seinen Kräften steht, um meine Angelegenheiten zu regeln... Seine Energie und seine Fähigkeiten sind ganz erstaunlich.» Der ehrgeizige Conroy, der sich als Majordomus einer zukünftigen Königin betrachtete, war «unschätzbar, und ich weiß nicht, was ich ohne ihn täte».

Die Zukunftsaussichten der Prinzessin bewahrten den Haushalt davor, in Trübsinn zu versinken, und hielten die Gläubiger von den Türen fern. Als der neue König in diesem Winter beinahe an einer Rippenfellentzündung starb, stiegen die Aktien für klein Vickelchen. Im August tat die kinderlose Herzogin von York ihren letzten Atemzug, und der gichtkranke Herzog, siebenundfünfzig Jahre alt und nächster Anwärter auf den Thron, weigerte sich, noch einmal zu heiraten. Nun sah die Zukunft für Vickelchen noch rosiger aus. Aber etwa zur gleichen Zeit stellte man mit Verwunderung fest, daß die Herzogin von Clarence sichtlich noch einmal schwanger war. Nach der Aufregung, die die Hochzeit einer FitzClarence Tochter mit sich gebracht hatte, setzten am 10. Dezember bei der Herzogin sechs Wochen zu früh die Wehen ein. Obwohl das Kind bei der Geburt «beunruhigend klein» war, fiel Vickelchen in der Thronfolge wieder zurück. Der König zeigte sich von der neugeborenen Prinzessin ganz entzückt und gab die Erlaubnis, daß sie auf den Namen Elizabeth Georgina Adelaide getauft wurde.

Anfang März meldeten die Zeitungen eine plötzliche, schwere Erkrankung der Prinzessin. Am 5. März gaben sie bekannt, das Kind sei am Tage zuvor an einem «konvulsivischen Anfall» gestorben; die Todesursache sei eine «Darmverschlingung».

Obwohl Victoria dadurch ihren früheren Rang in der Thronfolge wiedererlangte, änderte das für den König nichts. Sie blieb die Tochter eines Bruders, den er nicht gemocht hatte. Im folgenden Monat suchte die Herzogin, da sie keine Hilfe vom König bekam und auch nicht von Leopold, der sie nur hinhielt, Thomas Coutts auf, um weitere 6000 £ zu leihen, verbürgt durch die Unterschrift der Testamentsvollstrecker des Herzogs, General Wetherall und Hauptmann Conroy. Das Geld sollte nicht dafür verwendet werden, alte Schulden zu bezahlen, sondern um die Einrichtung der Herzogin zu vervollkommnen, die mit den wachsenden Aussichten Schritt zu halten schien.

Die Möglichkeit, daß das Thronfolgependel noch einmal in die andere Richtung ausschlug, drohte im August 1821, als Königin Karoline, von der George IV. sich fünfundzwanzig Jahre zuvor im Unfrieden getrennt hatte, unerwartet starb. Der König war neunundfünfzig Jahre und konnte durchaus noch einmal heiraten, wie seine Vertrauten meinten. Er reiste in jenem Herbst nach Hannover und nach Wien, schrieb Thomas Creevey in sein Tagebuch, und «wird wahrscheinlich vor seiner Rückkehr zu Weihnachten noch eine Eroberung machen». Diese optimisitsche Prognose ließ allerdings die Favoritin des Königs, die habgierige Lady Conyngham, außer acht, die unangenehme Frau des Lordkämmerers in Windsor. Eine Änderung im Familienstand des Königs lag nicht in ihrem Interesse und würde darum nicht stattfinden. Victoria sollte sich ihrer später mit Zuneigung erinnern.

Im St. James's Palace beauftragte Adelaide, die Herzogin von Clarence, den Bildhauer William Scoular mit einer Statue ihrer schlafenden kleinen Prinzessin, die sie ihr ganzes Leben lang in ihrem Schlafzimmer behielt. Inzwischen hatte sie eine weitere vorzeitige Fehlgeburt erlitten, diesmal eines Zwillingspaars. William hatte voller Schmerz dem König, seinem Bruder, von «diesem wiederholten Mißgeschick meiner geliebten und vortrefflichen Frau» geschrieben. «Ich bin untröstlich», hatte er hinzugefügt. Adelaide war erst dreißig Jahre alt, aber Zeitungsberichte über spätere Schwangerschaften waren wahrscheinlich erfunden. «Meine Kinder sind tot», schrieb sie an die Herzogin von Kent, «aber Dein Kind lebt und ist auch meines.» An Victoria selbst schrieb die Herzogin von Clarence zu ihrem zweiten Geburtstag: «Mein liebes, kleines Herzchen, ich hoffe, es geht Dir gut und Du vergißt Deine Tante Adelaide nicht, die Dich so innig liebt... Gott möge Dich segnen und behüten, das ist das ständige Gebet Deiner Dich von ganzem Herzen liebenden Tante, Adelaide.»

Ein Jahr später schickten Onkel William und Tante Adelaide «Xandrina Victoria» ihre herzlichsten Glückwünsche zum dritten Geburtstag sowie Küsse für «Mamma» und «Sissi» und die unverheirateten Tanten, die auch im Kensington Palace wohnten, ja sogar für «die große Puppe», ein Hinweis auf eine persönliche, bloße Formen überschreitende Beziehung. Die Clarences hatten Victoria aufrichtig gern. Den Herzog hatten die ersten Jahre seiner späten Ehe derart verwandelt, daß er viel menschlicher geworden war. Aber die Herzogin von Kent mißtraute jedermann, der zur Thronfolge anstand, und hielt ihre Tochter von allen Menschen fern. Darauf bedacht, seinen Bruder, den König, nicht zu verärgern, mußte William in seinen Beziehungen zu Victorias Mutter vorsichtig sein. Ihr Argwohn machte ihm das leicht, verstärkte aber ihre Isolation bei Hofe. Wie weit dieses Mißtrauen auf den wachsenden Einfluß John Conroys zurückzuführen ist, darüber läßt sich nur mutmaßen. Fast ganz allein, ahnungslos in geschäftlichen Dingen und unsicher in der Landessprache, war sie eine leichte Beute für den einflußreichen Mann in ihrem Haushalt, der die immer größer werdende Wahrscheinlichkeit, das Kind in seiner Obhut könne Königin werden, weidlich auszunutzen gedachte.

Mit ihren zwei Jahren wußte Vickelchen noch nichts von dem ehrgeizigen Spiel, das man um ihretwillen spielte. Der schon ältere glühende Protestant William Wilberforce, Parlamentsabgeordneter eines schottischen Wahlkreises, schrieb Hannah More von einem Besuch bei der Herzogin von Kent und «ihrem hübschen, lebhaften Kind neben ihr auf dem Boden mit seinen Spielsachen, zu denen auch ich bald gehörte». Im Hinblick auf die vielversprechende Zukunft des Kindes legten einflußreiche Persönlichkeiten der englischen Gesellschaft Wert darauf, der Herzogin ihre Aufwartung zu machen. «Meine frühesten Erinnerungen», erinnerte sich Victoria in einem autobiographischen Fragment 1872, «hängen mit dem Kensington Palace zusammen. Ich kann mich erinnern, dort auf einem gelben Teppich herumgekrabbelt zu sein, der eigens zu diesem Zweck ausgebreitet wurde – und daran, daß man mir sagte, wenn ich weine und unartig sei, würde mich mein ‹Onkel Sussex› hören und bestrafen. Aus diesem Grund fing ich immer an zu schreien, wenn ich ihn sah. Ich hatte große Angst vor *Bischöfen* wegen ihrer Perücken und *Mitren*, entsinne mich aber, daß ich sie im Falle des damaligen Bischofs von Salisbury ein Stück weit überwand..., weil er niederkniete und mich mit seiner Kanzlerkette des Hosenbandordens spielen ließ...»

Das Landgut ihres Onkels Leopold, in der Nähe des Dorfes Esher gelegen, war ihre Verbindung zur Welt des Reichtums und Müßiggangs.

Die «strahlendsten» Unterbrechungen ihrer «ansonsten ziemlich tristen Kindheit» waren die Aufenthalte «unter dem Dach dieses geliebten Onkels». Wenn ein Diner stattfand, an dem sie nicht teilnehmen durfte, weil sie noch zu klein war, konnte sie in der Halle einem Kammerorchester zuhören. Zudem war sie «beinahe der Abgott» der alten Mrs. Louis, der ehemaligen Kammerfrau von Prinzessin Charlotte, wie auch der übrigen Bediensteten, die ganz «in sie vernarrt» waren. Ihre eigene Erzieherin, so erinnerte sich Victoria, «schenkte mir wenig wirkliche Aufmerksamkeit». Victoria «ritt oft auf einem Esel, den mir mein Onkel, der Herzog von York, geschenkt hatte, der sehr nett zu mir war. Ich erinnere mich gut an ihn – groß, ziemlich dick, sehr freundlich, aber äußerst schüchtern. Er machte mir immer wunderschöne Geschenke. Als ich ihn zum letztenmal sah..., er war damals schon sehr krank..., ließ er für mich im Garten Kasperletheater spielen.» Wenn sie auf ihrem Esel ritt, gingen ihre Kinderfrau, Mrs. Brock, und ihre Halbschwester, Feodora, neben ihr her, und wenn die Herren ihre Hüte zogen, mahnte Mrs. Brock sie stets: «Den Kopf neigen, Prinzessin.»

Als sie mit der Zeit deutlicher spürte, daß man ihr irgendwie anders begegnete, fragte Victoria eines Tages Mrs. Brock: «Warum ziehen alle diese Herren den Hut vor mir, aber nicht vor Feodora?» Die Antwort, die Mrs. Brock darauf einfiel, ist leider nicht überliefert.

«Bis zu meinem fünften Lebensjahr wurde ich von allen sehr verwöhnt», erinnert sich Victoria, «und ich bot beinahe *allen* die Stirn. Die alte Baronesse de Späth, die getreue Hofdame meiner Mutter, meine Kinderfrau, Mrs. Brock, die liebe alte Mrs. Louis – *alle* vergötterten das arme, kleine, vaterlose Kind, dessen Zukunft damals noch sehr ungewiß war...» Besonders die Zuneigung der Baronesse, so rief Feodora einmal Victoria ins Gedächtnis, war völlig übertrieben: «Sie pflegte vor dir auf den Knien zu rutschen, als du noch ein Kind warst.»

Wenn nicht eine tödliche Krankheit oder ein Unfall sie daran hinderte, würde Victoria Königin werden. Die Ehrerbietung, die sie erst zu beobachten, dann zu erwarten begann, wurde ihr zuteil, ohne daß sie von einem Thron wußte, den es zu besetzen galt. Diese Tatsache wie auch die Widerspenstigkeit und der Eigensinn ihres hannoveranischen Erbes ließen sie «von Natur aus oft aufbrausen, aber hinterher war ich immer zutiefst zerknirscht. Man brachte mir von Anfang an bei, mich bei meinem Zimmermädchen für jede Ungezogenheit oder Unhöflichkeit zu entschuldigen...»

Im Sommer fuhr die Herzogin mit Victoria nach Ramsgate oder in ein anderes Seebad, häufig zusammen mit Onkel Leopold. Manchmal besuchten sie auch Badeorte wie Tunbridge Wells. In Ramsgate war ihr Nachbar am East Cliff Moses Montefiore, der in London ein Haus in der Park Lane besaß. Montefiore hatte sich 1824 mit vierzig Jahren aus dem Bankgeschäft zurückgezogen, um sich philantropischen Aufgaben zuzuwenden, die ihn dann noch weitere einundsechzig Jahre lang beschäftigen sollten. Er schenkte Victoria einen kleinen goldenen Schlüssel, mit dem sie seine Gartentür aufschließen konnte, und sagte ihr, sie solle ihn benützen, sooft sie nur Lust dazu habe. «Und das haben wir auch getan», erzählte Victoria seiner Enkeltochter 1886, «und ich habe den Schlüssel noch heute.»

Zwar war es eine große Erleichterung für Victoria, von London fort zu sein, aber man ließ sie nie allein. Auch mußte sie an «Fidis» Unterricht teilnehmen. Ihre Schwester führte Victorias Wutausbrüche später diplomatisch auf das Klima zurück statt auf klaustrophobische Zustände. «Die Seeluft machte uns immer beide sehr hitzig und reizbar», erinnerte sie sich. «Du hast Lehzen und mich in meinen Französischstunden in Ramsgate oft zur Weißglut gebracht.» (Luise Lehzen, Feodoras Erzieherin, wurde später auch die Erzieherin Victorias.)

Wo immer sie sich auch aufhielt, Victoria hatte nie ein Zimmer für sich allein. Als sie keine Kinderfrau mehr in ihrem Zimmer brauchte, schlief sie in einem kleinen Bett im Schlafzimmer ihrer Mutter, eine Lösung, die ihr mit der Zeit unangenehm wurde. «In Claremont und in den kleinen Häusern in den Badeorten hielt ich mich tagsüber in den Zimmern meiner Erzieherin auf, wo auch der Unterricht stattfand. Als kleines Mädchen lernte ich nicht gern – und vereitelte jeden Versuch, mir das ABC beizubringen, bis ich fünf Jahre alt war. Dann willigte ich ein, es zu lernen, wenn man mir die Buchstaben einzeln aufschrieb.»

Feodora war viel älter als Victoria – man befürchtete sogar, daß George IV. sie als mögliche neue Ehefrau ins Auge gefaßt hatte. Darum äußerte Victoria zwanzig Jahre später gegenüber ihrer Halbschwester, sie habe keinen «Platz für ihre so stürmischen Gefühle der Zuneigung» gehabt: «Ich hatte weder Bruder noch Schwester, mit denen ich zusammenleben konnte, hatte niemals einen Vater, hatte aufgrund meiner unglücklichen Lebensumstände keine leichte und erst recht keine intime oder vertrauensvolle Beziehung zu meiner Mutter ... und wußte gar nicht, was ein glückliches Familienleben ist.» Victoria ahnte wenig von den Ängsten ihrer Mutter, obwohl sie mit der Zeit immer stärker die wachsende Autorität Hauptmann Conroys im Hause spürte und sie äußerst übel vermerkte. Ob Conroy die Unsicherheit der Herzogin förderte oder nur bestätigte, sei dahingestellt. Jedenfalls scheint die Herzogin ernstlich geglaubt zu haben, daß Victorias böse Onkel ständig nach ihrem Leben trachteten, allen voran der finstere Herzog von Cumberland, der ja König werden würde, wenn er Victoria überlebte, und dessen Sohn George dann einst ebenfalls den

Thron besteigen könnte. Während Victorias früher Kindheit waren Gerüchte im Umlauf, die Prinzessin sei chronisch krank und würde wohl kaum das Erwachsenenalter erreichen. Sie könne «kaum gehen» und habe «kranke Füße...». «Jederman wußte», schrieb Victoria 1878, als sie beinahe sechzig war, «daß Sir John Conroys Tochter sie in die Welt gesetzt hatte.» Aber Conroy hatte die Behauptungen bis zum Herzog von Cumberland «zurückverfolgt», der angeblich im vertrauten Gespräch geäußert haben sollte, nur «ein einziges, schwaches Leben stünde zwischen ihm und der Krone... er würde doch noch König von England.»

Conroy, so fügte Victoria hinzu, habe ihrer Mutter auch die Furcht eingeflößt, das Essen der Prinzessin würde von skrupellosen Bediensteten, die in Cumberlands Dienst stünden, vergiftet, und es würden «Unfälle» geplant. Offensichtlich fielen seine Worte auf fruchtbaren Boden. Man erlaubte Victoria nie, eine Treppe hinauf- oder hinunterzugehen, ohne daß sie jemand an der Hand führte. Dieses Gefühl der Unsicherheit erklärt auch die übertriebene Feindseligkeit der Herzogin gegen die finanziell so wenig hilfsbereiten hannoveranischen Onkel, die sie verdächtigte, sie hätten sich alle miteinander gegen sie verschworen, sowie ihre Manie, alles wie einen Schatz aufzubewahren, was mit ihrem Kind in Verbindung stand. «Ich habe so rührende Andenken gefunden!» schrieb Victoria 1861 nach dem Tod ihrer Mutter an ihre älteste Tochter. «... Kein Zettel von meiner Hand und keine Strähne meines Haars wurde je weggeworfen – und so rührende Notizen in einem Heft über meine Zeit in der Wiege.»

Die Rückkehr nach Kensington zu Herbstanfang «war meistens ein Tag der Tränen». Dort führten sie in dem wenig fürstlichen Vorstadtpalast ein «recht einfaches und schlichtes Leben», erinnerte sich Victoria. «Frühstück gab es um halb neun, Mittagessen um halb zwei, Abendessen um sieben (gewöhnlich nahm ich daran teil, wenn es keine große Abendgesellschaft gab). Ich aß mein in Milch eingeweichtes Brot aus einer kleinen Silberschale. Tee wurde mir erst in späteren Jahren als seltener Hochgenuß erlaubt.» Für ihre Großmutter, die Herzoginwitwe von Sachsen-Coburg-Saalfeld, die «schon ziemlich gebeugt war und am Stock ging», war Vickelchen «die Maiblume». Als Victoria aber mit sieben Jahren im Unterricht «ungezogen war und weinte», kam die ältere Herzogin ins Zimmer nach und schalt ihr «schönes Kind» heftig aus, was eine «heilsame Wirkung» hatte. (Victoria meinte, sie habe ihr aufbrausendes Temperament von «Großmama».)

Im Sommer des Jahres 1825 – Victoria irrte sich bei dieser und anderen Erinnerungen an 1825 um ein Jahr – erkrankte Victoria in Claremont an einer Art Ruhr, die damals im nahegelegenen Esher grassierte, zu einem Zeitpunkt, als das Parlament und der Hof allmählich erkannten, daß sie

55

wohl unausweichlich die zukünftige Königin sei. «Der Arzt verlor den Kopf, weil sein eigenes Kind daran gestorben war, und fast alle Londoner Ärzte waren fort.» Schließlich wurde der Arzt der Herzogin in Kensington herbeibeordert, und Victoria wurde wieder gesund. Sie war aber «sehr verdrossen und schrie fürchterlich, weil ich eine Zeitlang Flanell direkt auf der Haut tragen mußte».

Victorias plötzliche Schwächung bedeutete eine Störung im Glücksspiel der Regierung um die Thronfolge. Das geht klar aus dem in jenem Mai begonnenen Manöver hervor, bei dem George IV. zusätzliche 4000 £ im Jahr für eine «bessere Unterstützung und Beihilfe» der Prinzessin vorgeschlagen hatte und gleichzeitig die bedeutendere Summe von 6000 £ für Prinz George, den Sohn des unangenehmen Herzogs von Cumberland. Empört schlug die Herzogin von Kent die Summe aus, da sie «für die Prinzessin niedriger war als diejenige, die einem Familienmitglied zugestanden wurde, das weiter vom Thron entfernt war». Prinz George würde, falls die Tochter der Herzogin überlebte, nur der Erbe von Hannover sein (nach seinem Vater). Daher betrachtete sie das Angebot als «entwürdigend».

Im Unterhaus bewirkte der Zorn der Herzogin von Kent angesichts der Sympathie, die die Nation für die Prinzessin zu zeigen begann, daß die Summe für die Herzogin auf 6000 £ angehoben wurde. Zuvor hatte Lord Brougham in den Debatten Victoria als «mutmaßliche Erbin des britischen Thrones» bezeichnet. Anstatt diese Änderung als das Ende einer Demütigung anzusehen, begann die Herzogin, angestachelt von dem ehrgeizigen Conroy, immer mehr an ihre in Aussicht stehende Regentschaft zu denken, obwohl auch die Herzöge von York und Clarence noch sehr wohl den Thron besteigen konnten, denn die Hannoveraner waren zäh und langlebig, wenn sie nicht gerade solchen Katastrophen zum Opfer fielen wie ihr Mann.

Die Feindseligkeit des Königs und der Königlichen Herzöge hatte im Laufe der zwanziger Jahre erheblich nachgelassen, und zwar in dem Maß, in dem Victorias Platz zunehmend sicherer schien. Dies zeigte sich unter anderem daran, daß George IV. der Herzogin im Juli 1827 riet, Victoria impfen zu lassen. Die Pockenschutzimpfung wurde damals immer noch als medizinische Neuerung betrachtet und erst 1841 verpflichtend eingeführt. Trotzdem stimmte die Herzogin zu, «unser liebes, kleines Mädchen» impfen zu lassen. Ein weiteres Zeichen des guten Willens erfolgte nur einen Monat darauf, als im August Luise Lehzen und John Conroy auf Bitten der Herzogin in der Liste der Auszeichnungen anläßlich des Geburtstags des Königs erschienen – um ihnen den passenden Rang im Dienste einer Thronerbin zu verleihen. Als König von Hannover erhob George IV. Luise

Lehzen zur Hannoveranischen Baronin, John Conroy zum Komtur des Hannoveranischen Ordens.

Die Herzogin mag es als Kränkung empfunden haben, daß sie nur hannoveranische Ränge erhielten. Immerhin bedankte sie sich schriftlich und schickte als Geschenk «ein Porträt unseres kleinen Engels» mit. Zugleich aber hielt sie ihre Familie vorsichtig auf Distanz zum König und nahm nur wenige gesellschaftliche Anlässe wahr, um am Hofleben teilzunehmen, obwohl auch im Kensington Palace selbst ein kleiner Hof gehalten wurde. Dort lebten die unverheirateten hannoveranischen Prinzessinnen ihr seltsames Leben, und auch der Herzog von Sussex hatte dort eigene Räume.

Der junge Lord Albemarle erinnerte sich, daß er, solange er seinen Dienst beim Herzog von Sussex versah, des morgens öfters aus dem Fenster schaute, um «einem lebhaften, hübschen kleinen Mädchen von sieben Jahren zuzusehen»: «Es war amüsant zu beobachten, wie unparteiisch sie den Inhalt einer Gießkanne auf die Pflanzen und ihre eigenen kleinen Füße verteilte.»

Nur wenige Kinder hatten Gelegenheit, mit Victoria zu spielen, eine Ehre, die weitgehend Sir Johns Tochter Victoire vorbehalten war, die die Prinzessin immer weniger mochte, je mehr man ihr diesen Kontakt aufzuzwingen suchte. Es war schwierig, eine Prinzessin zur Spielgefährtin zu haben, die angewiesen war, stets ihren besonderen Stand zu betonen. Lady Jane Ellice erinnerte sich an eine Gelegenheit, als man sie zum Spielen in den Kensington Palace gebracht hatte und sie sofort unter den Spielsachen auf dem Fußboden ein paar für sich selbst aussuchte. «Die da darfst du nicht anfassen», bekam sie zu hören, «das sind meine, und ich darf dich Jane nennen, aber du darfst nicht Victoria zu mir sagen.»

Als Victoria fast acht Jahre alt war, erlag ihr Onkel, der Herzog von York, der Gicht und der Wassersucht. Er hinterließ enorme Schulden, sparte aber der Nation 26 000 £ im Jahr. Der König hätte den kultivierten York lieber als Nachfolger auf dem Thron gesehen als den ebenso müßigen, doch vulgären Herzog von Clarence. Aber die Wahrscheinlichkeit, daß William auf dem Thron sitzen würde, war gestiegen, und bei der Beisetzung Yorks wandte er sich an seinen Bruder, den Herzog von Sussex, und bemerkte – wie Thomas Creevy notierte –: «Wir werden von nun an ganz anders als bisher behandelt werden, Bruder Augustus.» Und das traf zu, zumindest für das Parlament, das per Abstimmung beschloß, die Apanage für die Clarences um 9000 £ zu erhöhen. Für die Herzogin von Kent bewilligte es bezeichnenderweise sogar 10 000 £ zusätzlich zum Unterhalt der Prinzessin und ernannte die Herzogin zur Regentin für den Fall, daß ihre Tochter die Nachfolge antreten sollte, solange sie noch minderjährig war. Das war ein gewaltiger Statuszuwachs. Die Herzogin war nun eine Person, um die die Gesellschaft sich riß, die brillante Abendgesellschaften gab und beinahe in Staatsrobe in die Oper ging (manchmal von Victoria begleitet).

Bis zu ihrer neuen Würde hatte die Gesellschaft der Herzogin weitgehend aus den Bewohnern des Kensington Palace bestanden, wo ihre beste Freundin Prinzessin Sophia war, deren öffentliches Leben schon seit Jahrzehnten praktisch verklungen war. Damals hatte George III. einer Liebesaffäre ein Ende gemacht, die man hatte geheimhalten wollen (es gab einen unehelichen Sohn). Einsam und unglücklich war Sophia Conroy zum Opfer gefallen, der ihr Rechnungsführer und Vertrauter wurde und an den sie in einem leicht durchschaubaren Code Gespräche weitergab, die bei Hofe geführt wurden. Sir Johns Plan, die graue Eminenz hinter der zukünftigen Königin zu werden, verlangte, daß er den größten Einfluß auf jeden ausüben konnte, der über das Leben der Prinzessin mitzubestimmen hatte. Zu seiner Strategie gehörte es auch, daß er alle aus dem Spiel zu bringen versuchte, die sich seiner Kontrolle entzogen. Zu ihnen gehörte die harmlose Baronesse Späth, eine Frau in mittleren Jahren, die der Herzogin fünfundzwanzig Jahre lang gedient hatte. Sie wurde als Hofdame zu der inzwischen mit Ernst Christian Karl von Hohenlohe-Langenburg verheirateten Prinzessin Feodora geschickt. Die nächste Person auf seiner Liste war Baronin Lehzen, aber es war noch nicht soweit. Sowohl der jetzige als auch der zukünftige König, der Herzog von Clarence, mochten sie.

Jeder Schritt in Richtung erhöhter Kontrolle erforderte die Ausübung von subtilem Druck auf die Herzogin, aber das erwies sich für Conroy als einfachster Teil seines Planes. Die beiden waren gleichaltrig, er war attraktiv, sie war einsam; er umgab sie mit derart erdrückender Aufmerksamkeit, daß Beobachter – von ihrem Sohn, Prinz Karl, bis zum Herzog von Wellington – annahmen, er sei ihr Liebhaber. Hätten seine Intrigen es erfordert, hätte Conroy seine Männlichkeit wohl auch hinter verschlossenen Türen zu nutzen gewußt. Aber er war vorsichtig genug, jeden Skandal zu vermeiden, der seinen Hoffnungen, aus dem Hintergrund zu regieren, ein Ende gesetzt hätte. Er manipulierte die Herzogin und ihren Haushalt jahrelang; dies oft in aller Offenheit, da ihre Position verlangte, daß jemand von Rang *für* sie handelte, und oft genug auch in ihrem Namen.

Immer vollständiger wurde Victorias häusliche Welt von Sir John oder den von ihm eingesetzten Personen beherrscht, mit Ausnahme von Luise Lehzen, der sich Victoria immer stärker zuwandte, je besser sie die Lage begriff. Sie schlief noch immer im Schlafzimmer ihrer Mutter, in dem auch Baronin Lehzen allabendlich saß, bis die Herzogin beschloß, sich zur Ruhe zu begeben. Sie sah niemanden, nicht einmal ein Kind, ohne daß ein

Erwachsener des Haushaltes anwesend war, im allgemeinen ein Spion Conroys. So kam die Zehnjährige denn kaum mit Gefährten ihres Alters zusammen, und noch weniger mit Menschen außerhalb des Kensington Palace (den sie nur unter Aufsicht verlassen durfte). Sie führte statt dessen ein Leben mit Puppen. Ihre unwirkliche Welt begann sich mit kleinen Puppen von Erwachsenen, nicht Kindern, zu bevölkern. Oft nahm sie Figuren aus den Theaterstücken und Opern als Modell, die sie mit ihrer Mutter gesehen hatte, und zog ihnen Kleider an, die sie mit Luise Lehzen zusammen nähte. Es waren holländische Holzpuppen mit Gelenken in den Gliedern und scharfkantigen Nasen, die keine dreißig Zentimeter groß waren und in einer großen Kiste im Kinderzimmer wohnten. Auf einer Liste, die Victoria erstellt hatte, waren 132 namentlich aufgeführt, darunter Amy Brocard als Gräfin von Leicester und Zoe Beaupré als Königin Elizabeth. Victorias Spiel bestand darin, ihnen gute Manieren beizubringen, in Wahrheit ihre eigenen, artig gelernten Lektionen.

«Am dritten haben wir bei der Herzogin von Kent zu Abend gegessen», schrieb Harriet Arbuthnot am 6. Mai 1828 in ihr Tagebuch, «und sahen die kleine Prinzessin Victoria, die das charmanteste Kind ist, das ich je gesehen habe. Sie ist ein zierliches, schön gewachsenes, hübsches Geschöpf, ganz verspielt und kindlich, die mit ihren Puppen spielt und guter Dinge ist, dabei höflich und wohlerzogen und in höchstem Maße prinzessinnenhaft. Die Herzogin von Kent ist eine sehr vernünftige Person und läßt ihr eine vorbildliche Erziehung angedeihen.» Für die hübsche und einflußreiche Mrs. Arbuthnot, eine Vertraute des Herzogs von Wellington und Ehefrau eines Kabinettsmitglieds, war Victorias Erziehung genau richtig. Die ausgeklügelte Vorführung der Prinzessin durch die Herzogin, inszeniert von Conroy, konnte als ein strategischer Erfolg verbucht werden.

Wer Victoria im Park sah, wie sie auf ihrem Esel ritt oder auf den öffentlichen Wegen spielte, die durch die Gärten des Kensington Palace liefen, konnte meinen, ihr Leben sei eine einzige Freude – sie werde nicht mit königlicher Strenge, sondern fast wie ein gewöhnliches Kind erzogen. Dies war, wie sie später schrieb, ganz und gar nicht der Fall. Aber sie erinnerte sich daran, daß sie für die «persönlichen Beleidigungen», die sie seitens des herrschsüchtigen Sir John erfuhr, durch die mitfühlende Zuwendung ihrer anderen Vaterfigur, Onkel Leopolds, entschädigt wurde. Ohne ernst zu nehmende Aufgaben hatte er nach dem Tod der Prinzessin von Wales auch weiterhin ein aufwendiges Leben in England geführt. Einen Teil seiner Zeit nahm die Verwaltung von Claremont in Anspruch, ja er schickte sogar Erzeugnisse seines Guts auf den Markt nach London – was die Engländer erbitterte, denn sie waren der Meinung, er solle keine Handelskonkurrenz betreiben, während er die großzügige Apanage des

Parlaments annahm. Er brauchte wichtigere Aufgaben, als in der vornehmen Gesellschaft zu verkehren und charmante Frauen zu beglücken. Er selbst war alles andere als eine modische Erscheinung mit seiner schlechtsitzenden schwarzen Perücke und den fast zehn Zentimeter dicken Korksohlen, die ihn größer erscheinen lassen sollten. Zudem hatte er ein so zaghaftes Wesen, daß er als «Monsieur Peu-à-Peu» bekannt war. Er hatte die Geheimnisse der Staatskunst zusammen mit Baron Stockmar studiert, und obwohl er mit vierzig Jahren ein Staatspensionär war, ließ er sich wie ein potentieller König vernehmen. In seiner mißlichen Position als Ehemann einer Beinahe-Königin wurde er immerhin als achtbarer Kandidat für leerstehende Throne minderer Bedeutung gehandelt. Während Victoria aufwuchs, hielt er rührig nach einem Königreich Ausschau, selbst wenn das bedeutete, daß er die deutsche Schauspielerin Karoline Bauer aufgeben mußte, der er – zur moralischen Entrüstung der Herzogin – in einer Villa mit Blick auf den Regent's Park eine Wohnung eingerichtet hatte.

Obwohl sich Leopold für die Erziehung von Prinzessin Victoria durchaus interessierte, kam er nur selten in den Kensington Palace, solange die Herzogin ihre Mißbilligung über die Berliner Schauspielerin in seinem Leben offen bekundete. Trotzdem gab er nicht nach. Das Kind bot ihm die Möglichkeit, wenn nicht Gatte, so doch Gefährte einer englischen Königin zu werden, und er instruierte Victoria brieflich und mündlich über die Dinge, die sie wissen mußte. Im April 1829, kurz vor ihrem zehnten Geburtstag, schrieb er ihr, er werde in wenigen Tagen die Freude haben, sie wiederzusehen und sein «liebstes kleines Mädchen» zu umarmen. Er fügte hinzu: «Ich bin weit in der Welt herumgereist und werde Dir manche seltsame Neuigkeiten über verschiedene Dinge erzählen können.» Er vertrat ihre Augen und Ohren in der Welt, jenseits der Sprachübungen, der Lektionen in Hofetikette, der Lektüre moralisch gesäuberter Literatur und der religiösen Unterweisung, die sie von Baronin Lehzen und ihren Lehrern im Kensington Palace erhielt. Victoria freute sich immer lange im voraus schon auf die Besuche ihres Onkels und ihre eigenen bei ihm und hütete seine Briefe wie einen Schatz.

Leopolds «seltsame Neuigkeiten» – zugleich ein Grund für seine Reisen – bestanden darin, daß er sich für den ihm angebotenen Thron von Griechenland interessierte, das nach jahrhundertelanger türkischer Herrschaft soeben die Unabhängigkeit erlangt hatte. Die britische Regierung, die noch immer die Grenzen Griechenlands anfocht, wollte keine Komplikationen mit der Türkei und zwang Leopold Anfang 1830, das Angebot auszuschlagen. Als Victoria 1862 ihre Erinnerungen an Leopold aufschrieb, entsann sie sich ihrer «Freude, als das geschah», denn sie vergötterte ihren Onkel und war «ganz verzweifelt bei dem Gedanken, er würde fortgehen...»

Ihre zusätzliche Erziehung durch ihn sollte also noch eine Weile fortdauern.

Im Mai 1829 hatte der König die seltene Gelegenheit, Victorias Anwesenheit bei Hofe zu befehlen, von dem die Herzogin sie noch immer fernhielt. Man hatte einen Ball für die zu Gast weilende Königin von Portugal, Maria da Gloria, ins Auge gefaßt, die wie Victoria in jenem Monat zehn Jahre alt wurde.

König George «sah sehr gut aus und blieb bis zwei Uhr auf dem Ball». Es war einer der letzten öffentlichen Auftritte, bei dem ihm seine bestenfalls labile Gesundheit erlaubte, so lange aufzubleiben. Möglicherweise litt er an Porphyrie, derselben Krankheit, die auch seinem Vater die Kräfte geraubt hatte. Er verlor seine Sehkraft, konnte nicht mehr gehen und seine Blase nicht mehr kontrollieren. Gegen Ende 1829 mußte er im Rollstuhl gefahren werden und war stets benommen, weil er zur Bekämpfung seiner Schmerzen Opiate nahm. Er zeigte sich fast niemandem mehr außer den Conynghams und – zum Glück für die Finanzen der Nation – dem einzigen Mann, der es mit ihnen aufnehmen konnte: Sir William Knighton.

Als es dem König immer schlechter ging, wußte die Herzogin, daß sie etwas unternehmen mußte, um die Kontrolle über ihre Tochter zu behalten. Niemand konnte wissen, wie lange der Bruder und Nachfolger des Königs regieren würde. Der offizielle Teil von Victorias Erziehung erfolgte inzwischen nach einem Reglement, das die Mutter festlegte. Hochwürden George Davys, ein liberaler evangelischer Geistlicher, lebte als Hauptlehrer der Prinzessin im Kensington Palace. Er war 1827 dorthin gekommen, als Victoria acht Jahre alt war. Nach dem Frühstück, um 9 Uhr 30, hatte sie zwei Stunden Unterricht in Geographie, Geschichte, Mathematik und Zeichnen. Dann durfte sie spielen, und um ein Uhr gab es Mittagessen. Von drei bis fünf Uhr lernte sie Englisch, Französisch und Deutsch, außer am Mittwoch, der für religiöse Unterweisung vorgesehen war. Am Donnerstag war der Morgen für Tanzstunden reserviert, am Freitag für Musikunterricht; sie lernte Klavier spielen und Singen. Samstags wurden die Lektionen der Woche noch einmal wiederholt und zusammengefaßt, wobei die Herzogin normalerweise zugegen war. Später merkte Victoria an, daß ihre Mutter nicht so häufig dabei war, wie sie behauptete. Aber die Herzogin übte immerhin einen wirksamen Einfluß aus, und Anfang 1830 konnte Victoria etwas Deutsch und Französisch lesen und sprechen. Ganz bewußt sprach die Herzogin mit Victoria nicht in ihrer Muttersprache Deutsch, da sie das für politisch unklug hielt.

Als der elfte Geburtstag der Prinzessin herannahte, beschloß die Herzogin (vielleicht auf Anraten Conroys), öffentlich unter Beweis zu stellen, daß sie die geeignete Person sei, die Erziehung der zukünftigen Königin auch weiterhin zu beaufsichtigen. Zu diesem Zweck lud sie Vertreter der Church of England ein, die das bisherige Ergebnis bewerten sollten. Die Bischöfe von London und Lincoln waren bereit, in den Kensington Palace zu kommen und die Prinzessin in der ersten Märzwoche des Jahres 1830 zu prüfen. Das Resultat stellte sie «völlig zufrieden». Sie berichteten, Victoria habe «genaue Kenntnisse ... der Heiligen Schrift, der Geschichte und der elementaren Offenbarungen und Lehren der christlichen Religion im Sinne der Church of England an den Tag gelegt», und sei mit den «wichtigsten Fakten der englischen Geschichte» in einem Maß vertraut, das sie «bei einem so jungen Menschen erstaunlich» fänden. Sie beweise auch, daß sie die Fächer Geographie, Rechnen, englische und lateinische Grammatik, moderne Sprachen und Zeichnen beherrsche. Der Plan war aufgegangen.

In der Woche darauf bat der Bischof von London um ein Gespräch mit der Herzogin. Wußte Victoria um ihre vermutliche zukünftige Rolle? Wann sollte sie davon erfahren? Die Herzogin versicherte ihm, Victoria würde «bei passender Gelegenheit im Verlaufe ihrer Erziehung» davon Kenntnis erhalten. Es war ihr allerdings klar, daß man ihr so zu verstehen gab, diese passende Gelegenheit bald herbeizuführen. Am nächsten Tag, dem 11. März 1829, erfuhr die Prinzessin von ihrer voraussichtlichen Bestimmung.

Die Erinnerungen an diese Episode weichen in einigen Details von einander ab, gehen aber darin einig, daß Victoria in einem Buch über englische Geschichte eine Seite finden sollte, die vorher sorgfältig entfernt worden war. Auf dieser Seite war die Thronfolge dargestellt. Nach Baronin Lehzen stellte Victoria überrascht fest, daß sie diese Tafel noch nie gesehen habe. «Ich sehe, daß ich dem Thron näher bin, als ich dachte.»

«So ist es, Madam.»

«Ich will mein Bestes geben», soll Victoria gesagt haben und noch manches andere mehr, das allerdings eher auf sentimentale Erinnerungen der Baronin Lehzen an diese Szene im Abstand von siebenunddreißig Jahren schließen läßt als auf die Worte eines noch nicht einmal elf Jahre alten Kindes.

An den Rand der Aufzeichnungen der Baronin schrieb Victoria: «Ich mußte heftig weinen, als ich davon erfuhr.» Nach der Enthüllung versicherte ihr die Baronin, es sei durchaus möglich, daß Tante Adelaide noch Kinder bekomme, so daß das schreckliche Schicksal an ihr vorüberzöge. Wenn das der Fall wäre, antwortete Victoria, «besteht kein Grund zur Enttäuschung, denn die Liebe, die Tante Adelaide mir entgegenbringt, zeigt mir, wie sehr sie Kinder mag».

Die Taktik der Herzogin war nicht nur erfolgreich, sondern auch zeitlich geschickt gewählt, denn mit George IV. ging es rasch bergab. Schnell bat sie den Erzbischof von Canterbury um ein Gespräch und schickte ihm, als dem bedeutendsten Kirchenmann des ganzen Königreiches, eine Abschrift von dem Bericht der Bischöfe durch «meinen Diener und Vertrauten, Sir John Conroy». Er könne auf keinem anderen Wege erfahren, wie sehr sie der Nation gedient habe, erklärte sie in aller Bescheidenheit, durch ihr «ruhiges und zurückgezogenes Leben».

Die Zusammenkunft mit dem Erzbischof Dr. William Howley fand am 2. April 1830 statt. Er prüfte die Prinzessin auch noch selbst und schrieb danach an den König: «Aufgrund der durchweg zutreffenden und angemessenen Antworten ihrer Hoheit bin ich vollkommen überzeugt, daß ihre Erziehung in bezug auf die Pflege ihres Geistes, die Förderung ihrer Talente, die Bildung religiöser und moralischer Prinzipien mit so viel Sorgfalt und Erfolg durchgeführt wird, daß keinerlei Veränderung wünschenswert erscheint.»

Der König aber war schon jeglichem Interesse an der Erziehung und dem Schicksal seiner Nichte weit entrückt. Als er am 26. Juni 1830 starb, traten Victorias Onkel William und ihre Tante Adelaide in aller Stille die Nachfolge an. William IV. war bereits fünfundsechzig Jahre alt. Niemand sonst stand nunmehr zwischen der elfjährigen Prinzessin und dem Thron.

IV

Das königliche Pfand

(1830-1837)

Der nächste der vermeintlich arglistigen Onkel war König geworden. Und noch einige mehr warteten nach Victoria. Zwei von ihnen hatten Söhne, die eines Tages ebenfalls auf dem Thron von England sitzen konnten. Die Herzogin verharrte weiterhin im Zustand streitbarer Ängstlichkeit, aber wie Victoria von mehreren der Onkel schon damals und später von allen wußte, war der wirkliche Argwohn dem Vater der Brüder, George III., anzulasten. Er war zutiefst davon überzeugt, daß er seine Kinder zu Vorbildern der ganzen Nation erziehen müsse. Darum bestand er darauf, daß alle Söhne einen Beruf ergriffen und nur wenig Geld bekamen, um sie nicht zur Verschwendung zu ermutigen. Da Angehörige des Königshauses praktisch nur zwischen dem Dienst in der Armee oder der Marine wählen konnten, wurden sie, wenn irgend möglich, in Uniformen gesteckt.

Der neue König war mit vierzehn Jahren zur See gefahren. Selbst der Lieblingssohn Frederick (von York) hatte sieben Jahre militärischer Ausbildung in Deutschland durchstehen müssen. Edward ging mit siebzehn nach Deutschland in die Armee und beklagte sich später, er habe nie etwas von seinem Vater gehört. Nur wenige der Söhne hatten dieses Glück. Ernest (von Cumberland), der mehrmals schwer verwundet wurde, mußte inständig darum bitten, nach Hause geschickt zu werden, um sich behandeln zu lassen. Er überlebte zwar, behielt aber eine häßliche Narbe auf der rechten Kopfseite zurück. Da Augustus (von Sussex) gesundheitlich nicht robust genug für den Militärdienst war, wurde er nach Göttingen und später nach Italien und Frankreich geschickt, um eine Ausbildung zu erhalten. Nach ihrem Abschluß wollte er heiraten und in den kirchlichen Dienst eintreten, doch beides wurde ihm verwehrt. Nach Hause durfte er auch nicht zurückkehren. Die Söhne des Königs konnten ihre Abkunft jedoch nicht verleugnen, und man erwartete von ihnen einen aufwendigen Lebensstil. Jeder von ihnen glaubte, daß bei so vielen Brüdern, die das Erwachsenenalter erreicht hatten, ein anderer für einen Erben der Blutlinie sorgen würde. Sie machten Schulden über Schulden und sammelten zur Befriedigung ihrer erotischen Gelüste Mätressen zuhauf (oder Ehefrauen, die aber nach dem Königlichen Heiratsgesetz nicht als solche galten). Sie zeugten Scharen von Kindern, von denen jedoch keines für den Thron in Frage kam; sie führten ein beklagenswertes Leben voller Kummer und Enttäuschungen, wobei sie von ihrem königlichen Vater getadelt oder ignoriert wurden. Wenn sie alle auf Abwege gerieten, dann geschah dies jedoch nicht ohne Grund.

Den Töchtern erging es noch schlechter. Alle sechs, die das Erwachsenenalter erreichten, lebten auf Anweisung des Königs in klösterlicher Abgeschiedenheit. Die Königin mußte ihren Lebensunterhalt aus ihrem eigenen, persönlichen Einkommen bestreiten, da der König sich weigerte, für sie aufzukommen. Sie verbrachten ihre Tage mit Lesen und Handarbeiten. Nur drei von ihnen heirateten, zwei von ihnen erst mit über vierzig Jahren, die dritte mit einunddreißig. Keine hatte ein Kind, das das Säuglingsalter überlebte. Von den anderen drei sollen, Gerüchten zufolge, zwei heimliche Ehen geschlossen haben. Aus der einen soll ein uneheliches Kind hervorgegangen sein, und zwar skandalösen Gerüchten zufolge (aber wohl kaum den Tatsachen entsprechend) von einem der königlichen Prinzen. Die dritte und jüngste Tochter, Amelia, erhielt nicht die Erlaubnis, einen Stallmeister des Königs zu heiraten, in den sie sich verliebt hatte, obwohl sie keinerlei Aussichten auf die Thronfolge hatte. Als sie 1810 starb, hinterließ sie ihm ihre gesamte spärliche Habe. Ihr mitleiderregendes Testament lautete: «Nichts anderes als die grausame Lage, in der ich mich als Tochter des Königs befinde, und die Gesetze, die der König über Eheschließungen der Königlichen Familie erlassen hat, hindert mich daran, mit dem Mann verheiratet zu sein, mit dem ich mich in meinem Herzen als verheiratet empfinde.»

Eine spätere Generation kann verstehen, warum diese Onkel und Tanten Victoria nicht das geben konnten, was sie gebraucht hätte. Die Welt des Hofes mußte Victoria – wenn ihr der Klatsch oder die gezielt ausgestreuten Gerüchte Sir John Conroys zu Ohren kamen – und erst recht der Herzogin von Kent als ein Dschungel aus Eifersucht, Geiz, Opportunismus, Verleumdung, Gehässigkeit und Intrigen erscheinen. Die Herzogin, so plauderte Lady Elizabeth Grosvenor in einem Brief aus, «schläft fast nie, ich glaube, wegen ihrer ständigen Ängste um die Zukunft».

König William und Königin Adelaide hätten Victoria gern an Stelle einer eigenen Tochter erzogen, aber die Herzogin wollte davon nichts wissen. Die Zeit war auf ihrer Seite. Sie räumte die Gegner aus dem Weg und füllte den Geldbeutel.

Zu Beginn seiner Herrschaft schlug William IV. eine Woge der Sympathie entgegen. Der gichtkranke und dickleibige George IV. hatte sich stets in seinen Gemächern aufgehalten und sich in seinen letzten Jahren außer

Lady Conyngham und ihrer Familie nur wenigen Menschen gezeigt. William dagegen zeigte reges Interesse, seinen Machtapparat von Grund auf kennenzulernen. Er inspizierte die Wachen, sowohl die berittenen als auch die zu Fuß, und besichtigte sogar den Tower in London. Ein Beobachter, der ihn dort sah, beschrieb ihn als «einen kleinen, alten, fröhlich aussehenden Mann mit roter Nase und wettergegerbten Gesicht, aber von wenig eleganter Art und Haltung». Die schlichte Königin hingegen sei eine «so unauffällige kleine Person, wie ich sie selten gesehen habe». Nach Grevilles Worten war William von seiner «Erhöhung» mit fünfundsechzig Jahren nach einem Leben in Unbekanntheit so durchdrungen, daß «es ihm beinahe den Verstand raubte und er sich durch tausend Extravaganzen in Sprache und Benehmen auszuzeichnen suchte, die jeden amüsierten, der Zeuge seiner wunderlichen Grillen wurde». Obwohl er mit der Zeit «nüchterner wurde», blieb er doch ein wenig ein «Hanswurst».

Es gab nur wenige Gelegenheiten, bei denen William und Adelaide ihre Nichte dem Volk als ihre legitime Nachfolgerin vorstellen konnten. Eine war die erste Parlamentseröffnung des Königs, als Adelaide, Victoria neben sich, dem Zug vom Garten aus zusah, der dem St. James's Palace gegenüberlag. Als die Menge sie bemerkte, riefen die Leute: «Die Königin! Die Königin!» Adelaide hob die Prinzessin hoch und setzte sie auf die Mauer. «Gott erhalte beide Königinnen!» rief eine Stimme.

Die Beziehung zwischen dem König und der Herzogin war ein einziger Sumpf von Mißverständnissen. Am Tag nach dem Tode Georges IV. wurde dem neuen Herrscher ein Brief übersandt, den Conroy geschrieben und die Herzogin unterzeichnet hatte. Darin führte die Herzogin aus, daß Übereinkünfte mit dem verstorbenen König nun nicht länger gültig seien. Außerdem sollte man, da ihre Tochter jetzt «mehr als eine nur mutmaßliche Thronerbin» sei, der Herzogin per Gesetz neue Autorität verleihen und sie sowohl zur Regentin als auch zum Vormund der zukünftigen Königin einsetzen. Zusätzlich verlangte sie, daß eine Dame von Rang, die sie selbst bestimmen wollte, den Titel der offiziellen Gouvernante Victorias bekommen sollte. Und schließlich forderte sie – was für Conroy vielleicht wichtiger war als für sie selbst –, daß alle Gelder, die der Prinzessin zustanden, bis zu deren Volljährigkeit direkt an ihre Mutter ausgezahlt werden sollten.

Der amtierende Premierminister, der Herzog von Wellington, schlug dem König vor, diese Forderungen als einen Privatbrief zu behandeln, oder, noch besser, so zu tun, als sei er gar nicht geschrieben worden. Es sei klüger, wenn die Initiative vom König oder seinen Ministern ausginge. Daraufhin versicherte der Herzog Victorias Mutter, daß die Interessen der Prinzessin in den Überlegungen der Regierung eine vorrangige Rolle spielten, und fügte hinzu: «Ich bitte Eure Königliche Hoheit, keinem Menschen zu erlauben, Euch vom Gegenteil überzeugen zu wollen.» Die Herzogin verstand die Anspielung auf Conroy und erwiderte, alle Mitteilungen an sie müßten über Sir John geleitet werden, den Wellington verachtete.

Als sich das Parlament im November wieder versammelte, wurde es Zeuge, wie Lord Lyndhurst – in Victorias Augen stets ein Überläufer der Whig-Partei – das Loblied auf die Herzogin sang wegen «der Art und Weise, in der Ihre Königliche Hoheit, die Herzogin von Kent, ihre ... Pflicht bei der Erziehung ihrer erlauchten Tochter erfüllt hat». Sie gebe der Nation «allen Grund zu der Hoffnung, daß man in das zukünftige Verhalten Ihrer Königlichen Hoheit die höchsten Erwartungen setzen» dürfe. Er spreche, so sagte er, «nicht aufgrund vager Berichte, sondern besitze genaue Informationen» – ein triumphaler Erfolg der Einladung der Bischöfe durch die Herzogin. Dadurch zufriedengestellt, verabschiedete das Parlament ein Gesetz, das die Herzogin zur alleinigen Regentin und zum alleinigen Vormund Victorias ernannte. Glücklich erlaubte die Herzogin Conroy, ein Memorandum zu entwerfen, das ihre neuen Befugnisse bezüglich der Prinzessin definierte, damit sie jede Kontrolle begrenzen konnte, die der König auszuüben versucht sein mochte.

Die Idee, ihre Rechte schriftlich zu fixieren, war durchaus sinnvoll. Dies erkannte sie, als Earl Grey, der im Juli Premierminister wurde, ihr ein Schreiben schickte, in dem er die Hoffnung des Königs zum Ausdruck brachte, man könnte den ausländisch klingenden Namen Alexandrina Victoria vielleicht gegen einen anderen austauschen, der zu einer englischen Königin besser passe. Ausnahmsweise reagierte die Herzogin taktvoll und liebenswürdig. Obwohl der Prinzessin «ihr Taufnahme teuer» sei, bekundete ihre Mutter die Überzeugung, Victoria würde das tun, «was den Gefühlen des Landes entspricht».

Als der König darauf nicht antwortete, schrieb die Herzogin noch einmal und erklärte, in welcher Weise ihr die Namen der Prinzessin von George IV. aufgezwungen worden waren. Ferner ließ sie wissen, daß es ihr Kummer bereiten würde, wenn ihr Kind «den Namen Victoria ablegt, den sie als einzigen benützt, da es der meine ist ... Außerdem hat sie eine große Vorliebe für diesen Namen.» Die Herzogin brachte jedoch erneut im Namen Victorias ihren Willen zum Ausdruck, «das zu tun, was sich für ihre Stellung ziemt».

Grey schlug daraufhin vor, man solle ein entsprechendes Gesetz verabschieden oder bei der Konfirmation der Prinzessin eine Namensänderung vornehmen. Die Herzogin stimmte zu, daß eine gesetzliche Regelung so bald wie möglich in Angriff genommen werden solle, damit sich das Land an einen neuen Namen gewöhnen könne. William zeigte sich höchst erfreut und bot der Herzogin sogar eine finanzielle Belohnung an, die rückwirkend ab dem Tod des Herzogs von Kent gelten sollte. Statt zuzugreifen, begann sich die Herzogin Gedanken über die Sache zu machen, ausgelöst von Zeitungsspekulationen über den Namen. Nichts schien der Londoner Presse verborgen zu bleiben. In ihr fand die Herzogin Unterstützung für den Namen *Victoria*, der in den Ohren der zukünftigen Untertanen der Königin durchaus königlich klang. Außerdem gab es gewisse religiöse Vorbehalte dagegen, die Konfirmation für eine Änderung am Sakrament der Taufe zu nutzen, eine Ansicht, die auch der Erzbischof von Canterbury vertrat. Bis zum 25. Juni, fast ein Jahr, nachdem die Überlegungen hinsichtlich eines neuen Namens begonnen hatten, war die Herzogin zu einer völlig anderen Meinung gelangt. Dies teilte sie Grey schriftlich mit. Der König war wütend. Der Name Victoria sei nicht englisch, donnerte er, ja nicht einmal deutschen Ursprungs, sondern französisch. «Seine Majestät kann es nur bedauern», schrieb Grey an die Herzogin, obwohl seine Zielscheibe unmißverständlich Conroy war, «daß Ihre Königliche Hoheit es gestattet hat, Ihre Ansicht von Darstellungen beeinflussen zu lassen, die nach dem Urteil Seiner Majestät der hinreichenden Grundlage entbehren.»

Daß selbst der stattliche finanzielle Köder des Königs die Herzogin nicht umstimmen konnte, ist ein Indiz dafür, wieviel bedeutsamer ihr Macht im Vergleich zu Geld geworden war, während der Tag der Thronbesteigung Victorias unausweichlich näherrückte. Victoria von William möglichst fernzuhalten, war ein entscheidender Aspekt im Bemühen der Herzogin, die Zügel nicht aus der Hand zu geben. Eine Rechtfertigung, schützenden Abstand zu wahren, hatte sich bereits eines Tages in Windsor ergeben, als die Herzogin und die Prinzessin dort gefrühstückt hatten, was selten genug vorkam. Einer der vielen FitzClarence-Söhne des Königs war zufällig ins Zimmer gestolpert, und die empörte Herzogin hatte ihren Wagen befohlen. Der unerwünschte Kontakt mit dem unehelichen – sprich beflecten – Sprößling hatte die Reinheit der Prinzessin gefährdet. Ihre Mutter erklärte der Herzogin von Northumberland: «Ich habe Victoria niemals mit irgendwelchen illegitimen Mitgliedern der königlichen Familie zusammengebracht und werde es auch in Zukunft nicht tun; sie sterben mit dem König. Würde ich mich nicht an dieses Prinzip halten, wie könnte ich dann Victoria den Unterschied zwischen Laster und Tugend beibringen?» Für einige Zeit erlaubte die Herzogin von Kent ihrer Tochter jedoch, an wichtigen offiziellen Ereignissen in St. James's und Windsor teilzunehmen. Massive Verstimmungen der einen oder anderen Seite führten immer wieder zu einem zeitweiligen Abbruch der Beziehungen, aber im großen und ganzen wurde der Schein gewahrt.

Der Kampf um die Prinzessin hatte mitten in den erbittertsten Wahlstreitigkeiten seit mehr als hundert Jahren angefangen. Das Vermächtnis der vier Georges bestand in einer arroganten Weigerung, politische Reformen durchzuführen, und die Quittung dafür kam im ersten Regierungsjahr Williams. Schon im Sommer 1831 mußte die Tory-Regierung, die er geerbt hatte, ihren Abschied nehmen. Es wurde ein neues Parlament gewählt, diesmal mit einer enormen Mehrheit der reformfreudigen Whig-Partei. Bei den sehr vagen Wahlaussagen, die damals die Parteien in England kennzeichneten, arbeiteten Whigs und Tories weitgehend auf lokaler Ebene und suchten Parlamentssitze durch politische Verbindungen, Patronage, Erbschaft und Kauf der wenigen Stimmen, die in jedem Wahlkreis abgegeben wurden, zu gewinnen. Traditionell hielten die Tories (die heutigen Konservativen) die Prinzipien von Land und Landadel hoch; die Whigs (aus denen die Liberalen hervorgingen) repräsentierten neben dem Hochadel eher die aufstrebenden Schichten aus Industrie und Handel und drängten auf soziale und politische Reformen. Tatsächlich bestanden beide Parteien aus Gruppierungen, die eine Vielzahl einander überschneidender Einzelinteressen betrieben. Die Whigs waren manchmal reaktionärer als ihre Gegenspieler. Innerhalb der Whig-Partei begann aber eine (für damalige Maßstäbe) radikale Bewegung zu keimen, die auf die Ausdehnung des Wahlrechts auf die aufsteigende Mittelschicht und die dichtbevölkerten Industriestädte drängte, die kaum existiert hatten, als die Sitze im Unterhaus zuletzt verteilt worden waren.

Klugerweise verzichtete William auf eine offizielle Krönung und erklärte, in Anbetracht der derzeitigen Stimmung im Lande wolle er der Nation eine kostspielige Entfaltung überkommenen Pomps ersparen und sich die Krone selbst aufsetzen. Eine solche königliche Genügsamkeit – von den Zeitungen in Anspielung auf die heute nicht mehr gebräuchliche Münze «Half-Crownation» genannt – gab William einen Teil der Popularität zurück, die er eingebüßt hatte, als er sich gegen die Verabschiedung das Reformgesetzes stemmte.

Obwohl die Herzogin bei den Whigs, mit denen sie zur Zeit der Opposition gute Kontakte gepflegt hatte, beliebt war, hatte sie Schwierigkeiten, ihre finanziellen Wünsche durchzusetzen, solange der König öffentliche Sparsamkeit predigte. Aber William drängte mit Nachdruck auf die Erfüllung ihrer Forderungen, scheinbar ganz in ihrem Sinne. Tatsächlich aber durchkreuzte er damit ihre Winkelzüge, denn er bat nicht um Geld für die Herzogin, sondern für Prinzessin Alexandrina Victoria. Der Schatzkanzler, Lord Althorp, empfahl zusätzliche 10 000 £ für die Prinzessin, womit ihre Apanage sich auf 16 000 £ erhöhen würde, zusätzlich zu den 6000 £ Jahreseinkommen ihrer Mutter, die vom Herzog auf sie übergegangen waren. Am 6. September, zwei Tage vor der bescheidenen

Krönung Williams IV., erhielt das Unterhaltsgesetz für Victoria die Zustimmung des Königs.

Die Herzogin hatte die Absicht, Victoria nun häufiger der Öffentlichkeit vorzuführen, und Diners und Empfänge bildeten nur einen Teil dieser Kampagne. Conroy plante auch königliche Rundreisen, nicht nur um der Nation die zukünftige Königin zu zeigen, sondern auch die Herzogin als die zukünftige Regentin. All diese höchst kostspieligen Anstrengungen sollten aus der erwarteten königlichen Privatschatulle bestritten werden; sie wurden im voraus auf Victorias Zukunft hin geborgt. Bei den meisten Einladungen der Herzogin war Victoria das *pièce de résistance*, das nur kurz zum Nachtisch präsentiert wurde.

Bei einem Diner, das die Herzogin im April 1833 für den König gab, schien sich eine Veränderung abzuzeichnen, wenn auch kein Tauwetter in den frostigen Beziehungen zum Hof, denn Königin Adelaide war ausgerechnet an dem Abend unpäßlich und fehlte. Nach dem Essen spielte die Kapelle der Grenadiergarde, und Victoria durfte bis elf Uhr aufbleiben.

Einen Monat später schrieb sie: «Ich werde heute vierzehn Jahre alt! *Schrecklich* alt!» Im St. James's Palace gab man ihr zu Ehren einen Kinderball, den sie formell mit einem Tanz mit ihrem Cousin, Prinz George von Cambridge, eröffnete, der ebenfalls vierzehn Jahre alt war. William IV. hatte Vertrauten, denen die Herzogin Gehör schenkte, bereits zu verstehen gegeben, er habe den Prinzen als Ehemann für Victoria vorgesehen, wenn beide erst einmal älter sein würden. Aber in diesem Bereich versagte seine Macht.

Es gab noch einen weiteren Cousin namens George, gleichfalls vierzehn Jahre alt, den Sohn des Herzogs von Cumberland. Er und sein Vater würden Könige von Hannover werden, wenn Victoria Königin wurde, und auch Könige von England, wenn sie sie überlebten. Prinz George war ein schlanker, hübscher Junge, den in England so manche als idealen Partner für Victoria betrachteten, vorausgesetzt, die Prinzessin sollte einen Cousin ersten Grades heiraten. Damit würden verfehdete Teile der Familie zusammengebracht und es gelänge «englisches» Blut in eine Linie, das andernfalls noch weiter überfremdet würde. Aber 1832 verlor der Prinz im Kew Palace plötzlich das Augenlicht. Prinzessin Lieven schrieb aus Richmond an Lady Cowper, seine Eltern hätten ihn «der Sonne ausgesetzt, aber er konnte überhaupt nichts sehen... Er ist jetzt seit vier Tagen im Zustand völliger Blindheit.» Da die englischen Ärzte ihm keinerlei Hoffnung machten, wurde er nach Preußen gebracht und von einem deutschen Spezialisten untersucht, der in dem Ruf stand, viel erreicht zu haben, wo andere nicht helfen konnten. Aber man konnte nichts tun. Ende des Jahres 1833 schrieb die Schwester des Herzogs von Cumberland, Prinzessin Elisabeth, damals

Landgräfin von Hessen-Homburg, traurig über ihren Neffen: «Wenn man sieht, wie dieses anmutige Geschöpf umhergeführt wird..., seine Heiterkeit, seine angenehme Art, sich auszudrücken, sein Dank für jede Aufmerksamkeit – und nichts hilft, er kann nicht sehen, *so lieb er auch ist*, dann bricht es einem fast das Herz.»

Der Versuch, die Zukunft Victorias mit einem der beiden Georges zu verbinden, war nur ein Scharmützel in dem fintenreichen Kampf, den William mit der Herzogin ausfocht. Er versuchte auch in Zukunft, Ehemänner seiner Wahl durchzusetzen. Manche der Attacken waren eher Scheingefechte, wenngleich nicht ohne Symbolwirkung, denn beide Parteien erkannten, daß die Reaktionen der Öffentlichkeit eine Realität waren und die Art des Empfanges, mit dem man Victoria bei den Provinzrundfahrten der Herzogin begrüßte, dem Land eine Botschaft signalisierte. Er war noch König, aber es gab bereits beunruhigende Berichte von Protokollverletzungen vor der Insel Wight – von königlichen Salutschüssen für die Prinzessin. Victoria hatte begonnen, im Sommer dort vor der Küste zu segeln, und zwar auf Williams eigene Einladung hin auf der *Emerald*, einem Begleitschiff seiner Yacht *Royal George*. Das Ergebnis war ein ständiges Abfeuern respektvoller Salven der vorbeifahrenden Schiffe. Solche Ehrenbezeigungen sollten nach Williams Gefühl dem Herrscher vorbehalten bleiben. Der Premierminister wurde darum angewiesen, die Herzogin zu bitten, auf das Recht des Saluts zu verzichten. Conroy aber riet ihr, sich zu weigern. Das veranlaßte wiederum den König, einen Kabinettsbefehl zu erteilen, nach dem die königliche Standarte nur gegrüßt werden sollte, wenn der König oder die Königin an Bord seien. Solche Enttäuschungen für die Herzogin standen in keinem Verhältnis zu dem Ärger, den sie verursachte. Aber William hatte nicht die Absicht, sie ihre Regentschaft schon beginnen zu lassen, solange er noch am Leben war.

Für Victoria war das Leben voller Widersprüche. Sie wurde abgeschirmt von aller Welt gehalten und ermahnt, sich bescheiden und sittsam zu benehmen, in der Obhut frommer alter Jungfern und behutsamer Kleriker. Doch war sie zugleich eine zukünftige Königin, für deren Vorrechte ihre Erzieher kämpften und stritten und die sie nach Gutdünken an die Öffentlichkeit zerrten, um sie anhimmeln zu lassen.

Die sorgfältig geplanten Rundreisen der Herzogin und der Prinzessin begannen im Sommer 1832. Um den König noch weiter aufzubringen, folgte im Herbst der Besuch von zwei Cousins der Prinzessin, Hugo und Alfonso Mensdorff, Söhne einer Schwester der Herzogin, Sophie. Zu den Plänen der Herzogin gehörte es auch, daß die zukünftige Königin mit einem *ihrer* Neffen verheiratet würde statt mit einem Neffen Williams. (Niemand sorgte sich damals groß um die genetischen Konsequenzen einer

Eheschließung zwischen Cousin und Cousine ersten Grades.) Da Victoria als gleichaltrige Gefährtin fast nur Conroys Tochter hatte, war die Prinzessin höchst erfreut, andere junge Leute um sich zu haben, vor allem junge Männer, die, wie sie notierte, «so fröhlich und nett» waren. Es schmerzte sie sehr, sie einer Reise nach Wales wegen zurücklassen zu müssen. Aber dieses Ereignis brachte etwas Neues – ein Notizbuch mit einem bunten Einband und einem Lederrücken, das ihr die Herzogin gab, um sie zum Schreiben zu ermuntern. «Dieses Buch hat mir Mama gegeben, damit ich darin über meine Reise nach Wales Tagebuch führen kann. Victoria. Kensington Palace. 31. Juli.» Ihm sollten 121 weitere Bände folgen, aber nur die Tagebücher vor Victorias Thronbesteigung – die sie stets vorsichtig formulierte, da ihre Mutter, wie sie wußte, sie lesen würde – sind erhalten geblieben. Die übrigen wurden von Victorias jüngster Tochter Beatrice zerstört, die daraus abschrieb, was sie als literarische Nachlaßverwalterin für erhaltenswert hielt.

Die Route nach Nordwales, die die Reisegesellschaft, von Spaßvögeln als «Conroyal Party» bezeichnet, mit ihren Kutschen einschlug, führte durch den unablässig strömenden Regen der Midlands. Für Victoria war es ein seltener, erschreckender Anblick jenes England, das der eleganten Gesellschaft der herrschaftlichen Häuser, die sie besuchen sollte, ihren Reichtum verschaffte. «Die Männer, Frauen, Kinder, das Land und die Häuser, alles ist schwarz. ... Das Gras ist ganz verbrannt und schwarz.» Einen Hochofen, an dem sie vorbeikamen, empfand sie als «ein merkwürdiges Gebäude, aus dem Flammen loderten». Danach war wieder alles «schwarz, feuerspuckende Maschinen, Kohle im Überfluß, überall, rauchende und brennende Kohleberge, dazwischen elende Hütten und Karren und zerlumpte Kinder». Aber trotz dieser widrigen Lebensverhältnisse wartete, wo immer man anhielt, eine begeistert jubelnde Menge; es wurden Reden gehalten, die zukünftige Treue gelobten, Chöre sangen patriotische Lieder, und manche Festveranstalter feuerten Salutschüsse ab, ohne sich bewußt zu machen, daß eine solche Vorwegnahme seines Todes König William bitter kränken mußte. Die historischen walisischen Burgen in Powys und Caernarvon waren mit Flaggen und Blumen geschmückt, und die herrlichen Landsitze von Lord Grosvenor (Eaton Hall), dem Herzog von Devonshire (Chatsworth), Lord Shrewsbury (Alton Towers) und dem Earl von Liverpool (Pitchford) waren Schauplätze stilvoller Mittag- und Abendessen sowie großartiger Empfänge.

Die Reise, die zum offen bekundeten Mißfallen des Königs triumphal verlaufen war, endete am 9. November im Kensington Palace. Victoria war erschöpft. Wie oft war sie schon vor dem Morgengrauen geweckt worden, um sich ein weiteres Mal im Wagen durchrütteln zu lassen. Übertrieben herausgeputzt, überfüttert und überarbeitet hatte sie ihren Unterricht bei Baronin Lehzen, der auch unterwegs fortgesetzt worden war, mit einem gnadenlosen Programm öffentlicher Auftritte kombinieren müssen. Diese Strategie sollte sich wiederholen, denn Sir John und die Herzogin waren sicher, daß im Aufwind der Whig-Partei nach den Reformgesetzen eine gegen William gerichtete Reaktion eine Kette von Sympathiebekundungen für Victoria und die Conroy-Clique auslösen würde.

Noch aufgebrachter war William, als zwei weitere Neffen der Herzogin, die Prinzen Alexander und Ernst von Württemberg, Söhne ihrer Schwester Antoinette, im Juni 1833 in den Kensington Palace kamen. Victoria hat sie in ihrem Tagebuch als «außerordentlich groß» und «liebenswert» beschrieben, Alexander als sehr «gutaussehend» und Ernst als «sehr freundlich». Sie war jetzt vierzehn Jahre alt und begann zu begreifen, daß diese Besuche einen bestimmten Zweck verfolgten, auch wenn sie gefühlsmäßig noch ein Kind war. Ihr Bedürfnis, Zuneigung zu äußern und zu empfangen, konnte sie in ihrem abgeschirmten Leben besser mit dem «lieben, süßen, kleinen Dash» befriedigen, einem Spaniel, den Conroy der Herzogin geschenkt hatte, die ihn an Victoria weitergab. Auch «die liebe kleine Rosa», ihr Pferd, das auf ihren Rundreisen mitgenommen wurde, liebte die Prinzessin sehr. «Dashy» wurde eine lebendige, vierbeinige Puppe, wenn Victoria ihm «eine scharlachrote Jacke und blaue Hosen» anzog.

Trotz Dash und Rosa konnte Victoria kein Kind bleiben. Ihr Unterricht wurde mit dem Gefühl vermehrter Dringlichkeit wieder aufgenommen und um die Fächer Singen und Zeichnen erweitert. Auf den Abendgesellschaften der Herzogin wimmelte es jetzt von distinguierten Persönlichkeiten, von denen viele gescheit und amüsant, andere mächtig und respektgebietend waren. Sie alle aber wurden zu bloßen Zuschauern, wenn Baronin Lehzen Victoria hereinbrachte, den Anlaß der ganzen Aufregung. Und es gab noch mehr herrliche Landhäuser zu besuchen, die schon für sich allein Unterricht in Geschichte, Kunst und guten Manieren darstellten. Die dort wohnenden Aristokraten, die reichen Bürger, Geistlichen und Landjunker in Gamaschen und deren Frauen und Kinder entsprachen einem Querschnitt der herrschenden Schichten, die sie, Victoria, einst repräsentieren würde. Die endlosen öffentlichen Auftritte und Reisen führten dazu, daß Victoria von Kopfschmerzen, Rückenschmerzen, Verdauungsbeschwerden und Grippe geplagt wurde. Onkel Leopold schrieb warnend, man solle auf ihr Gewicht achten, denn die Hannoveraner neigten dazu, Fett anzusetzen, und bei Victorias geringer Körpergröße kam jedes Gramm zur Geltung. Zum Glück gab es 1834 weniger Begegnungen mit der Öffentlichkeit, denn Victoria begann das Jahr mit einer «Unpäßlichkeit», so daß die großartigsten Pläne aufgegeben werden mußten.

London bot im Frühling ein festliches Angebot an Opern. Victoria ging zwei- oder sogar dreimal in der Woche nach Covent Garden, um sich von den neuesten Werken Bellinis, Rossinis, Meyerbeers und Donizettis begeistern zu lassen oder um Ballette wie *La Sylphide* anzuschauen. Ihre Lieblingsballerina war Marie Taglioni, die ihr, wie sie in ihr Tagebuch schrieb, «wie ein Reh» erschien. In der eigens auf sie zugeschnittenen Rolle in Giacomo Meyerbeers sensationeller Oper *Robert der Teufel* hatte die Taglioni eine Gruppe von geisterhaft tanzenden Nonnen aus ihren Gräbern in einen mondhellen Kreuzgang geführt. (Solche Szenen waren dazu angetan, die Ängste der Engländer vor den Katholiken zu bestärken.) Dieselbe gespenstische Gasbeleuchtung wurde im Ballett *La Sylphide* verwendet. Auf dem Theater brachten Edmund Kean und Fanny Kemble Shakespeare und modernere Tragödien zur Aufführung, und wenn Victoria nach Hause kam, kostümierten sie und Luise Lehzen oft zusammen eine kleine holländische Puppe – die meisten waren keine zehn Zentimeter groß – nach Gestalten, die sie auf der Bühne gesehen hatten: einmal die Taglioni als *Sylphide* in Musselin und Gaze, ein andermal einen Grafen Almaviva aus Rossinis *Der Barbier von Sevilla* in blau-weißen Kniehosen.

Statt wieder durch die Provinzen reisen zu müssen, empfing Victoria dankbar Besuche in London, darunter Prinz Ferdinand von Sachsen-Coburg-Kohary, den zweitältesten Bruder ihrer Mutter. Seine Anwesenheit im Palace nahm ein wenig den emotionalen Druck von Victoria. Auch scheint er sie von ihrem Verdacht bezüglich ihrer Mutter und Conroy befreit zu haben. Er war «so außergewöhnlich klug, ein Mann, der alles durchschaut», wie sie vorsichtig in ihr Tagebuch schrieb, wohl wissend, daß die Herzogin jedes Wort las. Als Ferdinand Ende Mai abreiste, erschien Sir John wieder bei Tisch, und Victoria vertraute ihrem Tagebuch an: «Ich kann mich nicht erinnern, seit langer Zeit einen so traurigen Tag verbracht zu haben.»

Eine Woche später kehrten ihre Lebensgeister wieder, denn nach sechs Jahren kam Feodora zurück, zusammen mit ihrem Mann, Prinz Ernst von Hohenlohe-Langenburg, und ihren zwei ältesten Kindern. Die beiden Schwestern verbrachten viele Stunden miteinander, wieder und wieder erlebten sie in der Erinnerung die kostbare Vergangenheit aufs neue. Feodora, die elf Jahre älter als Victoria war, nutzte ihre größere Reife an Jahren und Erfahrung, um ihre Schwester in Manieren zu unterrichten – sie zeigte ihr sogar, wie man den Mund sittsam geschlossen hielt. Diese Gäste waren auch Anlaß zu einem der seltenen Besuche in Windsor und einem Ausflug in Anwesenheit des Königs nach Ascot, wo Victoria von der Menge Hochrufe erhielt. Der König ließ sich von der Hochstimmung anstecken und schloß mit Victoria eine Wette über ein Rennen ab, die sie gewann.

Am 25. Juli 1834 notierte die Prinzessin Feodoras Abreise – eine «schreckliche» Trennung. «Ich *umarmte* sie fest und *küßte* sie und *weinte*, als wolle mir das Herz brechen, und meine *allerliebste* Schwester hat es genauso gemacht.... Als ich nach Hause kam, empfand ich solchen Kummer, daß... ich den ganzen Vormittag heftig weinte und schluchzte.» Diese Gefühlsentladung tat ihr wahrscheinlich gut. Die Pubertät war, abgesehen von den Spannungen im Kensington Palace, vermutlich die Ursache vieler «Unpäßlichkeiten», die Victoria, gerade erst fünfzehn, in jenem Jahr erlitt. Sie bewirkten allerdings auch, daß sie weniger zu ihren Rundreisen gedrängt wurde, und verhinderten, daß sie ins Zentrum der Streitigkeiten zwischen der Partei ihrer Mutter und der des Königs geriet. Ihr Onkel Leopold hatte ihr aus Belgien geschrieben, wo auch er im Mittelpunkt widerstreitender Interessen stand. Als neuer König hatte er eine Braut gewählt, die der zahlenmäßig größeren, katholischen Gruppe entgegenkam, eine Tochter des Königs Louis-Philippe.

Wirksamere Hilfe von Leopold kam Mitte 1834, als er Baron Stockmar schickte, der die Lage sondieren und sich als Vermittler anbieten sollte. «Wie können meine Worte helfen», so appellierte er am 4. Juli an die Herzogin, «wenn sich niemand ändern und niemand nachgeben möchte?» *Sie* sei nicht «die Hauptschwierigkeit», bemerkte er höflich, das Problem liege in der Beziehung zwischen der «grollenden» Prinzessin und Sir John («der Mann, der alle Fäden in der Hand hält»), den er als «ausgezeichnete» und «loyale Persönlichkeit» bezeichnete, aber auch als «eitel, ehrgeizig, überempfindlich und aufbrausend» beschrieb. Conroys Ehrgeiz, sich als Privatsekretär einer noch kindlichen Königin in eine Regentschaft hineinzudrängen, sah Stockmar als «gefährlich» an und außerdem als unrealistisch und unverantwortlich. Um aus einer solchen Situation herauszukommen, prophezeite er, würde Victoria heiraten, sobald sie nur könnte, und ihr Ehemann würde Conroy ausbooten. Alles, was die Herzogin und Sir John gewinnen würden, wäre «Kälte und Distanz» zur künftigen Königin.

Die Strategie, die Conroy nun verfolgte, war weicher und raffinierter. Anstatt die Strapazen einer Herbstreise durch die Provinzen durchstehen zu müssen, durfte sich Victoria auf einer Fahrt nach Tunbridge Wells und in Ferien in St. Leonard's-on-Sea vergnügen. Zusätzlich zu der «üblichen Truppe» der Familie Conroy (so bezeichnete sie die ihr aufgezwungene Gesellschaft in ihrem Tagebuch) hatte sie eine neue Gesellschafterin, die Baronin Lehzen assistieren sollte, Lady Flora Hastings, die Hofdame bei der Herzogin geworden war. Sie war die älteste Tochter des Marquis von Hastings, Ende zwanzig, attraktiv und intelligent – intelligent genug, um zu wissen, daß sie ihre neue Stellung als Gesellschafterin der zukünftigen Königin ihrer Loyalität gegenüber der Herzogin verdankte. Diese Tatsache entging auch Victoria nicht, die außerdem erriet, daß Lady Flora in Wahrheit als Ersatz für Baronin Lehzen in den Haushalt eingeführt wurde, die einzige Person, der Victoria ihr Vertrauen schenken konnte. Stockmar empfahl nachdrücklich, man solle Victoria ihre jugendlichen Gesellschafterinnen selbst wählen lassen. Es überrascht nicht, daß zwischen der Prinzessin und der unerwünschten, scharfzüngigen Lady Flora augenblicklich eine Antipathie erwuchs. Victoria entdeckte sehr schnell, welche Rolle Conroy in dem Komplott spielte, da er mit Lady Flora fast auf ebenso vertraulichem Fuß zu stehen schien wie mit der Herzogin. Ihr Auftauchen fiel mit einer Kampagne zusammen, Baronin Lehzen derart das Leben schwer zu machen, daß sie von sich aus gehen würde. Bis zum 6. März 1835 war die ungewöhnliche Strenge, mit der man sie behandelte, offenkundig geworden. Die Herzogin von Northumberland, Victorias offizielle Gouvernante, sah sich an diesem Tag veranlaßt, an Feodora zu schreiben, sie möge doch bitte «dem König sagen, was er dringend tun *müsse*», um Conroy zuvorzukommen, denn es würde nur «die Pläne dieses Mannes fördern», Victoria ohne Schutz zu lassen.

Nie um Einfälle verlegen, hatte Conroy bereits einen Brief aufgesetzt, den die Herzogin von Kent unterschreiben sollte. In diesem Brief forderte er, Victorias Erziehung schrittweise zum Abschluß zu bringen, da sie jetzt kurz vor der Konfirmation stehe, und zugleich dem Gouvernantenwesen ein Ende zu machen, das er in Baronin Lehzen und der Herzogin von Northumberland verkörpert sah. Statt dessen schlug er eine königliche Kammerfrau vor, und die sollte Flora Hastings sein. Die Unverschämtheit der Conroy-Clique gegenüber der Herzogin von Northumberland war schon vor dem Brief zutage getreten und konnte auch dem König nicht entgehen. Über den Erzbischof von Canterbury wies William die Herzogin von Kent an, sie solle ihm ihre Wünsche für die Konfirmationszeremonie detailliert und auf dem offiziellen Weg mitteilen, nämlich durch Victorias Gouvernante. Die Herzogin von Kent weigerte sich, mit der Herzogin von Northumberland, die inzwischen von der Erziehung Victorias vollkommen ausgeschlossen war, überhaupt zu sprechen. William wiederum weigerte sich, irgendeinen anderen Weg der Verständigung zu akzeptieren, und schrieb eigenhändig einen Brief an den Bischof von London, in dem er dem Kirchenfürsten untersagte, Victoria in der königlichen Kapelle zu konfirmieren. Damit hatte er der Herzogin einstweilen einen Strich durch die Rechnung gemacht.

Nach außen hin machte die Art, wie die Herzogin ihre Tochter behandelte, einen makellosen Eindruck. Uneingeweihte bewunderten sie sogar für ihre liebevolle Erziehung der zukünftigen Königin. Im Frühjahr 1835 sah die Öffentlichkeit nicht die unterdrückte Prinzessin, sondern das festliche (wenn auch private) Konzert zu ihrem sechzehnten Geburtstag, ein teures und glanzvolles Geschenk, das im Hinblick auf die späteren Einkünfte der Herzogin auf Pump finanziert wurde.

Das Ereignis war ein öffentlicher Triumph für die Herzogin, für Victoria jedoch nur ein Zwischenspiel in den internen Kämpfen um ihre Person. In dem Scharmützel um die Gestaltung ihrer Konfirmation sollte König William den Sieg davontragen, der alle Karten in der Hand hatte. Auf seinen Befehl hin wurde Victoria am 30. Juli 1835 ordnungsgemäß konfirmiert, in Anwesenheit von William und Adelaide. Als der König sah, daß Conroy zusammen mit der Herzogin die Kapelle betrat, ließ er ihn hinausweisen. Diese öffentliche Beleidigung verschärfte Sir Johns Feindseligkeit. In ihrem Tagebuch hielt Victoria fest, daß sie während der Zeremonie «in Tränen schwamm», denn sie empfand die Feier als ebenso qualvoll wie die Vorbereitungen. Die Nachwirkungen waren nicht weniger traumatisch. Die Herzogin, die privat mit ihrer Tochter nur noch über Belanglosigkeiten sprach, mochte sie in der Öffentlichkeit ihre Liebe und innige Fürsorge noch so sehr demonstrieren, überreichte ihr einen langen Brief. In ihm stand zu lesen, man habe Baronin Lehzen (schriftlich) mitgeteilt, daß ihre Aufgabe als Lehrerin mit der Konfirmation zu Ende sei; Victoria solle ihr einen angemessenen Dankesbrief im entsprechenden Sinn schreiben. Bis Victoria zweiundzwanzig sei, wurde sie «der Führung Deiner Dich liebenden Mutter und Freundin anvertraut».

Bis in Williams siebzigstes Lebensjahr hinein und darüber hinaus war es ungewiß, ob Victoria zur Thronfolge gelangen würde. Die Erwartungen der Conroy-Clique standen auf unsicherem Boden. Solange Königin Adelaide noch die geringste Aussicht hatte, einen Erben zu empfangen, war Victoria nur die mutmaßliche Thronfolgerin. Diese Ungewißheit hielt König William davon ab – wie vor ihm schon seinen Bruder George –, die Prinzessin dem Schutz des Hofes zu unterstellen oder zumindest, trotz des Verdikts der Bischöfe, ihre Vormundschaft zu übernehmen.

Am 25. Januar 1835 schrieb Viscount Melbournes Schwester, Lady Cowper, an Dorothea Lieven, die nach Rußland zurückgekehrt war: «Unsere Königin hat soeben verkünden lassen, sie sei schwanger; alle sind sehr aufgeregt. Das ist ein tödlicher Schlag für die Herzogin von Kent. Für die kleine Prinzessin ist es ja traurig, denn sie ist so nett, und Du weißt, wieviel Bosheit und Verleumdung es in diesem Land gibt.» Das Gerücht der Schwangerschaft hatte Prinzessin Lieven in St. Petersburg schon auf einem anderen Weg erreicht, ehe der Brief von Lady Cowper eintraf. Bis zu Williams letzter Erkrankung scheint Victoria keine Garantie für die Thron-

77

folge besessen zu haben, und das Parlament war unsicher, ob es die Prinzessin zur Königin erklären könnte, wenn Königin Adelaide schwanger sei. Diese Ungewißheit – wenn sie auch in Anbetracht des Alters und des Verlaufes der bisherigen Schwangerschaften der Königin wenig handfeste Gründe hatte – konnte die beklommene Atmosphäre im Kensington Palace nur fördern.

Personen von königlichem Rang wurden mit achtzehn Jahren volljährig. Die Herzogin bemühte sich darum, ihre Kontrolle zu verstärken. Sie ging davon aus, daß Victoria, die sich bei niemandem einen kompetenten Rat einholen konnte, zwar unglücklich, aber fügsam sein würde. Victoria hatte keine Ahnung von der Anweisung ihrer Mutter bezüglich der Baronin Lehzen. Sie behielt sie weiterhin an ihrer Seite und klagte, wie schon das ganze Jahr über, sie fühle sich «sehr schlecht» und habe quälende Rückenschmerzen, die man heute wohl auf menstruelle Beschwerden, psychische Spannungen oder beides zurückführen würde. Doch so sehr sie auch litt, hatte man eine Herbstreise in die Midlands für sie angesetzt, die Conroy arrangiert hatte. Aufenthalte auf einigen der großen Herrensitze im Norden und Osten Englands waren vorgesehen. Es spiele keine Rolle, so beharrte die Herzogin, daß Reisen «unangenehm» sei oder daß «die Anstrengung dich vielleicht krank macht», denn «es ist von größter Bedeutung, daß du gesehen wirst, daß du dein Land kennst, daß du mit allen Klassen vertraut bist und sie mit dir vertraut sind». Wenn der König sie wirklich gern hätte, so fügte sie hinzu, würde er nicht versuchen, «unsere Reise zu verhindern».

Die Tournee wurde trotz Victorias Kopf- und Rückenschmerzen angetreten. Bei den Musikfestspielen in York mußte sie Händels «schweren und ermüdenden» *Messias* über sich ergehen lassen und entwickelte bei diesem Anlaß eine Abneigung gegen seine Werke, die ihr Leben lang anhielt. Es folgten Leeds, Wakefield, Barnsley, Wentworth, das Galopprennen in Doncaster, Belvoir Castle, Lynn, Stamford, Burghley House und Holkham.

Conroy und die Herzogin waren höchst zufrieden über die Menschenmengen und ihre Begeisterung. Victoria hatte Mühe, bei den aufwendigen Diners wach zu bleiben, und bei einem Ball in Burghley House ging sie nach dem ersten Tanz zu Bett. Am 25. September war die Reise zu Ende. Sie notierte in ihrem Tagebuch: «Ich war sehr müde von der langen Reise & den großen Menschenmengen, mit denen wir zusammentreffen mußten. Wir können schließlich nicht reisen wie andere Leute. ... Nie konnte ich richtig ausruhen.»

Ihre Belohnung waren Ferien in Ramsgate, wo sie auch Leopold, den König der Belgier, und Königin Louise, die sie noch nie gesehen hatte und die nur sieben Jahre älter war als sie, besuchen sollte. Leopold war seit vier Jahren nicht mehr in England gewesen und machte noch immer einen Bogen um London, da er politische Probleme in Belgien und finanzielle in England gehabt hatte. Der Preis für die englische Unterstützung seiner Ambitionen in Belgien war der Verzicht auf seine Pension gewesen. Er war aber dadurch wortbrüchig geworden, daß er jährlich Tausende von Pfund für die Instandhaltung seiner englischen Güter einbehielt, obwohl sie für ihn kaum noch von Nutzen waren. Während der Jahre ihrer Trennung hatte Leopold mit Victoria über ihre politische Urteilsbildung und ihre Lektüre historischer Werke korrespondiert, und er hatte ihr Bücher empfohlen, die ihm für ihre zukünftige Position zweckdienlich schienen. «Ich bin Dir sehr dankbar, lieber Onkel», hatte sie im Jahr zuvor einmal geschrieben, «für die Passage über Queen Anne, muß Dich aber doch bitten, mir nun genauso, wie Du mir gezeigt hast, wie eine Königin *nicht* sein sollte, nun auch zu zeigen, wie eine Königin *sein sollte.*»

Nach einem Gespräch mit Leopold an einem Sonntagabend notierte Victoria, ihr Onkel habe ihr «sehr wichtige & wertvolle Ratschläge» erteilt. Da ihr Tagebuch ein offenes Buch war, mußte sie sich vorsichtig ausdrücken. Aber man darf wohl annehmen, daß diese Ratschläge mehr die Haltung gegegenüber Conroy als die Staatskünste der Queen Anne betrafen. Jedenfalls machte Leopold, während Victoria die Garderobe ihrer jungen Tante anprobierte, einen Spaziergang mit Sir John und deutete ihm an, er könne, wenn er seine Karten nicht bis zum letzten Trumpf auszuspielen versuche, eine «sehr gute Position» erreichen.

Einige Tage später, als Leopold und Louise sich auf ihre Überfahrt vorbereiteten, wurde Victoria krank. Dennoch begleitete sie die zwei nach Dover. Als sie wieder in Ramsgate war, brach sie zusammen. Da ihr Arzt, James Clark, nach London zurückgeschickt worden war, bat Baronin Lehzen (die dank Victorias Unnachgiebigkeit noch da war), man solle Clark dringend um seine Rückkehr bitten. Die Herzogin höhnte, eine solche Aufforderung würde in London nur unnötig «Lärm» schlagen. Als die Prinzessin im Fieber zu phantasieren begann, schickte man nach einem Arzt am Ort, obwohl Conroy der Meinung war, das sei «politisch gefährlich».

Victorias Zustand verschlechterte sich während der Nacht, und Doktor Clark wurde eilig gerufen. Nach Luise Lehzens Erinnerungen «fiel es ihm wie Schuppen von den Augen», als er Victorias Lage erkannte, und es «gelang ihm, ihr den notwendigen *inneren Frieden* wiederzugeben». Später beanspruchte Leopold in einem Brief an Baronin Lehzen das Verdienst für sich, die Situation so gesteuert zu haben, daß Victoria nicht noch mehr Leid geschah. «Hätte ich nicht ... in Ramsgate den Mut gehabt, daß ganze

Netz der Intrigen zu zerreißen, hätte Clark nie von der wahren Sachlage erfahren, und Gott weiß, was aus der Prinzessin geworden wäre...» Als Leopold jedoch erst einmal Richtung Ostende unterwegs war, war Dr. Clark auf Geheiß Conroys brav nach London zurückgekehrt. Vieleicht war der Zusammenbruch der Prinzessin nötig, um Clark davon zu überzeugen, daß Leopolds Aussagen stimmten und ein Großteil ihres Elends emotionale Ursachen hatte.

Ständig von der spindeldürren Lehzen betreut, die sie grimmig entschlossen schützte, blieb Victoria fast fünf Wochen lang in ihrem Zimmer. Clark bezeichnete ihre Erkrankung vorsichtg als «Gallenfieber». Spätere Biographen stellten Mutmaßungen von Typhus bis zu chronischer (und schwerer) Mandelentzündung an – in einer Zeit, da es noch keine Mandeloperationen gab. Sie nahm ab, das Haar fiel ihr büschelweise aus, sie hatte einen schwachen Kreislauf, und vor allem litt sie oft unter kalten Füßen, die Baronin Lehzen ihr noch monatelang jeden Abend warmrubbelte. Victorias Halbbruder, Karl von Leiningen, gegenüber bezeichnete Conroy die Krankheit als «kleine Indisposition». Aber Victorias Zustand war ernster Natur und zumindest teilweise eine Reaktion auf den psychologischen Krieg im Haus, der noch längst nicht vorbei war. Da er Victorias Schwäche als günstige Gelegenheit betrachtete, legte ihr Sir John ein Schreiben vor, mit dem sie ihn zu ihrem Privatsekretär ernannte. Sie weigerte sich aber zu unterschreiben.

Kein Wort über diesen Zwischenfall durfte in ihrem Tagebuch erscheinen. In den letzten drei Oktoberwochen von 1835 blieben die Seiten leer. Später erzählte Victoria ihrem Premierminister Melbourne: «Ich habe trotz meiner Krankheit widerstanden.»

«Welch ein Segen!» war seine Antwort, wie sie notierte. Sie wußte zwar damals, daß nichts, was sie unter Zwang unterschrieb, irgendwelche Gültigkeit besaß, aber sie wollte dem verhaßten Conroy nicht einmal den vorübergehenden Triumph gönnen. Als der Haushalt Anfang 1836 Ramsgate verließ und in den Kensington Palace zurückkehrte, war Victoria blaß und schwach, aber sie schrieb – wie einige Monate später anläßlich eines anderen Ereignisses noch einmal –: «Ich kann jetzt mehr aushalten.»

Es gab noch weitere Veränderungen. Ihr Arzt hatte ihr aufgetragen, sich mehr zu bewegen, an einem Stehpult zu arbeiten und sich in die freie Natur um London zu begeben, zum Beispiel nach Hampstead, damit sie in frischer Luft spazierengehen könne. Clark hatte als junger Arzt eine Dissertation mit dem Titel *De Frigoribus Effectis* geschrieben, in der er selbstbewußt die These vertrat, daß Kälte und frische Luft gut für den Menschen seien, Wärme und geheizte Räume ihn hingegen schwächten. Die Fenster in Victorias Zimmer mußten selbst in ihrer Abwesenheit offengehalten werden.

Der Haushalt war in andere, neu hergerichtete Räume umgezogen, gestaltet von Sir Jeffry Wyatville, der auch Windsor Castle für George IV. restauriert und komfortabler gemacht hatte. Die Arbeiten im Kensington Palace waren ungeachtet der ausdrücklichen Mißbilligung Williams durchgeführt worden. Er betrat den Palace nie, und wäre er im Wagen daran vorbeigefahren, wären ihm wohl kaum Veränderungen an den Zufahrten und am Eingang aufgefallen. Die Antipathie des Königs beruhte mehr auf seiner Abneigung gegen die Herzogin als auf Zweifeln, ob die Wohnräume der voraussichtlichen Thronerbin angemessen seien, denn die Zimmer waren düster, heruntergekommen und voller Ungeziefer. Victoria blühte in der neuen hellen Umgebung förmlich auf und war glücklicher als seit Jahren. Sie nahm ihren Unterrricht bei Mr. Davys wieder auf und begann regelmäßig die Londoner Zeitungen zu studieren, die sie mit Baronin Lehzen zusammen las. Auch war ihr Terminkalender dichtgefüllt mit gesellschaftlichen Verpflichtungen, einschließlich mehrerer Besuche bei William und Adelaide, die die Herzogin mißbilligte. Victorias Überdruß wurde zu ihrer Freude durch Opern- und Theaterbesuche gelindert, nicht etwa, weil ihrer Mutter am Herzen lag, daß sie sich an der Kunst erfreue, sondern weil sie Victoria dort in vorteilhafter Weise den richtigen Leuten präsentieren konnte.

Anfang Februar 1836, so schreibt Elizabeth Longford in ihrem Buch *Queen Victoria*, hatte Dr. Clark seiner Patientin erlaubt, im St. James's Palace Besuch zu machen. Sie trug ihren «grauen, mit Rosen besetzten Satinbroché-Mantel, den Tante Louise aus Paris geschickt hatte». Victoria «sah so bezaubernd aus, daß der junge Lord Elphinstone sie beim Kirchgang zeichnete; die Herzogin sorgte dafür, daß er nach Madras verbannt wurde.» Damit endet die rätselhafte Bemerkung, und eine Quelle ist nicht angegeben, aber sie ist ein deutlicher Hinweis darauf, daß die genesende Prinzessin einen Verehrer von unpassendem Rang und Stand gefunden hatte, den die Herzogin von der Szene hatte entfernen lassen.

Ist an dieser Geschichte etwas Wahres? John Elphinstone (1807-1860), dreizehnter Lord Elphinstone, war von 1826 bis zu seiner Ernennung zum Gouverneur von Madras bei der Königlichen Gardekavallerie. Schnell kam das Gerücht auf, daß die Versetzung Elphinstones nach Indien – auf einen für seine neunundzwanzig Jahre überraschend hohen Posten – erfolgt sei, um dem Gerede entgegenzuwirken, er und die Prinzessin seien ineinander verliebt.

Die Beweise dafür gehen nicht über den Klatsch hinaus. Aber plötzlich wurde für den folgenden Monat der Besuch zweier weiterer Cousins aus dem Hause Coburg angesetzt, der Söhne Herzog Ferdinands von Sachsen-Coburg-Kohary. Einer seiner Söhne, Prinz Ferdinand, war gerade auf dem Weg nach Portugal, um Königin Maria da Gloria zu heiraten, die er noch nie gesehen hatte. Der andere, Prinz Augustus, «spricht durch die Nase und das auf eine langsame, lustige Art. . . . Er sieht sehr gut aus, finde ich. Man kann ihn unmöglich kennen, ohne ihn zu mögen.» Anfang April kehrte der Prinz nach Deutschland zurück. Victoria war über seine Abreise sehr betrübt. Sie bedeutete das Ende von Bällen und anderen Vergnügungen, bei denen sie Kontakt zu jungen Leuten hatte und mit jungen Männern näher in Berührung kam, nach deren Aufmerksamkeiten sie förmlich hungerte. Es war so leicht, sich in jeden von ihnen ein bißchen zu verlieben.

Es schien einen endlosen Vorrat an Coburger Cousins zu geben. William hätte am liebsten jeden einzelnen daran gehindert, den Fuß auf englischen Boden zu setzen. Aber er war beinahe einundsiebzig Jahre alt, und Victoria knapp siebzehn. Beide Tatsachen ermunterten die Ehestifter, vor allem Leopold, der noch ein weiteres Regiment Neffen für den Kensington Palace bereithielt. Aber auch William mangelte es nicht an Kandidaten. Im April 1836 lud er den Prinzen von Oranien und seine beiden Söhne zu einem Besuch aus Holland ein. Einer von ihnen, so hoffte er, sollte Victorias Ehemann werden. Leopold mußte schnell handeln. Für ihn bedeuteten die Niederlande besonders unerfreuliche Aussichten, denn Belgien hatte sich erst kurz zuvor von den Holländern abgetrennt, und die beiden Nachbarstaaten an der Nordsee hatten herzlich wenig füreinander übrig. Außerdem hatte er schon seit langem die Söhne seines Bruders Ernst, des Herzogs von Sachsen-Coburg-Gotha, als vorrangige Anwärter auf Victorias Hand im Auge, besonders den jüngeren Neffen, Albert, da Ernst die Güter seines Vaters erben würde.

William erteilte dem Außenminister, Lord Palmerston, den Auftrag, den Besuch der Coburger Cousins zu verhindern oder wenigstens hinauszuzögern. Gegen einen privaten Besuch des Bruders der Herzogin und dessen Söhne aber konnte er kaum etwas unternehmen. Zur großen Zufriedenheit des Königs kamen seine Aspiranten, die Oranier, zuerst in London an. Am 13. Mai 1836 gab William einen Ball zu Ehren der Prinzen Wilhelm und Alexander. Da auch Prinz George von Cambridge daran teilnahm, waren drei potentielle Freier anwesend, und zwei weitere waren rheinabwärts unterwegs. Anfang 1837 war der damalige Premierminister, Viscount Melbourne, der Freier gründlich überdrüssig. Ungeduldig äußerte er gegenüber dem König, eine siebzehnjährige Thronerbin sei eine «lästige Sache»; «wir haben schon Coburger genug. . . . Aber irgend jemanden muß sie ja heiraten. Warum nicht den Prinzen Cambridge? Immerhin wurde er hier erzogen, und wir kennen ihn . . .» Weder zu diesem Zeitpunkt noch früher sagten der König oder seine Ratgeber je ein offenes Wort darüber zu Victoria, aber das Defilee der jungen Männer sprach eine Sprache, die sie gut verstand, und Luise Lehzen konnte ihr Dinge sagen, die man nicht zu

Papier bringen mochte. Die Erwartungen, die auf ihr lasteten, so erinnerte sie sich neun Jahre später, waren so stark, daß sie sich «sehr unterdrückt und niedergehalten fühlte und kaum ein Wort zu sagen wagte». Leopold war erleichtert, als sie ihm schrieb: «Die zwei Niederländer sind beide sehr mittelmäßig. Ihre Gesichter sehen nach einer Mischung aus Kalmücken und Holländern aus, sie wirken schwerfällig, langweilig und ängstlich und sind gar nicht anziehend. So viel zu den *Oraniern*, lieber Onkel.»

Am nächsten Tag, dem 18. Mai, traf sie Ernst und Albert zum ersten Mal. Ernst war kräftiger und ein Jahr älter als Victoria. Albert war einige Monate jünger und körperlich noch so unreif, daß er beim Abendessen einschlief, wenn es einmal spät wurde. Abendgesellschaften, Bälle und andere Abendunterhaltungen ermüdeten ihn in einem Maß, daß er krank wurde. Victoria kam er wie ein Kind vor.

Die ersten Tage, die Ernst und Albert in England verbrachten, waren sehr anstrengend. Dann folgten ruhigere Wochen, ehe sie nach Deutschland zurückkehrten. Sie gingen in die Oper, die Prinzen nahmen an Victorias Musikstunden teil, Albert spielte auf dem Klavier Duette mit ihr und brachte es fertig, bis «zehn Minuten nach zehn» aufzubleiben. Er erzählte Victoria von seinem Plan, erst die Universität Bonn zu besuchen und dann mit seinem Bruder in Brüssel, Florenz und Rom zu leben, um mehr von der Welt zu erfahren. Am 10. Juli reisten sie ab, und Victoria klagte wieder in ihrem Tagebuch, aber diesmal empfand sie «die Trennung schmerzlicher».

Mehr als einen Monat, ehe die Brüder London verließen, hatte Victoria ihren Onkel Ernst um ein privates Gespräch gebeten. Sein Inhalt geht aus einem Brief mit Datum vom 7. Juni 1836 hervor, den sie dem Onkel mitgab, damit er ihn auf dem Rückweg nach Coburg Leopold persönlich überbringen konnte. Albert, so vertraute sie ihm an, «besitzt alle Eigenschaften, die ich wünschen könnte, um mich vollkommen glücklich zu machen. Er ist so vernünftig, so freundlich, so gut und so liebenswürdig ... Ich hoffe, alles wird erfolgreich und gut gehen in dieser Angelegenheit, die für mich so wichtig ist.» Der Rest der Vereinbarung blieb unausgesprochen. Sie hatte ihre Wurzeln in einem Brief vom 1. Mai, den Leopold an Luise Lehzen geschrieben hatte und der mit den folgenden Worten begann: «Ich schreibe Ihnen in aller Ausführlichkeit, um durch Sie zu Victoria zu sprechen.» Eine «sofortige Verbindung» sei unmöglich, erkannte er, «sie muß zuerst ihren achtzehnten Geburtstag erreichen ...» Erst an diesem Tag würde «die Möglichkeit einer Regentschaft sich verziehen wie eine düstere Wolke». Er und Stockmar hätten Albert ausgewählt, so erklärte er, aufgrund seiner «reinen, unverdorbenen Art» und «hervorragenden Intelligenz». Unter allen verfügbaren Ehemännern erblicke er «keinen einzigen Prinzen reiferen Alters, dem wir das liebe Kind anvertrauen können, ohne ein großes Risiko einzugehen». Die Baronin Lehzen hatte ihre Mission erfüllt.

Der Sommer verging mit der gewöhnlichen Fortsetzung des Unterrichts, dann folgten Ferien auf dem Land in Claremont. Der Aufenthalt in Claremont bot der Herzogin einen Grund, dem Geburtstagsempfang von Königin Adelaide in Windsor fernzubleiben. Obwohl die Herzogin und Victoria eingeladen waren, vierzehn Tage dort zu verbringen, also bis über den einundsiebzigsten Geburtstag des Königs am 21. August hinaus, wollte die Herzogin erst am 20. August nach Windsor fahren. Verärgert über die Nasenstüber, die der König ihren «Herren» gegeben hatte, wollte sie so kurz wie möglich mit William zusammenkommen. Aber als sie eintraf, war der König gar nicht da. Er war wegen dringender Parlamentsgeschäfte nach London gefahren und nahm nun die Gelegenheit wahr, um auf dem Rückweg nach Windsor einen Blick in den Kensington Palace zu werfen. Dort stellte er zum erstenmal fest, daß die Herzogin siebzehn Zimmer belegte, deren Nutzung er ihr ein Jahr zuvor untersagt hatte.

Um zehn Uhr abends kam er nach Windsor zurück, nachdem er mehrere Stunden in seinem Wagen vor Wut gekocht hatte. Er ging in den Salon, in dem die Gäste noch immer versammelt waren, nahm Victoria bei der Hand und drückte sein Bedauern darüber aus, daß er sie nicht häufiger sehe. Dann wandte er sich der Herzogin zu und sagte ihr laut, daß er die unrechtmäßige Inbesitznahme der Räume im Kensington Palace entdeckt habe und ein derart respektloses Verhalten ihm gegenüber weder verstehen noch dulden könne. Mit diesem Mißklang endete der Empfang.

Der nächste Tag war Williams Geburtstag. Beim Festmahl waren einhundert Gäste zugegen. Nach einem auf den König ausgebrachten Toast – dem traditionellen Trinkspruch «Gesundheit und ein langes Leben» – erhob sich William, um zu antworten. «Ich hoffe bei Gott», begann er, ohne die neben ihm sitzende Herzogin anzublicken, «daß er mich noch neun Monate am Leben läßt, denn nach Ablauf dieser Zeit wird es bei meinem Tod zu keiner Regentschaft mehr kommen. Mir wäre dann die Befriedigung gegönnt, die königliche Autorität direkt an diese junge Dame, die mutmaßliche Thronerbin, weiterzugeben, so daß sie nicht in die Hände einer mir im Moment sehr nahen Person fiele, die von böswilligen Beratern umgeben und selbst außerstande ist, mit Würde und Anstand das Amt auszufüllen, in das sie dann eingesetzt wäre.» Anschließend erhob er sein Glas auf «das jüngste Mitglied der königlichen Familie». Zwar «habe ich sie nicht so oft gesehen, wie mir lieb gewesen wäre, aber deswegen habe ich doch kein geringeres Interesse an ihr. Und je öfter ich sie sehe, sowohl öffentlich als auch privat, desto größeres Vergnügen wird es mir bereiten.» Greville notierte die Worte des Königs und nannte sie «höflich und huldvoll». Der

Herzogin aber entgingen die gezielten Beleidigungen durchaus nicht, und sie befahl ihren Wagen. Victoria brach in Tränen aus. Nur mühsam konnten andere Gäste des Festmahls die Herzogin dazu bewegen, über Nacht zu bleiben.

Mehrere Wochen später traf König Leopold in Claremont ein, ohne Louise, die ein weiteres Kind erwartete. Victoria war beglückt über die Anwesenheit des Mannes, der der Verkörperung eines «wirklichen Vaters» in ihrem Leben am nächsten kam. Ihre Gespräche unter vier Augen waren von grundlegender Bedeutung für sie, denn sie erkannte jetzt, daß es bis zu ihrer Thronbesteigung nicht mehr lange dauern würde. Nachdem sie einige Zeit an der See in Ramsgate verbracht hatten, kehrten sie nach Claremont zurück. Die Herzogin war etwas eingeschüchtert, nachdem der König ihr ärgerlich vorgeworfen hatte, sie würden sehr viel Zeit im Kensington Palace verbringen. Es war schon Februar, als sie nach London zurückkehrten, gerade noch rechtzeitig für die Opern- und Ballettsaison, nach der sich Victoria so sehnte. Auch der Unterricht wurde wieder aufgenommen. Die erste wichtige Lektion des neuen Jahres wurde ihnen jedoch unerwartet zuteil, noch ehe sie Claremont verlassen hatten. In Hersham, gleich westlich von Claremont, begegneten sie der ersten Eisenbahn: «Wir sahen den Dampfwagen mit überraschender Schnelligkeit vorbeifahren. Er schlug Funken, als er die Schienen entlangflog. Er war eingehüllt in Rauchwolken & machte einen gewaltigen Lärm. Es war wirklich ein merkwürdiges Ding!» Diese Erfindung sollte Victorias ganze Welt und Lebensweise umgestalten.

In Windsor zeigte William sich weiterhin quicklebendig, und Conroy litt Höllenqualen, weil er die Hoffnung auf eine Regentschaft dahinschwinden sah. Karl von Leiningen gegenüber, der im April zu Besuch kam, vertrat er die Meinung, daß Victoria zwar mit achtzehn Jahren das Alter erreiche, in dem sie Königin werden könne, daß sie rechtlich gesehen jedoch noch minderjährig sei und bis zu ihrem einundzwanzigsten Lebensjahr unter elterlicher Kontrolle stehe, eine Ansicht, der der nachgiebige Prinz Karl bereitwillig beipflichtete. «Gott weiß», explodierte Stockmar gegenüber Leopold, «was für finstere Pläne auf diesen Umstand aufgebaut werden sollen...»

Erst als der König am 18. Mai 1837 bei einem Lever die Gäste auf einem Stuhl sitzend empfing, zeigte sich, daß er im Laufe des Winters beträchtlich an Kraft verloren hatte. Palmerston schrieb, der König sei «in einem sehr kritischen Zustand», er glaube jedoch, er werde sich wieder erholen. Am selben Tag schickte der König einen Brief an die Prinzessin, in dem er ihr mitteilte, er wolle am 24. Mai, dem Tag ihrer Volljährigkeit, das Parlament darum bitten, 10 000 £ im Jahr zu ihrer persönlichen Verfügung bereitzustellen; sie aber solle ihren eigenen Intendanten der Zivilliste zur Verwaltung dieser Summe einsetzen. Außerdem solle sie einen eigenen Haushalt einrichten, falls dies ihr Wunsch sei. Dieser Brief hatte den Kensington Palace durch Lord Conyngham erreicht, der vom König beauftragt war, den Brief persönlich Victoria in die Hand zu geben. Conyngham erhielt lediglich die Erlaubnis, ihn im Beisein der Herzogin zu überreichen, die ihn nach Victoria las. Zornentbrannt sagte sie dem Marquis, sie hoffe, das Parlament würde «sich weigern, Geld zu diesem Zweck zu bewilligen». Victoria weinte, und die Herzogin erklärte, daß sie ihre Pflicht als Mutter kenne, und ließ ihre Tochter «aus eigenem, freiem Willen» dem König sagen, sie habe nur den Wunsch, «wie bisher bei ihrer Mutter gelassen zu werden». Sie und die Prinzessin, schrieb sie sodann dem König, «weisen den Gedanken zurück, daß wir in einer solchen Frage unterschiedliche Gefühle haben könnten».

Gezwungen, einen Brief zu unterzeichnen, den die Herzogin nach den Anweisungen Conroys geschrieben hatte, diktierte Victoria am 6. Juni der Baronin Lehzen ein Memorandum, in dem sie beschrieb, wie man sie gewaltsam dazu gebracht hatte. Sie fürchtete sich, die Einzelheiten in ihrem Tagebuch festzuhalten, das ihrer Mutter zugänglich war.

Dem König ging es nicht gut, aber er hatte seine Sinne soweit beisammen, daß er feststellte: «Victoria hat diesen Brief nicht geschrieben.»

Die finanziellen Regelungen blieben noch ungeklärt bis zu dem Tag, an dem Victoria volljährig wurde. Lord Melbourne erinnerte den Privatsekretär des Königs, Sir Herbert Taylor, daran, daß Victoria rechtlich noch immer minderjährig sei in allen Belangen außer der Thronfolge. Geld, so dachte Sir Herbert, sei das Problem für die «Herzogin und König John». Wahrscheinlich trachteten sie mehr nach Macht und Ansehen, und Leopold befürchtete, sie könnten Victoria beides entreißen. Die Lage entwickelte sich zunehmend zur Zerreißprobe.

Am Geburtstag der Prinzessin feuerten Artilleriedepots um London im Morgengrauen Salutschüsse ab, und Stockmar machte sich auf den Weg zu Leopolds Residenz in Belgien. «Wie alt!» schrieb Victoria in ihr Tagebuch, «und wie weit bin ich doch noch von dem entfernt, was ich sein sollte. Ich will an diesem Tag den *festen* Entschluß fassen..., meine Aufmerksamkeit stets ganz auf das gerichtet zu halten, mit dem ich gerade beschäftigt bin, und mich jeden Tag darum bemühen, weniger leichtfertig zu sein und besser gerüstet für das, was ich, so der Himmel es will, eines Tages sein werde!»

Obwohl der König zu Ehren ihrer Volljährigkeit einen Hofball vorbereitet hatte und auch noch andere Festlichkeiten anberaumt waren – sogar die Straßen von London, in denen es vor Menschen nur so wimmelte, waren geschmückt –, war William zu krank, um selbst daran teilnehmen zu können. (Aber er hatte ihr einen herrlichen Broadwood-Flügel als persönliches Geschenk geschickt.) Auf dem Weg zu dem Ball im St. James's Palace passierte Victoria beflaggte und illuminierte Straßen, in denen sich jubelnde Londoner drängten, und war «gerührt» von dem «Verlangen der Leute, mich armes dummes Ding zu sehen».

Bezeichnenderweise hatte William angeordnet, daß im Falle seiner Abwesenheit Victoria den Sessel einnehmen sollte, der auf dem Ball für ihn vorgesehen war. Er setzte sie dadurch von ihrer Mutter weg, die, wie Beobachter meinten, «ausnehmend uncharmant» war.

Conroy, ihr Begleiter, schien froh und zuversichtlich. Wieder setzte er Victoria unter Druck, sie solle ihn zum Privatsekretär ernennen, denn es war diese Möglichkeit zukünftiger Einflußnahme, die ihm eine Bedeutung verliehen hatte, die den Rang seines offiziellen Titels als Rechnungsprüfer der Herzogin weit überstieg. Aber Stockmar, der lange als Freund und Vertrauter der Herzogin galt, hatte beschlossen, Victoria zu unterstützen, nachdem er von ihr erfahren hatte, daß der Brief, in dem sie auf ein eigenes Budget verzichte, von Conroy geschrieben worden war. Um eine Gegendarstellung zu schaffen, veranlaßte Victoria, daß Stockmar Baronin Lehzen ein Memorandum für die Akten diktierte, in dem sie ihre Einwände gegen Conroys Einmischung durch ihre Mutter noch einmal wiederholte. «Sir John Conroy ist *ihr* Privatsekretär und weder *mein* Diener noch *mein* Berater und *ist es auch nie gewesen.*»

Als der Zustand des Königs sich verschlechterte, hielt Victoria diesen Umstand in ihrem Tagebuch und in ihren Briefen an Leopold fest. Sie bekam nun fast täglich Besuch von Stockmar. Er hatte der Familie schon so lange Zeit hindurch Dienste geleistet, daß ihn die Herzogin nicht wegschicken konnte, was immer sie von seiner Einmischung hielt. An Leopold schickte Stockmar per Boten Berichte darüber, wie «unverschämt und beleidigend» sich Conroy gegenüber Victoria verhalte, selbst in Gegenwart ihrer Mutter. «O'Hum» (Conroy) erklärte er, «verfolgt weiterhin die Strategie der Einschüchterung mit der Besessenheit eines Irren, und die Herzogin führt alles, was sie geheißen wird, mit geradezu bewundernswerter Fügsamkeit und Beharrlichkeit aus. . . . Die Prinzessin weigert sich weiterhin hartnäckig, ihrer Mutter das Versprechen zu geben, daß sie O'Hum zu ihrem vertrauten Berater machen werde. Ob sie die Kraft haben wird, durchzuhalten, weiß allein der Himmel . . .»

Eine der wenigen Freundinnen Victorias, die man zu ihr vorließ, war Lady Catherine Jenkinson, eine Hofdame der Herzogin. (Ihr Vater war der Earl of Liverpool, Bruder des ehemaligen, verstorbenen Premierministers.) Durch Lady Catherine brachte es Victoria fertig, Lord Liverpool am

15. Juni allein zu sprechen und ihm ihre Schwierigkeiten zu erklären. Conroy, so stimmte er ihr zu, sei ungeeignet, ihre Angelegenheiten zu verwalten. Aber auch er sah keine Möglichkeit für sie, das Haus ihrer Mutter zu verlassen, bis sie auf den Thron kam. Wäre sie erst einmal Königin, dann müßten ihre politischen Ratgeber ihre Minister sein, vor allem Lord Melbourne, erläuterte er ihr. Ehe er fortging, bat Victoria Lord Liverpool, Baron Stockmar aufzusuchen, der ihm «viele Dinge sagen» würde, «die ich nicht benennen will», und außerdem Lady Catherine nach weiteren Details über Conroys Verschwörung zu befragen.

Am nächsten Tag schrieb Victoria an Leopold, daß «für den König jeden Moment alles vorüber sein» könne. Gleichzeitig schrieb Stockmar, der «Kampf zwischen Mutter und Tochter geht weiter», wobei die Herzogin «von Conroy bedrängt wird, die Sache bis zum Äußersten zu treiben». Karl von Leiningen vertraute Conroy an, Victoria müsse «gezwungen werden», und Karl, der bis dahin passiv geblieben war, eilte zu seiner Mutter, um sie davor zu warnen, drastische Maßnahmen zu ergreifen. Dabei sprach er Deutsch mit ihr, damit Conroy ihn nicht verstehen konnte. Inzwischen hatte Victorias Unterricht aufgehört, das gesellschaftliche Leben war erloschen, während alles auf William schaute und sein Ende erwartete.

Am 17. Juni schickte Leopold über Stockmar Instruktionen an die Prinzessin, «was zu tun ist, wenn der König sein Leben aushaucht», und bestätigte in dem Schreiben weitgehend Liverpools Rat. Sie würde, wenn überhaupt, wenige Feinde in der Partei des Königs haben, so meinte er, «denn Dein unmittelbarer Nachfolger mit dem Schnurrbart» – der Herzog von Cumberland – «genügt, um sie zur heftigsten Zuneigung zu Dir zu ängstigen».

Als Antwort schrieb Victoria am 19. an Leopold, daß William vielleicht den nächsten Tag nicht mehr erleben werde. «Armer alter Mann! Er tut mir leid, er war persönlich immer freundlich zu mir, und ich wäre undankbar und gefühllos, wenn ich mich nicht daran erinnerte.» Aber, fügte sie hinzu, sie blicke «in Ruhe und Gelassenheit» allem entgegen, was folgen sollte. «Ich bin deswegen nicht aufgeregt, und doch denke ich nicht, daß ich allem ganz gewachsen bin; ich vertraue jedoch darauf, daß ich mit *gutem Willen*, *Aufrichtigkeit* und *Mut* nicht völlig versagen werde.» Sie wußte, daß sie den Willen hatte, zu sein, was sie sein mußte.

Der Herzog von Wellington hatte inzwischen auf Geheiß des Königs wie jedes Jahr am 18. Juni das Waterloo-Bankett abgehalten. William hatte sich gewünscht, noch einmal am Tag von Waterloo die Sonne untergehen zu sehen, und dies war ihm vergönnt gewesen. Am nächsten Morgen brachte der Herzog seine jährliche «Pacht» für seinen Landsitz Stratfield Saye nach Windsor – eine kleine, dreifarbige Flagge, die mit Gold eingefaßt war, sein Symbol der Dankbarkeit für seinen Ehrentitel. Der König «vergrub sein Gesicht in ihren Falten». Dann suchte Wellington den Herzog von Cumberland auf, der in nächster Zukunft den Thron von Hannover besteigen sollte. Er hielt sich nun in Windsor auf, um das Ende des Königs abzuwarten. Wellington riet ihm, das Schloß und das Land zu verlassen. «Geht auf der Stelle und gebt acht, daß man nicht mit Steinen nach Euch wirft.»

An diesem Abend kam Prinz Ernst von Hohenlohe, der zu Victorias Geburtstag mit Feodora nach England gereist war – er war nicht nur Victorias Schwager, sondern auch der Cousin der Königin Adelaide –, von Windsor in den Kensington Palace, um zu berichten, daß die letzte Stunde des Königs nahe. Man habe ihn, mit Kissen gestützt, in einen Lehnstuhl gesetzt, um ihm seine schwere Atmung zu erleichtern. Victoria, die ihre Verwirrung bisher nicht hatte nach außen dringen lassen, mußte nun weinen, so daß Prinz Ernst argwöhnte, man habe ihr den Zustand des Königs verheimlicht. Ihre Reaktion war jedoch ganz natürlich für ein achtzehnjähriges Mädchen, das unter Spannungen lebte, die sich der Prinz kaum vorstellen konnte.

Um 2 Uhr 12 am nächsten Morgen hauchte der König sein Leben aus. Um sechs Uhr trafen der Lordkämmerer (Lord Conyngham) und der Erzbischof von Canterbury von Windsor kommend im Kensington Palace ein. Victoria wurde von ihrer Mutter geweckt, in deren Schlafzimmer sie noch immer schlief. «Ich stand auf und ging in meinen Salon (nur im Morgenmantel), und zwar *allein*», schrieb Victoria in ihr Tagebuch, «um sie zu empfangen.» Sie unterstrich das Wort *allein*. Diese Entscheidung war ihre erste Entscheidung als Königin.

V

DIE JUNGFRÄULICHE KÖNIGIN
(1837-1840)

Eine eingesperrte junge Prinzessin, die nach dem Tode des mürrischen Königs aus der Gefangenschaft entlassen wird, um Königin des ausgedehntesten Reiches der Erde zu werden – das ist Stoff für ein Märchen oder die Fabel einer Legende. Und doch war das die Wirklichkeit, der sich Victoria am 20. Juni 1837 gegenübersah. Zwar hatte sie das Gefängnis des Kensington Palace manchmal kurzfristig verlassen dürfen, aber sie hatte doch unter einer Art Hausarrest gestanden, den die Herzogin und Sir John verhängt hatten – zwei Gestalten, die die Brüder Grimm hätten erdacht haben können. Der Lordkämmerer und der Erzbischof von Canterbury sollten sie befreien.

Obwohl sie bei Tagesanbruch geweckt wurde, hatte Victoria, die mit einer solchen Vorladung gerechnet hatte, ihre Sinne beisammen. Sie zog ein Kleid an, ging an ihren Schreibtisch und verfaßte einen Kondolenzbrief an ihre Tante Adelaide, den sie «An die Königin» adressierte. Adelaide hatte durch den Lordkanzler anfragen lassen, ob sie bis nach der Beisetzung in Windsor bleiben dürfe. Victoria forderte sie auf, solange zu bleiben, wie sie wollte. Der Erzbischof warf einen prüfenden Blick auf die Adresse und mahnte sanft: «Ihre Majestät haben das Wort ‹Witwe› vergessen.»

«Ich werde nicht die erste sein, die sie mit diesem Titel anredet», erwiderte Victoria. Sie erhielt später eine Antwort von der Königinwitwe, die unterschrieben war mit «stets... Eurer Majestät herzlichst zugetane Freundin, Tante und Untertanin, Adelaide». Als «Victoria R.» schrieb die Königin hastig Botschaften an Feodora und Leopold, kleidete sich dann für eine Begegnung mit dem Geheimen Staatsrat um elf Uhr an, eine Versammlung, die ihr zuliebe in den Kensington Palace einberufen wurde und die Königin offiziell mit ihrer Regierung bekanntmachen sollte.

Beim Frühstück gab ihr Stockmar gute Ratschläge, um ihr Selbstvertrauen zu stärken. Mit fünfzig Jahren waren ihm – als Arzt, Menschenkenner und Vertrauter von Königen – seit langem die Mechanismen der Macht vertraut. Er war ein Gegenmittel, wenn auch selten ein wirksames, gegen den Charme und die Sorglosigkeit ihres Premierministers, Viscount Melbourne, der um neun Uhr eintraf. Sie sprach mit ihm, wie sie in ihr Tagebuch schrieb, «natürlich *ganz allein*, wie ich es *immer* mit allen meinen Ministern machen werde». Er verlas die Erklärung, die er mit einiger Unterstützung von Greville, dem Ratssekretär, zu Papier gebracht hatte. Sie fand sie «sehr schön» und sagte Melbourne, sie beabsichtige nicht, Veränderungen in seiner Ministerrunde zu fordern.

In einem einfachen schwarzen Trauerkleid, das blonde Haar geflochten und zu einer kleinen Krone aufgesteckt, betrat Victoria den Roten Saal, in dem das Treffen stattfand. Der Körpergröße nach war sie ein Kind. Zuschauer, die erwarteten, Conroy flankiere sie auf der einen Seite und die Herzogin auf der anderen, sahen sich getäuscht. Sir David Wilkie malte die Szene auf ihre Anordnung hin. Auf dem Bild waren die Augen aller Würdenträger auf Victoria gerichtet, die der Maler in Weiß gekleidet hatte, wahrscheinlich, um die Königin besonders «jungfräulich» erscheinen zu lassen. Von den 97 Kronräten mußten natürlich viele fehlen, um das Gedränge in Grenzen zu halten. Als Greville Wilkie Modell saß, äußerte er allerdings seine Verwunderung über die «merkwürdige Auswahl» und fragte, warum viele völlig «durchschnittliche Gestalten» zu sehen seien, während so «hervorragende Männer ihrer Zeit» – wie die Lords Brougham und Stanley – dagegen fehlten. Wilkie gestand ihm, «die Leute verlangten heftig danach, auf dem Bild zu erscheinen». Er habe diesbezüglich viele dringende Bitten erhalten. Doch da «nur eitle und dumme Menschen so etwas tun», schloß Greville, «siegte die Aufdringlichkeit». Die Darstellung, eine Szene in steifer Erstarrung, ist eine Karikatur der Trauer und zugleich eine historische Fälschung. Später lehnte die Königin das Bild voller Verachtung ab.

Die Krone wurde «mit einer ebenso erstaunlichen wie erbaulichen Ruhe» weitergegeben, schrieb Greville. Unter den Anwesenden, die der neuen Königin huldigen wollten, befanden sich auch der Herzog von Sussex und der Herzog von Cumberland. Aufgewachsen in einer Atmosphäre, in der sie ihre Gefühle unter strenger Kontrolle halten mußte, ging Victoria ihren Onkeln ein paar Schritte entgegen, denn Sussex war gebrechlich, und vereidigte sie beide zugleich, als sie vor ihr niederknieten und ihr die Hand küßten. «Ich sah sie bis zu den Augen erröten», schrieb Greville, «als fühle sie den Gegensatz zwischen ihrer rechtlichen und ihrer natürlichen Beziehung zueinander. Aber das war das einzige Zeichen von Bewegung, das sie erkennen ließ.» Mit dieser Zeremonie wurde die Loyalität der Regierungsmitglieder formell von einem Herrscher auf den anderen übertragen. Victoria trat dabei mit einer Würde und Sicherheit auf, die, so Greville, «einen

Chor von Lob und Bewunderung» auslösten. Sie war «völlig gelassen», schrieb ein ehrgeiziger zukünftiger Parlamentsabgeordneter, Benjamin Disraeli, an seine Schwester Sarah, nachdem ihm Lord Lyndhurst, sein Fraktionsführer im Oberhaus, von dem Staatsrat erzählt hatte. Sie waren beide davon überrascht, daß sie «allein im Ratssaal erschien, ohne weibliche Begleitung». Victoria hatte bereits begonnen, ihren eigenen Stil zu prägen.

«Sie füllte nicht allein ihren Sessel», sagte der Herzog von Wellington, «sie füllte den ganzen Raum.» Dabei hatte sie ihr neuer Titel nicht etwa magisch verwandelt. Die Selbstbeherrschung, die in ihrer königlichen Haltung und der glockenreinen Stimme zum Ausdruck kam, war das Ergebnis langer Stunden einsamen Nachdenkens und der Unterweisung durch Baronin Lehzen, Leopold und Stockmar. Sie wußte, was sie zu tun hatte. Sie wußte auch, daß sie politisch völlig unerfahren war und noch eine Menge lernen mußte. Lord Aberdeen sagte darüber zu Prinzessin Lieven, Melbourne habe «ein junges und unerfahrendes Kind in den Händen, dessen ganzes Verhalten und dessen sämtliche Meinungen notgedrungen völlig von ihm abhängig sind. ... Um ihm Gerechtigkeit widerfahren zu lassen, glaube ich allerdings, daß er ein Gespür für seine Lage hat...» Bei seinen Manövern um die Macht am zukünftigen Hof Victorias hatte es zu Conroys Strategie gehört, die neue Königin als hilfloses Kind hinzustellen.

Die Befürchtungen, daß ein achtzehnjähriges Mädchen leicht manipulierbar sei, waren keineswegs unbegründet. Es hing viel davon ab, wie Melbourne seine Mentorenrolle auffaßte, aber noch viel mehr von Victorias eigenem gesunden Menschenverstand. Der ließ es ihr ratsam erscheinen, nach dem Staatsrat mehrere Mitglieder der Regierung und des königlichen Haushalts zur Audienz zu empfangen, jeden «allein in meinem Zimmer», wie sie notierte. «Mit Stockmar gesprochen.» Stockmar brachte ein Papier mit, das er soeben von Conroy erhalten hatte. Es trug das Datum desselben Tages. Conroy schrieb, er fühle sich «vollkommen geschlagen» und sei bereit, sich aus dem Leben der Herzogin (und somit auch Victorias) zurückzuziehen. Als Preis dafür forderte er die Peerswürde, das Großkreuz des Bath-Ordens und 3 000 £ im Jahr. Melbourne war zwar empört, bot aber beschwichtigend eine irische Peerswürde (sobald eine frei wäre) und das Geld an.

Da er keine sofortige Auszahlung erhielt, blieb Conroy zur Beunruhigung der Königin vorerst da. Sein Einfluß bestand durchaus noch fort. Dies zeigte sich schon am selben Nachmittag, als die Herzogin (deren Befugnisse jetzt drastisch reduziert waren) um die Erlaubnis bat, daß Sir John und Lady Flora am nächsten Tag bei der Thronbesteigung der Königin sie begleiten dürften. Victoria lehnte ab. Dann sprach sie wieder mit Stockmar und Melbourne. «Ich ging hinunter und sagte Mutter gute Nacht usw.» In jener Nacht schlief Victoria, auf ihren Wunsch, zum ersten Mal in ihrem Leben allein.

Am nächsten Morgen wies sie erneut die beschwörenden Bitten ihrer Mutter zurück. Die Leute, so hatte die Herzogin sie gewarnt, würden Conroys Abwesenheit bemerken und darüber klatschen. «Es ist Lord M.s überzeugter Wille», kritzelte Victoria mit Bleistift auf einen Zettel. Die Herzogin konterte, allerdings ohne Erfolg, da die Königin Conroy schon aus ihrem Leben verbannt hatte: «Du kennst die Welt nicht. ... Nimm Dich in acht, Victoria ...! Paß auf, daß Lord Melbourne nicht König wird ...!»

Vielleicht erblickte selbst die Herzogin in dieser Beziehung etwas, was Victoria in ihrer behüteten Unschuld entging. «Die Gefühle der Königin sind erotischer Natur, aber sie weiß es nicht», schrieb Greville. Daß ihr diese Dimension in Melbournes Anziehungskraft nicht bewußt war, geht klar aus der Tatsache hervor, daß die Londoner Sensationspresse das Thema nicht aufgriff. Der Ton entsprechender Kommentare hielt sich mehr auf der Ebene, die Lady Grey gegenüber Creevey ansprach: «Ich hoffe, Sie amüsieren sich über die Meldung, daß Lord Melbourne wahrscheinlich die Königin heiratet ...»

Lange Zeit isoliert und voller Sehnsucht nach menschlichen Kontakten, andererseits als unverheiratete Königin streng in ihren Freundschaften beschränkt, brauchte Victoria einen Vater nötiger als einen Ehegatten. Leopold, der damals in ihrem Leben einem Vater am nächsten kam, teilte ihr mit, daß er es für politisch unklug halte, während der ersten Monate ihrer Regentschaft nach England zu kommen. («Die Leute könnten sich einbilden, ich käme, um Dich von mir abhängig zu machen!») Stockmar, sein Abgesandter, blieb zwar als politischer Vertrauter, aber der vertrocknete und vorsichtige Arzt aus Coburg konnte auf keines der emotionalen Bedürfnisse Victorias eingehen. Conroy konnte kaum als Ersatzvater betrachtet werden, wenn ihre Mutter sich auch noch so sehr auf seinen Arm stützte. Melbourne schien jedoch für diese Rolle so ideal geeignet zu sein, wie Conroy es für die des bösen Stiefvaters gewesen war.

William Lamb, Viscount Melbourne, war ein gutaussehender und jugendlich wirkender Mann von achtundfünfzig Jahren, der nach einer unglücklichen Ehe seit langer Zeit verwitwet war. Sieben Monate zuvor war sein einziges Kind, Augustus, das bedauerlich zurückgeblieben war und an Epilepsie litt, in den Zwanzigern gestorben. Geistreich, vermögend und mit einem ganzen Netz guter Beziehungen, hatte es Melbourne nicht an Gesellschaft gemangelt. Seinem Geschmack entsprachen die großen Londoner Herrenhäuser, in denen politisch so geschliffene Gastgeberinnen wie Elizabeth, Lady Holland, präsidierten. Das altehrwürdige Holland House mit seinen Türmchen, in dem er an mehr Abenden gespeist hatte als in jedem anderen Haus einschließlich seiner eigenen Wohnung, brillierte vor allem durch Künstlichkeit; es wurde dort sogar Räucherwerk abgebrannt, um natürliche Gerüche zu überdecken. In einer solchen Umgebung kokettierte Melbourne mit seinem eigenen Abbild in den mit zahllosen Spiegeln ausgeschlagenen Empfangsräumen. Bei Victoria konnte er seine ungenutzten Vorräte an Zärtlichkeit einem Ersatzkind zuwenden. Außerdem galt es immerhin, eine Königin zu erziehen.

Am 21. Juni erfolgte in feierlicher Zeremonie die Proklamation der Herrscherin im St. James's Palace. Die Erklärung, in der die Königin Alexandrina Victoria genannt wurde, mußte auf ihre Anordnung hin geändert werden: der Name *Alexandrina* schwand für immer aus ihrem Leben. Die Herzogin hätte sich freuen sollen – die Königin trug ihren Namen. Die eigene Bedeutung der Herzogin war jedoch erloschen. Victoria legte großen Wert darauf, daß ihre Mutter bei ihr lebte, aber auf Distanz. Conroy, der offiziell die Rolle des Rechnungsprüfers der Herzogin behielt, wurde nie eine Audienz bei der Königin gewährt.

Fast jeder Tag brachte an irgendeinem Ort im Land ein neues königliches Defilee. Die Königin zeigte sich zu den verschiedensten feierlichen Anlässen, um sich beim Volk als die neue Herrscherin einzuprägen. Sie trug schwarze Kleidung als Zeichen der Trauer um den verstorbenen König, aber die Öffentlichkeit sah nur eine strahlende junge Frau. Bei den meisten öffentlichen Auftritten mußte der Hosenbandorden getragen werden. Victoria hatte keine Ahnung, wo sie ihn anbringen sollte. Man ließ den Herzog von Norfolk holen, der als Zeremonienmeister für das Protokoll verantwortlich war. Er schlug vor, man solle ein Porträt von Königin Anne ausfindig machen. Dort entdeckte man das Hosenband an ihrem linken Arm. Dies ist der einzige Punkt, in dem Victoria wissentlich der letzten regierenden Königin nacheiferte.

Alle Persönlichkeiten, die im politischen, sozialen und wirtschaftlichen Leben Englands wirklich zählten, erhielten während der ersten Monate von Victorias Regierungszeit auf Empfängen Gelegenheit, symbolisch mit ihr in Kontakt zu kommen. Tausende von Lippenpaaren streiften die dralle königliche Hand, die Minister bereits als «weich» und «reizend» empfunden hatten. Einmal hatte Greville die Vorstellung bei der Königin verpaßt. Eilig wurde er von Conyngham zu ihr geführt und fand sich unvermittelt in einer peinlichen Lage: Die Königin konnte sich nur mühsam von ihrem Handschuh befreien, da sie sehr viele Ringe trug. «Sie wurde rot und lachte und zog, bis es endlich geglückt war, und ich küßte ihr die Hand.» Die Ringe, so erklärte sie Melbourne, «machen eine häßliche Hand schöner». «Machen sie weniger schön», antwortete er. Sie war aber auch nach dieser

Bemerkung über ihre «Wurstfinger» traurig und trug mit der Zeit immer mehr Ringe, manchmal sogar am Daumen, so daß sie nicht einmal mehr Messer und Gabel ohne Mühe handhaben konnte.

Die junge Königin war ein Symbol, das ihr Reich mit Begeisterung aufnahm. Nach einem König, der an Blindheit und Geistesschwäche gelitten hatte, solange die meisten zurückdenken konnten, nach einem zweiten König, der fettleibig und lasterhaft gewesen war, und schließlich nach einem dritten König, der ungehobelte und grobe Manieren besaß, versprach die Königin viel durch ihr eigenes, unverstelltes Wesen.

Am 30. Juni gab Victoria ihre königliche Zustimmung zu vierzig Gesetzesvorlagen – die ersten Gesetze, die unter ihrer Regierung rechtskräftig wurden. Die Parlamentssekretäre hatten seit dem Tod der Königin Anne stets *Le Roy le veut* auf die Urkunden geschrieben und sich auf «Seine Majestät» bezogen. Die weiblichen Anredeformen mußten nach 123 Jahren wieder in Erinnerung gerufen und neu belebt werden, um Gesetze wie die Abschaffung des Prangers zu fixieren. Die Sichtung vergilbter Papiere förderte aber die gehörigen Wendungen zutage.

Victoria und ihr Hofstaat zogen Mitte Juli in das Buckingham House um. George III. hatte es gekauft, und George IV. hatte befohlen, es umzubauen, doch er hatte nie darin gelebt. William IV. hatte angeordnet, die Umbauten zu beschleunigen. Als nun Victoria seine Nachfolge antrat, sagte man ihr, es könne nicht vor Weihnachten fertiggestellt werden. Nach Aussagen Sallie Stevensons, der Gattin des amerikanischen Gesandten in England, die zu den ersten Gästen in Victorias neuem Heim zählte, rief die Königin die für die Umbauten Verantwortlichen zu sich und sagte ihnen, sie erwarte, dort im Juli an einem von ihr genannten Tag das Diner einnehmen zu können. «Es tut mir leid, daß ich Eure Majestät ins Bild setzen muß», sagte einer der Angesprochenen, «aber es ist unmöglich.»

Am 21. Juli, genau einen Monat, nachdem Victoria offiziell zur Königin ausgerufen worden war, schrieb Mrs. Stevenson an ihre «geliebte Schwester» in Virginia, daß sie und ihr Mann eingeladen worden seien, mit Victoria im Buckingham House zu dinieren. Vierzehn Tage später berichtete sie, es enthalte eine Fülle «reich ausgestatteter und herrlicher Räume, die mich an Beschreibungen aus Tausendundeiner Nacht erinnerten». Der «prächtige Bankettsaal» war strahlend hell erleuchtet und «der Tisch mit einem goldenen Service gedeckt, das so sehr glänzte, daß es einen blendete». Was war geschehen? Mrs. Stevenson berichtete, die «würdigen alten Lords» hätten schriftliche Anweisungen «von Ihrer kleinen Majestät» erhalten, «in denen sie von eigener Hand den Befehl erteilte, der Palace müsse an dem genannten Tag für sie fertig sein. . . . Es blieb ihnen nichts anderes übrig, als alle nur irgend verfügbaren Arbeitskräfte zusammenzuholen, &

sie zog in den neuen Palace ein an dem Tag & zu der Stunde, die sie festgesetzt hatte. Soviel also zu unserer jungen Königin!»

Victoria sollte Buckingham House später hassen (es wurde bald zum Palace erhoben). Sie verabscheute den Lärm und die rauchige Luft von London. Aber in ihren ersten Jahren als Königin bot das Haus einen angenehmen Ort, um darin zu leben und Gesellschaften zu geben. Außerdem war man von dort aus schnell im Theater oder in der Oper.

Noch ehe die einmonatige offizielle Trauer um König William vorbei war, hatte Victoria begonnen, im Buckingham House Gäste mit solcher Selbstverständlichkeit zu empfangen, als habe sie das bereits seit Jahren getan. Ihr erster Gesellschaftsabend fand am 17. Juli statt, und Einladungen dazu waren äußerst begehrt. An diesem Abend sagte Elizabeth, Lady Grosvenor (die Marquise von Westminster, die jedoch besser unter dem erstgenannten Titel bekannt war), ein Diner ab, das sie im Grosvenor House hatte geben wollen, um bei der Königin zu speisen, obwohl «der Befehl zum Diner» erst am Morgen desselben Tages eingetroffen war. Zu den Gästen zählten unbedeutende deutsche Prinzen, darunter Victorias Halbbruder Karl von Leiningen, sowie ihre Mutter, die Herzogin von Kent, zwei der Hofdamen der Königin und die allgegenwärtige Hofdame ihrer Mutter, Lady Flora. Die Unterhaltung nach Tisch war wenig aufregend und doch – für die weltläufigen Grosvenors – ungewohnt: Victoria sang, und danach suchte sich die Herzogin Partner zum Whist. Die Grosvenors blieben höflich bis elf Uhr, «und gingen dann zu einem opulenten Mahl ins Stafford House, von wo sie erst nach zwei Uhr heimkehrten.»

Die Abende mit der Königin, so berichtete Greville aus eigener Erfahrung im Jahr darauf, boten nicht viel Abwechslung. Er schätzte «ihre Freundlichkeit und ihre Rücksichtnahme auf die kleinen Eitelkeiten der Menschen, selbst der unbedeutendsten Personen». Aber es herrschte keine Fröhlichkeit oder Leichtigkeit, weil gesellschaftliche Ungezwungenheit unmöglich ist, wo «ein gewisses Maß an Förmlichkeit und ein Klima von Hochachtung und Respekt gewahrt bleiben müssen». Die Königin war gutgelaunt und heiter, «aber sie ist eben stets Königin. Ihr Beispiel müßte die gesellschaftlichen Gepflogenheiten und den Ton der Unterhaltung steuern. Doch dafür ist sie noch zu jung und unerfahren. Sie sitzt an einem großen, runden Tisch, Melbourne stets in einem Lehnstuhl neben ihr, und dann müssen zwei endlose Stunden mit irgendwelchen Gesprächsthemen gefüllt werden, die sich gerade anbieten. Das hat nicht nur den Anschein einer Sisyphusarbeit, es ist eine.»

Windsor war für Gäste sogar noch strapaziöser als der vollgestopfte Buckingham Palace. Der Vorteil von Windsor, daß sie sich darin bewegen konnten, «wie es ihnen gefiel», brachte «keine Spur jener Geselligkeit mit sich, die die Annehmlichkeit eines englischen Landsitzes ausmacht». Es gab keinen zentral gelegenen Raum, in dem die Gäste entspannt zusammensitzen konnten; das Billard-Zimmer befand sich «in einer so abgelegenen Ecke des Schlosses, daß es ebensogut hätte in London sein können...» Die Bibliothek war gut ausgestattet, aber ebenfalls unzugänglich und überdies so kalt, daß man sich kaum darin aufhalten konnte. Nichts als die Mahlzeiten brachte eine Gesellschaft zusammen.

Für Greville stand nicht die Langeweile im Vordergrund, sondern was er von der Beziehung der Königin zu ihrem Premierminister mitbekam: «Zwar... verhält sie sich sehr höflich zu allen Bewohnern des Schlosses, aber im Grunde hat sie außer mit Melbourne mit niemandem etwas zu tun. Mit ihm verbringt sie (wenn nicht im *Tête-à-tête,* so doch in vertraulicher Unterhaltung) mehr gemeinsame Stunden als sonst zwei Menschen, deren Leben durch irgendeine Beziehung verbunden sind, vielleicht je miteinander verbringen.... Er ist mindestens sechs Stunden am Tag an ihrer Seite – eine Stunde am Morgen, zwei im Sattel am Nachmittag, eine beim Diner und zwei am Abend.» Ein solches «Monopol» auf ihre Zeit war unklug und entsprach nicht den gesellschaftlichen Sitten. «Besonders unangebracht scheint es im Hinblick auf ihre eigene Zukunft... Wenn Melbourne eines Tages sein Amt aufgeben muß, wird sie ihn um so schmerzlicher vermissen, weil sie nun eine so ausschließliche Intimität mit ihm pflegt.»

Vorrangiges Interesse der Königin war es, sich in die Regierungsfragen einzuarbeiten, obwohl sie auch schnell lernte, die persönlichen Privilegien ihrer Stellung zu genießen, vor allem die ehrerbietigen – manchmal nur kuriosen – Aufmerksamkeiten hervorragender und attraktiver Männer unter ihren Ministern oder auch den weniger einflußreichen Beamten. Aus der Ferne unterrichtete Leopold sie in königlichem Verhalten. «Die Arbeitsgewohnheiten», die sie zu Beginn einführte, so meinte er, sollten ihr Leben vernünftig organisieren. Eine Regel auf seiner eigenen Liste war es, «den Leuten *niemals zu erlauben,* über Themen mit Dir zu sprechen, die Dich selbst und Deine eigenen Angelegenheiten betreffen, ohne daß Du ihnen gegenüber den Wunsch zum Ausdruck gebracht hast, sie möchten es tun.» Die Lösung war in einem solchen Fall, «das Thema zu wechseln und den Betreffenden spüren zu lassen, daß er einen Fehler gemacht hat». Sie solle ihre Minister zwischen elf und halb zwei Uhr empfangen. (So bleibe der Vormittag frei, und falls ein Abbruch wünschenswert sei, biete das Mittagessen einen praktischen Vorwand.) Vor allem aber solle sie keine Entscheidungen übereilen. «Sobald eine Frage von einer gewissen Tragweite ist, sollte sie nicht an dem Tag entschieden werden, an dem sie Dir vorgelegt wird», riet er. «Und selbst wenn ich innerlich dazu geneigt bin, beizupflichten, behalte ich die Papiere doch immer eine kleine Weile bei mir, bevor ich sie zurückgebe.» Um einerseits Zeit zu gewinnen und andererseits zu erfahren, worum es in den vorgelegten Papieren wirklich gehe, empfahl er ihr, sie sich von ihren Ministern «erklären zu lassen. Dann behältst Du die Unterlagen bei Dir, um entweder selbst darüber nachzudenken oder jemanden um Rat zu fragen...»

Das war eine Lektion, die sie schnell und gründlich lernte. Am 30. August erwähnte Greville in seinem Tagebuch, daß die Gewohnheit der Königin, «selten oder nie» eine sofortige Antwort zu geben, sondern statt dessen zu sagen, sie «wolle darüber nachdenken», wohl der Tatsache zuzuschreiben sei, daß sie Melbourne «über alles» konsultiere. Aber der Premierminister erläuterte Greville, «daß sie es selbst mit ihm ebenso zu machen pflegt und daß sie, wenn er mit ihr über ein Thema spricht, zu dem sie eine Meinung äußern soll, zu ihm sagt, sie wolle darüber nachdenken oder sie werde ihn ihre Ansicht am nächsten Tag wissen lassen». Selbst Melbournes Charme konnte sie offenbar nicht zu einer sofortigen Antwort verführen.

Die Königin befolgte Leopolds Ratschläge ihr ganzes Leben lang so rigoros, daß kaum jemand außer den Vertrauten ihrer Familie und ihres Hofstaates über irgend etwas anderes als öffentliche Angelegenheiten mit ihr sprechen konnte, ohne daß sich eine gewisse Oberflächlichkeit oder Spannung einstellte.

An Robert Peel schrieb der Chronist John Croker Mitte August, er habe einen Samstag in seinem Club verbracht und über Politik geredet, und zwar über die bevorstehenden Parlamentswahlen. Sogleich sei das Gespräch darauf gekommen, die junge Königin sei «überarbeitet» und werde mit überflüssigen Details belästigt. «Sie schicken ihr alle möglichen Dinge aus den verschiedensten Ressorts zur Unterschrift, und sie, die noch nicht zu unterscheiden weiß, was *wesentlich* ist und was *äußerlich*, liest alles. Allem Anschein nach tut man dies nur, um ihr den Geschmack an den Amtsgeschäften zu verderben. Ich glaube nicht, daß sich dahinter eine so tiefliegende Absicht verbirgt... Lord Melbourne trifft sie jeden Tag für mehrere Stunden, und er gebietet zweifellos über den diktatorischsten, ja despotischsten Einfluß, den die Welt je erlebt hat.» George Villiers hingegen, der kein Mitglied der konservativen Opposition war, betrachtete Melbournes Tätigkeit mit wohlwollenderen Augen: «Es ist seine Aufgabe geworden, den interessantesten Geist der Welt zu erziehen und zu unterweisen. Keine Beschäftigung nimmt mehr Aufmerksamkeit in Anspruch und erfordert größere Verantwortung.»

Ob in London oder in Windsor, Victoria ging an ihre karmesinroten Aktenordner mit freudigem Arbeitseifer. Sie wollte alles sehen und alles lernen. Als konstitutionelle Monarchin in einem Königreich ohne schriftliche Verfassung – eine Herrscherin, die theoretisch keinen anderen Willen haben durfte als den ihrer Minister – wußte sie, daß sie viel zu lernen hatte, wenn sie nicht nur eine Galionsfigur am Bug des Staatsschiffes sein wollte.

Melbournes Unterweisungen im Staatswesen waren von großer Skepsis geprägt, und er ließ sich Zeit. Er glaubte weder an die Religion noch an den Fortschritt: «Sie sollten am besten gar nicht erst versuchen, Gutes zu tun, dann geraten Sie nicht in die Klemme.» Nichts war der Mühe wert, so dachte er, bevor man es nicht dringend tun mußte. Man solle nicht automatisch alle «schlechten Menschen» ablehnen, warnte er, «davon wäre nämlich eine große Zahl betroffen». Er glaubte an Symbole als Ersatz für eigentliches Handeln und leitete durch sein eigenes Beispiel dazu an, Formalitäten und Details große Aufmerksamkeit zu schenken. Er schätzte Epigramme mehr als Philosophien, ausgenommen seine Überzeugung, daß alle sozialen Veränderungen unweigerlich zum Schlechteren führten. Als Führer eines schwachen und gespaltenen Whig-Kabinetts, das kaum genügend Stimmen im Unterhaus besaß, um die Mehrheit zu halten, stand er mit seinen Ansichten den Tories näher als den Traditionalisten seiner Partei, ihren Radikalen aber denkbar fern. Der Zweck der Amtsführung sei, so behauptete er, sie zu behalten. Um ihn im Amt zu behalten, sollte Victoria später (zu ihrem eigenen Schaden) ein Grundgebot ihrer Stellung mißachten und eine leidenschaftliche Parteigängerin werden.

Da ihr die meisten königlichen Zeremonien unbekannt waren, ließ sich die Königin darin ebenfalls von Melbourne leiten. Seine Anwesenheit hob ihr Selbstvertrauen. Als sie im Juli zum Oberhaus fuhr, um die Sitzungsperiode des Parlaments zu schließen, und ihre «furchtbar schwere» Oberhausrobe trug, in der sie ihre Rede verlesen wollte (geschrieben von «Lord M.»), war Melbourne, der das Staatsschwert trug, in ihrer Nähe. Er stand, so schrieb Victoria in ihr Tagebuch, «zur Linken des Thrones. Ich fühle mich immer wohl, wenn ich ihn bei solchen Gelegenheiten bei mir habe, weil er ein so ehrlicher, guter, herzensfreundlicher Mann ist. Er ist mein Freund, das weiß ich.»

Danach fühlte sie sich trotz anfänglicher Nervosität «recht munter», wie sie ihrem Onkel Leopold schrieb. Ja sie war sogar bereit, die alljährliche Parade der Wachen auf traditionelle Weise abzunehmen, nämlich im Sattel. Obwohl sie seit zwei Jahren nicht mehr geritten war – seit ihrer schweren Erkrankung in Ramsgate –, weigerte sie sich, überhaupt eine Parade abzuhalten, außer «auf dem Rücken eines Pferdes, wie seinerzeit Königin Elizabeth». Die Parade wurde abgesagt. Entschlossen machte sie sich daran, ihr reiterliches Können wieder aufzufrischen. Auch ihre Gesangsstunden mit Signor Lablache nahm sie wieder auf, eine weitere Beschäftigung, die zwei Jahre zuvor gestrichen worden war. Die Conroy-Clique war daran interessiert gewesen, sie als eine stets kränkelnde Frau hinzustellen, um sich dadurch einen weiteren Zugang zur Regentschaft zu eröffnen. Nun hatte sie keinen Grund mehr, diese Posse weiterzutreiben.

Victorias wichtigster Mentor in außenpolitischen Dingen, in Fragen der Etikette und Ausdrucksweise wie in denen von Politik und Handel, war ihr Außenminister. Mit dreiundfünfzig Jahren war Henry John Temple, dritter Viscount Palmerston, ein Mann mit beachtlicher amouröser Vergangenheit. Die große Liebe seines Lebens aber war Lady Cowper (Melbournes Schwester Emily), die er nicht heiraten konnte, ehe eine angemessene Frist nach dem Tode ihres Mannes im Monat von Victorias Thronbesteigung verstrichen war. Ein eleganter, scharfsinniger und geduldiger Mann, verbrachte Palmerston viel Zeit mit Victoria über Landkarten und Memoranden, Feinheiten und Nuancen. Auch Stockmar steuerte sein Teil an Weltkenntnis bei, die er jahrelang in diplomatischer Mission und im Umgang mit hochgestellten Persönlichkeiten erlangt hatte, und ergänzte damit Palmerstons Erfahrungen in der internationalen Politik. Die Baronin Lehzen teilte ihre aufgeschnappten Kenntnisse an europäischem Klatsch über die Aristokratie des Gothaer Almanachs bereitwillig mit. Sie diente als Privatsekretärin. Niemand, nicht einmal Melbourne, hatte leichteren Zugang zu Victoria als die Baronin. Während die Mutter der Königin ihr Zimmer in einem abgelegenen Flügel der neuen königlichen Residenz hatte und Billets schreiben mußte, wenn sie Victoria zu anderen Zeiten sehen wollte als bei den formellen Abendgesellschaften, zu denen sie eingeladen war (und oft mit Bleistift gekritzelte Antworten erhielt, die Königin sei zu beschäftigt), hatte Luise Lehzen ein Schlafzimmer neben dem Victorias, zu dem die Königin im ersten Sommer einen Durchgang in die Wand brechen ließ.

Als die Anstandsdame der unverheirateten Königin war die Herzogin bei allen formellen Anlässen zugegen. Aber Victorias Auslegung dieser Funktion ließ ihr Raum, Männer auch alleine zu empfangen, wenn sie ihre Berater waren (wie Stockmar) oder Regierungsmitglieder. Der Bruch zwischen Mutter und Tochter wegen Conroy war bereits das Thema von Zeitungskommentaren, da die Herzogin ihre Rolle als leidtragende und verlassene Witwe wieder aufgenommen hatte. Doch gelang es weder Victoria noch Melbourne noch beiden zusammen, den Abgang des «Gentleman» der Herzogin, wie Conroy im politischen Jargon der Zeit genannt wurde, zu bewirken. Mit beiden Händen warf er das Geld der Herzogin und der ältlichen Prinzessin Sophia, deren Einkommen er noch immer verwaltete, zum Fenster hinaus. Dennoch lebte seine Familie weder vor noch nach Victorias Thronbesteigung besonders luxuriös. Er erhielt 3000 £ im Jahr für seine Dienste bei der Königinmutter, wie Greville notierte, «aber er wurde nicht ein einziges Mal in den Palace eingeladen oder durch das kleinste Zeichen persönlichen Wohlwollens ausgezeichnet, so daß sich wohl kaum ein krasserer Gegensatz denken läßt als der zwischen der Großzügigkeit der finanziellen Zuwendung und der vollkommenen persönlichen Mißachtung, die ihm zuteil wird». Andererseits blieb Victoria weiterhin in freundlichem Verkehr zur Königinwitwe Adelaide, zu der immer beidseitige gute Beziehungen bestanden hatten, und behielt mehrere FitzClarence-Kinder in ihren Diensten, die zuerst allesamt befürchtet hatten, ihre Privilegien wie das Amt des Oberaufsehers im Windsor Park oder den Kapitänsrang auf der königlichen Yacht zu verlieren.

Als diejenigen, die an der königlichen Tafel gespeist hatten, nun vortraten, um weitere Gunstbezeigungen zu erbitten, verkündete die Herzogin zu Victorias Empörung, daß sie trotz der sorgfältigen Verwaltung ihrer Mittel durch Conroy und kürzlicher neuer Darlehen von Leopold 70 000 £ Schulden hatte. Es stellte sich heraus, daß über Conroys Ausgaben oder Darlehen in ihrem Namen seit 1829 keine Aufzeichnungen vorhanden waren. Überzeugt, daß das Parlament ihr nicht aus der Klemme helfen würde, wie groß die Verehrung für ihre Tochter auch sei, sorgte Melbourne statt dessen dafür, daß noch vor Jahresende das Einkommen der Herzogin erhöht wurde, so daß sie ihre Schulden selbst aus der vom Parlament gewährten Apanage bezahlen konnte.

Aus ihrer Privatschatulle bezahlte die Königin bereits fleißig die fast vergessenen Schulden ihres Vaters, eine Verpflichtung, die bis Oktober 1839 dauern sollte. (Jeder Zahlungsempfänger erhielt außerdem als Geschenk einen silbernen Teller von Victoria.) Sie hatte auf all die ererbten Revenuen der Krone verzichtet, ausgenommen die Herzogtümer Lancaster und Cornwall, und bekam dafür 385 000 £ im Jahr (10 000 £ mehr als William IV.) Nur 60 000 £ gingen in ihre Privatschatulle, fast der ganze Rest wurde für Löhne und Ausgaben zum Unterhalt des königlichen Hofstaates an den verschiedenen Orten verbraucht.

Der erste Staatsbesuch der Königin in der City von London am 9. November 1837 bedeutete an Planungsaufwand beinahe eine Probe für die Krönungsfeier. Dieser Tag war der Lord Mayor's Day, an dem der Oberbürgermeister von London sein Amt antrat. Die Autonomie der City wurde bei diesem Akt formell dadurch anerkannt, daß die Königin auf ihrem Weg an der westlichen Grenze der City bei Temple Bar eine symbolische Pause einlegte. Dort wurde sie vom Lord Mayor, Sir John Cowan, begrüßt und zu der altehrwürdigen Guildhall geleitet, um mit den Ratsherren und anderen Würdenträgern der Stadt zu speisen, die alle ihre traditionellen Amtsinsignien und -symbole trugen. In den Ritterstand erhob Victoria bei dieser Gelegenheit ihren alten Nachbarn in Ramsgate, Moses Montefiore, der im Mai jenen Jahres zum Sheriff von London und Middlesex gewählt worden war. (Zu Hause, in Park Lane, hatte er seit ihrer Thronbesteigung jeden

Tag auf ihre Gesundheit getrunken. Wenn er mit der einen Hand sein Käppchen vom Kopf nahm und mit der anderen sein Glas Rotwein erhob, sagte er stets mit inbrünstiger und lauter Stimme: «Gott segne die Königin!») Die Adelung eines Juden stieß auf einigen Widerstand bei ihren Ministern, aber Victoria schrieb in ihr Tagebuch: «Ich war sehr froh darüber, als erste das zu tun, was ich ganz und gar für richtig halte, so, wie es sein sollte.» Mit Rücksicht auf die Speisegebote seines Glaubens erschien Sir Moses in der Guildhall, eingehüllt in seine Amtstracht, mit einem koscheren Hähnchen für sein Mahl.

Dann kam die feierliche Eröffnung des neuen Parlaments am 20. November, bei der Victoria, die eine diamantenbesetzte Tiara trug (sogar Disraeli meinte, sie sehe «großartig» aus), vom Thron aus eine politisch nichtssagende Rede verlas. Melbourne hatte sie in der Weise abgefaßt, daß sie so wenig Probleme wie möglich aufwarf, denn seine schwache Mehrheit war noch schwächer geworden. Nur die unmittelbar bevorstehende Krönung hielt eine zerbrechliche Harmonie im Parlament aufrecht. Es bewilligte sogar 200 000 £ für dieses Ereignis, viermal so viel wie die Summe, die man William IV. zugemessen hatte. Die Königskrone war vom Herzog von Somerset auf einem Samtkissen hereingetragen worden, da Victoria nicht das Recht hatte, sie vor der Krönung zu tragen. Aber sie konnte auch ohne Krone königlich sein, besonders wenn sie sprach. Schon seit ihrem ersten Morgen als Königin staunten die Leute über die kristallene Klarheit ihrer Stimme.

Paradoxerweise war der Mund der Königin ihre «schwächste Stelle», wie Mrs. Stevenson befand. Brillantendiademe brachten ihr blondes Haar und ihre blauen Augen vorteilhaft zur Geltung, aber Victorias Mund stand «gewöhnlich ein wenig offen; ihre Zähne sind klein und kurz, und wenn sie lacht, sieht man ihr Zahnfleisch, was sie ziemlich entstellt». Als Victorias Halbschwester Feodora erfuhr, daß die Königin ein Porträt in Auftrag gegeben hatte, schrieb sie angeblich mahnend aus Deutschland: «Bitte, Victoria, mach Deinen Mund zu, wenn Du für das Bild Modell sitzt!» Aber als die Herzogin von Kent den Brief ihrer Tochter las, soll sie gesagt haben: «Nein, meine Liebe, laß ihn so, wie die Natur ihn gemacht hat.»

In den letzten Monaten ihres ersten Jahres als Königin schien Victoria ständig in Bewegung zu sein. Sie genoß ihre Stellung, präsentierte dem Volk den Symbolwert ihres Amtes, gab zum ersten Mal ihr eigenes Geld aus und zog durch ihre Anwesenheit die Aufmerksamkeit auf alles, womit sie sich befaßte. Selbst ihre erste, sehr bescheidene öffentliche Intervention auf dem Gebiet der bildenden Künste erregte die Gemüter (und ging dem königlichen Interesse an Bildern voran, das üblicherweise dem Einfluß Prinz Alberts zugeschrieben wird). Auf der Frühjahrsausstellung der Gesellschaft für Aquarellmalerei kaufte Victoria Bilder von Frederick Taylor, Samuel Prout, Peter de Wint und Copley Fielding, wie sie in ihrem Tagebuch notierte. «Lord Melbourne schaute sie an und bewunderte sie mit dem Blick eines Kenners. Das Bild von Taylor (eine Gruppe von Kindern und eine Frau mit Fischen) gefiel ihm. . . . Das von Prout hat er sehr bewundert. Das von Copley Fielding fand er auch sehr gut. Es ist ein Seestück, das eine ‹sehr rauhe See› darstellt.» Auch der junge John Ruskin war auf der Verkaufsausstellung gewesen und schrieb an seinen Vater: «Die Königin kaufte einen Prout, ein kleines Seestück von Copley Fielding, ein Fischweib von Taylor & noch ein anderes. Das letzte gefällt mir nicht. Zum Glück war die Königin letztes Jahr noch nicht Königin, oder mein *Take me up* von Taylor wäre perdu gewesen, denn es ist schöner als ihres.» Das Ansehen der vier Künstler, so prophezeite er, «wird . . . auf der Stelle steigen, denn kein Herrscher hat in den letzten Jahren irgendwelche Aquarelle gekauft». Seine Schlußzeile über die Akquisitionen beinhaltete eine Art ironisches Lob: «Sie hat drei der Künstler gekauft, von denen ich Bilder besitze.»

Obwohl Victorias Geschmack beim Entwurf der Münzen, die anläßlich ihrer Thronbesteigung geprägt wurden, keine große Rolle spielte, war die endgültige Billigung doch der Herrscherin vorbehalten. Das 5£-Goldstück, bekannt als *Una and the Lion* nach dem Entwurf von William Wyon, das als eine der schönsten Reliefmünzen gilt, die je herausgebrcht wurden, zeigt auf der Rückseite eine Darstellung der jungen Königin, die einen Löwen führt. Der Titel, der Spensers *Faerie Queene* entnommen wurde, war ein artiges Kompliment des Künstlers an eine Frau, die er mit Una, der Königin Wahrheit, verglich, deren Beschützer in der Erzählung Sankt Georg ist, der drachentötende Schutzpatron von England.

Die Einladungen in die Abbey für den 28. Juni, «persönlich zu den Feierlichkeiten Unserer Königlichen Krönung zu erscheinen», waren oben von Victoria, unten vom Großzeremonienmeister, dem Herzog von Norfolk, gezeichnet und trugen das Datum vom 9. Mai 1838. Nicht nur die geladenen Gäste erschienen: Im Krönungs-Juni überschwemmten angeblich vierhunderttausend Besucher die Stadt London mit ihren eineinhalb Millionen Einwohnern. Der feierliche Zug vom Buckingham Palace über Hyde Park Corner, Piccadilly, St. James's Street, Pall Mall, Charing Cross und Whitehall zur Westminster Abbey lockte zahllose Menschen auf Balkone und Dächer. Fenster wurden ausgehängt, damit man mehr Platz zum Hinausschauen hatte, Straßen und Gehsteige waren «mit Köpfen gepflastert». Wer die Vorbereitungen aufmerksam verfolgte, konnte die Königin zum erstenmal schon einen Tag vorher, am 27. Juni, in einem offenen Wagen vorbeifahren sehen («Volksmengen in den Straßen, und alle so freundlich», schrieb sie), da sie die zwei Thronsessel in der Abbey ausprobieren wollte. Beide erwiesen sich als zu niedrig.

Die fünfstündige Tortur in der Abbey am nächsten Tag wurde zusätzlich erschwert durch die (nach den Worten der Königin) «bemerkenswert ungeschickten» Geistlichen, die nur selten wußten, was sie gerade taten. Obwohl der Zug erst um zehn Uhr morgens beginnen sollte, schlief Victoria nicht gut. Sie erwachte schon um vier Uhr, stand um sieben Uhr auf und schaute hinaus auf die Menschen, die sich bereits massenweise im Green Park drängten. Vorbeikommende Würdenträger wurden von der Menge überschwenglich gegrüßt, und sogar die gesetzten Inhaber von Plätzen in der Abbey applaudierten, als der Herzog von Wellington und sein alter napoleonischer Rivale, Marschall Nicholas-Jean Soult, eintraten. Lord Melbourne trug das «außerordentlich schwere» Staatsschwert «wie ein Metzger», krittelte Disraeli. Es war nur eines von vielen Geräten in dem uralten Ritual, die überlebensgroß zu sein schienen und die kindliche Gestalt der Königin zwergenhaft klein machten. Die prachtvollen Gewänder mit den eingewobenen Gold- und Silberfäden und die Fülle der Juwelen erhellten die düstere Abbey, weil sie das Licht der Kerzen auffingen und reflektierten, so daß es für Victoria, wenn nicht auch für die versammelte Gemeinde, peinlich klar wurde, daß die Zeremonie zu wenig geprobt worden war. «Bitte sagen Sie mir, was ich zu tun habe», flüsterte sie auf ihrem Podest Lord John Thynne, dem Unterdechanten, zu und ergänzte mit einem Blick auf die Bischöfe «sie wissen es doch nicht».

Unerwartet wurde ihr vom Bischof von Durham der Reichsapfel in die Hand gelegt.

«Was soll ich damit tun?» flüsterte sie.

«Eure Majestät soll ihn bitte in der Hand tragen.»

«Muß ich? Er ist sehr schwer.»

In der allgemeinen Verwirrung war er ihr von der falschen Person überreicht worden, und als der Erzbischof von Canterbury ihn holen wollte, ruhte der Reichsapfel bereits in ihrer Hand. Plötzlich legte man ihr noch einen goldgewirkten Mantel um, reichte ihr Zepter, Rubinring und Krone. Der Ring war zu eng für ihren Ringfinger, weil er für den kleinen Finger passend gemacht worden war. Aber der Erzbischof von Canterbury drehte, bis er am Ringfinger steckte, während die Königin vor Schmerz zusammenzuckte. Als ihr die Krone auf den Kopf gesetzt wurde, setzten die Peers und Peeresses ihre Kronen ebenfalls auf, ein lautloses Feuerwerk von kreuz und quer schießenden Lichtblitzen, und in den Parks und am Tower donnerten die Kanonen. In der Abbey ertönten Pauken und Trompeten, und die Menge draußen sang «God Save the Queen».

Um die zunehmende Demokratisierung des Landes zu unterstreichen, nahmen zum ersten Mal auch die Mitglieder des Unterhauses an der Zeremonie teil. Sie brachten ein neunfaches Hoch auf die Herrscherin aus. Aber die Krönung war doch weitgehend eine Selbstverherrlichung der Aristokratie, die wußte, worauf es ankam, um zu überleben. Die Zeremonie bot ihr eine willkommene Möglichkeit zur Selbstdarstellung in einer Nation, in der, wie Lady Cowper an Prinzessin Lieven schrieb, die Königin «sich nur zeigen muß, um vergöttert zu werden. Unser Volk ist so durch und durch royalistisch!» Die Bewunderung wuchs noch weiter, wenn die Herrscherin mit einzelnen Gesten ihr Volk rührte, so etwa, als der alte Lord Rolle, ein gebrechlicher Mann von zweiundachtzig Jahren, im Huldigungszug der Peers stolperte. Als er zum zweiten Mal versuchte, die Stufen zum Thron zu erklimmen, stand Victoria auf und ging die Stufen hinunter, ihm entgegen. Die Anwesenden brachen in stürmischen Applaus über ihr Zartgefühl aus.

Es hatte bei der Zeremonie Formfehler gegeben, die den Gästen glücklicherweise entgangen waren. Sonst hätte die Würde der Stunde doch etwas gelitten. Victoria leistete ihren Eid, «die protestantische, reformierte Religion, so wie sie im Gesetz festgelegt ist», aufrechtzuerhalten, und wurde mit heiligem Öl gesalbt. Danach zog sie sich in die St.-Edwards-Kapelle zurück («ein kleiner, dunkler Raum gleich hinter dem Altar»), um ihre Oberhausrobe gegen die prunkvolleren Krönungsgewänder zu tauschen. Gegen Ende, nachdem das «Gloria in Excelsis» gesungen worden war, schickte der Bischof von Bath und Wells, vielleicht, weil er zwei Seiten auf einmal in seinem Meßbuch umgeblättert hatte, Victoria in die Kapelle zurück, als sei der Gottesdienst bereits beendet. Die Königin fand den Raum laut Melbourne, den sie in ihrem Tagebuch zitierte, «einer Kapelle so *unähnlich* wie nur irgend etwas, das man je gesehen hatte, denn das, was *Altar genannt wurde*, war voller Brote, Weinflaschen usw». Während man leicht irritiert wartete, trank der Premierminister ein Glas Meßwein, «denn er schien völlig erschöpft». Als im Chor das «Hallelujah» erscholl, wurde die Königin für den Schlußakt zurückgerufen.

Ehe Victoria in purpurfarbenen Regalien und mit der Krone auf dem Haupt in die Staatskutsche stieg, ergab sich eine letzte Verzögerung aus der Notwendigkeit, den Rubinring von ihrem geschwollenen Finger abzubekommen («unter großen Schmerzen»). Man mußte zuerst Eiswasser kommen lassen, damit sie ihre Hand darin baden konnte. Dann, um 4 Uhr 30, setzte sich der feierliche Zug zurück zum Palace in Bewegung, nachdem «die Menschenmengen, wenn möglich, noch gewachsen» waren. Victoria würde sich dieses Tages «als des *stolzesten* meines Lebens» erinnern, prophezeite sie. «Kurz nach sechs Uhr wieder zu Hause», fügte sie hinzu, «*überhaupt nicht* müde» – was sie dadurch bewies, daß sie in ihr Zimmer eilte und ihren Spaniel Dash badete.

Nach dem Galadiner gestand Victoria schließlich, ein «wenig müde Füße» zu haben. Melbourne wandte sich ihr «mit Tränen in den Augen zu» – es stiegen ihm oft die Tränen in die Augen, wenn er gefühlvoll wurde – und sagte: «Sie haben es wunderbar gemacht – jede Einzelheit mit so viel Geschmack; das ist etwas, wozu man einem Menschen keine Ratschläge erteilen kann. Da kommt es nur auf ihn selbst an.» Dieses Urteil «ihres lieben und unparteiischen Freundes» machte ihr «große und wahre Freude».

Sie blieb im Speisezimmer bis zwanzig nach elf und ging dann auf «Mutters Balkon», um dem Feuerwerk zuzuschauen, das noch immer über dem Green Park sprühte. Das war die erste mehr als nur beiläufige Erwähnung der Herzogin in einem ihrer längsten, noch erhaltenen Tagebucheinträge.

Die Handlungsfreiheit der Königin äußerte sich 1838 in persönlichen Entscheidungen, die kennzeichnend für ihren Charakter waren. Sie begann nun, Empfehlungen von Menschen zurückzuweisen, auf die sie sich einmal gestützt hatte, wenn deren Rat von ihren eigenen Vorstellungen abwich. Stockmar schrieb an Leopold, sie sei «so jähzornig wie ein verwöhntes Kind» geworden. Auch Leopold selbst mußte feststellen, daß er auf seine gutgemeinten Lektionen belanglose Floskeln zur Antwort erhielt. Vertraulich meinte Victoria, «der liebe Onkel neigt zu dem Glauben, er müsse überall das Regiment führen». Ihre mangelnden orthographischen Kenntnisse zeigen, wieviel die Königin noch zu lernen hatte. Doch sie nahm nur Ratschläge von Melbourne und Lehzen an, und die der Baronin beruhten gewöhnlich auf dem Bestreben, den Wünschen Victorias entgegenzukommen. Als Folge davon verkündete Victoria Melbourne obenhin, sie beabsichtige nicht, bald zu heiraten, und ihr zwangloses vetterliches Einvernehmen mit Prinz Albert habe keine juristische oder moralische Bedeutung. Darin drückte sich teilweise ihre Verstimmung über die Einmischung Leopolds aus, aber noch mehr die Tatsache, daß sie ihre Privilegien sichtlich genoß und nicht daran interessiert war, sich durch einen Ehemann einschränken oder durch eine Schwangerschaft handlungsunfähig machen zu lassen. Sie blieb immer länger auf, hielt ihr formelles Diner oft um ein Uhr mittags ab – die Musikkapelle mußte warten, bis sie sich anschickte, zu Tisch zu gehen, und spielte dann «God Save the Queen» – und legte ihr Besteck erst um zwei Uhr wieder aus der Hand.

Gegen Ende des Jahres 1838 und Anfang 1839 entwickelte Victoria neben ihren regelmäßigen Besuchen der Oper in Covent Garden und des Theaters ein neues Interesse, das vorübergehend eine wahre Leidenschaft wurde. Isaac Van Amburg, ein junger amerikanischer Löwendompteur, war Londons neue Sensation. Er trat zuerst in Astley's Amphitheater am Fuße der Westminster Bridge und später im Drury Lane Theater auf. Noch ehe das Jahr 1838 vorüber war, gab es bereits eine Biographie zu kaufen: *The Life of Van Amburg, the Brute Tamer,* und sein Porträt, gemalt von Edwin Landseer, wurde in der Königlichen Malakademie ausgestellt. Die Königin *mußte* das Spektakel sehen und sah es auch – sechsmal –, nachdem es in der Drury Lane dargeboten wurde. Sie war gefesselt vom Anblick der hungrigen Löwen und Leoparden, die dem Befehl gehorchten, ein schutzloses Lamm, das man vor sie hinsetzte, nicht anzurühren. Victoria suchte nach einer der Vorstellungen den großen jungen Mann mit «der fliehenden Stirn und den so seltsamen Augen» auf, und er zeigte ihr «den Stock aus Rhinozeroshaut», der sein einziges Hilfsmittel im Käfig war. Ihr offensichtliches Interesse erhöhte seine Popularität, was die Einnahmen der herkömmlichen Theater empfindlich schmälerte.

Victorias Begeisterung wäre bei einem einfachen Mädchen von neunzehn Jahren verständlich gewesen, wurde bei ihr aber zum Anlaß übelwollenden Geredes; schließlich war dieses junge Mädchen auch Königin. Melbourne hatte darüber keine Kontrolle. Doch Anfang 1839 hatte er auch brennendere Probleme zu lösen, als die Ernsthaftigkeit der Königin vor der Öffentlichkeit hervorkehren.

Als Charles Dickens an T.J. Thompson schrieb, er habe «unter Berufung auf den Lordkämmerer» gehört, daß die Königin «meine Bücher liest und sie sehr gern mag», konnte er nicht wissen, daß das der einzige nähere Blick auf die niederen Schichten der Gesellschaft war, der Victoria unter der Kuratel Melbournes möglich war. Am 30. Dezember 1838 hatte sie in ihr Tagebuch eingetragen, daß sie *Oliver Twist* gelesen hatte. Sie fand das Buch «überaus interessant». Am Neujahrstag 1839 erzählte sie Melbourne, sie «komme weiter» mit ihrem Roman und erfahre darin etwas über «schmutzige Laster» und vom «Hungern in den Arbeitshäusern und den Schulen». Ihre Mutter, fügte sie hinzu, «ermahnte mich, nicht so leichte Bücher zu lesen», aber Victoria schlug Melbourne vor, er solle es doch auch lesen. «Es handelt nur von Arbeitshäusern, Sargmachern und Taschendieben», sagte er. Er hatte offensichtlich viel davon reden hören. «Ich kann diesen niederen, verderblichen Stil nicht ausstehen.» «Ich verteidigte *Oliver* so gut ich konnte», schrieb sie am 7. Januar, «aber umsonst.»

Es störte Melbourne nur wenig, daß das England außerhalb seiner gesellschaftlichen und politischen Kreise ein Land war, in dem man Kinder unter achtzehn Jahren völlig legal zwölf Stunden am Tag arbeiten lassen konnte (ausgenommen diejenigen unter elf Jahren, deren Arbeitstag bei gesetzestreuen Brotgebern auf neun Stunden begrenzt blieb), in dem das billigste Volksvergnügen öffentliche Hinrichtungen waren (üblich bis 1836, weil ihre Gräßlichkeit für abschreckend gehalten wurde), in dem die Deportation Gefangener zu mörderischer Arbeit in Ketten nach Australien (ein System, das bis 1853 überlebte) bei den Verurteilten oft als schlimmer galt als die Hinrichtung, in dem in miserabel gebauten Mietshäusern in schmutzigen Gassen – eine bevorzugte Zielscheibe von Dickens – ganze Familien in einem einzigen, fensterlosen Raum hausen mußten, weil man sie als menschlichen Abschaum ohne Gefühle oder Wert ansah, und deren Ausgaben für Nahrungsmittel auf eineinhalb Penny pro Kopf und Person beschränkt waren, ein Betrag, der gerade für ein paar faulige Kartoffeln reichte. Da für solche Dinge die göttliche Vorsehung verantwortlich war, wie die junge Königin wußte, interessierte sie sich lieber ab und zu für individuelle Schicksale als für eine generelle Linderung der Not. Es war tröstlich zu glauben, daß dieses Leid ebensosehr Gottes Willen entsprach wie ihr eigenes Wohlergehen. Und wenn sie ihrer eigenen privilegierten Stellung durch Willenskraft nachgeholfen hatte, warum konnten dann nicht auch andere, die weniger glücklich waren, auf ähnliche Weise ihrem Leben auf die Sprünge helfen?

Gemeines Benehmen in vornehmen Kreisen fand Melbourne attraktiver. Daniel Maclise hatte eine allseits bekannte Affäre mit Henrietta, Lady Sykes, gehabt, deren Porträt er gemalt hatte. Lady Sykes, die bereits Disraelis Geliebte war, unterhielt gleichzeitig eine Liaison mit dem viel älteren Tory-Politiker Lord Lyndhurst. Aber als Sir Francis Sykes sie 1837 mit einem Liebhaber im Bett überraschte, war es Maclise, den er unter der Decke fand. Sykes stellte im folgenden Jahr einen Scheidungsantrag, und am 3. Februar 1839 schrieb Victoria – die sich um korrekte Schreibung meist wenig kümmerte – in ihr Tagebuch: «Haben darüber gesprochen, das McLise mit Lady Sykes davongelaufen ist; Lord M. sagte, ‹sie sind übles Gesindel, sie sind Enkelinen von Elmore, dem Pferdehändler; der alte Elmore trieb mit seinen Töchtern eben so viel Handel wie mit seinen Pferden.›» Das offensichtlich amüsierte Melbourne, während die Tatsachen, die in *Oliver Twist* angesprochen wurden, sein Interesse nicht verdienten.

François Guizot, ein französischer Historiker und von 1840 bis 1848 Premierminister, charakterisierte Melbourne (nachdem er ihm nur einmal begegnet war) als «eine bestimmte, höchst ungewöhnliche Mischung von *bonhomie* und Autorität, von Leichtsinn und Verantwortungsbewußtsein». Das Ergebnis war seine Art zu regieren, ein Flickwerk von Notbehelfen und Kompromissen. Stockmar hielt ihn für «vollkommen uneigennützig, frei von Nepotismus und Eitelkeit» in seinem Bemühen, die Regierungsgeschäfte der Königin zu leiten und die Beteiligung Victorias daran zu steuern. Aber er sah in ihm auch «einen scharfen Beobachter der Torheiten und Laster der Menschheit, der die Welt nimmt, wie er sie vorfindet, und sich damit begnügt, so viel Freude und Vergnügen wie möglich aus ihr herauszuholen». Es war wohl dieses unstete Element, das der Franzose und der Deutsche an ihm wahrnahmen, eine Sprunghaftigkeit, die Melbourne zu den «beiden großen Fehlurteilen» führte, wie Stockmar sie nannte, zu denen sich der Premierminister in seiner Sorge für Victorias «Glück und Wohlergehen» verleiten ließ.

Am 10. Februar 1839 schilderte Melbourne der Königin eine Kabinettssitzung als außerordentlich «stürmisch und unerfreulich». Sie zeige deutlich die Zerstrittenheit der Whigs untereinander, und Melbourne äußerte seine Besorgnis, ob er «noch längere Zeit fähig» sei, «die Regierung zusammenzuhalten». Nur eine Woche war vergangen, seit Victoria in ihrem Tagebuch notiert hatte, sie habe Melbourne über eine «peinliche Angelegenheit» bezüglich Lady Flora Hastings informiert. Die Affäre war zu einer ungünstigen Zeit aufgekommen. Der Premierminister war stark beschäftigt, weil eine Regierungsauflösung unmittelbar bevorzustehen schien. Victoria hatte nicht verhindern können, daß die Frau, die sie für eine Spionin Conroys hielt, im Palace lebte, da ihre Mutter das Recht hatte, ihren eigenen Haushalt zusammenzustellen. Baronin Lehzen hatte jedoch eine Wölbung an Lady Floras Figur bemerkt – und Victoria konnte sie bestätigen –, die der Königin «keinen Zweifel» daran ließ, wie sie Melbourne wissen ließ, daß die wenig gelittene Frau «ein Kind erwartet».

Die Kenntnisse der Königin über die Mechanismen der Fortpflanzung waren nur lückenhaft. Immerhin wußte sie aber, daß zur Schwangerschaft ein Mann notwendig war – und daß Lady Flora, eine Jungfer von neunundzwanzig Jahren, einige Monate zuvor bei Nacht mit der Postkutsche von Schottland nach London gereist war, allein in der Begleitung Conroys. Außerdem hatte Melbourne Victoria indiskreterweise erzählt, daß ihre Mutter – die zwanzig Jahre älter war als Lady Flora – auf die Vertrautheit der jüngeren Frau mit Sir John eifersüchtig war. Sogar der Hofarzt, Sir James Clark, war gebeten worden, Lady Floras Figur aus der Ferne zu begutachten. Er konnte, wie die Königin Melbourne aufgeregt informierte, den «Verdacht nicht leugnen». Der «schreckliche Grund all dessen ist das Monster und der leibhaftige Dämon, dessen Namen ich nicht nennen will ...»

Zuerst empfahl Melbourne stille Wachsamkeit, und Wachsamkeit herrschte allerorten, da Klatsch aus Victorias Hofstaat das Lebenselexier beider Haushalte war. Bald gab es Anschuldigungen und Gegenanschuldigungen, während Lady Floras Leib weiter anschwoll, so daß sie sich dazu genötigt sah, die Erklärung abzugeben, sie leide «seit Anfang Dezember an einer Gallenerkrankung». Sie bat sogar darum, sich bei Sir James Clark in Behandlung begeben zu dürfen. Er konnte sie zwar oberflächlich untersuchen, bekam aber nicht die Erlaubnis, unter ihre Kleider zu schauen. Am 16. Februar fragte er sie, da ihr Zustand immer noch unverändert war, ob sie «im stillen verheiratet» sei, da «niemand sie anschauen und daran zweifeln konnte».

Die Ehre des Hofes wie auch Lady Floras eigener Ruf standen auf dem Spiel. In der Londoner Gesellschaft kursierten bereits zahllose Gerüchte über sie. Gezwungen, sich der Demütigung einer Untersuchung am entblößten Leib zu unterziehen, rief Lady Flora kurzentschlossen Sir Charles Clarke herbei, einen Arzt, den sie seit ihrer Kindheit gekannt hatte. Er und der Hofarzt führten am 17. Februar in Anwesenheit einer Hofdame und der Kammerzofe ihre Untersuchung durch, worauf Sir James standeswidrige Taktlosigkeit vorgeworfen wurde. Die Aussagen der Ärzte sprachen Lady Flora jedoch von jedem Verdacht frei. Sie attestierten, daß «ungeachtet einer Anschwellung des Leibes ... keinerlei Gründe für den Verdacht gegeben sind, daß eine Schwangerschaft besteht oder jemals bestanden hat».

Greville legte «den schändlichen und schädlichen Skandal» ebensosehr Melbournes Mißgeschick wie Victorias «Jugend und Unerfahrenheit» zur Last. Lady Flora beklagte sich bei ihrem Onkel, Hamilton Fitzgerald, der in Brüssel lebte, wo englische Skandale rasche Verbreitung fanden, über die «teuflische Verschwörung, vor der Gott in seiner Gnade die Herzogin von Kent und mich bewahrt hat». Sie sei ins Werk gesetzt «von einer gewissen ausländischen Dame, deren Haß auf die Herzogin kein Geheimnis ist. Sie hat die Fäden gezogen.» Der böse Geist der Königin, das war keine Frage, auch ohne daß der Name genannt wurde, war Baronin Lehzen. Fitzgerald kehrte nach London zurück, um sich die Geschichte bestätigen zu lassen. Eilends schickte er sodann einen Artikel an die Zeitung *The Examiner*, auf den hin die «Palace-Partei» in der Presse derart beschimpft wurde, daß Victoria sich weigerte, noch eine Zeitung zu lesen.

Später erinnerte sie sich daran, daß die Affäre ihren Höhepunkt gerade erreichte, als «der alte Baron» nicht da war. Darum konnten Dinge geschehen, «von denen Gott weiß, daß ich nicht einmal im Traum daran gedacht habe», sie könnten je eintreten. Die «schreckliche Geschichte» (wie sie sie dreißig Jahre später nannte) blieb der Skandal der Stunde und wurde auf vornehmen Abendgesellschaften durchgehechelt. Lady Flora wurde weiterhin verdächtigt, obwohl ihre unversehrte Jungfräulichkeit nachgewiesen worden war. Victoria aber wurde als ein leicht beeinflußbares Kind abgetan. Aufgewühlt und verlegen versuchte die Königin, mit ihrer Mutter und Lady Flora Frieden zu schließen. Hin und her gerissen zwischen der Herzogin und der Königin, verwirrt und von krankem Aussehen, erschien Lady Flora in Victorias Salon und erklärte, daß um der Herzogin willen alles vergessen sein sollte. Allein, ihr Bauch schwoll immer mehr an.

In der zynischen Welt der Politik konnten die Tories die demütigende Hastings-Affäre als zusätzliche Waffe benützen, um die schwankende Whig-Regierung in Verruf zu bringen, die schließlich Anfang Mai zu Fall kam, als die Zuckerpflanzer auf Jamaica sich mit Unterstützung der Tories weigerten, die Gesetze zur Aufhebung der Sklaverei aus den Jahren 1834 und 1835 anzunehmen. Die Königin traf dieses Ereignis unvorbereitet, obwohl Melbourne sie am 26. April darauf hingewiesen hatte, daß die Jamaica-Frage ein Vertrauensvotum auslösen würde. Nach der Trennung, um zwei Uhr morgens am 7. Mai, schrieb er ihr noch einmal und sprach seine Erwartung aus, sie werde «dieser Krise mit jener Festigkeit begegnen, die zu Eurem Charakter zählt, und mit der Redlichkeit und Lauterkeit, die Eure Majestät durch alle Schwierigkeiten hindurchführen werden. Es wird auch für Lord Melbourne sehr schmerzlich sein, den Dienst einer Herrin zu verlassen, die ihm beständige Freundlichkeit und unbegrenztes Vertrauen entgegengebracht hat...»

Eine Parteigängerin der Whigs und Tochter eines Whigs, hatte Victoria noch keinen anderen Premierminister an ihrer Seite gehabt als Melbourne. Er begriff, wie schwierig es für sie sein würde, einer nun notwendigen neuen Ministerrunde zu begegnen. Er hatte keine Ahnung, daß die Charakterfestigkeit, die er gepriesen hatte, nach Victorias erster emotionaler Reaktion «von Schmerz, Kummer und Verzweiflung» die ungeschriebene englische Verfassung auf den Kopf stellen sollte. Einen Tag lang konnte sie ihre Gefühle nicht unter Kontrolle halten, weinte, wen immer sie traf, und brachte trotz ihres wohlbekannten, herzhaften Appetits keinen Bissen herunter. Schließlich schrieb sie, wie sie in ihrem Tagebuch notierte, «eine einzige Zeile an Wellington und bat ihn zu kommen. Bis neun schluchzte und weinte ich, von Krämpfen geschüttelt..., und ging um 12 Uhr ein wenig ruhiger zu Bett.»

Am nächsten Morgen erschien Melbourne, denn er blieb im Amt, bis sein Nachfolger den Posten annahm. Nachdem er Victoria zunächst gewarnt hatte, sie solle keine «sichtbare Abneigung» gegen ihre unvermeidlichen neuen Minister zeigen, fügte er hinzu, daß die Tory-Regierung ihre «Damen nicht anrühren» würde. Dies war allerdings gefährlicher, als ihm schwante. Am folgenden Morgen verbrachte Wellington zwanzig Minuten bei Victoria und lehnte diplomatisch ihre Bitte ab, er möge Lord Melbourne ablösen. Er sei alt und zudem schwerhörig, sagte er, und außerdem habe er keinen Einfluß im Unterhaus. Er riet ihr, Sir Robert Peel zu holen, «ein Gentleman und ehrlicher, redlicher Mann».

Peel traf um zwei Uhr ein, «verstimmt» darüber, bei den Konsultationen übergangen worden zu sein. Sie besprachen die Zusammensetzung der vorgeschlagenen neuen Regierung, und Peel stimmte zu, daß Wellington ein wichtiger Posten angeboten werden sollte. «Einer der Prüfsteine» ihres Vertrauens in eine neue Regierung, fügte die Königin hinzu, sei «ihr Hofstaat». Die Atmosphäre bei der Begegnung war steif und förmlich, da Peel nicht den langen und vertrauten Zugang zu Victoria gehabt hatte wie Melbourne. Er war, ihrem Tagebuch zufolge, «ein so kalter und wunderlicher Mann, daß ich nicht herausfinden kann, was er meint». Am nächsten Tag, dem 9. Mai, schrieb sie Melbourne und kündigte ihm an, «in wenigen Stunden *könnte* etwas Unerwartetes geschehen. Sir Robert hat sich sehr schlecht benommen und darauf bestanden, daß ich meine Damen preisgebe, worauf ich ihm antwortete, daß ich dem nie zustimmen würde. Ich habe nie einen so erschrockenen Mann gesehen.»

«Wissen Sie, lieber Peel», hatte ihn seine Freundin Lady Grey gewarnt, «der erste Eindruck auf das Gemüt eines so jungen Mädchens ist von immenser Bedeutung, besonders, da sie an die offene und liebevolle Art von Lord M. gewöhnt ist, der ... wie ein Vater zu ihr ist und, bei all seinen Fehlern, ihr gegenüber auch so empfindet.» Sie hatte das Gefühl, Peel könnte trotz seines «edlen Charakters» vielleicht nicht Victorias Vertrauen gewinnen, «denn ich glaube, Ihr Verhalten ist zu reserviert und vorsichtig». Ein Teil dieser Vorsicht beruhte auf natürlicher Befangenheit – er kam aus der Klasse der neureichen Fabrikbesitzer und entstammte nicht dem zwangloseren, von selbstverständlichem Reichtum geprägten Milieu der Landaristokratie. Ein weiterer Teil seiner Vorsicht entsprang seinem politischen Dilemma. Das Kabinett Melbourne war gestürzt, weil es seine schwache Mehrheit im Unterhaus nicht zusammenhalten konnte. Peel mußte eine Minderheitsregierung bilden, das heißt, er mußte um Ämter handeln. Er konnte nicht zulassen, daß der Hof von adeligen Damen bevölkert wurde, deren Ehegatten und Väter seine politischen Gegner waren. Aber als Victoria spöttisch fragte: «Ist Sir Robert so schwach, daß selbst die Damen seiner Meinung sein müssen?» fiel ihm keine passende Antwort ein, außer höflich seinen Abschied zu nehmen.

Daß Melbournes Nachlässigkeit einen so parteiischen Hofstaat überhaupt hatte entstehen lassen, war nicht Peels Schuld. Als Victoria den Thron bestieg, meinte Greville, «kannte die Königin niemanden und war bereit, jede Dame zu nehmen, die Melbourne ihr empfahl. Er hätte dafür Sorge tragen müssen ..., daß ihr Hofstaat kein politisches Gesicht erhielt, anstatt ihn ausschließlich mit Whig-Damen zu besetzen ...» Croker wies auf einen Punkt in der Verfassung hin, daß nämlich der Minister der Herrscherin ein Recht hatte, einem Kandidaten die Ernennung in ein Amt zu verweigern, von dem er «vielleicht *wisse,* daß er vollkommen ungeeignet sei, sich in der Nähe der Königin aufzuhalten». Er betonte dabei ausdrücklich, daß dies ein «wichtiges Prinzip im öffentlichen Leben» sei.

Victoria betrachtete die Damen ihres Hofstaates mehr als persönlichen denn als politischen Beistand. Peels politische Belange wurden als «Hinterlist» interpretiert, und die würde sie nicht dulden. Er hatte eilig erklärt, er habe lediglich die Absicht, die wichtigen und symbolträchtigen Posten umzubesetzen, wie etwa den der ersten Kammerfrau. Aber Victoria bestand hartnäckig darauf, sich von *keiner* ihrer Damen zu trennen. Am allerwenigsten wollte sie ihre erste Kammerfrau aufgeben, die elegante, statuengleiche Harriet, Herzogin von Sutherland, «die sich bewegt wie eine Göttin und aussieht wie eine Königin», wie bewundernde Höflinge sagten. Die Herzogin war viel mehr geworden als eine reine Repräsentantin der Partei ihres Mannes im Hofstaat. Obwohl sie einer früheren Generation angehörte als Victoria, war sie die engste Vertraute der Königin geworden. In eigensinnigem Ton schrieb die Königin an Melbourne, daß die Einmischung in ihren Hof «ein Versuch sei, auszuprobieren, ob sie wie ein Kind geführt und behandelt werden kann». Ihre Damen, so behauptete sie steif und fest, seien *ganz und gar* ihre Sache. Der Tradition nach waren sie das aber durchaus nicht. Die Berufungen zum Hofdienst spiegelten vielmehr die Machtverhältnisse im Parlament wider. Wenn die Königin sich dessen bewußt war, dann war ihre Weigerung, sich an die überlieferten Gepflogenheiten zu halten, nur ein Vorwand, Peel zum Rückzug zu zwingen, damit Melbourne wieder in die Bresche springen könnte. Und selbst wenn sie keine solchen Absichten hegte, so war der politische Effekt jedenfalls derselbe.

Was Victoria anging, so war Peel angeboten worden, was ihm rechtens zustand. «Sir Robert sagte der Königin», ließ sie Melbourne am 10. Mai wissen, «wenn die Damen nicht abgelöst würden, würde seine Partei sofort fallen und könnte nicht weitermachen. Er warte allein die Entscheidung der Königin ab.» Ihre Entscheidung war, Melbourne zurückzurufen, der allerdings hinsichtlich einer weiteren Amtsführung gemischte Gefühle hatte, da sie sich, wie Victoria erkannte, hart am Rande der Verfassungsmöglichkeiten bewegte. «Die Königin fürchtet, Lord Melbourne habe viele Ungelegenheiten wegen all dem. Aber die Königin war wirklich bereit und hatte die volle Absicht, diesen Leuten Gerechtigkeit widerfahren zu lassen...» Hatte Peel eine realistische Aussicht, eine Regierung zu bilden? Sechzig Jahre später, in einem Gespräch mit Sir Arthur Bigge (später Lord Stamfordham), ihrem Privatsekretär, dachte sie anders über Peel, den sie in älteren Jahren zu sehr zu schätzen lernte. «Ich war damals sehr jung, und vielleicht würde ich anders handeln, wenn ich alles noch einmal machen müßte.» Aber Peel hatte sich mit einem eleganten Brief zurückgezogen, in dem er seiner Hoffnung Ausdruck gab, die nächste Regierung Ihrer Majestät möge zur Steigerung ihres «persönliches Wohlbefindens und Glücks sowie zur Förderung des allgemeinen Wohls» beitragen.

In der Presse und im Parlament war man über Victorias «Kaprize» verärgert, mit der sie «nationale Institutionen» auf den Kopf stellte. Scharfe Kommentare wurden laut. Die einzige Lösung, hieß es, sei angesichts ihrer kindischen Unerfahrenheit ein Ehemann, der mit ihrem ungebärdigen Wesen fertig würde. Nichts von alledem zeigte irgendeine Wirkung. Melbournes wackelige Regierung sollte noch einmal zwei Jahre halten, während Victoria sich auch weiterhin einer Eheschließung widersetzte. Vielmehr erzürnten sie Stockmars Briefe über Alberts große Bildungsreise, die den Zweck hatte, ihm jenen Schliff und jene Welterfahrenheit zu vermitteln, die er als Gemahl einer Königin brauchte. Während Albert in Bonn seine Seminarscheine machte und in Rom antike Monumente betrachtete, entließ Victoria Regierungen und rief sie wieder ins Amt. «Weiß Albert», so fragte sie Leopold in einer Botschaft, die sie mit einem Sonderkurier schickte, «daß es zwischen uns *kein Abkommen* gibt? ... Ich kann *dieses Jahr kein endgültiges Versprechen geben*, denn ein solches Ereignis könnte *frühestens in zwei oder drei Jahren* stattfinden.» Freimütig bekannte sie ihren *«großen Widerwillen, meine gegenwärtige Situation zu verändern»*, als den Grund für die Verzögerung. Ihre Offenheit entsetzte Leopold und Stockmar. Albert aber mußte das Gefühl haben, man lasse ihn seelenruhig schmoren.

Victoria entdeckte an sich selbst Zeichen königlicher Würde, die nach der Hofstaat-Affäre und dem Fiasko mit Lady Flora für weniger loyale Augen als die der Baronin Lehzen oder Melbournes nicht leicht sichtbar waren. Flora Hastings mißliche Geschichte war auf deren Initiative hin sogar in der *Morning Post* erschienen, in der sie voreilig ihre Korrespondenz mit Melbourne veröffentlicht hatte. Die Verbreitung des Streites sei «infam» und «bösartig», schrieb Victoria im April, und daß die Herzogin Lady Flora weiterhin unterstütze, mache sie «zum Feind im eigenen Hause», äußerte sie gegenüber Melbourne. Nur die nachdrückliche Bekundung ihrer Mutter, daß sie ihre Tochter niemals verlassen würde, solange sie unverheiratet sei, hielt Victoria davon ab, den Gedanken an einen Ehemann endgültig aufzugeben. Da sie ihre wachsende Isolation spürte, schwelgte sie ostentativ auf Bällen und Abendgesellschaften, tanzte hingebungsvoll mit dem zu Besuch gekommenen Großherzog Alexander von Rußland und bewies noch bei anderen, publikumswirksamen Anlässen der Welt außerhalb des Buckingham Palace, daß sie sich keineswegs geschlagen fühlte.

Wenigstens eine Neuigkeit schien ihr darauf hinzudeuten, daß sich die

Dinge endlich in ihrem Sinne entwickelten – und daß sie ihre Entwicklung beschleunigt hatte. Als sich Sir John Conroy darüber klar wurde, daß Melbourne im Amt bleiben würde, bat er Anfang Juni um ein Gespräch mit dem Premierminister und erklärte ihm, er wolle seine Stellung bei der Herzogin von Kent aufgeben, um in Italien zu leben. Seine Lage war immer unhaltbarer geworden. Selbst seine geschäftlichen Besuche bei der Herzogin wurden von der Königin als Affront betrachtet, und sie weigerte sich nach wie vor, ihn zu empfangen. Von seinem Einkommen aus ihrer Privatschatulle konnte er auf dem Kontintent sehr gut leben. Dort würde er ein bedeutender Ausländer statt der Gegenstand von Klatsch und schlechten Witzen sein. Außerdem hatte die Herzogin im Lauf der Zeit an Glanz eingebüßt, da sie älter wurde, ihr Einfluß jedoch schwand – und Lady Flora lag im Sterben.

Da Lady Flora in den Räumen der Herzogin im Palace lebte, griff die Grabesstimmung, die in ihrem Flügel herrschte, auch auf Victorias Gemächer über. Während es der todkranken Frau immer schlechter ging, veränderte sich äußerlich nichts an der königlichen Tagesordnung, bis ein Ball, der am Tag nach einem Opernbesuch in Covent Garden am 25. Juni stattfinden sollte, kurzfristig abgesagt wurde. (Nicht jedoch der Opernbesuch.) Die in den Palace geladenen Gäste waren erleichtert, der Aussicht auf gezwungenen Frohsinn zu entgehen. Victoria nutzte die Absage, um einen Besuch bei Lady Flora vorzuschlagen, aber die Kranke hatte zu starke Schmerzmittel bekommen, um irgend jemanden empfangen zu können. Am nächsten Tag, dem 27., verließ Victoria hastig eine Zusammenkunft mit Melbourne. Man hatte ihr gesagt, Lady Flora sei wach und bereit, sie zu sehen. «Ich ging allein hinein und fand die arme Lady Flora auf einer Couch ausgestreckt, so dünn, wie man überhaupt nur sein kann, wenn man noch lebt; buchstäblich ein Skelett, aber ihr Körper war *sehr* geschwollen, wie der einer Frau, die ein Kind bekommt. Sie hatte einen durchdringenden Blick, geradeso wie ein Mensch, der im Begriff ist zu sterben...»

Lady Flora erklärte, sie fühle sich gut und sei dankbar für die empfangene Hilfe. Als Victoria sagte, sie wolle sie wieder besuchen, wenn es Lady Flora «besser» gehe, ergriff die sterbende Frau ihre Hand, als wolle sie sagen, «ich werde Sie nicht wiedersehen», schrieb Victoria.

Als am 29. Juni die Nachricht kam, Lady Flora habe sich ein wenig erholt, ging Victoria noch einmal in die Oper. Zwei Tage später war klar, daß es keine Hoffnung mehr gab. Victoria gestand in einem Gespräch mit Lord Melbourne ein, daß es ihr «unangenehm und schmerzlich» sei zu wissen, daß im Haus ein Mensch im Sterben liege.

In den frühen Morgenstunden des 5. Juli war dieses Unbehagen für Victoria vorbei. Lady Flora war an Leberkrebs gestorben. «Das arme Geschöpf starb ohne Kampf. Sie hob nur die Hände und gab einen Seufzer von sich», berichtete man Victoria. Anzeichen dafür, welche Folgen der Skandal um Lady Flora und die Kammerfrauenaffäre für das Ansehen der Königin hatte, waren schon Wochen zuvor deutlich geworden. Aber die Warnsignale waren unbeachtet geblieben.

Die *Morning Post* ging über die Tatsache der tödlichen Krankheit hinweg und stellte den Fall Lady Floras so dar, als sei sie zu Tode gehetzt worden. In Ascot, wo Victoria zusammen mit ihrem Premierminister das traditionelle Galopprennen besuchte, wurde sie von zwei Frauen ausgezischt und «Mrs. Melbourne» genannt. Es war ein Zeichen von Starrsinn und Torheit, unmittelbar nach Lady Floras vielberedetem Tod nach Ascot zu gehen. Zu Melbourne sagte Victoria, sie wünschte, sie könnte die beiden Frauen auspeitschen lassen. Sie sehe keinerlei Anlaß für Gewissensbisse, behauptete sie hartnäckig: «Ich hatte das Gefühl, daß *ich* nichts getan hatte, um sie umzubringen.»

Diplomatisch drängte Melbourne die Königin, einen Wagen mit Vertretern des Hofes zur Beisetzung zu schicken. Sie tat es, obwohl sie Feindseligkeiten befürchtete. Die unschuldigen, aber ängstlichen Insassen wurden weder ausgezischt noch mit Steinen beworfen.

Um ihren zweiten größeren Schnitzer einigermaßen gutzumachen, nutzte Victoria das altersbedingte Ausscheiden einer ihrer Hofdamen, um die Gemahlin eines freundlich gesonnenen Tory-Peers, Lady Sandwich, zur Kammerfrau zu ernennen. Damit machte sie zwar dem Zustand ein Ende, daß sich ihr Hofstaat ausschließlich aus Gattinnen von Whigs zusammensetzte, nicht aber dem Zorn der Tories über die Angelegenheit, die sie die Regierung gekostet hatte. Es gab sogar Schwierigkeiten wegen des Königlichen Heiratsgesetzes, denn der ältere Herzog von Sussex, den sie sehr mochte, hatte unzulässigerweise eine reiche Witwe, Lady Cecilia Buggin, geheiratet, die darauf aus war, als Herzogin und Mitglied der königlichen Familie anerkannt zu werden. Über so viele Dinge verärgert, sagte Victoria zu Melbourne, wenn sie eine Privatperson wäre, würde sie England verlassen, so sehr sei sie «angewidert von der ewigen Opposition». Sie war alles leid – «sogar das Reiten».

«Das Reiten leid?» fragte Melbourne ungläubig. Das Reiten war zum Hauptvergnügen der Königin geworden, es galt ihr mehr als Oper, Tanz und Essen. Zu ihrem Entsetzen wog Victoria jetzt 56,6 Kilogramm, «ein unglaubliches Gewicht für meine Größe». Sie hatte bereits eine Neigung zur Molligkeit an den Tag gelegt, die auch noch so viele Stunden zu Pferd nicht ausgleichen konnten. Sie trug ihre Probleme Melbourne vor, der von spartanischen Gegenmaßnahmen abriet, für die sie nicht genügend Selbstdisziplin besaß. Hannoveraner neigten zur Fülligkeit, meinte er, und außerdem habe jede wirkliche Frau eine «volle Figur mit einer schönen Büste». Sie hatte schon versucht, auf das Mittagessen zu verzichten, hatte ihren Bierkonsum gedrosselt und ihre Abendmahlzeiten verringert, aber nichts hatte geholfen. Alle ihre Pariser Kleider mußten in peinlichen Größen bestellt werden. Sie begann, ihre Toilette zu hassen, ja selbst das Aufstehen am Morgen, da sie neuen (oder noch ungelösten) Problemen aus dem Weg gehen und außerdem den Anblick ihres Spiegelbildes möglichst lange hinauszögern wollte.

Die Niedergeschlagenheit ließ sich nicht leicht abschütteln. Auch ihr Bad wurde möglichst weit hinausgeschoben, manchmal fast bis zum Schlafengehen. Sie mochte ihr Haar nicht mehr, das immer dunkler wurde, und fand es schon mühselig, ihre Zähne zu putzen. Wellington zitierte ihr Mrs. Sheridans Gebote an ihre Töchter: «Fürchtet Gott. Ehrt den König. Gehorcht euren Eltern. Putzt eure Zähne.» Als sie erklärte, Spazierengehen sei eine erniedrigende Tätigkeit, nur weil sie immer Steine in die Schuhe bekam, riet ihr Wellington: «Lassen Sie sie enger machen.»

Auf einem Pferd zu sitzen war noch immer ihr größtes Vergnügen. Sie glaubte, sie sehe im Reitkostüm am besten aus, besonders, wenn sie auf dem Schimmel Comus saß, auf dem Landseer sie malte. Reiten war außerdem eine Tätigkeit voller Leben, rückte sie ins Blickfeld der Öffentlichkeit und half ihr, ihre Ängste zu überwinden. War sie in London, ritt sie in den weitläufigen Vorortgebieten, begleitet von Melbourne, einem anderen Minister oder Mitgliedern des Hofstaates. Die Königin habe die Gewohnheit, schrieb Lady Cowper einmal an Prinzessin Lieven, «mitten durch die Stadt zu reiten, die Regent Street und Portland Place hinauf bis nach Hampstead, wo sie dann nach Herzenslust trabt und galoppiert». Manchmal, so ergänzte Lady Cowper in einem anderen Brief, «bleibt Victoria drei Stunden im Sattel und reitet bis nach Richmond Park». Das war vernünftiger, als fortwährend ihre Mädchen zu schelten – sie hatte bereits eine ihrer Zofen entlassen und mußte jetzt mit lediglich zweien auskommen.

Kleinere Unpäßlichkeiten plagten sie während dieser Zeit der Ernüchterung über das Hofleben und ihre Pflichten als Königin. Zu den Symptomen seelischer Belastung zählten Kopfschmerzen, Ausschlag, fahler Teint, Schwindelanfälle und allgemeine Apathie, so daß sie an manchen Tagen ohne Beschönigung in ihr Tagebuch schrieb: «Herumgetrödelt.» Wieder wurde sie bedrängt, sie solle heiraten. Der Herzog von Cambridge und seine Frau hoben in besonders plumper Weise die Ansprüche ihres Sohnes George hervor, der seinen schlechten Teint unter einem Schnurrbart versteckte. Selbst Victorias Mutter schien in diese Verschwörung verstrickt zu sein. Aber als sie darauf drang, man solle Prinz George nach Windsor einladen, riet Melbourne davon ab.

Am 6. August sprach Victoria mit Melbourne über den bevorstehenden Besuch ihrer Onkel aus Coburg, möglicherweise auch den von Ernst und Albert, über den bereits in den Londoner Zeitungen spekuliert worden war. Am 26. August schrieb sie an Leopold und versuchte, den Besuch abzusagen: «Ich fühle mich nicht *wohl*», klagte sie, «ich bin *völlig* erschöpft von all dem, was ich in dieser (parlamentarischen) Sitzungsperiode durchgestanden habe...» Aber sie war bereit, ihre Onkel zu empfangen, und Ende August kamen sie auch: der knauserige Herzog Ferdinand von Sachsen-Coburg-Kohary und der schwierige Ernst von Sachsen-Coburg-Gotha, Vater von Ernst und Albert. Am 6. September traf ein dritter Onkel ein: Leopold von Belgien, zusammen mit Königin Louise. Trotz vieler Zweifel stimmte Victoria zu, im Oktober die Coburger Prinzen noch einmal in Augenschein zu nehmen.

Der Besuch von Ernst und Albert begann unter ungünstigen Vorzeichen. Am Abend des 10. Oktober trafen sie in Windsor ein, nach einer stürmischen Überfahrt über den Ärmelkanal, ohne Gepäck, das irgendwo auf der Strecke geblieben war. «Da sie keine Kleider hatten», schrieb Victoria am 12. Oktober an Leopold, «konnten sie nicht zum Diner erscheinen, aber sie *debütierten* trotzdem nach dem Abendessen im *Morgenrock*. Ernst ist recht hübsch geworden; Albert ist sogar *von höchst auffallender Schönheit* und so liebenswürdig und ungekünstelt – kurz, sehr *bezaubernd*; er wird hier außerordentlich bewundert. ... Gestern sind wir ausgeritten und haben nach dem Diner getanzt. Die jungen Männer sind sehr liebenswürdige, entzückende Gefährten, und ich freue mich sehr, daß ich sie hier habe; sie spielen gerade *unter* mir auf dem Klavier Symphonien von Haydn; sie sind leidenschaftliche Musikliebhaber.» Die vorsichtige Ausdrucksweise konnte Leopold nicht irreführen, der ungeduldig auf die nächste Nachricht wartete: Victoria hatte sich verliebt.

Hätte Leopold Einblick in Victorias Tagebuch nehmen dürfen, hätte er seine Hoffnungen bestätigt gefunden. «Ich erblickte Albert mit einiger Bewegung – er ist *schön*», schrieb sie. Plötzlich hatten die einst so attraktiven Vaterfiguren ihre Anziehungskraft verloren. «Albert», so vertraute sie ihrem Tagebuch weiter an, «ist wirklich sehr charmant und sieht auffallend hübsch aus. Er hat so schöne blaue Augen, eine feine Nase, einen so hübschen Mund mit kleinem Schnurrbart und ein wenig, aber ganz wenig, Backenbart; eine sehr schöne Figur, breit in den Schultern und schmal in der Taille, ich habe richtig *Herzklopfen*...» Am 14. Oktober erklärte die Königin Melbourne, sie habe sich die Sache mit der Heirat anders überlegt, und Melbourne schrieb an Lord John Russel: «Ich wüßte nicht, was Besseres geschehen könnte. Er scheint ein sehr angenehmer junger Mann zu sein, sieht auf jeden Fall sehr gut aus, und was den Charakter angeht, so müssen wir es eben darauf ankommen lassen...» Am selben Tag ließ Victoria Albert durch eine Botschaft von Baronin Lehzen an seinen Stallmeister, Baron von Alvensleben, wissen, daß eine persönliche Erklärung der Königin bevorstehe. Als ihr der Prinz an jenem Abend gute Nacht sagte, antwortete er, da er sich nicht selbst erklären durfte, ehe sie es getan hatte, mit einem Händedruck, der über reine Förmlichkeit hinausging. Das war die einzige erlaubte Körpersprache – mit Victoria Walzer zu tanzen war ihm durch die Etikette verboten, denn dazu hätte er ihre Taille umfassen müssen.

Am nächten Tag bat Victoria kurz nach Mittag Albert zu einer Privataudienz zu sich. «Ich sagte ihm», schrieb sie, «ich glaube, er wisse, *warum* ich gewünscht hatte, sie möchten sich herbemühen, und daß es mich *zu glücklich* machen würde, wollte er dem zustimmen, was ich mir wünschte (mich zu heiraten); wir umarmten uns immer wieder, und er war *so* freundlich und *so* liebevoll. Oh, zu *fühlen*, daß ich von einem solchen *Engel* wie Albert geliebt wurde und werde, *war ein zu überwältigendes Entzücken, als daß ich es beschreiben könnte!* Er ist *perfekt*, perfekt in jeder Hinsicht – an Schönheit – in allem! Ich sagte ihm, ich sei seiner ganz unwürdig und küßte seine liebe Hand – und er sagte, er würde sehr glücklich sein, ‹das Leben mit dir zuzubringen›, und war so reizend und schien so glücklich, daß ich wirklich fühlte, das ist der glücklichste, strahlendste Augenblick meines Lebens, der mich für alles entschädigt, was ich erduldet und erlitten hatte. Oh! *Wie sehr* ich ihn bewundere und liebe, ich kann es gar nicht sagen!! *Wie sehr* will ich mich bemühen, ihn das große Opfer, das er um meinetwillen gebracht hat, so wenig wie möglich spüren zu lassen; ich sagte ihm, es sei ein großes Opfer – und er wollte es nicht zugeben...»

Es war kein Opfer, wie Albert wußte, sich aus der beengenden Atmosphäre des Coburger Hofes befreien zu lassen. Dort war er nur ein überzähliger Sohn, da sein Bruder Ernst Erbe des bescheidenen Herzogtums nördlich von Bamberg und Bayreuth mit seinen dreihunderttausend Einwohnern war. Der Markt an heiratsfähigen Prinzen und Prinzessinnen war ein Produkt sowohl des Mangels als auch des Überschusses in den über vierzig Staaten des zersplitterten Deutschland. Da alle europäischen Völker (außer den Schweizern) noch Monarchien waren, stellten die Fürstentümer östlich des Rheins Heiratsparadiese dar, selbst wenn die zur Wahl stehenden Heiratskandidaten von Geblüt nur Durchlauchten und nicht Königliche Hoheiten waren. Für England hatte die Verbindung zu Hannover besonders enge Bande mit regierenden deutschen Familien bedeutet. Ausschlaggebend aber war, daß die meisten Kleinstaaten einen protestantischen Ehegatten gewährleisten konnten. Prinz Franz Karl August Albert Emanuel von Sachsen-Coburg-Gotha hatte kaum eine andere Wahl, als eine gute Partie zu machen oder in irgendeine Armee einzutreten. Er hatte kein Geld zu erwarten. Sein Vater war für seine erotischen und finanziellen Abenteuer bekannt und hatte sich von der Frau, die er geheiratet hatte, als sie sechzehn Jahre alt war (und er dreiunddreißig), sogleich getrennt, nachdem sie ihm zwei Söhne geboren hatte. Albert war damals vier Jahre alt gewesen. Er sah seine Mutter nie wieder. Da ihr Ehemann notorisch untreu war, hatte Luise bei einem jungen Armeeoffizier, Alexander von Hanstein, Trost gesucht. Mit ihm verließ sie Coburg 1824 und wurde später, als sie nach der Scheidung vom Herzog, der wieder geheiratet hatte, ebenfalls wieder heiratete, Gräfin von Polzig. Luise starb 1831 mit dreißig Jahren an Krebs.

Es war also kein Opfer, das Albert zu bringen hatte, aber es würde doch eine schwere Bürde sein, denn die Rolle des Gemahls einer regierenden Königin war, zu welcher Zeit und an welchem Ort auch immer, nur selten sehr befriedigend. Für die nächsten Wochen jedoch, in denen Ernst und Albert auf Victorias Bitte hin noch blieben, befand sich das Paar im Zustand höchster Glückseligkeit. Waren sie allein, dann küßten sie sich «immer und immer wieder», und Albert nannte sie «vortrefflichste» Victoria. Die wenigen Tage, in denen die Öffentlichkeit noch nichts von der Verlobung wußte, verbrachten sie mit Arbeit und Spiel. Zwischen Küssen im Blauen Salon unterschrieb Victoria eines Tages ein Bündel Papiere, Albert an ihrer Seite, «und er war so freundlich, sie mit Löschpapier für mich zu trocknen». Dieses Amt sollte sich als symbolisch für seine offizielle Rolle erweisen. Man beriet über die für die Hochzeit nötigen Schritte und Alberts zukünftige Stellung und legte den 10. Februar 1840 als Hochzeitsdatum fest. Da er in Deutschland noch viel zu tun hatte, um seine Angelegenheiten vor den Feierlichkeiten zu ordnen, verließ Albert, zusammen mit seinem Bruder Ernst, England am 14. November. Sie reisten über Belgien und suchten Leopolds Residenz auf. Zuvor hatte Victoria schon die Herzogin eingeweiht, der sie am 10. November von der Verlobung berichtete. Sie weinte vor Glück und schien hochzufrieden. Am nächsten Tag begann sie, Albert zu Begegnungen mit ihren Freunden zu drängen, und erklärte, sie wolle nach der Hochzeit mit dem Paar zusammenleben – «aber wir sind uns einig, das *niemals* zu tun», notierte Victoria. Die Herzogin grollte und weinte tagelang über die bevorstehende Trennung von ihrer Tochter; diese bot ihr aber keinen Trost. Statt dessen konferierte Victoria mit Melbourne, um sich seiner Unterstützung zu versichern, da die Verlobung mit Sicherheit in die Presse gelangen würde. Bedeutsamer für sie war ihre plötzliche Trennung von Albert. Sie schrieb ihm einen Brief nach dem anderen, teils in Englisch, teils in Deutsch, wobei sie den ersten anfing, als seine Kutsche noch kaum die Tore von Windsor passiert hatte.

Die Formalitäten in England waren ihre nächste Aufgabe. Am 18. November lud sie die Cambridges ein – einschließlich Prinz George –, um ihnen die noch immer vertrauliche Nachricht mitzuteilen. Der Staatsrat wurde am 23. November um zwei Uhr nachmittags einberufen. Als die Flügeltüren aufgingen, trat Victoria alleine ein, in einem einfachen Kleid. Als einzigen Schmuck trug sie ein Armband mit einem Profilporträt Alberts – eine Miniatur von Sir William Charles Ross. «Ich mußte die Erklärung verlesen», schrieb Victoria an Albert. «Es war ein ziemlich schrecklicher Augenblick, genötigt zu sein, die Nachricht so vielen Menschen bekanntzugeben, von denen mir viele gänzlich fremd waren.» Greville, der Ratssekretär, sah ihre Hände zittern, als sie das zusammengefaltete Blatt mit der von Melbourne abgefaßten Erklärung hielt, aber, so schrieb Croker an Lady Hardwicke: «Ich kann Ihnen nicht beschreiben, mit welcher Mischung aus Selbstbeherrschung und weiblichem Zartgefühl sie das Papier vorgelesen hat. Ihre Stimme, die von Natur aus wohl klingt, war klar und ungetrübt; auch ihre Augen blickten klar und ruhig, weder keck noch niedergeschlagen, sondern fest und sanft.» Die nächsten Schritte waren die Ankunft Stockmars als Alberts Bevollmächtigter und die Bestimmung von Alberts Position. Die Öffentlichkeit war von der Verlobung entzückt, aber das Parlament war keineswegs begeistert, wieder einem deutschen Prinzen eine Apanage zu bewilligen, der keinen Pfennig besaß.

Aufgrund der Melbourne eigenen Vorsicht fiel die Heiratserklärung unbestimmter aus, als es Victoria lieb war. Sie drang sofort darauf, daß Albert als «King Consort», als König-Gemahl, anerkannt wurde, und berief sich auf den Präzedenzfall von Alberts Cousin Ferdinand in Portugal. Melbourne erklärte ihr, England sei nicht Portugal. Während er auf der einen Seite klar erkannte, was für die Nation untragbar war, hatte er in seinem Bemühen um elegante Formulierungen andererseits die politische Notwendigkeit außer acht gelassen, darauf hinzuweisen, daß Albert ein protestantischer Prinz war. Sofort kamen Gerüchte in Umlauf, er sei ein Papist oder hege zumindest römisch-katholische Neigungen. (Coburg hatte das katholische Bayern als Nachbarn.)

Ob aus politischen oder nationalen Gründen, eine unterschwellige Feindseligkeit gegen einen weiteren ausländischen Herrscher oder Gemahl war zu spüren. England hatte fünf hannoveranische Könige und ihre deutschen Frauen ertragen. Es hatte Leopold, den Coburger Ehemann einer potentiellen Königin, die vor Antritt der Regierungs verstarb, nicht vergessen. Dieser Gemahl bezog, obwohl er inzwischen wieder verheiratet war, noch dazu mit einer Katholikin, und nunmehr König eines anderen Landes, nach wie vor eine Pension vom Parlament. Alberts Jahreseinkommen wurde auf 30 000 £ festgesetzt, etwas mehr als die Hälfte der Summe, die man seiner Zeit für Leopold bewilligt hatte. Melbourne, der nicht in der Lage war, die Unterstützung seiner Partei zu gewinnen, wurde bei der Abstimmung über das Jahrgeld mit 104 Stimmen geschlagen. Noch peinlicher war, daß ein Gesetzesantrag, der Alberts Naturalisierung vorsah, fehlschlug. Er mußte erst um den Passus abgeändert werden, daß Albert keinen Vorrang vor den Prinzen königlichen Geblüts hatte. Dagegen hatten sich Cambridge und Cumberland gewehrt. Victoria und Alberts hypothetische Söhne würden Vorrang vor ihrem Vater haben. Zu Victorias weiterer Entrüstung sollte Albert keinerlei Titel erhalten. Victoria war wütend. Das Parlament regelte nicht nur das Leben zweier Zwanzigjähriger, die heiraten wollten, in engherziger Weise, es versuchte auch, die Rechte der Herrscherin zu beschneiden. Sie gab den «abscheulichen, infamen Tories» die Schuld, besonders «diesem bösartigen, alten, dummen Herzog», von Wellington. Sie behandelten Albert «grausam», wetterte sie in ihrem Tagebuch. «Ungeheuer! Ihr Tories sollt bestraft werden! Rache! Rache!» War Albert etwa weniger wert, so fragte sie Melbourne, als der Gemahl Königin Annes, «der dumme alte Georg von Dänemark»?

Die Stimmen gegen vergleichbare Arrangements für Albert bedeuteten in Wirklichkeit weniger einen Denkzettel für Victoria als vielmehr für ihr schwaches Kabinett unter Melbourne, das sie aufgrund ihrer eigenen Halsstarrigkeit zu lange im Amt gehalten hatte. Albert mußte nun den Preis dafür bezahlen. Es war kein gutes Omen für ihn, daß seine offizielle Stellung in England die eines kleinen ausländischen Prinzen sein sollte, der nur zufällig noch der Ehemann der Königin war. Er konnte weiterhin das Löschpapier parat halten. Die Aufgabe, zu deren Lösung man ihn aus Coburg geholt hatte, würde er im Schlafzimmer erfüllen müssen.

VI

DER PRINZGEMAHL

(1840-1843)

Albert war nach England gegangen, um seine berufliche Zukunft zu regeln. Nun aber stellte er fest, daß er in seine Arbeitgeberin verliebt war. Überdies warteten noch weitere überraschende Fallen auf ihn. «Mein zukünftiges Los ist hoch und glänzend», schrieb er an Löwenstein, «doch auch reichlich mit Dornen besetzt.» Das klang realistisch, aber dennoch erwartete er, mehr als nur Gemahl zu sein. «Zwar werde ich unermüdlich sein in meinen Bemühungen, für das Land zu arbeiten, zu dem ich in Zukunft gehören werde und in dem ich zu einer so hohen Stellung berufen bin», fügte er hinzu, «aber ich werde doch niemals aufhören, ein echter Deutscher und ein echter Mann von Coburg und Gotha zu sein.» Noch ehe er die erste Gelegenheit hatte, diesen Idealismus in die Tat umzusetzen, wurde er von den Engländern wegen seiner deutschen Herkunft heftig attackiert. Sie hatten schon genug importierte Deutsche ertragen, die ihnen ihr Land und ihr Geld wegnahmen, und waren heilfroh, daß das Salische Gesetz sie von Hannover und, hoffentlich für immer, vom Herzog von Cumberland getrennt hatte, der jetzt in Hannover König war. Victoria sah an Albert nur seinen Charme und seine Attraktivität. Sie genoß es bereits, Königin zu sein. Sie selbst glaubte, sie wolle einfach nur einen Ehemann; ihre Minister, die England und die Engländer kannten, würden die Regierungsgeschäfte führen. Politik fiel *nicht* in Alberts Zuständigkeit.

Welches das formelle Betätigungsfeld des Prinzen sein sollte, blieb ungewiß. Er hatte gehofft, einen Stab von gemeinsinnigen Ratgebern mitbringen zu dürfen. Sie sollten ihm dabei helfen, einen Bereich nützlichen Wirkens zu finden – vielleicht die Förderung von Kunst, Musik, Literatur und Wissenschaft. Aber das Parlament hatte die Mittel für diesen Stab abgelehnt. Außerdem hatte Victoria ihm geschrieben und erklärt, warum die Peers-Würde, die mit dem Anspruch auf einen Sitz im Oberhaus verbunden war, für ihn nicht in Frage komme: «Die Engländer sind sehr eifersüchtig auf jeden Fremden, der sich in die Regierung dieses Landes einmischt, und haben bereits in einigen Zeitungen ... die Hoffnung ausgedrückt, daß Du Dich nicht einmischen wirst. Wenn ich nun auch weiß, daß Du das nie tun würdest, so würden sie doch alle, wenn Du ein Peer wärst, sagen, der Prinz wolle eine politische Rolle spielen. Ich bin sicher, daß Du dafür Verständnis haben wirst.» Das seien die *wohlwollenden* Zeitungen gewesen, fügte Victoria hinzu. Daran hätte auch Albert nicht gezweifelt, hätte er die Sinnbilder der englischen Volksmeinung gesehen, nämlich die satirischen Dreikönigs-Postkarten, gezeichnete Karikaturen mit Unterschriften, die an Weihnachten in Geschäften und auf der Straße verkauft wurden. Auf einer von ihnen wurde gefragt: «Warum unterliegt Albert der militärischen Prügelstrafe durch Victoria?» Die derbe Antwort lautete: «Weil er ihr Untertan ist.»

Das geringe Maß möglicher Autorität, das Albert noch verblieben war, wurde ihm ebenfalls genommen. Es war ihm nicht einmal gestattet, seinen eigenen Privatsekretär zu benennen. George Anson, der Privatsekretär Melbournes, wurde dem Prinzen zudiktiert. Seine Verärgerung über diesen Vorgang – eben daß ihm für diesen höchst vertraulichen Posten der engste Mitarbeiter des Premierministers aufgezwungen wurde – war so groß, daß er forderte, Anson müsse vollständig aus Melbournes Diensten scheiden, wenn er ihn annehmen solle. Dies geschah dann auch. Albert sollte es niemals bedauern. Anson war ein scharfsinniger und treu ergebener Adlatus. Aber selbst diese Verhandlungen, die weitgehend der Baronin Lehzen überlassen wurden, ließen den zukünftigen Ehemann der Königin seinen Platz im Machtgefüge spüren. «Niemand könnte mehr Mitgefühl mit Dir haben in der äußerst schwierigen Position, in der Du Dich befinden wirst, als ich», behauptete Victoria, während sie doch gleichzeitig jeden selbständigen Schritt blockierte, den er zu machen versuchte. Albert sollte nur persönliche Bedienstete haben dürfen. Dies bedeutete für seinen Sekretär, Dr. Schenk, eine Zurückstufung. Er würde Anson untergeordnet sein ebenso wie Alberts Bibliothekar, Dr. Emil Praetorius. Albert konnte außerdem seinen treuen Stallmeister, Wilhelm Meyer, behalten, der sich um seine Pferde kümmerte, sowie zwei Kammerdiener. Ansonsten wurde sein gesamter Stab von Melbourne und der Königin ausgewählt.

Albert verließ Gotha am 28. Januar 1840 in melancholischer Stimmung. Seine Großmutter, die Herzoginwitwe von Coburg, weinte laut, als er in seine Kutsche einstieg. Es herrschte strenger Frost, Felder und Wälder waren schneebedeckt, und ein bitter kalter Wind blies von Nordosten her. Er fuhr in ein Land des Nebels, des Regens und der rußigen Städte, wo er, wie er wußte, nicht willkommen war.

Während der Bräutigam auf dem Weg nach London über Brüssel (und zu Leopold) reiste, traf und gestattete Victoria (wie er aus Briefen erfuhr, die ihm nach Belgien geschickt wurden) eine Reihe von Entscheidungen, die ihm als eine Kampagne zur Herabsetzung seiner Würde und seiner Aufgaben erscheinen mußte. Sogar das königliche Wappen für sein Siegel war geviertelt wie für eine Frau, und seine Vorschläge für eine Zeit der Idylle nach der Hochzeit wurden von Victoria auf den Beschluß einer Wagenfahrt von London nach Windsor zurückgestutzt. Mahnend schrieb sie ihm: «Du vergißt, mein Herzallerliebster, daß ich die Herrscherin bin und daß die Geschäfte durch nichts unterbrochen werden und auf nichts warten können. Das Parlament tagt, und beinahe jeden Tag geschieht etwas, für das ich gebraucht werden könnte. Es ist mir darum ganz unmöglich, von London abwesend zu sein; zwei oder drei Tage sind schon eine lange Abwesenheit.»

Stockmar war als Alberts Abgesandter bereits in London. Er berichtete an Leopold: «Die Ultra-Tories sind von Vorurteilen gegen den Prinzen erfüllt, in denen ich deutlich den Einfluß von Ernest Augustus von Hannover spüren kann. Sie behaupten, er sei ein Radikaler und ein Ungläubiger, und sagen, daß George von Cambridge oder ein Prinz von Oranien der Gemahl der Königin hätte werden müssen.» Aber Stockmar stellte auch fest, daß «allein der Entschluß der Königin, zu heiraten, bereits die Beliebtheit der Königin gefördert hat und eine Zeitlang einem sehr schwachen Kabinett Stärke verleihen wird. Denn durch diesen Entschluß befriedigte sie einen allgemein verbreiteten Wunsch – der Gedanke, daß der König von Hannover und seine Linie die Thronfolge antreten könnten, war den Leuten ja zuwider. Der Öffentlichkeit ist die Person des Bräutigams ziemlich gleichgültig, man beklagt nur allgemein, er sei zu jung.»

Weil Victoria und Albert so jung waren und die Mutter der Königin zu jeder Art von Hilfe ungeeignet schien, versuchte Leopold, als der Hochzeitstag näherrückte und Albert in England erwartet wurde, gutgemeinte Ratschläge zu erteilen. So etwa, die Königin solle ihr hitziges Temperament zügeln und eine Meinungsverschiedenheit mit Albert niemals bis zum nächsten Tag bestehen lassen. Damit häufte er allerdings nur neue Probleme auf die alten. Als Albert in Brüssel eintraf, warnte Leopold sie in einem Brief: «Er war recht aufgebracht über einige Dinge und hatte eine Menge Kümmernisse.... Am besten wirst Du diese Fragen behandeln.... Albert ist rasch, nicht dickköpfig...»

Als sie kurz vor der Hochzeit mit ihrem Premierminister über Albert sprach, antwortete Victoria auf alle Bemerkungen, die sie über die Jugend und Unerfahrenheit des Bräutigams gehört hatte, mit der Beteuerung, sie könnte niemals einen Mann heiraten, der schon einmal eine andere Frau geliebt habe. Melbourne spöttelte, daß eine kleine Affäre vor der Heirat doch gar nichts sei und jedem Mann erlaubt sein sollte. Da gestand Victoria ihm, zu den Dingen, die sie an Albert am meisten möge, zähle gerade die Tatsache, daß er anderen Frauen keine Aufmerksamkeit schenke. Nach Aussagen des Earl von Clarendon, dem Melbourne die Begebenheit erzählte, zuckte er zu diesem Bekenntnis nur weltmännisch mit den Achseln ab und sagte: «Nun, derlei kommt gewöhnlich erst später.» Darauf erwiderte die Königin völlig außer sich: «Das verzeihe ich Ihnen nie!» Victoria brauchte sich in diesem Punkt tatsächlich nie Sorgen zu machen, sei es, weil ein solches Verhalten Alberts Natur fernlag, sei es, weil er bei seinem Vater genug mitangesehen hatte, um solche Flatterhaftigkeit abstoßend zu finden.

Als sie sich dann endlich wiedersahen, bestätigten sich Victorias romantische Erinnerungen. Albert war fesch und sah gut aus. Er war zwar nicht besonders groß mit seinen ein Meter achtundsechzig, aber wirkte doch sehr stattlich neben ihrer winzigen Gestalt. Sein kleiner Backenbart und der Schnurrbart sowie das etwas längere blonde Haar entsprachen der damaligen Mode auf dem Kontinent, und er verstand eine Uniform mit königlicher Würde zu tragen. Das erneute Zusammensein ließ in Victoria eine Woge der Zuneigung aufwallen, die sie «über alles beruhigte», wie sie gestand. Große, freundlich winkende Volksmengen hatten seinen Weg von den Docks in Dover bis zum Buckingham Palace gesäumt, wo er am Spätnachmittag des 8. Februar eintraf. Dort ließ ihn der Lordkanzler den Naturalisierungseid schwören. Der Prinz erweckte hierbei allerdings den Eindruck, als würde ihm die Aufgabe seines Geburtsrechts ziemliches Mißbehagen bereiten. Er mochte aber auch noch von der schweren Seekrankheit beeinträchtigt sein, die ihn während der Überfahrt gelähmt hatte. Als er sich für die Nacht und den nächsten Tag im Palace einrichtete, war die Herzogin über die Verletzung der Brautetikette zutiefst empört. Selbst Melbourne zeigte sich überrascht. Die Königin aber tat solche Bedenken als «Unsinn» ab.

Am Morgen des 10. jenes Monats drückte Victoria ihre Zuversicht in einer Botschaft an Albert aus, die sie ihm ins Schlafzimmer bringen ließ. Sie bedauerte, daß es regne, sagte aber voraus, es würde rechtzeitig zur Trauung wieder aufhören. «Schicke mir ein Wort, mein innigst geliebter Bräutigam, wenn Du fertig bist», fügte sie romantisch an. Der letzte Brief Alberts vor der Hochzeit war an seine Großmutter in Coburg gerichtet; er bat sie um ihren Segen, der sein «Schutz» und seine «zukünftige Freude» sein werde. Obwohl er kein besonders frommer Mensch war, schloß er mit einem glühenden «Möge Gott mir helfen!»

Die Zeremonie fand in der Königskapelle des St. James's Palace statt. Bei der Feierlichkeit waren kaum Tories anwesend – Greville zählte lediglich fünf unter dreihundert Gästen. Einer von ihnen war der Herzog von Wellington, den die Königin erst auf Melbournes inständige Bitten hin eingeladen hatte. Nach den Worten Florence Nightingales, die nur draußen zuschauen konnte (ihre Familie verachtete Albert, den sie für einen bettelarmen Mitgiftjäger hielt), sahen die Kleider des Prinzen aus, als habe er sie «geliehen, um darin zu heiraten». Von den Hofbeamten abgesehen, waren nur drei Tories zugegen. Lord Melbourne hatte die Königin beschworen, mehr einzuladen, aber Victoria hatte erwidert: «Es ist *meine* Hochzeit, und ich will nur diejenigen dabei haben, die mir gewogen sind.» John James Ruskin, ein wohlhabender Tory und Weinhändler (der Vater des Kritikers), war der Meinung, das gesellschaftliche Niveau der Hochzeitsgäste sei niedrig gewesen, weil die Königin «völlig verlassen war ... von allen bedeutenden Familien. ... Wir sind ein Volk, das Könige und Königinnen liebt, aber sie müssen ihre eigene Würde wahren & die höheren Klassen um sich scharen – andernfalls werden wir es leicht müde, den Pomp zu bezahlen. Die Königin ist nur ein unvernünftiges Kind & scheint keinen Charakter zu haben.» Von Albert versprach er sich nichts Gutes. «Ich hoffe, aus dem Jungen wird noch etwas Besseres. Das sind schlechte Aussichten für das Land.»

Für Albert machte es keinerlei Unterschied, ob die Würdenträger in der Kapelle Whigs oder Tories waren. Er kannte nur seine Tante – die Herzogin von Kent –, seinen Vater und seinen Bruder, die beide die grüne Militäruniform Coburgs trugen. (Albert trug die Uniform eines britischen Feldmarschalls, ohne Abzeichen allerdings, da er keinen Rang innehatte, dafür aber mit dem Band des Hosenbandordens quer über der Brust.) Aus politischen Gründen und aus Rücksicht auf die Religion seines Landes nahm Leopold nicht an der Trauung teil. Der Herzog von Sussex, ihr Onkel, führte die Braut zum Altar.

Victoria war zusammen mit ihrer Mutter in einer eigenen Kutsche vom Buckingham Palace hergefahren. Sie betrat die Kapelle in einem spitzenbesetzten weißen Satinkleid, das geschmückt war mit einer königlichen Brillantkette und einer Saphir-Brosche, Alberts Hochzeitsgeschenk. Selbst im Brautzug sah Sarah, Lady Lyttleton, daß Victorias Augen «vom Weinen stark geschwollen waren, aber ihr Gesicht strahlte vor Glück». Victoria schrieb wenig über das Ereignis auf, nannte es aber «eindrucksvoll, schön und einfach ... Ich war so glücklich, als er mir den Ring ansteckte ...»

Durch die Zeremonie hatte sich Victorias Familienname formal in «Wettin» umgeändert. Die geschichtliche Praxis berechtigte eine regierende Königin allerdings, ihren Familiennamen zu behalten, statt den ihres Ehemannes anzunehmen – eine Tradition, der auch Elizabeth II. folgte. Während des Ersten Weltkrieges veranlaßte jedoch die Welle der Feindseligkeit in Großbritannien gegen alles Deutsche die königliche Familie dazu, gesetzlich ihren Namen zu ändern.

Am Schluß der Zeremonie gab Victoria ihrer Tante, der Königinwitwe Adelaide, einen Kuß, ihrer Mutter aber nur die Hand. Dann fuhr das Paar allein durch den Regen in den Buckingham Palace, wo die beiden eine halbe Stunde Zeit hatten, sich umzuziehen. Victoria zog ein Seidenkleid an und setzte eine Haube mit großer Krempe auf – eine Haube, die, was immer die herrschende Mode auch gerade vorschrieb, ihre unverwechselbare Kopfbedeckung werden sollte. Da der Bräutigam bei der Trauung keinen Ring erhielt, gab Victoria Albert seinen Ring, als sie zusammen auf dem Sofa saßen. Feierlich sagte er, zwischen ihnen dürfe es nie ein Geheimnis geben. (Viel später schrieb Victoria an den Rand ihres Tagebuches: «Es hat nie eines gegeben.»)

Um halb drei begaben sie sich zu ihren Gästen hinunter zu einem Hochzeitsfrühstück und brachen um vier Uhr nach Windsor auf, in «einem der alten Reisewagen», wie Greville beklagte, «die Postillione in Alltagslivreen, in einem recht armseligen und schäbigen Stil». Drei weitere Kutschen des Palaces folgten ihnen als Eskorte, und Gratulanten zu Pferd und in einem bunten Durcheinander von Kutschen und Einspännern galoppierten neben ihnen her und scheuchten auf dem ganzen Weg nach Windsor die winkenden Schaulustigen auseinander.

In Windsor, so erinnerte sich die Königin, gab sie Anweisung, das Abendessen in ihre Suite zu bringen. Sie hatte aber «so schreckliche Kopfschmerzen», daß sie nichts essen konnte. Die lauten Jubelrufe während des ganzen Weges hatten sie «völlig taub» gemacht. Albert nahm sie in die Arme und streichelte sie. Sie verbrachte den Abend auf dem Sofa. Albert saß auf einer Fußbank neben ihr, «und seine überströmende Liebe und Zuneigung gaben mir ein Gefühl himmlischer Liebe und himmlischen Glücks, das ich vorher niemals hätte *erhoffen* können. Er nahm mich in seine Arme, und wir küßten einander wieder und wieder. Seine Schönheit, sein Liebreiz und seine Sanftmut – wirklich, wie kann ich jemals dankbar genug sein, einen solchen *Ehemann* zu haben! ... Mit Kosenamen benannt zu werden, die mir gegenüber nie zuvor gebraucht wurden – bedeutete unglaubliche Glückseligkeit!»

«Es fiel sehr auf», schrieb Greville, daß die Königin und der Prinz «am Dienstag morgen schon sehr früh auf waren und spazierengingen, was ganz im Widerspruch zu ihren früheren Gewohnheiten stand. Seltsam, eine so kurze Hochzeitsnacht; ich sagte Lady Palmerston, dies sei nicht der rechte Weg, uns einen Prinzen von Wales zu bescheren.» An Melbourne kritzelte Victoria am nächsten Morgen eine aufgeregte Botschaft über ihre «höchst erfreuliche und verblüffende Nacht». Sie hätte niemals gedacht, sie könnte «so geliebt werden». In ihr Tagebuch schrieb sie nur: «Wir haben nicht viel geschlafen.»

Von allem Anfang an standen im Zimmer der Königin zwar zwei Tische, so daß sie Seite an Seite arbeiten konnten, aber die Arbeit erledigte Victoria alleine. Albert konnte zwischendurch plaudern oder Privatbriefe schreiben. Manchmal bezog sie ihn ein wenig mehr in ihre Tätigkeiten ein. In einem Tagebucheintrag erwähnte sie: «Ruhte und las Depeschen – von denen ich einige Albert vorlas.» Was sie während der ersten Tage der Ehe wollte, war Alberts Nähe. Sie schaute ihm sogar beim Rasieren zu. Wenn sich Victoria in diesen ersten, idyllischen Tagen ankleidete, dann half ihr Albert, ihre Strümpfe anzuziehen. Ungeduldig, ihn ihren Zeitgenossen vorzuführen, befahl Victoria Lord Clarence Paget, für ihren zweiten Abend in Windsor einen Ball vorzubereiten und für Galopp und Quadrille junge Leute mit Temperament einzuladen. Ganz wie sie Albert angekündigt hatte, war das königliche Paar nach drei Tagen wieder in London. Der Buckingham Palace war neu hergerichtet worden für Victoria, als sie Königin wurde, und Anfang 1840 wurden viele der Räume mit Gaslicht ausgestattet. Die moderne Beleuchtung erleichterte die Arbeit über den Papieren, aber für Albert gab es noch immer nichts zu tun. Zuerst hielt Melbourne mit seinem charakteristischen Zynismus diesen Zustand für gut. «Der Prinz ist träge», notierte George Anson eine Bemerkung Melbournes, «& es wäre besser, wenn er es noch in größerem Maße wäre, denn in seiner Position wünschen wir keine Aktivität.»

Anson stellte sich bereits loyal hinter den Prinzen. Er hielt der Auffassung Melbournes entgegen, es gebe «kein Betätigungsfeld» für Alberts Tatendrang. «Wenn Sie einen Niemand für die schwierige Position eines Gemahls der Königin brauchen, dann hätten Sie nicht den Prinzen aussuchen dürfen; da Sie ihn nun einmal haben, müssen Sie das Beste aus ihm machen & wenn es in seiner Macht stünde, für die Königin nützlich zu sein, dann würde er auch handeln.» Erst im Dezember sollte Albert einen eigenen Schlüssel zu den Depeschenkästen erhalten, und während der frühen Monate ihrer Ehe vertraute ihm die Königin Dinge nur an, wenn sie sie mit Melbourne und Baronin Lehzen besprochen hatte. Luise Lehzen behielt sogar ihren privaten Durchgang in das Schlafzimmer des Paares und kontrollierte die persönlichen Ausgaben der Königin. Keine Rechnung durfte bezahlt werden, ehe die Baronin sie unterschrieben hatte.

Auch wenn es zu Beginn nicht den Anschein hatte, prophezeite Melbourne dennoch Greville, der Prinz werde «grenzenlosen Einfluß» gewinnen. Vielleicht wollte er nicht, daß der nächste Premierminister – fast mit Sicherheit ein Tory – so viel Einfluß auf die Königin haben würde wie er, und ermutigte Victoria darum, ihrem Mann alle Staatspapiere zu zeigen, die er zu sehen wünschte. Albert, das wußte er, würde über den Parteien stehen. Der Prinz hatte deswegen sogar schon vor der Hochzeit gestritten und auf einem persönlichen Hofstaat bestanden, der nicht durch politische Einseitigkeit belastet war.

Um den Prozeß zu beschleunigen, begann Melbourne schon bald, öffentliche Angelegenheiten mit Albert zu diskutieren. Da Alberts Herkunft vermuten ließ, daß sein Interesse eher der Außenpolitik galt, drängte der Premierminister den Prinzen, in entsprechenden Fragen seine Ansichten vorzutragen. «Er antwortet mir selten», schrieb Albert an seinen Vater, «aber ich habe oft die Befriedigung erlebt, ihn gänzlich in Übereinstimmung mit meinen Worten handeln zu sehen.» Für Albert war jede Diskussion mit einem Mann, dem die Worte so leicht zuflossen wie Melbourne, beschwerlich, denn sein Englisch war noch unbeholfen. Diese Befangenheit rief zusammen mit seiner natürlichen Schüchternheit den Eindruck kühler Zurückhaltung hervor. Die Zeitungen förderten zutage, was sie nur vermochten. Victoria korrigierte die Schreibfehler in den Entwürfen seiner Briefe, aber selbst dort war sein Stil von einer Starrheit, die ganz seinem öffentlichen Auftreten entsprach.

Am 21. März fühlte sich die Königin beim Erwachen unwohl. Als sie die Symptome als mögliche erste Anzeichen einer Schwangerschaft erkannte, weinte sie. Zwei Monate vor der Hochzeit hatte sie ihrem Tagebuch anvertraut, wie sehr sie sich auf die Ehe freute – doch wie wenig auf das Gebären von Kindern: «das EINZIGE, wovor ich mich *fürchte*.» Jahre später sollte sie ihrer ältesten Tochter die Schwangerschaft als «unglücklichen Zustand» schildern, der an die Stelle von «glücklichem Genuß» trete. Damals war sie, wie sie gestand, «wütend».

Die Enttäuschung und das Unwohlsein waren von kurzer Dauer. Da sie sich blühender Gesundheit zu erfreuen schien, sickerte die Nachricht nur langsam durch. Als Melbourne erfuhr, die Königin erwarte ein Kind, lautete sein Rat, tüchtig zu essen und zu trinken, wozu man sie nicht eigens auffordern mußte. Albert versuchte, ihre Beschäftigung mit Staatsgeschäften zu drosseln, aber sie beharrte darauf, daß sie die Königin sei und ihre Verpflichtungen habe. Noch immer weitgehend von ihrem Arbeitsalltag ausgeschlossen, hielt er nach Aufgaben am Rande des öffentlichen Lebens Ausschau. Er trat mehreren Organisationen bei und nahm zahlreiche Ehrenämter an.

Im Mai 1840 schrieb Albert an Löwenstein, daß er in seinem häuslichen Leben «sehr glücklich und zufrieden» sei, jedoch Schwierigkeiten habe, seinen Platz mit der angemessenen Würde auszufüllen. Dies liege daran, «daß ich nur der Mann, aber nicht der Herr im Hause bin». Später in diesem Monat verzeichnete Anson ein Gespräch zwischen der Königin und Melbourne über Alberts enttäuschtes Bedürfnis, mehr in politische Dinge einbezogen zu werden. Sie vertraute Melbourne an – er hatte ihr bereits davon abgeraten –, sie wisse ja, sie sei im Unrecht, aber wenn sie mit Albert zusammen sei, würde sie politische Themen lieber meiden. Melbourne legte ihr nahe, sich weniger Sorgen über mögliche Meinungsverschiedenheiten zu machen und «ihm nach und nach alles mitzuteilen». Er hegte den Verdacht, daß die Schwierigkeit ihren Grund in Luise Lehzens Bestreben habe, ihren Einfluß zu wahren. Er habe «sehr ernsthaft» mit der Baronin gesprochen, sagte Melbourne Victoria, und habe sie gewarnt. Wenn sie Unfrieden «zwischen Mann und Frau» stifte, werde sie «ihren eigenen Untergang heraufbeschwören».

Das Thema war bei einer Begegnung zwischen Melbourne und Stockmar aufgekommen, bei der der Freiherr Luise Lehzen die Schuld gab. Die Baronin befand sich damals bereits mit Albert in einem Machtkampf, den sie aber unmöglich gewinnen konnte. Sie hatte die Gesetze der Natur gegen sich. Die Schwangerschaft brachte Mann und Frau nicht nur gefühlsmäßig einander näher, sondern spielte dem Mann auch größere Verantwortung zu. Das geschah schrittweise. Victoria kümmerte sich immer weniger um den täglichen Kleinkram, auf dessen genauer Kenntnis sie stets bestanden hatte. Die Depeschen trafen nach wie vor ein, ob die Königin ihnen gewachsen war oder nicht, und Albert las ihren Inhalt, manchmal für sich, manchmal laut. Als die Königin im Laufe der Schwangerschaft immer träger wurde und die Auswahl aus den roten Depeschen-Kästen Albert überlassen blieb, wuchs seine inoffizielle Autorität und damit auch sein Einfluß.

Ohne offiziellen Status – er war nur ein naturalisierter Untertan der Königin, obwohl er mit ihr verheiratet war – mußte er sich auf andere Art nützlich machen. Einer seiner ersten Versuche in diese Richtung war, den Vorsitz der Gesellschaft gegen den Sklavenhandel zu übernehmen. Da diese Gesellschaft international und überparteilich war – im Empire war die Sklaverei bereits verboten –, war Albert der Ansicht, dieses Amt passe zu der Haltung, die er der Öffentlichkeit präsentieren wollte. Er schrieb seine kurze Antrittsrede selbst, zuerst auf deutsch, um sie dann mit Victorias Hilfe zu übersetzen. Nervös lernte er sie auswendig. Vor Victoria probte er seine hochtönenden Sätze über den Sklavenhandel als «unvereinbar mit dem Geist des Christentums» und «den schwärzesten Schandfleck für das zivilisierte Europa». Dann, am 1. Juni 1840, hielt er die Rede vor, wie er schätzte, «fünf- oder sechstausend Menschen» in der Exeter Hall am Strand und erntete «großen Beifall» – ein mutiges Unterfangen für einen Zwanzigjährigen, der noch nie in englischer Sprache öffentlich geredet hatte.

Als zehn Tage später die Königin und der Prinz am frühen Abend den Constitution Hill hinauffuhren, um das Licht des langen Sommerabends zu einer Spazierfahrt zu nutzen, feuerte «ein unansehnlicher kleiner Mensch» – so Albert –, der in jeder Hand eine Pistole hielt, aus einer Entfernung von etwa sechs Schritt einen Schuß auf sie ab. In ihrem offenen Phaeton boten sie ein leichtes Ziel. Aber der Schütze verfehlte sie. Als er noch einmal feuerte, zog Albert Victoria in Deckung. Seine Reaktion wäre für einen zielsicheren Schützen zu spät gekommen, aber der junge Edward Oxford, Kellner in einem «schlechten Wirtshaus», war geistig zurückgeblieben und schlecht zu Fuß. (Man sprach ihn später schuldig, erklärte ihn jedoch für unzurechnungsfähig.) Zuschauer, die der Königin und dem Prinzen zugejubelt hatten, packten den Attentäter, und das königliche Paar rief dem Kutscher zu, er solle weiterfahren. Sie besuchten «Tante Kent» – die vor kurzem ins Ingestre House am Belgrave Square umgezogen war – und fuhren durch den Hyde Park, wie Albert schrieb, «um dem Publikum zu zeigen, daß wir nicht . . . alles Vertrauen zu ihm verloren hatten».

Das Attentat hatte weder schädliche Folgen für Victorias Schwangerschaft – sie war zu diesem Zeitpunkt im vierten Monat – noch für ihr Ansehen in der Öffentlichkeit. Als die Nachricht von den Schüssen sich in London verbreitete, strömten ganze Massen von Menschen zu Pferd, im Wagen und zu Fuß zum Palace, um der Königin zuzujubeln, während ihre Kutsche auf dem Rückweg das Palace-Tor passierte. Noch tagelang danach erntete das Paar stürmischen Beifall, wo immer es sich zeigte, wobei besondere Hochrufe für Albert laut wurden, dessen Kaltblütigkeit in den Zeitungen große Bewunderung fand. Spontane Chöre, die «God Save the Queen» sangen, waren keine Seltenheit, nicht einmal in der Oper, wo es ansonsten sehr förmlich zuging.

Da Albert ein begeisterter Musikliebhaber war, hatte Victoria begonnen, Konzerte mit ernsterer Musik als früher zu besuchen. Mozarts *Zauberflöte* hörte sie zum ersten Mal am 12. Juni 1840, als Auszüge daraus bei einem Liebhaberkonzert im Palace gespielt wurden. Auf dem Abend, den der Prinz arrangiert hatte, sangen er und Victoria ein Duett aus Luigi Riccis Oper *Il disertore d' amore*: «Non funestar, crudele!» («Quäle mich nicht, du Grausame!») Auch Luigi Lablache nahm daran teil – Albert wußte, daß er einer der Lieblingssänger der Königin war – und außerdem Battista Rubini sowie ein weniger bekannter Sänger, Michael Costa, den Victoria später für seine hervorragenden Leistungen als Dirigent zum Ritter schlug. Auch die Damen und Herren des Hofes übernahmen einige Rollen. Ein Jahr später hörte die Königin die *Zauberflöte* erstmals in voller Länge in Covent Garden. Schon früher war Albert einer der Schirmherren der Ancient Concerts geworden, die so vernachlässigte Komponisten wie Händel vor der Vergessenheit zu retten versuchten. Aber Victoria begann sich gegen die Teilnahme daran zu sträuben, als das Publikum entdeckte, daß die

Konzerte eine günstige Gelegenheit waren, die Königin aus der Nähe zu sehen, und sich massenweise im Konzertsaal drängte. Eine königliche Loge im Theater oder in der Oper, wo Dunkelheit während der Vorstellungen Ungestörtheit gewährte, entsprach eher ihrem Geschmack.

Albert wurde in jenem August gerade einundzwanzig Jahre alt. Er war noch zu unerfahren, um seinen Ehrgeiz in die richtigen Bahnen zu lenken. Trotzdem wußte er die kulturellen Anlässe, die sich ihm boten, geschickt zu nutzen. Das Parlament bekundete ihm sein Vertrauen, als sein Geburtstag kam und mit ihm die gesetzliche Volljährigkeit. Er wurde zum Regenten bestimmt für den Fall, daß Victoria sterben sollte, solange ihr Kind noch minderjährig war. (Es bedurfte jedoch erst noch einer weiteren Geburt, um den König von Hannover vom Thron fernzuhalten. Halsstarrig stimmte der alte Herzog von Sussex, der Bruder des Königs, als einziger im Oberhaus dagegen.)

Stockmars politische Bemühungen hatten das Regentschaftsgesetz ermöglicht, sogar gegen Baronin Lehzens Einspruch. Nach diesem Erfolg kehrte er unauffällig nach Coburg zurück (wo er jeden Sommer mit seiner Familie lebte), nicht ohne Anson vor seiner Abreise die nötigen Instruktionen erteilt zu haben. Er machte sich immer noch Sorgen über die Unreife des königlichen Paares, aber er hatte das Gefühl, daß zu viele Deutsche am Hof seien und sowohl er als auch Baronin Lehzen gehen müßten. (Er übte Zurückhaltung und verschwand oft monatelang.) Als eifrige Verfechterin ihrer eigenen Interessen und derjenigen, die sie für Victorias hielt – Albert nannte sie den «Hausdrachen» – mußte Luise Lehzen von jemand anderem aus ihrer Höhle im Palace vertrieben werden.

Luise Lehzens Einfluß auf Victoria beruhte nicht zuletzt auf ihrer Gabe, Klatsch in Erfahrung zu bringen und ihn der Königin weiterzuerzählen. Als die Baronin schließlich von Albert aus dem Palace verdrängt wurde, war Victoria nicht mehr so anfällig für Skandalgeschichten. Je reicher ihr eigenes Gefühlsleben wurde, desto weniger brauchte sie die Histörchen. Die zur Schau gestellte Prüderie des Prinzen stand auf einem anderen Blatt, sie hatte nichts mit seinen persönlichen Neigungen zu tun. Er und Victoria hatten rasch eine harmonische Erotik entwickelt, die lange anhalten sollte. Die Kunstwerke, die sie füreinander kauften und in ihren Privatgemächern aufhängten oder ausstellten, spiegelten ihre Freude an männlichen und weiblichen Aktdarstellungen wider. Dennoch war Albert fest entschlossen, das öffentliche Bild des Hofes reinzuhalten. Er wußte, wie es in der liederlichen Atmosphäre der Regentschaft und danach ausgesehen hatte. Er kannte die Lasterhaftigkeit am Hof von Coburg unter seinem eigenen Vater, ganz zu schweigen von seinem Bruder, der bereits an einer

Geschlechtskrankheit litt und in Gefahr war, wie Albert ihn warnte, einen «siechen Erben» zu zeugen.

Victorias und Alberts erstes Kind kam nach einer unkomplizierten Schwangerschaft am Nachmittag des 21. November zur Welt. Die Königin erinnerte sich vierundvierzig Jahre später, es sei ein «dunkler, trüber, regnerischer Tag mit rauchenden Schornsteinen» gewesen, «und Papa war sehr freundlich und ängstlich». Wenn Dr. Locock – später Sir Charles – sich nicht verrechnet hatte, setzten die Wehen drei Wochen zu früh ein. Die Geburt dauerte zwölf Stunden. Als der Arzt Victoria vorher untersuchte, fragte er sie, ob sie Beruhigungsmittel wolle. «Ich kann Schmerzen genausogut ertragen wie andere Leute», behauptete sie. Auf dem Weg hinaus fragte er Albert, der über den Vorschlag nur lachte. Er erwartete, sie würde «einen großen *Wildfang*» zur Welt bringen. In einem Brief, den Charles Arbuthnot vor der Geburt dem Herzog von Wellington schrieb und in dem er diese Vertraulichkeiten wiedergab, meinte er: «Locock scheint Lady Mahon alles zu erzählen.» Lococks erster Eindruck, den er ihr unklugerweise mitteilte, lautete, daß die Königin «sehr häßlich & enorm dick werden wird»; auch erscheine ihre Figur ohne Korsett «höchst erstaunlich». «Sie gleicht mehr einem Faß als irgend etwas anderem.» Um Victoria in den letzten, unbequemen Wochen den Schlaf zu erleichtern, gab ihr Locock Kampfer, den sie auch weiterhin ab und zu benutzte. Später verschrieb er ihr Chloral in so winzigen Dosen, daß es oft gar nichts nützte.

Während die Königin in den Wehen lag, hielt sich im Nebenraum eine wechselnde Gruppe von Ministern und Bischöfen auf. An Victorias Seite waren Locock, eine Hebamme und Albert. «Oh, Madam», konnten die Würdenträger Locock sagen hören, ehe der nackte Säugling herausgebracht wurde, damit sie ihn inspizieren konnten, «es ist eine Prinzessin».

«Macht nichts», sagte die Königin, «das nächste wird ein Prinz.» Beide Elternteile, schrieb Lord Clarendon an Lord Granville in Paris, «waren sehr enttäuscht, keinen Sohn bekommen zu haben..., aber dem Land ist vor allem wichtig, ein weiteres Leben, sei es männlich oder weiblich, zwischen den Thron und den König von Hannover gestellt zu sehen».

Die königliche Prinzessin wurde Victoria getauft. Von Anfang an war Albert ihr ebenso zugetan wie der Königin. Zwischen ihnen sollte sich ein Einvernehmen herausbilden, wie es mit keinem der späteren Kinder zustande kam. Während Victoria sich erschöpft nach der Geburt für einige Zeit der Erholung überließ, sorgte Albert sich so rührend um sie, wie sie es sich nicht hätte erträumen können. Doch da die Ärzte damals dazu neigten, die Genesungsfrist über die Maßen auszudehnen, wurde sie von ihrem Mann abhängiger, als sie gewollt hatte. Als ihre Schwangerschaft fortschritt, hatte sie zugestimmt, daß im Buckingham Palace zwei Schreibtische nebeneinander aufgestellt wurden, wie es sie schon in Windsor der Fall war. Von dort aus begann Albert fast täglich Botschaften an Melbourne zu schreiben, gewöhnlich über außenpolitische Fragen. Mehmed Ali, türkischer Vizekönig in Ägypten, hatte den Tod des Sultans und die Nachfolge von dessen sechzehnjährigem Sohn, Abd ul-Medschid, dazu auszunützen versucht, sich von der Türkei loszureißen. Damit hatte er die Machtkämpfe im Mittleren Osten, die selten lange schlummerten, wieder zum Leben erweckt. Albert drängte auf eine Politik der Versöhnung statt auf eine Konfrontation mit Frankreich und Rußland. Melbourne und Palmerston handelten oftmals auf eigene Faust. Durch die Einmischung des Prinzen wurden sie immerhin zu einer gemäßigteren Sprache genötigt. Die Botschaften Melbournes gingen gezielt an Victoria, mit ausdrücklichem Bezug auf «die Bemerkungen des Prinzen». Mehr und mehr beruhte schon auf Alberts «Bemerkungen», nun sogar die Briefe in Victorias Hand.

Der Hof kehrte für die Weihnachtstage, die nach deutscher Sitte gefeiert wurden, nach Windsor zurück. Man legte Geschenke unter kleine Weihnachtsbäume, die auf Tischen standen; jeder Baum und Tisch war mit Kerzen, Zuckerwerk und Plätzchen geschmückt, die an Bändchen aus Seide und Papier hingen, und jeder hatte seinen eigenen Baum. Schon früher in diesem Jahrhundert hatte man den Brauch der Weihnachtsbäume aus Deutschland eingeführt. Ihre Beliebtheit führte man zumeist auf Königin Adelaide zurück, manchmal auch auf Königin Charlotte, die Frau Georges III., die einen Weihnachtsbaum aus Eibenzweigen in Windsor aufgestellt hatte. Albert ließ nun kleine Bäume aus Coburg kommen und verwandelte die Weihnachtsfeste der königlichen Familie in halböffentliche Ereignisse. Die Mode fand Anklang, und die neuen illustrierten Zeitungen wirkten kräftig an ihrer Verbreitung mit.

Alberts Schlüssel zu den Depeschen-Kästen war zwar nicht als Weihnachtsgeschenk gedacht, wurde aber fast zu ebendieser Zeit fertig. Während der letzten Wochen von Victorias Schwangerschaft hatte er alle ihre Geschäfte erledigt und war, wie Anson es ausdrückte, «in der Tat, wenn auch nicht dem Titel nach, der Privatsekretär Ihrer Majestät» geworden.

Während ihrer ersten Lebensmonate bereitete die kleine Prinzessin der Königin nur wenig Ungelegenheiten, da Victoria nur die Zustimmung zur täglichen Versorgung des Kindes erteilen mußte. Eine Amme von der Insel Wight wurde angestellt, und zweimal am Tag wurde «Pussy» von der neuen Superintendentin des Kinderzimmers, Mrs. Southey, zur Begutachtung vorgeführt. Victoria behauptete stets, Säuglinge seien «während der ersten sechs Monate nur kleine Pflänzchen», wie sie später ihrer Tochter erklärte, als diese selbst Mutter werden sollte. Für die Königin war «Säuglings-Vergötterung» ein Übel, denn bestenfalls waren sie «häßliche Geschöpfe». Freimütig sollte sie der königlichen Prinzessin eingestehen, daß sie Kleinkinder lieber mochte, wenn «sie schon ein wenig menschlich geworden sind». Selbst «der hübscheste Säugling sieht gräßlich aus, wenn man ihn auszieht..., solange sie ihre großen Körper und kleinen Glieder haben und diese schrecklichen, froschartigen Bewegungen». An Leopold schrieb sie am 5. Januar 1841: «Ich glaube, liebster Onkel, Du kannst nicht *wirklich* wünschen, daß ich die ‹Mamma d'une *nombreuse* famille› werde.» Eine zahlreiche Familie würde «Last und Unannehmlichkeiten» bedeuten, nicht nur für sie selbst, auch für das Land. Außerdem «bedenken Männer nie oder doch nur höchst selten, was für ein hartes Los es für uns Frauen ist, das mehrere Male durchzumachen».

Zwei kleine, aber für Victoria bedeutsame Ereignisse hatten das alte Jahr beschlossen. In seinem zehnten Lebensjahr war in Windsor ihr Spaniel Dash gestorben. Am Tag ihrer Krönung vor zwei Jahren hatte sie einer spontanen Eingebung folgend Dash gebadet, um sich nach der beängstigenden Einsamkeit dieses übervollen Tages ganz dem Tier zu widmen. Aus ähnlichen Gründen hatte Albert sein Windspiel Eos aus Deutschland mitgebracht. Er und Victoria sollten später noch andere Hunde halten, aber als sie Kinder hatten, waren Haustiere nicht mehr so wichtig. Der geschmeidige, treue Eos jedoch bedeutete Albert so viel, daß er bei seinen ersten Versuchen in der Bildhauerei den Windhund als Modell nahm, um dann den Entwurf von einem Berufsbildhauer ausführen zu lassen.

Zu Beginn des Monats, in dem Dash starb, am 3. Dezember 1840, entdeckte man «Boy Jones», wie er im Buckingham Palace herumlungerte. Edmund Jones war an einer Wand hinaufgeklettert und durch ein Fenster gekrochen, «saß auf dem Thron», wie er sagte, «sah die Königin und hörte die königliche Prinzessin schreien». Nachforschungen des Innenministeriums ergaben, daß er der siebzehnjährige, in der Entwicklung zurückgebliebene Sohn eines armen Schneiders in der Cannon Row war. Er war ein Eindringling, der mit manischer Obsession immer wieder zurückkehrte. Beim ersten Mal hatte man ihn für geisteskrank erklärt und freigesprochen; diesmal wurde er wegen Vagabundierens zu drei Monaten Gefängnis verurteilt, worauf er noch einmal zurückkehrte. Nach weiteren drei Monaten in der Tretmühle von Tothill Street wurde er auf See geschickt.

Das königliche Paar hatte wenig über die laxen Sicherheitsmaßnahmen gewußt, die der Neugier von «Boy Jones» und früher schon der Schnüffelei von «Boy Cotton» Vorschub geleistet hatten. Jetzt hatte Albert einen Grund, die schlampige Palaceverwaltung umzukrempeln. Damit das gelingen konnte, mußte man der Baronin Lehzen die Zügel der Verwaltung nehmen, die sie fest in ihren Händen hielt. Albert war entschlossen, der Unfähigkeit im Palace und der Macht der Baronin ein Ende zu setzen. Für beide Ziele brauchte er aber noch weitere Vorfälle. Nach ihnen wollte er nun Ausschau halten.

Ein Aufgabenbereich im Leben der Königin, den er allmählich zu organisieren begann, betraf das Herzogtum Cornwall, das 1840 ein ererbtes Einkommen von 36 000 £ erwirtschaftete. Ein Drittel davon verschlangen, wie Albert herausfand, allein die Kosten der Verwaltung. Er fing an, Ausgaben zu senken und Staatseinnahmen zu erhöhen, um dem königlichen Paar ein höheres frei verfügbares Einkommen zu ermöglichen. Er begann auch, den Tagesablauf der Königin zu regeln – vor der Heirat hatte ihr Tag so spät angefangen, daß ein Großteil davon verloren war. Sie gewöhnten sich an, regelmäßig um neun Uhr zu frühstücken, dann einen Spaziergang zu machen und sofort danach die eingehende und ausgehende Korrespondenz zu erledigen. Um sich nach der Arbeit zu entspannen, zeichneten sie zusammen oder machten Radierungen. Albert bemühte sich eifrig darum, Victoria aus der Depression herauszuholen, die sie nach der Geburt heimgesucht hatte und sich um so mehr verschlimmerte, als sie noch vor dem Ende des Winters feststellte, daß sie schon wieder schwanger war. Da die einzige nennenswerte Methode der Geburtenkontrolle zu jener Zeit Enthaltsamkeit war, mußte das leidenschaftlich ineinander verliebte Paar – ein Mann und eine Frau von einundzwanzig Jahren, die beide noch weniger über Verhütung wußten als ihre Ärzte – sich damit abfinden, daß das biologische Roulette dem Befehl der göttlichen Vorsehung gehorchte. Künstliche Methoden der Geburtenkontrolle wurden von der Kirche verurteilt. Und die meisten Ärzte des neunzehnten Jahrhunderts, die kühn genug waren, die Methode periodischer Enthaltsamkeit zu empfehlen (doch konnte ein Gynäkologe der Königin den Mut zu einer solchen Empfehlung gehabt haben?), wußten nur ungefähr Bescheid über den Menstruationszyklus der Frau. In der Annahme, mit der Fruchtbarkeit der Frau verhalte es sich wie mit der Fruchtbarkeit der Tiere, rieten sie zu Enthaltsamkeit unmittelbar nach der Periode; die Monatsmitte dagegen hielten sie für sicher.

Die ersten Monate der neuen Schwangerschaft erforderten keine Veränderung der königlichen Routine. Aber später unternahm Albert ein paar Ausflüge ohne die Königin. Dabei hatte er auch zum erstenmal Gelegenheit, die Eisenbahn zu benützen, ein neues Fortbewegungsmittel der Zeit, das noch immer als höchst gefährlich galt.

Waren die beiden in Windsor oder im Buckingham Palace, aßen sie um zwei Uhr zusammen zu Mittag. Danach traf Victoria, jetzt oft in Begleitung Alberts, einen oder mehrere ihrer Minister, gewöhnlich Melbourne. (Wenn die Königin in Windsor war, wohnte Lord M. normalerweise dort, wenn keine Parlamentssitzungen stattfanden.) Anschließend fuhr das königliche Paar in einem Pony-Phaeton im Park spazieren, wobei der Prinz kutschierte. (Wenn der Prinz in eigenen Belangen oder in Geschäften der Königin unterwegs war, fuhr sie mit ihren Hofdamen oder der Herzogin aus.) Das Abendessen fand um acht Uhr statt, gewöhnlich mit Gästen. Vor oder nach dem Diner las einer dem anderen vor; Albert las «ernsthafte» Werke, Victoria Romane.

Manchmal schauten sie die Alben mit ihren eigenen Zeichnungen an oder auch Mappen mit den Stichen und Radierungen, die sie zu kaufen begonnen hatten. Das Kunstinteresse des Prinzen war in London rasch zur Kenntnis genommen worden. Peel ernannte ihn später zum Vorsitzenden einer königlichen Kommission, «um die Förderung der schönen Künste in diesem Land aus Anlaß des Neubaus der Parlamentsgebäude in Erwägung zu ziehen». Im Atelier von John Lucas, einem Porträtmaler und Kupferstecher, dem Albert Modell saß, ging Elizabeth Barrett ein und aus und sprach mit ihm, wie sie ihrer Freundin, Miss Mitford, schrieb, «über Prinz Albert und seine Talente». Sie zitierte Lucas, der gesagt haben sollte: «Und wenn er fünf Jahre lang bei Raffael gelernt hätte, könnten seine Kommentare nicht treffsicherer sein.» Lucas, so fügte sie boshaft hinzu, meinte, der Prinz sehe «sehr gut aus, während die Königin reizlos sei, abgesehen von einer gefälligen Miene & ihrer jugendlichen Frische».

Gleich nach Neujahr waren Victoria und Albert in den Buckingham Palace zurückgekehrt, um näher an den Regierungsgeschäften zu sein. Das Wetter blieb auch im Februar kalt, und Albert, der stolz auf seine Schlittschuhkünste war, probierte den Teich beim Palace aus. Victoria wollte nur zuschauen, aber das Eis gab nach, und Albert brach ein, wobei das Wasser über seinem Kopf zusammenschlug. «Zum Glück kann er schwimmen», schrieb Lord Palmerston, «die Königin bewies große Geistesgegenwart und zeigte Mut...» Während ihre Hofdame um Hilfe schrie, streckte ihm Victoria, als er auftauchte, die Hand entgegen und zog ihn ans sichere Ufer.

Da Albert den Regierungswechsel voraussah, den die Krise um die Hofdamen nur hinausgezögert hatte, versuchte er, den Hof von Parteistreitigkeiten freizuhalten. Absurderweise hatte Melbourne das Zusammenschrumpfen der Staatseinkünfte der beliebten neuen Penny-Briefmarke zur Last gelegt, dem neuen Postdienst, der eine der erfolgreichen Neuerungen seiner unbeliebten Verwaltung war. Da der politische Wechsel in allernächste Nähe gerückt zu sein schien, wurde der Herzog von Wellington, den Victoria eben noch als erbitterten Feind angesehen hatte, gebeten, bei der Taufe ihrer Erstgeborenen am 10. Februar 1841 den vorgesehenen Taufpaten, Alberts abwesenden Bruder Ernst, zu vertreten. «Der Herzog ist der beste Freund, den wir haben», versicherte sich Victoria selbst in ihrem

Tagebuch, ein Indiz ihrer Bereitschaft, den voraussichtlichen politischen Wechsel zu akzeptieren. Sogar mehrere kleine Schlaganfälle, die der Herzog fünf Tage vor der Taufe erlitt, hielten ihn nicht davon ab, an der Feierlichkeit teilzunehmen. Seine Gesundheit wurde von nun an zunehmend schwächer. Was die frühere Feindseligkeit der Königin gegen ihn betraf, so hatte er sie niemals erwidert.

Als Wellington schon mit der Wachablösung rechnete, schrieb er am 17. Mai 1841 an Peel: «Die Wahrheit ist, daß es mein einziger Wunsch ist, im Dienst der Königin so nützlich wie möglich zu sein – alles zu tun, überall hinzugehen, jedes Amt zu übernehmen oder auch gar kein Amt, was immer als das Beste erachtet wird. ... Ich wünsche nicht einmal, eine Stimme zu haben, wenn darüber entschieden wird.» Das war ein Tribut an Victorias fortschreitende Wandlung von einer Parteigängerin der Whigs zur überparteilichen Herrscherin, eine Wandlung, die auf Alberts wachsenden Einfluß zurückzuführen war. Als Melbourne eintraf, um die Auflösung des Parlaments zu diskutieren, «war Albert anwesend und schaltete sich ein», steht im Tagebuch der Königin – das erste Mal, daß die Anwesenheit des Prinzen bei einem Treffen mit einem Minister schriftlich erwähnt wurde. Gesetzlich hatte er keinen Anspruch darauf, bei solchen Besprechungen zugegen zu sein.

Neun Tage vor Wellingtons Schreiben hatte der Prinz seinen Sekretär Anson zu Peel geschickt, um mit ihm über die Hofdamen der Königin zu beraten. Sir Roberts «Zähigkeit» könnte dazu führen, daß die Kammerfrauen vielleicht noch einmal zur Prinzipienfrage würden, hatte Melbourne gegenüber Anson geäußert. Albert hatte den Eindruck, beide Seiten müßten nachgeben. Ohne es der Königin zu sagen, ließ er Anson einen Kompromiß vorschlagen, nach dem die Königin den «Rücktritt» ihrer drei politisch bedeutsamsten Damen verkünden sollte. Eine Abstimmung nach der anderen fiel in jenem Mai im Unterhaus gegen Melbourne aus. Als er im Juni die Vertrauensfrage stellte, verlor er knapp mit einer Stimme. Aber er wollte nicht zurücktreten, vielmehr setzte er auf Neuwahlen.

Ein Gegengewicht zu der sinkenden Popularität der Königin zu dieser Zeit – sie wurde wegen ihrer Verbindung zu Melbourne immer noch als Parteigängerin der Whigs eingestuft – schuf ein weiterer gescheiterter Attentatsversuch. Am 29. Mai war wieder auf sie und Albert geschossen worden, als sie in einem offenen Wagen in der Nähe des Buckingham Palace unterwegs waren. Da es nicht gelang, den Schützen, John Francis, zu ergreifen, sorgte sich Victoria, «tagelang eingesperrt» zu sein; immerhin war ein erneuter Versuch nicht auszuschließen. Peels Privatsekretär, Edmund Drummond, wurde Anfang 1843 von einem Schützen erschossen, der glaubte, er habe Peel getroffen. Attentate waren für Politiker zum

Berufsrisiko geworden, seit Premierminister Spencer Perceval, der Nachfolger William Pitts des Jüngeren, 1812 ermordet worden war. Als wäre nichts geschehen, fuhr das königliche Paar am nächsten Nachmittag wieder aus, diesmal ohne Hofdame, aber mit ihren üblichen «Gentlemen», um den Mann noch einmal zum Schießen herauszufordern. «Du kannst Dir denken», schrieb Albert an seinen Vater, U daß uns nicht heimlich zumute war; wir sahen hinter jeden Baum, und ich spähte herum, ob ich das verruchte Gesicht nicht gewahr würde.» Aus fünf Schritten Abstand schoß Francis noch einmal, und wieder verfehlte er sein Ziel; diesmal wurde er festgenommen. (John Francis wurde zum Tode verurteilt; am 1. Juli 1841 aber, kaum einen Monat nach den Attentaten, wurde er begnadigt. Zwei Tage später feuerte John William Bean, ein zurückgebliebener junger Mann, der kaum 1,20 Meter groß war, eine Pistole auf die Königin ab. Als sich herausstellte, daß sie mehr mit Tabak als mit Schießpulver geladen war, wurde er für geisteskrank erklärt und freigelassen.) Die Öffentlichkeit applaudierte der Unerschrockenheit des königlichen Paares. Ein späteres Zeitalter mag über ihre jugendliche Unbekümmertheit den Kopf schütteln. Die Königin hatte gerade ihren Geburtstag gefeiert. Erst dreiundzwanzig Jahre alt, regierte sie nunmehr schon seit fast fünf Jahren.

Als die Wahlen näherrückten, fuhren Victoria und Albert nach Oxford, wo dem Prinzen die Ehrendoktorwürde verliehen wurde. Im Sheldonian Theatre jubelte man der Königin und ihrem Gemahl zu, aber, so schrieb Greville, «ihre Minister wurden einzeln und alle zusammen ausgezischt und mit Buhrufen bedacht, mit der ganzen Vehemenz der Oxforder Tories. Ihre Majestät befand, es sei höchst respektlos gegenüber dem Prinzen, ihre Minister in seiner Gegenwart auszuzischen. Sie müsse aber wohl lernen, solche Meinungsbekundungen zu ertragen, und sich nicht einbilden, diese *Academici* würden sich davon abhalten lassen, ihre politischen Ansichten in jedermanns Gegenwart zu bekunden, auch in ihrer eigenen.»

Nicht mit dem Wahlsystem vertraut, beobachtete Albert den Tumult recht amüsiert. Er hörte den Streitigkeiten über Freihandel und Schutzzölle zu und stellte fest, daß die Sitze im Unterhaus weniger aufgrund der Brotpreise als aufgrund der Preise für Stimmen zu gewinnen waren. Er war weniger amüsiert, als er erfuhr, daß Baronin Lehzen, eine offene Anhängerin der Whigs, 15 000 £ aus den Mitteln der Königin in die Kasse ihrer Partei hatte fließen lassen. Als Albert sein Entsetzen Melbourne gegenüber zum Ausdruck brachte, zuckte dieser nur die Achseln und meinte, ein paar Tausender seien nichts im Vergleich zu dem, was George III. für Wahlen ausgegeben habe. Bestechung und Korruption waren an der Tagesordnung, das Reformgesetz hatte die Anzahl der käuflichen Stimmen erhöht, und viele Nichtwähler erwarteten eine Belohnung für ihre stimmkräftige Unterstützung. Das aber wußten Albert und die Königin nicht, als sie in Ascot mit lautem Jubel und dem Ruf «Melbourne für immer» empfangen wurden. Es war trotzdem offenkundig, daß die Whigs unpopulär waren und die Tories ihre Chance bekommen würden.

Am 29. Juni löste Victoria das Parlament auf. Ob sie sich dessen bewußt war oder nicht, ihre Besuche im Sommer auf mehreren großen Landsitzen von Whigs, einschließlich dem Melbournes, Brocket, wurden als Ausdruck ihrer politischen Präferenz gedeutet und nicht als ihr einfaches Bedürfnis nach der Gesellschaft von Menschen, die sie kannte. Doch spielte dies keine Rolle mehr. Die Whigs erlitten eine böse Niederlage.

Mit Ansons Hilfe bereitete Albert, der in den Nuancen der englischen Politik noch unerfahren war, Victoria auf das Unvermeidliche vor. Als Teil des Übergangs zu einer konservativen Regierung verzichtete sie auf das Recht, drei Ämter im Hofstaat selbst zu vergeben – die des Oberhofmeisters, des Lordkämmerers und des Oberstallmeisters – sowie männliche Hofbeamte zu bestimmen, die Sitze im Parlament innehatten.

Als im September der Wechsel vollzogen wurde, war Victoria im siebten Monat ihrer Schwangerschaft. Sie neigte noch immer zu Depressionen, stand aber die Zeremonien mit Haltung durch. Der Staatsrat wurde nach Claremont einberufen, wohin sich die Königin jetzt nur noch selten begab, um die neuen Minister zu ernennen. Das Tory-Kabinett bemerkte, wie schwer ihr das fiel, und lobte die Würde und Redlichkeit, die sie dabei bewies. Greville schrieb: «Ich sah darin eine große Leistung an Selbstbeherrschung, die ganz bemerkenswert war für eine so junge Frau. Abschiednehmen ist immer ein melancholischer Akt, und die Menschen, von denen sie glaubt, daß sie ihr zugetan sind, hätten zusammen mit all den Erinnerungen und Gedanken, die dieser Anlaß gewiß in ihr wachrief, sehr wohl unkontrollierbare Gefühle in ihr auslösen können.» Peel sagte zu Greville, sie habe sich «perfekt» benommen. Er habe ihr versichert, er würde keine Person einsetzen, «die ihr unangenehm sein könnte».

Peel wußte damals nicht, daß sie bei ihrem gefühlsgeladenen Abschied von Melbourne den ehemaligen Premier unklugerweise gebeten hatte, weiterhin mit ihr in Kontakt zu bleiben. Ihre emotionale Verbundenheit zu diesem Mann war zu groß, als daß man sie so plötzlich hätte auseinanderreißen können. Es bedurfte der Nachhilfe sowohl Ansons als auch Stockmars, Melbourne zur Einhaltung seiner politischen Vereinbarungen zu bewegen. Albert spürte, daß die entstandene Lücke ihm eine Chance bot, und ließ Melbourne über Anson dringend bitten, er möge der Königin nahelegen, sich in Zukunft von ihrem Mann in politischen Angelegenheiten beraten zu lassen. Melbourne schrieb, er habe «die allerhöchste Meinung über die Urteilsfähigkeit, den Charakter und die Besonnenheit Seiner Königlichen Hoheit» und die Königin könne «nichts Besseres tun, als sie in Anspruch zu nehmen». Diese Wachablösung war ebenso wichtig wie die der Minister und sollte zudem länger Bestand haben. Während die Königin nach der Geburt ihres zweiten Kindes im Wochenbett lag, schickte Peel an Albert nächtliche Berichte über die Debatten im Unterhaus und die Diskussionen im Kabinett. Ein Jahr zuvor hatte der Prinz nicht einmal einen eigenen Schlüssel zu den Amtskästen besessen.

Zu diesem Sieg des Prinzen gesellte sich ein zweiter, der noch weiterreichende Folgen hatte. Die Königin entdeckte, daß sie auch ohne die Baronin Lehzen leben konnte. Sie ohne Schuldgefühle fortschicken konnte sie allerdings nicht. Die Besuche auf den Landsitzen der Whigs im Juni waren Victorias erste Reisen ohne Luise Lehzen gewesen, seit sie ein Kind von fünf Jahren gewesen war. Sie gestand, «sich ein wenig niedergeschlagen» zu fühlen. Albert schrieb in sein eigenes, eher skizzenhaftes Tagebuch: «Der Mond nimmt ab.» Aber der Mond nahm nur langsam ab.

Die Probleme im Hofstaat traten noch schärfer hervor, als Victorias zweite Entbindung näherrückte. Baronin Lehzen wachte noch immer über diesen Bereich in Victorias Leben. Die kleine Prinzessin sprach schlecht auf die Ernährung an, die sie nach dem Abstillen bekam, und nahm ab. Sie hatte Schwierigkeiten beim Zahnen. Im Kinderzimmer herrschte ständige Verwirrung, besonders als man Vorbereitungen für den neuen Säugling zu treffen begann. Die Königin fühlte sich «erbärmlich», wenn sie daran dachte, daß sie noch einmal die Wehen durchstehen mußte – in einer Zeit, in der es noch keine Anästhesie gab –, und es gab fast täglich «Fehlalarm».

Endlich, am frühen Morgen des 9. November 1841, setzten die Wehen tatsächlich ein, und Dr. Locock – den seine Betreuung Victorias zum gefragtesten Geburtshelfer seiner Zeit machte – wurde geholt. «Meine Schmerzen waren wirklich äußerst heftig», schrieb sie nieder, «und ich weiß nicht, was ich getan hätte ohne den großen Trost und die starke Stütze, die mein geliebter Albert mir gewesen ist.» Kurz vor elf Uhr erblickte ein Thronerbe das Licht der Welt – ein strammer, gesunder Junge. Wegen der vorausgegangenen Fehlalarme nahmen der Erzbischof von Canterbury und der Präsident des Geheimen Staatsrates die neuerliche Order, bei Hofe zu erscheinen, nicht ernst und verpaßten die Geburt. Spätere Kinder sollten ebenfalls ohne offizielle Zeugen geboren werden.

Am 4. Dezember wurde der neugeborene Prinz Albert Edward durch ein Adelspatent der Königin zum Prinzen von Wales erhoben. Die Ernährung des Prinzen sollte strengstens geregelt werden, um ihren Nutzen zu erhöhen. Das bedeutete die Entlassung von Mrs. Southey. Die Stelle wurde im April Lady Lyttleton angeboten. Als geborene Lady Sarah Spencer hatte sie gute Beziehungen und war eine verwitwete Mutter von fünf Kindern. Ihre

Ernennung war der Anfang vom Ende der Vormachtstellung Luise Lehzens. Diesen Prozeß sollte die Baronin selbst noch dadurch beschleunigen, daß sie anbot, die Staatseinkünfte aus dem Herzogtum Cornwall, welche üblicherweise dem Prinzen von Wales zustanden, in ihre Verwaltung zu nehmen, um damit die Kosten der Kindererziehung zu bestreiten. Da Ansons Autorität teilweise darauf beruhte, daß er der Rechnungsprüfer für die Einkünfte aus diesem Herzogtum war, betrachteten er und Albert Baronin Lehzens Angebot als eine Machtprobe.

Welche Meriten die Baronin sich um die Königin auch erworben haben mochte – und es waren viele –, die Zeit ihres Einflusses bei Hofe lag hinter ihr. Victoria war in ihrer Unerfahrenheit von Luise Lehzen abhängig gewesen. Obwohl die Baronin keine offiziellen Titel hatte und nichts von administrativen Detailproblemen verstand, waren ihr mannigfaltige Pflichten und Zuständigkeitsbereiche anvertraut worden. Unter ihrem kurzsichtigen Blick blühten Sinekuren und verschwenderische Vergünstigungen. Höflinge, von titelführenden Beamten bis zu bescheidenen Bediensteten, lebten und speisten auf Kosten der Königin, Geschäftsleute lieferten Waren, die weder in den Buckingham Palace noch nach Windsor gelangten, Pferde und Kutschen wurden von jedermann bestellt, der nur bereit war, mit einem falschen Namen zu unterschreiben. Nur wenige der Zahlen, die zur Prüfung vorgelegt wurden, konnten belegt werden. Aber niemand hatte sich früher je darum gekümmert.

Victoria, die keinerlei Ahnung von Preisen hatte, gab häufig großzügige Gesellschaften und machte teure Geschenke. Allein 1839 – in ihrem letzten Jahr ohne Albert – verbrauchte sie 34 000 £ aus ihrer Privatschatulle für Pensionen und wohltätige Zwecke, und 600 £ für ihre Loge in der Oper. In den ersten drei Monaten des Jahres 1840, als königliche Gäste zu ihrer Hochzeit gekommen waren, so daß die Ausgaben weit über das normale Niveau hinaus anstiegen, wurden im Buckingham Palace 24 600 Abendessen gereicht. Im Jahr zuvor waren in Windsor Castle 113 000 Abendessen ausgegeben worden, die Festessen anläßlich großer Gala-Bälle nicht mitgerechnet. Selbst wenn der Hof gerade nicht anwesend war, wurden täglich mehr als ein Dutzend ansehnliche Braten für die ständig dort wohnenden Bediensteten zubereitet. Die Statistiken schlossen auch Leute ein, die darauf verfallen waren, sich auf Kosten der Königin zu ernähren, nur weil es so einfach war. Viele Mahlzeiten wurden vielleicht überhaupt nicht ausgegeben, sondern jemand strich die Mittel direkt ein. Die Taufe des Prinzen von Wales kostete die königliche Schatulle 4991 Pfund, 16 Schillinge und 5 Pence. Und das zu einer Zeit, in der das Pfund Sterling so stabil und die Inflationsrate so niedrig war, daß man mit einem Schilling – dem zwanzigsten Teil eines Pfundes

– ein Abendessen kaufen und mit einem Penny – dem zwölften Teil eines Schillings – einen Brief aufgeben konnte.

In den Palästen, so beobachtete Albert, wurden jeden Tag Hunderte von Kerzen in Kronleuchter und Kandelaber gesteckt und auch dann wieder ausgewechselt, wenn sie gar nicht angezündet worden waren. Victoria, stellte er fest, war niemals aufgefallen, daß seit den Tagen von Königin Anne die Dienerschaft das Privileg hatte, durch den Verkauf von «Palace-Kerzenstummeln» ihr Taschengeld aufzubessern. Zu viele abwesende Autoritäten übersahen solche Dinge geflissentlich, und es sollte sehr lange dauern, bis Albert die Verwaltung des Hofes unter Kontrolle hatte. Aber in Luise Lehzen hatte er eine Person, der er mindestens zum Teil die Schuld am herrschenden Chaos geben konnte. Er hatte schon Stockmar beauftragt, die Probleme zu untersuchen und Lösungsmöglichkeiten vorzuschlagen. Sie sollten noch viel mehr Menschen unglücklich machen als nur die Baronin. Dennoch bedeutete Alberts Bestreben, administrative Aufgaben und Machtbefugnisse, soweit es innerhalb der bestehenden Traditionen und Regelungen möglich war, in seinen eigenen Händen und in denen Ansons, seines Bevollmächtigten, zusammenzuziehen, daß er die Baronin Lehzen ausbooten mußte. Da ihre gesamte Macht inoffizieller Natur war, brauchte er dazu lediglich Victorias Zustimmung. Albert legte ihr eine lange Liste von verschwenderischen und unwirtschaftlichen Ausgaben bei Hofe vor, die Stockmar in seinem Memorandum detailliert zusammengestellt hatte. Aber Victoria weigerte sich noch immer, Luise Lehzens Anwesenheit als überflüssig und ihre Beziehung zu der Baronin als gefährlich anzusehen. Albert erklärte Stockmar, Victoria sei «niemals ohne sie gewesen, und wie jede gute Schülerin ist sie gewohnt, ihre Erzieherin als Orakel zu betrachten. Außerdem haben sie die unglücklichen Erfahrungen, die sie gemeinsam im Kensington Palace durchgemacht haben, noch enger aneinander gebunden, und die Lehzen hat in ihrer Verstiegenheit Victoria zu dem Glauben gebracht, daß sie jegliche gute Eigenschaft, die sie besitzt, allein ihr verdankt.» Er sah «das Wohl meiner Kinder und Victorias Existenz als Herrscherin» bedroht, wenn Luise Lehzen blieb. Während der ersten Wochen des Jahres 1842 fielen zwischen den Ehegatten viele böse Worte, und beide schrieben an Stockmar in Coburg als Vermittler.

Die Baronin Lehzen sei nicht länger ihre Vertraute, versicherte Victoria Stockmar. Albert bausche die Frage ihrer Anwesenheit zu sehr auf. «Ich habe Albert oft eingestehen hören, daß jedermann die Verdienste der Lehzen um mich anerkennt, und mein einziger Wunsch besteht darin, daß sie in meinem Haus ein ruhiges Zuhause hat und mich von Zeit zu Zeit aufsucht ... wegen verschiedener Papiere und der meiner *toilette*, bei denen sie mir von größtem Nutzen ist ... Liebster Engel Albert, Gott allein weiß, wie sehr ich ihn liebe. Seine Position ist schwierig, das weiß der Himmel, und wir müssen alles tun, um sie ihm zu erleichtern.» In einem späteren Brief an Stockmar, geschrieben am 20. Januar 1842, gab Victoria zu, sie sei «so jähzornig, wenn man zu ihr spreche», eine Eigenschaft, von der sie fürchtete, sie sei «unausrottbar», und die sie «zornige und abscheuliche Dinge» sagen ließ, «die ich selbst nicht glaube und die, wie ich fürchte, A. verletzen, die er aber nicht wörtlich nehmen sollte». Ihre Lage war «ganz anders als die anderer Ehepaare. A. ist in meinem Haus, und nicht ich in seinem. – Ich bin aber bereit, seinen Wünschen zu gehorchen, weil ich ihn so sehr liebe.»

Schließlich gehorchte sie unter melodramatischen Umständen. Als die Kronprinzessin ernstlich krank wurde, schob Albert die Schuld an «Pussys» Zustand darauf, daß Victoria Luise Lehzen im Kinderzimmer das Kommando führen ließ und Sir James Clark völlig inkompetent sei. Dr. Clark, so teilte er der Königin schriftlich mit, «hat das Kind falsch behandelt und es mit Kalomel vergiftet, und Du hast es hungern lassen. Ich will nichts mehr damit zu tun haben. Nimm das Kind und tu was Du willst. Aber wenn es stirbt, wirst Du es auf dem Gewissen haben.»

Der Krieg war vorbei, aber noch sollten einige Scharmützel auszufechten sein – Verzögerungstaktiken der Lehzen. Hätte sie sich zu irgendeiner versöhnlichen Geste gegenüber Albert durchgerungen, wäre ihr vielleicht der Platz im Palace eingeräumt worden, den Victoria für sie haben wollte. Statt dessen erkannte die Baronin, daß ihre Abreise der Preis für das zukünftige Glück der Königin war. Ebenso wie bei Peel und den Hofdamen, ergriff Albert die Initiative, als er sah, daß seine Stunde gekommen war. Luise Lehzen hatte das vorausgesehen. Ihre Hilfe bei Victorias Papieren hatte darin bestanden, mit einer Briefkopierpresse Duplikate herzustellen, eine Aufgabe, die sie in aller Stille an die ergebene Kammerzofe der Königin, Annie Skerret, weitergab. Sie war die Nichte von Königin Charlottes Unterschatzmeister und 1837 in Victorias Dienst getreten. Sie blieb bis 1862 bei ihr und schrieb vor allem Briefe an Geschäftsleute.

Am 25. Juli informierte Albert Victoria, daß Luise Lehzen beschlossen habe, sich aus gesundheitlichen Gründen zurückzuziehen. Da die Baronin eine kerngesunde Frau von sechsundfünfzig Jahren war, begriff Victoria, daß sie diesen Beschluß «zu unserem & ihrem Besten» gefaßt hatte. Die Baronin Lehzen bekam eine Kutsche und eine Pension von 800 £, ein Jahreseinkommen, von dem sie in Deutschland angenehm leben konnte. Ende September reiste sie aus London ab, ohne Aufsehen, und ohne sich von irgend jemandem zu verabschieden – ihre letzte Geste, um Victoria Tränen zu ersparen. Sie fuhr nach Bückeburg, einer ruhigen Stadt westlich von Hannover. Es war ihre Absicht gewesen, dort mit ihrer Schwester zu leben, aber diese starb drei Monate später, und die Baronin blieb allein zurück. Sie bezog trotzdem deren Haus, das sie mit Bildern von Victoria füllte, bis sie 1870 sechsundachtzigjährig starb.

Es sei die Baronin Lehzen – so vertraute Albert Anson an, der buchstäblich sein einziger Vertrauter war, wenn Stockmar nicht bei ihnen wohnte –, die dafür verantwortlich sei, daß Victoria sich intellektuell so unzulänglich fühle. Sie sei für Victorias Ausbildung zuständig gewesen, so übertrieb er, und habe sie auf einem niedrigen Niveau gehalten. Objektiv betrachtet traf es wahrscheinlich zu, daß Victoria wenig über Wissenschaft und Technik wußte, die großen Leidenschaften Alberts, und es nicht mochte, wenn das Gespräch auf diese Themen kam. Etwas mehr wußte sie über Kunst und Musik, die Albert ebenfalls leidenschaftlich liebte, aber ihr Geschmack war konventioneller als seiner. Mehr wußte sie schon über Geschichte und Politik und begriff deren unmittelbare Bedeutung für ihre eigene Person. Aber Albert betrachtete auch das nur als einen Anfang. Er hatte sich daran gemacht, ihr nicht nur Stockmar, sondern auch eine ganze Universität zu ersetzen. Staatsführung war ein Gebiet, für das sie einen guten Instinkt besaß, obwohl Albert auch hier Anzeichen von Faulheit erkannte. Ein Teil ihrer Trägheit war auf Melbourne zurückzuführen. Später, als sie sich immer mehr auf Alberts Sachverstand zu stützen begann, und auch nach seinem Tod, als sie allein entscheiden mußte, erkannten ihre Minister sie an ihrem scharfen Geist und geschliffenen Schreibstil. Die Baronin hatte ihre Aufgabe gar nicht schlecht erfüllt. Victoria besaß mit dreiundzwanzig Jahren nicht ganz die Art von Kultur, die für ihre Wochenenden auf vornehmen Landsitzen von Nutzen gewesen wäre, aber sie hatte ihre Erziehung tapfer durchgestanden. Nur wenige Menschen sollten sich ihr intellektuell überlegen zeigen, schon allein deshalb, weil es ihr als Königin freistand, ein Thema zu wählen oder es fallenzulassen.

Waren die Enttäuschungen, die Albert aufgrund seiner Position von außen zuteil wurden, auch erheblich, so sah er doch, wie Victoria immer besser in ihre Rolle hineinwuchs, und durfte stolz darauf sein, wesentlich dazu beizutragen. Während Victoria sich frisieren ließ, las sie *Cornwallis on the Sacrament* oder Guizots *Révolution de l'Angleterre*. Als im Juni 1842 Felix Mendelssohn nach England kam, um eine Aufführung seiner neuen Symphonie in a-Moll (später *Schottische* Symphonie genannt) zu dirigieren, war es Victoria ein Bedürfnis, ihn und seine Frau Cécile in den Buckingham Palace einzuladen. Am 20. Juni kam der Komponist, der trotz seiner dreiunddreißig Jahre zierlich und knabenhaft wirkte mit seinen unzähligen schwarzen Locken, und spielte für das königliche Paar seine *Lieder ohne Worte*. Anschließend wurden er und Cécile zum Tee in die Große Galerie geführt. Ehe sie gingen, lud Albert das Ehepaar ein, am folgenden Samstag noch einmal zu kommen, damit der Komponist die Orgel im Buckingham Palace ausprobieren könne. Er kam wieder und spielte «Wie lieblich sind die Boten» aus seinem Oratorium *Paulus*, wobei ihm Albert bei den Registern half.

Victorias und Alberts musikalische Virtuosität ging weit über die Erfordernisse des gesellschaftlichen Lebens hinaus, wie Mendelssohn entdeckte. Zuerst spielte Albert einen Choral, «auswendig, mit den Pedalen, so bezaubernd, so klar und korrekt, daß es jedem Berufsmusiker zur Ehre gereicht hätte ..., dann flatterten alle Notenblätter zu Boden, und die Königin sammelte sie wieder auf».

Als sie die gesuchten Blätter gefunden hatte, sang Victoria das Lied «Italien» aus Mendelssohns erstem Liederzyklus. Das setzte den Komponisten in solche Verlegenheit, daß er ihr ein Geständnis machte. Wie er seiner Mutter schrieb, brachte er es nicht fertig, der Königin zu verheimlichen, daß seine Schwester Fanny das Lied geschrieben hatte, obwohl es unter seinem Namen veröffentlicht worden war. (Eine Frau konnte leichter eine Herrscherin als eine anerkannte Komponistin werden.) «Ich sah mich genötigt zu gestehen, daß Fanny das Lied geschrieben hatte. Das fiel mir sehr schwer, aber Hochmut muß fallen. Ich bat sie, auch eines von meinen eigenen Liedern zu singen. Wenn ich ihr tüchtig beistehen würde, wolle sie es gerne versuchen, sagte sie, und dann sang sie – mit Mendelssohn am Klavier – den *Pilgerspruch* ‹Laß dich nur›, wirklich völlig fehlerfrei und mit bezauberndem Gefühl und Ausdruck.»

Als der Komponist sich bei ihr bedankte, sagte sie schüchtern: «Ach, wenn ich nur nicht so viel Angst gehabt hätte! Sonst habe ich mehr Atem.» Seiner Mutter schrieb Mendelssohn – was er der Königin nicht hatte glaubhaft machen können –, daß sie wirklich gut gesungen hatte, «wie man es selten hört».

Dann sang der Prinz das *Erntelied* aus demselben Zyklus. Zum Schuß improvisierte Mendelssohn heiter auf dem Klavier, wobei er Themen der Stücke aufgriff, die eben gesungen worden waren. Wahrscheinlich erwähnte Victoria im Gespräch ihre bevorstehende Reise nach Schottland, denn als der Komponist wieder in Deutschland war, bat er die Königin in einem Brief um ihre Erlaubnis, ihr seine *Schottische* Symphonie widmen zu dürfen.

Die endgültige Ablösung Victorias von Luise Lehzen erfolgte im August und September, als die Baronin die königliche Familie nicht bei ihrem ersten Besuch in Schottland begleitete. Die Vorbereitungen des Lordkämmerers für die erste lange Reise, die die Königin von London wegführte, dauerten Wochen und befaßten sich mit jedem noch so winzigen Detail, das vorsichtigen Bürokraten nur einfallen konnte. Jede mögliche Panne mußte vermieden, jede heikle Situation vorausgeahnt werden. Daß Vorstellungen bei der Königin stets von Personen vorgenommen werden mußten, die ihrerseits schon vorgestellt worden waren, bereitete den schottischen Beamten größtes Kopfzerbrechen. Sie wußten, daß an Orten wie dem Holyrood Palace in Edinburgh an solchen Personen Mangel herrschen würde.

Die Eisenbahngesellschaft hatte für die Königin einen Staatswaggon gebaut, der (nach modernen Begriffen) recht kurz war, doch reich geschmückt und eine kleine Krone auf dem Dach zeigte. Der Innenraum wirkte wie ein kleiner, aber üppig bestückter Salon. Am 14. Juni 1841 machten die Königin und der Prinz ihre erste Fahrt in dem Waggon auf der neuen Linie der Eisenbahngesellschaft von Slough bei Windsor zum Bahnhof Paddington in London. Die Königin ließ verkünden, sie sei «ganz bezaubert», während Albert sich Sorgen über die gefährlich hohe Geschwindigkeit machte – 50 Meilen pro Stunde.

Für die Reise nach Schottland begab sich der Hof am 29. August in einem Wagenkonvoi nach Slough, wo alle in einen Sonderzug einstiegen, der aus Lokomotive, Gepäckwagen, dem königlichen Salon und zwei Waggons für die Bediensteten und die Bahnbeamten bestand. Vor Beginn des erfolgreichen Experiments hatte sich die Königin über Eisenbahnunglücke Gedanken gemacht, besonders über mögliche Erdrutsche an Bahndämmen, auf denen die Schienen lagen. Melbourne hatte schon früher solche Befürchtungen damit abgetan, das sei eben der Preis des Fortschritts in einem Land mit regenreichem Klima. Der Reisegesellschaft hatte man per Schiff siebenundzwanzig Pferde der königlichen Stallungen und fünf Kutschen vorausgeschickt. Die Gesellschaft stieg am Londoner Bahnhof Paddington in Kutschen um und fuhr durch die Stadt nach Woolwich, wo sie an Bord der veralteten Yacht *Royal George* ging.

Die Reise war unangenehm. Die *Royal George* – eben jenes Schiff, das die Herzogin von Kent im achten Monat ihrer Schwangerschaft 1819 von Calais nach Dover übergesetzt hatte – war ein schwerfälliges Segelschiff im neuen Dampf-Zeitalter. Um nach Schottland zu gelangen, wurde es von zwei Dampfschiffen ins Schlepptau genommen. Der ungleichmäßige Anzug in Verbindung mit den Wellen der Nordsee ließ die ganze königliche Gesellschaft stark unter der Seekrankheit leiden. Außerdem sorgte die unzeitgemäße Beförderung dafür, daß sie mit einem halben Tag Verspätung in Inchkeith bei Edinburgh eintrafen. Daß sie dort auch noch die Nacht über vor Anker liegen mußten, verschlimmerte den Zustand aller Gäste an Bord. Noch vor acht Uhr bestand Victoria darauf, an Land zu gehen.

Das Edinburgher Empfangskomitee, das den ganzen vorhergehenden

Tag gewartet hatte, war nach Hause gegangen und noch nicht wieder erschienen, so daß alle offiziellen Begleiter die Königin inständig baten, sich zu gedulden. Sie hatte jedoch bereits genug vom Warten und ging an Land. Uniformierte Eskorten und der Oberbürgermeister von Edinburgh, der die Schlüssel der Stadt bei sich trug, stürmten dem Besuch entgegen und fädelten sich in den Zug ein, ehe er in Dalkeith eintraf, wo die Königin Gast des Herzogs von Buccleuch sein sollte. Obwohl die Planung bis ins kleinste Detail gegangen war, hatte man doch eines übersehen – daß die *Royal George* hoffnungslos veraltet war.

Die königliche Reise nahm einen guten Verlauf. Das einzige größere Problem bereitete das Protokoll. «Das Hochland und die Berge sind von herrlicher Schönheit», schrieb Victoria am 10. September von Taymouth aus an Melbourne, «und wir müssen unbedingt später noch einmal für längere Zeit hierherkommen.» (Sie korrespondierte noch immer mit Melbourne, aber weder Peel noch der Prinz machten sich weiter darüber Sorgen, weil die Briefe nur Belanglosigkeiten enthielten.) Außerdem hatte Sir Robert Peel, inzwischen Premierminister, sie auf der Reise begleitet. Er war darum bemüht, ihr Vertrauen zu gewinnen. Er war «sehr nervös», wie er später Greville erzählte, denn die Route führte durch «heikle Gebiete», in denen es Unruhe bei den Arbeitern gegeben hatte. Aber die Loyalitätsbekundungen für die Königin beeindruckten sowohl Peel als auch Victoria. «Ihr Hauptfehler, in kleinen wie in großen Dingen», hatten laut Greville sowohl Peel als auch Lord Adolphus FitzClarence, ihr Cousin und Kapitän der Yacht, festgestellt, «scheint die Ungeduld zu sein; sie verträgt keinen Widerspruch und keine Abänderung ihrer Pläne... Sie bestand darauf, so bald wie möglich an Land zu gehen, und wollte nicht warten, bis die offiziellen Vertreter zur Stelle waren und sich das Volk versammelt hatte, um sie zu begrüßen.... Es gab große Unzufriedenheit bei den Leuten, die von weither gekommen waren und viel Geld für Sitz- und Fensterplätze ausgegeben hatten, um sie vorbeikommen zu sehen.» FitzClarence, der lange zur See gefahren war, konnte sich nicht vorstellen, daß Seekrankheit einen Menschen ungeduldig machen konnte.

Es gab keinen Augenblick auf der Reise, in dem Victoria nicht ungeduldig war, aber die Verehrung der Schotten blieb ihr die ganzen vierzehn Tage über erhalten. Wie sie Melbourne schon gesagt hatte, wollte sie wiederkommen. Sie weigerte sich jedoch, auf der schlingernden und stampfenden *Royal George* zurückzufahren, und schiffte sich auf dem Dampfer *Trident* nach London ein. Für zukünftige Seereisen wurde dann ein königliches Dampfschiff bestellt.

Als sie wieder zu ihren roten Depeschen-Kästen und den Regierungsgeschäften zurückgekehrt war, mußte die Königin erneut erkennen, daß innenpolitische Angelegenheiten die außenpolitischen Probleme nicht bannen konnten. Nachdem der Earl of Aberdeen, ein Tory, Palmerston als Außenminister abgelöst hatte, achtete sie auch weiterhin darauf, daß ihre Auffassung der englischen Interessen berücksichtigt wurde. Ihr vorrangiger Gesprächspartner aber blieb Sir Robert Peel. Am Anfang hatten sich beide miteinander unbehaglich gefühlt. Victoria wollte die Krise um die Hofdamen noch immer nicht vergessen, die sie ungerechterweise Peel zur Last legte, und auch nicht die lautstarke Opposition der konservativen Partei gegen Albert. Sie warnte ihren Mann davor, allzu engen Umgang mit den neuen Ministern zu pflegen. Albert seinerseits bewunderte Peel und schätzte seine geistigen Fähigkeiten. Victorias anfängliches Unbehagen in Peels Gegenwart äußerte sich schon in geringfügigen Kleinigkeiten. «Sie würde ihn eher mögen», vertraute Greville seinem Tagebuch an, «wenn er seine Beine stillhalten könnte.»

Bedeutsamer waren solche Probleme der Außenpolitik wie die Auseinandersetzungen mit den Vereinigten Staaten über die kanadische Grenze mit Maine und über das Recht, Schiffe zu durchsuchen, die verdächtigt wurden, Sklaven zu transportieren. Ferner standen Interventionen in Afghanistan, Indien und China sowie die Annektion von Hongkong als Handelsstützpunkt zur Debatte. Die leidige Entente Frankreichs mit England hatten viele Franzosen so aufgefaßt, als besäßen sie in Palmerston einen zusätzlichen eigenen Außenminister. Jetzt war er nicht mehr im Amt, und die Regierung des Bürgerkönigs Louis-Philippe intrigierte in Spanien, wo England die schwache Regentschaft einer Infantin unterstützte. Die Regierung von Spanien, schrieb Victoria an Aberdeen, «ist England zutiefst verbunden». Das sollte ein bleibender Wegweiser für ihre Politik sein. Nachdem sie den Entwurf einer Botschaft an ihren Gesandten in Portugal gelesen hatte, gab sie ihn Aberdeen mit der Empfehlung zurück, «die Worte, die ich mit Bleistift unterstrichen habe, *abzumildern*». Die Angelegenheit war nicht so wichtig wie die versöhnliche Absicht und das Zusammenspiel mit ihren Ministern. Es kam nicht darauf an, ob Albert das Original eines Memorandums entworfen hatte, das sie dann mit eigener Hand neu schrieb. Es war die Königin, die stets darauf bestand, informiert zu werden und ihre Meinung kundzutun. Melbourne hatte Peel nahegelegt, daß er der Königin *elementare* Informationen geben sollte. Damit hatte er gemeint, er solle ihr ausführlich die Details erklären. Er hatte ihre Vorliebe dafür bereits an den Fragen erkannt, die sie ihm stellte. Victorias Autorität in Dingen, die verfassungsmäßig in die Zuständigkeit ihrer Minister fielen, ergab sich aus ihrer Kontinuität als Herrscherin und der Diskontinuität der Regierung. Die Königin überdauerte die Wahlprozesse. Daß sie ein weiterbestehendes moralisches Mandat hatte, war in großem

Maße darauf zurückzuführen, daß der Prinz eine distanzierte Betrachtungsweise der Parteien vermittelte, die sogar sie dann beibehalten sollte, wenn sie als Monarchin einer bestimmten Politik oder Person gegenüber Stellung bezog.

Die Verantwortung, die Albert aufgebürdet wurde, war überwältigend für einen so jungen und unerfahrenen Mann. Dabei war sein Status nur der, den er selbst daraus machen konnte. Zum Glück für Victoria investierte er einen großen Teil seiner Energie in unermüdliche Arbeit hinter den Kulissen, um sie aus dem Loch der Verzweiflung und Enttäuschung herauszuholen, in das sie nach den ersten, euphorischen Jahren als Königin gefallen war. Die Affäre um die Kammerfrauen, die Kämpfe um Conroy, die peinlichen Ereignisse um Lady Flora, die Niederlage bei der Bestimmung von Alberts Status und Apanage, der Verlust Melbournes, die Vertreibung der Baronin Lehzen, die unerwünschten Schwangerschaften (und die Furcht vor weiteren) hatten gezeigt, daß Victoria weniger stark war, als sie erschien. Mit ihren Ministern fühlte sie sich sicher, ihre Korrespondenz führte sie voller Selbstvertrauen, bei Hofzeremonien trat sie königlich auf. Und doch hatte Anson schon zu Weihnachten 1841 geschrieben: «Ihre Majestät interessiert sich immer weniger für Politik.» Er wußte, daß Albert diskret die Geschäfte der Monarchie führte, während Victoria gegen eine lang anhaltende Depression ankämpfte, von der nur wenige etwas wußten.

Albert ertrug die Eheschwierigkeiten, die ihr Zustand mit sich brachte, mit Geduld und Takt. Aber er erkannte, daß er sich als Ehemann durchsetzen mußte, sonst konnte Victorias hannoveranischer Hochmut sowohl die Monarchie als auch ihre Ehe gefährden. Sallie Stevenson erinnerte sich an einen Gesellschaftsabend im Buckingham Palace, bei dem Albert, als sie ihm ein Kompliment über sein gutes Englisch machte, realistisch antwortete: «Oh nein, es geht nur gerade so. Ich hoffe, daß es noch besser wird.» Eine Gruppe von Gästen scharte sich dann um die Königin und ließ sich an Tischen nieder, um wie üblich Whist zu spielen. Der Prinz, der das Kartenspiel verachtete, saß abseits mit einigen anderen beim vierhändigen Schachspiel, eine merkwürdige Variante des Spiels, die im neunzehnten Jahrhundert aufkam. Es wurde jeweils mit einem Partner und zwei Sätzen von Schachfiguren unterschiedlicher Farbe auf einem Brett von 160 Quadraten gespielt. Nach einigen Stunden der Langeweile erhoben sich die Whistspieler, angeführt von der Königin, und zogen sich zurück. Da der Prinz noch immer «in sein Spiel vertieft war, beugte sich die Königin zu ihm hinunter und sagte mit sehr leiser und lieblicher Stimme ‹Albert!› Aber da Seine Königliche Hoheit zu sehr vertieft war, um diese sanften und silberhellen Töne zu hören, wiederholte sie seinen Namen immer wieder, wobei ihre Stimme zunehmend eindringlicher wurde, ohne irgend etwas von ihrer

Süßigkeit und Zärtlichkeit zu verlieren. Man sagt jedoch, daß er sich, mag sie auch die Königin sein, in der Ehe nicht ‹unter den Pantoffel› nehmen läßt – daß er ihr, wenn nötig, freundlich aber fest widersteht, und ich glaube, das ist die beste Garantie für ihr zukünftiges Glück.»

Der Maler E. M. Ward erinnerte sich an eine solche Gelegenheit, als der Prinz ausgegangen war, um mit dem Vorstand der Royal Academy zu Abend zu essen. Kaum hatte das Diner begonnen, erschien ein Bote und verkündete, die Königin wünsche die Anwesenheit des Prinzen im Buckingham Palace. Der Prinz nickte und schickte den Boten fort. Eine halbe Stunde später erschien ein weiterer Bote mit der Botschaft, die Königin warte noch immer. Albert nickte wieder und winkte den Boten beiseite. Alsbald stand ein dritter Bote vor der Tür mit der gebieterischen Weisung: «Die Königin *befiehlt* Eurer Königlichen Hoheit, sofort in den Buckingham Palace zurückzukehren.»

Der Prinz entließ den Boten und blieb für den Rest des Abends bei der Gesellschaft. Als Ward ihn zu seiner Kutsche begleitete, hörte er, wie der Kutscher die Anweisung erhielt, nach Claremont zu fahren, wo Albert zweifellos seelenruhig schlief, während Victoria wieder einmal begreifen mußte, daß auch zur Ehe einer Herrscherin zwei gehören.

Alberts selbstbewußtes Auftreten und der Abschied der Baronin Lehzen verliehen der Ehe den Anschein von Stabilität. In der Nacht nach der Abreise der Baronin träumte Victoria, daß sie zurückgekommen sei, um sich zu verabschieden. Doch als die Königin erwachte, blieb nur die Wirklichkeit ihres Verlustes. Am nächsten Tag holte sie einige ihrer alten Tagebücher hervor – vielleicht, um sich an die Rolle Luise Lehzens in ihrem Leben zu erinnern – und stieß auf einen Abschnitt aus dem Jahre 1839, in dem sie über ihr «Glück» mit Melbourne geschrieben hatte. Der Anlaß war seine Niederlage beim Vertrauensvotum, die gedroht hatte, «ein armes, hilfloses Mädchen» seines Premierministers zu berauben, ein Ergebnis, das sie vereitelt hatte. Jetzt, da sowohl die Lehzen als auch Melbourne gegangen waren, schrieb sie in ihr Tagebuch: «1. Oktober. Schrieb & überlas & korrigierte meine alten Tagebücher, die jetzt keine sehr angenehmen Gefühle wachrufen. Das Leben, das ich damals führte, war so künstlich & oberflächlich, & doch meinte ich, ich sei glücklich. Gott sei Dank! Jetzt weiß ich, was wahres Glück bedeutet.»

Am 13. Dezember 1842 dachten Victoria und Albert gemeinsam über das Ausscheiden von Luise Lehzen und Melbourne aus ihrem Leben nach. Sie fragten sie sich, was wohl Victorias «grenzenlose Bewunderung und Zuneigung» für Melbourne ausgelöst haben mochte, die ihnen bereits merkwürdig vorzukommen begann, da sie so zufrieden miteinander waren und ihr Vertrauen in Peel so schnell wuchs. In ihrem Tagebuch gab Victoria ihren «so innigen Gefühlen» die Schuld, für die sie sonst kein Ventil besaß. Sie fügte jedoch hinzu: «Albert meint, ich hätte mich so sehr darein hineingesteigert, daß es am Ende schon wirklich recht töricht war.» Ebenso töricht aber war – das erkannte sie nun, da sie Alberts Schilderung hörte, was er unter der Baronin zu erdulden gehabt hatte – auch ihre hartnäckige Weigerung, dieses Kapitel ihres Lebens abzuschließen.

Nach den dissonanten Tönen, die Anson Ende 1841 notiert hatte, herrschte Ende 1842 eine Harmonie, die Victoria und Albert wenige Monate zuvor noch kaum zu erhoffen gewagt hatten. Selbst die höchst unwillkommene neuerliche Schwangerschaft der Königin führte zu keinerlei Ängsten, so daß sie auf Leopolds Glückwünsche antworten konnte: «Meine armen Nerven, die jedoch *jetzt*, Gott sei Dank, beinahe *völlig* zur Ruhe gekommen sind, waren das letzte Mal so mitgenommen, daß ich ein *ganzes Jahr* darunter gelitten habe. ... Und doch waren diese Nervenzustände nur Nebensächlichkeiten, denn ansonsten geht es mir so gut, und bin ich so kräftig, daß ich, wenn mein Glück nur fortbesteht, alles andere mit Freuden ertragen kann.»

VII

DIE DOPPELMONARCHIE

(1844-1848)

«Ich wünsche Dir viel Freude daran, daß der Prinz von Wales jetzt alleine laufen kann», schrieb Feodora in den ersten Tagen des Jahres 1843 an Victoria. «Ich finde, Kinder sollten von Anfang an laufen können wie all die kleinen Tiere, wenn sie geboren werden.» Diese Ansicht ihrer Schwester spiegelte Victorias eigene Ungeduld mit Kleinkindern wider, obwohl sie zur Abwechslung einmal mit Hochstimmung auf ihre erneute Schwangerschaft reagierte.

Erst dreiundzwanzig Jahre alt, war die Königin noch eine sehr junge Frau, die sich zunehmend wohler in ihrer Haut fühlte. Ihre gewachsene Erfahrung erlaubte ihr, alle Vorrechte der Königin in Anspruch zu nehmen, die die Verfassung ihr einräumte, und sich gleichzeitig an ihrer Ehe und ihrer zunehmenden Kinderschar zu erfreuen. Während Peels Kabinettszeit war Albert nach Baronin Lehzens Fortgang Victorias inoffizieller Privatsekretär und Vertrauter geworden, der dadurch jene informelle Macht erwarb, die alle tüchtigen Privatsekretäre auszeichnet. Alles, was die Königin begutachten sollte, ging durch seine Hände. Wenn die Papiere an sie weitergegeben wurden, waren sie gewöhnlich schon mit Kommentaren und in manchen Fällen sogar mit Entwürfen für Antworten versehen, die sie aus seinem hölzernen Englisch in einen etwas victorianischeren Stil umzuwandeln pflegte. Mit deutscher Gründlichkeit ordnete und hortete er Dokumente, fertigte Protokolle von den Gesprächen der Königin mit ihren Ministern an – die in seiner Anwesenheit stattfanden – und zeichnete jede Akte in roter Tinte mit einem Themenvermerk aus. Er las Zeitungen, denen sie keine Beachtung schenkte, schnitt Artikel aus, die sie ebenfalls lesen sollte, oder strich sie an und bereitete Memoranden vor, die er für den gegenwärtigen oder einen zukünftigen Zeitpunkt für wichtig hielt. Dadurch erleichterte er Victoria die Arbeit und schulte gleichzeitig sorgfältig ihren Geist. Er hoffte außerdem, daß die Bände von Materialien, die er zusammenstellte, eines Tages dem Prinzen von Wales als Nachschlagewerke dienen könnten. Er betrachtete seinen Sohn nicht einfach als ein niedliches Kind, das gerade laufen lernte, sondern als den zukünftigen König von England, der das intellektuelle Ebenbild seines Vaters werden sollte.

Victorias Beziehung zu Peel war dank Albert und ihrer eigenen größeren Reife gänzlich anderer Natur als früher die zu Melbourne. Die Königin war nicht mehr so leicht formbar, sie wollte mehr wissen und war eher bereit, Ministerbeschlüsse zu akzeptieren oder ihnen zuzustimmen, nachdem Peel ihr (und Albert) Gelegenheit gegeben hatte, ihre Ansichten dazu vorzubringen. Zwar war die Monarchin theoretisch durch keine schriftlich fixierte Verfassung gebunden, doch wurde sie von den wachsenden Einschränkungen der Kabinettsdemokratie in ihrem Wirken gebremst. Sie hatte das Recht auf Information und Anhörung – ein Recht, auf dem sie und Albert bestanden – und angehört zu werden. Die Herrscherin als nicht ablösbare Regierungsinstanz besaß eine moralische Autorität, die diejenige der gewählten Amtsinhaber übertraf. Ferner war formell die königliche Zustimmung für eine Unmenge von Regierungsbeschlüssen und -funktionen erforderlich. Ein immer ausgedehnteres Wahlsystem hatte jedoch kaum noch Raum für Eigenaktivitäten des Monarchen gelassen, kaum mehr, wie Walter Bagehot in späteren Jahren von Victorias Herrschaft bilanzierte, als das Recht, konsultiert zu werden, das Recht zu ermutigen und das Recht zu warnen. Wenn man von diesen «Rechten» klugen und umsichtigen Gebrauch machte, dann bedeuteten sie eine Macht, die einen Souverän weit über seine symbolische Funktion hinaus erhob – in Victorias Fall nicht nur die Königin, sondern zugleich auch deren Gemahl. Wie sorgsam Albert auch die Spuren seines Wirkens aus ihrem offiziellen Tun tilgte, sie wußte, wieviel von ihrer Autorität sie den Vorbereitungen ihres Gatten und der Prägung ihres Charakters durch seine Anleitung verdankte. Sie hielt in ihrem Tagebuch fest, daß sie einmal dem Prinzen gesagt hatte: «Du bist es, der mich ganz geformt hat.» Das allumfassende Adverb war keineswegs zutreffend, weil sie eine zu starke Persönlichkeit war, um sich so stark lenken zu lassen. Lord Brougham, der damals zur Whig-Opposition gehörte, begriff die Lage nur einseitig, wenn er sie heimlich «Königin Albertine» nannte. Verständigere Beobachter hätten wohl in der Entwicklung Mitte der vierziger Jahre das Entstehen einer inoffiziellen Doppelmonarchie erkannt.

Während der ersten Jahre ihrer Regierung hatte Victoria die öffentliche Aufmerksamkeit, die sie von morgens bis abends wie ein wohliges Bad umgab, zutiefst genossen. Königliche Levers und «Drawing rooms» blieben die offiziellen Tore zur Gesellschaft. Levers wurden hin und wieder an Vormittagen abgehalten, um Herren bei Hofe einzuführen, Drawing-rooms am Nachmittag für die Damen. Diese Gelegenheiten, die Hand der

Herrscherin flüchtig mit den Lippen zu streifen und ein paar Worte mit ihr und dem Prinzen zu wechseln, waren bei aller Strenge in Kleidung und Protokoll, völliger Gefühlsleere und kürzestem Kontakt mit der Königin eine unerläßliche Auszeichnung der Privilegierten. Doch zog sich die Königin während ihrer ersten Jahre mit Albert stets für einige Stunden ins Privatleben zurück, so weit es sich eben einrichten ließ. Da die Ansprüche und Sorgen wie auch die Angehörigen selbst der «upper ten», der oberen Zehntausend, Albert mit Mißbehagen erfüllten, war Victoria schon bald nicht mehr der Brennpunkt des gesellschaftlichen Lebens in London. Die Neigung der beiden, sich selbst genug zu sein, wuchs um so mehr, als sie die Möglichkeiten eines Landsitzes zu erkunden begannen, auf den sie sich aus London zurückziehen könnten, um einen Hauch von Familienleben zu erhaschen. In dem Maße, in dem die Monarchie öffentlich wie privat verbürgerlichte, verlor sie einen großen Teil ihrer Attraktivität für die Aristokratie, dem traditionellen Gegengewicht zum Auf und Ab der öffentlichen Meinung. Obwohl die Vergabe von Peerswürden und Privilegien der Herrscherin oblag, wurden die Begünstigten in der dezimierten modernen Monarchie immer häufiger von ihrem Premierminister ausgewählt als von ihr selbst.

Die Änderung kam anfangs unmerklich. Der privateste Bereich ihres Lebens – abgesehen von dem breiten Bett, in dem Victoria und Albert schliefen – war für sie der Vormittag. Die romantische Arbeit an den Seite an Seite stehenden Schreibtischen im selben Zimmer war bald der praktischeren Benutzung getrennter Räume gewichen. Am Ende der morgendlichen Arbeitszeit ging der Prinz gewöhnlich ins Zimmer der Königin. Dort besprachen sie miteinander Geschäftsdinge oder lasen einander aus so unterschiedlichen Büchern vor wie Hallams Staatsrechtslehre *Constitutional History* und Scotts Historienroman *The Lay of the Last Minstrel*.

Nach dem Mittagessen, das sie häufig mit Gästen einnahmen, waren ihre Nachmittage meist mit Terminen gefüllt. Wenn sie Freizeit hatten, spielten sie noch immer vierhändig Klavier zusammen, malten oder zeichneten. Trotz Alberts ernstem Auftreten in der Öffentlichkeit, das aus seinem weiter andauernden Kampf mit der englischen Sprache und den englischen Gepflogenheiten herrührte, war er in Gesellschaft Victorias und seiner noch kleinen Kinder verspielt und nur zu bereit, jeglichen Zwang von sich abzuschütteln. Er kroch mit Pussy und Bertie auf dem Boden herum und entzückte Victoria damit, daß er sie «in den April schickte». Aber ihr Selbstporträt, das sie am 19. Mai 1843 zeichnete, enthüllt, wie ernst sie sich nach sechs Jahren auf dem Thron sah. Ihre Lippen sind fest zusammengepreßt, ihre großen Augen weit geöffnet, ihr Haar ist in der Mitte streng gescheitelt und an den Seiten sorgfältig geflochten. Es ist das Porträt einer Herrscherin, die das Vergnügen bereits hinter sich hat.

Alle Besucher der Prinzessin Lieven, so schrieb diese aus Paris an Lady Palmerston, berichteten ihr, «daß Prinz Albert äußerst unbeliebt ist und die Königin genauso. Beide sollen in höchstem Maße ungehobelt sein.» Sie waren nicht so sehr ungehobelt als wenig liebenswürdig – sie besaßen die anerzogene Arroganz, die in höchsten Kreisen oft anzutreffen war. Was immer man Victoria als Kind an kleinen Höflichkeiten beigebracht haben mochte, das Protokoll engte die Königin, selbst in ihrer unmittelbaren Umgebung, in jeder Form von Vertraulichkeit ein. Albert hielt sich stocksteif und schüttelte den Leuten ungelenk die Hand – was vielleicht mehr ein Anzeichen der Unsicherheit seiner Stellung war (er hatte in England noch immer keinen anderen gesetzlichen Status, als der Ehemann der Königin zu sein) denn teutonischer Hochmut. Man sagte, er sitze noch nicht einmal in englischer Weise zu Pferd. Bei Hofe gab es verärgerte Stimmen darüber, daß das Paar oft Kommentare auf deutsch austauschte, damit sie nicht jeder verstand. Albert machte sogar auf englisch Äußerungen, die eine ungebrochene Loyalität zu Deutschland zum Ausdruck zu bringen schienen. Sein Satz «Kein Schneider in England versteht es, einen Rock zu machen» verursachte ebenso große Empörung auf der einen Insel wie die Ansicht «Die Polen verdienen genausowenig Mitleid wie die Iren» auf der anderen.

Die öffentliche Sittenstrenge, mit der das Paar den Hof zu schützen suchte, verursachte weitere Schwierigkeiten. Eine Wiederholung der Eskapade Palmerstons, von der Victoria erst erfuhr, als sie verheiratet war – Palmerston war in ein Schlafgemach im Buckingham Palace eingedrungen und hatte versucht, die schreiende Bewohnerin zu vergewaltigen, weil er das falsche Zimmer erwischt hatte –, durfte sich keinesfalls ereignen. Die Vorsicht gebot, daß Hofdamen in ihren Zimmern keinen Herrenbesuch empfingen, weder Ehemänner noch Brüder noch Väter. «Bei der Thronbesteigung der Königin», so bemerkte Albert 1852 in einem Memorandum, «war Lord Melbourne sehr nachlässig bei seinen Ernennungen, und der Hof hat deswegen großen Schaden gelitten. Seit ihrer Eheschließung habe ich darauf bestanden, die Grenzen enger zu ziehen. Obwohl Lord Melbourne erklärt hatte, ‹die verdammte Moral wird uns alle ruinieren›, haben wir sie von großem Vorteil gefunden und sind entschlossen, sie auch ferner beizubehalten.» Albert erinnerte sich an ein Ereignis in jenem Jahr, bei dem Lord Derby, der Premierminister, erfolglos darum gebeten hatte, die Frau des neuen Lordkanzlers, Lord St. Leonards, bei Hofe vorstellen zu dürfen, «obwohl sie mit ihm davongelaufen war, als er noch zur Schule ging, und jetzt beinahe siebzig Jahre alt war». Die Missetat lag ein halbes Jahrhundert zurück, und das Paar hatte seither ein ehrbares Leben geführt. Aber die Königin sagte, «es ginge nicht an, sie jetzt zu empfangen ..., obwohl die Gesellschaft in dieser Hinsicht tun könne, was sie wolle; es sei ein Prinzip bei Hofe, keine Damen zu empfangen, deren Wandel auch nur einen Fleck aufweise».

Da jeglicher Klatsch aus der Konversation verbannt war, wußte Victoria nach Familienthemen und leeren Höflichkeiten selbst ihrer engsten Vertrauten im Hofstaat, Lady Sutherland, nichts mehr zu sagen. Der Prinz wurde bei Tisch fast ausschließlich dann munter, wenn er Probleme der Kanalisation, der Heizung oder der Tierhaltung auf den königlichen Bauernhöfen diskutieren konnte.

Das Abendessen war für Victoria und Albert, ob in London oder in Windsor, meist ein feierlicher Anlaß und nur selten privat. Mit wenigen Ausnahmen waren Hofbeamte anwesend, wie sehr sie diese Pflicht auch fürchten mochten, auch dann, wenn keine formelle Abendgesellschaft angesetzt war. Der Reigen der Damen und Herren des Hofstaates mochte für einen Wechsel der Namen in der Tischrunde sorgen. Aber von allen wurde erwartet, daß sie im Dienst blieben, bis die Königin und ihr Gemahl beschlossen, sich zur Nachtruhe zurückzuziehen. Die Königin erschien protokollgemäß als letzte beim Diner. Albert kam vor ihr, nachdem er ihr zuvor mit einem kurzen Besuch aufgewartet und ihr etwas Nettes gesagt hatte. Dann betrat Victoria den Raum, oft eine Viertelstunde später. Die Türen wurden ihr von zwei Höflingen geöffnet, die sich tief verneigten, während die juwelengeschmückte Königin hereinschritt und dem Prinzen zunickte oder ihn anlächelte.

Das Abendessen war vorüber, wenn die Königin ihre Mahlzeit beendet hatte. Da sie zuerst bedient wurde und niemals beim Essen trödelte, konnte die höfliche Konversation bewirken, daß der eine oder andere Gast hungrig vom Tisch wieder aufstand. Die Eingeweihten gestalteten ihre Beiträge lebhaft und kurz. Die intimen Familienessen mit den seltenen Gästen aus Coburg waren entspannter, und Victoria stellte fest, daß ihr Mann bei solchen Anlässen «immer so vergnügt» sei.

Nach dem Diner versuchte Albert in den ersten Jahren ihrer Ehe, wenn keine Gäste außer Angehörigen des Hofstaates anwesend waren, sich zu einer Partie Schach zurückzuziehen – mit einem Gegenspieler, sofern er einen hatte, ansonsten spielte er gegen sich selbst. Wenn er einen Anlauf nahm, die Langeweile der «Schachabende» durch Einladungen an Männer des wissenschaftlichen oder literarischen Lebens zu ersetzen, protestierte Victoria. Ihr Vorrat an Gesprächsstoff war begrenzt. Sie sah sich daher vor die Wahl gestellt, entweder zu schweigen oder ihre Bildungslücken offen zu bekunden. Albert mußte Männer des englischen

Geisteslebens außerhalb von Buckingham Palace oder Windsor treffen. Und dies tat er auch.

Oft wurde Albert an den Abenden zu Hause sogar am Schach gehindert und zum Kartenspielen verurteilt – eines der vielen geistigen Opfer, die er der Zufriedenheit der Königin brachte. Übereinstimmung herrschte jedoch zwischen ihnen über die Ablehnung der Sitte, daß die Herren stundenlang bei Cognac, Kaffee und Zigarren am Tisch sitzenblieben, während die Damen sich woanders hinbegeben mußten. Diese Tradition betonte, daß die Königin zwar Herrscherin war, gleichzeitig aber auch eine Frau und als solche Männern gegenüber in zweitrangiger Stellung blieb. *Sie* mußte ihren eigenen Tisch verlassen.

Der Prinz hatte sich zur Regel gemacht, die Herrenrunde nach einer gewissen Zeit, um ein Signal zu setzen, zu verlassen und sich dann zu den Damen zu begeben. Oft sang er Duette mit Victoria, die aber nicht gerne in Anwesenheit von Herren sang (sie tat es aber manchmal trotzdem). Wenn nicht gerade auswärtige Mitglieder der Familie zu Besuch da waren oder offizielle Trauer herrschte, mußte der Abend anderen Aufgaben geopfert werden. Albert, der sehr gerne las, blieb dann nichts anderes übrig, als seine Lektüre spät in der Nacht oder früh am Morgen nachzuholen.

Eine der Residenzen, die die Königin bei ihrer Thronbesteigung erbte, benutzte Victoria als Wohnstatt nie. So sehr sie die See mochte, war doch der Royal Pavillon in Brighton, den George IV. ganz besonders geliebt hatte, für ihre Begriffe unbequem und orientalisch überladen – «ein merkwürdiges, chinesisch aussehendes Gebäude, in dem Geister spuken und das man am besten vergißt». Die Stadt war rings herum gewachsen und ließ kaum ein ungestörtes Privatleben zu. Noch vor Ende des Jahres hatten Victoria und Albert beschlossen, andere Orte an der See zu erkunden.

Weitere Veränderungen in der Lebensweise, einschließlich der Bestellung einer schaufelradbetriebenen Dampfyacht durch die Admiralität, wurden durch die Reise nach Schottland ausgelöst. Im April 1843 lief die 1049 Tonnen schwere *Victoria und Albert* vom Stapel, die mit der Besatzung der überholten *Royal George* bemannt wurde, samt Lord Adolphus FitzClarence als Kapitän. Auch Bahnreisen wurden fester Bestandteil von Victorias zukünftigen Reisen. Neue Schienenwege erhöhten nicht nur die Besuchsmöglichkeiten der Königin, sondern versetzten sie auch in die Lage, auch Bäder in größerer Entfernung von London als Residenzen in Betracht zu ziehen, um den Pavillon von Brighton zu ersetzen.

Am 25. April 1843 wurde Prinzessin Alice geboren. Die Taufe, die Anfang Juni stattfand, signalisierte eine neue Runde von Aktivitäten, darunter die unangenehme Pflicht, den König von Hannover als Gast zu begrüßen. Onkel Ernest, der gebeugt und mager war und seine Schwerhörigkeit zu seinem Vorteil nutzte, wo er konnte, erschien zur Taufe absichtlich, wie Victoria an Leopold schrieb, «eben rechtzeitig, um zu spät zu kommen». Er sorgte weiter für Aufregung, indem er Victorias Recht in Frage stellte, den Schmuck der verstorbenen Königin Charlotte zu tragen, denn der gehöre, so behauptete er, der Krone von Hannover. Sie war «beladen mit meinen Diamanten», beklagte er sich bei einem Freund, setzte aber hinzu, daß sie «prächtig aussahen». Als im Juli Prinzessin Augusta von Cambridge den Großherzog von Mecklenburg-Strelitz heiratete, dessen Herzogtum kaum größer als sein Name lang war, hielt sich der König von Hannover noch immer in England auf und suchte nach Wegen, seinem Groll Luft zu machen. Er nahm seinen umstrittenen Platz im Oberhaus ein, ein Vorgang, den Sir Robert Peel herunterzuspielen wußte. Bei der Hochzeit kämpfte er sich zum standesamtlichen Register durch und versuchte, gleich nach Victoria zu unterschreiben, um den Anspruch auf seinen Vorrang vor dem Prinzen zu untermauern. Die Königin und Albert hatten sich gerade von einer Grippe erholt und waren noch unsicher auf den Beinen. Trotzdem gelang es nach einigem diskreten Stoßen und Schieben, die Feder und das Buch dem Prinzen zuzuschieben, ehe der Onkel sie an sich reißen konnte.

Im nächsten Monat war Ernest immer noch in England und drohte zu bleiben, bis er den Nachlaß von Königin Charlotte in seinen Besitz gebracht habe. Beunruhigt über die möglichen Peinlichkeiten, bat Peel Victoria um Rat. «Die Königin wünscht, daß getan wird, was immer richtig ist», antwortete sie am 13. August 1843, «aber sie ist entschieden der Meinung, daß die Drohung des Königs von Hannover (denn als solche muß man es betrachten), dieses Land nicht zu verlassen, bis die Angelegenheit geregelt ist, die Vorgänge in *keiner* Weise beeinflussen sollte, denn es ist völlig unerheblich, ob der König noch länger hier bleibt oder nicht.» Das war ganz offensichtlich ein Brief, bei dem Albert einmal nicht die Hand im Spiel gehabt hatte.

Eine Kommission, bestehend aus Lord Lyndhurst, Lord Langdale und Oberrichter Tindal, wurde eingesetzt, um den Streit zu untersuchen. Alle drei Mitglieder der Jury starben, ehe sie zu einem Urteilsspruch gelangt waren. Erst 1857 kam es zu einer Einigung, die im wesentlichen Hannover begünstigte. Bis dahin hatte Victoria, die den Thron nur mit wenigen eigenen Juwelen bestiegen hatte, mehr Schmuck zusammengebracht, als sie brauchte.

Während der letzten Tage seines Besuches schlug der König von Hannover laut Grevilles Bericht vor, Albert solle einen Spaziergang mit ihm machen. Der Prinz versuchte sich damit herauszureden, daß ein Spaziergang durch die Straßen der Stadt sie Unannehmlichkeiten von seiten der Londoner Bevölkerung aussetzen würde. «Ach, mach dir nichts daraus», sagte König Ernest, «ich war noch unbeliebter, als du jetzt bist, und bin immer völlig unbehelligt herumgelaufen.» Nach dieser boshaften Bemerkung konnte er mit dem Gefühl nach Hannover zurückkehren, sich Genugtuung verschafft zu haben.

Am 24. August schloß die Königin formell die Parlamentsperiode und bereitete sich auf ihren ersten Staatsbesuch bei König Louis-Philippe von Frankreich vor. Die Fahrt über den Ärmelkanal war der erste größere Test für die königliche Yacht, die Greville ein paar Tage vorher inspiziert hatte, um anschließend zu verkünden: «Sie ist luxuriös ausgestattet, aber der Bequemlichkeit des Hofes wurde jedes Opfer gebracht. Die ganze Schiffsbesatzung ist in enge Löcher zusammengepfercht, einschließlich der Offiziere.» Niemand lenkte die Aufmerksamkeit der Königin auf Probleme dieser Art. Die *Victoria und Albert* wurde intensiv genutzt.

Die Königshäuser Europas zeigten Louis-Philippe die kalte Schulter. Er galt als unrechtmäßiger Machthaber und hatte zunächst als Bürgerkönig um Popularität geworben. Dadurch wurde er zum Verräter an eben der Klasse, in die er sich hineingedrängt hatte. Da der Besuch der Königin im September 1843 der erste eines britischen Herrschers seit Heinrich VIII. in Frankreich war, das oft als Erbfeind Englands angesehen wurde, hatte die Begegnung eine größere Bedeutung als die eines rein gesellschaftlichen Besuches beim Schwiegervater ihres Lieblingsonkels. Man sorgte dafür, daß die Königin in Tréport, das am Weg zum Château d'Eau lag, begeistert empfangen wurde. Es mißfiel ihr keineswegs, dem König einen gewissen Anschein von Respektabilität verliehen zu haben. «Der Kaiser von Rußland wird sehr verärgert sein», schrieb sie in ihr Tagebuch, «aber er ist weder hier noch dort.»

Dann folgten Herbstbesuche auf großen Landsitzen wie Chatsworth, Belvoir und Peels Anwesen Drayton Manor. Einen Tag verbrachte man in Cambridge anläßlich der Verleihung eines akademischen Ehrengrades an den Prinzen.

Während Victoria in Drayton Manor blieb, besuchte Albert die Hochburg der Radikalen, Birmingham, wo der Bürgermeister – ein Strumpfwarenhändler – ein offener Chartist war. Die Stadt galt als eine zu gefährliche Umgebung für die Königin. Der Prinz war darum hocherfreut über den Jubel, mit dem man ihn empfing. Der Bürgermeister versicherte ihm zudem «die ergebene Loyalität der ganzen Chartistenbewegung». Darüber vergaß Albert beinahe seine Würdigung von Joseph Paxtons großem Gewächshaus in Chatsworth. Er sollte sich später wieder daran erinnern. Aber vorerst schrieb nur Victoria an Leopold, daß die Konstruktion, die der tüchtige Superintendent der Gärten des Herzogs von Devonshire entworfen hatte, «der bei weitem herrlichste Bau seiner Art ist, den man sich vorstellen kann.

Er ist eine einzige Masse von Glas, 20 Meter hoch, 90 Meter lang, und 40 Meter breit. Das Gelände mit all den Hölzern und Kaskaden und Brunnen ist auch wunderschön.» Die Einzelheiten, die sie aufzählte, zeigten, daß die Königin Alberts Interessen zunehmend zu teilen begonnen hatte. Sieben Jahre später sollte der Prinzgemahl Paxton beauftragen, den Bau für die Weltausstellung zu entwerfen.

Während Pussy «bereits das ABC» aufsagte, Bertie noch mit den ersten Sätzen kämpfte und Alice allmählich das «Froschstadium» verließ, lernte Victoria immer besser, zwischen ihren Aufgaben im Kinderzimmer und denen für die Nation hin und her zu wechseln.

Das einzige Anliegen, das Victoria in den ersten Monaten des Jahres 1844 mehr als die Außenpolitik beschäftigte, war das Bedürfnis nach einem abgeschiedenerem Leben, als es ihr mit den Kindern in London, Windsor oder im ungeliebten Brighton möglich war. Nachdem sie sich nach Claremont zurückgezogen hatten, wo sie, wie sie Leopold erklärte, «nicht ständig Gegenstand der Beobachtung und der Zeitungsartikel waren», war sie fester denn je entschlossen, sich einen geeigneten Ort zu suchen. Aber entsprechende Pläne mußten aufgeschoben werden, als am 29. Januar Alberts Vater starb. Herzog Ernst war mit sechzig Jahren seinen Ausschweifungen zum Opfer gefallen. Trotzdem trauerten Victoria und Albert um ihn, als sei mit ihm ein musterhafter Vater in seinen besten Jahren dahingerafft worden. «Die arme Mama hier, Victoria und ich sitzen beisammen und weinen», schrieb Albert aus Windsor an Stockmar, «während ein großes kaltes Publikum steinern bleibt.» Victoria sei ein «tröstender Engel», fügte er hinzu. Ihre Untröstlichkeit war völlig übertrieben, ganz im Stil der Zeit, die das Ereignis als einen schönen Schauder genoß. Treffender, als ihr selbst bewußt sein mochte, schrieb Victoria an Leopold, den jüngeren Bruder des toten Herzogs: «Man hängt gerne seinem Schmerz nach.» Obwohl sie ihren Schwiegervater kaum gekannt hatte, war er «unser liebster Papa», und am Hof wurde tiefe Trauer angeordnet. Das königliche Briefpapier trug einen breiten schwarzen Rand, die Höflinge gingen in Schwarz, Trauerflor kennzeichnete die königlichen Residenzen, die ohnehin für ihr Übermaß an feierlichem Ernst bekannt waren.

Als unangenehmste Folge für Victoria erforderte dieser im Grunde so ferne, doch überdramatisierte Tod, daß Albert eine Reise nach Coburg planen mußte. Teilweise, um dem Grab des Vaters die Ehre zu erweisen, vor allem aber, um seinen Bruder Ernst, den neuen Herzog, wegen seiner schamlosen Exzesse zu ermahnen und ihm unaufrichtige Versprechen des Wohlverhaltens abzunehmen. Außerdem sehnte sich Albert nach dem Anblick und den Gerüchen seines, wie Victoria es nannte, «vielgeliebten Vaterhauses».

Der Gedanke an das leere Bett erfüllte Victoria mit Bangen (obwohl sie wieder schwanger war). «Ich war *niemals* auch nur *eine Nacht* von ihm getrennt», vertraute sie Leopold an, «und der *Gedanke* an eine *solche* Trennung ist mir ganz schrecklich.» Daß sie es bitter ernst meinte, geht aus einem späteren Brief an Vicky hervor, in dem sie sich daran erinnerte, wie sie «in den heiligen Stunden der Nacht umarmt und festgehalten wurde, in denen wir ganz allein in der Welt zu sein schienen».

Noch ehe Albert die Fahrt über den Ärmelkanal begonnen hatte, schrieb er ihr aus Dover. Er meinte, sie werde zwar nun seine Stelle bei Tisch leer finden, seine Stelle in ihrem Herzen aber, so hoffe er, werde darum nicht veröden. Bis sie seinen Brief erhalte, werde einer der vierzehn Tage, die er fort sei, schon vergangen sein – «Dreizehn mehr und ich bin wieder in Deinen Armen.»

Als Albert aus Coburg zurückkehrte, war die Hoftrauer teilweise wieder aufgehoben. Die Nachricht eines unmittelbar bevorstehenden Staatsbesuches schob bald jeden Gedanken an die Wiederaufnahme der Trauer um Alberts Vater beiseite. Der Hof und das Kabinett begannen sich in hektische Vorbereitungen zu stürzen. Nikolaus I., der Zar von Rußland, hatte sich aufgrund von Victorias Besuch in Frankreich, dem Land seines langjährigen Feindes, für England zu interessieren begonnen. Diesmal waren die Franzosen unglücklich über eine mögliche Annäherung Englands an Rußland, und Victoria sagte Leopold, ihrem informellen Mittelsmann zu Louis-Philippe: «Wenn die Franzosen über diesen Besuch verärgert sind, dann laß ihren lieben König und ihre Prinzen hierher kommen.»

Als Nikolaus im Juni eintraf, war Victoria im siebten Monat schwanger. Trotzdem ging sie mit dem Zaren nach Ascot und in die Oper, hielt eine Truppenparade im Windsor Great Park für ihn ab, gab jeden Abend zu seinen Ehren riesige Diners im Waterloo-Saal des Buckingham Palace und hörte seinen undiplomatischen Ausfällen über die europäische Politik zu, die er – da sie eine Frau war – sorgfältig an den Prinzen und den Premierminister richtete, wobei er besonders seinem Haß auf Frankreich und seiner Verachtung für die Türkei Luft machte. Zu Hause ein strenger Autokrat, war er in den Feinheiten des Hoflebens andernorts nicht eben versiert. Victoria aber war von seiner rauhen Schönheit bezaubert (er war achtundvierzig Jahre alt und 1,85 Meter groß) – von seinen «melancholischen» Augen, seiner kompromißlosen Ehrlichkeit und von der Art, wie er bei seiner Ankunft in Windsor verkündet hatte, er brauche Stroh aus den Ställen, weil er darauf schlafen wolle. Außerdem, so schrieb sie an Leopold, «sprach der Zar mit der höchsten Anerkennung von dem liebsten Albert».

Als der König von Frankreich später nach London eilte – kaum war eine angemessenen Erholungsfrist für Victoria nach der Geburt von Prinz Alfred am 26. August verstrichen –, bedachte er Albert mit Worten, die Victoria zutiefst beglückten: «*Le Prince Albert, c'est pour moi le Roi.*» («Prinz Albert, das ist für mich der König.») An einen solchen Titel war in Wirklichkeit gar nicht zu denken. Ein Abgeordneter, Peter Borthwick, hatte Anfang 1845 einem möglichen erneuten Versuch Victorias, Albert einen englischen Titel zu verleihen, den Riegel vorgeschoben. Im Februar war ein Artikel im *Daily Chronicle* erschienen, der das Gerücht verbreitete, der Prinz solle den Titel «King Consort» erhalten, und Borthwick hatte im Unterhaus die Frage mit Peel erörtert. Als der Premierminister wahrheitsgemäß versicherte, es würde über keinerlei Titel verhandelt, schrieb Victoria – von diesen Spekulationen, die rasch auch in die Provinzzeitungen gelangt waren, peinlich berührt – an Peel, sie sei «der Auffassung, daß auf der Stelle etwas unternommen werden muß, um die Position des Prinzen auf eine konstitutionell anerkannte Basis zu stellen und um ihm einen Titel zu geben, der dieser Position entspricht».

Wieder geschah nichts. Aber es hatte sich eine erfreuliche Ablenkung eingestellt, die die Königin zerstreute. Schon einige Monate früher hatte Peel eine mögliche königliche Residenz an der See entdeckt, die zum Verkauf stand, und zwar an einem von Victorias Lieblingsplätzen, auf der Insel Wight. Die Verhandlungen stockten, als der Prinz nach Coburg fuhr, und schleppten sich zäh dahin, während die Königin im Wochenbett lag. Der geforderte Preis für die 80 Hektar in Osborne lag bei 30 000 £, später wurde er auf 28 000 £ reduziert, einschließlich des Mobiliars. Aber diese Summe auszugeben war nur vernünftig, wenn der Käufer vorhatte, das schon vorhandene Gebäude zu benutzen. Für die königliche Familie war das Haus viel zu klein, und die Möbel waren nur für den vorübergehenden Gebrauch geeignet. Was immer vorhanden war, mußte ersetzt oder wesentlich vergrößert werden.

Peel hatte Victoria und Albert darauf aufmerksam gemacht, daß sie nicht mit einem Zuschuß vom Parlament rechnen konnten, ja daß es vermutlich sogar Widerstand gegen die Renovierung und Instandsetzung des Buckingham Palace geben würde – die Zeiten waren hart. Da sie keine Hilfe für Osborne House erwarteten, hatten sie vor, den leidigen Pavillon in Brighton zu verkaufen und aus dem Erlös die Regierung für alle Kosten für die Verbesserung des Buckingham Palace zu entschädigen.

Die Privatschatulle, für die Albert und Anson beträchtliche Einsparungen zuwege gebracht hatten, sollte für Osborne aufkommen, das Privateigentum des Herrscherpaares wurde. Victoria schrieb begeistert an Leopold: «Ein Platz, ganz *für uns*, ruhig und zurückgezogen, der nicht dem Landesforstministerium oder irgendeiner anderen reizenden Behörde untersteht, die einem doch allesamt das Leben verleiden.» Sie bot 26 000 £, und Lady

Isabella Blatchford akzeptierte diese Summe, falls ihre Einrichtung extra veranschlagt würde. Als man am 1. Mai zu einem Abschluß kam, betrug die Gesamtsumme 27 814 Pfund, 18 Schillinge und 5 Pence. Der Prinz äußerte nun die Ansicht, daß man für ein ungestörtes Privatleben und die Unterbringung von Gästen noch mehr Land brauche. Auch das ließ sich mit weiteren 18 000 £ arrangieren. Man könne sich keinen hübscheren Ort vorstellen, schrieb Victoria an Lord Melbourne. Er erinnerte den Prinzen an die Bucht von Neapel.

Noch vor dem Abschluß ließ Albert den von ihm vorgesehenen Bauunternehmer kommen – *seinen* Bauunternehmer. Victoria war ganz damit einverstanden, die Renovierung des Gebäudes ihm zu überlassen. Albert hatte die Absicht, das Haus in Ordnung zu bringen und zu vergrößern. Es besaß zwar sechzehn Schlafzimmer, bot jedoch nicht annähernd genug Raum für den Wirtschaftsbereich. Albert konsultierte keinen Architekten, sondern einen phantasievollen und erfolgreichen Londoner Bauunternehmer, Thomas Cubitt, der ein Vermögen verdient hatte an der Entwicklung des Bezirkes, der heute Belgravia heißt. Cubitt, der damals Ende fünfzig war, wurde zu Weihnachten 1844 damit beauftragt, das Haus zu begutachten. Sein Bericht empfahl die Errichtung eines neuen Gebäudes; dies sei «letztlich billiger als die Instandsetzung des derzeitigen». Victoria und Albert stimmten ihm zu. Sie wollten aber so bald wie möglich dort wohnen und ordneten deshalb an, das alte Haus neu zu streichen und zu tapezieren, um es bewohnbar zu machen, während die Pläne zum Entwurf und Bau eines neuen Hauses vorangetrieben wurden. Die Architekten grollten, weil ihr Stand übergangen wurde. Der Autodidakt Cubitt begann unverzüglich mit der Ausführung des italienisch inspirierten Gebäudes, das Albert vorskizziert hatte. Nach Ostern machte Cubitt mit dem Paar einen Rundgang über das Grundstück und erläuterte seine Ideen für das neue Haus sowie seine Pläne für die sofort durchführbaren Verbesserungen des alten Gebäudes. Er sollte Albert ein Freund werden, einer der wenigen wirklichen Freunde, die der Prinzgemahl in England hatte.

Als Victoria und Albert ein Jahr später das Osborne House bezogen hatten, übertrugen sie Cubitt auch die Aufgabe, den Buckingham Palace neu herzurichten. Der befand sich zu großen Teilen «in einem traurigen Zustand», wie die Königin im Februar 1845 zu Peel gesagt hatte. Ein großer Abwasserkanal war unter dem Vorhof entdeckt worden. Das erklärte, warum ganze Flügel des Palacees in Victorias Worten kaum «*annehmbar* als Wohnung für die königliche Familie oder Gäste» waren. Außerdem mangelte es an Räumen für formelle Gelegenheiten sowie für familiäres Beisammensein. Eine Untersuchungskommission wurde eingesetzt, die die rivalisierenden Fraktionen gleichermaßen repräsentierte. Als das Unterhaus den Abschlußbericht erhielt, stimmte es dafür, 150 000 £ zusätzlich zu den bereits verfügbaren Mitteln für die Vergrößerung des Palaces zu bewilligen. Aber es dauerte bis 1847, ehe überhaupt Pläne für das Projekt vorgelegt wurden. Bis dahin beschloß die Königin, wann immer möglich außerhalb Londons zu wohnen.

Um den Umzug nach Osborne nach außen zu demonstrieren, traf dort im Mai der Staatsrat zusammen. Dies war die erste der vielen hundert Reisen über den Kanal auf die Insel Wight, die die Regierungsmitglieder im Laufe der kommenden Jahre machen mußten. Ein wichtigeres Problem aber war die bevorstehende Reise nach Coburg, die Victoria und Albert geplant hatten. Damit man für die Zeit der Abwesenheit der Königin keinen Regenten ernennen mußte, sollte ein Staatsminister sie begleiten. Dieses Arrangement war ein Zeichen für den Umbruch des Kommunikationswesens zu Victorias Lebzeiten. Dem Dampfschiff und der Eisenbahn war im Jahre ihrer Thronbesteigung der erste elektrische Telegraph gefolgt. 1845 war die Telegraphie bereits in England, Amerika und auf dem Kontinent benutzbar. Wenn notwendig, konnte ein Staatsakt jetzt auch vom Ausland aus entschieden werden.

Da Victorias Mutter eine geborene Coburg war wie Albert auch, blickte die Königin voll aufgeregter Vorfreude auf die Reise zur Wiege ihrer Familie im August. Als sie durch die vielen Staaten östlich des Rheins fuhr, beeindruckte sie vor allem, «das *Volk* Deutsch sprechen» zu hören. Die erste Nacht verbrachte die königliche Gesellschaft auf Schloß Brühl zwischen Köln und Bonn, einem imposanten Schloß, das dem König von Preußen gehörte. Von dort aus fuhr man nach Bonn, an dessen Universität Albert studiert hatte und wo am 12. August der fünfundsiebzigste Geburtstag Ludwig van Beethovens mit der Enthüllung einer Statue und einem von Franz Liszt dirigierten Konzert gefeiert wurde. Da der König und die Königin von Preußen versprochen hatten, an der Feier teilzunehmen, noch dazu in Begleitung Victorias und Alberts, begannen sich riesige Mengen schon früh am Morgen in den Straßen zu drängen. Um Mittag, als die Menschen unter der glühenden Sonne allmählich unzufrieden und aufgebracht waren, war von den Staatsoberhäuptern noch immer nichts zu sehen.

Endlich hörte man den Pfiff einer Lokomotive, und Glockenläuten setzte ein, um die Ankunft ihrer Majestäten Friedrich Wilhelm IV. und Victoria mit ihrem Gefolge anzukündigen. Die Herrscher nahmen auf einem Balkon Platz, der auf die verhüllte Statue hinausging. Dann trat Professor H. K. Breidenstein auf das Denkmal zu, hielt mit Verspätung seine Rede und zog – unter dem Donnern einer Kanone – an einer Schnur. «Leider», schrieb Victoria in ihr Tagebuch, «stand die Statue, als sie enthüllt war, mit dem Rücken zu uns.» Beethoven war mit der Kehrseite zu der Versammlung hin aufgestellt worden, was zwar ganz dem Temperament des reizbaren Komponisten entsprach, bei dieser Gelegenheit aber unpassend erschien.

Einige der anwesenden Musikgrößen – darunter Hector Berlioz – pendelten hin und her zwischen Bonn und Schloß Brühl, wohin sie zu Konzerten befohlen wurden. Liszts Konzert war das denkwürdigste. Als er den Eindruck hatte, das Geplauder der königlichen Gäste beeinträchtige sein Klavierspiel, hämmerte er um so heftiger auf das Instrument ein. Da das Stimmengewirr trotzdem nicht verebbte, hörte er mitten im Takt auf. Ein zweiter Versuch brachte ebenfalls kein Schweigen herbei, und Liszt nahm seine Hände noch einmal von den Tasten. Keine der Hoheiten nahm es ihm übel, als das Konzert urplötzlich zu Ende war.

Der letzte Morgen der Feierlichkeiten begann mit einem großen Gedächtniskonzert in der Festhalle, unter Mitwirkung von Marie Pleyel, Jenny Lind und Liszt. Das Programm begann ohne die hohen Gäste. Als Liszt das Dirigentenpult betrat, um die Kantate zu dirigieren, fehlte die königliche Gesellschaft noch immer. Er hielt still seinen Taktstock, bis die Unruhe des Publikums ihn schließlich zwang, anzufangen. Er war gerade bei den letzten Takten des langen, schwermütigen Werkes, als die königlichen Gäste endlich erschienen. Für sie dirigierte Liszt eine zweite Aufführung in voller Länge, obwohl das Publikum unmißverständlich zum Ausdruck brachte, daß einmal genug gewesen sei.

Victoria zeigte sich weniger von dem mangelnden musikalischen Interesse des Preußenkönigs betroffen als von der Tatsache, daß er Albert nicht den Vorrang bei offiziellen Funktionen einräumte, «den gewöhnliche Höflichkeit verlangte», wie sie sich in einem Memorandum des Jahres 1856 ausdrückte, «und zwar aufgrund der Anwesenheit eines Erzherzogs, des dritten Sohnes eines Onkels des damals regierenden Kaisers von Österreich..., den der König nicht beleidigen wollte». (Alberts einzige gesetzliche Position war die des jüngeren Bruders des Herzogs von Sachsen-Coburg. Englisches Gesetz, so beklagte sich Victoria weiter, «weiß nichts von ihm».) Noch Jahre danach weigerte sie sich, Einladungen des preußischen Hofs anzunehmen.

Ein nach Victorias persönlichem Empfinden unbedeutendes Ereignis sollte sich als ein schwererwiegendes Problem entpuppen, das in England weite Empörung hervorrief: Die Königin und der Prinz nahmen an einer preußischen Massentötung von Rotwild teil. Auf dem Kontinent war es Sitte, die Tiere in einen umzäunten Bereich zu treiben, wo sie abgeschossen wurden. Für die Londoner Presse war das Mord und kein Sport. In seinem Tagebuch tat Greville Victorias «ungeschickten (und unehrlichen) Versuch, die Leute davon zu überzeugen, daß sie schockiert und empört war», kurzerhand ab. «Die Wahrheit ist, daß ihr Zartgefühl völlig unzureichend ausgeprägt ist. Obwohl sie keineswegs von Natur aus bösartig ist, eher das Gegenteil, ist sie doch hartherzig, selbstsüchtig und eigensinnig.» Wenn Greville noch irgendeine Bestätigung dafür brauchte, so kam sie aus Coburg, wo Victoria und Albert als Gäste auf einem erhöhten Podium Zeugen waren, wie in ein Gehege dreißig Eber hineingelassen wurden, um mit Speeren oder Gewehrschüssen getötet zu werden. Nach Auskunft ihres Tagebuchs war das Podium für die Zuschauer «charmant arrangiert» – eine merkwürdige Wortwahl angesichts der Schlächterei. «Danach», so schloß sie, ohne irgendwelche strapazierten Gefühle zu erwähnen, «gingen wir weg, stiegen in unsere Kutsche & fuhren nach Hause.»

Wie weit kann man unfreiwillige Gäste entschuldigen? Waren englische *Jagdgesellschaften* sportlicher, bei denen eine Meute von Hunden losgelassen wurde, um einen Fuchs zu quälen? Und wie stand es, wenn man dem Prinzen applaudierte, weil er hundert Fasanen zwischen Frühstück und Mittagessen geschossen hatte, die man ihm zutrieb? Was immer man unter Jagd verstand, die Schlächterei war eine Frage des Grades, für Victoria und Albert aber ein Fiasko für ihr öffentliches Ansehen. Ahnungslos genossen sie die *Gemütlichkeit* ihrer sentimentalen Reise nach Coburg. Onkel Leopold und Tante Louise waren schon vor ihnen zu der Familienversammlung eingetroffen, ebenso Victorias Mutter und Alberts Stiefmutter («Mama Marie») und Feodora. Am 19. August schrieb Victoria auf dem Schloß in ihr Tagebuch: «Das Treppenhaus war voller Cousins und Cousinen.» In Rosenau, einem in mittelalterlichem Stil erbauten Schlößchen im Thüringer Wald, vier Meilen von Coburg entfernt, wo Albert die glücklichsten Jahre seiner Knabenzeit verbracht hatte, belegte das Paar drei Zimmer, zu denen eine Wendeltreppe hinaufführte. «Ich fühlte», so schrieb sie, «daß ich nur zu gern für immer mit meinem liebsten Albert hier leben würde, und wenn ich nicht wäre, was ich bin – dies wäre mein wahres Zuhause geworden ... es ist wie ein schöner Traum.»

Die Anwesenheit von Lord Aberdeen und Lord Liverpool erinnerten die Königin ständig an die Wirklichkeit außerhalb dieser märchenhaften Welt. Die Tage vergingen überwiegend mit Besichtigungen, Levers, Bällen, Konzerten, Theateraufführungen, Familienessen, und alles rief nur den Eindruck hervor, daß die Zeit an Herzog Ernsts Zwergstaat vorbeigegangen war. Die deutsche Sprache schlich sich stärker als gewöhnlich in Victorias Aufzeichnungen in diesen Tagen ein, da sie in die Coburger Atmosphäre eintauchte. An einem stillen Samstagnachmittag ließ sie «vom Markt *Bratwürste* kommen, das Nationalgericht Coburgs, & aß sie & trank von dem ausgezeichneten Coburger Bier dazu – sie waren ausgezeichnet».

Am 26. August konnte Alberts Geburtstag in seinem Geburtshaus gefeiert werden – «mehr, als ich je hoffen durfte», schrieb Victoria. Ihr Geschenk, das sie aus London mitgebracht hatte, war ein Gemälde von Thomas Uwins (1782-1857), *Cupido und Psyche*, von dem sie wußte, daß es ihm gefiel, dazu ein Spazierstock und eine Schnupftabakdose. «Von Mama», fügte sie gewissenhaft hinzu, «bekam er Kleinigkeiten und von Ernst ein wunderschönes Schachbrett.» Nach dem Abendessen trank man auf Alberts Gesundheit. Danach ging die Familie zu einem Konzert in den *Marmorsaal*, wo zwei der aufgeführten Stücke Kompositionen von Albert und Ernst waren.

«Möge Gott uns gewähren, daß wir bald wieder hierherkommen dürfen!» schrieb Victoria. Am nächsten Morgen brachen sie in Kutschen zu der langen Fahrt zur nächstgelegenen Bahnstation auf. Als sie fünfzehn Jahre später endlich wiederkommen konnten, führten Schienen über den ganzen Weg. Die Zeit sollte selbst Coburg einholen.

Als das Jahr 1845 dem Ende entgegenging, war es den königlichen Beamten klar, wie Greville in seinem Tagebuch vermerkte, daß Albert sich so weit mit der Königin «identifiziert hat, daß sie eine einzige Person sind. Und da er die Geschäfte liebt und sie nicht, ist es offensichtlich, daß sie zwar den Titel trägt, er aber tatsächlich die Aufgaben des Herrschers wahrnimmt. Er ist in jeder Hinsicht König.» In seinen Memoranden von Zusammenkünften mit Ministern gebrauchte er zwar sorgfältig das Pronomen «Wir» statt des «Ich», aber Peel kam mit seinen Problemen gewöhnlich zu Albert. Zu ihnen gehörte nach der Rückkehr des Paares aus Coburg, daß die Regierung nicht in der Lage war, die Kornzölle außer Kraft zu setzen, um billigeres Getreide nach Irland einführen zu können. Der Ausfall der Kartoffelernte hatte eine große Hungersnot ausgelöst, aber die Verfechter der Schutzzölle in Peels Partei widersetzten sich jedem Kompromiß. Nicht einmal der Herzog von Wellington, der oft über die Grenzen von Parteiinteressen hinaussah, wollte Peel unterstützen, der Anfang Dezember widerstrebend seinen Rücktritt erklärte, während die Königsfamilie gerade in Osborne weilte.

«Wir waren natürlich sehr bestürzt», schrieb Albert in einem Memorandum, das er in Osborne verfaßte, als Peels Botschaft eintraf. Da die öffentliche Meinung gegen die protektionistische Politik war, sei nicht zu verstehen, lautete das Memorandum weiter, warum Maßnahmen, wie man sie in anderen europäischen, von der Kartoffelfäule betroffenen Ländern ergriffen hatte, nicht auch in England durchgeführt werden konnten – die Öffnung der Häfen und andere «energische Schritte», um die «gewöhnliche Nahrung» der «ärmeren Schichten» zu ersetzen. Als selbst der überall wie ein Gott verehrte Wellington nicht weiter gehen wollte, als die «Angst» zu verurteilen, die Peel ein paar «faulige Kartoffeln» eingejagt hatten, konnte die Herrscherin das zwar privat bedauern, sich aber nicht öffentlich dagegen verwehren. Victoria konnte nicht mehr ausrichten, als der ein Jahr später von Lionel de Rothschild und Abel Smith gegründeten «Britischen Gesellschaft zur Erleichterung der größten Not in den abgelegenen Gemeinden von Irland und Schottland» Geld zu spenden. Und dies tat sie auch. Die Legende behauptet, die Königin habe lediglich fünf Pfund gestiftet. Tatsächlich sind in der Spendenliste, die noch in Dublin aufbewahrt wird, die ersten drei eingetragenen Namen: «H. M. die Königin, 2000 £, Rothschild, 1000 £, Herzog von Devonshire, 1000 £.»

Victoria und Albert wollten nur zu gerne glauben, Peel bleibe ewig im Amt, so groß war ihr Vertrauen, das sie in seine Tüchtigkeit und Redlichkeit setzten. Die bevorstehende Neuorganisation der Regierung zeigte deutlich die Instabilität der gewählten Führer und die Kontinuität der Königsherrschaft, politische Realitäten, die Victoria nie außer acht ließ. Weniger besorgt über die Not in Irland als über die Beziehung zu Frankreich – wenn der frankophile Lord Palmerston wieder Außenminister würde, was unvermeidlich schien –, hoffte Victoria, daß Lord John Russell, der voraussichtliche Nachfolger des Premierministers, nicht in der Lage sein würde, eine Regierung zu bilden. Nach vierzehn Tagen war es ihm in der Tat nicht gelungen, aus seiner zersplitterten Partei ein Kabinett zu bilden. Peel wurde darum gebeten, im Amt zu bleiben. Als er mit Victoria und Albert in Windsor zusammentraf, war der Premier nach den Aufzeichnungen des Prinzen «sehr bewegt» von ihrem Wunsch, er solle zurückkehren. «Es gibt kein Opfer, das ich Eurer Majestät nicht bringen würde», versicherte Peel der Königin, «außer meine Ehre.»

Peels notdürftig zusammengeflicktes Kabinett versprach nur zeitweiligen Aufschub des Unvermeidlichen. Um ihm zu helfen, ging Albert am 27. Januar 1846, ins Unterhaus. Er wollte ihm bei einer Diskussion über die Getreidezölle moralische Unterstützung geben. Der im Sitzungssaal anwesende Lord George Bentinck meinte zu dem Erscheinen des Prinzen, es erwecke «den Anschein, als wolle Ihre Majestät persönlich eine Maßnahme billigen, von der eine große Mehrheit, zumindest unter den grundbesitzenden Adeligen in England, Schottland und Irland, zu Recht oder zu Unrecht befürchtet, sie bringe ihr großen Schaden, wenn nicht sogar den Untergang.»

Albert sollte das Unterhaus nie mehr betreten. Und doch wurde er, während Peel sich durch die tumultösen letzten Monate seines Kabinetts kämpfte, immer mehr zum König ohne Krone. Victoria, die wieder schwanger war, überließ bis auf die höchsten zeremoniellen Funktionen alle Aufgaben ihrem Mann. «Wenn die Politik durcheinander gerät», beklagte sich Lady Palmerston bei Dorothea Lieven, «werden die Abendgesellschaften langweiliger. Die Königin befindet sich bei guter Gesundheit, aber ihre Schwangerschaft bringt ihre Schneiderinnen zur Verzweiflung.» In Alberts Protokollen von Gesprächen mit dem wehrhaften Premierminister stand jetzt häufiger «Ich» (etwa in der Bemerkung: «Ich traf heute R. Peel») statt des umsichtigen, aber irreführenden «Wir». Victorias Briefe lassen auf mehr Teilnahme an den Geschehnissen schließen, als tatsächlich der Fall war, weil sie gewohnheitsmäßig in Briefen auf Dinge Bezug nahm, die man an sie herantrug. Aber erst nach der Geburt ihrer dritten Tochter, Prinzessin Helena, am 25. Mai 1846, und nach Peels endgültigem Ausscheiden aus seinem Amt im darauffolgenden Juli nahm sie die Geschäfte wieder selbst in die Hand. Dazu veranlaßt sah sie sich durch außenpolitische Sorgen. Wie Greville am 4. Juli formulierte, erkannte auch sie mit aller nötigen Klarheit: «So klein der direkte Einfluß der Herrscherin auch sein mag, ist es keineswegs nebensächlich oder unwichtig, ihre Sympathie und ihr Wohlwollen zu genießen. Dieses ist eine Quelle der Kraft, und es kann oft bei einer Sache den Ausschlag geben, kurz: es ist etwas sehr Gutes und mag möglicherweise hiernach zu großem Einfluß gelangen.»

Die Autorität der Herrscherin äußerte sich in vielfältiger Weise. In dem Bewußtsein, daß sie mit jeder Konzession ein Stück ihrer Autorität für immer preisgab und eine weitere Schwächung in Kauf nahm, legte Victoria ein höfliches, aber bestimmtes Veto gegen den Vorschlag Sir George Greys ein, daß Ernennungen von Offizieren der Armee künftig nur noch mit ihrem Siegel gestempelt statt von ihr unterschrieben werden sollten. «Die Königin hat keinerlei Einwände gegen die Mühe, welche die Abzeichnung so vieler Ernennungsurkunden ihr bisher bereitet hat. Sie sieht sich dafür reichlich entschädigt durch den Vorzug, auf diesem Wege eine persönliche Verbindung zwischen der Herrscherin und der Armee aufrechtzuerhalten.» Ja, sie verstand die komplexe Beziehung zwischen symbolischen Akten und der Autorität ihres Amtes.

Es war für Victoria schmerzlich, die Amtssiegel Lord John Russell, einem schwachen Premierminister, und Viscount Palmerston, seinem dominanten Außenminister, zu übergeben. Doch sie hatte keine andere Möglichkeit; die beiden traten an die Stelle von Peel und Aberdeen. Sie sprengte die Belanglosigkeit der vom Protokoll vorgesehenen Phrasen, als sie Viscount Hardinge gleichzeitig mit ihrer Bitte, er möge die Geschäfte in Indien weiterführen, erklärte, daß das soeben gescheiterte Kabinett «eine der brillantesten Regierungen war, die das Land je gehabt hat». Aber sie hatte seit der letzten politischen Wachablösung viel hinzugelernt. «Die Königin ist sehr freundlich und sanft und zeigt kein Bedauern», beobachtete Lady Palmerston. «Wie sich die Dinge in dieser Welt doch verändern!»

Das Bedauern war schon vorhanden, sie ließ es nur nicht in der Öffentlichkeit erkennen. Um das sicherzustellen, kehrte Victoria in die Abgeschiedenheit von Osborne zurück, wo ihr vorrangiges außenpolitisches Interesse der endlosen Affäre um die königlichen Hochzeiten und die Thronfolge in Spanien galt. In diese Affäre hatten die Franzosen im September mit der Verkündigung der Königin Marie Amélie eingegriffen, ihr Sohn habe die Infantin Louisa geheiratet.

Victorias eisige Antwort, die sie als Privatbrief auf einen Privatbrief hin schreiben konnte, war eindeutig von ihrer Hand. Die Antwort der Regierung stand auf einem anderen Blatt, und Russell schickte die Instruktionen, die Palmerston an seinen Botschafter in Madrid aufgesetzt hatte, zur Begutachtung an die Königin. Sie behielt den Entwurf zwei Tage lang und schickte ihn dann mit ihren Kommentaren und Einwänden zurück. «Ihr Brief», notierte Greville, «war bemerkenswert gut geschrieben, und alle Einwände waren knapp und präzise formuliert. Sie zeugten von einer sehr gründlichen Kenntnis der politischen Lage in Spanien. Die Folge des Briefes der Königin war, daß Russell Palmerston, Landsdowne und Clarendon in seinem Hause zusammenrief, wo sie zwei Stunden über die Frage diskutierten und sich schließlich auf einen Brief einigten, der anstelle der ursprünglich von Palmerston aufgesetzten Note abgeschickt werden sollte.»

Am nächsten Morgen wurden die revidierten Instruktionen an Victoria geschickt, die ihre Zustimmung erteilte. «Nichts kann ihre und des Prinzen Empörung über das Verhalten des Königs von Frankreich übertreffen», fuhr Greville fort, «und sie sprach darüber mit Clarendon in höchst ungemäßigten Worten. ‹Er hat mir nicht selbst geschrieben›, sagte sie (über Louis-Philippe), ‹sondern ließ die Königin schreiben. Ich glaube nicht, daß sie viel Freude an meiner Antwort haben werden.›» Die Affäre bestätigte rasch Grevilles Einschätzung des Einflusses, den eine akive Herrscherin auf die Außenpolitik nehmen konnte.

Leopold gegenüber, dessen Frau auf diesem Wege eine spanische Schwägerin bekam, nannte Victoria das zynische Arrangement «infam». Auf lange Sicht erwiesen sich diese Machenschaften als nutzlos für Frankreich und vergifteten die *entente cordiale*, die Victoria so sehr gefördert hatte.

Am 14. September 1846 zog die königliche Familie in das neue Osborne House ein. Lady Lyttleton, die weiterhin die königliche Kinderstube leitete, schrieb, daß die Kinder übermütig herumtollten, jedes beaufsichtigt von einem scharlachrot gekleideten Lakaien. Victoria meinte nach der Ankunft, es sei «wie ein Traum, jetzt hier in unserem eigenen Haus zu sein, zu dem wir den Grundstein erst vor fünfzehn Monaten gelegt haben». Cubitt und der Prinz hatten alles bis ins kleinste Detail geplant, ja sogar die Maße der Möbel bestimmt. Das private Arbeitszimmer der Königin enthielt zwei

Schreibtische der gleichen Höhe, aber der des Prinzen hatte zwei Zentimeter mehr Kniefreiheit. Die Eßzimmerstühle und der Tisch waren zweieinhalb Zentimeter niedriger als üblich, damit sie der geringen Körpergröße der Königin besser entsprachen.

«Wenn man so glücklich & gesegnet in seinem Familienleben ist wie ich», hatte Victoria ein paar Monate vorher in ihr Tagebuch geschrieben, «muß sich die Politik (vorausgesetzt, mein Land ist in Sicherheit) mit dem zweiten Platz begnügen.» Unter dem häuslichen Leben verstand sie eher das Zusammensein mit Albert als die Anwesenheit ihrer Kinder. Das vertraute sie Stockmar an, als der Prinz im Juli 1846 auf eine seiner vielen offiziellen Reisen gegangen war, diesmal, um das Albert Dock in Liverpool zu taufen. «Ich fühle mich einsam ohne meinen lieben Herrn», schrieb sie, «und obwohl ich weiß, daß andere Leute oft für ein paar Tage getrennt sind, habe ich das Gefühl, daß mich auch die Wiederholung nie daran gewöhnen kann. Ohne ihn verliert alles seinen Reiz. Es wird immer ein großer Schmerz sein, mich auch nur für zwei Tage von ihm zu trennen, und ich bete zu Gott, daß er nie zuläßt, daß ich ihn überlebe.»

Als im Dezember die Familie wiederkam, erschien Cubitt mit seinen Plänen für den Dienstboten- und den Hauptflügel. Sie sollten das alte Haus ersetzen, das weiterhin als Wirtschaftsgebäude diente, bis die nächsten Bauabschnitte bewältigt waren. (Bis Victoria und Albert mit dem Bau und der Einrichtung von Osborne fertig waren, hatte es sie 200 000 £ gekostet, eine Summe, die sie gänzlich aus ihrem eigenen Einkommen bezahlten, das jetzt gewinnbringend verwaltet wurde.) Der Verputz an den Wänden war beinahe trocken. Während der Abwesenheit der Familie war ständig geheizt worden. Darum konnten nun schon viele von Victorias und Alberts privaten Bildern aufgehängt werden. Für die größte Wand im Speisezimmer malte Franz-Xavier Winterhalter ein großes Gruppenbild der königlichen Familie, auf dem die Königin und der Prinz saßen, während die Kinder um sie herum gruppiert waren. Es mag die italianisierende Atmosphäre des Gebäudes und der Lage gewesen sein, die Victoria und Albert auf den Gedanken brachte, Statuen von sich in römischer Kleidung in Auftrag zu geben.

Vielleicht das überraschendste Gemälde, das in Osborne House hing, war eine verblüffend sinnliche Darstellung von *Herkules und Omphale* von Anton von Gegenbaur, weit überlebensgroß, die ein Gutteil der Wand gegenüber Alberts Badewanne in den Privatgemächern des Paares bedeckte. Das Bild, das im Hause eines wirklich prüden Paares erstaunen müßte, deutet darauf hin, daß Victoria und Albert dies durchaus nicht waren. Aber vielleicht ist die mythologische Darstellung auch ein Hinweis auf Alberts unbewußte Verfassung. Die reizvolle junge Frau, die der muskulöse Gott auf seinem breiten Knie wiegt und nur mit alabasterfarbener Haut und einem Kopftuch bekleidet ist, war im griechischen Mythos die Königin von Lydien, die Herkules als Sklaven genommen hatte. Das Bild war 1830 in Rom entstanden, und der Prinz erwarb es 1844, als die Einrichtung für Osborne angeschafft wurde. Es hängt heute noch dort.

Die Malerei blieb für Victoria und Albert weiterhin wichtig. Sie gaben regelmäßig Bilder in Auftrag. Die Königin und der Prinz ließen sich auch gerne Unterricht von Künstlern geben, die sie bewunderten, z. B. von Edwin Landseer. Sie wollten dadurch ihr Können verbessern, um ihre angenehme Nebenbeschäftigung befriedigender zu gestalten.

Nachdem Victoria einen Band mit Lithographien von Edward Lear über die Abruzzen gesehen hatte sowie einen weiteren über Rom und seine Umgebung, fragte sie Lear, der in jenem Jahr auch das *Book of Nonsense* gestaltet hatte, ob er bereit sei, ihr Unterricht zu geben. Lear, damals ein gelehrt aussehender Mann von vierunddreißig Jahren mit kleinen, runden Brillengläsern und einem dünnen Schnurrbart, reiste im Juli 1846 nach Osborne. Victoria schrieb für den fünfzehnten des Monats in ihr Tagebuch: «Hatte eine Zeichenstunde bei Mr. Lear, der vor mir skizzierte und bemerkenswert gut unterrichtet, in Landschaftsmalerei mit Aquarellfarben.» Später wurde der Unterricht im Buckingham Palace wieder aufgenommen, wo Victoria Lear dankbar herumführte und ihm die Kunstschätze an den Wänden und die Kästen mit der Königlichen Miniaturensammlung zeigte. Vollkommen hingerissen, und wie so oft seine Umgebung ganz vergessend, rief Lear aus: «Ach, wo haben Sie all diese herrlichen Sachen her?»

«Ich habe sie geerbt, Mr. Lear», sagte Victoria.

Zwei Landschaften, die Victoria unter Lears Anleitung gemalt hat, sind erhalten und befinden sich in der Königlichen Bibliothek in Windsor – *Pavilion Wing at Osborne* und *View of Portland from the Isle of Wight*.

Bei einem Aufenthalt im Buckingham Palace im folgenden Jahr – diese Zeiten wurden seltener und kürzer, als die Kinderschar wuchs – posierten Victoria und Albert im Gewächshaus (wegen des guten Lichtes) für den Photographen William Edward Kilburn. Die neue Kunst zog sie an – die ersten Daguerrotypien von ihnen waren schon einige Jahre früher aufgenommen worden –, und schon bald sollten sie ihre eigene Kamera samt Ausrüstung besitzen. «Meine waren wirklich geglückt», schrieb Victoria in ihr Tagebuch. «Die von den Kindern sind leider mißlungen.» Kinder konnten nicht so lange stillsitzen, wie die mühseligen Langzeitbelichtungen 1847 es noch erforderten. Victoria konnte ihre Familie besser im Skizzenbuch einfangen.

Außenpolitische Belange nahmen nun die Aufmerksamkeit der Königin bis 1847 vorrangig in Anspruch, da Spanien und Portugal einer gemeinsamen Lösung Widerstand leisteten. Portugal schien am Rande eines Bürgerkrieges zu stehen, und die wenig hilfreiche Königin Donna Maria war, wie Victoria in ihr Tagebuch schrieb, «so töricht wie immer». Albert schickte einen seiner Stallmeister nach Lissabon, der beiden Seiten bei den Verhandlungen beistehen sollte, während Palmerston, der sich von diesen Bemühungen distanzierte, eindeutig die gegen die Königin gerichtete «Junta» favorisierte. In der Portugal-Frage handelte Albert allein und benutzte das Personalpronomen der ersten Person Singular, wenn er an Palmerston schrieb. Auf einer zweiten Ebene verhandelte Victoria mit dem Premierminister. Einmal schrieb sie Russell über die britische Außenpolitik im allgemeinen und äußerte dabei, wie gerne sie England auf der Seite von «Integrität, Moral und Ehrenhaftigkeit» sehen wollte – Tugenden, deren Mangel in vielen Intrigen Palmerstons sie damit andeutete. Ihre Sprache, die fast mit Sicherheit auch Alberts Einstellung widerspiegelte, war ein Vorbild für alle Nationen zu allen Zeiten. «Die Königin bittet Lord Russell inständig, nicht zu unterschätzen, wie wichtig es ist, daß wir unsere Außenpolitik makellos gestalten. Die öffentliche Meinung wird in innenpolitischen Angelegenheiten als einflußreiche Macht anerkannt; sie ist nicht weniger bedeutend in der Gesellschaft Europas in bezug auf das Verhalten eines einzelnen Staates. Das *Vertrauen* Europas zu besitzen ist für dieses Land von allergrößter Bedeutung.»

Der Winter 1847 war zu streng, als daß die Familie hätte in Osborne weilen können. Die Iren litten ein weiteres Jahr Hungersnot, ohne daß die Regierung nennenswerte Hilfsanstrengungen unternahm. Im Ausland gab es politische Rückschläge. Am 10. März brach in Osborne ein Teil des Gerüstes ein und tötete einen von Cubitts Männern; weitere wurden verletzt. Albert versank in Schwermut. «Wir haben uns hierher begeben», schrieb er seiner Stiefmutter im März von der Insel Wight, «in der Hoffnung, einen Hauch von Frühling vorzufinden..., haben aber nichts als Frost und eisigen Ostwind angetroffen; vorgestern hatten wir zur Abwechslung dreißig Zentimeter Schnee.» Im April kam endlich wirklich der Frühling. Albert beaufsichtigte Cubitts Bauarbeiten, Victoria erhielt Depeschen aus London und plante eine weitere Reise nach Schottland. Ihre Ersparnisse aus dem Einkommen der Privatschatulle und anderen Quellen waren so beträchtlich, daß sie die Möglichkeit sahen, in Schottland ein Gelände zu pachten oder zu kaufen, das sie an Coburg erinnerte.

Aber der Frühling und Sommer in der Abgeschiedenheit von Osborne waren Ausgleich genug, und die Familie freute sich auf regelmäßige Besuche. Albert plante stilisierte Gärten, um die italienische Atmosphäre des

Gebäudes zu unterstreichen, wozu Terrassen, Balustraden, Treppen, kunstvoll geschnittene Bäume und Büsche, Pfade, Rasenstücke, Statuen und Urnen beitragen sollten. Er war begeistert bei der Sache. Die Königin badete sogar zum ersten Mal im Meer, an ihrem geschützten Privatstrand. Eine «Bademaschine» – eine Umkleidekabine auf Rädern – wurde auf Schienen ins Wasser geschoben. Victoria betrat sie durch die hintere Tür, zog drinnen einen Badeanzug an (und setzte einen Hut mit breitem Rand auf) und ging die Stufen von der vorderen Plattform hinunter, die ins Wasser führten. Als sie sicher im Wasser stand, läutete ihre Kammerzofe eine Glocke, und die Bademeisterin führte das Pferd, das die Maschine zog, ans Land, bis sie wieder zurückgerufen wurde. Die Königin planschte herum, bis sie genug hatte, und kehrte dann in die Kabine zurück. Das war keine Methode, die das Schwimmen förderte, aber zumindest kam sie mit dem ihr unbekannten Element des Meerwassers in Berührung. Bademaschinen sollte es bis in die dreißiger Jahre des zwanzigsten Jahrhunderts geben.

Am 11. August legte das königliche Paar mit der *Victoria and Albert* vom Pier in Osborne ab, zusammen mit dem Halbbruder der Königin, Karl von Leiningen, und den beiden ältesten Kindern. Sie wurden begleitet von einem Konvoi, zu dem auch vier Kriegsschiffe und der Tender *Fairy* gehörten. Ihre Reiseroute führte sie an der walisischen Küste entlang nach Norden, an der Insel Man vorbei und über den Fluß Clyde bis nach Glasgow. Während die Dampfyacht weiter um Schottland herum fuhr zum Sund von Jura, besuchten sie dünn besiedeltes und wildes Land, ohne sich vom unaufhörlichen Regen oder von der Tatsache, daß die Königin schwanger war, stören zu lassen. Sir James Clark war fest von den belebenden Eigenschaften der Bergluft überzeugt und meinte, für eine Residenz würde Deeside, im Osten unweit von Aberdeen gelegen, das beste aus beiden Welten vereinen – ein trockeneres Klima und die Lage im Hochland. Der Prinz schrieb an Stockmar: «Wann immer wir uns nach draußen wagen, kommen wir halb erfroren und bis auf die Haut durchnäßt nach Hause. . . . Die Moorhühner sind scheu, und das Wild ist sehr schwer zu erreichen, aber trotz alledem sind wir noch immer sehr glücklich.» Was sie ganz besonders glücklich machte, war das Gefühl der Abgeschiedenheit von den Volksmengen und den Geschäften. Als kurz nach ihrer Rückkehr aus Schottland Sir Robert Gordon, Inhaber von Balmoral, starb, interessierten sich die Königin und der Prinz für die Übernahme der Pacht. Es war ein Ort in der Bergeinsamkeit, im sonnigeren Teil von Deeside. James Giles, ein Künstler aus Aberdeen, wurde gebeten, Skizzen von dem Besitz nach Osborne zu schicken.

Das Kabinett Russell, dem die Königin in Schottland vorübergehend entronnen war, hielt zu Hause für sie einige böse Überraschungen parat.

Russell führte ohne Rücksprache bedeutende Ernennungen durch – unter anderem bestimmte er einen neuen Hofarzt –, und Depeschen von Palmerston verließen das Außenministerium, ehe Victoria auch nur einen Entwurf gesehen hatte. Ihre Abwesenheit bot keine Entschuldigung: ein Minister war stets als Verbindungsmann anwesend. Ende Dezember 1847 sagte sie dem Premierminister, wie «schockiert» sie darüber sei, daß ein Mitglied seiner Regierung, der Schatzkanzler Sir Charles Wood, eine Rede gehalten hatte, in der er namentlich Leute nannte, die für «hohe Ämter» in der «nächsten Regierung» vorgesehen seien. So etwas ohne vorherige Absprache zu tun, war schlimm genug, aber einer der vorgeschlagenen Namen war der von «Mr. Disraeli(!)» – den Victoria im stillen für einen Schurken hielt.

Die europäischen Umstürze des Jahres 1848 sollten England nur streifen. Frankreich stand eine neuerliche Erschütterung bevor. Aus dem benachbarten Belgien schrieb Leopold, der Schlimmes zu befürchten hatte, an Victoria: «Die menschliche Rasse ist eine *traurige* Schöpfung, und ich hoffe, daß die übrigen Planeten besser organisiert sind und wir nach diesem Leben dorthin gelangen.» Eines der traurigsten Geschöpfe war Louis-Philippe, Leopolds beleibter und prunksüchtiger Schwiegervater, der die Erwartungen Frankreichs in den frühen dreißiger Jahren tief enttäuscht hatte. Dennoch nahm er selbstgefällig an, er könne sich halten und sogar eine Dynastie begründen. In Griechenland drohten Volksaufstände, König Otto zu stürzen, der ernannt worden war, nachdem man Leopold gezwungen hatte, von seinen dortigen Interessen abzusehen. Otto hatte die liberale Verfassung, unter der er gekrönt worden war, lange Zeit mißachtet, und nur wenige hatten nun Mitleid mit ihm. In Spanien und Portugal roch es nach Bürgerkrieg. Im zerklüfteten habsburgischen Kaiserreich hatte Österreich alle Hände voll zu tun, die schwelenden nationalen Bestrebungen der Ungarn, Tschechen, Serben und Italiener im Zaum zu halten, während auf der zersplitterten Halbinsel Italien erneut Bewegungen zur nationalen Einigung aktiv wurden.

Am 29. Februar schrieb Charles Dickens an einen Freund: «Wenn die Königin dem alten Papa Philipp besondere Aufmerksamkeit schenkt, wird es große Unzufriedenheit und Mißbilligung im ganzen Land geben. Das jedenfalls glaube ich. Inzwischen sind wir selbst in einer mißlichen Lage, es gibt viel Elend in den Industriestädten und alle Arten von öffentlicher Besessenheit.» Am 24. Februar stürzte der vierundsiebzigjährige Louis-Philippe und floh verkleidet aus Paris, zusammen mit seiner Familie. Es gelang ihm mit Hilfe des britischen Konsuls, von Honfleur aus in See zu stechen. Als die Flüchtlinge in Newhaven eintrafen, bat der König Victoria um Asyl. Da sie bereits von Russell gewarnt worden war, keine Hilfe anzubieten, die den Anschein erwecken könnte, sie wolle seiner Wiedererlangung der französischen Krone Vorschub leisten, schickte sie Louis-Philippe nach Claremont, das seinem Schwiegersohn gehörte. Für zeitweilige Unterhaltskosten wurden ihm Mittel von einem schwarzen Konto des Geheimdienstes vorgestreckt. Am Ende des Jahres erstattete die französische Regierung, die froh war, die Fessel der Monarchie abgelegt zu haben, dem König sein Eigentum zurück, lehnte es aber ab, Louis-Philippe wieder die Krone aufzusetzen.

Die politischen Tumulte auf dem Kontinent gingen inzwischen weiter. In Deutschland floh Anfang März der Prinz von Preußen, der spätere Kaiser Wilhelm I., der in seinem Land äußerst unbeliebt war, ebenfalls verkleidet, um sein Leben zu retten. Belgien erschien ihm als Zufluchtsort sicher genug für ein zeitweiliges Exil.

In England sorgte sich Victoria, die stärker vom Kummer gezeichnet war als je zuvor in ihrem Leben, über Aufstände und die unmittelbar bevorstehende Geburt ihres sechsten Kindes. Im Land war eine panische Finanzkrise ausgebrochen; Spekulanten hatte riesige Verluste durch inflationäre Eisenbahnaktien verursacht, der Weizen war auf einen neuen Tiefpreis gesunken, da die hungernden Iren ihn sich weder leisten konnten noch ihn essen wollten, die Arbeitslosigkeit und Armut hatten den Chartisten neuen Auftrieb gegeben, und im Spätwinter drangen die Heimatlosen und Hungrigen scharenweise nach London und in andere Industriestädte. Am 18. März 1848 gebar Victoria eine weitere Tochter, die nach Alberts Mutter Louise genannt wurde.

Die Demonstrationen der Chartisten waren seit der Revolution in Paris massiver und lauter geworden. Um die Unzufriedenen davon abzuhalten, sich um Märtyrerfiguren zu scharen, wurden Radikalenführer, die wegen Anklage auf Volksverhetzung im Gefängnis saßen, wieder freigelassen. Im Gegenzug kündigten die Chartisten eine gewaltfreie Massenversammlung auf dem Kennington Common im südlichen London an. Von dort aus sollte ein Zug eine Petition zum Unterhaus bringen, die die sechs Punkte eines liberalisierten Bürgerrechts verlangte, wie sie in ihrer Charta formuliert und von mehr als einer Million Menschen unterschrieben worden waren. Das festgesetzte Datum für dieses Unternehmen, das eine friedliche Revolution zu werden versprach, war der 10. April.

Alarmiert berief die Regierung Reservetruppen ein, um durch die Straßen zu patrouillieren, und 150 000 zusätzliche Polizisten wurden eingesetzt. «Jeder Gentleman in London mußte einen Eid leisten», schrieb Greville. (Unter ihnen befand sich ein französischer Exilierter, Prinz Louis Napoleon Bonaparte.) Victoria gab der Klugheit den Vorrang vor spektakulären Aktionen und beschloß, mit ihrem drei Wochen alten Säugling und

Albert nach Osborne zu gehen. Sicherheitshalber wurde der Bahnhof Waterloo zur Zeit ihrer Abfahrt nach Gosport am Morgen des 8. April geräumt. Greville gegenüber bedauerte Sir James Graham die Abreise der Königin, «denn er meint, sie sehe nach Feigheit aus und deute außerdem eine drohende Gefahr an, die nicht bestätigt werden dürfe». Am Abend des neunten ging Oberst Charles Phipps, der Stallmeister des Prinzen Albert, heimlich durch die Straßen, um zu horchen, ob die Flucht der Königin irgendwelche verächtlichen Kommentare ausgelöst hatte. Ihm kamen aber keine solchen Bemerkungen zu Ohren, und er schrieb an Albert: «Ihr persönlicher Mut genießt ein so hohes Ansehen, daß ich nicht eine einzige Person die Meinung äußern hörte, der Grund ihrer Abreise sei persönliche Angst.»

Vor der Morgendämmerung des 10. April brachte die Regierung das Telegraphensystem unter ihre Kontrolle, um zu verhindern, daß falsche Berichte in Umlauf gebracht wurden. Kanonenboote patrouillierten auf der Themse, und Soldaten bewachten sämtliche Brücken. Geschäfte wurden geschlossen. Die Chartisten, die auf dem Kennington Common zusammenkamen, trafen von Anbruch des Tages an dort ein. Später erklärte der Polizeichef der Stadt, Sir Richard Mayne, ihren Anführern in einem nahegelegenen Pub, man werde keinen Versuch machen, die Versammlung zu sprengen, ein Zug über die Themsebrücken aber werde nicht erlaubt. Sie schüttelten einander kräftig die Hand. Dann wandte sich Feargus O'Connor an seine enttäuschend kleine Schar von zwanzigtausend Mitstreitern, denen er riet, die Versammlung aufzulösen, winkte einem Wagen und brachte seine Petition zu Sir George Grey ins Innenministerium. Es war eine ausgesprochen englische Demonstration.

Die Furcht vor einem Umsturz sollte nicht so schnell vergessen sein. Victoria empfand jetzt, wie sie an Leopold schrieb, «eine Unsicherheit in allem Existierenden, die ich (ungewiß, wie alle menschlichen Dinge sein müssen) früher nie empfunden habe. In Gedanken an die Kinder, an ihre Erziehung und ihre Zukunft – und im Gebet für sie –, denke und sage ich immer im stillen: ‹Laß sie aufwachsen für *jeglichen Stand*, in den sie gestellt werden mögen – *hoch oder niedrig*›. Daran hat man früher nie gedacht, aber jetzt tue ich es immer.» Und doch blieb sie, da sie in ihrer und Alberts Geburt eine Vorsehung des Schicksals sah, davon überzeugt, daß die Chartisten gänzlich im Unrecht waren, abgesehen nur von dem Ausgang ihrer Demonstration. «Ich bin der Meinung», sagte sie zu Lord John Russell, «daß Revolutionen immer schlecht für ein Land und die Ursache unsäglichen Elends für das Volk sind. Der Gehorsam gegen die Gesetze & gegenüber dem Herrscher ist Gehorsam gegenüber einer höheren Macht, die von Gott eingesetzt wurde zum Wohle des *Volkes*, nicht des Herrschers, der ebenfalls Pflichten und Aufgaben unterliegt.» Das war eine höhere Gewalt, wie sie sie in dem kleinen Herzogtum Coburg am Werk sehen mochte, die jedoch in der größeren Welt schlecht funktionierte. Victoria mußte, wenn nicht ihre Vorstellungen, so doch sich selbst diesen veränderten Gegebenheiten wohl oder übel anpassen.

VIII

Glanz und Elend

(1848-1853)

Daß Politik die Kunst des Möglichen ist, war eine Einsicht, die Victoria trotz zunehmender Menschenkenntnis nie wirklich gewann. Gelegentlich zeigte sich in der erfahrenen Königin immer noch die eigenwillige junge Prinzessin, die ohne jede begründete Aussicht auf Erfolg der Conroy-Clique trotzte. 1848 zum Beispiel verfügte sie, daß jeder, der bei ihren Empfängen erscheine, Kleidung britischer Herkunft tragen müsse. Britische Waren bedeuteten auch britische Arbeitsplätze. Doch der Erlaß erwies sich als nicht durchsetzbar, und die Persönlichkeiten, die zählten – zumindest in der Damenwelt – bevorzugten Pariser Moden, die den Idealismus der Königin überdauerten.

So ging es ihr auch in wichtigeren strittigen Fragen. Das bedeutete, daß sie eine gewisse Toleranz gegenüber Enttäuschungen entwickeln mußte. Victoria schaffte dies, indem sie sich intensiv um ihre Familie und ihre neuen Wohnsitze kümmerte. Osborne bedeutete Seelenfrieden; seine auf menschliches Maß zugeschnittene Ausstattung und die Beleuchtung und sanitären Anlagen nach neuestem Standard (nur wenige Landsitze verfügten über WCs und fließendes Wasser) bedeuteten Bequemlichkeiten, die sie in der üppigen Pracht von Windsor oder im verstaubten Luxus von Kensington Palace nie erlebt hatte. «Ich bin ganz anders aufgewachsen», erinnerte sie sich in einem Gespräch mit Disraeli 1875. «Ich hatte nie ein eigenes Zimmer; ich hatte nie ein Sofa, keinen bequemen Sessel, und es gab keinen Teppich, der nicht fadenscheinig gewesen wäre.»

Mit Osborne stand der Königin eine Residenz zur Verfügung, die fast allen Bedürfnissen gerecht wurde. Sie lag weit genug entfernt von Windsor und London, doch ein Postdampfer konnte ihr Depeschen von Gosport bringen, der nur zwei Stunden von Whitehall entfernten Kopfstation der Eisenbahnlinie. Es gab keine aufdringlichen Touristen, kein Stadtvolk; die Kinder liefen frei herum, und Lady Lyttleton war zuständig für «Einnahmen und Ausgaben, Lieferantenbriefe, Streit unter den Mädchen, schlecht sitzende (Kinder-)Kleidung, die Bekömmlichkeit von Rhabarber oder Magnesium, und auf geistigem Gebiet für falsche Genera im Französischen und Lücken im Einmaleins.»

Was Lady Littleton aufbrachte, war das ständige Lamento der Königin, daß sie sich in der sonnenglänzenden, wenn auch windigen Vollkommenheit von Osborne nicht in «schottischer Luft, unter schottischen Menschen, inmitten schottischer Hügel, Flüsse und Wälder» befänden. «Mein größter Trost ist» – so Lady Littleton –, «daß ich diese Reize niemals sehen, hören noch erleben werde.» Doch für die Königin ging es nicht nur um ästhetische Reize. Ein Wohnsitz in Schottland bedeutete weitere Befreiung – man konnte sich der Politik noch mehr entziehen, trotz des unvermeidlichen frostigen Staatsministers – und das Äußerste an Schutz vor den Blicken der Öffentlichkeit. Als James Giles' Skizzen von Balmoral ankamen, dann Giles selbst mit weiteren Einzelheiten, gefolgt von einem Bericht Dr. Clarks, in dem er das Gebiet des oberen Dee für genau richtig für die Gesundheit der Königin erklärte, wurde ohne Ortsbesichtigung der Pachtvertrag geschlossen.

Zum ersten Mal sahen Victoria und Albert Balmoral am 8. September 1848 nach einer Reise nach Aberdeen. Auch wenn die Königin es in ihrem Tagebuch ein «hübsches kleines Schloß in schottischem Stil» nannte, so war es doch kaum größer als ein gewöhnliches Landhaus und erst neun Jahre zuvor fertiggestellt worden. Mit seinen Sprossenfenstern, Giebeln, Türmchen und Rundtürmen mit konischen Dächern hatte es etwas von einem Miniaturschloß. Victoria fand die Lage «einsam» und die Bergluft «erfrischend» – womit sie kalt meinte. Ihr Hof fürchtete die Kühle und Einsamkeit dort immer, doch die Königin genoß beides. «Alles schien Freiheit und Frieden zu atmen und einen die Welt und ihr trauriges Getöse vergessen zu lassen.»

Wie in Osborne war auch hier das Gebäude zu klein für das nötige Gefolge. Anfangs konnte viel angrenzendes Land hinzugepachtet, aber nicht gekauft werden. Schließlich umfaßte das königliche Anwesen 9,7 Hektar und viele Meilen am Dee entlang. Den Bauern und Bewohnern der Hütten auf dem Anwesen wurde untersagt, ihre Häuser zu vermieten oder Gäste aufzunehmen – eine drastische Schutzmaßnahme, damit die Königin ungestört blieb. Der Erwerb erforderte viel Geld; es kam ganz unerwartet 1852 in Gestalt eines märchenhaften Paten, des «Geizhalses Nield». Selbst für englische Begriffe war James Camden Nield aus Chelsea, Cheyne Walk 5, ein Exzentriker; er war das hartherzige Kind eines Amateursoziologen und hatte die Gefängnisse von 59 englischen und schottischen Grafschaften besucht, um Material für sein Buch *The State of the Prisons* (1812) zu sammeln. Von seinem Vater hatte der Sohn die Genügsamkeit und ein Vermögen an Immobilien in den Grafschaften rund um London geerbt. Als er in einem fast leeren Haus voller Spinnweben starb, war an Besitztümern nicht viel mehr aufzuzählen als ein Bett, ein paar Möbel, eine Talgkerze und eine Katze. Aber er besaß auch Grundstücke, die über 250 000 Pfund erbrachten, und da er alleinstehend war, vermachte er alles der Königin. Nield habe gewußt, daß sie «es nicht vergeuden würde», bemerkte Victoria. Gepachtetes Land konnte nun gekauft und ein größeres Balmoral gebaut werden. Stockmar wünschte Nield «eine fröhliche Auferstehung».

Nields großzügige Schenkung wurde auch für die Verschönerung und den Ausbau von Osborne verwendet, für weiteres Land und dessen Unterhaltung und für ein importiertes Schweizerhaus in Fertigbauweise – eines der ersten seiner Art –, das als Spielhaus gedacht war, in dem die Prinzen Schreinern und Gärtnern und die Prinzessinnen die Grundbegriffe von Haushaltsführung und Kochen lernen konnten. Obwohl die Kinder tatsächlich ihre Eltern manchmal dort zum «Tee» bewirteten, läßt der Standort eine halbe Meile von Osborne House entfernt vermuten, daß die königliche Nachkommenschaft sich (unter Aufsicht von Mitgliedern des Hofes) in deutlichem Abstand zu den elterlichen Ohren und Augen vergnügen sollte. Das Schweizerhaus mit seinen maßstabgetreuen kleinen Möbeln und der Küche steht noch heute auf dem Grundstück, ebenso der angrenzende Schuppen mit den – wahrscheinlich zur Vermeidung von Streitereien – namentlich gekennzeichneten Gartengeräten der Kinder.

Die königlichen Kinder, die von ranghohen Besuchern selten gehört oder gesehen wurden, beobachteten den ständigen Schiffsverkehr auf dem Kanal und merkten, wenn interessante neue Gäste kamen. Vor dem Besuch eines Peers, der durch seinen deformierten Fuß und seinen hinkenden Schritt auffallen mußte, unterhielten sich Victoria und Albert darüber, ob es nicht sinnvoll sei, die älteren Kinder vorzuwarnen und so dem Gast unangenehme Situationen zu ersparen. Es schien besser, das Problem zu ignorieren. Das erwies sich offensichtlich als gute Lösung, denn der Tag verlief zwar in einer gewissen Spannung, aber ohne Krise. Am nächsten Tag fragte die älteste Prinzessin, wo der Besucher sei. «Er ist wieder nach London gefahren, Liebes», sagte die Königin.

«Oh, wie schade», sagte Vicky, die den hohen Herrn mit ihrem Bruder zusammen in einem Korridor abgefangen hatte. «Er hatte Bertie und mir versprochen, uns seinen Fuß zu zeigen!»

Auf ihrer Reise nach Balmoral 1848 legten die Königin und ihre Begleitung mit ihrem Konvoi von Kutschen die Strecke von Aberdeen aus in Etappen zurück. Jeder Halt wurde zu einem großen Tag im Leben der betroffenen Gemeinde. In Aboyne zum Beispiel traten fast täglich Dorfkomitees zusammen, um ein Programm zu ihren Ehren zu planen. Sie debattierten noch über einen Triumphbogen und eine Plattform für die Würdenträger, während der örtliche Zimmermann schon in aller Eile an die Arbeit ging. Am 5. September, an einem klaren, sonnigen Morgen, traf kurz vor Mittag die Reisegesellschaft ein. Lord Aboyne gab der fast vollzählig erschienenen Bevölkerung das Zeichen für die Hochrufe. Mit Albert und den drei ältesten Kindern entstieg die Queen der Kutsche und trat auf eine zu diesem Zweck ausgebreitete Stoffbahn in Schottenmuster. Im Hause Lord Aboynes hatte man für die Gesellschaft einen Tisch gedeckt, doch die Queen und der Prinz erlaubten nur den Kindern, etwas zu essen. Ordentlich wurden ihnen Servietten unter das Kinn gesteckt, und sie probierten Brühe, Pudding und Haferkuchen – «das Brot dieses Landes», wie Albert ihnen erzählte. Draußen verbrachte Victoria viel Zeit damit, ihren Mantel aus- und wieder anzuziehen – wahrscheinlich, wie Lady Charlotte Guest annahm, damit das versammelte Publikum sie besser betrachten konnte, während Albert sich bewundernd über die Landschaft äußerte.

Zwanzig Minuten nach ihrer Ankunft war die Gesellschaft schon wieder unterwegs zur nächsten Stadt, und kaum waren die Kutschen außer Sicht, als auch schon die Stoffbahn, auf welche die Königin getreten war, «in Stücke von einem Zoll Größe zerschnitten wurde, um von den Leuten als Reliquien bewahrt» zu werden.

Vor dem Ausbau von Osborne (der sehr schnell ausgeführt wurde) und dem Neubau von Balmoral verlief das Familienleben für Victorias Angehörige an beiden Schauplätzen außerordentlich *gemütlich*. Trotz der beengten Verhältnisse, vor allem in Balmoral, hielt sich Victoria lieber weit abseits in ganz und gar nicht-königlicher Umgebung auf als in der finsteren Pracht Windsors oder der schäbig gewordenen städtischen Eleganz von Buckingham Palace. Charles Greville besuchte mit John Russell zusammen Balmoral, bevor mit dem Bau des neuen Schlosses begonnen wurde; es war eine fast vierundzwanzigstündige Reise mit Eisenbahn und Kutsche. Er war überrascht, wie klein das Haus war und daß es «nach gar nichts aussah»:

> Sie leben nicht nur wie Privatleute, sondern wie höchst bescheidene Leute – kleines Haus, kleine Zimmer, wenig Personal. Es gibt keine Soldaten, und für den Schutz der Herrscherin und der gesamten königlichen Familie sorgt ein einziger Polizist, der das Grundstück abgeht, um freche Eindringlinge oder zwielichtige Subjekte fernzuhalten. Ihr Gefolge besteht aus Lady Douro und Miss Dawson, der Ehrendame und -jungfer, George Anson und Gordon, Birch, dem Tutor des Prinzen von Wales, und Miss Hildyard, der Gouvernante der Kinder. Sie leben in größter Einfachheit und Behaglichkeit. Der Prinz geht jeden Morgen auf die Jagd, kommt zum Lunch zurück, und dann gehen sie spazieren oder fahren aus. Die Königin ist den

ganzen Tag drinnen und draußen auf den Beinen und geht oft allein los, besucht die Bauernhäuser und sitzt dort und unterhält sich mit den alten Frauen... Wir waren nur neun Personen, alles war sehr ungezwungen und wirklich angenehm, die Königin in sehr guter Stimmung, sie unterhielt sich gern, der Prinz noch mehr, und sprach sehr gut; keinerlei Förmlichkeit, und jeder schien sich wohl zu fühlen. Abends zogen wir uns in den einzigen Raum zurück, der außer dem Speisezimmer noch zur Verfügung steht und als Billardzimmer, Bibliothek (fast ohne Bücher) und Salon dient. Die Königin und der Prinz sowie ihre Damen und Gordon gingen bald wieder ins Speisezimmer zurück, wo ein Tanzmeister aus dem Hochland ihnen Unterricht in Reels gab. Wir (John Russell und ich) wurden zu dieser Übung nicht zugelassen, deshalb spielten wir Billard. Nach einiger Zeit kamen sie zurück, man unterhielt sich noch ein wenig und ging bald darauf zu Bett...

Da Victoria glaubte, ein Besitz in Irland könne die Loyalität ihrer unglücklichsten Untertanen stärken, hatte sie die Idee, auch dort nach einem Landsitz zu suchen. Zum Glück wurde nichts daraus, da ein solches Demonstrationsobjekt nur als Ausdruck irischen Landlordgebarens interpretiert worden wäre. Irland war und blieb eine Anomalie: nach dem Gesetz war es Teil des Königreiches mit einer Vertretung im Parlament, wurde aber in vieler Hinsicht wie eine Kolonie behandelt. Eine königliche Rundreise würde nicht ohne einen gewissen Propagandaeffekt bleiben, aber niemand erwartete, daß daraus konkrete Maßnahmen zur Erleichterung der Misere der Bevölkerung folgen würden. Der Königin fehlte dazu die Autorität, und ihre Regierung hatte keine derartigen Pläne. Dennoch schien sich ein offizieller Besuch geradezu anzubieten. Die eigenen Beamten der Königin in Irland bedauerten zwar die bei solchen Anlässen unvermeidliche «unglückliche Demonstration von Reichtum», doch Lord Clarendon, der Vizekönig von Irland, erhielt Order, Pläne auszuarbeiten, die jeden Anschein übermäßiger Prachtentfaltung vermeiden sollten.

Als kurzfristiges Stimulans für die irische Wirtschaft hatte die Reise einen positiven Effekt, noch bevor die Königin überhaupt eintraf. Die Vorbereitungen beschäftigten ganze Armeen von Arbeitslosen – sie errichteten Tribünen, verschönerten Gebäudefronten, schneiderten Kleider für die Empfänge. Das Geld dazu kam, abgesehen von einem Erstattungsantrag über 2000 £, den der verzweifelte Lord Clarendon einreichte, weitgehend von privater Seite, von den örtlichen Kaufleuten und dem Landadel.

Die Ankunft in Cove (heute Cobh), dem Hafen von Cork, am 2. August 1849 erfolgte zur Irritation der Stadtväter etwas zu früh. Victoria hatte sich vorgenommen, einen genauen Zeitplan einzuhalten, von dem sie nicht abwich. Wenn ihr verfrühtes Eintreffen als Omen für einen schwierigen Besuch verstanden wurde, erfüllte es sich ganz und gar nicht. Überall war die Begeisterung, wie Victoria festhielt, «außerordentlich». Bis dahin war sie für die Iren das Bild der jungen Frau im Krönungsornat gewesen, das in fast jedem Wohnzimmer über der Madonna hing. Victoria fand, daß die Leute sehr lebhaft und unenglisch reagierten, sprangen und riefen und «unglaublich aufgeregt waren». Viele sahen «zerlumpt und unglücklich» aus, aber sie bemerkte keine Feindseligkeit und genoß alles außer der «Hitze», wie sie schrieb – ein relativer Begriff, da sie alles verabscheute, was wärmer als eine erfrischende Kälte war, die in Irland sowieso fast zu jeder Jahreszeit herrschte. Trotz der Jahre des Hungers und der Verzweiflung waren die Iren bereit, Freude über den Besuch der Königin zu bekunden – teils, weil sie auch nach Abwechslung hungerten, teils vielleicht, weil sie hofften, der Besuch bedeute mehr Aufmerksamkeit für ihre Sorgen.

Ihre Abreise und Wiedereinschiffung auf der *Victoria and Albert* verlief unter «allen nur denkbaren Zeichen der Zuneigung und des Respekts», notierte Victoria. Der Applaus entlang der Straße zum Bahnhof von Westland Row war ohrenbetäubend, und wohin man blickte, drängten sich die Dubliner, selbst auf Dächern, Fenstersimsen und Brückenträgern. In Kingstown war der Hafen am frühen Abend überfüllt mit schwankenden Booten voller Zuschauer. Als die königliche Yacht sich in Bewegung setzte, berichtete die *Dublin Evening Mail*, «rannte die Königin» angesichts der vielen Menschen, die sich auf den Kais versammelt hatten, «über das Deck und kletterte mit dem Temperament eines jungen Mädchens und der Behendigkeit eines Matrosen auf den Radkasten». Dort oben über der Wölbung des Radgehäuses stand sie dann Arm in Arm mit Albert und winkte den Menschen auf den Landungsbrücken zu. Der *Mail* schien, sie habe dann dem Kapitän einen Befehl gegeben, denn «plötzlich hörten die Schaufelräder auf sich zu bewegen, und das Schiff schwamm weiter mit dem Schwung, den es nun schon hatte. Ihre Majestät blieb an diesem Platz (das Schiff bewegte sich sehr langsam und so nahe an der Pier, als irgend mit der Sicherheit vereinbar war), schwenkte ihr Taschentuch und empfing den Applaus der Tausenden, die sich bis an die äußerste Spitze der Pier drängten. Eine gelegentliche Drehung der Schaufelräder hielt das Schiff in Bewegung...» Erst eine halbe Meile vom Hafen entfernt verließ die Königin ihren Posten auf dem Radkasten und gestattete, daß die *Victoria and Albert* Fahrt aufnahm.

Lord Lansdowne, der am Anlegeplatz zusah, fand die Abreise «sehr eindrucksvoll». Der radikale Abgeordnete John Bright war so bewegt, daß er «den sehen wollte, der anders empfunden habe». Doch die Gelegenheit zur Versöhnung, die sie schuf, wurde von den Ministern der Königin nicht genutzt. Weitere Besuche in den Jahren 1853, 1861 und 1900 konnten nicht wiederherstellen, was beim ersten Mal möglich gewesen wäre, und verstärkten sogar das Gefühl der Iren, im Stich gelassen zu sein, das zu weiteren «Schwierigkeiten» und schließlich zur Teilung führen sollte.

Nur wenige Wochen nach der Rückkehr aus Irland wurde Victoria mit dem zweiten von drei Todesfällen innerhalb von zwei Jahren konfrontiert, die ein Kapitel ihrer Regierungszeit beendeten. Der erste war der Tod von Viscount Melbourne, der mit neunundsechzig Jahren im November 1848 gestorben war. In seinen letzten Jahren hatte er sich wegen eingebildeter Finanzschwierigkeiten gesorgt, und Victoria hatte ihm Geld geliehen, das er gar nicht brauchte. Er war «gutmütig», erinnerte sie sich jetzt, und sie verdankte ihm viel, aber er war, wie sie nun begriff, kein durchsetzungsfähiger Premierminister gewesen. Im Oktober 1849 starb George Anson mit siebenunddreißig Jahren an einem Schlag. Er hatte schon ein Jahr lang unter starken Kopfschmerzen gelitten, die ihm sichtlich zusetzten. Albert hatte einige von Ansons Aufgaben bereits Colonel Charles Grey und Colonel Charles Phipps übertragen. Anson sei «fast der einzige vertraute Freund» Alberts gewesen, schrieb Victoria. Er und Victoria trauerten um ihn (Ansons Frau erwartete ein Kind, das erst nach seinem Tod zur Welt kam) «wie um einen Bruder».

Ende Juni des folgenden Jahres rutschte Sir Robert Peels Pferd auf dem regennassen Constitution Hill aus und stürzte auf den früheren Premierminister. Unter großen Schmerzen starb Peel drei Tage später mit zweiundsechzig Jahren. Albert «fühlte und fühlt den Verlust Sir Roberts noch immer *schrecklich*», schrieb Victoria an Leopold. «Er hat das Gefühl, einen zweiten Vater verloren zu haben.» Peel war für Albert in ähnlicher Weise ein Ersatzvater gewesen wie Melbourne zu einem früheren Zeitpunkt für Victoria.

Peels Unfall ereignete sich genau einen Tag nach dem größten Triumph eines Politikers, dessen Mangel an Integrität Victoria und Albert so heftig verabscheuten, wie sie Peel als Verkörperung des Ehrgefühls achteten. Viscount Palmerston hatte unabhängig von seinem Premierminister und seiner Monarchin eine private Außenpolitik betrieben. Daß die Königin zu konsultieren oder zumindest zu informieren war, hieß für ihn nur, daß er ihr einige Zeit nach Vollendung der Tatsachen mitteilte, was er getan hatte. Empörung und Ärger bei Hof wuchsen zu der Überzeugung, daß man etwas tun müsse, um den kämpferischen Palmerston zu entlassen, dessen auf persönlicher Ausstrahlung beruhende Macht von Jahr zu Jahr größer zu werden schien. Wie Victoria zu Lord John Russell sagte: Palmerston «weiß, wann die Post abgeht, er muß nur rechtzeitig schreiben und sich daran erinnern, daß die 28 000 Depeschen jährlich nicht nur an ihn, sondern auch an Sie und an die Königin gehen». In seinem siebenundsechzigsten Lebensjahr zeigte sich der «alte angemalte Pantalone», wie Disraeli ihn wegen seines gefärbten Backenbartes nannte, gewandter und entschlossener denn je.

Die «Don Pacifico»-Affäre von 1849 erschien zuerst als grober Fehler Palmerstons. Einem aus Gibraltar gebürtigen, in Athen ansässigen jüdischen Geschäftsmann, Don David Pacifico, hatte der antisemitische Mob das Haus angezündet und geplündert. Als seine Forderung nach Entschädigung von der griechischen Regierung zurückgewiesen wurde, wandte er sich als britischer Staatsangehöriger hilfesuchend an das Außenministerium. Palmerston handelte erst nach zwanzig Monaten fruchtloser Verhandlungen, aber für den Hof hieß das «Überreagieren», weil er britischen Kanonenboten den Befehl gegeben hatte, griechische Schiffe zu beschlagnahmen, um die Forderungen zu erfüllen.

Als die französische und die russische Regierung Einspruch erhoben und die Proteste aus dem Ausland kein Ende nahmen, ermahnte die Königin ihn, «daß um eines einzelnen Mannes willen das Wohl des Landes nicht aufs Spiel gesetzt werden darf». Ihm und Lord Russell (seinem nominellen Vorgesetzten) gegenüber bestand sie darauf, daß sie erwarte, im voraus informiert zu werden, um Gelegenheit zu haben, «ihre königliche Billigung» zu erteilen. Wenn diese dann «willkürlich verändert oder modifiziert» werde, müsse sie darin «mangelnde Aufrichtigkeit gegenüber der Krone» sehen, «die sie füglich durch Ausübung ihres konstitutionellen Rechtes zur Entlassung dieses Ministers» ahnden müsse.

Palmerston wartete mit seiner Antwort einen günstigen Moment ab; am 24. Juni 1850 sprach er dann während einer Debatte über die Pacifico-Affäre im Unterhaus fast fünf Stunden lang und wies in einer der denkwürdigsten Reden, die je in diesem Hause gehalten wurden, jeden Vorwurf politischer Grobschlächtigkeit zurück. Als ein außenpolitisches Prinzip der Regierung Ihrer Majestät begreife er die Pflicht, «unseren Landsleuten im Ausland Schutz zu gewähren», und «wie der Römer sich in alten Tagen gegen schimpfliche Behandlung schützte, wenn er sagen konnte *Civis romanus sum* (Ich bin ein römischer Bürger), so soll auch ein britischer Bürger, in welchem Land auch immer, sicher sein können, daß das wachsame Auge und der starke Arm Englands ihn gegen Ungerechtigkeit und Unrecht schützen werden».

Der Applaus, unter dem er sich setzte, war noch nichts gegen seine Glorifizierung in der Presse am nächsten Morgen. Danach konnte er sich fast alles leisten. Als der österreichische Schlächter General Haynau, wegen seiner Grausamkeiten in Ungarn allgemein «General Hyäne» genannt, trotz Palmerstons Kritik nach England kam und bei einer Brauereibesichtigung von Arbeitern angepöbelt wurde, war das der Königin peinlich. Sie trug Palmerston auf, dem österreichischen Botschafter in London eine Entschuldigung zu übermitteln. Da Palmerston keine Sympathie für ihn empfand, ließ sein oberflächliches Schreiben dies auch deutlich merken. Victoria erhielt erst nachträglich eine Abschrift. Sie war der Ansicht, daß Besucher in England genausoviel Respekt beanspruchen konnten wie ihre eigenen Untertanen im Ausland und sah deshalb im Vorgehen ihres Ministers einen eklatanten Widerspruch zu diesem Grundsatz, der ihn – der sich dazu noch über ihre Instruktionen lustig gemacht hatte – ungeeignet als ihren Vertreter erscheinen ließ. Sie beauftragte Lord John Russell, ihn zu maßregeln.

Palmerston («Pilgerstein», wie Königin und Prinz seinen Namen feindselig eindeutschten) demonstrierte seine Verachtung für eine Haltung, die Manieren über Moral stellte, mit einem weiteren Affront. Vor nicht langer Zeit hatte er sich schützend vor den ungarischen Revolutionär Lajos Kossuth gestellt, als die Österreicher nach einer mißlungenen Revolte von der Türkei seine Auslieferung verlangten. Jetzt landete der ungarische Patriot in England, das wegen des dort garantierten Schutzes persönlicher Freiheiten rasch zum europäischen Zufluchtsort politischer Exilsuchender geworden war (so etwa von Karl Marx und Friedrich Engels, den Autoren des *Kommunistischen Manifests* von 1848, nach ihrer Vertreibung aus Preußen und Frankreich). Kossuth begann, in öffentlichen Reden die reaktionären Regimes Rußlands und Österreichs anzuklagen. Aus Furcht, Palmerston könne die Beziehungen zu beiden Ländern durch seine offene Sympathie für Kossuth belasten, versuchten Hof wie Kabinett gleichermaßen, ihren Außenminister loszuwerden. «Alles hat seine Grenzen», schrieb er am 30. Oktober verärgert an Russell. «Ich werde mir nicht vorschreiben lassen, wen ich in meinem Hause empfange und wen nicht ... Das entscheide ich nach eigenem Ermessen. Sie werden selbstverständlich nach dem Ihren über die Zusammensetzung Ihres Kabinetts entscheiden.» Das war eine direkte Herausforderung, ihn zu entlassen, eine Entscheidung, die Königin und Prinz sehr befriedigt hätte; aber Palmerston umging das Unvermeidliche, indem er in aller Stille Kossuths Privatbesuch absagte. («Die Königin hat *alle Gründe anzunehmen*, daß er ihn dennoch getroffen hat», schrieb Victoria skeptisch an Russell.) Rücksichtslos benutzte Palmerston jedenfalls jede sich bietende Gelegenheit, die Kaiser von Rußland und Österreich als «gnadenlose Tyrannen und Despoten» zu brandmarken. Vergeblich drängte die Königin Russell, einen neuen Außenminister zu suchen.

Da Palmerston die populärste Gestalt seines Kabinetts war und zunehmend die Unterstützung der Öffentlichkeit gewann, während die übrigen Regierungsmitglieder ziel- und zwecklos zu agieren schienen, konnte Russell sich nur im Amt halten, wenn Palmerston blieb. Victoria kochte. Ein neuer Angriffspunkt bot sich ihr im Dezember 1851, als Louis Napoleon die französische Regierung stürzte und selbst die Macht übernahm. Die Politik des «Präsidentenfürsten» hätte Palmerstons Widerspruch hervorrufen müssen, doch er sagte zum französischen Botschafter Graf Walewski, Louis Napoleon «hätte nicht anders handeln können». Tatsächlich hatte er damit selbstherrlich einer Diktatur Anerkennung gewährt, die eine konstitutionelle Regierung per Staatsstreich abgeschafft hatte. Der Grund war vielleicht, daß er Napoleons äußere Feinde auch als seine eigenen betrachtete. Russell, der nicht davon in Kenntnis gesetzt worden war, war genauso wütend wie Victoria und Albert. In dem Bewußtsein, daß er und Palmerston nicht länger im selben Kabinett sitzen konnten, stellte er Spekulationen an, wie er den Abgang seines Außenministers überleben könne. Er bat die Königin, einen Nachfolger für das Außenministerium zu ernennen.

Der jüngere Lord Granville, der 1846 die Nachfolge seines Vaters angetreten hatte und kurze Zeit Unterstaatssekretär für auswärtige Angelegenheiten gewesen war, erhielt Palmerstons Posten. Er war *persona grata* bei Victoria und Albert, aber als Sieger ging Palmerston aus der Angelegenheit hervor: Er «überquerte das Parkett» des Hauses und wechselte zusammen mit seinen Anhängern von den Tories zu den Whigs über, die sich jetzt Liberale nannten. Innerhalb weniger Wochen brach Russells Regierung zusammen (die Tories nannten sich jetzt Konservative), und im Februar 1852 wurde der Earl of Derby (der frühere Lord Stanley) Premierminister, und Lord Malmesbury, einer von Victorias Favoriten, Außenminister. Derbys wackliges Kabinett sah nicht einmal das Ende des Jahres, dann wurde es durch das des Earl of Aberdeen abgelöst. (Palmerston mußte den Posten des Innenministers übernehmen, weil die Königin ihn nicht wieder als Außenminister haben wollte.)

Ein immer wieder auftauchendes Problem, das zur Schwächung der instabilen Regierungen der frühen 50er Jahre beigetragen hatte, waren die Dispute über den Stellenwert der Religion – und welcher Religion – im Leben der Nation. Obwohl niemand ernsthaft den Status der Staatskirche in Frage stellte, hatte die Oxford-Bewegung zu einem Antagonismus zwischen *laissez-faire*-Klerikern und Ritualisten geführt. Als zusätzliche Belastung wirkte innerhalb des Protestantismus die Zunahme der sogenannten Dissenters, die sich nicht zur anglikanischen Staatskirche bekannten. Als Beschützerin des Glaubens war die Königin die Schirmherrin sowohl der Presbyterianer als auch der Anglikaner, eine Paradoxie, die sie umso verwirrender fand, als ihre Vertrautheit mit Schottland durch Balmoral wuchs.

1855 schrieb Victoria in ihrem Tagebuch über eine Predigt des Pfarrers James Caird in der Kirche bei Balmoral, «die fast eine Stunde dauerte, aber die Aufmerksamkeit aller gefesselt hielt», über einen Text aus dem zwölften Römerbrief: «Seid nicht träge in dem, was ihr tun sollt. Seid brennend im Geist. Dienet dem Herrn.» Die Predigt sei nicht theologische Haarspalterei gewesen, mit der sich die Anglikaner beschäftigten, sondern habe das Thema «gut sein und Gutes tun» behandelt, was ihrer Meinung nach britische Art war. Und das sei «keine Sache nur für Sonntage» – sie und Albert beklagten rigides Sabbatdenken –, sondern «für jede Handlung in unserem Leben». Der Königin gefiel schottische Religion in ihrem täglichen Leben so gut wie Whiskey im Tee.

Was religiöse Glaubensfragen betraf, so glaubte Victoria instinktiv an eine höhere Macht im Himmel und an irgendeine Form postumer geistiger Existenz, aber unfruchtbare Selbstverleugnung als fromme Triebkraft, die einen in Harmonie mit dem Unnennbaren versetzen sollte, konnte sie nicht akzeptieren. Im Juni 1850, als Lord Ashley, der spätere siebte Earl of Shaftesbury, eine Kampagne gegen die Sonntagsauslieferung von Briefen führte, schrieb sie an Lord John Russell, daß sie es für «eine gänzlich falsche Auffassung von Gehorsam gegenüber Gottes Willen» halte, «etwas zu tun, was viel Ärger und möglicherweise viel Kummer in den Familien verursachen wird». (Das Parlament drückte sich vor dem Thema, indem es ein Komitee ernannte, das sich mit dem Problem befassen sollte, und die Sonntagspost überlebte.) Als Victoria später einmal von ihrer Tocher Vicky gefragt wurde, ob es wohl schicklich sei, sonntags ins Theater zu gehen, schlug sie vor, sich an den örtlichen Sitten zu orientieren. «Du weißt», fügte sie hinzu, «ich bewundere oder schätze unsere schrecklich langweiligen Sonntage ganz und gar nicht, denn ich halte den Mangel an unschuldigen Vergnügen für die armen Leute für ein Unglück, das nur das Laster fördert.»

Die Grundsätze der englischen Staatskirche – angeblich die der Königin – standen im Brennpunkt des Parteienstreits anglikanischen religiösen Empfindens. Dutzende von Büchern und Traktaten über unterschiedliche Tauftriten oder biblische Unfehlbarkeit erhitzten die Gemüter. Dieses Gewirr kirchlicher Kontroversen, das die Königin in jeder Hinsicht betraf, wie unerfreulich sie dies alles auch fand, wurde noch schlimmer, als Papst Pius IX. am 24. September 1850 ohne vorherige Konsultation der Königin – die immerhin Oberhaupt ihrer Kirche war – ein Dekret erließ, das England in zwölf Sitze einteilte, die seine Bischöfe und Erzbischöfe einnehmen sollten.

Der römisch-katholische Bevölkerungsanteil nahm in England und Wales ständig zu, da die Hungersnot irische Katholiken zwang, auf der Suche nach Arbeit und Nahrung in die Industriestädte jenseits der See – zum Beispiel Liverpool – zu fliehen. Durch seine Proklamation unterstrich der Papst die Notwendigkeit, geistliche Autorität über die Angehörigen seiner Kirche auszuüben. Dr. Nicholas Wiseman wurde zum Kardinal – dem ersten in England seit der Reformation – und Erzbischof von Westminster ernannt. Wisemans erster Hirtenbrief erboste die Königin. Lord John Russell, der zu dieser Zeit Premierminister war, ermahnte sie kühl: «Die Personen, auf die diese Veränderung zielt, müssen bereits Katholiken sein, wenn sie davon berührt werden sollen.» Die Königin sah das anders. «Der Kardinal hat verlangt, daß erst für den Papst und dann für mich gebetet werden soll», wandte sie ein. Dies sei «ein *direkter* Eingriff in mein Prärogativ...» Sie schloß sich dem von Greville so genannten «Anti-Papismus-Geschrei» nicht an, aber sie bestand auf ihren souveränen Rechten, wie sie das ihr ganzes Leben lang tat; und sie widersetzte sich dem strafenden Ecclesiastical Titles Bill, einem Gesetzentwurf, der «päpstliche Aggression» in die Schranken weisen sollte. Als das Gesetz nach vielen Diskussionen und Modifikationen, die es mehr und mehr ad absurdum führten, endlich verabschiedet wurde, gab sie am 29. Juli 1851 ihre königliche Genehmigung. Das Gesetz wurde nie durchgeführt und 1871 wieder aufgehoben. «Als aufrichtige Protestantin, die ich immer war und sein werde», schrieb sie ihrer ältlichen Tante, der Herzogin von Gloucester, «und so ungehalten ich über diejenigen bin, die sich Protestanten nennen, während sie in Wirklichkeit genau das Gegenteil davon sind..., kann ich die groben Beschimpfungen des Katholizismus nicht hören, die so schmerzhaft und grausam gegen die vielen guten und unschuldigen römisch-katholischen Gläubigen sind.»

Zum Teil verbargen sich hinter anti-papistischen Bekundungen nur anti-irische Gefühle. Daneben reflektierte die Aufregung auch die Überzeugung gewisser Kreise, daß Englands Feinde in Europa die Nationen seien, die sich nie ganz vom Katholizismus gelöst hatten, sei er nun griechischer oder römischer Herkunft. Da die religiöse Kontroverse sich auch gut für eine Reihe häuslicher Meinungsverschiedenheiten theologischer, sozialer und politischer Art nutzen ließ, kam sie nicht so leicht zur Ruhe. Victoria mußte sich mit ihr auseinandersetzen, solange sie Königin war.

Während die Ecclesiastical Titles Bill einige besorgte Engländer beunruhigte, blickten andere mit Unbehagen auf ein Projekt, dessen Betreiber der Prinz war und das die Nation in eine viel unangenehmere Lage bringen konnte als die bloße Anwesenheit eines Kardinals in ihrer Mitte. Albert, der sich schon immer für die Förderung von Wissenschaft und Industrie eingesetzt hatte, hatte Ausstellungen im Ausland gesehen und sich auch bei Ausstellungen der neugegründeten Royal Academy of Arts engagiert. Jetzt wollte er eine Handelsausstellung von internationalem Ausmaß organisieren, die für Kunst, Handwerk und Industrie Britanniens werben sollte.

Da die Finanzierung des Projekts Skeptikern von vornherein keinen Ansatzpunkt bieten durfte, stiftete die Königin 1000 £ und der Prinz 500 £. Öffentliche Subskriptionen folgten, vor allem von der Industrie, die am meisten zu gewinnen – oder zu verlieren – hatte. Bei einem Bankett am 21. März 1850 im Mansion House, dem Amtssitz des Londoner Oberbürgermeisters, wo der Prinz sich mit seiner Bitte an die Größen der Hauptstadt wandte, erklärte er, man lebe «in einer wunderbaren Übergangsperiode», und der Fortschritt der Erfindungen werde nun unvermeidlich zur «Verwirklichung der Einheit aller Menschen» führen. Die Ausstellung von 1851 werde «ein echter Prüfstein und ein lebendiges Bild des Entwicklungsstandes sein, welchen die gesamte Menschheit bei dieser großen Aufgabe erreicht hat ...»

Ein bereits vorhandener Ausstellungsort wäre für die Ausstellungskommission billiger als ein Neubau gewesen. Dafür kam Somerset House in Frage, ein hübscher Komplex von Regierungsgebäuden entlang der Themse in der Höhe von Waterloo Bridge. Doch er bot zu wenig Raum für Alberts Vorstellungen. Henry Cole vom Staatsarchiv in Somerset House, der den Prinzen mit Thomas Cubitt zusammen beriet, schlug ein Gelände unter freiem Himmel vor. Leicester Square, sagte Albert. Zu klein, sagte Cole. Und Hyde Park? Nein, Hyde Park war sakrosankt. Am 25. Juni 1850 warnte die *Times*, die Ausstellung werde den Park in «das Zeltlager aller Vagabunden Londons» verwandeln, während die Ausstellungsgebäude selbst «Berge von Mauerwerk» bedeuteten, die für immer den Charakter «unseres herrlichen Parks zerstören würden, der fast der einzige Ort ist, wo Londoner noch frische Luft atmen können».

Angriffe kamen von allen Seiten. Protektionisten sahen in der Ausstellung ein Propagandaunternehmen für den Freihandel. Politiker kritisierten die zu erwartende Zerstörung der Natur. In diesem Kampf sah Albert seinen großen Traum zerrinnen, denn ohne Startmöglichkeit auf einem konkreten Bauplatz konnte es zum angekündigten Zeitpunkt im nächsten Jahr auch keine Ausstellung geben. Auch andere Kontroversen beanspruchten seine Energien. Im Unterhaus hatten die Papismus-Debatten begonnen, und der Krieg mit Palmerston war in vollem Gange. Außerdem war die Königin wieder schwanger, und der überarbeitete Albert war zeitlich um so stärker belastet, je näher die Entbindung rückte.

Genau ein Jahr vor der geplanten Eröffnung der, wie es schien, zu Unrecht so genannten Great Exhibition (Großen Ausstellung), am 1. Mai 1850, wurde Victoria von ihrem dritten Sohn und siebten Kind entbunden. Der Tag war auch der einundachtzigste Geburtstag des Herzogs von Wellington. Das Kind wurde nach ihm Arthur genannt, und der Herzog war Taufpate. Die Entbindung verlief ohne Komplikationen, und die Königin stand bald wieder auf. Doch kaum zeigte sie sich wieder dem Volk, da feuerte ein irischer Tourist seine Pistole auf sie ab, als sie gerade Constitution Hill hinauffuhr. Obwohl sich herausstellte, daß die Waffe nur mit Platzpatronen geladen war, war der Schock nicht geringer. Acht Tage später, am 27. Mai, schlug Robert Pate, ein früherer Offizier, ihr mit dem Messingknauf seines Spazierstocks heimtückisch über den Kopf; er hatte in der wartenden Menge vor Cambridge House gestanden, wo die Königin ihren schwerkranken alten Onkel besucht hatte. Der Rand ihrer Haube fing einen Teil des Hiebes ab, aber sie hatte eine schwere Prellung auf der Stirn. Trotzdem besuchte sie wie geplant mit Taufgästen eine Inszenierung von Meyerbeers *Le Prophète* und nannte die Oper schön, dramatisch und «sehr ergreifend». Giovanni Matteo Mario, damals vierzig Jahre alt und auf dem Höhepunkt seiner Karriere als Sänger und Bühnenliebhaber, «ist der beste Tenor, den ich je gehört habe», schrieb sie Leopold.

Leopold konnte durch Victorias Berichte von mißlungenen Mordanschlägen und erfolgreichen neuen Opern nicht abgelenkt werden. Nachdem er die Tuberkulose seiner Frau monatelang ignoriert und so getan hatte, als könne sie ihr Leben wie bisher fortsetzen, wußte er jetzt, daß Königin Louise mit nur achtunddreißig Jahren im Sterben lag. Sie sollte das Jahr nicht überleben. Der alte Herzog von Cambridge, den Victoria besucht hatte, als Pate sie schlug, war am 8. Juli gestorben, einen Tag vor Peels Beerdigung.

Trotz ihrer äußeren Ruhe hatte der zweite Anschlag auf ihr Leben binnen weniger als einer Woche die Königin schwer erschüttert und den Prinzen, der von anderen Sorgen überhäuft war, viel stärker aufgeregt, als er Victoria gestand. «Dies alles trägt nicht zur Lebensheiterkeit bei», schrieb er Baron Stockmar und bat ihn, aus Coburg zurückzukommen. Am 2. Juli 1850 schrieb Albert wieder, es scheine, daß man die ganze Ausstellung aufgeben müsse. Die Zeit schien nicht mehr zu reichen, um Ausstellungshallen zu bauen und Exponate zu organisieren. «Können Sie kommen, so tun Sie es, denn wir bedürfen Ihrer!»

Auch Victoria schrieb an Stockmar; sie war besorgt wegen Alberts Neigung zu Depressionen, ein Fluchtweg, der normalerweise ihr selbst vorbehalten war. Dann hatte plötzlich Peel seinen Unfall und starb, und Königin wie Prinz litten unter dem Gefühl eines schrecklichen Verlustes. Und doch sollte Peels Vermächtnis gerade die Great Exhibition sein, die Weltausstellung. Viele Parlamentsabgeordnete wußten, daß Peel sich einen Erfolg der Ausstellung wünschte und daß er Hyde Park als Standort favorisierte. Die Opposition bröckelte ab, wenn die Geldprobleme auch blieben. Es gab nicht genug Subskribenten, und Albert sah sich gezwungen, einen Garantiefonds einzurichten. Trotzdem hielt sich hartnäckiger Widerstand gegen ein großes festes Gebäude. Diejenigen, die den Park retten wollten, glaubten nicht daran, daß ein Gebäude von den Ausmaßen der Paulskathedrale oder gar mehr nach einer Saison wieder abgerissen würde. Aufgrund dieser realistischen Möglichkeit stagnierten die Pläne wiederum, obwohl inzwischen 13 937 Anträge auf Ausstellungsplätze eingegangen waren und die Finanzierung gesichert war.

Da kam im Juni 1850, nur zehn Monate vor der geplanten Eröffnung, Joseph Paxton nach London, von dem der Entwurf für den Wintergarten des Herzogs von Devonshire in Chatsworth stammte, welcher Victoria so in Entzücken versetzt hatte. Er wollte sich mit einem Parlamentsfreund das neuerbaute Unterhaus ansehen, dessen früherer Bau 1834 bis auf den Grund niedergebrannt war. Als er das Dilemma des Ausstellungskomitees sah, übertrug Paxton seine Erfahrungen von Chatsworth in den Entwurf eines «Glaspalastes», der in Wirklichkeit ein langes, elegantes, riesiges Treibhaus war, das man in kürzester Zeit auf- und wieder abbauen könnte. Da dem Komitee sein Entwurf für diesen Zweck zu instabil schien, bot er weitsichtig die Zeichnung mit der Außenansicht der *Illustrated London News* an, die sie am 6. Juli 1850 veröffentlichte. Allseitige Bewunderung wurde ihm zuteil, und am 15. Juli autorisierte das Komitee Paxton, genaue Pläne auszuarbeiten, die die Bäume auf dem Gelände einbeziehen sollten, um sie vor der Axt zu retten.

So war die Ästhetik von Hyde Park gerettet, und die Firma Fox und Henderson erhielt den Bauauftrag, während Henry Cole offiziell die Bauaufsicht für das Komitee übernahm. Die eigentliche Aufsichtsfunktion fiel aber dem von allen Seiten beanspruchten Prinzen zu, denn er kümmerte sich sowohl um die Ausstellungsobjekte als auch um das Ausstellungsgelände. Bald erhoben sich Zweifel in der Presse, ob so ein Bauwerk aus Riffelglas Wind und Sturm überhaupt standhalten könne. Dann aber nannte die Zeitschrift *Punch* – sie hatte frühere Bauentwürfe für die Ausstellung mit einer Zeichnung ironisiert, die dem viel bespöttelten (und abgelehnten) «Albert-Helm» ähnelte, einem Entwurf des Prinzen für die Armee – Paxtons Konzept «Crystal Palace» – «Kristallpalast». Der Name schlug ein und erhöhte die Aufregung, die im November bereits die Überspannung des großen Querschiffs mit riesigen Holzrippen ausgelöst hatte; sie waren stahlgrau gestrichen und wölbten sich über die großen Ulmen. Täglich versammelten sich Trauben von Schaulustigen dort. Auch die Königin und der Prinz kamen oft zur Baustelle, obwohl Victorias und Alberts Anwesenheit eine Ablenkung bedeutete, die Arbeitszeit kostete.

Über zweitausend Arbeiter waren täglich auf dem Bauplatz beschäftigt.

Die Exponate waren in vier Kategorien gegliedert: Rohmaterialien, Maschinen und Erfindungen, Manufakturerzeugnisse, gestaltende Kunst und Bildhauerei. Ausstellungsgebühren wurden nicht erhoben, doch die Aussteller mußten ihre Exponate selbst anliefern und wieder abbauen und sie auf eigene Kosten unterhalten. Noch nie hatte es ein Bauwerk von den Ausmaßen des Kristallpalastes gegeben. Der Bau war 554 Meter lang – über eine Drittelmeile – und 122 Meter breit, eine der größten Ingenieursleistungen des Jahrhunderts.

In seiner gewohnten boshaften Art schrieb der Onkel der Königin, der allmählich wunderlich werdende König von Hannover, an Friedrich Wilhelm IV., es sei gefährlich, diese minderwertige Ausstellung zu besuchen, denn «die Exkommunizierten aller Länder» hielten sich in London auf und stellten eine Bedrohung für besuchende Exzellenzen dar. Seinen Informanten zufolge würden die Minister «der Königin und dem großen Urheber dieser Dummheit, Prinz Albert» nicht erlauben, sich während der Ausstellung in London aufzuhalten. Andere Vorhersagen, so etwa, das Mammutbauwerk werde in einem Sturm zusammenbrechen oder Epidemien verursachen, da die vielen Menschen sich gegenseitig anstecken würden, oder – wie Albert sich gegenüber dem besorgten König von Preußen ausdrückte – «daß dieser zweite Turm von Babel auch die Rache des beleidigten Gottes nach sich ziehen werde», konnten nur wenige Neugierige abhalten. Als der Eröffnungstermin nahte und die Besorgnis wegen weiterer Anschläge auf Victorias Leben wuchs, machte man Pläne für eine private Zeremonie. Die *Times* war indigniert: «Wo die meisten Engländer versammelt sind, ist die Königin von England am sichersten.» Die Königin intervenierte und versprach eine allgemeine Ausstellungseröffnung, zu der alle Besitzer von Dauerkarten eingeladen seien. Das Resultat war ein sprunghafter Anstieg des Kartenverkaufs auf über 25 000 Stück.

Von Sicherheits- bis zu Protokollfragen landeten alle Probleme beim Prinzen, wenn niemand anders eine Lösung wußte. Aufgrund der Überarbeitung sei er mehr tot als lebendig, schrieb er seiner Großmutter nach Coburg. «Mein armer Albert», schrieb Victoria am Tag vor der Eröffnung in ihr Tagebuch, an dem sie das Gelände zu einer Vorbesichtigung besucht hatte, «ist schrecklich erschöpft. Den *ganzen* Tag irgendwelche Fragen oder Schwierigkeiten, die mein Geliebter alle mit der größten Ruhe und Freundlichkeit aufnimmmt.» Victoria hatte guten Grund, wie sie schrieb, sich daran zu erinnern, was sie ein Jahr zuvor in ihr Tagebuch eingetragen hatte: «Ich bin *wirklich* stolz darauf, was der große Geist meines geliebten Albert da ersonnen hat.»

Alles verlief nach Plan – außer daß ein merkwürdiger Chinese in Nationaltracht, in Wirklichkeit der Besitzer einer auf der Themse liegenden

Dschunke, für einen Emissär aus dem Reich der Mitte gehalten und ihm in der Prozession ein Platz zwischen dem Erzbischof von Canterbury und dem Herzog von Wellington angewiesen wurde. Begeistert schrieb die Königin einen der längsten und lebhaftesten Einträge in ihr Tagebuch. Die Betriebsamkeit, die vielen Menschen, die Spannung, selbst ihre eigene Aufregung erinnerten sie an den Tag ihrer Krönung. Mit Vicky und Bertie und dem Prinzen in ihrer Kutsche – einer von neun Staatskarossen – kamen sie bei «Königinnenwetter» an; der leichte Regen, der bei ihrer Abfahrt noch fiel, hatte aufgehört. «Die Sonne schien und glänzte auf dem riesigen Bauwerk, über dem die Flaggen aller Nationen wehten... Der Blick durch die eisernen Tore des Querschiffs, die Palmen und Blumen in leichter Bewegung, die Myriaden von Leuten auf den Galerien und den Sitzen ringsum, zusammen mit den Trompetenstößen, die unseren Eintritt begrüßten, erzeugten einen Eindruck, den ich nie vergessen werde. Ich war sehr bewegt.»

Es war ein «zauberhaftes und beeindruckendes» Schauspiel; das Licht überflutete den strahlenden Innenraum, die Sonnenstrahlen fielen durch die 293 655 Glasscheiben und wurden von den Tausenden von Facetten einer acht Meter hohen Glasfontäne reflektiert, die den Mittelpunkt der Ausstellung bildete und bis dahin verhüllt gewesen war. Die vier Zifferblätter der Uhr auf dem Gebäude zeigten gerade zwölf Uhr Mittag, als Albert Victoria hineingeleitete; er hielt Vicky an der Hand, Victoria Bertie (in schottischem Hochland-Anzug). «Die gewaltigen Hoch-Rufe, die Freude auf allen Gesichtern, das enorme Gebäude mit all seinen Dekorationen und Ausstellungsstücken, der Klang der Orgel (mit 200 Instrumenten und 600 Stimmen), mein geliebter Mann, der Schöpfer dieses großen ‹Friedens-Fests›, das Industrie und Künste *aller* Nationen der Erde vereint, *all* dies war so bewegend. Ein Tag, der in uns fortleben wird. Gott schütze meinen liebsten Albert und mein geliebtes Land, das sich heute so groß erwiesen hat...»

Leopold gegenüber äußerte Victoria über den Kristallpalast, er sei «erstaunlich, ein märchenhafter Anblick. Viele weinten, und alle waren andächtig gerührt und beeindruckt.» Sie sprach damit eine Empfindung aus, die alle Zuschauer einte. Der Historiker und Politiker Thomas Macaulay, der gewiß nicht leichtfertig mit Worten umging, nannte das Innere in seinem Tagebuch «einen überaus prächtigen Anblick; weiträumig, elegant, schöner als die Träume arabischer Romanzen». Greville staunte, daß «keine Soldaten, kaum ein Polizist zu sehen waren, und doch war alles so ordentlich und in guter Stimmung». Obwohl sich in den 140 Tagen (die Sonntage waren ausgenommen) 6 063 986 Besucher – das entsprach einem Drittel der Bevölkerung des Königreiches – durch den Kristallpalast ergossen, gab es weder Beschädigungen noch Gewalttätigkeit. «Die *frondeurs* sind alle umgeschwenkt», schrieb Greville am 10. Mai, «und die, die ihn erst am schlimmsten beschimpft haben, loben ihn jetzt ebenso laut.»

Im Juni druckte der *Punch* eine Karikatur ab, auf der die schiffbrüchige Regierung Lord John Russells von einem Dampfer namens «Weltausstellung» gerettet wurde. Das entsprach durchaus der Wahrheit, da die Wunder des Kristallpalastes sowohl Parlament wie Presse ablenkten. Sonderzüge transportierten Zehntausende von Schaulustigen, von *sightseers* (ein Wort, das es erst seit 1847 gab) zur Ausstellung, und weitere Zehntausende kamen mit Schiffen vom Kontinent und aus Amerika. Die Königin selbst besuchte die «Exhibition» mehrmals wöchentlich bis zur offiziellen Schließung am 15. Oktober 1851. Sie interessierte sich einfach für alles. Eines Tages betrachtete sie einer Anekdote zufolge in der Halle der amerikanischen Fabrikanten eingehend ein paar geformte Stücke feinster Seife, die Marmor so täuschend ähnlich sahen, daß sie zweifelte, ob dies wirklich Stücke weißer Olivenölseife seien. Sie beschloß deshalb, die Frage mit ihrer Schalnadel zu prüfen. «Verzeihung, Eure Majestät», sagte der amerikanische Aussteller beunruhigt, «das ist der Kopf von George Washington!»

«Es war eine solche Zeit der Freude», schrieb sie am 18. Juli 1851 in ihr Tagebuch, «voller Stolz, Befriedigung und tiefer Dankbarkeit, es ist ein Triumph des Friedens und guten Willens gegenüber allen – von Kunst und Handel –, ein Triumph meines geliebten Gatten und meines Landes.» Viele, die kamen, konnten hier zum ersten Mal einen Blick auf die neue Wirklichkeit mechanischer Erfindungen und den Fortschritt in Kunst und Handwerk werfen, auf die überraschende Offenbarung einer technologischen Zukunft. Victoria war nicht die einzige, die immer wiederkam.

Die Wogen der Begeisterung über die Ausstellung gingen hoch. Die Königin hätte ihre augenblickliche Beliebtheit nutzen können, um ihren vereitelten Plan wahr zu machen und ihrem Gatten königlichen Rang zu verleihen. Als das Paar am 9. Juli 1851 an einem von der Londoner Kaufmannsgilde in der Guildhall veranstalteten Ball zur Feier der erfolgreichen Ausstellung teilnahm, schienen alle Schleusen geöffnet. Die königlichen Besucher verließen Buckingham Palace um neun Uhr und fuhren unter immer stärker werdendem Beifall in ihren Staatskarossen durch die von Menschenmassen gesäumten Straßen der Innenstadt. Danach ging niemand weg – statt sich zu zerstreuen, kamen immer mehr Menschen hinzu und warteten auf die Kutsche der Königin. Der Ball war ein strahlendes Fest, und die Königin blieb bis spät in der Nacht. Aber auch die Menge draußen wartete. Albert schrieb an Stockmar, eine Million Menschen seien bis drei Uhr morgens auf den Straßen geblieben, um ihnen ihre Begeisterung zu bekunden. So etwas hatte es noch nie gegeben.

Als die Königin den Kristallpalast ein letztes Mal besuchte, hatte man bereits mit der Demontage des noch immer mit letzten Besuchern gefüllten Gebäudes begonnen. Eine riesige Messingorgel mit der Aufschrift *Sommerophone* spielte gerade, und die dröhnenden Klänge, notierte die Königin, «brachten mich fast aus der Fassung». Die Glasfontäne war schon weggeschafft worden, die Ausstellungsstücke wurden abgebaut. «Das Segeltuch ist sehr schmutzig, die roten Vorhänge verblichen, und viele Dinge sind sehr abgegriffen, aber die Wirkung ist noch immer ganz frisch und neu und wunderschön.» Es war alles noch so schön, schrieb sie, «daß ich nicht glauben konnte, daß ich das alles zum letzten Mal sehen sollte... Es machte uns alle ganz melancholisch.» In letzter Minute war auch noch eine alte Frau aus Cornwall eingetroffen, Mary Kerlynack, «die Hunderte von Meilen gewandert war, um die Ausstellung zu sehen». Diese «überaus rüstige alte Frau» stand «an der Tür, um mich zu sehen... und weinte fast, als ich sie ansah».

Am nächsten Tag war dann offiziell Schluß der Ausstellung, und die Königin bedauerte, nicht dabeizusein. (Es sollte «kein feierlicher Akt werden».) Albert fuhr um zehn Uhr zur Schlußzeremonie, zu der sich schätzungsweise fünfzigtausend Menschen im Kristallpalast drängten. «Albert hatte recht», notierte Victoria, «ich hätte kaum als Zuschauer dabeisein können... Wie traurig und seltsam, sich vorzustellen, daß diese große und glänzende Zeit wie ein Traum verflogen ist... Ich habe fast das Gefühl, daß meinem liebsten Albert damit ein Unrecht geschieht, daß sie vorbei ist...»

Während die Ausstellung lief, feierte Victoria ihren zweiunddreißigsten Geburtstag und ihr vierzehntes Jahr als Königin. Ein großes Familienfest fand statt, auf dem Szenen aus Racines melodramatischer Tragödie *Athalie* (auf französisch) und Kotzebues Komödie *Der Hahnenschlag* (auf deutsch) aufgeführt wurden – und nicht zuletzt die «C-Dur-Tonleiter» durch die dreijährige Prinzessin Louise. Victoria konnte sich auch in der Zukunft kein schöneres Fest vorstellen und rühmte den Prinzen öffentlich wie privat voller Überschwang. Doch obwohl sie alle Familienereignisse von Geburtstagen bis zu Weihnachts- und Neujahrsfeiern sorgfältig in ihrem Skizzenbuch festhielt, sogar ihre Geburtstagsfeier einige Tage nach Eröffnung des Kristallpalastes, wundert sich der heutige Betrachter (mit den Worten von Marina Warner, der Herausgeberin der Skizzenbücher), «daß die motivierende Kraft und Inspiration, Prinz Albert, unsichtbar bleibt. Nie malte oder zeichnete die Königin ihren Mann mit den Kindern. Er ist abwesend. Auf die unermüdliche Arbeit, die er teils aus eigenem Antrieb, teils für die Königin leistete, gibt es keinen Hinweis... Man ist überrascht, Albert, den *pater familias*, in ihren Alben überhaupt nicht zu finden.» Dies ist um so überraschender, als Victoria auch physisch in Albert vernarrt war und das mit den 1840er Jahren anbrechende neue Zeitalter der Photographie nutzte, um ihre Alben mit seinen Porträts wie auch ihren eigenen und denen der Kinder zu füllen.

Die neue Kunst und Wissenschaft der Photographie hielt viele Ansichten des Kristallpalasts und seines Inneren wie auch seines Abbaus und Wiederaufbau fest. Die Bilder von der Feier der Neueröffnung, an der Victoria und ihre Familie inmitten von Chören, Orchestern und Tausenden von Zuschauern teilnahmen, wurden die menschenreichsten Daguerrotypien der Geschichte. Eines der beiden Probleme des Ausstellungskomitees, das sich bei Ausstellungsschluß ergab, war gelöst, als die London, Brighton & South Coast Railway Paxtons Bau für 70 000 £ übernahm und auf einen Hügel im kentischen Sydenham versetzte. In gekürzter und durch ein tonnenähnliches Dach leicht erhöhter Form diente er erfolgreich als Konzert- und Ausstellungshalle, bis er 1936 durch einen Brand zerstört wurde.

Der Verkauf des Gebäudes 1852 aber vergrößerte das zweite Problem des Komitees, indem es den sich bereits auf 200 000 £ belaufenden Gewinn noch erhöhte. Die Verwendung dieser Mittel war eine politisch delikate Angelegenheit. Der Plan des Prinzen war, Gelände in South Kensington aufzukaufen, um die Ziele der Weltausstellung weiterzuverfolgen. Skeptiker gaben der Idee den Namen «Albertopolis», doch die auf Alberts Energie und Weitsicht zurückgehenden Bildungs-, kulturellen und wissenschaftlichen Einrichtungen entwickelten sich schließlich zu dem großen Komplex von Museen, Colleges und Konzertsälen von South Kensington. Victoria war jahrzehntelang mit Übergabefeierlichkeiten beschäftigt.

Die Ausstellung war der Gipfel von Alberts öffentlicher Karriere, doch hatte er einen Preis dafür zu zahlen. Regelmäßig hatte er über seinen «schwachen Magen» geklagt und litt zunehmend unter schweren Magenkrämpfen, die er selbst der Anspannung der ihn fast erdrückenden Aufgaben zuschrieb, seine Biographen hingegen seiner Detailbesessenheit. Am 10. Oktober 1851, als er gerade mit der Planung der Abschlußzeremonie im Kristallpalast beschäftigt war, ging es ihm die ganze Nacht wegen einer erneuten Magen-«Attacke», wie Victoria es nannte, sehr schlecht. Er war erst zweiunddreißig Jahre alt, wirkte jedoch mit seinem schütter werdenden Haar und der fülligen Figur frühzeitig gealtert. «George Eliot» hingegen «verliebte sich» in Covent Garden anläßlich einer Aufführung von *La Juive* «in den auffallenden, ungewöhnlich lebhaften Prinz Albert. Er wirkt edel, herzlich und intelligent und ist einfach ein Mann, auf den man stolz sein kann. Die Königin dagegen macht einen beklagenswerten Eindruck –

desto schlimmer, je länger man sie ansieht, so gewöhnlich in Figur und Ausdruck.»

Wie krank Albert sich auch fühlte, sein überfüllter Terminkalender ließ ihm keine Ruhe. Die Schließung der Ausstellung hatte seine Arbeitsbelastung nicht wesentlich verringert. Jetzt konzentrierte er sich voll darauf, die Energien, die sie freigesetzt hatte, und die allgemeine positive Einstellung zu etwaigen Folgeprojekten zu nutzen. Außerdem befaßte er sich mit Entwurf und Überwachung des Neubaus in Balmoral und mit dem Ankauf benachbarter Grundstücke (dank Victorias Nield-Erbe), um den Besitz zu einem weitläufigen königlichen Refugium zu vergrößern. Daneben gab es innen- und außenpolitische Probleme, für die die Königin den Prinzen gern als Prellbock benutzte. Am 14. September 1852 starb der Herzog von Wellington im Alter von dreiundachtzig Jahren. Die königliche Familie wurde telegraphisch in Schottland benachrichtigt. Prinzessin Feo, die Nichte der Königin, war gerade dort und fragte, als sie vom Tode des Herzogs erfuhr: «Was soll nur aus Tante Victoria werden?»

Während in London die Beisetzungsfeierlichkeiten für den Herzog vorbereitet wurden, blieb die königliche Familie in Balmoral. Der Herzog wurde mit Eis konserviert, so gut die Umstände es erlaubten. Die Hinauszögerung eines Begräbnisses um zwei Monate war äußerst ungewöhnlich, aber die Planungen, an denen auch Albert beteiligt war, waren grandios – ebenso die Projekte der Königin und des Prinzen für ihr Heim in der schottischen Einsamkeit. Um symbolisch von Balmoral Besitz zu ergreifen, berichtete die Königin unter dem 11. Oktober 1852 in ihrem Tagebuch, brach der größte Teil ihres Gefolges am Vormittag auf und erklomm die Spitze von Craig Gowan, um dort als Zeichen ihres Anspruchs auf das Territorium den traditionellen *cairn* aufzuschichten; der alte Steinhaufen war vorher von den Dienern abgetragen worden. «Dann legte ich den ersten Stein nieder, danach fügte Albert einen hinzu, dann die Kinder in der Reihenfolge ihres Alters.» Dann häuften alle nacheinander, Damen, Herren, Diener und Pächter mit Frauen und Kindern Steine auf den *cairn*, während ein Dudelsackpfeifer dazu spielte, «an alle Whiskey ausgeschenkt» und «ein paar fröhliche Reels getanzt wurden».

Als der Steinhügel seine endgültige Höhe erreicht hatte – etwa 2,50 Meter, schätzte Victoria –, «kletterte Albert auf die Spitze und legte den letzten Stein, worauf drei Hochrufe erschallten». Sie fühlte sich bewegt durch das Ereignis und den Rahmen und «hätte am liebsten geweint. Der Blick über die geliebten Hügel war so schön, der Tag so herrlich, das Ganze so *gemütlich*. Möge Gott diesen Ort schützen und uns erlauben, ihn noch viele lange Jahre wiederzusehen und uns an ihm zu freuen.»

Nur widerwillig machten sie sich auf die Reise nach London. Einst hatte

Victoria den Herzog von Wellington von ihrer Hochzeit ausschließen wollen. Jetzt war er, wie sie verkündete, «Britanniens Stolz, Ruhm und Held». Die Trauerperiode hatte bereits königliche Dimensionen erreicht, die legendäre Zahl von 65 073 Personen war an dem von Reihen riesiger Kandelaber eingerahmten Trauerkatafalk vorbeidefiliert.

Für die letzte Prozession hatte Albert eine so gewaltige und schwerfällige Lafette entworfen, daß die Männer und Pferde sie nur mit größten Schwierigkeiten ziehen konnten. Die Königin war zwar aus Protokollgründen bei der Trauerfeier in der Paulskathedrale nicht anwesend, doch die von ihr selbst angeordneten sentimentalen Trauerorgien erschöpften sie auch ohnedies hinreichend. Außerdem war sie wieder schwanger und machte sich Sorgen wegen Alberts schlechter Gesundheit – im Winter 1853 litt er an einer langen, schweren Erkältung, die sie als mangelnde Aufmerksamkeit ihr gegenüber zu interpretieren begann. Am 7. April 1853 kam ihr vierter Sohn und achtes Kind, Prinz Leopold, unter Einsatz des von Dr. John Snow verabreichten «gesegneten Chloroforms» zur Welt. Zwei Wochen später erinnerte sie dessen Wirkung als «lindernd, beruhigend und unsagbar angenehm». Doch hatte diese Anwendung keinen lange anhaltenden Beruhigungseffekt, denn es gab Sorgen mit dem neuen Säugling: Man stellte fest, daß er ein Bluter war. Außerdem litt Victoria wieder an hysterischen Anfällen im Wochenbett, die sich als abwechselnde Phasen von Depressionen und Vorwürfen fortsetzten und ihre Beziehung zu Albert belasteten.

Daß die Königin und der Prinz alle elterlichen Pflichten gegenüber ihren kleinen Kindern so schnell an das Hauspersonal übertrugen – von offiziellen gesellschaftlichen Anlässen einmal abgesehen –, war einerseits eine Standes- und Rangfrage, andererseits reines Desinteresse. Sie hatten oft zugesehen, wie Vicky und Bertie gebadet und ins Bett gebracht wurden. Jetzt, da sie weniger Zeit für derlei hatten, sah die Königin «die Jüngeren», wie sie gestand, «vielleicht einmal im Vierteljahr» bei solchen Gelegenheiten. Dennoch konnte sie ihrem Onkel, nach dem Leopold getauft worden war, berichten, er sei ein «vergnügter dicker kleiner Kerl», was gar nicht zu der Diagnose eines Bluters paßte, die zu Victorias Unruhe beitrug. Sie schickte Albert häßliche, anklagende Briefe, meist über angebliche Beleidigungen von so trivialer Art, daß sie höchstens auf ein absolutes emotionales Tief hindeuteten. Was aus dieser Zeit an offizieller Korrespondenz erhalten blieb, ist so oberflächlich, daß man daraus nur auf ungewöhnliche Gleichgültigkeit ihrerseits schließen kann.

Albert antwortete in Mitteilungen, die mit «Liebes Kind» begannen, und bezog sich einmal auf eine durch «eine lächerliche Kleinigkeit» verursachte «unerfreuliche Szene». Er erkannte jedoch, daß er ihre Niedergeschlagenheit nur verschlimmerte, wenn er von der «Grundlosigkeit und Ungerechtigkeit der Anschuldigungen» sprach. Während der Schwangerschaften war sie ihrem Mann gegenüber immer äußerst gereizt. Sie brütete dann stets darüber, wie ungerecht das Los der Frau sei, daß sie all diese Deformierungen und Strapazen ertragen mußte. Der schlechte Gesundheitszustand des Säuglings – nach Alberts Ansicht bekam ihm die Milch der schottischen Amme aus dem Hochland nicht, auf der Victoria bestanden hatte – bestärkte die Königin in ihrer Meinung, mehrmalige Schwangerschaften seien sinnlos. Der wechselhafte gereizte Zustand der Königin, für Albert immer wieder eine Qual, dauerte über Jahre hindurch bis zu ihrer letzten Schwangerschaft 1857 und darüber hinaus. Als sie 1859 ihrer ältesten Tochter sagte, zu viele Schwangerschaften hätten ihr Leben zu früh auf Jahre hinaus «unglücklich» gemacht – «man ist so erschöpft, und die Nerven werden so elend» –, war das eine Belehrung aus noch frischer schmerzlicher Erfahrung.

Wohl nur wenige Ehemänner in der Geschichte haben sich wie Albert nach allen Kräften bemüht, das innere Gleichgewicht und die berufliche Leistungsfähigkeit ihrer Frau aufrechtzuhalten. Alberts Liebe überwand alle Prüfungen seiner untergeordneten Position wie auch der Tatsache, daß er als Ausländer niemals wirklich akzeptiert wurde. Sie überlebte zudem die extremen Schwankungen in Victorias Stimmung: Einerseits vergötterte sie ihn in fast hilfloser Art, andererseits benutzte sie ihn, um Enttäuschungen abzureagieren, deren Opfer er eher war als deren Ursache. Immer dachte er an ihre emotionalen und physischen Bedürfnisse. Einmal schrieb er ihr aus Chobham, wo er im Juni 1853 Militärmanöver besuchte, er sei glücklich, daß sie den Tag überstanden habe, ohne ihn zu brauchen, und endete mit dem bekannten deutschen Liebeslied

> Du, du liegst mir im Herzen,
> du, du liegst mir im Sinn,
> du, du machst mir viel Schmerzen,
> weißt nicht, wie gut ich dir bin.

Ein Problem, das ihr häusliches Glück nachhaltig trübte und ständig Anlaß zu gegenseitigen Beschuldigungen gab, war die Erkenntnis, daß der Prinz von Wales offensichtlich zurückgeblieben war. Während Vicky sich rasch zu einem Miniatur-Albert entwickelte – mit drei Jahren, erzählte die Königin Leopold, dachte und sprach die Prinzessin «wie eine Zwanzigjährige» –, schien alles, was Bertie mit der Prinzessin gemeinsam hatte, hannoveranische Dickschädeligkeit zu sein. Mit drei bestach er schon durch makellose Umgangsformen – «absolut vorbildlich in Höflichkeit und Manieren», sagte Victoria. Aber kein Lernprogramm, so sorgfältig Albert es auch ausarbeitete, machte irgendwelchen Eindruck auf den Prinzen von Wales. Ob er ein besserer Schüler gewesen wäre, wenn der Lerndruck weniger groß gewesen wäre, ist müßige Spekulation. Mit acht Jahren wurde er von seinem Vater für unfähig gehalten, auch nur den Katechismus zu lernen. Doch schon früher hatte Victoria das Gefühl, Albert verlange zu viel von dem Kind, und bat Lady Lyttleton, sie solle darauf achten, daß Bertie nicht «überanstrengt wird». Aber für sein Begriffsvermögen wurde Bertie immer überanstrengt. Er reagierte seine Frustrationen in blinden Wutanfällen gegenüber seinen Tutoren und gelegentlich sogar gegenüber seinen Eltern ab, die in dem liebenswürdigen jungen Mann, der schon so selbstverständlich mit Erwachsenen umging, nichts von einer potentiellen Herrscherpersönlichkeit entdecken konnten. Alle ihre Hoffnungen für die Zukunft der Monarchie ruhten auf ihm, doch nur vage konnten sie in ihm den zukünftigen König von England erblicken. Die anderen Kinder waren unwichtig. Für die Mädchen würde man angemessene Eheschließungen arrangieren müssen, vielleicht mit einem diplomatischen Nebengedanken; die anderen Söhne waren nur eine Versicherung.

Solch eine Haltung läßt auf einen Mangel an Gefühl gegenüber den Kindern schließen, der in krassem Widerspruch zu dem Bild von Familienpicknicks und -ausflügen steht, das auf uns gekommen ist: Albert mit einem Kind auf dem Schlitten im Schnee oder auf allen vieren auf dem Teppich vor dem Kamin beim kindlichen Spiel, Victoria mit den Mädchen beim Zeichnen im Freien. In Osborne und Balmoral war man mehr zusammen, aber die königlichen Eltern waren wie andere reiche Eltern ihrer Zeit und Gesellschaft – nur hatten sie noch viel mehr soziale und offizielle Verpflichtungen. Die liebende, hingebungsvolle, gemütliche Familie der Illustrierten und Klatschspalten war weitgehend eine abgedroschene Legende. Windsor Castle hätte nichts davon geleugnet. Doch die kleinen Königskinder traten selten bei Tisch oder irgendwo anders in den dienstbotenreichen Häusern ihrer Eltern in Erscheinung, außer in den Ferien oder bei offiziellen Anlässen. Und auch dann wurden sie mehr übersehen als gesehen.

Auch später konnte Victoria ihre Mutterrolle selten von ihrer Rolle als Herrscherin trennen. Albert schrieb ihr einmal mahnend, um eine schmerzliche Szene zu vermeiden: «Es ist wirklich traurig», bedauerte er, «daß Du in der Gesellschaft Deiner Kinder keinen Trost findest. Die Wurzel des Übels liegt in der falschen Vorstellung, daß es Aufgabe einer Mutter sei, sie ständig zu korrigieren, zu schelten, herumzukommandieren und zu bestimmen, was sie tun sollen. Es ist unmöglich, heiteren, freundlichen Umgang mit Menschen zu haben, die man gerade erst ausgescholten hat.»

In den erhebenden Monaten der Weltausstellung hatte Victoria kaum an etwas anderes denken können. Die Leere danach glich einer Schwangerschaftsdepression, und alles und jeder erschien in ihren Augen mangelhaft. Die neue Litanei an Problemen war aber noch gar nichts gegen den Sturz der Popularität des Prinzen nach dem Gipfel des Kristallpalastes. Es schien geradezu, als hätte dessen Abbau den Deckel von Jahren simmernder Verdächtigungen und Feindseligkeiten gehoben. In außenpolitischen Fragen schienen Königin und Prinz für den voreingenommenen englischen Blick immer zugunsten Preußens und eines zukünftigen vereinten Deutschlands (fast mit Sicherheit unter preußischer Führung) zu entscheiden, das den Engländern Furcht einjagte. Für die Untertanen der Königin reichte das aus, um sich nach einer weiteren Annäherung an den historischen Feind Frankreich zu sehnen, selbst unter dem bonapartistischen Neffen, der sich seit Ende des Jahres 1852 Napoleon III. nannte. Der Tod des Herzogs von Wellington, des Vernichters Napoleons I., im Jahr der Machtergreifung des neuen Napoleon hatte etwas Symbolisches an sich.

Für viele Engländer war Louis Napoleon eine charismatische Gestalt. Er war nicht nur der Neffe einer Legende, sondern ein Mann, der sich mit Hilfe seines Verstandes durchgeschlagen und das Unmögliche erreicht hatte. Er hatte im konspirativen Exil in England gelebt, besaß hochgestellte englische Freunde und sogar eine reiche englische Geliebte, eine Miss Elizabeth Howard. Victoria verabscheute ihn als Usurpator, als einen vulgären Mann ohne jede Moral. Auf die Öffentlichkeit aber wirkte er trotz mangelnder physischer Reize schneidiger und attraktiver als der verkrampfte ausländische Intellektuelle an Victorias Seite. Was die Sache noch verschlimmerte, war die Entdeckung der Königin, daß der selbsternannte Kaiser der Franzosen im Bestreben, eine Dynastie zu gründen, auf der Suche nach einer angemessenen Braut sein Auge auf Ihre Durchlaucht, die siebzehnjährige Prinzessin Adelaide von Hohenlohe, geworfen hatte, die Tochter von Victorias Halbschwester. Die Königin brauchte sich nur an den Schauder ihrer eigenen Mutter angesichts der Vorstellung zu erinnern, daß Feodora – Adelaides Mutter – den vulgären, gemeinen George IV. hätte heiraten können.

Feodora hätte die Partie als einen Ausweg aus all den Schwierigkeiten ansehen können, die sie seit 1848 ständig verfolgt hatten. Obwohl ihr Mann sein Fürstentum nach Abebben der Revolutionsunruhen hatte retten können, hatten sie ein neues Leben voller Einschränkungen gelebt, wie sie Victoria schrieb, das vorwiegend durch «Darlehen» ihrer Schwester und Mutter und häufige Aufenthalte ihrer Töchter in England erleichtert wurde. «Ada» war sogar gerade bei Victoria, als Graf Walewski, der Botschafter des Kaisers in London, der Königin den Heiratsantrag überbrachte. Indirekt antwortete Victoria durch ihre Gesandten, der Antrag

205

betreffe nur das Mädchen und ihre Eltern; inoffiziell ließ sie keinen Zweifel an ihrer Mißbilligung sowohl Napoleons III. als auch seines Antrags. Feodora fand die Sache «unangenehm», nicht wegen der religiösen *mésalliance*, sondern wegen der Unreife ihrer Tochter und der Moralbegriffe des Kaisers. Trotzdem glaubte sie, Ada würde die prächtige Heirat «sicher mögen» – womit sie ihre Tochter falsch einschätzte, die von sich aus «eine so hohe wie gefährliche Stellung» ausschlug.

Bis Prinzessin Adelaide von Hohenlohe ihre Ablehnung zu Papier brachte, blieb die Frage Gegenstand von Erörterungen. Die Königin, die eine andere Entscheidung erwartete, hatte sich Lord Derby gegenüber sehr offen geäußert: «Sie wissen, daß *unserer* Familie (dem Hause Coburg) immer vorgeworfen wurde, zu bereitwillig jede Krone aufzuheben, die in den Schmutz gefallen ist.» Der Kaiser jedoch war auf eine Zurückweisung gefaßt und blieb empfänglich für Zeichen anderer heiratsfähiger Damen, wenn sie nur irgendwie annehmbar waren. Am 31. Dezember 1852 kam Graf Walewski aus London, um über den Stand seiner Mission zu berichten, und wurde zu seiner Überraschung mit den Worten begrüßt: «*Mon cher, je suis pris!*» Louis Napoleon war der schönen, ehrgeizigen Eugénie de Montijo begegnet und verfallen. Sie war katholisch, wie es sich gehörte, eine reife Frau von siebenundzwanzig Jahren und angeblich die Tochter eines spanischen Grafen. Der Botschafter erinnerte ihn daran, daß die Veröffentlichung seiner Verlobung voreilig sei, er könne Königin Victorias Nichte nicht sitzenlassen. Das war nicht nötig – Adas Brief traf am nächsten Tag ein.

Die unerquicklichen Regierungsgeschäfte, von politischen Heiraten bis zu zynischen außenpolitischen Machenschaften, erweckten in Victoria ganz andere Gefühle als die, welche sie auf der Plattform im Kristallpalast erfüllt hatten. Dort hatte sie sich eins mit dem empfunden, was ihr als das Streben der gesamten Menschheit vorschwebte. Wenn ein Mann wie Louis Napoleon die Nationen derart manipulieren könne, sinnierte sie mit zwiespältigen Gefühlen gegenüber ihrem Onkel, «kann man nie auch nur einen Augenblick sicher sein. Es macht mich sehr melancholisch; ich liebe Frieden und Ruhe – eigentlich hasse ich Politik und Aufregung, und mich bedrückt der Gedanke, daß ein Funken uns mitten in den Krieg stürzen könnte... Albert begeistert sich täglich mehr für Politik und Geschäfte und ist so wundervoll *geeignet* für beides... und mir wird beides täglich unangenehmer. Wir Frauen sind nicht fürs Regieren *geschaffen* – und wenn wir gute Frauen sind, müssen wir diese männlichen Tätigkeiten *unangenehm* finden; doch es gibt Zeiten, die einen zwingen, sich dafür zu interessieren und... *ich tue das natürlich intensiv.*» Sie endete mit der Bemerkung, jetzt müsse sie sich für die Eröffnung des Parlaments ankleiden.

IX

FRAU UND KRIEGSHERRIN
(1853-1858)

Gegen Ende des Jahres 1853 schlug der Fellhändler und Lord Mayor von London Thomas Challis vor, es sei an der Zeit, in der City of London eine Prinz-Albert-Statue aufzustellen. Der Aufschrei in der Presse war Victoria und Albert äußerst unangenehm, und sie unterdrückten das Vorhaben. Albert in eine exponierte Lage zu bringen, konnte ihn den Engländern nicht annehmbarer machen; höchstens würde dadurch die Königin deutscher. Mangelnde Sensibilität in kleinen Dingen machte es nicht besser. Albert hatte zum Beispiel kleine grüne deutsche Tischlampen mitgebracht, als er nach England kam, und ähnliche Modelle benutzte er noch immer in seinem Arbeitszimmer, ob nun aus nostalgischen Gründen oder aus der Überzeugung, daß sie praktischer seien als die dortigen Lampen. Auf jeden Fall lenkten solche Details die Aufmerksamkeit immer wieder auf seine Herkunft. Er führte sein Tagebuch in deutscher Sprache. Er sprach deutsch in der Familie – um acht Uhr pflegte er Victoria mit den Worten: «Es ist Zeit, steh auf!» zu wecken. Er fühlte sich stets unsicher bei der Erledigung seiner englischen Korrespondenz und gab seine Post oft Victoria oder seinen Sekretären zu lesen, um sich zu versichern, daß er auch nichts mißverstanden habe. Zu Anson hatte Victoria früher einmal gesagt: «Der Prinz und die Königin sprechen englisch... im selben Maße, wie wir deutsch sprechen.» Das reichte kaum aus.

Die Königin und der Prinz bezogen oft inoffiziell Partei für Preußen. Das war in England schon lange als eine Form der Einschüchterung kleinerer und schwächerer deutscher Staaten aufgefaßt worden. Außerdem war Preußen durch eine Reihe gegenseitiger Interessen an einen größeren und unumschränkt autokratischen Tyrannen gebunden, an Rußland; diese Verbindung wurde durch eine Tradition dynastischer Heiraten zementiert. Zusätzliches Mißtrauen gegenüber den östlichen Sympathien Victorias und Alberts erwachte, als Napoleon auf der Suche nach einer außenpolitischen Krise, mit der er sein Volk ablenken konnte, auf Rußland stieß. Ihn hatte die Weigerung des Zaren brüskiert, seinen dynastischen Titel anzuerkennen, obwohl ein im Dezember 1852 von England, Preußen, Österreich und Rußland unterzeichnetes Geheimprotokoll das Unabänderliche festgeschrieben und Napoleon als Kaiser bestätigt hatte.

Um den Zaren zu provozieren und seinen eigenen Anspruch als Schutzherr des römischen Katholizismus zu bekräftigen, ließ Napoleon Mönche unter bewaffnetem französischen Geleitschutz die Kirche von Bethlehem besetzen. Öffentlich bekundete Schirmherrschaft von Stätten im Heiligen Land war immer ein Reflex politischer Auseinandersetzungen andernorts. Tatsächlich hatte Frankreich die Partei der Türkei ergriffen, die um ihre ruhelosen Provinzen auf dem Balkan kämpfte. Hinter Rußlands Ansprüchen als Interessenvertreter der orthodoxen Christen in den osmanischen Provinzen und der frommen Verteidigung religiöser Rechte durch die Gegenseite verbargen sich handfeste Rivalitäten um die Kontrolle über abbröckelnde Teile der Türkei; jeder davon konnte den Einfluß eines autokratischen Rußlands in Europa vergrößern, das bereits jetzt das gewaltigste Imperium der Geschichte darstellte.

Aufgrund eigener Ambitionen in Osteuropa und ihrer Rivalität um die führende Rolle im Flickenteppich deutscher Staaten hielten sich Preußen und Österreich abseits. In englischer Sicht bedeutete das zu einem Zeitpunkt, da das Kriegsfieber wuchs und mit ihm der Wunsch, sich Frankreich und der Türkei anzuschließen, praktisch dasselbe wie die Partei des Zaren zu ergreifen. Außer der Vereitelung russischer Übergriffe auf die Donauländer hatte England bei der Sache wenig zu gewinnen. Victoria warnte (wahrscheinlich mit Alberts Worten) Lord Clarendon, den damaligen Außenminister im Kabinett des Earl of Aberdeen, England riskiere den Krieg ausschließlich, um türkisches Gebiet zu verteidigen, und tue das ohne Zustimmung des Parlaments oder der Krone. Kurioserweise wurde die islamische Türkei als Verteidigerin des Christentums angesehen. Und was noch viel merkwürdiger war: Alberts Bemühungen, einen Krieg zu vermeiden, wurden in England als eine pro-deutsche Initiative und als ein Widerspruch zu seiner konstitutionellen Nichtexistenz angesehen. Als die Schiffe des Zaren in einem Präventivschlag die in Sinop vor Anker liegende, völlig veraltete türkische Schwarzmeerflotte vernichteten, fühlte sich die ferne Inselnation bedroht, die meinte, Britannia beherrsche die Meere. Wenn Albert anders handelte, mußte er in irgendeiner Form des Verrats schuldig sein.

Gegen Ende 1853 kamen Berichte auf, denen zufolge Albert die Königin manipuliere: daß er auf allen Konferenzen Victorias mit ihren Ministern erscheine und praktisch ihr Bauchredner sei, daß er alle Briefe und Memoranden verfasse, die sie mit ihrem Namen unterzeichnete, daß er sich in Angelegenheiten der Regierung wie Heer und Marine einmische, daß er den Posten des Herzogs von Wellington als Oberkommandierender angestrebt habe, daß er ein preußischer Spion sei und sich von den Russen hinters Licht führen lasse.

Einige politische Vorwürfe waren nüchtern betrachtet richtig, wenn auch die Behauptung, sie stellten ein kriminelles Vorgehen dar, jeglicher Grundlage entbehrte. Tatsächlich begleitete Albert ohne jede andere Rechtsposition denn die des Gatten der Königin diese zu ihren Besprechungen mit den Ministern und äußerte dort auch seine Meinung. Oft wurde er sogar als Victorias Vermittler oder wegen seines eigenen klaren Urteils von Ministern direkt aufgesucht. Er entwarf tatsächlich Antworten für die Königin, die dankbar war, über den loyalsten und beschlagensten aller Privatsekretäre zu verfügen. Richtig ist auch, daß er sich an Regierungsstellen wandte in dem Bemühen, deren Effizienz zu fördern und Mißwirtschaft abzustellen. Aber er begab sich auch auf militärisches Gebiet, indem er trotz seines deutschen Ursprungs Duelle verurteilte und versuchte, der Armee seine Ausrüstungsideen aufzudrängen. Was Wellingtons Posten betraf, so hatte der alte Herzog selbst Albert als seinen Nachfolger vorgeschlagen. Aber Albert hatte dieses Angebot als politisch unklug abgelehnt, weil er meinte, daß er der Königin dann nicht mehr so nützlich sein könne.

Auch wenn es außer der bedrohlichen internationalen Lage wenig Nahrung für diese Gerüchte gab, mehrten sie sich doch aufgrund der ständigen Verdächtigungen Alberts als Fremden und Eindringling. Ein Teil davon, da waren die Königin und Albert sicher, war der Pro-Palmerston-Presse anzulasten, ob der entlassene Außenminister nun direkt dahinterstand oder nicht.

«In den Attacken auf den Prinzen», beklagte Victoria sich gegenüber Lord Aberdeen, «der mit der Königin selbst eins ist, wird der Thron angegriffen.» Aberdeen versprach, das Thema im Parlament zu behandeln, wenn es wieder zusammenträte, tat aber die Anschuldigungen als bloße «verachtenswerte Zeugnisse von Böswilligkeit und Cliquengeist» ab. Mit genau der falschen instinktiven Regung appellierte Victoria an Baron Stockmar, als Berater zurückzukehren. Sie und Albert, erklärte sie, müßten sich gegen die «Ultras beider Parteien» zur Wehr setzen, besonders da das Land «am Rande eines Krieges und alles andere als darauf vorbereitet» sei. Es wäre Wasser auf die Mühlen der Vertreter der Konspirationstheorie gewesen, hätten die verletzte Königin und der Prinz auch noch eine deutsche graue Eminenz an den Hof geholt. Klugerweise blieb Stockmar in Coburg.

Am 15. Januar 1854 bemerkte Greville, daß «die außerordentliche Hatz», die «seit einigen Wochen gegen den Hof, insbesondere den Prinzen» von der Presse betrieben werde, «zweifellos im ganzen Land eine beträchtliche Wirkung ausgeübt hat». Grevilles Ansicht zufolge wurden die Attacken von der *Daily News* und dem *Morning Advertiser* angeführt, gefolgt von den Tory-Blättern *Morning Herald* und *Standard*.

«Nun noch ein Wort über die Leichtgläubigkeit des Publikums!» schrieb Albert am 24. Januar an Stockmar. «Sie werden kaum glauben, daß meine Überführung in den Tower im ganzen Lande geglaubt worden ist, ja, selbst daß die Königin verhaftet sei! Tausende von Menschen umlagerten den Tower, um meine Einfahrt zu sehen!»

Der Verdacht, Albert sei ein russischer Agent (da ja Preußen den Zaren unterstützte), schien Engländern anti-deutscher Einstellung durchaus logisch, und daß er sicher nicht ohne Grund durch das Verrätertor in den Tower abgeführt werde, leuchtete zumindest als angemessene poetische Gerechtigkeit ein.

Als eine schottische Zeitung das Gerücht in Umlauf brachte, Albert stehe unter Anklage wegen Verrats, und die Blätter weiter im Süden die Beschuldigung aufgriffen, sah Lord Aberdeen sich schließlich gezwungen, den Gerüchten ein Ende zu setzen, indem er Ende Januar sein Versprechen wahr machte und eine klärende Aussprache im Ober- und Unterhaus ansetzte. Des Prinzen «untadelige Loyalität zur Krone und zum Lande», erklärte Aberdeen, sollten deutlich genug sein, um solche Verleumdungen «ein für allemal» zum Schweigen zu bringen.

Die Widerlegung sei «triumphierend» gewesen, schrieb Victoria am nächsten Tag erleichtert an Stockmar. Sie und Albert waren aus diesem Anlaß selbst ins Oberhaus gefahren und waren von einem «gewaltigen Menschenauflauf» begrüßt worden – die Leute wollten mit eigenen Augen sehen, ob die Gerüchte wahr seien. Die Menge sei «sehr freundlich» gewesen. John T. Delane, der Herausgeber der *Times*, war bereits mit einem Angebot an Aberdeen herangetreten, dem «enormen Unheil» entgegenzuwirken. Aber Aberdeen konsultierte erst den Prinzen, und dieser schlug vor, bis zur Rechtfertigung im Parlament zu warten. Trotzdem rückte Delane einen mit «Juvenal» unterzeichneten (und von Greville verfaßten) Brief ein, in dem die falschen Anschuldigungen des *Morning Advertiser* angegriffen wurden. Der *Standard* veröffentlichte eine Verteidigung des Prinzen in seiner Rolle als Berater der Königin von «D.C.A.» (A. J. Hope, später Beresford-Hope), und der *Morning Chronicle* pries in einem anonymen Artikel die Loyalität des Prinzen und seinen Respekt vor dem Gesetz. Victoria war so beeindruckt von diesem Beitrag, daß sie sich bei ihrem Premierminister erkundigte, ob er wohl wisse, wer ihn verfaßt habe. Aberdeen identifizierte den Autor als W. E. Gladstone, «der allerdings nicht möchte, daß es bekannt wird». Nach dieser Klarstellung im Parlament hörten die Attacken auf.

Der Grund dafür war aber weniger, daß die Leute nun von der Haltlosigkeit der Vorwürfe überzeugt waren, als daß sie das Kriegsfieber erfaßt hatte und ablenkte. Niemand, schrieb Greville Anfang Februar, «denkt jetzt noch an etwas anderes als den bevorstehenden Krieg (mit Rußland) und seine energische Durchführung. Das nationale Blut ist in Wallung, und wer bisher den Krieg am eifrigsten mißbilligte, verlangt jetzt, da er uns aufgezwungen wurde, so hart wie möglich zuzuschlagen.»

Der Krieg war noch nicht erklärt worden, aber der russische Botschafter verließ London am 7. Februar, während sein britischer Kollege am nächsten Tag von St. Petersburg aufbrach. Im neuen Zeitalter der Telegraphie war es wohl möglich – zumindest dort, wo ein Telegraphennetz existierte –, sich schneller zu verständigen, nicht aber, einen Krieg aus großer Entfernung vorzubereiten oder gar zu führen. Nach Konstantinopel gab es keinen direkten Draht.

Wenn das nationale Blut tatsächlich wallte, so lag das nicht daran, daß Victoria und Albert die Spannungen zur Ablenkung von ihren eigenen Problemen gefördert hätten. Doch ihr Botschafter in Konstantinopel, den Zar Nikolaus in Petersburg nicht mehr haben wollte, der skrupellose Stratford Canning, Viscount Stratford de Redcliffe, war ein protürkisches Vermächtnis aus Lord John Russells Regierungszeit, der von Aberdeen auf seinem Posten belassen worden war (Russell war Außenminister). An der Hohen Pforte hatte Redcliffe die reichlich primitiven Kommunikationsverhältnisse mit der Türkei zu privater Diplomatie genutzt, was bedeutete, jeder russischen Mitteilung die schlimmste Bedeutung zu unterstellen – keine allzu schwierige Aufgabe – und seine Instruktionen zu mißachten. Etwaige Hoffnungen auf einen Kompromiß nahm er nicht zur Kenntnis.

Dies in London zu bemerken und ihm neue Depeschen zu schicken, dauerte Wochen. Das Kabinett hatte viele Entschuldigungen. Ihrem Außenminister hatte die Königin (fast mit Sicherheit zusammen mit Albert) als aufrichtige Warnung geschrieben, Stratfords Vorgehen in Konstantinopel zeige «ganz deutlich ein *Verlangen* nach Krieg und danach, uns hineinzuziehen». Sie fragte sich, wie lange er noch «in einer Position bleiben darf, die ihm ermöglicht, alle unsere Friedensbemühungen zu unterlaufen».

Hätte ihre Regierung wirklich gewünscht, daß der Botschafter anders handelte, wäre Stratford schon lange nach Hause beordert worden. Wie bei den meisten Kriegen richtete sich die allgemeine Erwartung auf ein kurzes, siegreiches Unternehmen. Es war leicht, von der Realität abzusehen, daß Großbritannien seit vierzig Jahren keinen Krieg mehr erlebt hatte und jetzt gar nicht darauf vorbereitet war. In Absprache mit Frankreich stellte die britische Regierung Rußland ein Ultimatum, die Donaufürstentümer (das jetzige Rumänien), in welchen der Zar Christen unter türkischer Hegemonie zu schützen vorgab, zu räumen. Wie erwartet, nahm Zar Nikolaus nicht einmal Notiz davon.

Als selbsternannter Polizist der Meere hatte England keinerlei Interesse daran, Rußland aus dem Schwarzen Meer über die Türkei ins Mittelmeer vorstoßen oder im Norden die Ostsee beherrschen zu sehen. Der erste Gedanke in London war also, eine – wie sich bald zeigte, unzulängliche – Flotte zu den türkischen Schwarzmeerhäfen zu schicken. Sewastopol auf der Krim erklärte man zum «Eckzahn des Bären, der gezogen werden muß».

Es brauchte wenig militärischen Verstand, um zu erkennen, daß ein kleiner, isolierter Krieg mit theoretisch begrenzten Zielen sich zu etwas anderem entwickeln konnte, und Victoria benutzte ihr Prärogativ als Souverän, um den König von Preußen (den Schwager des Zaren) zu drängen, sich, wenn nicht freundlich, so doch neutral zu verhalten. Ein Jahr früher hatte die Vorstellung einer Verstümmelung der Türkei die Königin noch wenig beeindruckt. Sie fragte sich sogar ohne besonders differenzierte geopolitische Vorstellungen, wem wohl Konstantinopel zufallen würde, wenn der Zusammenbruch endlich käme. Zwischen dem feudalen, autokratischen Rußland und der feudalen, autokratischen Türkei schien sie keinen Unterschied wahrzunehmen, während für Palmerstons Partei der Unterschied darin bestand, daß das zukünftige Rußland eine ernsthafte Bedrohung für das Empire darstellte, während die Türkei keine Zukunft hatte.

Da Rußland nur über wenige Eisenbahnlinien verfügte, waren Militärbewegungen weitgehend auf den Seeweg angewiesen. Der Flottenstützpunkt Sewastopol auf der Krim war dabei der Schlüssel zu allen Angriffen auf die Türkei und das türkische Europa auf der anderen Seite des Schwarzen Meeres. Warna, der wichtigste Schwarzmeerhafen des türkischen Bulgariens, wurde als englisch-französischer Bereitstellungsraum ausgewählt, um der Bedrohung zu begegnen. Cousin George, der Herzog von Cambridge, der als Armeegeneral und Sonderemissär der Königin nach Konstantinopel gereist war, schrieb ihr von dort aus sehr offen über den «erbärmlichen» Zustand des türkischen Militärs und der noch feudalen türkischen Gesellschaft. Der Sultan sei freundlich und höflich, bemerkte er, doch die «ungeschminkte Wahrheit» sei, daß die westlichen Verbündeten die Mittel stellen und das Kämpfen übernehmen müßten, ja daß auch dann noch die Zukunft der Türkei in Europa gleich Null scheine. Aber Briefe brauchten einen Monat für den Weg von Konstantinopel nach London; sogar der elektrische Telegraph benötigte wegen der Lücken im Übertragungsnetz immerhin zehn Tage. Während Diplomaten veraltete Depeschen lasen, entwickelten die Ereignisse ihre Eigendynamik. Sowohl Napoleon III. als auch Nikolaus I., beides Autokraten, die sich zur Aufrechterhaltung ihrer Macht auf große Armeen und vorgebliche äußere Feinde stützten, fanden es nützlich, außenpolitische Spannungen aufzurühren, auch wenn es keine gab, und «Spektakel» zu schaffen, wie Albert es nannte, um ein wankelmütiges Publikum abzulenken. Beide blickten bereits begehrlich auf nicht verteidigungsfähige Teile des osmanischen Reiches. Die Londoner Regierung wollte, daß keine der beiden Nationen durch Kriegsbeute in der Türkei zu mächtig werde. Das bedeutete aber, man mußte sie für die Türkei verteidigen und gleichzeitig selber Anspruch auf Belohnung erheben.

Mit Auslaufen des letzten Ultimatums begann der Krieg offiziell am 28. März 1854. Britannien und Frankreich betonten zwar ihre gemeinsamen Ziele, doch Animositäten aus der Zeit vor Waterloo machten die Zusammenarbeit schwierig und ineffektiv. Und Generäle, die sich per Schiff zum Kriegsgebiet im Schwarzen Meer begaben und sich anschickten, ihre miserabel ausgerüsteten Soldaten auf der Halbinsel Krim auszuschiffen, standen da, verwirrt und hilflos vor Dreck, Hitze und Krankheiten; statt moderner Munition und Waffen reisten Cholera und Ruhr mit der Armee zur russischen Küste. Vor Ort war die mangelhafte Organisation der Alliierten im Hinblick auf Hygieneverhältnisse und Versorgung und die schlechte Führung der Soldaten überall sichtbar. Doch die bedrückenden Nachrichten waren nicht mehr so schlimm, wenn sie durch einen Nebel langsamer und lückenhafter Übermittlung und absichtlicher Verdunkelung gefiltert waren.

Die Königin hatte noch viel zu lernen. Am 10. März 1854 war sie mit dem Prinzen nach Osborne gefahren, um die in Spithead unter dem Kommando von Sir Charles Napier versammelte Kriegsflotte zu inspizieren. Dann kehrte sie für die offizielle Kriegserklärung und zur förmlichen Entgegennahme einer Treueerklärung des Parlaments als Antwort auf ihre Ansprache nach London zurück. Um den Ernst des Anlasses zu unterstreichen, saß der jetzt zwölfjährige Prinz von Wales zum ersten Mal im Oberhaus neben der Königin und dem Prinzen.

Während die Vorbereitungen weitergingen und hastig zusammengezogene Truppen auf Schiffen verschwanden, die zu den Schwarzmeerhäfen fuhren, war der Krieg zu Hause – in erster Linie bestehend aus pfeifenden Dudelsäcken und blitzenden Uniformen bei Paraden – «unglaublich populär», wie Victoria Leopold schrieb. Sie beobachtete, wie er sich entfaltete – und später wieder auflöste –, während sie ihre Energien in ihre Familie, ihren aufblühenden Landsitz Balmoral und in ein neues Interessengebiet investierte, das ihre Weltsicht radikal verändern sollte: eine Fixierung auf den indischen Subkontinent, den sie niemals mit eigenen Augen sah, und auf einige seiner farbenprächtigen Kinder, für deren Wohlergehen sie sich persönlich einsetzte.

Am 26. Juli 1854 dankte sie dem Marquis von Dalhousie, der ihr die Bekanntschaft mit dem aus seinem Land vertriebenen jungen Sikh-Maharadscha Duleep Singh vermittelt hatte. Dieser war damals sechzehn Jahre alt. Als das Pandschab, das sein Vater nominell regiert hatte, 1849 Indien angeschlossen wurde und Victoria den Koh-i-noor-Diamanten der Familie kaufte, den sie bei der Eröffnungszeremonie im Kristallpalast trug, erhielt der junge Duleep Singh eine Pension, die von seiner Loyalität abhängig gemacht wurde – er demonstrierte sie dadurch, daß er Christ wurde und nach England ging. In beiden Punkten hielt Victoria den jungen Mann für entwicklungsfähig; außerdem sah er «hervorragend aus» und erweckte ihr «mütterliches Interesse». Benjamin Moran, zweiter Sekretär der amerikanischen Gesandtschaft, sah Duleep Singh auf einem königlichen Ball und beschrieb ihn als «klein, geschmeidig und sehr schön», mit «großen, schwarzen, feuchten» Augen unter einem Turban, «der buchstäblich vor Diamanten blitzte ... Seine Hautfarbe ist ein reines Oliv ... und er sieht aus wie eine sich öffnende Tulpe.» Vor Ablauf des Jahres überlegte sie, ihn an eine indische Prinzessin zu verheiraten, da sie gesehen hatte, daß er «äußerst lernbegierig» sei. Es sollte noch mehr junge Inder in ihrem Leben geben, doch keiner erfüllte je ihre hochgesteckten Erwartungen.

Männliche Schönheit war eine Obsession der jungen Victoria gewesen. Das Zusammenleben mit Albert, wie befriedigend es auch sein mochte, hatte daran nichts geändert. Sie entdeckte immer noch auffallende Beispiele im Leben und in der Kunst und kultivierte diese Vorliebe weiterhin. Zu einer Zeit, da Nacktheit auf Bildern von einigen Kanzeln herab als moralische Verderbtheit gebrandmarkt wurde, da der virile Thackeray fand, William Ettys Akte müßten «unter einem großen, breiten Vorhang aus Feigenblättern» versteckt werden, und da der prüde päpstliche Ruskin William Mulreadys Aktzeichnungen als «verroht und tierisch» verurteilte, kaufte Victoria Akte. Als der Romanautor Compton Mackenzie ein Jahrhundert später auf dem Weg zum Ritterschlag die Korridore von Buckingham Palace entlangschritt, kam er an einem U fast nackten» Ölbild der Diana vorbei und fragte sich, was wohl Victoria darüber gedacht hätte. Dann las er die Inschrift: das Bild war eines der Hochzeitsgeschenke der jungen Königin an Albert. Sie kaufte sogar eine schwarz-rote Mulready-Zeichnung für ihren Gatten: einen muskulösen jungen Mann in voller Länge, der außer seinem Bart nur einen bekümmerten Gesichtsausdruck trägt. Es war offensichtlich ein Geburtstagsgeschenk für Albert vom August 1854.

Drei Jahre später schenkte Victoria Albert eine von Emile Jeannest entworfene vergoldete Silberstatuette der nackten Lady Godiva auf dem Pferd zum Geburtstag. Wenigstens in der Kunst eröffnete Victoria Albert

Zugang zu sinnlichen Freuden, und das zu einer Zeit, als ihre eigene, nie besonders große körperliche Anziehungskraft durch Pfunde und Schwangerschaften zu schwinden begann. Sie wußte, daß ihre eigene Schönheit alles andere als überwältigend war; das unerbittliche Auge der Kameralinsen hatte sie das mehr und mehr erkennen lassen. Sie war stark gealtert, ihr Gesicht nicht mehr so hübsch, ihre Figur in die Breite gegangen. Vielleicht waren dies die Gründe dafür, daß ihr Gesicht häufig einen unfrohen Ausdruck bekam, wenn sie die nötige Belichtungszeit lang vor der Kamera posierte. Der Hofmaler konnte etwas nachhelfen und eine strahlendere Königin entdecken, ebenso der Bildhauer. Die zeitgenössische Praxis war jedoch, die Maße, wo irgend möglich, nach der Natur zu nehmen. Als John Gibson, Schüler des großen Antonio Canova, von der Königin den Auftrag erhielt, eine Statue von ihr anzufertigen, war er in Verlegenheit, ob es angehe, wie gewohnt an seinem Modell mit dem Zirkel Maß zu nehmen. Er wandte sich an Albert und bat ihn, der Prinz möge doch das Maßnehmen für ihn besorgen. Albert versicherte ihm, «die Königin werde alles erlauben, was er für notwendig erachte», und bald gewann Gibsons Ton Gestalt. Als jedoch der Oxforder Bildhauer Joseph Durham an einer Büste Victorias arbeitete, war er anfangs sehr befremdet durch die Gewohnheit der Königin, ihn nicht direkt, sondern nur durch ihre Hofdame anzusprechen. Nach einiger Zeit begannen Modell und Künstler die Etikette zu durchbrechen. Als die Büste fast fertig war, «schlug die Königin vor, daß von den Schultern des Modells eine beträchtliche Tonschicht abgenommen werden solle», erinnerte sich Durham, «wodurch die Büste schöner würde, wenn auch die Ähnlichkeit litte». Viktoria ging es aber weniger um Ähnlichkeit als um königliche Selbstdarstellung, und sie setzte sich durch.

Kurz nach seinem fünfunddreißigsten Geburtstag reiste Albert nach Frankreich, um zu sehen, ob Napoleons III. Truppen besser für einen Krieg gerüstet seien als die britischen. Die Franzosen konnten beim Kämpfen wenigstens nicht von nostalgischen Erinnerungen zehren, denn Napoleon I. hatte schließlich verloren. Doch sie nährten sich von etwas noch Verderblicherem, genannt *la gloire*. Vorsichtig berichtete Albert über seine Besichtigung des Kriegshafens Boulogne in Begleitung des Kaisers, daß er «im Ganzen recht zufrieden mit ihm» sei. Doch ein königlicher Empfang war kein Krieg, und optimistischen Berichten folgten bald weniger erfreuliche.

Die 1854 von England zum Schwarzen Meer verschifften 27 000 Mann hatten fast keine Reserven hinter sich und trugen Waffen, die Wellingtons Soldaten vor Jahrzehnten benutzt hatten. Es gab fast keine systematischen Vorkehrungen für die Pflege Kranker und Verwundeter, und erst ein Brief an die *Times* von Sir Robert Peel, dem Sohn des ehemaligen Premierministers, brachte durch allgemeine öffentliche Subskription £ 25 462 für Medikamente zusammen. Da es keinerlei Vorsorge für die Witwen und Waisen von Kriegsopfern gab, setzte Albert sich an die Spitze einer königlichen Kommission für Kriegsfürsorge, die bald als Patriotischer Fonds bekannt wurde. Sie sammelte über eine Million Pfund. Das Parlament hatte nur geringe Mittel für Militärkapläne bewilligt, die oft eher als Krankenschwestern und dann als Totengräber tätig waren. Bald entstand eine weitere Subskriptionsinitiative, um mehr Geistliche auf die Krim zu schicken. Schließlich rekrutierte eine Dame mit Neigung zur Krankenpflege und organisatorischem Talent siebenunddreißig adlige Krankenschwestern und schiffte sich mit mehreren Chaperones entsprechenden Standes nach Skutari (dem jetzigen Shkoder) an der albanischen Küste ein, wo sie am 5. November gerade rechtzeitig eintrafen, um die verwundeten Überlebenden der Schlacht von Balaklava in Empfang zu nehmen.

Die Erste Kriegsherrin aber konnte nichts weiter eigenhändig tun, als zusammen mit den älteren Prinzessinnen und den Hofdamen Ihrer Majestät wollene Schals, Fäustlinge «und andere warme Hüllen» zur Verteilung an die Soldaten zu stricken. (Die Handarbeiten der Königin selbst blieben wohlweislich ungekennzeichnet.) Ihre Kondolenzbriefe gingen an viele Kriegswitwen. Sie zu schreiben, sei, so Victoria, «eine Erleichterung für mich, da ich alles ausdrücken kann, was ich *empfinde*». Berichte über Leiden durch Krankheit und Verwundungen, unzureichenden Nachschub und allgemeine Mißwirtschaft veranlaßten Victoria, 1855 einen Neujahrsbrief an den Kommandierenden General auf der Krim zu schreiben und ihn zu ermahnen, daß «die Königin sich darauf verläßt, daß Lord Raglan *sehr* genau darauf achtet, daß keine *unnötigen* Entbehrungen durch Nachlässigkeit derer verursacht werden, deren Pflicht es ist, für das Notwendige zu sorgen...» Es hatte Aufschreie in der Presse gegeben, insbesondere in der *Times*, die einen eigenen Korrespondenten vor Ort hatte, William Howard Russell – oder zumindest in der Nähe des Schauplatzes, da Raglan ihm verboten hatte, bis zur Kampflinie vorzudringen. So blieb ihm nur, jeden Offizier und Soldaten anzuhalten, der so aussah, als wüßte er etwas, und zu fragen, was passiert sei; auf diese Weise erfuhr er vielleicht mehr als Raglan selbst. So konnte die Königin ihren Armeechef ermahnen, sie habe gehört, daß die Soldaten ihren Kaffee «grün bekamen statt geröstet, und einiges andere dieser Art, was sie bedrückt hat...»

Da weiterhin schlechte Nachrichten eintrafen, die zu Hause mit Entrüstung aufgenommen wurden, insbesondere das Desaster der leichten Kavallerie Lord Cardigans, wurde im Unterhaus nach Untersuchungsausschüssen gerufen, und die Königin forschte privat nach. Ihr Cousin, der Herzog von Cambridge, kein Geringerer als der Kommandeur der Ersten

Division, war entsetzt gewesen angesichts des blutigen Schlachtfelds von Inkerman, hatte sich krank gemeldet und war nach Malta geflohen. Kurz darauf erhielt er einen Brief von der Königin, in dem diese ihrer Hoffnung Ausdruck verlieh, daß er auf die Krim zurückkehren werde. «Verzeih mir, wenn ich Dir offen sage, daß ich hoffe, daß Du andere nichts von Deiner Mutlosigkeit und Niedergeschlagenheit merken lassen wirst; Du kannst Dir nicht vorstellen, wie bösartig die Leute hier sind, und ich kann Dir versichern, daß die Clubs nichts Eiligeres zu tun hatten, als die schändlichsten Lügen über Dich zu verbreiten.»

Die Königin wußte, daß die «Lügen» Tatsachen waren. Als 1863 Alexander Kinglake seine für das britische Militär höchst peinliche *Invasion of the Crimea* veröffentlichte, schrieb Disraeli in sein Tagebuch, der Herzog von Cambridge habe «den ungewöhnlichen Schritt unternommen», Kinglake kommen zu lassen, um «sein angebliches Fehlverhalten an der Alma» zu diskutieren. «Er gibt zu, daß der Vorwurf, welche Bedeutung er auch haben möge, in der Substanz wahr sei: ... daß er zu einem bestimmten Zeitpunkt auf dem Vormarsch Sir C. Campbell und andere Offiziere gefragt habe, ob es nicht ratsam wäre, zurückzufallen; was Sir Colin zu einem entrüsteten Rüffel veranlaßt habe. Es wird ihm nicht einmal zur Last gelegt, daß er aus persönlicher Furcht zögerte; und da die Allgemeinheit ein momentanes Schwanken in einem Offizier, der noch nie im Feuer gestanden hat, nicht für einen schweren Fehler hält, ist man der Meinung, der Herzog hätte die Angelegenheit auf sich beruhen lassen sollen. Aber das war für einen Mann seiner sensiblen nervlichen Konstitution einfach unmöglich. Die Erregung des Herzogs nach Inkerman war so groß, daß er nach Hause geschickt werden mußte, damit er nicht verrückt wurde.» Vetter George war eindeutig Hannoveraner. Victoria verstand.

Der amerikanische Konsul in Liverpool, der Romancier Nathaniel Hawthorne, hielt sich während des Krimkrieges einmal in London auf, wo in einer Unterhaltung mit dem amerikanischen Botschafter in Großbritannien, James Buchanan, die Rede auch auf die Königin kam. Sie sei «ein feuriger kleiner Teufel», gab ihm der Botschafter, der 1857 Präsident werden sollte, zu verstehen. Selten war sie feuriger als in ihrer Verurteilung des Unheils, das die Presse mit ihren Kriegsreportagen anrichtete. Die «Prahlereien» von Politikern «mit noch nicht errungenen Siegen sind geschmacklos und dieses großen Landes unwürdig», schrieb sie am 15. März 1854 an Lord John Russell. Die Kehrseite der Medaille jedoch – die schädlichen Einzelheiten über Defätismus und Inkompetenz – schien ihr noch schlimmer zu sein. «Die Königin stimmt Lord Johns Bemerkung bezüglich der von der *Times* erlangten Informationen völlig zu; er und das Kabinett sollten das ihrer Meinung nach absolut nicht länger tolerieren.»

Der Zorn der Königin hielt den ganzen Krieg über und bis in die Amtsperiode des nächsten Premierministers an; ein Schreiben von der Hand des Prinzen aus Balmoral an den Premierminister erklärte, die Königin sei «zutiefst abgestoßen von den jüngsten scheußlichen Artikeln der *Times* über die Armee auf der Krim...» Persönlich war der Prinz der Ansicht, daß «es bald nicht mehr genug Platz im selben Land für die Monarchie und die *Times*» geben werde. Die Königin glaubte, «repressive Gesetze» gegen die Presse würden «das Übel nur noch verschlimmern», doch fragte sie sich gegenüber ihrem Premierminister, «ob es recht sei, daß der Herausgeber, der Besitzer und die Verfasser solcher abscheulichen Artikel die geehrten und ständigen Gäste der Minister der Krone sein dürften».

Delane von der *Times* kümmerte sich nicht weiter um Drohungen und gesellschaftliche Mißbilligung. «Machen Sie weiter wie bisher und erzählen Sie die Wahrheit», schrieb er an Russell, «und überlassen Sie alle Kommentare, die gefährlich werden könnten, uns, die wir außer Gefahr sind.»

Genau das tat Russell, so unermüdlich Albert auch die Auswirkungen verdammte, die er Clarendon gegenüber als einen Schaden bezeichnete, «den drei offene Feldschlachten nicht wieder gutmachen könnten». Victoria sah auch etwas Gutes in den Kriegsreportagen. In ihrem Tagebuch vom 28. Mai 1855 gab sie ein Gespräch mit Colonel Jeffrys von den Connaught Rangers über die Zustände auf der Krim wieder. «Er beschrieb das Elend, das Leiden, den absoluten Mangel an allem und jedem, die Krankheiten etc., ohne im Vergleich zu anderen Berichten, die ich gelesen habe, irgendwie zu übertreiben. Er kannte Mr. Russell von der *Times*, vieles sei von ihm gar nicht geschrieben worden, da man es hier einfach nicht geglaubt hätte. Ich sagte zu Col. Jeffrys, das Unglück sei, daß durch die Veröffentlichung dieser (Berichte über) Planungsfehler und das ganze Elend die Russen ermutigt würden und alles erführen. Er gab zu, daß das ein großes Unglück sei, daß sie aber andererseits meinten, gewisse Dinge *müßten* publik gemacht werden, sonst würde sich nichts daran ändern. Das Land müsse wissen, was vorgegangen sei.»

Als «Tochter eines Soldaten» identifizierte sich die Königin mit der Armee. Doch nachdem sie weiteres über die Krim erfahren und dann ihren «krank und ganz gebrochen» wirkenden Cousin George in London gesehen hatte, machte sie ihm sein Versagen nicht mehr zum Vorwurf. Als Lord Hardinge 1856 als Oberkommandierender der britischen Streitkräfte abdankte, wurde der Herzog von Cambridge auf Victorias Vorschlag hin sein Nachfolger. Doch während der Ruf ihres Vetters unter der zögernden Art der Kriegsführung nicht litt, zahlte ihr Premierminister den Preis für Organisationsmängel und Inkompetenz in den unteren Rängen. Als im Unterhaus ein Antrag auf Untersuchung des Zustands der Armee mit überwältigender Mehrheit durchkam, trat Lord Aberdeen zurück.

«Ich könnte Ld. Palmerston die Regierg. nicht anvertrauen», notierte Victoria in ihrem Tagebuch, («obwohl ich das vielleicht noch tun muß»). Um dies zu vermeiden, schickte sie erst nach Lord Derby, dann nach dem schwachen, fünfundsiebzigjährigen Lord Lansdowne und schließlich nach Lord John Russell. Am 2. Februar kam sie von Windsor nach Buckingham Palace, den an jenem Tag selbst sie «wie einen Eiskeller» empfand, um mit Russell zu sprechen. Er sagte zu, es zu versuchen. Das Problem war Lord Clarendon, der als Außenminister unter niemand anders als Palmerston zu dienen bereit war. Hin und her pendelte Victoria zwischen Windsor und London «auf *unserer ewigen Jagd nach einer Regierg.*». Russell hatte ihr gesagt, was sie am wenigsten hören wollte (wie sie in ihrem Tagebuch schrieb), daß es nämlich «mehr als Grund genug für eine (parlamentarische) Untersuchung gebe & daß das ganze Land... nach Ld. Palmerston rufe als dem einzigen Mann, der den Krieg erfolgreich fortführen könne». Palmerston war drei Jahre zuvor auf eine Art entlassen worden, die alle weiteren Beziehungen schwierig machte. Er war einundsiebzig, sah immer schlechter, konnte nur mit Hilfe von zwei Stöcken gehen und war starsinniger denn je. Doch der Königin blieb keine andere Wahl mehr. «Pilgerstein» wurde Premierminister.

Da der Krieg in Frankreich äußerst unpopulär war, konnte Napoleon III. nicht so über seinen Verbündeten dominieren, wie es sein Wunsch gewesen wäre, und da der Winter auf der Krim bald zu Ende ging, konnten die britischen Kriegsanstrengungen durch bessere Organisation gestützt werden. Doch das Wichtigste war, daß zwei Monate nachdem Palmerston in die Downing Street gezogen war, Zar Nikolaus I. plötzlich starb. Weniger als die Hälfte der ursprünglichen Zahl britischer Soldaten auf der Krim hatte bis dahin überlebt. Da der Bedarf der Armee durch Freiwillige nicht gedeckt werden konnte, schlug Albert vor, Söldner aus der Schweiz, Deutschland und Italien anzuwerben. Palmerston war schon bereit, diese Idee zu verwirklichen, als der König von Sardinien einsprang. Sein großer Wunsch war, Italien unter sich zu vereinen; hier sah er die Möglichkeit, sich eine Weltmacht zu verpflichten, und bot 15 000 Soldaten an. Napoleon, dem die Aussicht auf persönlichen Ruhm zu entgleiten drohte, zeigte sich plötzlich bereit, eigene Soldaten zu schicken, wenn britische Schiffe sie transportieren könnten. Und er bot sogar an, sie persönlich auf die Krim zu begleiten.

Anfangs waren die Franzosen unter Louis Napoleon erfolgreicher dabei, den Krieg zu politisieren als ihn voranzutreiben. Obwohl die Situation an der Front einen toten Punkt erreicht zu haben schien, waren die Adjutanten des Kaisers damit beschäftigt, Nachkriegspläne für die Aufteilung von Territorien zu entwerfen, die sie gar nicht gewonnen hatten. «Die Franzosen», schrieb Victoria einmal empört an Clarendon, «zeigen ihr übliches Temperament, indem sie so heftig auf eine Entscheidung darüber drängen, was mit Sewastopol nach der Einnahme zu geschehen habe. Wir sollten es wohl erst einnehmen, bevor wir darüber verfügen können, und eine diesbezügliche Entscheidung muß ganz von dem Zustand abhängen, in welchem wir es bekommen, und von der Meinung der Militär- und Marinebefehlshaber, sobald sie in Besitz desselben sind. Die Königin hofft deshalb, daß es Lord Clarendon wie so oft schon gelingen wird, die französische Ungeduld zu dämpfen.»

Da die britische Generalität sich inkompetent gezeigt hatte, waren die Londoner Proteste wegen Napoleons Ungeduld, nun selbst den Krieg zu entscheiden, durchaus nicht gerechtfertigt. Statt dessen schlugen Lord Clarendon und dann auch Lord Granville vor, daß der Kaiser, da nicht alle nötigen Schiffe für den Transport der französischen Soldaten bereit waren, denn viele waren schon für den Transport der Sardinier eingesetzt, Windsor einen Staatsbesuch abstatten solle, auf dem die gesamte Lage diskutiert werden könne. Danach würden Königin und Prinzgemahl seiner Regierung durch einen Gegenbesuch in Paris ihr Imprimatur erteilen. Eilig begann man mit den Vorbereitungen für den Besuch des Kaisers in England. Zu diesem Zeitpunkt war er bereits der Einsicht nahe, daß ein Regime wie seines seine längere Abwesenheit von Frankreich wohl nicht überleben könnte – mit Sicherheit nicht, wenn er, beziehungsweise seine Armee, keine glänzenden Siege erränge.

Am 16. April 1855 begrüßte Prinz Albert den Kaiser und die Kaiserin in Dover und eskortierte sie nach London. Louis Napoleon war siebenundvierzig, klein, dunkelhäutig und trug einen Spitzbart. Er war außerordentlich liebenswürdig, ja mehr als das – er besaß den Zauber seiner Verwandtschaft mit dem legendären Bonaparte, dem gewaltigsten Feind, der je England angegriffen hatte. Beim Diner gestand der Kaiser mit «tiefer, weicher Stimme», er habe Victoria als junge Königin bewundert, als er in London im Exil war. «Er erwähnte auch, daß er am 10. April 1848 Sonder-Konstabler gewesen sei, und fragte, ob ich das wohl gewußt hätte. Der Krieg und die gleichzeitig mit ihm eintreffende Nachricht, aus vierhundert Kanonen sei das Feuer eröffnet worden, waren ebenfalls Gesprächsgegenstand.» Wie perfekt inszeniert, hatte den Kaiser in Dover die Nachricht erwartet, französische Artillerie habe die Belagerung von Sewastopol eröffnet. Er reichte Albert das Telegramm, der es unter seinen Papieren aufbewahrte.

Als überzeugte Anhängerin des Hauses Orléans, vor allem aufgrund der

Ehe ihres Onkels mit Louis Philippes Tochter Louise, schien Victoria für den Kaiser nicht leicht zu erobern. Doch während der staatlichen Zeremonien, in deren Verlauf Louis Napoleon auch der Hosenbandorden verliehen wurde, begann sie ihn rückhaltlos zu bewundern. «Daß er *wirklich* ein außerordentlicher Mensch mit großen Qualitäten ist, unterliegt gar keinem Zweifel – ich könnte fast sagen, ein geheimnisvoller Mensch. Er ist offensichtlich beseelt von *unbezähmbarem Mut, unerschütterlicher Zielbewußtheit, Selbstvertrauen, Beharrlichkeit und großer Verschwiegenheit*; dazu kommt noch ein großes Vertrauen in das, was er seinen *Stern* nennt, und ein Glaube an Omen und Vorfälle, die auf sein zukünftiges Schicksal hindeuten.» Er sei «ausgestattet mit einer wunderbaren *Selbstbeherrschung*, großer *Ruhe*, gleichmäßiger *Freundlichkeit* und mit einer *Faszinationskraft*, deren Wirkung von denen, die näher mit ihm bekannt werden, sehr deutlich verspürt wird». Die Kaiserin Eugénie sei ebenso beeindruckend, notierte sie nach einem Abendessen mit anschließendem Ball im Waterloo-Saal (den man zu diesem Anlaß in «Bildergalerie» umbenannt hatte). «Ihre Umgangsformen sind das Perfekteste, was ich je gesehen habe – so sanft und anmutig und freundlich, der Knicks so bezaubernd, und insgesamt so bescheiden und zurückhaltend.»

Am 18. April, am Ende eines Tages anglo-französischer Militärdiskussionen in Gegenwart von Victoria, beschrieb sie den Kriegsrat als «eines der *interessantesten* Ereignisse, bei denen ich je zugegen war...» Anfang Februar hatte sie ihrem Tagebuch anvertraut, daß ihr Herz nicht bei «diesem unbefriedigenden Krieg» sei. Gegen Ende Februar klagte sie hingegen, daß sie «in diesen aufwühlenden Zeiten» eine Frau sei und deshalb nicht aktiv teilnehmen könne. Jetzt fühlte sie sich beteiligt, wenn auch nur in einigem Abstand zu den realen Ereignissen.

Nachdem die City of London für das kaiserliche Paar ein offizielles Mittagessen in der Guildhall gegeben hatte, folgte ein Staatsbesuch im Königlichen Theater. Am nächsten Tag, dem 20. April, besuchten sie bei herrlichstem Sonnenschein den Kristallpalast in Sydenham, für den sich der Kaiser außerordentlich interessierte, weil er die erste der Internationalen Pariser Ausstellungen plante. Bei der Abreise am nächsten Tag schrieb der Kaiser mit «*tendre amitié*» seinen Namen in das Album Ihrer Majestät. Victoria vergoß ein paar Tränen beim Abschied und begann sofort mit der Planung des Gegenbesuchs in Paris. Sie hatte sich in einer Weise den Hof machen lassen, wie sie es noch nie zuvor erlebt hatte, und wollte mehr davon. In ihr Tagebuch schrieb sie, es sei alles «wie ein Traum, ein glänzender, erfolgreicher, schöner Traum» gewesen. Außerdem hatte sich der Kaiser bei der Begegnung der Monarchen und ihrer Entourage überzeugen lassen, das Kriegführen lieber den Generälen zu überlassen. Seine Ungeduld, selbst Truppen in die Schlacht zu führen, war durch die anhaltenden Nachrichten von der Krim gedämpft worden, denen zufolge die russischen Batterien, die Sewastopol verteidigten, zahlreich und schlagkräftig seien und alles auf eine lange, unentschiedene Belagerung hindeute. Die Bestätigung erhielt die Königin durch einen Brief unter dem Datum des 25. April 1855, in dem Louis Napoleon widerstrebend gestand, daß er Frankreich nicht verlassen könne, und abschließend eine Gastfreundschaft und Sympathie würdigte, die ihn «fortan Ihrer Majestät verbunden» sein lasse.

Wenigstens auf eine Art konnte die Königin sich am Krieg beteiligen, und zwar durch die persönliche Überreichung von Medaillen. Das erste Mal tat sie dies am 22. Mai an den Horse Guards; sie stand auf einem Podium mit Messinggeländer in einem unmilitärischen fliederfarbenen Kleid mit grüner Mantille und der unvermeidlichen weißen Haube. An ihrer Seite hielt der Kriegsminister Lord Panmure einen Korb mit Silbermedaillen an blau-gelben Bändern; er reichte ihr eine nach der andern, und sie händigte sie den Soldaten aus, die, einige in Rollstühlen geschoben, andere an Krücken hinkend, an ihr vorbeizogen. Währenddessen spielte eine Militärkapelle, und niemand bemerkte, wie oft ihre Hand zitterte, wenn sie die Medaillen überreichte, die jeder anschließend stillschweigend wieder zurückgeben sollte, damit auf der Rückseite der Name des Ausgezeichneten und das Datum eingraviert werden konnten. «Viele der einfachen Soldaten lächelten», berichtete Victoria in ihrem Tagebuch, «andere wagten kaum aufzusehen...» Aber «alle berührten meine Hand, das erste Mal, daß ein einfacher Gemeiner die Hand der Monarchin berührt hat... Ich bin stolz darauf – stolz auf dieses Band, das den schlichten tapferen Soldaten mit seiner Monarchin verbindet.»

Die Soldaten waren so stolz auf den Kontakt mit der Königin, daß viele ihre Medaillen für die Gravur nicht wieder abgeben wollten: Sie wollten genau die behalten, die Victoria ihnen in die Hand gelegt hatte. Sie hörte dies mit Rührung.

Mittlerweile war es für Napoleon notwendiger denn je geworden, seine Position durch äußere Ablenkungen und interne Schauspiele zu stützen. Beides fiel auf glückliche Weise zusammen, als am 16. August 1855 unmittelbar vor Ankunft der Königin in Paris siegreiche französische Truppen am Fluß Tschernaja auf der Krim 60 000 Russen zurückschlugen, die Sewastopol entsetzen sollten.

Der Kaiser hatte eine Begabung für üppige Dekorationen. Mary Ponsonby, eine der Hofdamen Victorias, war überwältigt von der Verwandlung der gewölbten Eisenkonstruktion des Straßburger Bahnhofs, in den der königliche Zug in Paris einfuhr. Der Bahnhof war «dekoriert und strahlend beleuchtet wie ein Theater, mit Tausenden von hochelegant gekleideten Leuten. Der Boden des Bahnsteigs war mit dickem karminrotem Samt ausgelegt; aus demselben karminroten Samt mit goldenen Fransen hatte man Portieren an den riesigen Bögen angebracht.» Natürlich kam nichts von dem Gepäck an, aber «der *coup d'œil* war unbeschreiblich...»

Eugénie, die in Windsor in einer Suite voller wertvoller Gemälde gewohnt hatte, war entschlossen, nicht zurückzustehen. Der Direktor des Louvre, Graf Alfred Nieuwerkerke, beugte sich zwar dem Privileg französischer Herrscher, ihre Paläste mit Leihgaben aus Staatsgalerien auszustatten, wartete damit aber bis zum letzt möglichen Augenblick. Um drei Uhr – die königlichen Gäste sollten um fünf ankommen – schickte er genügend Meisterwerke für Victorias Zimmer hinüber. Nach den boshaften Tagebüchern von Edmond und Jules de Goncourt muß die Königin ihre Hausaufgaben über die Pariser Museen, die sie möglicherweise besuchen würde, gut gemacht haben. «Ah», soll sie ausgerufen haben, «das Bild kommt aus dem Salon Carré, und das da drüben...» Später, als Eugénie Victoria in den Louvre begleitete, fanden sie an den Stellen, wo die Bilder gehangen hatten, Notizen an der Wand, die kühn verkündeten: AUF GEHEISS ENTFERNT UND VORÜBERGEHEND IN DIE TUILERIEN VERBRACHT. Die Franzosen wußten, wie man gefahrlos gegen kaiserliche Kaprizen protestierte.

Zumindest hatte diese Episode – sofern sie wahr ist – kein unangenehmes Nachspiel. Die neun Tage in Paris begeisterten die Franzosen, die es zu Hunderttausenden auf die Straße trieb. Der *Préfet* «fragte, ob sie eine neue Zufahrtsstraße zum Rathaus nach mir benennen dürften», schrieb Victoria, «worauf ich sagte: *Je serai bien flattée de cela – si l'Empereur le permet*, worauf er freundlich seine Zustimmung gab.» Am Arm Napoleons III. besuchte Victoria das Grab des ersten im Invalidendom, den Palace in Saint-Germain-en-Laye, wo James II. im Exil gelebt hatte und gestorben war, das Grand Trianon und das Petit Trianon in Versailles mit ihren Erinnerungen an Marie Antoinette. Am Trianon erschien Eugénie in einer Wolke von Valenciennes-Spitzen mit einer einzelnen Rose im Haar. Victoria, erinnerte sich ihre Hofdame peinlich berührt, trug ein altmodisches lila Kleid, eine Haube und ihre Würde. In der Grand Opéra in der Rue Lepelletier wurde ein besonderes Programm mit Auszügen aus französischen Opern aufgeführt und «ein langes, zu langes Ballett in drei Akten» mit einer Szene, die den Blick auf Windsor zeigte, wobei hinreißend «God Save the Queen» gesungen und «begeistert geklatscht» wurde – «in England hätte die Begeisterung nicht größer sein können». Nach der Vorstellung fuhren sie «nach Hause», und der Kaiser (der in Deutschland studiert hatte) und der Prinz sangen «alle möglichen alten deutschen Lieder».

Ein Nachmittag wurde inkognito zu einer Einkaufsfahrt genutzt. Die

Königin und Mary Ponsonby waren unter gewöhnlichen Hauben aus dem Magazin du Louvre versteckt und wurden in einem einfachen *fiacre* gefahren, der beim rückwärtigen Ausgang der Tuilerien vorfuhr. Victoria «interessierte sich außerordentlich für das gewöhnliche Leben und freute sich daran», etwa wie die Leute draußen in den Cafés saßen und aßen, wie die Schaufenster gestaltet waren – und als sie durch die belebten Straßen zurückfuhren, Albert mit dem Rücken zum Kutscher, Victoria und Mary Ponsonby ihm gegenüber, rief eine Frau: «*Celle-là ressemble bien à la Reine d'Angleterre!*» Die Königin war entzückt, erkannt zu werden, obwohl sie doch praktisch *inconnue* war. Als niemand sonst eine ähnliche Bemerkung machte, beklagte sie sich: «Sie wissen wohl nicht, wer ich *bin*!»

Doch solche Enttäuschungen gab es sonst kaum. Lord Clarendon, der sich im königlichen Gefolge befand, beschrieb, wie Napoleon Victoria in Paris «den Hof gemacht» habe; mochte ihr Verhältnis auch weit von sexueller Anziehung entfernt sein, war dem Kaiser doch tatsächlich die emotionale Verführung der Königin gelungen. Als der erfolgreiche Besuch, bei dem selbst das Wetter perfekt war, am 27. August endete und die letzten Lichter des «endlosen» Abschiedsfeuerwerks den Himmel über der königlichen Yacht in Boulogne erhellten, vertraute Victoria ihrem Tagebuch an, wie «zugetan» sie sich dem gewinnenden Kaiser jetzt fühle.

Vicky und Bertie waren mit ihren Eltern in Paris gewesen, und die Königin fügte in ihrem Tagebuch noch hinzu, daß auch die Kinder den Kaiser «sehr liebgewonnen» hätten. Wie sehr, hätte sie sicher irritiert: Als Louis Napoleon selbst die Zügel ergriff und den Prinzen von Wales durch Paris kutschierte, hatte Bertie zu ihm gesagt: «Ich wünschte, ich wäre Ihr Sohn.»

Bertie, der für seine Mutter wie für seinen Vater eine Enttäuschung war, weil er kein kleiner Albert hatte werden wollen, brauchte nicht viel Scharfsinn, um die Ablehnung der Eltern zu spüren. Eher mangels einer besseren Lösung denn aus eigenem Wunsch hatte Albert die Aufsicht über die Erziehung und Disziplin der Kinder übernommen; alle außer der Ältesten, Vicky, hatten Angst vor ihm und merkten gar nicht, wie sehr er sie liebte. Die Königin, die die jüngeren Kinder außer bei öffentlichen Auftritten selten sah, gestand Prinzessin Augusta von Preußen im Oktober 1856, daß sie selbst in Abwesenheit von Albert «keine besondere Freude oder Entschädigung» in Gegenwart ihrer älteren Kinder empfinde, und nur gelegentlich fand sie «vertrauteren Umgang» mit ihnen «leicht oder angenehm». Sie war nur glücklich zusammen mit Albert, gestand sie. Sie war allein aufgewachsen, ohne die Gesellschaft von Kindern, und fühlte sich deshalb in ihrer Gegenwart nicht wohl, selbst wenn es ihre eigenen waren. «Ich kann mich nicht daran gewöhnen, daß Vicky fast erwachsen ist. Ich sehe sie immer noch als dasselbe Kind, das erzogen werden mußte und mit dem man deshalb nicht zu vertraut werden durfte.» Diese Vertrautheit entwickelte sich später, auch gegenüber ihren jüngeren Töchtern, wie es normal war, nicht aber gegenüber ihren Söhnen.

Eine Geschichte aus Balmoral wirft Licht auf die seltene andere Seite von Victorias Beziehung zu ihren Kindern. In einem Brief an seinen Vater berichtete John Ruskin, er habe von Mrs. Alexander John Scott von «der Einfachheit und hausfraulichen Sparsamkeit der Königin in Balmoral» gehört: «Vor einiger Zeit, als eine der kleinen Prinzessinnen im wilden Spiel das Kleid einer ihrer Spielkameradinnen zerrissen hatte (der Tochter eines Privatmanns), schenkte die Königin dem jungen Fräulein kein neues Kleid, sondern ließ die Prinzessin das zerrissene *flicken*. Ich wollte zuerst gar nicht glauben, daß die Prinzessinnen ‹Flicken› gelernt hätten, aber Miss Bell konnte mich sofort auf einen ihrer Ausrufe auf der Weltausstellung angesichts der Nähmaschine verweisen, der dem lebhaften Wunsch Ausdruck verlieh, eine solche zu besitzen, ‹denn sie würde *so* viel Arbeit sparen!› – und damit zeigte, daß sie wußten, was Nähen wirklich bedeutete.» Victoria erinnerte sich, daß sie als Mädchen gelernt hatte, sich zu entschuldigen, wenn sie etwas falsch gemacht hatte – sogar ihren Zofen gegenüber. Ihre Töchter mußten lernen, daß man sich auf eine Art entschuldigen konnte, die über bloße Worte hinausging.

Die Welt, in die die Königin aus Frankreich zurückkehrte, unterschied sich sehr von der, die sie zurückließ. Sewastopol stand kurz vor dem Fall, und eine unbehagliche Waffenruhe folgte, bis die Friedensbedingungen ausgehandelt waren. Victoria war schon in Balmoral, als die Nachricht vom Durchbruch der Belagerer am 10. September eintraf. Ein Freudenfeuer, das, wie Victoria gestand, schon im Vorjahr vorbereitet worden war, als die falsche Nachricht vom Fall der Stadt kam, wurde endlich angezündet, und die Leute kamen «in jeglicher Art von Verkleidung» herbeigelaufen. Der Whiskey floß in Strömen, es herrschte «eine wunderbare Aufregung». Die Jungen wurden geweckt und stiegen auf die Spitze des nahegelegenen *cairn*, um den «Freudentaumel» von dort aus zu beobachten. Kurz vor Mitternacht ging die Königin ins Haus, «und als ich mich gerade auskleidete, versammelten sich die Leute alle unter den Fenstern, die Dudelsäcke spielten, die Menschen sangen, Gewehre wurden abgefeuert und Hochrufe erklangen – erst auf mich, dann auf Albert, den Kaiser der Franzosen und den ‹Fall von *Sebastopol*›.»

Die Königin besuchte Verwundete, die in englische Krankenhäuser gebracht worden waren, lud Rekonvaleszenten, die wieder gehen konnten, in den Palace ein und nahm Truppenparaden ab, bei denen sie Medaillen verlieh. Das Victoria-Kreuz war ein Produkt dieses Krieges, denn die

Königin meinte, man brauche eine Medaille für außerordentliche Tapferkeit in der Schlacht, die ohne Ansehen von Rang verliehen werden könne. Lady Augusta Bruce zufolge, die die Königin oft auf ihren Runden durch die Krankenhäuser begleitete, kannte sie Namen und Geschichte eines jeden Patienten, den sie besuchte, und hielt auch dem Anblick mit Stümpfen salutierender Amputierter und Kranker mit «Friedhofshusten» stand. Ganze Tagebuchseiten widmete sie Zeichnungen, welche die Durchschußbahn von Kugeln beschrieben, und ihrem Entschluß, den Verwundeten «von Nutzen» zu sein, «sich zu bemühen, irgendeine Arbeit für die für immer Verstümmelten zu finden». Sie wußte, daß ihre Renten zum Leben nicht reichen würden.

Auch in Balmoral wurden die Verwundeten nicht vergessen, und ein Strom von Erkundigungsbriefen ging nach Süden, um die für die Fürsorge Zuständigen zu ermahnen. Florence Nightingale kehrte aus Balaklawa und Skutari zurück und besuchte die Königin. «Ich beneide sie darum, daß sie soviel Gutes tun kann und für die edlen tapferen Helden sorgen darf, die sich so bewundernswert verhalten haben», hatte Victoria früher geschrieben. Jetzt zeigte die Königin, wie Lady Augusta in ihrem Tagebuch unter dem 5. Oktober 1855 eintrug, Miss Nightingale «ein ganzes Buch voller Photographien, die sie von den Verwundeten und den besonders ausgezeichneten Soldaten aufgenommen hat; unter jedem steht eine kleine Notiz, die das königliche Gedächtnis aber kaum benötigt! Um einen Mann ohne Arme kümmert sich die Königin persönlich und zahlt ihm eine Pension, und sie ist ganz verzweifelt, weil seine Freunde ihm zur Weinbrandflasche verhelfen, deren er sich selbst nicht bedienen kann, mit traurigem Ergebnis! Der Prinz meinte, ihm sei nicht zu helfen, aber die Königin *weiß*, daß er jetzt Enthaltsamkeit gelobt hat, und ‹will ihn nicht aufgeben›.»

Miss Nightingale wurde gefragt, wie viele Male sie nachts im Krankenhaus ihre Runde gemacht habe. Dreimal, sagte sie, denn es waren zweitausend Patienten.

«Wann haben Sie dann geschlafen?»

«Oh, im ersten Winter hatten wir nicht das Gefühl, viel Schlaf zu brauchen.»

Die Königin nahm sogar ihre beiden ältesten Söhne in die Militärkrankenhäuser von Chatham mit. Ein deutlicher Brief an Lord Panmure war die Folge, in dem sie zwar die Betreuung der Verwundeten lobte, aber in schärfstem Ton die unzulänglichen baulichen Gegebenheiten kritisierte. Die Gebäude seien «schlecht», warf sie ihm vor, «die Abteilungen eher Gefängnisse als Krankenhäuser. Die Fenster sind so hoch, daß niemand hinaussehen kann, und die meisten Stationen sind so klein, daß kaum Platz ist, um zwischen den Betten durchzukommen. Es gibt keinen Speisesaal und keinen Aufenthaltsraum, so daß die armen Männer ihr Essen im selben Raum einnehmen müssen, in dem sie schlafen und in dem vielleicht einer stirbt oder sich zumindest quält, während andere beim Essen sitzen.» Sie hatte von einem Plan gehört, alte, nicht länger seetüchtige Schiffe zur Unterbringung von Rekonvaleszenten zu nutzen, und torpedierte nun diese Idee, indem sie erklärte, solch eine abgetakelte Hulk sei «ein sehr trübsinniger Ort, und diese armen Männer müssen nicht nur medizinisch wegen ihrer physischen Leiden versorgt, sondern auch seelisch aufgeheitert werden». Über solche Dinge denke sie ständig nach, erklärte sie, «wie überhaupt über alles, was die geliebten Truppen betrifft, die so tapfer gekämpft und so heldenhaft all ihre Leiden und Entbehrungen ertragen haben». Als sie Panmure ankündigte, sie werde auch die Unterkünfte in Portsmouth besichtigen, war das Ergebnis der Bau eines großen neuen Königlichen Militär-Hospitals in Netley bei Southampton. Die Königin legte den Grundstein.

Internationale Angelegenheiten beschäftigten Victoria bis weit ins nächste Jahr hinein. Vor Ende des Jahres 1855 hatte sie den König von Sardinien und seinen Außenminister, den Grafen Cavour, bei sich zu Gast gehabt, die gemeinsam bald ein nahezu vereinigtes Italien regieren sollten. An einem kalten, dunklen, nassen Tag, dem 4. Dezember 1855, fuhr Viktor Emanuel II. zu einem Begrüßungsempfang der City of London in die Guildhall, und am nächsten Tag wurde ihm in Windsor der Hosenbandorden verliehen. Er sei gleichzeitig rauh und schüchtern, schrieb Victoria an Leopold – «eher wie ein mittelalterlicher Ritter oder König, wie wir sie heute gar nicht mehr kennen». Zeremonien ertrug er mit Ungeduld und gab Victoria zu verstehen, ihm gefalle «das Königsgeschäft» nicht, er würde sich in ein Kloster zurückziehen, wenn man nicht Krieg führen müßte. Könige müßten sicher sein, daß ein Krieg *gerecht* sei, warnte sie ihn, denn sie würden sich für die Menschenleben vor Gott rechtfertigen müssen. Der stämmige, rothaarige, ganz und gar unmönchische König stimmte mit ihr überein, daß gerechte Kriege vorzuziehen seien – aber Gott würde einen Fehler verzeihen. «Nicht immer», sagte Victoria.

Das Programm für den letzten Tag mußte gekürzt werden, da der König um vier Uhr morgens abreisen wollte. Bereits vor der Zeit waren die Königin und der Prinz in Dunkelheit und bei dichtem Schneefall zur Stelle, um sich von ihm zu verabschieden: Viktor Emanuel hatte die benötigten Truppen auf die Krim geschickt, und es war Pflicht der Monarchin, Dankbarkeit zu demonstrieren.

Auf seinem Sterbebett hatte der strenge Nikolaus II. beharrt: «Mein Nachfolger muß tun, was er für richtig befindet; ich selbst kann nicht anders.» Der neue Zar mit dem Ruf größerer Liberalität war sein Sohn,

Alexander II., mit dem Victoria als junge Königin getanzt hatte. Doch die Verhandlungen mit seinen Unterhändlern in Wien führten anfangs zu keinem Ergebnis, trotz der gewaltigen Menschenverluste der Russen, die über keine Eisenbahnverbindung zur Krim verfügten und Männer wie Material die letzten 350 Kilometer von Tieren und Trägern durch Schnee und Eis transportieren lassen mußten. Angeblich war nur ein Soldat von zehn noch kampftüchtig angekommen, Hunderttausende waren gestorben. Schließlich brachten österreichische und preußische diplomatische Schritte einen Vertrag zustande, mit dem – wie bei allen militärischen und territorialen Kompromissen – niemand glücklich war. Die Königin erhielt die noch geheime Nachricht am Abend des 16. Januar 1856 auf dem unwahrscheinlichsten Wege – per Telegramm im Klartext – von dem diskreten und verschwiegenen König von Preußen. Obwohl die Nachricht unkodiert über einen kommerziellen Telegraphen eintraf, bat der aufgeregte König darum, seinen Namen geheimzuhalten. Albert schickte die «telegraphische Kuriosität» mit der Anmerkung an Lord Clarendon weiter, die Königin wünsche, daß er sowohl die Nachricht als auch den Absender erfahre, da «die ganze Telegraphenlinie» bereits Bescheid wisse.

Die tatsächliche Unterzeichnung eines Vertrags brauchte Zeit, und Rußland sollte ihn sowieso bald verhöhnen, doch als im April der Augenblick kam, schrieb Victoria an Palmerston, sie wolle «nicht länger zögern, ihrer Befriedigung Ausdruck zu verleihen: sowohl über die Art und Weise, wie der Krieg beendet worden ist als auch über die erfolgreiche Vertretung der Ehre und der Interessen ihres Landes in dem Friedensvertrag unter der unermüdlichen und fähigen Leitung Lord Palmerstons. Sie wünscht ihm als sichtbares Zeichen ihrer Anerkennung den Hosenbandorden zu verleihen.» Die Geste stand ihr wohl an. Der alte Griesgram war ihr noch immer unsympathisch, und als seine Regierung Anfang 1858 schließlich stürzte, tat sie ihr Möglichstes, um ihn von weiteren Ämtern fernzuhalten. Doch sie wußte, daß er seine Auszeichnung verdient hatte.

Für die Königin bedeutete die Beendigung der Feindseligkeiten die Teilnahme an Paraden der heimkehrenden Soldaten und an Begrüßungsinspektionen, die ihren Höhepunkt im Juli in Aldershot, Woolwich und London erreichten. In Aldershot fiel am 8. Juli 1856 ein stetiger Regen, als die Königin von einem geschlossenen Wagen aus zusah, wie die Krim-Regimenter einmarschierten und um sie herum drei Seiten eines Karrees bildeten. Glücklicherweise hörte der Regen auf und es herrschte wieder «Königinnenwetter», als aus jedem der Regimenter, die im Feuer gestanden hatten, Offiziere mit je vier Männern aus jeder Kompanie vortraten. Die Königin öffnete die Tür ihrer Kutsche zu einem symbolischen Willkommensgruß, der jedoch akustisch nicht die ganze Menge der versammelten

Soldaten erreichen konnte: «Sagt den anderen von mir», sagte sie mit einer Stimme von silberner Süße, wie die *Times* sie beschrieb, «daß ich die Schwierigkeiten und Entbehrungen, die sie so großartig getragen haben, mit großer Anteilnahme verfolgt habe, daß ich um die tapferen Männer, die gefallen sind, tief getrauert habe... Ich danke Gott, daß eure Gefahren zu Ende sind.»

Im Chor riefen die Soldaten: «Gott schütze die Königin!» Helme, Bärenfellmützen und Tschakos wurden in die Luft geworfen. Das alles sah wie ein endgültiger Schlußstrich aus, doch am nächsten Tag, als sie durch London marschierten, grüßte die Königin sie wieder vom Mittelbalkon des Buckingham Palace aus.

Das waren bewegende Augenblicke für sie. In Aldershot wurden sie allerdings durch eine dramatische Audienz mit Feldmarschall Viscount Hardinge, dem Armeechef, beeinträchtigt, der Victoria den Bericht der Militärkommission über die Krim mitgebracht hatte. Als er gerade die Ergebnisse mit ihr durchzusprechen begann, insgesamt ein abgemilderter Vorwurf an das Militär, traf ihn der Schlag, und er fiel vornüber auf die Tischplatte. Albert half ihm auf ein Sofa, wo Hardinge, wie der Prinz Stockmar berichtete, sofort seine Rede in völliger Klarheit und Ruhe wieder aufnahm und sich nur entschuldigte, daß er solche Aufregung verursacht habe. Aber sein rechtes Bein und sein rechter Arm waren gelähmt, und er mußte in seine Kutsche gehoben werden.

Zwei Tage später reichte er seinen Rücktritt als Oberkommandierender bei der Königin ein, da er «aufgrund seiner plötzlichen und ernsten Erkrankung die Pflichten seines Amtes nicht mehr zu erfüllen imstande» sei.

Da der Krieg sehr wenig geklärt, vielmehr nur auf kostspielige Art die Anerkennung ethnischer Selbständigkeitsbestrebungen auf dem Balkan aufgeschoben hatte, gestand die Königin dem Grafen von Clarendon, ihrem Außenminister: «Sowenig der Königin der Gedanke an *Frieden* anfangs auch gefiel, sie hat sich damit ausgesöhnt...» Daß die Franzosen Sewastopol gerade zu einem Zeitpunkt eroberten, als ihre eigenen Truppen bei Redan eine Niederlage einstecken mußten, hatte ihren Stolz auf die britische Armee verletzt. Selbst in der Art seiner Beendigung war dies ein unbefriedigender Krieg gewesen. Die Herolde, die am 30. März 1856 am Temple Bar zeremoniell den Frieden von Paris verkündeten, wurden von der Menge ausgezischt. Victoria wußte, was den Leuten nicht bekannt war: daß Frankreich den kostpieligen Krieg nicht fortgesetzt hätte. Der Frieden war auf jeden Fall relativ. Britische Truppen standen auch in Indien, Persien, Afrika und China.

Am 26. Juni 1857 verlieh die Königin anläßlich einer Truppenparade im Hyde Park Krim-Veteranen die ersten Victoria-Kreuze. Zehn Tage vorher war ihr neuntes und letztes Kind, Prinzessin Beatrice (geboren am 14. April), getauft worden, und sie hatte nach Entbindung und Erholung in Osborne ihre offiziellen Pflichten gerade erst wieder aufgenommen. Der beschwerlichen, sie allzusehr beanspruchenden Schwangerschaften und Säuglinge überdrüssig, sah die Königin so deutlich wie nie zuvor, daß jedes volljährige Kind bedeutete, das Parlament um Geld anzugehen und eine Heirat zu arrangieren (eine Tätigkeit, die ihre späteren Jahre ausfüllte). Sie und Albert, erzählte Victoria Vicky zwanzig Jahre später, betrachteten «viele Prinzen als ein großes Unglück – denn sie sind einander und fast allen anderen im Wege ... Papa empfand das so sehr, daß er immer davon sprach, wenn möglich einen oder zwei deiner Brüder und eventuelle Enkel ... in den Kolonien zu etablieren.» Bei der Geburt von Beatrice war sie achtunddreißig und wahrscheinlich beunruhigt angesichts der Möglichkeit weiterer Schwangerschaften – noch fruchtbarere Frauen hatte sie «Kaninchen» genannt. Sie schnitt deshalb das Thema behutsam gegenüber ihrem *accoucheur* an. Dieser gab offensichtlich in noch diskreterer Form zu verstehen, daß die einzige legale und moralische Lösung Enthaltsamkeit sei. «Oh, Doktor», soll sie ausgerufen haben, «darf ich keinen Spaß im Bett mehr haben?» Die Antwort scheint zu wenig königlich, um wirklich von Victoria zu stammen, zeigt aber in der Substanz vielleicht etwas von ihrer sexuellen Unschuld, selbst nach neun Kindern und siebzehn Ehejahren.

Am Tage der Truppenparade im Hyde Park hatte Victoria auch vom Sipoy-Aufstand in Indien erfahren. Die Nachricht aus Indien mit der, wie sie sagte, «grausamen Verzögerung» von Wochen bei der Informationsübermittlung traf gerade zu dem Zeitpunkt ein, als sie Lord Palmerston und Lord Panmure drängte, etwas gegen den «wehrlosen Zustand» Englands infolge militärischer Kürzungen nach dem Krimkrieg zu unternehmen. Mit einem Schlag schien die Pfennigfuchserei vergessen. Der Tod des Oberbefehlshabers der Streitkräfte in Indien, General George Anson, wurde gemeldet. Palmerston mußte ihn schleunigst durch Sir Colin Campbell ersetzen, der sich am nächsten Tag auf die lange Reise um das Kap begab und bei seiner Ankunft eine ganz andere Situation vorfinden sollte, als sie seinen Informationen bei der Einschiffung entsprach.

Ihres Überblicks über die militärische Lage sicher, teils aufgrund der Erfahrungen aus dem Krimkrieg, drängte Victoria ihren plötzlich zurückhaltenden Premierminister zu einer realistischen strategischen Perspektive. Mit dem Finger fuhr sie auf der Karte von den Ausgangsorten der Meuterei zu den großen Bevölkerungszentren, auf die sie sich ausgedehnt hatte, und schloß: «Unsere Truppen werden die Sipoys im offenen Feld mit Sicherheit schlagen, vorausgesetzt, daß sie nicht zahlenmäßig zu stark unterlegen, schlecht geführt oder durch Krankheit oder Erschöpfung physisch geschwächt sind.» (Sie erwartete zumindest letzteres, wenn nicht alle drei Einschränkungen.) Das Problem für die Führung war ihrer Meinung nach, «die militärischen Bewegungen richtig zu koordinieren, und das wird kaum möglich sein, bevor nicht in Kalkutta eine Armee zusammengezogen wird, die stark genug ist, von dort aus gezielt gegen die revoltierenden Teile des Landes auszuholen ... Unsere nacheinander eintreffenden Verstärkungen laufen Gefahr, zur Entlastung der vereinzelten bedrängten Kolonnen weitergeleitet und dabei aufgerieben zu werden.» Dann ging sie dazu über, den selbstzufriedenen Palmerston anzugreifen, der meinte, die bereits losgeschickten Verstärkungstruppen würden «der Sache eine positive Wendung geben». Ob er bedacht habe, fragte sie, «daß die ersten Verstärkungen, die von der Regierung nach Indien entsandt worden waren (ohne die nach dort umgelenkte chinesische Expedition von 5000 Mann, die sich jetzt dort [in China] befand) erst im Oktober ankommen würden? Die mit Vorbereitungen verlorene Zeit, das Einschiffen etc. haben ihre Abreise bis Juli verzögert. Zwei ganze Monate lang also, den August und September über, wird die indische Regierung keinerlei Entsatz beim Kämpfen, Marschieren etc. erhalten ... und oft bis zu 500 Mann täglich verlieren.»

Ungeduldig beharrte sie darauf, daß «sofortige Maßnahmen» notwendig seien und man sich nicht abwartend verhalten könne «in der vagen *Hoffnung*, daß alles von selbst besser würde». Wenige Wochen später fühlte sie sich gezwungen «zu wiederholen», daß die ergriffenen Maßnahmen «in keinem Verhältnis zur Größe der Krise» ständen. Sie mahnte, es gebe keine Entschuldigung für Sparsamkeit am falschen Platz. «Finanzielle Probleme gibt es nicht; ... und dies scheint kaum der rechte Moment, um am Militärhaushalt zu sparen.» Zur langen Geschichte von Mißwirtschaft, Inkompetenz, Geiz, ungeklärten Zuständigkeiten und Gleichgültigkeit, die bereits auf der Krim üble Folgen gezeigt hatten, kam in Indien noch Schuld im Maßstab eines ganzen Kontinents. Seit der Regierung Elizabeths I. hatte Britannien unter dem durchsichtigen Vorwand einer Handelsgesellschaft große, von eingeborenen Untertanen dicht bevölkerte Gebiete Südasiens ausgebeutet. Die dank feudaler königlicher Privilegien prosperierende Ostindien-Gesellschaft trat ihre politische Gewalt nach und nach an die Krone ab; dennoch war sie immer noch Grundeigentümer und Steuereintreiber und finanzierte die von britischen Offizieren geleitete Armee, die für Ordnung sorgte. Die Aufsichtsfunktion über die Direktoren der Gesellschaft nahm in den 50er Jahren ein Londoner Kabinetts-Minister wahr, und der scheinbar von ihr ernannte Generalgouverneur war de facto von der Regierung eingesetzt.

Unter der erbarmungslosen Sonne schufteten Inder für ein paar Pfennige täglich unter Arbeitgebern aus der Ostindien-Gesellschaft und der Beamtenschaft, die Indien vor allem als Sicherheitsventil für den englischen Bevölkerungsüberschuß betrachteten – von jüngeren Söhnen bis zu überzähligen Töchtern. Die Sipoys, indische Infanteristen, die unter britischen Offizieren in von der Ostindien-Gesellschaft bezahlten Regimentern dienten, stellten fünf Sechstel der eine Viertelmillion umfassenden indischen Truppen. Der Rest waren Regimenter der Königin, britischen Ursprungs, doch in Wirklichkeit vermietet, um ihre turnusmäßige Dienstzeit in Indien zu absolvieren.

Anfang des Jahres 1857 hatte sich in den Sipoy-Einheiten wie ein Lauffeuer das Gerücht verbreitet, die neuen leichteren Enfield-Gewehre brauchten gefettete Patronen, für die der Hersteller Rindertalg oder, schlimmer noch, Schweinefett verwendet habe. Die Berührung mit dem einen wie dem anderen bedeutete für Hindus wie Moslems Besudelung, ja sogar Ausschluß vom ehelichen Verkehr. Die Sorge wegen der Verunreinigung durch unerlaubtes Fett war begründet; um ein paar Pennies zu sparen, hatten einige britische Waffenhersteller das vorgeschriebene Hammelfett (das für Inder aller Religionen oder Kasten, mit Ausnahme strenger Vegetarier, annehmbar war) durch Rinder- oder Schweinefett ersetzt.

Als einige Truppen im April die unreinen Patronen abzulehnen begannen, wurden im Mirat-Lager in der Nähe von Kalkutta fünfundachtzig Sipoys wegen Auflehnung vor ein Kriegsgericht gestellt. Die Urteile lauteten auf zehn Jahre Zwangsarbeit in Ketten im Straßenbau. In der Hitze und dem Staub Indiens bedeutete das praktisch ein Todesurteil, aber es bestand keinerlei Zweifel, daß General Anson die Urteile bestätigen würde. Als die Männer öffentlich in Ketten gelegt wurden, war das das sichere Zeichen zur Rebellion. Sowie sie aufflammte – zuerst als Versuch, die Gefangenen zu befreien – breitete sich Gewalt über ganz Indien aus.

Als höhere Gerechtigkeit mußte es zumindest aus indischer Sicht erscheinen, daß als einer der ersten – obgleich ein Opfer der Cholera – General Anson starb. Epidemien und Massaker verschlangen mehr Menschenleben auf beiden Seiten als militärische Gefechte, doch zu Beginn verloren die Briten sowohl den lauten wie den leisen Krieg. Während der ersten Monate des Aufstands, als die mit Verzögerung eintreffenden Nachrichten aus Indien immer nur negativ waren und Victoria um das Leben ihrer Untertanen fürchtete, ließ sie ihre Wut an ihrem Premierminister aus: «Die Königin muß sagen», schrieb sie ihm empört am 25. August 1857, «daß die Regierung durch ihre offensichtliche Gleichgültigkeit eine schreckliche Verantwortung gegenüber ihrem Land auf sich lädt. Gebe Gott, daß keine unvorhergesehene europäische Komplikation dieses Land heimsuche – wir fordern wirklich die Vorsehung heraus.» Leopold schrieb sie, daß die

Angelegenheit «so viel bedrückender als die Krim» sei, «wo es um *Ruhm* und ehrenhafte Kriegführung ging und wo die armen Frauen und Kinder in Sicherheit waren... Es gibt kaum eine Familie, die nicht in Angst und Sorgen um ihre Kinder ist, und das in jeder Schicht – jeder war doch begierig, einen Sohn in Indien unterzubringen.»

Mit dem Ende der Belagerung von Lucknow im Dezember begann der Aufstand sich zu zerstreuen, wenn auch noch im Mai 1859 Tausende von Rebellen an der nepalesischen Grenze aushielten. Selbst den desinteressiertesten Politikern in London mußte schon seit langem klar sein, daß die Ostindien-Gesellschaft sich überlebt hatte. Am 2. August 1858 unterschrieb Victoria ein Gesetz, das die Verwaltung Indiens der britischen Krone übertrug. Danach schrieb sie an Generalgouverneur Lord Canning, der erster Vizekönig wurde, daß die direkte Verantwortung für «das riesige Reich, das ein so glänzendes Juwel in ihrer Krone» sei, «große Befriedigung und Stolz» in ihr auslöse.

Unter denjenigen, die den Aufstand ehrenhaft überlebten, war auch ein angeblicher früherer Verehrer Victorias. Anfang 1859 schrieb die Königin an Lord Stanley: «Auch Lord Elphinstone sollte nicht ohne Auszeichnung bleiben, und ein höherer Peersrang... erscheint nicht als zu hohe Ehre für ihn, hat er doch auch einen großen Beitrag zur Rettung des indischen Reiches geleistet.» Vorgeblich, weil er Prinzessin Victoria zu große Aufmerksamkeit schenkte, war er als Gouverneur von Madras nach Indien geschickt worden. Zur Zeit des Aufstandes war er Gouverneur von Bombay und hatte Mut und Einfallsreichtum gezeigt, als allgemeine Panik herrschte.

Sechs Jahre lang, von 1847 bis 1853, hatte er in London als königlicher Kammerherr gedient, in einer Stellung, die von Victoria bestätigt werden mußte und möglicherweise die implizite Aufhebung der Verbannung bedeutete. Nach dem Aufstand kehrte er wiederum nach England zurück; einige Zeit darauf schrieb die Königin an Canning, der aufgrund seiner führenden Stellung in Indien in den Grafenstand erhoben worden war: «Ach! Noch ein äußerst wertvoller Staatsdiener und Freund von uns, Lord Elphinstone, kam nur zurück, um hier zu sterben.» Den Ausdruck *Freund* benutzte die Königin so gut wie nie, und die beiden Erwähnungen Lord Elphinstones waren das Äußerste, was sie sich an Andeutungen über die romantische Episode gestattete. Daß der ansehnliche Gardist von 1836 unverheiratet starb und seine englische Peerswürde damit erlosch, läßt vielleicht einige Rückschlüsse auf seine Gefühle zu, wenn wir versuchen, zwischen den Zeilen der Geschichte zu lesen.

Noch ein anderer britischer Krieg hatte in Asien stattgefunden als eine Folge der Versuche, den Handelsverkehr von Hongkong aus in chinesische

Gewässer zu aufrechtzuerhalten; Hongkong war seit 1841 britische Kolonie, als China es als Hafen für die Opiumhändler der Ostindien-Gesellschaft abtreten mußte. Gegen die ständigen britischen Einmischungen in China protestierten Konservative und Peel-Anhänger, doch als der Disput 1856 mit der Auflösung des Parlaments und Neuwahlen endete, hatten Palmerstons handelsfreundliche Parteigänger ihre Majorität noch vergrößert. Bis Ende des Jahres hatten englische Kanonenboote Nanking und Kanton bombardiert und französische und britische Truppen Kanton besetzt. Auch in Persien standen Truppen, angeblich, um Indien zu schützen; Palmerston erläuterte Victoria Anfang 1857, «daß alles, was nominell zu Persien gehört, praktisch als zu Rußland gehörig betrachtet werden muß, wann immer Rußland es für eigene Zwecke zu benutzen gedenkt».

Die Einstellung der Königin wurde wohl stellvertretend von Sir Theodore Martin in seiner offiziellen Biographie des Prinzgemahls formuliert, die unter Victorias Augen entstand. Dort bemerkte Martin, daß solche Kriege «in der Heimat nie sehr beliebt waren», sondern aus «Untaten» fremder Herrscher resultierten, die dem «Handelsverkehr» im Wege standen. Victorias praktische Sorge war jeweils, sobald britische Interessen berührt wurden, ob ihre Regierung die möglichen militärischen Folgen einer aggressiven Haltung auch abschätzen konnte. Entsprechend antwortete sie dem Earl of Clarendon am 13. Juli 1856: «Die Königin wünscht zu fragen, bevor sie diesen Entwurf sanktioniert, ob das Kabinett die Konsequenzen dieser Erklärung an die Perser in vollem Umfang bedacht hat, welche Krieg bedeuten können; und wenn ja, ob es auf einen Krieg mit Persien vorbereitet ist und die Mittel zu seiner Durchführung bereitgestellt hat?» Die Stellungnahmen des Hofes zu militärischen und außenpolitischen Themen stammten meist nicht von der Hand des zurückhaltenden, versöhnlichen Prinzen, sondern von der «Soldatentochter».

Selbst in Osborne spiegelten sich die militärischen Unternehmungen dieses Jahrzehnts in den Interessen von Victorias jüngeren Kindern. Hinter dem Schweizer Chalet steht ein Miniatur-Fort mit einer Ziegelkaserne in Kindergröße, Erdwällen und einer Holzkanone. Es wurde zum größten Teil von Prinz Arthur gebaut, dem späteren Feldmarschall Herzog von Connaught, der damals noch keine zehn Jahre alt war. Es war der beliebteste Spielplatz der königlichen Kinder.

X

ALBERT DER GUTE

(1858-1861)

Ein Leben als regierende Königin sei etwas, was Vicky erspart bleiben würde, schrieb Victoria ihrer Tochter nach der Hochzeit der Kronprinzessin. «Obwohl der liebe Papa weiß Gott alles tut – aber es ist doch eine Verkehrung der richtigen Ordnung der Dinge, die mich sehr bedrückt und die niemand außer einem so vollkommenen Menschen, einem solchen Engel wie er auf die Dauer ertragen könnte.» Am 25. Januar 1858 war die siebzehnjährige Prinzessin mit dem zehn Jahre älteren Prinzen Friedrich Wilhelm, dem Sohn des preußischen Thronerben, verheiratet worden. Daß Vicky so jung geheiratet hatte, beunruhigte ihre Mutter und ihren Vater, aber die Verbindung war eine Liebesheirat. Das Paar hatte warten müssen, seit die Braut vierzehn gewesen war.

Königin wie Prinz liebten ihr ältestes Kind sehr, das alle intellektuellen Fähigkeiten besaß, die der designierte Thronfolger so vermissen ließ. Den Prinzen von Wales langweilten die ernsten Tutoren und Professoren und Prediger, die ihm in Oxford, Edinburgh und Cambridge als Gesellschaft verordnet wurden. Was er suchte, waren gleichaltrige Freunde aus der leichtlebigen Schar der Studenten, die gesellschaftlich den Ton angaben. Er wußte, daß es sie gab, und da man ihn nicht zu etwas machen konnte, was er nicht war, würde er auch irgendwie Kontakt zu ihnen bekommen. Albert hatte seinem Schwiegersohn gesagt, Vicky habe «den Kopf eines Mannes und das Herz eines Kindes». Sie war belesen, künstlerisch begabt und wißbegierig und fühlte sich wohl unter Älteren. Sie vergötterte ihren Vater, und die Zuneigung wurde erwidert, aber nun mußte er ihrem Mann den Platz räumen. Fritz trug einen schweren Schnurrbart, zu dem später noch ein Bart hinzukam, und war einen Kopf größer als seine Braut, die mit 1,58 Metern größer und hübscher als ihre Mutter im selben Alter war. Die Verlobungszeit hatte so lange gedauert, daß Fritz für Victoria und Albert schon wie ein Sohn war.

Beide Elternpaare begleiteten die Jungvermählten nach Gravesend, wo die zwei die *Victoria und Albert* bestiegen, um die Nordsee zu überqueren.

Der Abschied auf der königlichen Yacht war schmerzlich, alle Verwandten der Braut weinten. «Ich bin keine demonstrative Natur», schrieb Albert danach an Vicky, «und Du weißt darum kaum ..., welch eine Lücke Du in meinem Herzen hinterlassen hast.»

Auf der Hochzeit konnte Albert endlich in seiner neuen offiziellen Würde erscheinen. Im Juni des Vorjahres hatte er seiner Stiefmutter nach Coburg geschrieben: «Ich habe Dir noch kein Wort von meiner Titeländerung gesagt und stelle mich Dir nun als einen ganz Fremden, als ‹Prince Consort› vor.» Die verärgerte Königin, die wiederholt vergebliche Vorstöße beim Parlament unternommen hatte, Albert den Titel zu verleihen, und den letzten Antrag auf Anraten ihrer Minister hatte zurückziehen müssen, weil diese meinten, die unvermeidliche Zankerei darüber könnte die Abstimmung über Vickys Mitgift beeinflussen, stellte eine Bestallungsurkunde aus, die Albert zu guter Letzt nun doch in einen höheren Rang als den eines coburgischen Prinzen einsetzte.

Albert sei schon lange in allem außer dem Namen nach König gewesen, gestand Victoria Vicky. Wenn die Königin sich während ihrer Schwangerschaften vor dem Blick der Öffentlichkeit verbarg, hatte er außerhalb Londons so vollständig die zeremonielle Rolle des Monarchen übernommen, daß niemand mehr erwartete, Victoria zu sehen, wenn es darum ging, eine Kunstausstellung in Manchester zu eröffnen, ein Schiff in Liverpool zu taufen, den Marinehafen von Portsmouth oder die Armeekasernen in Aldershot zu inspizieren oder eine Fabrik in Leeds zu besichtigen. Dennoch handelte die Königin in ihrem eigenen Recht, wo sie das wünschte. Als es zum Beispiel darum ging, daß unter den zivilisierten Nationen einzig in Großbritannien noch Offizierspatente gekauft und verkauft wurden, bestand sie darauf, diese Praxis solle beibehalten werden: Reichtum garantiere, daß die Offiziersstellen von den richtigen Leuten besetzt würden. «Wenn der Kauf abgeschafft wird», beharrte sie Palmerston gegenüber, «wird das Anciennitätsprinzip mit all seinen verderblichen Auswirkungen» das System beherrschen. (Erst 1871 wurde dieser Anachronismus abgeschafft.) Und Victoria hatte sich mit ihrem ganzen Eigensinn durchgesetzt, als von Berlin der Vorschlag kam, die Hochzeit von Vicky und Fritz am preußischen Hof zu feiern, da der Bräutigam ein zukünftiger Monarch sei. «Was auch immer die übliche Praxis preußischer Prinzen sein mag,» instruierte sie Lord Clarendon, «es kommt schließlich nicht *jeden* Tag vor, daß die älteste Tochter der Königin von England verheiratet wird. Die Frage muß deshalb als geklärt und erledigt gelten.»

In London war die Begeisterung über diese Verbindung groß, da die Menschen hofften, sie werde zu einem Abbau des tief eingewurzelten preußischen Mißtrauens gegen alle Fremden führen. In Berlin hingegen hielt sich die Freude in Grenzen. Niemand konnte sich erinnern, daß je ein Thronerbe sich seine zukünftige Königin außerhalb Deutschlands gesucht hätte. Die formale Vorrangstellung im Deutschen Bund besaß immer noch Österreich; es war kein Geheimnis in Europa, daß Preußen sich dieser zu bemächtigen gedachte, während Österreich in die Auseinandersetzung mit den nichtdeutschen Anhängseln des Kaiserreiches verwickelt war. Da der historische Feind Frankreich sich jetzt ebenso militaristisch entwickelte, wie Preußen sich immer selbst gesehen hatte, und England ein scheinbar gutes Verhältnis zu Napoleon III. unterhielt, wuchsen die immer schnell an die Oberfläche des preußischen Bewußtseins drängenden Angstvorstellungen, zumal die politischen Rivalitäten nur einen zunehmenden industriellen und kommerziellen Wettlauf widerspiegelten. Vicky, so meinte man in Berlin, könne nie eine loyale Preußin werden.

Londoner Gerüchte sahen Victorias nächste Tochter Alice bereits mit einem Prinzen von Oranien verlobt, was für die Öffentlichkeit den Besuch der Königin von Holland erklärte. Die bedrückt und ängstlich wirkende, mit ihren fünfzehn Jahren viel zu junge Alice hatte schon begriffen, daß in einem Zeitalter, in dem sie noch Freundschaftsabkommen darstellten, dynastische Heiraten erwartet wurden und daß die Öffentlichkeit Bindungen begrüßte, die nicht ausschließlich deutsch waren. Doch tatsächlich entbehrte das Gerücht jeglicher Grundlage. Die wenigen wirklichen Kandidaten blieben deutsch, und weitere deutsche Bindungen ließen die Franzosen um so wachsamer werden. Auch die Engländer schätzten Deutsches nicht; so waren die von Kaufleuten des West End ans Parlament gerichteten Petitionen, Albert jetzt zum King Consort, zum Königlichen Gemahl mit dem Titel «Seine Majestät» zu ernennen, von vornherein zum Scheitern verurteilt. Seit der Weltausstellung betrachtete die Geschäftswelt Albert als einen Verbündeten, aber nur die Zeitungen hatten wirklich Einfluß auf die öffentliche Meinung, und in ihnen erschien der Prinzgemahl unabänderlich unenglisch, wenn nicht gar deutsch. In der Öffentlichkeit wirkte er steif und verkrampft. Beobachter hätten ihre königliche Familie lieber wie die hemmungslose Prinzessin Mary von Cambridge gesehen, die, wie Benjamin Moran auf einem Ball beobachtete, sogar eine Quadrille in einen zünftigen, durch und durch britischen Tanz verwandelte. Mit ihren gut 225 Pfunden war die wilde Tänzerin leicht in der Menge zu entdecken, schrieb er. «Ihre Brust war entblößt und hob und senkte sich nach der Anstrengung des Tanzes wie Theaterwellen aus Segelleinen. Die Königin ist eine schlechte Tänzerin.» Der Prinzgemahl war nicht der Erwähnung wert. Auf jeden Fall zog Albert ruhigere Veranstaltungen vor.

Im August 1857 kam der Kaiser der Franzosen mit Eugénie zusammen zu einem viertägigen Privatbesuch nach Osborne. Für die Preußen war das

237

ein unerfreuliches Ereignis, um so mehr, als es außerhalb der Reichweite der Zeitungsreporter ablief. Die Berliner Regierung wußte, daß unter gesellschaftlichem Deckmantel Ministertreffen stattfanden, eine Folgeerscheinung der Zusammenarbeit im Krim-Krieg. Den preußischen Beamten blieb auch nicht verborgen, daß Napoleon seinen persönlichen Charme gegenüber der Königin spielen ließ und daß er wenig später in Stuttgart unter den Auspizien des Königs von Württemberg ein Zusammentreffen mit dem neuen russischen Zaren Alexander II. plante. Solche Schritte nährten Preußens Ängste vor einer Einkreisung. Jedes friedliche Verhalten gegenüber einem Nachbarn erschien als unfreundlicher Akt.

Victorias und Alberts Gegenbesuch im August 1858 in Cherbourg war von einem Klima tiefen Mißtrauens geprägt. Napoleon führte stolz seine neuen Befestigungsanlagen vor, doch der einzig mögliche Feind, gegen den sie von Nutzen sein konnten, war England. Er hätte es auch sehr gern gesehen, wenn die Königin seine offene Liaison mit der Frau seines Außenministers anerkannt hätte, aber Victoria weigerte sich, Madame Walewska zu küssen, die (wie Lord Clarendon sich ausdrückte) «auf solche Art mit dem Kaiser lebte». Die Herzlichkeit auf beiden Seiten war gezwungen und künstlich. Als der Kaiser Victoria bat, Londoner Zeitungen zum Schweigen zu bringen, die Spekulationen über französische Pläne gegen England und in Europa veröffentlichten, erwiderte die Königin, die Presse in ihrem Land sei frei und solches stehe nicht in ihrer Macht. Die stillschweigenden Folgerungen aus Napoleons zynischer Strategie lagen auf der Hand. Selbst wenn die Befestigungsanlagen weitgehend aufgrund von Maßnahmen zur Arbeitsbeschaffung für das große stehende Heer entstanden waren, konnten doch beide noch nützlich werden, wenn Napoleon, um an der Macht zu bleiben, eine internationale Krise als Ablenkungsmanöver brauchte.

Die einzige gute Nachricht kam heimlich: Ein britisches Postschiff brachte die Mitteilung, daß der gemeinsame anglo-amerikanische Versuch, ein transatlantisches Telephonkabel zu verlegen, erfolgreich verlaufen sei und die vorbereitete Botschaft der Königin an den Präsidenten James Buchanan soeben übermittelt werde. Das Kabel riß zwar nach kurzer Zeit, und die Verbindung wurde erst 1866 von einer neuen Expedition wiederhergestellt, doch Victoria fühlte sich weniger isoliert, auch wenn sie Vicky nur über Familienangelegenheiten und Napoleons und Alberts nichtssagende Reden schrieb (die des Prinzen war sorgfältig auf französisch vorbereitet) und von den migräneartigen Kopfschmerzen, unter denen sie und Albert litten.

Vicky war oft Adressat für geheime Mitteilungen, die Victoria ihrem Tagebuch nicht anvertraute. Von der Königin sind 3777 Briefe an die Prinzessin erhalten, und über 4000 von der Tochter an die Mutter. Victorias Briefe berichteten über die trivialen Ereignisse des Alltags: über die Bücher, die Albert und sie sich gegenseitig vorlasen und die Theaterstücke, die sie sah, den Wechsel der Jahreszeiten in Osborne und Balmoral. Die Königin sprach der Tochter gegenüber vom «Joch einer verheirateten Frau» – den «Leiden und Schmerzen und Lasten – mit denen Du zu kämpfen hast – und Vergnügungen etc., auf die Du verzichten mußt – ständige Vorsichtsmaßnahmen, die zu ergreifen sind...» Doch «mit einem Gatten, den man vergöttert», sei das Eheleben ein «Vorgeschmack des Himmels». Der Preis dafür war, fuhr sie fort, daß sie «neunmal acht Monate lang mit den oben erwähnten Feinden zu kämpfen hatte... und ich gebe zu, es hat mich auf eine harte Probe gestellt... Ich finde unser Geschlecht durchaus nicht beneidenswert.» Ermahnungen zur Vorsicht jedoch blieben ohne Wirkung in Vickys Schlafzimmer, und sie war bald schwanger. «Ich hoffe, Fritz muß keine Minute ertragen, was wir armen Sklaven aushalten müssen», schrieb die Königin unglücklich.

Zu Hause wurde keines der Kinder für alt genug gehalten, um die Neuigkeit zu erfahren – nicht einmal «Affie», der vierzehn war und schon in der Marineausbildung. Auf Vickys Argument, daß sie einer unsterblichen Seele Leben gebe, antwortete die Königin, daß ihre Situation mehr der einer Kuh oder eines Hundes gleiche und daß ihr schaudere, wenn sie sich ihre Töchter als Opfer solcher Demütigungen vorstelle. Die Briefe der Königin enthielten auch forschende Fragen nach Vickys täglichem Leben, und der Tochter wurde eingeschärft, in ihrer englischen Erziehung und Loyalität fest zu bleiben. Einige Efeu-Ranken für Vickys Haar aus Osborne wurden von der Bemerkung begleitet: «Ich bin sicher, daß Du gern etwas von Deinem lieben heimatlichen Efeu aus unseren Wälder hier tragen möchtest.» Die Prinzessin war schlecht beraten: Man mißtraute ihr in Preußen.

Die ständigen Nörgeleien kamen Baron Stockmar zu Ohren, denn sein Sohn Ernst hatte eine Stellung in Prinz Friedrich Wilhelms Haushalt. Als Stockmar senior im Oktober 1858 in Berlin war, traf er auch den dort zu Besuch weilenden Lord Clarendon (der damals kein offizielles Amt bekleidete) und enthüllte ihm, wie Greville berichtet, daß die Königin sich gegenüber ihrem verschüchterten Kind «abscheulich benommen» habe, indem sie die Prinzessin durch ihre Versuche «dieselbe Autorität und Kontrolle über sie auszuüben wie vor der Heirat» ängstige, und daß ihre Briefe voller «Vorwürfe und Forderungen, alles Mögliche zu tun, was tatsächlich weder richtig noch wünschenswert ist», gefährlich seien. Albert sei der einzige, sagte Stockmar, der der ständigen Beunruhigung Einhalt gebieten könne.

Als Stockmar an Albert schrieb und dieses Problem vorsichtig ansprach, entdeckte Victoria, wie das Thema aufgekommen war, und «hatte eine maßlose Wut auf den Baron», wie der Prinz Clarendon erzählte.

Noch schlimmer traf es Albert, wie folgende undatierte Zeilen von ihm enthüllen:

> Du hast Deine Selbstbeherrschung wieder ganz unnötig verloren. Ich habe kein Wort gesagt, das Dich verletzen konnte, und ich habe das Gespräch nicht angefangen, sondern Du bist mir überall hin von Zimmer zu Zimmer gefolgt und hast nicht damit aufgehört. Ich sehe keine Notwendigkeit, Dir zu versprechen, Dir zu *vertrauen*, denn es war keine Frage des Vertrauens, sondern Deiner nervösen Art, die Dich beharrlich und mit fieberhaftem Eifer detaillierte Anweisungen und Wünsche äußern läßt, die bei einer Königin Befehle sind, an wen sie auch gerichtet sein mögen. Das ist Dein Charakter; es geht nicht gegen Vicky persönlich, sondern es ist mit allen so und hat schon oft unerfreuliche Folgen für Dich gehabt. Ich wünschte von Herzen, Dich vor diesen und schlimmeren Folgen zu bewahren, doch das einzige Resultat meiner Bemühungen ist, daß ich der Gefühllosigkeit, Hartherzigkeit, Ungerechtigkeit, des Hasses, der Eifersucht, des Mißtrauens etc. etc. angeklagt werde. Ich erfülle meine Pflicht Dir gegenüber, auch wenn das bedeutet, daß das Leben durch «Szenen» verbittert wird, wo es von Liebe und Harmonie beherrscht sein sollte. Ich betrachte dies geduldig als eine Prüfung, die wir auf uns nehmen müssen, doch Du hast mich zutiefst verletzt und hilfst Dir selbst damit nicht.

Die ständigen brieflichen Einmischungen hörten auf. Da war ja auch noch Bertie, an dem man herumkritteln konnte. «Ich muß zugeben, ich finde ihn sehr langweilig», schrieb Victoria Vicky vertraulich im Dezember 1859. Im Juni darauf klagte sie ihr gegenüber nicht nur über seine Faulheit, sondern auch, daß er neuerdings eine «etwas hängende Nase» habe, die schlecht zu seinem «Mangel an Kinn» und seinen «sehr dicken Lippen» passe. Noch später wirkte der Prinz von Wales im Vergleich mit dem frischen und gesunden Prinzen von Hessen, der sich um Prinzessin Alices Hand bewarb, «farblos – langweilig, blasiert».

Der Prinzgemahl, der eher wie ein Mann von sechzig wirkte als einer, der gerade erst auf die vierzig zuging, sah aus anderen Gründen schlecht aus. Er ging nicht länger zum Schießen oder auf die Pirsch, hatte seine Figur verloren und war übergewichtig, anscheinend aus Mangel an Bewegung. Sein Haar über der Stirn war dünn geworden, Schnurrbart und Backenbart schwerer. Er führte sein blasses und erschöpftes Aussehen auf

Überarbeitung zurück und litt darunter, daß die Königin die Kamine scharf überwachte, damit auch bestimmt keiner beheizt wurde. Es fielen sogar heftige Worte zu diesem Thema, da Albert zu jeder Jahreszeit unter Erkältungen litt und Wärme brauchte. Frühmorgens am 1. September 1858 schrieb der Prinz Vicky vom Tod seines Schweizer Dieners Carl, der ihm neunundzwanzig Jahre gedient hatte (Victoria notierte, daß sie ihren Kummer «unterdrücken» mußten), und fügte hinzu, er sei dazu übergegangen, an kühlen Morgen eine Perücke zu tragen. «Osborne ist grün und schön, aber das Wetter ist kalt und stürmisch. Mama wird sehr verletzt sein, wenn sie aufsteht und merkt, daß ich ein Feuer habe anzünden lassen.»

Albert litt auch häufig unter wundem Zahnfleisch und gestand Stockmar: «Ich leide schrecklich.» Dennoch liebte er seine Arbeit, auch wenn er sich in einem Brief an Vicky mit dem Mühlenesel in der Nähe von Osborne verglich, der sein Rad drehe und drehe. Er wußte, daß er seine Aufgabe gut erfüllte, die Aufgabe, die er sich selbst gestellt hatte, und verwandte viel Zeit darauf. «Lese recht aufmerksam, und sage wenn irgend ein Fehler da ist!» bat er die Königin in bezug auf Memoranden-Entwürfe, oder: «Ich hab' Dir hier ein Draft gemacht, lese es mal! Ich dächte es wäre recht so.»

Ihr «geliebter und vortrefflicher Albert», schrieb die Königin an Leopold und vergaß dabei ganz ihre gelegentlichen Wutanfälle gegenüber ihrem Gatten, «hat die Monarchie auf den *Höhepunkt* ihres Ansehens getragen und sie beliebter gemacht, als sie in diesem Lande *je* gewesen ist». Das war historisch nicht haltbar, doch entsprach es der steigenden Kurve seiner Beliebtheit beim Volk. Der Krim-Krieg, der Sepoy-Aufstand und die allgemein akzeptierte Hochzeit der Erstgeborenen hatten patriotische Gefühle erzeugt, die die politischen Gräben und die raschen Regierungswechsel in Whitehall überdeckten.

Sogar Palmerston mußte 1859 gehen, doch sofort bat die Königin ihn dringend, eine Möglichkeit zum Bleiben zu finden. Victoria war dem alten Mann gegenüber nicht weniger mißtrauisch als früher, doch sein Einfluß auf die Leute war groß, und sie vertraute Lord Clarendon, seinem Außenminister. Als jedoch Palmerston fünf Monate später nach einem kurzen Zwischenspiel Derbys wieder an die Macht kam, war Russell Außenminister, denn Clarendon hatte den Posten abgelehnt.

In den Monaten nach Vickys Hochzeit war die Königin sehr mit Außenpolitik beschäftigt, und sie nahm die Hochzeit zum Anlaß, dem ehrgeizigen Preußen, das schnell zu einer Bedrohung der europäischen Stabilität wurde, einen Besuch abzustatten. Ihre weitgehend durch einen Briefwechsel aufrechterhaltene Freundschaft mit Fritzens Mutter (bald Königin von Preußen) schien eine gewisse Einflußmöglichkeit zu garantieren, doch Augustas Gatte, der liberaler als sein exzentrischer älterer Bruder gewirkt hatte, zeigte sich allzu leicht von Reaktionären und Militaristen beeinflußt. Selbst Vickys Ehemann war neuerdings glücklich beim Militär, und Victoria und Albert reisten mit dem Gefühl ab, zwar in jeder Weise korrekt und freundlich empfangen worden zu sein, aber ohne Wärme, sah man einmal von der allgemeinen drückenden Schwüle Potsdams und Berlins ab.

Auch Vickys Schwangerschaft war beunruhigend. Victoria machte sich Sorgen, daß sie zu jung sei, um an ein Leben jährlicher Schwangerschaften gefesselt zu werden; und die Königin sah wenig Verständigungsmöglichkeiten zwischen den gesellschaftlich arroganten Preußen und der intellektuell arroganten jungen Prinzessin. Am 28. August 1858 flossen die Tränen, als Vicky und ihre Eltern mit großem Trennungsschmerz und dem Wunsch «*Auf baldiges Wiedersehn!*» voneinander Abschied nahmen.

Im Monat darauf stürzte Vicky, als sie mit einem Fuß an einem Stuhlbein hängenblieb, und führte die äußerst schmerzhafte Entbindung darauf zurück, daß das Kind durch den Unfall seine Lage verändert habe. Was auch der Grund gewesen sein mag, die anhaltenden Wehen mußten mit einer Zangengeburt beendet werden. Mutter und Kind überlebten, aber Prinz Friedrich Wilhelm Victor Albert, geboren am 27. Januar 1859, hatte einen verkrüppelten, fast funktionsuntüchtigen linken Arm, der von einigen einer Verletzung bei der Geburt, von seinem Arzt einem Nervenschaden aufgrund seiner abnormen pränatalen Lage zugeschrieben wurde. «Es ist viel schrecklicher, in diese Welt als in die nächste hineingeboren zu werden», schrieb die Königin an Vicky.

Alle ihre Enkel sollten ihren Namen oder den Alberts tragen, bestimmte die Königin. Nur wenige benutzten den einen oder den anderen auch. (Auch der zukünftige Kaiser Wilhelm II. benutzte den väterlichen Namen nicht, obwohl er an erster Stelle stand.) Feodora schrieb ihrer Halbschwester sofort einen Brief, in dem sie mit der langen Erfahrung einer Großmutter teilnehmend auf Victorias Besorgnis und Vickys Qualen einging. «Es ist schrecklich zu wissen, was so ein junges Geschöpf durchmachen muß – das eigene Kind hat man vor jedem Übel beschützt, vor allem Schlechten bewahrt, und nun müssen wir sie in Gefahr und von Schmerzen gequält sehen.» Die Zeitungen beider Länder seien voll wohlwollender Anteilnahme an dem Ereignis, fügte sie hinzu. «Ach, wenn die beiden Nationen doch in allen Fragen gleich fühlen und handeln würden!»

Victoria konnte an der Taufe nicht teilnehmen. Unaufschiebbare Regierungsgeschäfte verhinderten sie, und der preußische Hof war nicht bereit, die Zeremonie zu verschieben. Die Königin war wütend über soviel Berliner Starrsinn. Sie sah ihren ersten Enkel und Vicky erst anläßlich eines inoffiziellen Besuches in Osborne wieder, und auch das erst, nachdem ein zweites Enkelkind geboren war, Prinzessin Charlotte.

Zu Hause schienen alle ernsten Sorgen außenpolitischer Art zu sein. Die sardischen Anstrengungen, Italien zu vereinigen, indem man Österreich seine Provinzen auf der Halbinsel abrang, trieben Europa einem Krieg zu. Frankreich, das äußere Ablenkungen als Ersatz für die Krim brauchte und eine Chance für risikolose Gebietsgewinne winken sah, bot Viktor Emanuel militärische Hilfe an – natürlich nicht umsonst. Napoleonische Grandeur bestand aus einer Fassade kaiserlicher Bauten und Boulevards und herausfordernder Prahlerei, aufrechterhalten durch geborgtes Geld und geborgte Zeit. Eine Ausweitung des Konfliktes förderte nur den bonapartistischen Absolutismus; dennoch waren Victorias Minister nicht wie sie hin und her gerissen zwischen der Unterstützung neuer Freunde und der Verteidigung legitimer existierender Regimes und Grenzen. Sie bewunderte Viktor Emanuel und empfand Sympathie (wenn auch nicht mehr ganz vorbehaltlos) für Louis Napoleon. Aber Victoria begriff, daß die Förderung der italienischen Einheit zugleich die Verstümmelung Österreichs bedeutete.

Ihre von dem vorsichtigen Earl of Derby – der kein frankophiler Palmerston war – vorbereitete Thronrede vom Juni 1859 ließ jede Möglichkeit eines englischen Eingreifens auf dem Kontinent unerwähnt. Victoria fand, eine solche Festlegung im voraus sei eine zweifelhafte Strategie, wenn man die Kontrolle über die Ereignisse behalten wollte. Die Freundschaft mit Frankreich war zerbrechlich und die Unzuverlässigkeit des selbsternannten Kaisers groß. Victoria kehrte wieder ganz die Kriegsherrin hervor und weigerte sich, «die Entschlossenheit der Königin..., unter allen Umständen Neutralität zu wahren», zu verkünden, «was schädlich wäre und dem Lande nicht zuträglich. Was die Königin ausdrücken kann, ist ihr Wunsch, neutral zu bleiben, und ihre Hoffnung, daß die Umstände ihr dies erlauben werden. Der Absatz über die Marine in dieser Form erweckt den Eindruck noch größerer Unterwürfigkeit, da er eine öffentliche Rechtfertigung für die Aufrüstung bedeutet.» Sie (oder der Prinz) schlug energischere Passagen vor, und der seltene Fall trat ein, daß die Thronrede eines Monarchen von diesem selbst in den politischen Teilen umgeschrieben wurde.

Derbys Regierung konnte sich nicht lange halten. Die Königin schickte nach Earl Granville in der Hoffnung, Palmerston und Russell umgehen zu können. Taktloserweise berichtete Granville John T. Delaine von der *Times* in einem Brief detailliert über sein Gespräch mit ihr, ermahnte ihn aber, alles diskret «zu verpacken». Delane veröffentlichte alle Einzelheiten, die außer Victoria und Albert nur Granville bekannt sein konnten. Er wurde entsprechend von der Königin zurechtgewiesen, die ihn fragte, wie sie unter solchen Umständen mit «uneingeschränktem Vertrauen» mit ihren Ministern sprechen könne. Obwohl seine Entschuldigung nicht auf sich warten ließ, wurde ihm nur ein zweitrangiger Posten in der neuen Palmerston-Regierung angeboten. Lord John Russell, der zweite der beiden «gefürchteten alten Männer», wie die Königin sich ausdrückte, wurde Außenminister. Ihr Alter war nicht das Problem, denn ihre Invalidität hatte ihrer Effektivität nichts anhaben können. Sie waren Liberale und förderten aktiv die italienischen Unabhängigkeitsbestrebungen; das bedeutete, Österreich als Besatzer Norditaliens zu schwächen – welcher nach Palmerstons Worten «allen liberalen und aufgeklärten Menschen auf der Welt verhaßt» sei.

Was Österreich oder Deutschland betraf, zeigten die Königin und der Prinz sich weniger aufgeklärt. Blutsverwandtschaft ließ sie auf der Sicherheit der deutschen Staaten beharren; viel größere Sorgen machte ihnen, daß scheinbar ohne Grund französische Streitkräfte entlang der Kanalküste aufgestellt wurden. Als Napoleon als Preis für seine Hilfe von Sardinien die italienischen Provinzen Nizza und Savoyen forderte und erhielt, erkalteten Russells und Palmerstons frankophile Gefühle, und sie wurden eher noch pro-italienischer. Die Königin, die hier einen Punkt der Übereinstimmung mit ihren Ministern sah, unterzeichnete einen Befehl zur Schaffung einer freiwilligen Küstenverteidigungs-Truppe. Sie hielt Levers für Freiwilligen-Offiziere ab und Truppenparaden im Hyde Park für ihre Soldaten.

Nach Gründung der National Rifle Association feuerte Victoria im Sommer 1860 auf Wimbledon Common sogar ihren ersten zeremoniellen Schuß ab. Das Whitworth-Gewehr war für sie auf einem Ständer fixiert worden, damit sie auf eine Entfernung von 400 Yards (ca. 356 m) ins Schwarze treffen konnte. Von Balmoral aus nahm sie eine Parade der schottischen Freiwilligen ab. Das Defilee dauerte, wie Victoria notierte, eine Stunde und zehn Minuten. «Sehr gute, ausgezeichnete Männer, prächtig die Hochländer... Das einzig Unangenehme war der Staub, der manchmal in solchen Wolken aufwirbelte, daß die Männer gar nichts mehr sehen konnten...» In ihrem offenen Wagen auf dem Hügel, ihre Mutter neben sich – es war das erste Mal in sechsundzwanzig Jahren, daß die Herzogin an einer Truppenparade teilnahm –, wischte die Königin sich den Staub aus den Augen und nahm die militärischen Ehrenbezeigungen und Hochrufe entgegen.

Im Jahr zuvor waren Victoria und Albert in Gesellschaft von Bertie und Alice und einigen Begleitern am 7. Oktober 1859 von Balmoral aus auf den 1290 Meter hohen Ben Muich-Dhui gestiegen, die zweithöchste Bodenerhebung der Britischen Inseln. Es war ein großartiges Unternehmen. Beide müssen sich in guter Verfassung gefühlt haben. Die Konstitution der Königin war so gut, daß sie wie üblich auf dem jährlichen schottischen Angestelltenball tanzte. Sie fand, eine Runde mit ihren Bediensteten täte ihrer Würde keinerlei Abbruch. Doch Bertram Mitford, der zukünftige Lord

Redesdale, damals ein junger Beamter des Foreign Office, erinnerte sich, wie er «einen gewissen Gentleman... in prächtiger Hochland-Tracht» beobachtet habe, der, nachdem er mit der Königin getanzt und sich mit einer Verbeugung wieder von ihr getrennt hatte, «schummeln wollte: Statt seinen richtigen Platz einzunehmen, versuchte er, sie noch ein zweites Mal als Partnerin zu bekommen. Die Königin durchschaute den Trick sofort..., blieb wie angewurzelt stehen, richtete sich ruhig und würdevoll auf, wies auf seinen richtigen Platz und winkte den Herrn heran, der eigentlich an der Reihe war.»

Über Chester und Bangor kehrten sie nach Windsor zurück und brachen dann erneut auf, um Bertie in Oxford im College zu besuchen. Der Prinz von Wales war mit siebzehn nach Edinburgh auf die Universität geschickt worden, das erste Stadium seines freudlosen höheren Bildungsweges. Außer bei Vorlesungen, wo es nicht zu umgehen war, durfte er nicht mit Studenten in Berührung kommen und sollte entsprechend den Plänen seines Erziehers Colonel Robert Bruce Diners für seine Tutoren und örtliche Honoratioren geben. Im Oktober 1858 hatte er dann von Edinburgh nach Oxford wechseln müssen, wo er offiziell Student des Christ Church College war, tatsächlich aber außerhalb des Colleges mit Bruce – jetzt Generalmajor – und seinem Assistenten Major Christopher Teesdale zusammen in einem Privathaus wohnte. Von seiner Mutter hörte Bertie fast nie etwas, aber Albert schrieb ihm in guter, leider fehlgeleiteter Absicht: «Ich hoffe, Du hast Deine kleinen Soupers wieder aufgenommen und siehst die wichtigsten Persönlichkeiten der Universität an Deinem Tisch...» Und über Berties Lerngewohnheiten: «Dies ist der einzige Weg zum Glück, und ich möchte Dich glücklich sehen.» Mit keinerlei Kenntnissen oder Interessen, die er mit den Universitätslehrern und Würdenträgern hätte austauschen können, und ohne jeden Zugang zu Gleichaltrigen, den ihm der allgegenwärtige Major Teesdale versperrte, war der Prinz von Wales ein Jahr später der unglücklichste Student von Oxford.

Die Königin erklärte Vicky, daß es ihrem Bruder nicht an Intelligenz mangele, daß er allerdings geschickter darin sei, seine «bemerkenswerten» sozialen Talente zu entfalten. Bertie sei «lebhaft, rasch und gescheit, wenn er sich mit etwas richtig beschäftigt, was aber selten der Fall ist... Normalerweise ist sein Intellekt zu nicht mehr nütze als eine auf dem Boden des Koffers verpackte Pistole, wenn man im unsicheren Apennin von Räubern überfallen wird.»

Gegen Ende Oktober war aus einem herrlichen Herbst ein früher, strenger Winter geworden, und Albert, der schon seit Tagen über eine heftige Erkältung klagte, legte sich ins Bett – zum ersten Mal seit seiner Hochzeit, wenn man von den Masern absieht, die er sich bei den Kindern geholt hatte. Stockmar wußte von Alberts Magenschmerzen; während eines Besuchs in Coburg im Jahr zuvor litt der Prinz unter, wie er Victoria in einem Brief schrieb, «Kopfschmerzen und einer allgemeinen *malaise*» sowie seinen üblichen Krämpfen. Er habe den ganzen Tag nicht gegessen, fügte er scherzend hinzu, um seinem Magen jeglichen Vorwand zu rauben, sich schlecht zu benehmen. Am 3. November 1859 schrieb er dem Baron mit der Begründung, übertriebene Berichte dämpfen zu müssen, er erhole sich gerade von einer Magenattacke, unter der er die vergangenen zwei Wochen gelitten und die ihn zwei Tage ans Bett gefesselt habe. Das einzige neue Symptom sei ein heftiger Krampf auf dem Magengrund, der ihn mehrere Tage hintereinander jeweils zwei Stunden lang um die Mittagszeit gequält habe. Jetzt sei er wieder imstande, sich im Haus zu bewegen.

In einem Brief an Vicky vom 29. Oktober hatte die Königin das erneute Auftreten von Alberts Leiden mit den Worten charakterisiert: «Der liebe Papa hatte wieder etwas unter seinem alten Feind zu leiden, aber es war kein sehr schlimmer Anfall, ohne Übelkeit oder Schüttelfrost.» Stockmar, der früher selbst Arzt gewesen war, tat den «alten Feind» nicht so einfach ab – und Victoria ließ vielleicht weniger merken, als sie wirklich befürchtete, um die Prinzessin nicht zu beunruhigen. Der nun schon ältere, unter Rheuma leidende Stockmar überwand seine Unlust, auf Briefe zu antworten, über die Victoria sich jahrelang geärgert hatte, und schrieb Albert, die Beschreibung seiner Krankheit habe ihn «beunruhigt und sehr traurig gemacht». Einer ihrer Gründe, meinte er, sei der physische und psychische Druck auf Albert. Doch sah er kaum Aussicht für ihn, die vielen aufreibenden Tätigkeiten zu meiden und sich bei allem, was er tue, von prophylaktischen Erwägungen leiten zu lassen: unter bestimmten Umständen sei es dem Arzt wohl möglich, zu *verhüten*, auf jeden Fall jedoch sei es schwierig zu *heilen*.

Am 8. Dezember schrieb Albert dem Grafen Stockmar in einem Antwortbrief von Osborne aus, wieviel Ironie doch im Mißtrauen der Engländer gegen die Franzosen liege. Im ganzen Lande dächten die Leute an nichts anderes als an Schutzmaßnahmen gegen die Verbündeten; in allen Städten bildeten sich Freiwilligen-Korps. Selbst die Juristen vom Temple ließen sich drillen. Die Lords Spencer, Abercorn, Elcho und andere machten ihre Militärprüfungen in Westminster Hall bei Gaslicht im selben Rang und in Reih und Glied mit Ladenbesitzern. Albert fügte auch hinzu, sein Magen sei «eindeutig *nicht* besser».

Im Dezember versank Osborne im Schnee. Trotzdem feierte die Familie – ohne Prinz Alfred, dessen Schiff vor Korfu lag – Weihnachten dort. Einer von Alberts Neujahrsbriefen ging auch an Stockmar; darin berichtete er von der Fertigstellung der Eisenbahnverbindung zwischen Köln und

Mainz, die es jetzt möglich mache, in einunddreißig Stunden von London nach Coburg zu reisen. Der Prinz hoffte deshalb, daß er Stockmar wiedersehen würde. «Uns geht es allen ganz gut», fügte er hinzu, «allen außer meinem Magen, der wirklich in bedauerlichem Zustand und dafür verantwortlich ist, daß ich morgens früh aufwache und nicht wieder einschlafen kann – *a shocking bore*, wie man hier allgemein sagt.» Während der folgenden zwei Jahre litt er unter Erschöpfungszuständen. Er spielte seine Schlaflosigkeit und seine Schmerzen herunter und schonte sich nicht.

So umfangreich und intensiv die Korrespondenz zwischen Victoria und Vicky auch geworden war, Mutter und Tochter gingen meist mit einer kurzen Bemerkung über Alberts Klagen hinweg – waren doch schließlich die Frauen das leidende Geschlecht, wie Victoria Vicky bereits erklärt hatte. Außerdem hatten die Sorgen der Prinzessin weit über den häuslichen Rahmen hinaus zugenommen, als sie Mitglied des strikten preußischen Hofes geworden war. Alberts Beispiel war eine schlechte Vorbereitung für ein exponiertes Leben in der Berliner und Potsdamer Öffentlichkeit. Disziplin, Förmlichkeit, Pedanterie, Stoizismus, Konservatismus – das waren alles angebliche Tugenden, die Vicky als sehr junge liberale Intellektuelle bisher nicht ernst genommen hatte.

Vicky, die gegenüber der öffentlichen Meinung nicht unsensibel war, hatte Probleme damit, was sie lesen oder im Theater ansehen solle. Die Königin gab zu, daß sie *Die lustigen Weiber von Windsor* nie gesehen habe, da das Stück «sehr grob» sein solle. Vicky antwortete, daß Shakespeares Grobheit ganz allgemein dem Geschmack der deutschen Damen bei Hofe nicht entspreche, «da er die schlimmsten Dinge mit den schlimmsten Ausdrücken bezeichnet und alles Unschickliche widerwärtig macht». Französische Theaterstücke seien sogar noch schlimmer, denn «sie machen das Unschickliche interessant und beschönigen die Verderbtheit». Besonders zu einem deutschen Stück fehle ihr der Mut, schrieb Vicky ihrer Mutter, nämlich *Faust*. Doch Fritz habe ihr Partien daraus vorgelesen, die sie großartig gefunden habe.

In beiden erweckten die Diskussionen über Bücher und Stücke einen inneren Widerstreit, da ihre puritanische Seite mit ihren lebhaften Impulsen kollidierte und beide zusammen wiederum mit der Notwendigkeit, bei ihrem Leben im Goldfischglas zu einer für die Öffentlichkeit akzeptablen Haltung zu finden. Doch was *Faust* betreffe, meinte die weniger intellektuelle, aber sicherere Victoria, «brauchst Du Dich nicht davor zu fürchten»; und in französische Stücke «solltest Du gehen», denn «es gibt viele, ja eine ganze Menge reizender kleiner Stücke». «Papa ... ging mit Vergnügen in französische Stücke ..., wenn wir nette Gesellschaft hatten.»

Allzu fromme Leute verachtete Victoria, obgleich sie wie viele ihrer

Zeitgenossen zu einer Zeit, als das «Genießen der Predigt» als Sonntagsvergnügen galt, eine gute Ansprache von der Kanzel als gehobene Form der Unterhaltung durchaus schätzte. Ganz besonders suspekt unter den Frommen war ihr, seit sie von seinen Gewohnheiten gehört hatte, W. E. Gladstone, der mittlerweile zum Inventar eines jeden liberalen Kabinetts gehörte. Victoria hatte mit einiger Verwunderung registriert, daß er religiöse Gewissensskrupel zeigte, die ihr absurd erschienen. Schon 1845, als sie das Parlament gedrängt hatte, das römisch-katholische College von Maynooth in Irland finanziell zu unterstützen, hatte Gladstone gegen seine eigene Partei mit der Begründung dagegengestimmt, daß er einmal ein Pamphlet gegen das Prinzip der «Subventionierung von Papisten» verfaßt habe. Wenn er jetzt dafür stimme, wirke das unaufrichtig. Lord Aberdeen, der damalige Außenminister, hatte Gladstone versichert: «Niemand liest Ihr Buch, und wer es tut, versteht es nicht.» Victoria nahm die Kontroverse nicht so leicht und schrieb in ihr Tagebuch: «Unsere Art der Frömmigkeit läßt mich erröten, so bar allen echten Gefühls & jeder Nächstenliebe ist sie.»

Gladstone, mächtiger denn je in seiner Partei und zu Victorias Besorgnis sogar als zukünftiger Premier im Gespräch, wurde von vielen bewundert, unter anderem auch von der Freundin der Königin, der Herzogin von Sutherland, die 1859 zum vierten Mal Erste Kammerfrau geworden war. In einem Brief an die Herzogin von Manchester vom August 1859 erzählt Lord Granville, wie er die Königin beim Pferderennen in Goodwood gesehen habe, wo sie die Herzogin von Sutherland «nachäffte» und «wie sie von ihrer Bewunderung für Gladstone gesprochen habe». Einige Monate später bezog sich Lord Clarendon ebenfalls in einem Brief an die Herzogin von Manchester auf «unseren Jesuiten», der «sich eine Halsentzündung geholt hat (vielleicht auf einem seiner wohltätigen nächtlichen Streifzüge) und nicht auftreten kann» im Parlament. Solche Klatschereien können der Königin nicht entgangen sein. Religiöse – vielleicht auch andere – Impulse hatten Gladstone dazu getrieben, nächtelang Londoner Straßenmädchen nachzugehen, ihnen bis auf ihre Zimmer zu folgen und sie zu beschwören, die Prostitution aufzugeben und ein frommeres Leben zu führen. Er bot ihnen Geld, religiöse Abhandlungen und seine berühmte Beredsamkeit und erhielt dafür die Aussicht auf zukünftige Erlösung und den angenehmen Schauder hautnaher Begegnung mit der Versuchung. Lange hatte er gegen das Fleisch gefochten. 1828 begann der damals Neunzehnjährige seinen Hang zur Masturbation zu bekämpfen, deren Folgen, wie die zeitgenössische Medizin warnte, Blindheit und Geisteskrankheit seien. Gegen 1848 hatten weder seine Heirat im selben Jahr noch das sinnliche Vergnügen an den attraktiven, wenn auch erniedrigten Seelen, die er zu retten vorgab, ihn ausreichend befriedigen können. Er begann, seine Begegnungen durch Selbstgeißelung zu ergänzen. Solche Art der Sublimierung richtete Gladstones Energien verstärkt auf andere Gebiete; keines davon fand die Sympathie der Königin. Sie fand es leicht, ihn abzulehnen, und verachtete seine Politik um so mehr, als *er* sie vertrat. Für sie war er «übergeschnappt», ein «Verrückter», und immer «furchtbar aufgeregt». Sie sollte noch viel mit ihm zu tun haben.

Als die Königin im Januar 1860 das Parlament eröffnete, war Gladstone Finanzminister, der drittmächtigste Mann in seiner Partei nach Palmerston und Russell. Im Unterhaus richtete sich die Aufmerksamkeit weiterhin ganz auf Italien. Victoria ärgerte sich über Palmerstons unverhüllt pro-italienische (und damit pro-französische) Politik; sie zog (wie auch Disraeli) strikte Neutralität vor, was einer Unterstützung Österreichs so nahekam, wie sie es sich nur erlauben konnte. Die Antwort Außenminister Russells war direkt und von grober Respektlosigkeit: «Lord John Russell», erklärte er, «teilt unglücklicherweise die Ansichten Ihrer Majestät über Italien nicht und beabsichtigt nicht, Ihrer Majestät unnötige Darlegungen seiner Ansichten aufzudrängen... Was auch die Folgen sein mögen, die Befreiung des italienischen Volkes von einem fremden Joch ist in den Augen Lord Palmerstons und Lord John Russells ein Gewinn an Freiheit und Glück, über den... sie sich nur freuen können.»

Da Palmerston und Russell sich in Wirklichkeit auch über die erzwungene Annexion Nizzas und Savoyens durch Frankreich freuten, sah die Königin Heuchelei nicht nur in solchen Ansichten, sondern auch im Brief selbst, welcher es, wie sie wutentbrannt an Palmerston schrieb, an «dem Respekt, den ein Minister seinem Monarchen schuldet..., ermangeln» lasse. Lord Granville und Albert intervenierten, um die Wogen zu glätten, aber den wesentlichen Beitrag leistete Napoleon III. durch sein arrogantes Verhalten gegenüber Palmerstons Botschafter in Frankreich, Lord Cowley. Die offizielle britische Linie wurde gemäßigter, doch das änderte nichts mehr an den vollendeten Tatsachen.

Im Februar dieses Jahres begingen die Königin und der Prinz in Windsor ihren zwanzigsten Hochzeitstag, und Albert schrieb an Stockmar: «Ich sehe Sie noch in dem *pew* nicht weit von der Kanzel stehen als *negotiator of the marriage-treaty*, als ich zwischen Papa und Ernst meinen Eintritt in die Kapelle machte! Wir haben seitdem manches erlebt, manches Gute angestrebt; wenn es nicht immer gelang, so war doch der Wille gut...» Alberts Brief fügte Victoria ein Postskriptum hinzu: «Ich wünschte, ich könnte glauben, daß ich jemanden so glücklich *gemacht habe*, wie er mich gemacht hat. Aber an Mangel an *Liebe und Zuneigung* hat es nicht gelegen.»

Die Veränderung der politischen Atmosphäre in dem jetzt weniger frankophilen England wurde im Frühjahr 1860 spürbar, als Victoria in einem Brief an ihren Onkel in Belgien davon sprach, daß die Lage der Dinge «äußerst konfus» sei, aber hinzufügte, Lord Palmerston verhalte sich «*unbeugsam und richtig* gegenüber unserem Nachbarn». (Irgendwie brachte Palmerston es immer fertig, es «richtig» zu machen.) Sie beendete ihren Brief mit dem Lapsus: «Wie immer Deine ergebene *Tochter* (ich schrieb das versehentlich, werde es aber stehenlassen, da es nur meine Gefühle ausdrückt) und Nichte Victoria».

Für Leopold wie für Victoria war dieser Frühling überschattet vom Tod des Fürsten zu Hohenlohe-Langenburg in Baden-Baden, Feodoras Gatten. Auf deutsch schrieb sie Leopold: «Es ist ein braver und ehrlicher Mann weniger in der Welt.» In seinen letzten Jahren war der Fürst der sehr angesehene Präsident der Kammer der Standesherren des Königreichs Württemberg gewesen. Dennoch hatten die Königin und ihre Mutter Feodora immer finanziell unterstützt; von ihrem guten Ruf allein konnte sie nicht leben.

Obwohl Victoria ihn selten gesehen hatte, bedeutete Feos Mann ihr mehr als Feos Bruder (ihr eigener Halbbruder), der im November 1856 verstorbene Fürst Karl zu Leiningen. Victoria hatte schwesterliche Gefühle gezeigt und ihn huldvoll empfangen, wenn Karl sie besuchte. Aber sie vergaß ihm niemals, daß er die Conroyalisten unterstützt hatte, als sie schon fast Königin war. (Vicky gegenüber erwähnte sie dies 1861 als eine Zeit des Zerwürfnisses mit ihrer Mutter, als auch «mein eigener Bruder gegen mich handelte».) Dennoch gestattete sie sich, die zentrale Rolle ihrer Mutter einfach zu vergessen. Die jetzt schnell dahinwelkende Herzogin war zu einem blassen, großmütterlichen Symbol im Hintergrund des Lebens der Königin und ihrer Kinder geworden. Mit der Geburt des kleinen Willy in Deutschland war sie Urgroßmutter geworden. Mancher wunderte sich, was sie wohl mit ihrem jährlichen Einkommen von 30 000 £ tat, da sie jetzt kaum noch Kleider kaufte und nur zwei oder drei Diners im Jahr gab. Vielleicht hätte Feodora es sagen können. Auch Karl, der immer in Geldschwierigkeiten steckte, war vielleicht ein stiller Nutznießer.

Während ihres Schottland-Aufenthaltes im September 1860 ging Victoria auf eine ihrer ersten und erfolgreichsten Inkognito-Reisen. Später waren ihre Reise-Pseudonyme offenes Geheimnis und ihr Gesicht, ihre Figur und ihre Entourage, wie reduziert auch immer, waren viel zu bekannt, als daß es zu mehr als ein bißchen Verstellung auf beiden Seiten gereicht hätte. Im Spätsommer fuhren sie und Albert mit wenigen Begleitern – das Ganze war als psychologische Therapie für Victoria gedacht – den Fluß Geldie hinauf bis Loch Inch, überquerten den Spey auf einer Fähre und holperten dann «in sehr groben Wagen» bis ins fast hundert Kilometer von Balmoral entfernte Grantown. «*Niemand* erkannte uns unterwegs oder in dem kleinen Gasthaus», erzählte sie Leopold begeistert. «Wir reisten unter den Namen Lord und Lady Churchill, und Lady Churchill und General Grey, die uns begleiteten, unter den Namen Miss Spencer und Dr. Grey! *Nur* zwei Zofen hatten wir dabei (die wir mit unseren Sachen vorausgeschickt hatten) und *keine* Diener außer unseren beiden hervorragenden Hochländern, d. h. Alberts erstem Pirschjäger oder Jagdhüter und *meinem eigenen Hochlanddiener* und Faktotum – beides hervorragende, intelligente, ergebene Leute. Erst *nach* unserer *Abreise* wurde es bekannt.» Ihr Hochlanddiener war der damals vierunddreißigjährige John Brown. Auf der Reise verriet er einmal fast alles, indem er Victoria beim Einsteigen in die Kutsche «Eure Majestät» nannte, und John Grant, der erste Jagdhüter von Balmoral, der als Alberts Diener fungierte, redete ihn einmal mit «Eure Königliche Hoheit» an. Die Versprecher lösten bei den anderen Gekicher aus und erhöhten nur das Vergnügen an der Maskerade.

Ganz war die Geheimhaltung jedoch nicht gelungen, da der Dogcart, mit dem sie ihre Reise begonnen hatten, das Wappen von Balmoral trug und jemand am Wegrand Albert erkannte. «Die Dame muß schrecklich reich sein», bemerkte eine Frau über Victoria, die wie üblich zahlreiche Ringe trug. Die Königin konterte, Lady Churchill trage noch viel mehr Ringe. Das Gefühl der Freiheit in Schottland, das Spiel, nicht Königin zu sein, machte ihr das größte Vergnügen.

Da Stockmar schon über siebzig Jahre alt und sehr hinfällig war, Vicky bereits Mutter zweier Kinder und der Gesundheitszustand von Alberts Stiefmutter, der Herzoginwitwe Marie, höchst bedenklich, beschlossen Königin und Prinzgemahl, im Frühherbst nach Coburg zu fahren und auch Vicky dort zu treffen. Cavour, Garibaldi und das Durcheinander in Italien konnten warten, zumal die Königin kaum Einfluß auf die Ereignisse hatte. Dennoch begleitete als Vertreter der Regierung Lord John Russell die Reisenden, da alle Fragen, die möglicherweise auftauchen konnten, voraussichtlich in sein Ressort als Außenminister fielen. Die königliche Yacht brachte die Königin und den Prinzen mit Alice und Gefolge nach Antwerpen. Dort trafen sie König Leopold und seine Söhne, die sie nach Veviers zum Bahnhof begleiteten. Leopold hatte ein Telegramm von Alberts Bruder Ernst bei sich: «Mama» Marie lag im Sterben. Die Reise solle einen Tag verschoben werden. Albert telegraphierte zurück, das sei unmöglich und er hoffe das Beste. In Frankfurt erwartete sie ein weiteres Telegramm. Herzogin Marie war gestorben.

«Zu unserem Bedauern», schrieb Victoria in ihr Tagbuch, «wurden wir von einer Ehrengarde und einer Kapelle empfangen.» Obwohl sie die traurige Nachricht soeben erst erhalten hatten, befanden sie sich damit offiziell bereits in Trauer. Sie verbrachten die Nacht im Hotel d'Angleterre wie vor fünfzehn Jahren und setzten am nächsten Tag die Bahnfahrt durch das Maintal nach Lichtenfels fort, wo sie in die thüringische Eisenbahn nach Coburg umstiegen. Dort trafen sie um fünf Uhr nachmittags ein. Die dem Trauerfall entsprechend gedämpfte Begrüßung bewegte Albert und Victoria mehr als jeder traditionelle Empfang in strahlendster Gala. Auf dem Schloß bei Alexandrine, der Herzogin von Coburg, war auch Vicky «in tiefster deutscher Trauerkleidung mit langen schwarzen Schleiern...», schrieb die Königin. «Eine zärtliche Umarmung, und dann stiegen wir die Treppe hinauf... konnte kaum sprechen, ich war so bewegt und zitterte richtig.»

Auch der «etwas schwach» wirkende Stockmar, den sie seit seinem Abschiedsbesuch in England 1856 nicht mehr gesehen hatten, war da und der kleine Willy, «ein hübsches dickes Kind» mit «ganz hellem gelocktem Haar».

Zwei Tage danach fand die Beerdigung der Herzogin statt. Albert war erschüttert, doch weit mehr bewegten ihn die stillen, erinnerungsträchtigen Besuche vertrauter Orte in den vier darauffolgenden Tagen. Der Tagebucheintrag der Königin unter dem 1. Oktober beginnt: «Bevor ich fortfahre, muß ich Gott danken, daß er meinen Geliebten beschützt hat! Ich zittere noch jetzt, wenn ich nur daran denke... Auf wunderbare, *höchst gnädige* Weise wurde er gerettet!» Albert war allein in einer vierspännigen Kutsche von Schloß Kalenberg nach Coburg gefahren. Etwa fünf Kilometer vom Schloß entfernt scheuten die Pferde und gingen durch. Drei Kilometer weiter unten an der Straße stand ein wartender Wagen vor einer Eisenbahnschranke. Der Zusammenstoß war unvermeidlich, und Albert rettete sich durch einen Sprung. Mit Verletzungen und Prellungen, aber bei Bewußtsein, eilte er dem Kutscher zu Hilfe, auf dessen Wagen seine Kutsche gekracht war, während die überlebenden Pferde (eins war bei dem Unfall getötet worden) nach Coburg weiterrasten.

In der Stadt erkannte man die durchgegangenen Pferde, und Colonel Ponsonby, der Stallmeister des Prinzen, jagte mit dem jungen Arzt der Reisegruppe, William Baly, und Carl Florschütz, dem Arzt des Herzogs, zum Unfallort. Dann holte Ponsonby die Königin, die Albert auf dem Bett seines Dieners Löhlein vorfand, mit Kompressen auf Nase, Mund und Kinn. Victoria schwankte zwischen Entsetzen und Dankbarkeit. «Ich habe Telegramme nach England geschickt aus Furcht vor Fehlmeldungen.»

Am nächsten Tag blieb der Prinz in seinem Zimmer, sagte aber, er fühle sich besser. «Der gute Stockmar war hier. Die Nacht über war er fast von Sinnen bei dem Gedanken, was hätte passieren können... Viele Depeschen und Briefe; der Kaiser und die Kaiserin von Frankreich erkundigen sich nach dem lieben Albert... Mein Herz sehr schwer, habe aber nicht nachgegeben.» Unter den aus London nachgesandten Briefen, die nichts mit dem Unfall zu tun hatten, war auch einer vom Prinzen von Wales. Auf einer Reise durch Kanada und die Vereinigten Staaten – ein äußerst erfolgreiches Unternehmen, das bewies, daß er trotz seiner Mißerfolge auf geistigem Gebiet gesellschaftliche Gaben zeigte – hatte Bertie die Niagarafälle erreicht.

Am 4. Oktober fuhr die Königin mit Prinzessin Alice zu Baron Stockmars Haus in der Webergasse und besuchte zum ersten Mal seine «zuvorkommende Frau». Bei keinem seiner Englandaufenthalte, die sich zu vielen Jahren summierten, hatte sie ihn je begleitet. Obwohl Victoria und Albert erst am zehnten abreisten, war jeder Tag für den Prinzen ein Abschiednehmen, bei dem er noch einmal Bilder und Klänge und Gerüche in sich aufnahm, die er, wie er ahnte, nicht wieder erleben würde. Das strahlende Herbstwetter wurde kalt und naß und machte die Trennung etwas leichter. «Ich hatte einen letzten Besuch vom lieben Stockmar», schrieb Victoria, «und sprach mit ihm über vieles. Gegen Ende seines Besuches kam der liebe kleine William herein und spielte im Zimmer, so daß wir über das Abschiednehmen hinwegkamen, ohne daß es Stockmar zu sehr aus der Fassung brachte.»

An den letzten Tagen gab es zum Glück für Alberts Seelenfrieden diplomatische Ablenkung aus London – «ständige Depeschen aus Italien und über Italien», notiert Victorias Tagebuch. «Die Lage wird immer komplizierter. Der Kaiser [von Frankreich] erklärt, daß er den Papst in Rom schützen wird... Albert ist zu beschäftigt, um auszugehen.» Auch am nächsten Morgen befaßte er sich mit diplomatischen Papieren, aber an Alberts letztem Nachmittag in Coburg machte sein Bruder Ernst einen Spaziergang mit ihm. Nachher erinnerte er sich an Stockmars Worte. Dieser hatte angesichts von Alberts Niedergeschlagenheit und Schwermut – die mit dem Unfall nichts zu tun hatten, wie er aus seiner ständigen Korrespondenz mit Albert wußte – im Vertrauen zu Ernst gesagt: «Gnade uns Gott! Wenn ihm irgend etwas Ernstes zustößt, stirbt er.»

Aller Wahrscheinlichkeit nach stand es bereits ernst um ihn, und Stockmar wußte dies so gut wie Albert. Der Prinz zumindest glaubte, daß es langsam aber sicher mit ihm zu Ende ging. «An einem der schönsten Plätze», erinnerte sich Ernst, «blieb Albert stehen und suchte plötzlich nach seinem Taschentuch.» Der Herzog dachte, Alberts Wunden im Gesicht hätten wieder angefangen zu bluten, und wollte ihm zu Hilfe kommen, entdeckte aber statt dessen, daß Tränen über seine Wangen liefen. Albert beharrte darauf, er wisse, daß er zum letzten Mal im Leben an diesem Ort gewesen sei. Schweigend kehrten die Brüder zum Schloß zurück.

Die langsame Heimreise nach London bei unaufhörlichem kaltem Regen war eine einzige Misere, aufgehellt nur durch Vickys Gegenwart, die, obwohl mit einem deutschen Fürsten verheiratet, noch nie eine Rheinreise gemacht hatte. Victoria litt an einer schweren Erkältung mit Halsentzündung und Fieber. Albert, der kranker war, als sie wußte, versuchte, seine ständigen Kopfschmerzen und Magenbeschwerden, seine Krämpfe und Schüttelfröste zu verbergen, bis er wieder auf heimatlichem Boden und in der Abgeschiedenheit von Balmoral war.

Auf dem Koblenzer Bahnhof schlossen sich die Prinzessin von Preußen, Vickys Schwiegermutter, und Großherzog Friedrich von Baden den Reisenden an, um mit ihnen einen Ausflug an Rhein und Mosel zu machen. In Regen und Hagel, wackelig auf den Beinen, taten sie, was man von ihnen erwartete, und waren abends froh, endlich ins Bett zu kommen. Nach zwei Tagen in Koblenz fuhren sie am 13. Oktober nach Köln weiter, wo der Prinzregent von Preußen zu ihnen stieß, Vickys Schwiegervater. Bis Aachen unterhielt er sich im Zug mit Victoria und Albert; dann nahmen die Preußen, auch «little William», endgültig Abschied.

Leopold stand in Veviers am Zug und war entsetzt über das Aussehen des königlichen Paares. «Ich konnte kaum gehen, als wir ausstiegen», schrieb Victoria in ihr Tagebuch, «und kam nur mühsam die Treppen hinauf ... Dr. Baly stellte eine schlimme Halsentzündung und hohes Fieber fest; so mußte ich in meinem Zimmer im Bett bleiben und durfte niemanden sehen.» Das von Leopold ihr zu Ehren geplante Essen in Brüssel fand tags darauf, am 14. Oktober, ohne sie statt.

Selbst der endgültige Abschied aus Belgien wurde durch schlechtes Wetter verzögert. Bevor die Yacht sich weit von Antwerpen entfernt hatte, verdunkelte sich der Himmel, und ein sintflutartiger Regen zwang das Schiff zum Ankerwerfen. Schließlich erreichten sie Gravesend am 17. Oktober um sechs Uhr abends, eine Woche nach ihrem Aufbruch aus Coburg.

Noch angegriffen von ihrer Krankheit und dankbar für Alberts wunderbare Errettung in Coburg schrieb Victoria an Sir Charles Phipps, den Verwalter der Privatschatulle Ihrer Majestät, um die Möglichkeit einer permanenten Stiftung in Coburg zu sondieren, die an jedem 1. Oktober, dem Jahrestag von Alberts Rettung, ausgezahlt werden sollte. So wurde die bescheidene *Victoria-Stiftung* mit einem Vermögen von etwas über 1000 £ gegründet. Zweck der Stiftung war, Männern und Frauen «von beispielhaftem Charakter aus bescheideneren Lebensumständen» mit kleinen Summen die Finanzierung von Lehrstellen, den Kauf von Werkzeugen und Arbeitsausrüstung oder, bei Frauen, einer kleinen Aussteuer zu ermöglichen. Praktisch wurde mit ihr Albert ein erstes Denkmal gesetzt.

Die Königin erholte sich schneller als Albert. «Mein Anfall», schrieb er

Vicky am 11. Dezember, als er wieder arbeiten konnte, «war die echte englische Cholera.» «Englische Cholera», auch «Sommercholera» genannt, ist eine Durchfallerkrankung, die gewöhnlich zwei bis sieben Tage andauert und von heftigen Magenkrämpfen begleitet wird. Albert litt unter solchen Symptomen, war aber zwei Monate lang krank gewesen. Jetzt mußte er so tun, als sei er wieder ganz gesund, da Kaiserin Eugénie ohne ihren so charmanten Gatten in London im Claridge's logierte und zu einem Privatbesuch erwartet wurde (U es gab nicht die geringste Anspielung auf Politik»). Und in Windsor wohnte Alices zukünftiger Ehemann, der liebenswerte, aber farblose Prinz Ludwig von Hessen, dem die Königin einen Zahnarzt für seine schlechten Zähne verordnet hatte und für den eine Militärparade in Aldershot geplant war, die wegen plötzlicher Schneefälle abgesagt werden mußte.

Weihnachten 1860 wurde in Windsor gefeiert, und der Prinz von Wales und Prinz Albert kamen dazu nach Hause. George Byng, der siebte Viscount Torrington, zu diesem Zeitpunkt «diensttuender» königlicher Kammerherr, schickte J. T. Delane von der *Times* einen Bericht von diesem letzten Weihnachtsfest der Familie mit dem Prinzgemahl. Torrington, ein geistreicher Skeptiker, der seinen Brief mit «Ihr Sonderkorrespondent in Windsor» unterzeichnete, war «angenehm überrascht und erfreut» über den königlichen Weihnachtsabend:

> Die privaten Wohnzimmer der Königin, drei an der Zahl, waren durch von der Decke herabhängende Weihnachtsbäume erleuchtet; die Leuchter waren abgenommen worden. Diese Bäume von ungeheurer Größe und weitere auf den Tischen waren mit Bonbons und farbigen Wachslichtern geschmückt. Einige Bäume waren so präpariert, daß sie aussahen, als läge Schnee auf den Zweigen. In diesen Räumen befanden sich auch all die Geschenke der königlichen Familienmitglieder füreinander. Jeder machte jedem ein Geschenk, so daß einschließlich des Prinzen von Hessen und der Herzogin von Kent jeder dreizehn Geschenke gab und erhielt ...
> Ich habe kaum je etwas Erfreulicheres gesehen. Die königliche Familie legte alles Offizielle ab und wurde in Worten, Handlungen und Taten eine ganz normale Familie – ohne Formalitäten oder eine Spur von Zeremoniell. Wie auf einem öffentlichen Bazar, wo die Leute sich drängeln und stoßen, lachten und unterhielten sich Herrschaften, Diener, die Königin und die Prinzen, vergaßen sich zu verbeugen und drehten einander ungeniert den Rücken zu. Kleine Prinzessinnen, die normalerweise kaum wagen, einen Kammerherrn auch nur anzusehen, zeigten jedem, dessen sie habhaft wurden, überglücklich die Schätze,

die sie geschenkt bekommen hatten ... Prinz Arthur (die Zierde der Schar) schlüpfte gleich in die Freiwilligenuniform, die ihm mit zahllosen anderen Dingen einschließlich eines kleinen Gewehrs zugefallen war, zielte aus nächster Nähe auf seinen Papa und präsentierte das Gewehr.

Einige Geschenke waren äußerst geschmackvoll und paßten zum Empfänger, und selbst die Geschenke der Kinder für ihre Eltern waren so ausgewählt, daß auch die Königin etwas damit anfangen konnte. Ich sah keinerlei Schmuck außer dem, den die Königin den Mitgliedern des Hofes schenkte, und das fand alles in einem anderen Raume statt. Ich erhielt einen Satz Kragen-, Manschetten- und Westenknöpfe, sehr hübsch, aus schlichtem Gold, dazu ein Notizbuch und wie jeder von uns einen großen Nürnberger Lebkuchen. Ob der Prinzgemahl sich mit bestimmten Geschenken für Phipps, Biddulph, Grey und Bruce einen Spaß erlaubte, weiß ich nicht, aber Phipps bekam Salzfäßchen, die auf kleinen Fischen mit *offenen Mäulern* stehen, Biddulph einen *Brotkorb*, Grey ein Zuckerkörbchen und Bruce einen Weinkrug ...

Nie sah ich ein glücklicheres Bild als die Mutter mit all ihren Kindern: Der Prinzgemahl verlor seine Steifheit, und Ihr *Windsor Sonderkorrespondent* unterhielt sich sehr vergnügt und freundlich mit beiden. Alles in allem war das ein Anblick, den ich Ihnen gegönnt hätte ...

Am Weihnachtstag waren die Fenster von Windsor Castle zugefroren, obwohl eine kalte Sonne schien. Das Weihnachtsdiner war nur für die Erwachsenen. Das Essen war «wirklich herrlich. Wieso ich überhaupt noch davon erzählen kann, ist mir ein Rätsel. Ich nahm von dem Rinderbraten, dem Wildschweinkopf und der vom Vizekönig von Irland geschickten Schnepfenpastete. Zum Glück ging ich erst kurz vor drei ins Bett, weil wir den Abend mit Poule beim Billard beendeten, und Kapitän Du Plat und ich verspielten alles bis auf unsere letzten Silbermünzen. Insgesamt ein richtig lustiger Weihnachtstag ...»

Ob Ludwig von Hessen-Darmstadt sich seine kleinen Verluste leisten konnte, war kein Thema. Der Großherzog von Hessen verweigerte ihm zwar ein hessisches Schloß, aber Victoria würde für ihn sorgen. Als Ludwig nach Alices Konfirmation 1859 eingeladen worden war und längere Zeit nicht zur Sache kommen wollte, machte die Königin sich Sorgen, daß Alice für einen anderen Bewerber nicht hübsch genug sein könnte. Aber Albert hatte ihn nach einem heftigen Wortwechsel mit Victoria fortgeschickt und ihm gesagt, er solle wiederkommen, wenn er bereit sei. Im Herbst 1860 war er wieder da, und die Königin bestand sofort darauf, daß er Englisch sprechen lernen und immer sprechen solle, obwohl sie und Albert untereinander deutsch sprachen. Alice, die gerade erst siebzehn Jahre alt und bis dahin sorgfältig von allen heiratsfähigen männlichen Wesen abgeschottet worden war, war gleich bereit zu glauben, daß der von der Königin für sie bestimmte junge Mann ein idealer Partner sei. Sobald die Verlobung verkündet und ein Heiratstermin für 1862 festgesetzt war, begann die Königin, beim Parlament auf finanzielle Zusagen zu drängen.

Eine andere Verlobung in der Familie freute die Königin weniger. Feos Sohn Victor, ein englischer Marineoffizier, hatte angekündigt, er werde Laura Seymour heiraten, die schöne Tochter von Admiral Sir George Seymour. Da sie weder Titel noch Vermögen besaß, betrachtete die Königin die Verbindung als Mesalliance. Sie beorderte ihren Neffen in den Buckingham Palace, um ihm ein paar deutliche Worte zu sagen, und der junge Mann, wie Lord Clarendon der Herzogin von Manchester berichtete, «benahm sich ausgezeichnet... Er sagte, seine Familie sei mediatisiert worden und wenn die Königin ihm je die Ehre antäte, ihn einzuladen, das dies mit anderen seines Ranges aus der königlichen Marine zusammen geschehe, daß er aber bei allem Respekt ablehnen müsse, je ohne seine Frau in den Palace zu kommen.»

Die Königin besann sich bald eines anderen. Die Braut, verkündete sie Victor wenige Tage später, solle den Ehrentitel Gräfin von Gleichen nach der Coburger Grafschaft erhalten. Graf und Gräfin Gleichen wurden am 26. Januar 1861 in St. Peter am Eaton Square ohne die unnachgiebige königliche Verwandtschaft getraut; doch die Herzogin von Kent schickte eine Freundin, die ihr alles genau beschrieb, und Feodora erhielt einen Bericht von der Zeremonie.

In Windsor schimpfte die Königin öffentlich und privat über Machthunger und Ruhmgier des französischen Kaisers. Der frankophile Lord Clarendon, ein häufiger Besucher, bedauerte der Herzogin von Manchester gegenüber die Gewohnheit der Königin, Moral und Außenpolitik zu vermengen. Eine Januar-Gesellschaft in Windsor, wo der Mangel an Annehmlichkeiten kaum geringer war als zur Zeit, da die junge Königin dort Melbourne zum Diner empfangen hatte, kommentierte er folgendermaßen: «Wenn die angenehmsten Leute der Welt eingeladen sind, bekommt man sie kaum zu Gesicht, da es keinen Raum für Begegnungen gibt & das *chacun chez soi* System dort üblich ist. Ich mag es viel lieber, als Geselligkeit vorzutäuschen, & die Gespräche mit der K. & dem P. sind immer angenehm & oft informativ. Ich wünschte, sie wären nicht so *acharnés* gg. den Ksr., denn es verbittert ihr Leben & und ihre Gespräche & die K. wird heimgesucht von kaiserlichen Alpträumen anglo-germanischer Art.»

Daß sich ein kaiserlicher Alptraum zusammenbraute, konnte man in

Preußen und Frankreich wohl spüren. Aber er schien noch weit entfernt und vielleicht vermeidbar, als zu Beginn des Jahres 1861 der seit langem geisteskranke Friedrich Wilhelm IV. starb. Für den englischen Hof war die Thronbesteigung von «Fritzens» Vater, der de facto Preußen längst regierte, trotz der offiziellen Trauer Anlaß zum Feiern. Vickys Gatte war jetzt Kronprinz, und der neue König schien liberale Anschauungen zu haben – obgleich er bald seinem kriegerischen «eisernen Kanzler» Otto von Bismarck nachgeben sollte, den er im Jahr darauf zum Premierminister machte. Zu Beginn der Regierung des schon älteren Königs Wilhelm schien Victorias und Alberts Traum, ihre Tochter bald als Königin eines fortschrittlichen, vereinten Deutschlands zu sehen, zum Greifen nahe.

Trotz solcher Aussichten berichteten Vickys Briefe von lauter Sterbebetten und Trauerfällen, und die Post, die sie aus England erhielt, war von ähnlicher Art. Ausgerechnet als in Victorias Haushalt aufgeklärte medizinische Hilfe vonnöten war, wurde William Baly, der neue Leibarzt der Königin, Opfer eines gräßlichen Eisenbahnunglücks.

Für den Prinzen war Balys Tod besonders schlimm, da der Arzt seine anhaltenden Beschwerden behandelt hatte, unter anderem Zahnfleischentzündungen, die ihn nun schon seit zwei Jahren quälten und immer schlimmer geworden waren. «Papa will nie zugeben, daß es ihm besser geht oder er versuchen sollte, darüber hinwegzukommen», schrieb die Königin munter an Vicky, «sondern trägt eine solche Leidensmiene zur Schau, daß die Leute immer meinen, er sei sehr krank. Bei mir ist das ganz anders; ich ... lasse mir nie etwas anmerken, und deshalb glauben die Leute, daß ich nie krank oder unpäßlich bin. Sein Nervensystem ist leicht aufgeregt und gereizt, und alles überwältigt ihn immer gleich.» Albert fühlte sich tatsächlich elend, setzte aber seine Aktivitäten fort, die mit Beginn der neuen Sitzungsperiode des Parlaments noch umfangreicher wurden.

Da der nicht sehr kompetente Sir James Clark schon halb im Ruhestand war, wurde ein neuer Arzt ernannt, William Jenner – «ein großer Freund unseres armen Dr. Baly», schrieb Victoria an Vicky. «Er ist äußerst klug und hat eine angenehme kluge Art.»

Als der König von Preußen Anfang Januar im Sterben lag, hatte Victoria ihrer Tochter, der eine neue bedrückende Erfahrung bevorstand, anvertraut: «Ich habe bis jetzt noch nie an einem Totenbett gestanden.» Das sollte sich bald ändern. Dr. Jenner hatte kaum sein Amt aufgenommen, als es der Herzogin von Kent schlechter ging. Die Prioritäten der Königin verlagerten sich. Sie hatte sich wohl wegen Alberts Gesundheit Sorgen gemacht, aber nie so sehr, daß sie dies von ihrer Dauerbeschäftigung, den Heiratsanbahnungen, abgehalten hätte. Nun wollte sie die Zukunft des Prinzen von Wales in die Hand nehmen, an dessen Oberflächlichkeit der offizielle Erfolg seiner Nordamerikareise nichts geändert hatte. Da Victoria durch den sich verschlechternden Zustand ihrer Mutter abgelenkt war, fiel Vicky die Aufgabe zu, eine Braut für Bertie zu finden – fast mit Sicherheit die zukünftige Königin. Auch wenn gerade in ihrem weiteren Umkreis aussichtsreiche Kandidatinnen aufwuchsen, waren doch auch dänische und holländische Möglichkeiten ins Auge zu fassen. (Die Prinzessin mußte protestantisch sein.) Victoria fand aber, die holländischen Prinzessinnen sähen wenig vielversprechend aus, und die dänische Prinzessin, so schön sie auch war, schien angesichts des schwelenden dänisch-preußischen Konfliktes um Schleswig und Holstein politisch unannehmbar.

Vicky hatte der Königin Photographien geschickt, und Victoria antwortete bezüglich der dänischen Kandidatin: «Prinzessin Alexandra ist wirklich entzückend!... Was für ein Jammer, daß sie ist, wer sie ist!» Alberts Kommentar war noch bewundernder, obwohl man ihn doch für noch pro-deutscher hätte halten können: «Nach der Photographie würde ich sie sofort heiraten», sagte er.

Während Victoria mit Albert zusammen die letzten Minuten des Jahres 1860 verrinnen sah, hatte sie sich laut über Kriegsgefahren auf dem Kontinent gesorgt und Befürchtungen um England geäußert. «Mein teurer Gatte», schrieb sie in ihr Tagebuch, «heiterte mich auf & hielt mich in seinen lieben Armen und sagte: ‹Wir müssen Vertrauen haben, und wir haben Vertrauen, daß Gott uns beschützen wird.›» Der eigentliche Jahresbeginn war für sie jedoch immer der 10. Februar: 1861 war das der einundzwanzigste Jahrestag ihrer Eheschließung mit «diesem vollkommensten aller menschlichen Wesen, meinem innig geliebten Gatten!» Er war auch Anlaß für sie, ihre Schuldgefühle wegen ihrer «dummen Sensibilität & Gereiztheit» schriftlich niederzulegen, die ihre Beziehung zu Albert immer wieder belasteten. Eine Frau mit so königlichen Gewohnheiten, daß sie niemals hinter sich sah, wenn sie sich setzte, konnte keinen Unterschied zwischen ihrem Gatten und ihren anderen Untertanen machen, wenn sie in königlicher Art aufbrauste. Wieder einmal beschloß sie, ruhiger zu werden.

Obwohl es ihrer Mutter immer schlechter ging, schien es bis Mitte März keinen Grund zu direkter Besorgnis zu geben. Victoria war mit Bräuten und weniger wichtigen Dingen beschäftigt; zum Beispiel bot sie der Kaiserin von Österreich, die einen Nervenzusammenbruch erlitten hatte, die königliche Yacht für eine Erholungsreise nach Madeira an.

Der Zusammenbruch der Kaiserin spiegelte die instabile politische Lage in Österreich, und Victoria, der an der Aufrechterhaltung des Status quo in Mitteleuropa gelegen war, drängte ihre Regierung, italienische Revolutionäre im österreichischen Italien nicht weiter zu unterstützen. Die Erhaltung des Gleichgewichts der Mächte bedeutete auch, über eine abschreckende militärische Stärke zu verfügen. Victoria und Albert hatten zu Weihnachten ein Bild der neuen französischen eisengepanzerten *La Gloire* gesehen, das Lord Torrington mit nach Windsor gebracht hatte, und hatten von Lord Cowley in Paris von Napoleons weitreichenden Plänen für die Marine gehört. Nun drängten sie darauf, daß auch in England etwas geschehen müsse. Die Königin erwarte «mit Unruhe», trieb sie Palmerston an, «einen genauen Bericht über unseren Stand der Vorbereitungen für eisenbewehrte Schiffe und über die Schritte, die zur Überwindung unserer Mängel unternommen wurden. Wir müssen zahlenmäßig stärker als die Franzosen und insgesamt weit überlegen sein, wenn wir uns nicht einer Katastrophe aussetzen wollen.»

Zwar eilte der Prinz von Besprechung zu Besprechung und führte indirekt die Korrespondenz der Königin, arbeitete aber nicht mit seiner üblichen Effizienz. Bis weit in den Februar hinein litt er an Schlaflosigkeit, Drüsen und Zahnfleisch waren geschwollen, und er konnte nur selten richtig essen. Dann wurde ihm noch mehr Verantwortung aufgebürdet. Am 28. Februar starb plötzlich Sir George Couper, der seit Conroys Amtsenthebung den Haushalt der Herzogin von Kent treuhänderisch verwaltete. Albert mußte auch diese Aufgabe übernehmen, die durch den geschwächten Zustand der Herzogin zusätzlich erschwert wurde. Mit fünfundsiebzig litt sie unter einer schmerzhaften Wundrose. Eine Operation an ihrem geschwollenen rechten Arm beschleunigte nur ihr Ende.

Als der Morgen des 16. März dämmerte, kam Victoria wieder und wieder, um zu sehen, wie es mit ihrer Mutter zu Ende ging. Die einzigen Laute im Zimmer waren ihr schweres Atmen und der Viertelstundenschlag der großen Repetieruhr des Herzogs von Kent. Um sieben Uhr dreißig in der Frühe betrat Victoria das Zimmer der Herzogin zum letzten Mal und stand zum ersten Mal vor einem Sterbebett. «Ich saß auf einem Schemel und hielt ihre Hand... Ich fühlte, daß das Ende schnell näherkam, da Clark hinausging, um Albert zu rufen... Ihr Atem wurde schwächer und schwächer. Schließlich hörte er auf... Genau in dem Augenblick schlug die Uhr halb zehn.»

Tiefer Kummer, der in Schuld- und Reuegefühlen gründete, erfaßte die Königin, und als sie nach der Beerdigung die Papiere ihrer Mutter durchsah, brach sie gänzlich zusammen. Ihre Mutter hatte jede kleine Erinnerung an ihre Kindheit aufbewahrt. Sie hatte Victoria wirklich geliebt. Alle Bosheit mußte man der Lehzen und Conroy anlasten.

Ihre Trauer nahm solch exzessive Ausmaße an, daß Familie und Hof in ihrer hysterischen Hingabe an den Schmerz einen schweren Nervenzusammenbruch erkannten.

Im Juni eröffnete der blasse, erschöpfte Prinzgemahl die Königliche

Gartenbau-Ausstellung in Kensington. Die Königin fühlte sich öffentlichen Auftritten immer noch nicht gewachsen und blieb in Osborne. «Bin krank, habe Fieber und Gliederschmerzen und fühle mich sehr schlecht», war ein typischer Eintrag in Alberts Tagebuch zu dieser Zeit. Der amerikanische Bürgerkrieg hatte begonnen, und man befürchtete, England könne in diesen Konflikt mit hineingezogen werden, da die englischen Textilmühlen auf die Baumwolle der Südstaaten angewiesen waren. Gleichzeitig mußten sich Albert und die Königin gegen Bemühungen Lord John Russells zur Wehr setzen, Dänemark Sicherheitsgarantien zu bieten, die sich gegen Preußens Ansprüche auf Holstein richteten – «einen Teil Deutschlands» (des Deutschen Bundes), wie ein Brief mit der Unterschrift der Königin den Außenminister erinnerte.

Obwohl Albert einem physischen Zusammenbruch nahe war, plante er mit der Königin eine Irlandreise; sie sollte mit dem zehnwöchigen Militärdienst des Prinzen von Wales dort zusammenfallen. Ein ehrgeiziges Programm war ausgearbeitet worden, um Bertie mit den Aufgaben der verschiedenen Offiziersränge vertraut zu machen. Alle vierzehn Tage sollte er um eine Stufe befördert werden, bis er im August vor den Augen der Königin ein ganzes Bataillon kommandieren könnte, wenn sie das Lager der Curragh of Kildare bei Dublin besuchte. Die Berichte von General Bruce, dem Erzieher des Prinzen, waren und blieben jedoch entmutigend. Mittlerweile mußte Albert der Königin weiter aus ihren Depressionen heraushelfen, damit königliche Gäste empfangen und unterhalten werden konnten: der König von Schweden, der König von Belgien, ihr eigener Schwiegersohn, der Kronprinz von Preußen, zusammen mit Vicky. Das waren mehr als nur Protokollpflichten; in den europäischen Hauptstädten gingen Gerüchte um, Victoria habe einen so heftigen Zusammenbruch erlitten, daß man sie in eine gepolsterte Zelle habe einsperren müssen. Sogar Vicky hatte ihrem Vater davon aus Berlin berichtet. Es war von größter Wichtigkeit, daß Victoria öffentlich wie eine Königin auftrat.

Daß Bertie sich nicht dafür eignete, eine Kompanie, geschweige denn ein Bataillon zu kommandieren, war kein ausreichender Grund, die Irlandreise abzusagen. Die Königin war seit 1849 nicht mehr dort gewesen. Eine Absage würde nur die Gerüchte über ihre Geisteskrankheit bestätigen. Die Königin und der Prinz kamen, besuchten am 24. August das Lager im Curragh und sahen zu, wie Bertie mit einer einfachen Kompanie von Grenadiergardisten vorbeimarschierte – eine öffentliche Zurschaustellung seiner mangelnden Fortschritte. Aber Victoria erging sich noch immer in Selbstmitleid. In Irland war sie «schwach und sehr nervös», schrieb sie an Leopold; ohne ihre Mutter fühle sie sich (mit zweiundvierzig!) «als ob sich niemand mehr um uns kümmerte».

Ein Familienmitglied, um das man sich intensiv kümmerte, war Bertie, der bis zur Absurdität gegängelt wurde. Für die anderen jungen Offiziere, mit denen er so wenig Umgang wie möglich haben sollte, war das eine Herausforderung, ihn aus dem königlichen Kokon herauszuziehen. Nach einem Abschiedsfest im Curragh schmuggelten Berties Offizierskollegen ihm Nellie Clifden ins Bett, eine junge Dame mit gewissen Talenten. Der Prinz von Wales traf auch weiterhin mit Nellie zusammen. Aber nichts davon drang bis zu Victoria durch.

Nur Schottland konnte das heilsame Klima bieten, das die Königin zu brauchen meinte. Albert plante sorgfältig therapeutische Ausflüge von Balmoral aus, unter anderem einen Inkognito-Aufenthalt im Ramsay Arms in Fettercairn, wo einzig der Wirt und seine Frau eingeweiht waren, wer ihre Gäste waren. Eine andere Unternehmung führte sie zum Gasthaus von Dalwhinnie, wo ein Dienstmädchen sie erkannte. Sie machten täglich Wanderungen, und Victoria schrieb Leopold über den «unschätzbaren Hochlanddiener», der immer den Korb mit dem Lunch und Erfrischungen trug. John Brown (sie erwähnte den Namen nicht) «ist mein Faktotum hier», fuhr sie fort, «und sorgt fabelhaft für mich, indem er die Aufgaben eines Dieners, Lakaien, Pagen und einer Zofe erfüllt, könnte ich fast sagen, denn er ist so geschickt mit Mänteln und Schals... Er führt immer mein Pony und begleitet mich draußen, und so einen guten, geschickten, zuverlässigen, ergebenen Diener habe ich sonst nirgends...»

Wenig später vertraute sie Vicky an, «Johnny Brown» habe bemerkt, als er Jane Churchill aufhalf, die beim Abstieg von Craig Nordie gestürzt war: «Euer Gnaden sind nicht so schwer wie Ihre Majestät!» Die Damen hatten gelacht, und die Königin fragte: «Finden Sie, daß ich schwerer geworden bin?»

«Well, ich glaube ja», sagte Brown mit der Offenheit eines Dieners und der Sachkenntnis dessen, der die Königin oft in den Sattel gehoben hatte.

Victoria beschloß, sich wiegen zu lassen.

Aus Sorge über Prinz Leopolds saisonbedingte Anfälligkeit schickten Victoria und Albert nach ihrer Rückkehr nach Windsor ihren an der Bluterkrankheit leidenden Sohn für den Winter an die französische Riviera. So hatte man wenigstens eine Sorge gebannt. Ein Berg aufgeschobener Schreibtischarbeiten erwartete den Prinzen, und kaum hatte er mit dem Aufarbeiten begonnen, als am 6. November ein Telegramm aus Lissabon eintraf, das den plötzlichen Tod seines Vetters Ferdinand in einer Typhusepidemie mitteilte. Darauf folgten zwei weitere Telegramme, die von Krankheit und Tod König Pedros V. berichteten. Ferdinand wie Pedro waren Coburger Vettern gewesen. Die Königin und der Prinz waren niedergeschmettert.

Mehrere Tage später erfuhr Albert durch Lord Torrington von der Nellie-Clifden-Affäre. Nachdem er die Geschichte überprüft und festgestellt hatte, daß sie stimmte, schickte er Bertie am 16. November einen «schweren Herzens» geschriebenen Brief «über ein Thema, das mir den größten Schmerz verursacht hat, den ich je im Leben empfunden habe». Er fuhr fort, ein hysterisches Bild eines durch Erpressung, Skandale und Vaterschaftsklagen kompromittierten zukünftigen Königs zu malen. «O schreckliche Vorstellung, und diese Person hat es in der Hand, daraus jeden Tag Wirklichkeit zu machen und das Herz Deiner armen Eltern zu brechen!» Man müsse Bertie schnell verheiraten, warnte Albert, um solche gefährlichen Triebe zu kanalisieren.

Drei Tage, bevor dieser Brief geschrieben wurde, hatte er Victoria einige Umstände mitgeteilt, aber nicht «die widerlichen Einzelheiten». Sie schrieb in ihr Tagebuch, nie wieder werde es ihr möglich sein, ihren Sohn «ohne Schaudern» anzusehen. Albert hätte vielleicht anders geschrieben und die Königin gar nicht eingeweiht, hätte sich ihm nicht vor Krankheit, Erschöpfung und vielen anderen quälenden Problemen der Kopf gedreht. Bei seiner vorsichtigen Art und seinem Wunsch, die Monarchie vor Skandal zu schützen, hätte er sich zwar gewiß furchtbar über seinen Sohn aufgeregt, aber vielleicht mit weniger Selbstmitleid. Er war physisch in einem sehr schlechten Zustand, der durch Schlaflosigkeit noch verschlimmert wurde, und sagte zu Victoria: «Ich hänge gar nicht am Leben; du hängst sehr daran...» Er sei sicher, daß er bei einer ernsten Krankheit sofort aufgeben würde, um sein Leben würde er nicht kämpfen. Ihm fehle der zähe Lebenswille.

In der Rückschau erscheint sein Fatalismus eher wie eine Diagnose denn wie eine Prophezeiung. Weder körperlich noch geistig war er in der Lage, am 22. November einer Verpflichtung nachzukommen und die neuen Gebäude der Generalstabsakademie und der Königlichen Militärakademie in Sandhurst zu inspizieren, für die er sich so lange eingesetzt hatte; doch trotz laut Tagebuch «entsetzlichen Regens» fuhr er hin. Durchnäßt, schwach und erschöpft kam er nach Windsor zurück und klagte über Rheumaschmerzen. In seinem Tagebucheintrag vom 24. beschrieb er sein Befinden als «gänzlich unwohl»; er habe zwei Wochen lang kaum ein Auge zugetan. Doch zwang er sich, weiterzumachen. Bertie erledigte damals sein lächerliches College-Pensum in Cambridge, und trotz kalten, stürmischen Wetters fuhr Albert mit dem Zug zu einer Aussprache mit seinem Sohn. Als er am nächsten Tag wiederkam, war er so schwach, daß Dr. Jenner, der ihn vor dem Abendessen sah, beschloß, über Nacht dazubleiben.

Während Alberts Zustand sich verschlechterte, sorgten äußere Ereignisse, von denen er keine Notiz genommen hatte, für Unruhe im Außenministerium. Die Regierung bekannte sich im amerikanischen Bürgerkrieg öffentlich zu den Südstaaten, nicht weil sie die Sklaverei befürwortete, sondern um die Baumwoll-Lieferquellen für Lancashire zu sichern. Im ersten Kriegsjahr sah es mit den Aussichten des Nordens auf Wiedervereinigung schlecht aus, und Victoria sprach Palmerston gegenüber sogar von «diesem Überbleibsel der Vereinigten Staaten». Verfechter englischer Waren konnten über eine solche Schrumpfung eines Rivalen nicht unglücklich sein, und eine formale Anerkennung des Südens schien wahrscheinlich. Amerikaner galten bei Hof nicht viel.

Am selben Tag, an dem die Königin von Albert über Berties Eskapaden aufgeklärt wurde, hörte sie von Palmerston auch, daß ein in Northampton liegendes nordamerikanisches Kriegsschiff möglicherweise auslaufen werde, um das aus Westindien kommende englische Postschiff *Trent* abzufangen und zwei Diplomaten der Südstaaten von Bord zu holen, James Mason und John Slidell. Die Rechtsberater des Premierministers hatten entschieden, daß die Vereinigten Staaten als kriegführende Partei neutrale Handelsschiffe anhalten und durchsuchen konnten. Doch als zwei Wochen darauf das nordamerikanische Schiff mit Mason und Slidell als Gefangenen an Bord abdampfte, äußerte sich die englische Presse entrüstet über die Beleidigung der britischen Flagge und den Bruch internationalen Rechts. John Russell entwarf für Palmerston ein kriegerisches Protestschreiben an den amerikanischen Außenminister, in dem die Freilassung der Männer und eine Entschuldigung gefordert wurden. Implizit wurde damit gedroht, die britische Vertretung aus Washington abzuziehen. Geheime Nachrichten aus Frankreich ließen vermuten, die Entführung sei nur ein Vorwand für einen Krieg mit England, um Frankreich, dem die Rückgabe Quebecs versprochen worden sei, als amerikanischen Verbündeten zu gewinnen.

Als Victoria dem auf dem Sofa liegenden Prinzen Russells Entwurf brachte, überflog er ihn nur und rief aus: «Das bedeutet Krieg!» Der schrille Ton des Schreibens entsprang dem Wunsch Palmerstons und Russells, der aufstrebenden Macht der Vereinigten Staaten die Stirn zu bieten. Victoria teilte diese Haltung nicht; drei Wochen davor hatte sie an Vicky geschrieben: «Wir sind einigermaßen schockiert, daß Du von ‹diesen gräßlichen Yankees› schreibst – wo Bertie doch in den Vereinigten Staaten so aufgenommen wurde, wie noch nie jemand irgendwo empfangen worden ist, vor allem wegen der (für mich unglaublichen) Sympathie, die sie für meine Wenigkeit empfinden ... Beschimpfe die Yankees deshalb nicht wegen ihrer natürlichen Schwächen ...» Die Amerikaner mochten ungehobelt und vulgär sein, aber für Victoria waren die Vereinigten Staaten nicht der Feind.

Im frühen Morgenlicht des 1. Dezembers 1861 wankte Albert in sein

Arbeitszimmer und verfaßte ein abgeändertes Ultimatum, um Washington einen Ausweg ohne Gesichtsverlust zu eröffnen. Es erwog die Möglichkeit, daß der Kapitän des amerikanischen Kriegsschiffes auf eigene Verantwortung und ohne Instruktionen von oben gehandelt habe. Um acht Uhr brachte er das Schreiben der Königin mit der Bemerkung: «Ich bin so schwach, ich habe kaum die Feder halten können.» Aber seine Versöhnungsstrategie hatte Erfolg.

An den Rand von Alberts Manuskript schrieb die Königin später: «Dieser Entwurf war das letzte, was der geliebte Prinz geschrieben hat...»

In den ersten Dezembertagen ging es Albert immer schlechter. Seine Schlaflosigkeit verschlimmerte seine Erschöpfung. Nahrung verursachte ihm Übelkeit; selbst Suppe mit etwas Graubrot mußte er wieder von sich geben. Dr. Jenner untersuchte ihn und fand keinen Grund zur Beunruhigung, obwohl er meinte, «eine lange fieberhafte Indisposition» wäre gefährlich. Doch auf den Schüttelfrost und das allgemeine Unwohlsein war kein Fieber gefolgt. Victoria spielte deshalb die Krankheit herunter, als der ernsthaft besorgte Palmerston darum bat, einen weiteren Arzt zu Rate zu ziehen. In ein paar Tagen würde es «vorbeigehen», sagte sie ihm. «Außer Sir James Clark hat die Königin den Vorteil der ständigen Beratung durch Dr. Jenner, einen äußerst geschickten Arzt, und Ihre Majestät würde nur sehr ungern unnötige Beunruhigung auslösen – wozu kein Anlaß besteht –, indem sie einen Mediziner hinzuzieht, der normalerweise nicht konsultiert wird...»

Wie wenig man sich beunruhigte, zeigte sich in der Nachlässigkeit bei Alberts Behandlung – wenn nicht gar der fehlenden Behandlung. Sobald er dazu imstande war, wanderte er rastlos in seinem Ankleidezimmer auf und ab und wechselte manchmal das Schlafzimmer. Er konnte kaum Nahrung bei sich behalten, nicht einmal Tee; bald führte er wirre zusammenhanglose Reden, bald empfing er seine Kinder, die kamen, um sich mit ihm zu unterhalten oder ihm vorzulesen. Zu einer Zeit, als es Krankenschwestern nur in Krankenhäusern gab, wurde der Prinz von seinem Diener Rudolf Löhlein, Hofbediensteten und Prinzessin Alice versorgt. Die achtzehnjährige Alice, die bis dahin noch nie eine Verantwortung getragen hatte, füllte das Vakuum als ungelernte Oberschwester mit instinktiver Autorität; außer wenn sie schlief, war sie ständig an seiner Seite und folgte ihm, wenn er rastlos durch die Zimmer lief.

Da sich Alberts Zustand nicht verschlechtert hatte, teilten die Ärzte der Königin am 8. Dezember, einem Sonntag, sogar mit, es scheine etwas besser zu gehen. Die Diagnose schien sich zu bestätigen, als er um etwas Musik bat. Auf seine Bitte spielte Alice Luthers Choral «Ein feste Burg ist unser Gott»; doch er konnte nur wenig Musik vertragen und murmelte bald: «*Das reicht hin.*» Später durfte Alice ein paar deutsche Lieder spielen, die er besonders gern hatte, und er bat darum, man möge das Sofa näher an das Fenster schieben, damit er die ziehenden Wolken am Himmel sehen könne. Als Alice meinte, er sei eingenickt, und ihn mit einer Wolldecke zudeckte, öffnete er die Augen. «Hast Du geschlafen?» fragte sie.

«Nein», sagte er matt lächelnd, «aber meine Gedanken waren so glücklich, daß ich sie nicht durch Bewegungen vertreiben wollte.»

Am Abend las Victoria ihm aus Walter Scotts *Peveril of the Peak* vor, doch er unterbrach sie, als er beschloß, wieder in ein anderes Schlafzimmer umzuziehen, und wechselte von seinem eigenen in das «Königszimmer» – das Blaue Zimmer, in dem George IV. und William IV. gestorben waren. Offensichtlich bereitete er sich auf seinen Tod vor, doch alles, was die behandelnden Ärzte als Anzeichen der Besserung feststellen konnten, wurde besonders betont, und seine erneute Aktivität schien ein positives Zeichen.

Am nächsten Tag kamen die beiden Gesandten Lord Methuen und General Seymour (Alberts Begleiter in Italien 1839) von ihrem Kondolenzbesuch in Lissabon zurück, und Albert bestand darauf, mit ihnen zu sprechen. Wenn sie Typhus aus Portugal mitbrachten, mag er gedacht haben, konnte ihm das jetzt nichts mehr anhaben. Auch der betagte, gichtverkrüppelte, an Krücken gehende Lord Palmerston war in Windsor, um wieder darauf zu drängen, weitere Mediziner hinzuzuziehen. Wieder lehnte die Königin ab, obwohl sie zunehmend unruhiger wurde, denn Albert phantasierte oft, nannte sie sie immer wieder «gutes Weibchen» und bestand darauf, ihre Hand zu halten.

Da jetzt ein schwaches Fieber diagnostiziert wurde, blieben die Ärzte Tag und Nacht bei ihm. Jenner hatte beträchtliche klinische Erfahrung mit Typhus – der oft euphemistisch als «gastrisches Fieber» bezeichnet wurde – und meinte schließlich, Anzeichen des charakteristischen rötlichen Ausschlages zu erkennen. Daß Jenner so lange brauchte, um Alberts Leiden zu identifizieren, bleibt unerklärlich, denn der jetzt Sechsundvierzigjährige hatte als junger Arzt 1845 eine berühmte Arbeit veröffentlicht, in der der klinisch-pathologische Unterschied zwischen Flecktyphus und Typhus dargestellt wurde. Wenn also er mit seinem Ruf als Spezialist etwas als Typhus diagnostizierte, war es so gut wie sicher, daß diese Auffassung von den anderen Ärzten übernommen würde – und von der Königin ebenfalls, die ihn später zum Ritter schlug. Ihr gegenüber verharmloste er Art und Begleiterscheinungen dieser Krankheit: Sie habe einen vierwöchigen Verlauf, und es gebe keine «schlimmen Symptome», wie Victoria in ihr Tagebuch schrieb. Der Prinz sollte nicht mehr erfahren, als daß er eine «fieberhafte Erkältung» habe.

Als das Fieber anstieg, meinten Jenner und Clark, daß ihre Diagnose sich bestätigt habe – sei es, daß es wirklich Typhus war, sei es wegen der Todesfälle der Coburger Cousins in Portugal, die seit Anfang November die Gemüter beschäftigt hatten. Allerdings gab es keinen zweiten identifizierbaren Typhusfall in Windsor, und Vermutungen, der Prinz habe sich die Krankheit in Sandhurst geholt, entbehrten der Grundlage, da Albert dort zu krank angekommen war, um Lunch zu essen, und auch nichts getrunken hatte. Auch in Sandhurst waren keine Typhusfälle festgestellt worden.

Dienstag, der 10. Dezember, war der erste Tag, an dem Albert zu schwach und apathisch war für jeden Versuch, sich anzukleiden. Der Umgebung des Prinzen erschien seine Lage jetzt so ernst, daß sie sich an Palmerstons wiederholtes Drängen erinnerte. Der Prinz und der Premierminister waren lange uneins gewesen, aber der ältere Politiker hatte Respekt für Alberts Fähigkeiten entwickelt und befürchtete ernsthaft, ihn zu verlieren. In Erinnerung an die Affäre um Lady Flora Hastings vor zweiundzwanzig Jahren und angesichts der Tatsache, daß die jetzt dreiundsiebzigjährige medizinische Autorität jener Ära, Sir James Clark, immer noch bei Hofe amtierte, hatte Palmerston schon früher Sir Charles Phipps von der Notwendigkeit zu überzeugen versucht, eine noch tragischere Fehldiagnose zu verhindern. «Wenn es unumgänglich ist, daß die wichtigsten Interessen der Nation persönlicher und beruflicher Eifersucht geopfert werden müssen», warnte er, «gibt es keine Abhilfe, und es muß so sein. Ich hätte viel über die Vergangenheit zu sagen, aber meine Gedanken sind ganz von der Zukunft in Anspruch genommen.» Jetzt wurden, was die behandelnden Ärzte nicht besonders gern sahen, Thomas Watson, einer der Außerordentlichen Ärzte der Königin, und der altgediente Sir Henry Holland hinzugezogen, doch beide stimmten schnell der angewandten Therapie zu. (Holland und Clark, beide über siebzig, «könnten nicht einmal eine kranke Katze behandeln», sagte Lord Clarendon.) Holland, ehemals Arzt der ihrem Gatten George IV. entfremdeten Königin Caroline, tat das Phantasieren des Prinzen ab als «unbedeutend, obwohl sehr traurig». Keiner der beiden hielt eine Änderung der Medikation für notwendig, aber Watson blieb über Nacht da. Am Morgen des 11. Dezember setzte sich Albert im Bett auf und trank etwas Fleischbrühe. Als sein Adjutant, General Charles Grey, ihm ein Glas mit Medizin reichte, brachte er einen trockenen Scherz zustande, indem er das Glas schwach erhob und sagte «Auf Ihr allerbestes Wohl, Grey». Die Geste täuschte die Königin nicht, die Vicky gegenüber offener als sonst war, möglicherweise um sich und die Tochter auf das Schlimmste vorzubereiten. Die Ärzte seien zufrieden mit Alberts Zustand, schrieb sie, «obwohl er erschreckend dünn wird. Es ist eine schreckliche Prüfung, das mit ansehen zu müssen, und es erfordert all meine Kraft und meinen Mut, mich von seinem Anblick nicht überwältigen zu lassen...» Sie hätten «solches Glück mit den Ärzten», fügte sie hinzu, aber es sei notwendig, «noch einen weiteren hervorragenden Arzt zur Behandlung hinzuzuziehen, um die Öffentlichkeit zufriedenzustellen, was mir, muß ich sagen, sehr unangenehm war, doch ich gab nach».

Der hervorragende Dr. Watson, später Sir Thomas Watson, Verfasser eines medizinischen Lehrbuchs, war, wie Victoria zu verstehen gab, überflüssig, aber nur, weil es für den Prinzen schon zu spät für neue Medikamente war. Hätte Victoria sich an Melbournes Bemerkung erinnert: «Französische Ärzte lassen einen sterben; die englischen bringen einen um», hätte sie vielleicht verstanden, daß Alberts Ärzte die humanere französische Methode anwandten. Ruhiggestellt mit Weinbrand, aber sonst praktisch ohne Behandlung verfiel Albert zusehends.

Am 12. Dezember hatte er Husten mit starkem Auswurf und Schüttelfrost, sein Atem ging beschleunigt; dennoch konnte er seiner Frau kurze Zeit zärtlich den Kopf auf die Schulter legen. Seine Temperatur war gestiegen, sein Bewußtsein häufig getrübt. Er glaubte, die Vögel in der Rosenau singen zu hören, und plagte sich mit absurden Sorgen, sogar wegen irgendwelcher Vettern, die er jahrelang nicht gesehen hatte. In einem klaren Augenblick fragte er Alice, die jetzt nicht von seiner Seite wich, ob Vicky in Berlin von seiner Krankheit wisse. «Ja», sagte Alice aufrichtig, «ich habe ihr gesagt, daß du sehr krank bist.»

«Das war falsch. Du hättest ihr sagen sollen, daß ich sterbe. Ja, ich sterbe.»

Alice hatte schon gesehen, wie ihr Vater versuchte, der Königin dasselbe zu sagen, doch sie weigerte sich, ihn anzuhören. Sie brach in Schluchzen aus und brachte ihn dadurch zum Schweigen. Jetzt schien er seiner Tochter etwas anvertrauen zu wollen, und sie zog ihren Stuhl nahe ans Bett. Er strengte sich an, etwas zu sagen, aber sie konnte seine Worte nicht verstehen.

Der 13. war ein Freitag. Jenner sagte der Königin, der Zustand des Prinzen sei stabil, sie könne einen Morgenspaziergang machen, doch am Spätnachmittag schien es unumgänglich, die Familie zu versammeln – schon am Vortag hatte Alice das vorausgesehen und Bertie rufen lassen. «Das Beunruhigende war sein Atem», erinnerte sich Victoria, «er ging so schnell. Auf Gesicht und Händen lag ein düsterer Schatten, wie man sagt, und ich wußte, das bedeutete nichts Gutes.» Sie sagte das zu Jenner, der darüber erschrak. Dann sah sie, wie Albert sich die Haare glattstrich und die Arme verschränkte, «wie er es immer machte, wenn es ihm gut ging und er sich ankleidete... Merkwürdig! Als bereitete er sich auf eine andere und größere Reise vor.»

Die Öffentlichkeit wußte fast nichts, außer daß der Prinzregent mit Fieber bettlägerig war. Schließlich um fünf Uhr gab Clark das dritte ärztliche Bulletin heraus, das erste, das irgendwelche ernsteren Folgen vermuten ließ. Es besagte, daß «die Symptome im Laufe des Tages einen ungünstigen Charakter angenommen» hätten. Der Königin teilte man mit, Alberts Zustand verschlechtere sich rasch.

Als Victoria abends mit Lady Augusta Bruce allein war, brach sie in hysterische Tränen und Gebete aus. Nachdem sie sich beruhigt hatte, ließ sie Sir Charles Phipps rufen und ergab sich hemmungslosem Kummer. Dann ging sie zu Albert und saß gefaßt an seinem Bett. Er schien geborgen und sich wohlzufühlen, ja er erkannte sie sogar, küßte sie, drückte ihre Hand und nannte sie schwach «gutes Frauchen». Alberts Ärzte, die die unvermeidliche Lungenentzündung befürchteten, betäubten ihn weiter halbstündlich mit Weinbrand. Er hatte viele Tage lang keine feste Nahrung zu sich genommen.

Phipps erhielt Weisung, Palmerston einen Boten zu schicken mit der Warnung: «Ich bin sehr unglücklich, sagen zu müssen, daß die Krankheit des Prinzen einen sehr ungünstigen Verlauf genommen hat und die Ärzte in *größter Besorgnis* sind – sie fürchten sogar für diese Nacht.» Als der Prinz von Wales ankam, sorgte man sich, daß sein Anblick seinen Vater aufregen könnte, aber Alberts Augen blickten starr. Sobald Victoria und die jüngeren Kinder sich für die Nacht verabschiedet hatten, rückten die Generäle Biddulph, Grey und Bruce mit Hilfe von Hausdienern Alberts Bett vom Fenster, dessen Ausblick ihn erfreut hatte, in die Mitte des Raumes: Man bereitete sich auf das Ende vor. Zu ihrer Überraschung konnte er aufstehen, während man das Bett umstellte, aber beim Niederlegen mußte man ihm helfen.

Am klaren Morgen des 14. Dezember erlaubten die Ärzte sich wieder einen gewissen Optimismus. Im ersten Sonnenlicht wirkte Alberts hageres Gesicht jünger, fast leuchtend. Dr. Henry Brown, der die Herzogin von Kent behandelt hatte, sagte der Königin sogar, «es bestehe Anlaß zu der Hoffnung, daß die Krise vorüber» sei, so daß sie Vicky ein entsprechendes Telegramm schickte. Wenn die Krankheit wirklich Typhus war, war das zumindest möglich. Wenn Albert jedoch an einer langen, schleichenden, schwächenden Krankheit litt – etwa Magenkrebs, wozu viele der Symptome in den letzten vier Jahren vor dem 14. Dezember 1861 passen würden –, hatte er keine Widerstandskraft mehr, um die Endphase einer Lungenentzündung, Typhus oder irgendeine andere Krankheit durchzustehen. Sollten die Ärzte, selbst der beschränkte Dr. Clark, dies erwogen haben, so wußten sie auch, daß die Medizin im Jahre 1861 über kein Mittel dagegen verfügte. Auch Victoria scheint schon früher eine mögliche Katastrophe geahnt und von sich geschoben zu haben, aus Zweifel, daß ihr labiles Gleichgewicht einer solchen Realität gewachsen sei.*

Mit Ablauf des Vormittags waren die Ärzte nicht mehr so sicher, daß der Prinz sich auf dem Wege der Besserung befand. «Ach, die Hoffnungen des Morgens schwinden dahin...», lautete Phipps' Botschaft an Palmerston. Mittags gab man dem Prinzen einen Löffel voll Weinbrand, machte aber keinen Versuch, seinen Kopf zu heben. «Es geht ihm nicht schlechter», sagte Dr. Watson ohne Überzeugung zu Victoria, «der Puls ist nicht schwächer geworden.» Dann gestand er, «große Angst» zu haben, «doch ich will und werde die Hoffnung nicht aufgeben».

In dem verdunkelten Zimmer hatten sich etwa ein Dutzend Personen des königlichen Haushalts versammelt. Ab und zu fühlte einer der Ärzte Alberts schwach gewordenen Puls, sonst taten sie kaum etwas. Alice blieb an der Seite des Bettes, wo sie nun tagelang gesessen hatte, wenn sie nur wach war. Am Fußende standen Bertie und Helena und im weiteren Verlauf des Tages Louise und Arthur. Alfred war auf See, Leopold in Frankreich; Beatrice war mit ihren vier Jahren zu klein für solche Szenen. Der Atem des Prinzen ging jetzt alarmierend schnell. Victoria drängte sich auf die Alice gegenüberliegende Seite des Bettes und flüsterte: «Es ist Frauchen.» Dann beugte sie sich zu ihm hinunter und bat um «einen Kuß», und er küßte sie. Dann dämmerte er wieder vor sich hin. Mit furchtbarer Ruhe hielt Victoria seine dünne, kalte Hand, bis ihr Elend sie wieder übermannte. Sie lief aus dem Zimmer und brach zusammen.

Die Notizen der Königin, die sie erst später niederschrieb, als sie sich der

---

* Ein Schlüssel zur Krankengeschichte des Prinzen sind seine jahrelangen schmerzhaften Zahnfleischentzündungen. Drei Krankheitsbilder mit verwandten Symptomen führen zu einer Übersekretion an Salzsäure im Magen: Das peptische Ulcus, Morbus Crohn (*Enteritis regionalis*) – wenn diese Krankheit auch erst Jahrzehnte später so bezeichnet wurde – und das Magenkarzinom. Das von der vermehrten Säure herrührende Aufstoßen führt oft zu starken Zahnfleischreizungen. Enteritis regionalis, eine schwere nichtbakterielle Entzündung des Dünndarms, hat wie das peptische Ulcus seinen Ursprung in nervöser Spannung, Sorgen und emotionalen Konflikten – die Krankheit eines von starkem Streß geprägten Lebens. Wandernde Arthritis ist eine häufige Nebenerscheinung – vielleicht Alberts chronischer, unbehandelter Rheumatismus. Die Symptome bewirken, daß der Patient sich schwerkrank fühlt, geistig und physisch erschöpft, und führen zu Unterernährung und Invalidität; häufig treten Bauchkrämpfe auf, obwohl nicht ständig wie bei einem Ulcus; manchmal leidet der Kranke unter Übelkeit und Erbrechen, oft an subfebrilen Temperaturen. Alberts Mutter starb mit dreißig Jahren an Krebs, was eine Prädisposition für diese Krankheit möglich erscheinen läßt. Magenkrebs ist normalerweise schon weit fortgeschritten, wenn er diagnostiziert wird, aber zu Alberts Zeit war er weniger gut bekannt und noch weniger zu behandeln als heute, wo die Erfolgsquote nach einer Operation minimal ist. Die Krankheit wird oft von gutartigen Magenstörungen maskiert, die einer *Enteritis regionalis* ähneln. Damals waren Operationen zur Linderung der *Enteritis regionalis* noch unbekannt; heute hält man sie für weniger aussichtsreich als eine drastische Änderung der Lebensweise. Für Albert stand keine dieser beiden Alternativen zur Verfügung, selbst wenn die Ärzte gewußt hätten, worunter er litt. Was sie wahrscheinlich gewußt haben, war nur, daß sie ihm nicht mehr helfen konnten.

Erinnerung stellen konnte, vermitteln eine ruhigere Szene als die, die Lady Augusta Bruce unmittelbar danach festhielt. Um ein Viertel vor elf, als der Atem des Prinzen sich veränderte, flüsterte Alice Lady Augusta zu: «Das ist das Todesrasseln.» Ruhig ging sie hinaus und holte ihre Mutter.

«Oh ja, das ist der Tod!» rief Victoria aus, als sie Albert sah. «Ich kenne ihn. Ich habe ihn schon einmal gesehen.» Sie warf sich über den reglosen, kalten Körper und rief ihn mit allen zärtlichen Namen aus ihrem Leben. Dann ließ sie sich wegführen.

XI

Viktorianische Trauer

(1861-1866)

«Warum hat die Erde mich nicht verschlungen?» klagte Vicky, als die gefürchtete Nachricht eintraf.

«Oh, mein armes Kind», schrieb die Königin zurück, «warum kann die Erde *uns* nicht verschlingen?... Wie kann ich noch leben, nachdem ich das gesehen habe? Oh! Ich, die ich täglich darum gebetet habe, daß wir zusammen sterben dürfen und ich Ihn nicht überleben muß! Die ich spürte, wenn diese gesegneten Arme mich in den heiligen Stunden der Nacht umfingen und festhielten, wenn die Welt nur aus uns zu bestehen schien, daß nichts uns trennen könnte. Ich fühlte mich so sicher.» Sie würde leben, betonte sie, um ihre Pflicht zu erfüllen und Alberts Wünschen zu gehorchen. «Aber wie soll ich, die ich mich in allem und jedem auf ihn stützte – ohne den ich nichts tat, keinen Finger rührte, keinen Druck und keine Photographie aufhängte, kein Kleid anzog und keine Haube aufsetzte, die er nicht guthieß – weiterleben, mich bewegen, mir in schwierigen Augenblicken helfen?»

Die Kinder, Alberts Mitarbeiter, Victorias Minister, ihre Hofangestellten, sie alle waren, nachdem der Prinz die Augen geschlossen hatte, in das Rote Zimmer gekommen, um ihr nicht nur ihr Beileid auszusprechen, sondern ihr auch ihre Unterstützung für den Übergang von einer Regierung mit Albert zu einer Regierung ohne ihn anzubieten. «Sie werden mich nicht verlassen oder mich jetzt im Stich lassen?» hatte sie pathetisch gefragt. Erschöpft durch Schlafmangel und stumpf vor Elend ließ sie sich wegführen, erst zur schlafenden Beatrice, dann in ihr eigenes Zimmer und zu Bett. Unter Schockwirkung, doch schlaflos und ohne ein Beruhigungsmittel bekommen zu haben, dämmerte sie erst in den frühen Morgenstunden ein. Nachdem Victoria den Raum verlassen hatte und man annehmen konnte, daß sie einige Stunden nicht wiederkommen würde, nahm man dem Prinzen zur Erinnerung – und um den Bildhauern später die Arbeit zu erleichtern – die Totenmaske ab. Albert war strikt gegen diese Praxis gewesen, doch was mit einem Leichnam geschieht, wenn keine ausdrücklichen ge-

genteiligen Weisungen vorliegen, bestimmen immer die Überlebenden. Als Victoria später von der Maske erfuhr, weigerte sie sich, sie anzusehen, und erlaubte nicht, daß «dieser heilige Abdruck... außer Haus gebracht» werde.

Als Mitternacht nahte, verkündete das dunkle Dröhnen der großen Glocke von St. Paul, daß der Tod die königliche Familie heimgesucht hatte. Den ganzen Sonntag über läuteten die Londoner Glocken. Im Buckingham Palace standen die Leute schweigend Schlange, um sich in das Kondolenzbuch einzutragen. Daneben konnte man auf einem Tisch im Empfangsraum lesen, daß Ihre Majestät, wiewohl sie sich in tiefer Trauer befinde, ihr Leid mit so viel Ruhe und Stärke trage, als man erwarten könne, und es ihr angesichts ihres schmerzlichen Verlustes so gut als möglich gehe. Am Montagmorgen waren die kriegsbedrohlichen Zeitungsplakate über die *Trent*-Affäre weitgehend verschwunden und durch Anschläge mit Einzelheiten über den Tod des Prinzregenten ersetzt. Während die Glocken noch läuteten, machten die Zeitungshändler ein Rekordgeschäft, und die Leser entdeckten in der Presse eine posthume generelle Anerkennung von Alberts Bedeutung für das Königreich. Keine zehn Jahre, nachdem Gerüchte ihn wegen Hochverrats in den Tower verbannt hatten, hätte diese Kehrtwendung dem Schatten des Prinzen sicher Freude gemacht. «In einer schwierigen Position», schrieb der *Observer*, «wußte der Prinz sich so diskret und klug zu verhalten, daß er starb, ohne einen einzigen Feind zu hinterlassen, während er zahllose Freunde hatte... Er war ein Mann von elegantem Geist, kultiviertem Geschmack, klarem Verstand und hochfliegenden Plänen für das öffentliche Wohl... Friede seiner Asche! Ein guter Gatte, ein guter Vater, ein weiser Fürst und ein zuverlässiger Ratgeber: England wird seinesgleichen nicht so bald wiedersehen.»

Ähnliche Gefühle waren unter den einfachen Londonern verbreitet. Elizabeth Gaskell schrieb, ihre Freundin Mary Ewart sei am Montag nach dem Tod des Prinzen, dem 16. Dezember, durch London gefahren und habe gesehen, daß «all die kleinen Läden in Shoreditch bis zum Buckingham Palace hinauf geschlossen waren. Überall waren die Fenster verhängt.» Mit Scharen von anderen Menschen fuhr sie zum Buckingham Palace, um sich in das Kondolenzbuch einzutragen, und fand «einen schwarz ausgeschlagenen, durch Wachskerzen erleuchteten Raum». Die feinen Geschäfte waren im Gegensatz zu denen im East End geöffnet, aber «die Leute bei Lewis & Allonby konnten vor Tränen nicht sagen, was sie wünschten».

Für die Königin war das – wenn sie überhaupt etwas davon erfuhr – ein schwacher Trost, denn hinter ihrer scheinbaren Gefaßtheit und nach ersten konvulsivischen Ausbrüchen des Jammers war sie wie betäubt von dem Schock. Erst am Montagabend – zwei Tage später – konnte sie ihren ersten

Brief an Vicky beginnen. Und erst am zwanzigsten konnte sie ihrem Onkel schreiben; sie redete ihn als «Teuersten, liebsten Vater» an und bezeichnete sich selbst als «armen vaterlosen achtmonatigen Säugling» (der sie gewesen war) und als «völlig gebrochene und zerstörte zweiundvierzigjährige Witwe», die sie jetzt wirklich war:

> Der *glückliche* Teil meines Lebens ist *zu Ende*! Die Welt existiert nicht mehr für *mich*! Wenn ich weiterleben *muß* (und ich werde nichts tun, um mich schlechter zu machen, als ich bin), geschieht es fortan für unsere armen vaterlosen Kinder – für mein unglückliches Land, das *alles* verloren hat, indem es ihn verlor – und ich werde *nur* das tun, wovon ich weiß und *fühle*, daß es sein Wunsch wäre, denn er *ist* nahe bei mir – sein Geist wird mich leiten und ermutigen! Doch ach! In der Blüte des Lebens dahingerafft zu werden ... ist zu schrecklich, zu grausam! Und doch *muß* es zu seinem Guten, für sein Glück sein! Er war zu rein, er strebte *zu hoch* für diese arme, elende Welt! Seine große Seele hat nun das erreicht, dessen sie wirklich würdig war!

Obwohl die Leute des Hofmarschalls noch immer ohne Anweisungen waren, begannen sie mit den nötigen Vorbereitungen und betteten den Leichnam des Prinzen in das Zimmer um, in dem er gestorben war. Löhlein und Alberts Ankleider Macdonald halfen. Der Prinz von Wales, der nach der Königin die nächste Autorität, aber erst neunzehn Jahre alt und nie vorher um seinen Rat gebeten worden war, mußte den Termin für die Beerdigung festsetzen. Nach Rücksprache mit seinem Onkel, dem Herzog von Cambridge, wählte er Montag, den 23. Dezember, nur neun Tage später. Das war eine kurze Zeitspanne zur Vorbereitung einer Staatszeremonie, doch die Trauerfeierlichkeiten durften auf keinen Fall mit Weihnachten kollidieren – auch nicht mit dem Heiligen Abend, der für viele wichtiger als der Weihnachtstag selbst war.

In der Annahme, daß das Begräbnis der Herzogin von Kent wenige Monate vorher den Wünschen der Königin wie des Prinzen selbst entsprochen hatte, orientierten sich die Mitarbeiter des Hofmarschalls bei ihren Vorbereitungen an diesem Vorbild. Da Messrs. Banting die Trauerfeierlichkeiten des Herzogs von Wellington ausgerichtet hatten, wurden sie, obwohl bei Albert kein so prächtiger Rahmen in Frage kam, als das angemessene Unternehmen beauftragt. Dr. Jenner füllte am 21. Dezember einen Totenschein aus, der als Todesursache «Typhus; Dauer 21 Tage» nannte: das erste Mal, daß man sie öffentlich so bezeichnete. Und obwohl im *Lancet* und im *British Medical Journal* wegen der Unstimmigkeiten zwischen den ärztlichen Bulletins und der verspäteten Diagnose Zweifel auftauchten, wurde keine Autopsie angeordnet. Statt dessen versuchte Jenner der Königin zu erklären, daß der Tod «durch eine Überlastung des Herzens, bedingt durch den schweren Körperbau des Prinzen», ausgelöst worden sei, und Clark fügte hinzu, drei Dinge hätten tödlich zusammengewirkt: Überarbeitung, Sorgen wegen der Liebesaffäre des Prinzen von Wales und «Unterkühlung, als er schon krank war». 1877 sagte Jenner noch: «*Niemand* kann Typhus in seinem Anfangsstadium erkennen.» In ihrer Notiz über dieses Gespräch unterstrich Victoria *niemand*. Clarks Ergänzung, «als er schon krank war», sprach ebenfalls Bände.

Lord Clarendon nannte die Art, wie man Alberts Krankheit behandelt hatte, und seinen Tod «ein nationales Unglück von viel größerer Tragweite, als die Öffentlichkeit sich träumen läßt». Er vertrat der Herzogin von Manchester gegenüber die Meinung, die Ärzte hätten maßgeblich dazu beigetragen. «Holland und Clark sind nicht einmal durchschnittliche alte Weiber, und niemand, der ernsthaft krank ist, würde sich einfallen lassen, einen von ihnen zu rufen. Jenner hat erst wenig Praxis gehabt... Watson (der kein Spezialist für Fieberfälle ist) sah sofort, daß er zu spät kam, um noch etwas bewirken zu können.»

Früh am Sonntagmorgen, nach nur wenigen Stunden Ruhe, ging die Königin mit der Herzogin von Sutherland, ihrer Ersten Hofdame, in das Blaue Zimmer. Ihre Ärzte hatten gewarnt, wegen des Infektionsrisikos dürfe sie den Toten nicht mehr berühren – was Unsinn war, da sie den sterbenden Prinzen während seiner Krankheit immer wieder umarmt und geküßt hatte. Gehorsam hielt sie sich zurück und umarmte statt dessen die Kleider, in denen er aufgebahrt werden sollte. Jahrelang schlief sie später mit seinem Nachthemd im Arm. Über sein unberührtes Kopfkissen hängte sie sein Porträt. Jeden Abend kniete sie von nun an erst auf Alberts Seite des Bettes zu Boden, bevor sie sich auf ihrer Seite niederlegte.

Damit die schwermütige Atmosphäre des Blauen Zimmers sie nicht immer wieder bedrückte, ordnete die Königin an, den Raum zu reinigen und wieder bewohnbar zu machen; vorher jedoch mußte das «traurige, doch so holde Bild» photographisch festgehalten werden. Sie wollte es nicht als «Sterbezimmer» bewahren, sondern als einen Raum zu ihrem eigenen Gebrauch herrichten, der dennoch eine Gedenkstätte wäre. Der «heilige Raum», schrieb sie an Vicky, würde mit Bildern, Büsten und Porzellan geschmückt. Ihr kostbarer Abguß von Alberts Hand blieb in ihrem Schlafzimmer in ihrer Nähe. In jedem ihrer Wohnsitze blieb sein Arbeits- oder Ankleidezimmer, wie es gewesen war, ja selbst die gewohnten Bereitstellungen wurden beibehalten, bis hin zum Wäschewechsel, den täglich frischen Handtüchern und Nachthemden, dem allmorgendlichen heißen Rasierwasser und dem Scheuern des unbenutzten Nachtgeschirrs. Doch jedes dieser Zimmer wurde auf irgendeine Weise von Victoria weiterbenutzt. Anfangs lösten ihre Audienzen in Alberts stillen Arbeits- oder Ankleidezimmern bei ihren Ministern erhebliche Verwirrung aus.

In seinem Tagebucheintrag vom 16. Dezember fragte sich Disraeli, der von dem Curragh-Zwischenfall und seinem Nachspiel erfahren hatte, wie es dem Prinzen von Wales jetzt wohl ergehen werde. Die Sache sei «nicht ernstlich diskreditierend», meinte Disraeli, «doch unwürdig». Die Frage sei nur, in wessen Hände Bertie nun fallen werde. Entscheidender waren nach Alberts Ableben künftige Einflüsse auf die Königin, denn sie hatte «schon seit langem Anzeichen einer nervösen und leicht erregbaren Disposition gezeigt». Über Albert schrieb er, «nichts Kleines oder Großes geschah ohne seinen Rat ... Ich selbst habe ... beim Diner gehört, wie er ihr auf Deutsch riet, sich über dieses und jenes und ein Drittes zu erkundigen: und die Fragen kamen unfehlbar ... Die schlimmste mögliche Konsequenz ist leider nicht ganz unwahrscheinlich: daß sie, ohne völlig unfähig für politische Entscheidungen zu sein, in einen Geisteszustand verfällt, in dem es schwierig wird, mit ihr zu verhandeln, und unmöglich vorherzusehen, was sie gutheißen oder ablehnen wird.» Die von ihm prophezeite «mißliche» Lage sollte bald eintreten. Victorias einziges Interesse bestand darin, sich ihrem Schmerz hinzugeben.

Obwohl die Königin in ihrer Witwenhaube am 19. Dezember eiligst nach Osborne gebracht wurde, um sie so weit wie möglich von den Bestattungsvorbereitungen fern zu halten, erschöpften ihre Anweisungen für die umfangreichen Trauerdekorationen in kürzester Zeit die Vorräte an schwarzen Dekorationsstoffen im gesamten Königreich. Die Färbereien kamen kaum noch nach. Weihnachten, das so rasch auf den Trauergottesdienst in der Wolsey-Kapelle folgte, war überall von der Staatstrauer überschattet. Ein so großartiger Pomp wie beim Abschied vom Herzog von Wellington wurde allerdings nicht getrieben. Die Königin wollte es nicht, und die Zeit war zu kurz für aufwendige Vorbereitungen. So waren auch nur wenige Herrscher oder andere hochrangige Gäste aus dem Ausland anwesend. Aus Osborne ließ Victoria nachher durch Sir Charles Phipps verlauten, den Berichten über die Obsequien zufolge sei alles so ausgeführt worden, «wie sie es sich nur gewünscht haben könnte, mit der angemessenen Feierlichkeit und allen Zeichen tiefsten Respekts, jedoch ohne jeden unnötigen Aufwand und Prunk».

Unter den gegebenen Umständen erschien Disraelis Kommentar nicht unvernünftig: «Mit Prinz Albert haben wir unseren Herrscher verloren. Dieser deutsche Prinz hat England einundzwanzig Jahre mit einer Klugheit und Energie regiert, die keiner unserer Könige je gezeigt hat.»

Am traurigsten Weihnachtsabend ihres Lebens schrieb Victoria von Osborne aus wieder an ihren Onkel. Sie hatte sich über ihr zukünftiges Verhalten als Königin Gedanken gemacht:

> *Eins* muß ich wiederholen, und *das ist mein fester* Entschluß, meine *unwiderrufliche Entscheidung*, ... daß *seine* Wünsche *-seine* Pläne - für alles, *seine* Ansichten über *alles mein Gesetz* sein müssen! Und *keine menschliche Macht* wird mich von *dem* abbringen, was er entschieden und gewollt hat ... Ich habe *auch beschlossen,* daß *kein* Mensch unter meinen Bediensteten, sei er auch noch so gut, mir noch so treu ergeben - mich führen oder leiten oder mir diktieren darf. Ich weiß, *wie sehr er* das mißbilligen würde. Und ich lebe *weiter* mit ihm, für ihn; in Wirklichkeit bin ich nur *äußerlich* von ihm getrennt, und auch das nur eine *Zeitlang*.

Der Prinz von Wales hatte sich ebenfalls über eine angemessene Reaktion Gedanken gemacht. Albert hatte die Vorstellung eines Denkmals für sich in South Kensington zum Gedächtnis an die Weltausstellung verworfen, und so hatte man als zentrale Figur die der Königin vorgesehen. Es sei immer ihr Wunsch gewesen, kündigte Albert Edward jetzt an, die Gestalt des Prinzgemahls möge auf der Spitze des Denkmals stehen, und er werde die Kosten dafür übernehmen. So wurde das Albert-Denkmal von Joseph Durham im Juni 1863 mit großem zeremoniellem Aufwand enthüllt; passenderweise steht es direkt gegenüber der Albert Hall.

Fortan sollte Victoria alles durch den Filter ihres Schmerzes sehen. Darin fügte sie dem Trauervokabular oder der Trauersymbolik ihrer Epoche nichts Neues hinzu. In der Oxford Street gab es bereits Läden, die sich ausschließlich dem Handel mit schwarzen Straußenfedern für Damenhüte und Trauerkrepp-Schärpen für die Zylinder der Herren, schwarzen Armbinden, dunkelvioletter Kleidung, schwarzen Federn für die Pferde und Traueraccessoires jeglicher Art verschrieben hatten. In Preußen oder Rußland war die Aufmerksamkeit für den Leichnam größer; in Frankreich oder Italien trugen verwitwete Bauersfrauen gleich welchen Alters für den Rest ihres Lebens Schwarz; in England und Schottland entsprach es dem Zeitgeschmack, einen besonders an das tote Kind oder den Gatten erinnernden Raum nicht mehr zu benutzen und unberührt als Lebensmahnmal des geliebten Menschen zu bewahren.

Kaum jemand sah darin ein Zeichen von Morbidität. Man gab sich der Trauer hin, die man sich leisten konnte. Selbst Victorias angeblich so schlechter Onkel Ernest, seit ihrer Thronbesteigung König von Hannover, beließ die Zimmer seiner 1841 verstorbenen Frau genau so, wie sie gewesen waren. Nachtkerzen wurden angezündet, Pagen und Ankleidezofen blieben in Bereitschaft, und der König, der ihren «gütigen und liebenswerten Charakter» verehrt hatte, betete regelmäßig am Bett der Verstorbenen. Die ärmeren Engländer konnten sich den Luxus ausgedehnter Trauer nicht leisten und mußten nach der Beerdigung wieder Haltung annehmen. Dennoch zog Charles Dickens in *David Copperfield* über die grotesken Maskeraden und den extravaganten Aufwand her, den auch die einfacheren Leute im neunzehnten Jahrhundert bei Beerdigungen trieben, und 1903 schrieb Bernard Shaw in der großen Rede des Teufels in *Don Juan in der Hölle*: «Ich sah einen Mann sterben: Er war Arbeiter bei einem Londoner Maurermeister und hatte sieben Kinder. Er hinterließ siebzehn Pfund Klubgeld; und seine Frau gab es alles für seine Beerdigung aus und ging am nächsten Tag mit ihren Kindern ins Arbeitshaus... Für den Tod gab sie alles aus, was sie besaß.» Noch 1914 schloß Hilaire Belloc die Tür zum Schlafzimmer seiner verstorbenen Frau zu und öffnete sie bis zu seinem eigenen Tod vierzig Jahre später nicht mehr. Jedes Mal, wenn er an der Tür vorbeikam, küßte er sie; die lebende Elodie hatte er weitgehend ignoriert. Mit den breiten Trauerrändern an Taschentüchern und Briefpapier, ihrer schwarzen Witwenkleidung, den geplanten Denkmälern für Albert und seinem Porträt in einem Medaillon am Hals oder in dem Armband an ihrem rundlichen Handgelenk wandte die Königin sich also nicht weiter vom Leben ab als andere Witwen ihrer Zeit. Doch war sie nicht irgendeine beliebige trauernde Hinterbliebene.

«Jener heftige Schmerz...», schrieb Victoria 1867, «diese Anfälle von Verzweiflung und Trauer und Sehnsucht, der täglichen und nächtlichen Sehnsucht zu sterben..., verließen mich in den ersten drei Jahren keinen Augenblick...» Als Lord Canning, ihr Vizekönig in Indien, nur sechs Monate nach seiner Frau starb, schrieb Victoria seiner Schwester in einem Kondolenzbrief: «Wie beneidenswert, so bald seinem Lebensgefährten zu folgen! Wie bete ich, daß es Gottes Wille sein möge, daß ich dem meinen bald folgen darf.» Doch sie war Königin: In Amerika herrschte der Bürgerkrieg, in den ihr Land hineingezogen werden konnte; auf dem Kontinent ganz in der Nähe brauten sich Konflikte zusammen; in England gab es soziale, politische und religiöse Unruhen, und in Irland waren die aufständischen Fenier aktiv. Nichts von alledem erscheint in Victorias Diarium von Anfang Januar, als sie wieder damit beginnt, über ihr «trauriges und vereinsamtes Leben» Buch zu führen.

Ihrer Trauer entsprechend ging der ganze Hof auf Anweisung der Königin in schwarzem Krepp, schwarzem Tuch, schwarzem Bombasin, was die allgemeine Trübsal unterstrich. Ein ganzes Jahr nach Alberts Tod durfte kein Mitglied ihres Hofes in der Öffentlichkeit anders als in Trauerkleidung erscheinen, und diese Regelung hätte sicher unbegrenzt gegolten, hätte nicht die Stimmung ihrer Damen einen solchen Tiefpunkt erreicht, daß Victoria immerhin so weit nachgab, «Halbtrauer» zu gestatten: Weiß, Grau und Mauve. Selbst königliche Bedienstete mußten bis 1869 am linken Arm eine schwarze Kreppbinde tragen. Disraeli notierte, daß die beiden Gästebücher, die in Windsor für die Königin und den Prinzen auslagen, genauso weitergeführt wurden: «Besucher schreiben ihren Namen ein... wie vorher – als sprächen sie bei einem Toten vor.»

Auf ihre Weisung wurden die Schießübungen am Militärhafen Portsmouth jenseits des Kanalarms Solent gegenüber von Osborne eingestellt. Ihr Widerhall, so schwach er auch war, peinigte die Königin. In der Stille des 1. Januar 1862 prüfte sie Skizzen von Albert in Hochland-Kleidung als mögliche Vorlage für eine Statue – eine von vielen, die nach und nach auftauchten, denn es war schwierig, der Königin etwas abzuschlagen. Ihr Bestreben, an ihn zu erinnern, ihm Gedenkstätten zu schaffen, hörte niemals auf, doch der Kult um den Prinzgemahl war eher aufgezwungen denn echt. Für viele Engländer hatte er eine zu deutsche Art gehabt – er war zu interessiert an Wissenschaft und Erziehung, an guten Werken, legte zu großen Wert auf Effizienz und Energie.

Sobald sie in Osborne war, begann Victoria mit einem *Album consolatium*, einer damals populären Erfindung zur Selbsttröstung, in der man Auszüge aus Gedichten, Predigten, Gebeten und anderen der Stimmung des Trauernden entsprechenden Texten zusammentrug. Am 27. Juni hatte die Königin die 182 Seiten ihres mit einer Metallschließe versehenen, goldgeprägten braunen Albums in Taschenformat gefüllt; der letzte Eintrag, eine Strophe von Charles Kingsley, begann: «Scheue nicht den Schmerz...» Das von einer Hofdame sauber in Schönschrift angelegte Inhaltsverzeichnis enthielt Gedichte von Tennyson, Coleridge, Goethe, Heine, Longfellow, Justinus Kerner und Novalis, außerdem Auszüge aus Briefen der Gräfin Blücher und des Pfarrers Norman Macleod, Predigtabschnitte und aus dem *Book of Common Prayer*, dem Gebetbuch der anglikanischen Kirche, das «Gedenken an einen treuen Verschiedenen».

Selbst in der relativen Abgeschiedenheit Osbornes mußten potentielle Besucher diplomatisch abgewehrt werden. Victorias Hofdamen waren mit der Beantwortung einer Flut offizieller und persönlicher Kondolenzschreiben beschäftigt.

Es waren unruhige Zeiten, und wo die Monarchin nicht unbedingt eingreifen mußte, bemühten sich ihre Mitarbeiter, so viele Sorgen als möglich von ihr fernzuhalten. Ein Problem war die Streichung der Apanage des Prinzen von fast 40 000 £ jährlich, obwohl weiterhin die moralische Verpflichtung bestand, für den Unterhalt seiner Mitarbeiter zu sorgen. Die Kosten ihrer eigenen Haushaltung und die ihrer Kinder stiegen ständig, da sie ihre Privatsitze Osborne und Balmoral unterhielt, die nicht durch Anweisungen an die Privatschatulle der Herrscherin finanziert wurden, und bald Schwiegersöhne mit Titel, aber ohne Besitz haben würde, die versorgt werden mußten. In London gingen Gerüchte um, Albert habe große Summen hinterlassen. Aber es war kaum genug, um ausstehende Verpflichtungen zu decken, denn sein Einkommen war immer für die Gehälter seiner Diener und Mitarbeiter, Zuwendungen für wohltätige Zwecke und Kunstkäufe für Osborne und Balmoral verbraucht worden. Victoria erkannte, daß sie selbst nicht alle Denkmäler in Auftrag geben konnte, die sie sich gewünscht hätte. Eines allerdings genehmigte sie sofort: die Veröffentlichung einer Sammlung von Alberts Reden, herausgegeben von Arthur Helps, ihrem neuen Staatssekretär.

Bereits Anfang Januar, als eine Sitzung des Staatsrats notwendig geworden war, um bestimmte Angelegenheiten bestätigen zu lassen, hatte Victoria sich der Hilfe Helps' bei einem Kunstgriff bedient, durch den sie öffentliche Auftritte während ihrer offiziellen Trauerperiode zu vermeiden gedachte. In ihr Tagebuch schrieb sie am 6. Januar: «Lord Granville und andere waren mit Mr. Helps im Zimmer des lieben Albert, ich in meinem, die Tür dazwischen stand offen. Die ganze Angelegenheit wurde in zwei Absätzen zusammengefaßt, und Mr. Helps las ‹einverstanden› für mich. So etwas hatte es vorher noch nicht gegeben.»

Die Königin war von ihrem Schmerz wie besessen. Ende Januar schickte sie nach dem Grubenunglück von Harley, bei dem Bergarbeiter verschüttet wurden, Erkundigungstelegramme an die Rettungsmannschaft im Schacht. Als es keine Hoffnung mehr gab, ließ sie eine Erklärung veröffentlichen, «daß ihre tiefste Anteilnahme den armen Witwen und Müttern gilt, und daß ihr eigenes Elend sie um so mehr für sie empfinden läßt».

Als Victoria zum ersten Mal nach Alberts Tod nach Balmoral kam, suchte sie gleich als erstes eine Häuslerin auf, deren Mann lange bettlägerig gewesen und während des Winters gestorben war. «Und wir weinten beide: Sie weinte und ich weinte», erinnerte sich die Frau. «Ich faßte mich, so schnell ich konnte, und bat sie, mein Weinen zu verzeihen.»

«Aber nein!» sagte die Königin, «Ich bin so dankbar, mit jemandem weinen zu können, der genau weiß, wie ich mich fühle.» Und dann, als sie weiter darüber nachdachte: «Sie haben den Tod Ihres Mannes kommen sehen, aber ich – ich habe nichts gesehen – es kam so plötzlich!»

Auf der Suche nach emotional befriedigenden Erklärungen erzählte sie Colonel Francis Seymour, der dem Prinzen nahegestanden hatte und einer der ersten Besucher war, der vorgelassen wurde, Albert habe sich das Fieber geholt, als er auf dem Baugelände des Kristallpalastes zu nahe an aufgegrabene «alte Erde» herangegangen war; dann revidierte sie ihre

Diagnose, um auch «dieser schrecklichen Curragh-Geschichte» einen Teil der Schuld zuzuschieben.

«Aber nein, Madame!» rief Seymour aus.

Erst Ende des Monats traf Victoria mit ihrem Premierminister zusammen, der zu sehr durch Gicht geschwächt war, um an der Sitzung des Staatsrats teilzunehmen. Inzwischen ließ er aber die reale Welt doch immerhin weit genug an Victoria heran, um bittere Erinnerungen wachzurufen. Palmerston informierte sie, daß die Vereinigten Staaten zugestimmt hatten, die beiden Bevollmächtigten der Konföderierten, Mason und Slidell, freizulassen und zuzugeben, daß ihr Kriegsschiff «gänzlich ohne Auftrag oder Ermächtigung» gehandelt habe, als es die Männer gefangennahm. Alberts letzte offizielle Handlung hatte diese friedliche Lösung ermöglicht.

Erst am 29. Januar erhielt Palmerston eine Audienz bei der Königin und überquerte den Solent (wo die Kanonen wieder schießen durften) in einem Sturm. «Er konnte wirklich vor Bewegung kaum sprechen», schrieb Victoria. Gespräche über Regierungsgeschäfte waren, das sah er ein, noch sehr unpassend. Nachdem er der Königin sein Beileid ausgesprochen hatte, kam er zum eigentlichen Zweck seines Besuches: Nachdrücklich wies er sie auf die Notwendigkeit hin, den Prinzen von Wales bald zu verloben und zu verheiraten, um die Kontinuität der Monarchie zu sichern. Beide wußten, daß er eine Möglichkeit suchte, zumindest Stabilität im Leben ihres Sohnes herzustellen. Palmerston drängte auch, der Prinz solle weitere offizielle Reisen unternehmen, damit er Erfahrungen sammeln konnte, die die Königin ihm zu Hause versagte. Sie schienen darin übereinzustimmen, was die Königin «*die* Schwierigkeit des Augenblicks» nannte, nämlich Bertie. «Ich ... hätte kaum geglaubt, daß Lord Palmerston meine Sorgen so sehr teilen könnte.»

Wohl richtete Victoria ihre beträchtlichen Energien in verschiedenen Richtungen auf das Geschäft der Eheanbahnung, aber sie sorgte auch dafür, daß Bertie weiterhin von allen offiziellen Pflichten ferngehalten wurde. Was die von Albert erledigten öffentlichen Aufgaben betraf, so waren diese bereits auf die Privatsekretäre ihres verstorbenen Gatten, General Grey und Sir Charles Phipps, übertragen worden. Lord Clarendon, der wahrscheinlich durch den Stiefsohn des Premierministers von Palmerston gehört hatte, schrieb am nächsten Tag an die Herzogin von Manchester, daß es der Königin «anscheinend nicht besser geht & ihr einziger Trost beim Gedanken an ihre trostlose Zukunft die Überzeugung ist, daß sie bald sterben wird & muß. Sie hat es schlechter als gewöhnliche Leute mit ihren Verwandten & Freunden, die mit der Zeit für Abwechslung und Trost sorgen – aber sie ist isoliert & das Beste für sie ist die Verantwortung ihrer Position & die Menge an Arbeit, der sie sich nicht entziehen kann & die sie über einen Teil des Tages hin zwingt, an etwas anderes als den alles überschattenden Kummer zu denken.» Da sei auch noch das Problem des «P von W», fügte er hinzu – eine «Monomanie & nichts kann sie hierin bewegen».

Am 10. Februar, ihrem Hochzeitstag, schrieb Victoria auf Briefpapier mit fast zwei Zentimeter breiten Trauerrändern an Charles Grey: «Sie fühlt sich ihrem Geliebten Gatten heute sehr, sehr nahe! Aber sie weiß nicht, *wo* Er ist. Sie lebt in einem Traum! *Alle* Träume *hier* sind so unwirklich!» Die einzige Realität bestand darin, «diesem reinen Engel» Denkmäler zu setzen, wie Clarendon entdeckte, als ihm die «unangenehme Aufgabe» übertragen wurde, in einem Komitee mit dem Grafen von Derby und Charles Eastlake, dem Präsidenten der Royal Academy, über ein angemessenes Denkmal für den Prinzgemahl zu entscheiden. Clarendon fand, es mangele ihm an den notwendigen Voraussetzungen dafür, zu verhindern, daß das Geld für ein so «gräßliches Monument» mißbraucht werde. Er sei für diese Aufgabe nicht besser qualifiziert «als für die Leitung des Opernorchesters». Aber die Königin hatte sich für eine Art Obelisken ausgesprochen, und das legte das Komitee von vornherein fest. Eine weitere Einschränkung stellte sich sehr bald ein, als größere und kleinere Städte die gesammelten Gelder ganz oder teilweise für eigene Kunstwerke einbehielten. In bezug auf Denkmäler aus Bronze, Marmor oder Granit verstehe die Königin «nicht mehr davon, was in der Kunst richtig & rein ist, als von chinesischer Grammatik», fand Clarendon, und mit grimmigem Humor sah er in den Provinzstädten «den verstorbenen Albert mit Hosenbandorden auf irgendeinem wilden, unbeschreiblichen Tier, das ein Pferd darstellen soll, & Albert-Bäder & Albert-Waschhäuser ...» entstehen.

Am 15. März wurde in Frogmore in Windsor der Grundstein zu dem für die Königin eigentlichen Denkmal gelegt – dem Mausoleum, in dem Victoria im Tode Seite an Seite mit Albert zu ruhen gedachte, wie sie es im Leben getan hatte. Im übrigen war man in Windsor «lebendig begraben», und sie fürchtete die Rückkehr dorthin. Aber ein eigenes Vorhaben durchzusetzen, beflügelte sie immer, und so wurde der Grundstein mit Münzen und Bildern des Prinzregenten und seiner Familie von der Königin selbst gelegt. Laut Lord Torrington, wieder Erster Kammerherr, «sah die Königin sehr hübsch aus; auf mich wirkte sie wie ein *junges Mädchen* und zeigte große Selbstbeherrschung».

Victoria hätte die Zeremonie dem Prinzen von Wales übertragen können, aber sie war entschlossen, ihm so wenig wie möglich zu tun zu geben. Eine Folge davon war sein Kauf des Landsitzes Sandringham in Norfolk, da die Gutsverwaltung und die Pflege des Wildes als angemessene Betätigung für einen Gentleman galt. Die landwirtschaftlichen Gewinne des Herzogtums Cornwall, die dem Thronfolger traditionell zustanden, hatten nur 16 000 £ im Jahr betragen, als Albert die Güterverwaltung in die Hand nahm. Seine Effizienz hatte diese Summe auf fast 60 000 £ jährlich ansteigen lassen, und das meiste davon hatte sich auf einem Konto angesammelt. Bertie war jetzt ein wohlhabender junger Mann. Er konnte sich Sandringham nicht nur leisten, sondern brauchte es auch, um sein Privatleben vor den wachsamen Augen seiner Mutter abzuschirmen. Reisen war das einzige gewesen, was man ihm erlaubt hatte, einerseits zu Erziehungszwecken, andererseits, um ihn so lange wie möglich so fern wie möglich zu halten. Seine Reise nach Ägypten und ins Heilige Land gab Delane Gelegenheit, einen Versuchsballon zugunsten des Prinzen in der *Times* loszulassen – daß sein Auftreten als Gast ausländischer Staatsoberhäupter ihm seine Eignung bescheinigt habe, auch «die Freunde Englands im eigenen Land zu begrüßen» und «viele offizielle oder halboffizielle Pflichten» zu übernehmen, die dem Herrscher zufielen. Das war vorsichtig ausgedrückt und löste in Windsor kein Erdbeben aus, zeigte aber auch wenig Wirkung. Victoria verharrte in ihrer Zurückgezogenheit, und der Souverän als Symbol verschwand – außer von Banknoten, Münzen, Briefmarken und dem täglichen *Hofbericht*, in dem die Zeitungen irgendwelche bedeutungsvollen Tätigkeiten der Königin auszumachen versuchten. «Niemand», sagte Torrington vertraulich zu Delane, «wagt es, ihr die Wahrheit zu sagen.»

Dem Grafen von Derby schrieb sie am 17. Februar 1862 in ergreifender Weise über sich selbst: «Sie sieht die Bäume knospen, die Tage länger werden und die Primeln sprießen, aber sie selbst lebt immer noch im Dezember.» An Victorias Trostlosigkeit mögen auch Schuldgefühle beteiligt gewesen sein, begründet durch die schon viel frühere, uneingestandene Erkenntnis, daß Albert todkrank war – ein unausgesprochenes Geheimnis, das sie möglicherweise mit ihrem Mann teilte. Sicher wußte Albert, was mit ihm los war, und hatte versucht, darüber zu sprechen, wenn auch zu vorsätzlich tauben Ohren, und hatte gelegentlich mit offenem Fatalismus reagiert. Das Verdrängen dieser Realität während Alberts Siechtum mußte Victorias nachträgliche Schuldgefühle verschlimmern – eine bedrückende Erkenntnis, die zeitweilig zur Seite geschoben wurde, indem man den Verstorbenen für die Verzweiflung des Überlebenden verantwortlich machte. Nach einer Begegnung mit der Königin erzälte Derby seinem Sohn, Victoria habe «offen von Albert gesprochen», der «sterben *wollte* – er schien keinen Lebenswillen zu haben. Dann gebrauchte sie die Worte: ‹Er starb aus Mangel an dem, was man Schneid nennt.›» Das entschuldigte ihr Versagen, seinem offensichtlichen Verfall ins Auge zu sehen: *Er* hatte versagt, weil er nicht dagegen angekämpft hatte. Doch ihre öffentliche

Hingabe an einen so privaten Schmerz hatte auch praktische Vorteile. Wie Disraeli bemerkte: Die Nation hatte ihren ungekrönten Herrscher beerdigt. In vieler Hinsicht hatte Victoria nur selten mehr als repräsentative Regierungspflichten erfüllen müssen und griff selbst nur ein, wenn die Aufgabe sie besonders betraf. Jetzt, nach Alberts Tod, konnte sie einen physischen und emotionalen Zusammenbruch vorschützen, um sich einer ernsthaften Auseinandersetzung mit Staatsangelegenheiten zu entziehen. (Was sie selbst über ihre Fähigkeiten dachte, kann man einer ihrer Bemerkungen an Vicky aus dem Jahr 1863 entnehmen: «Ich weiß, daß Du nie eine sehr hohe Meinung vom Verstand Deiner armen Mama hattest..., was ganz natürlich war, solange unser gesegnetes Orakel bei uns war.»)

Als Lord Clarendon die Königin im März 1862 in Osborne besuchte, kam sie wie üblich auf eine Reihe von Themen zu sprechen. Dabei bezog sie sich auf Äußerungen und Tätigkeiten des Prinzen, als sei er im Raum nebenan. «Es war schwer zu glauben, daß er es nicht war, aber in seinem eigenen Zimmer, wo sie mich empfing, lag alles auf seinem Tisch bereit, seine Feder und sein Löschpapierblock, sein Taschentuch auf dem Sofa, seine Uhr war aufgezogen, frische Blumen standen im Glas..., wie ich es immer gesehen hatte, gerade als ob er jeden Moment hereinkommen könnte.»

Clarendon wußte auch, daß jeden Abend Alberts Kleidung herausgelegt und andere Vorbereitungen für seine Toilette getroffen wurden, als sei er noch am Leben. In jeder Residenz der Königin hing über dem königlichen Doppelbett auf der Seite des Prinzen (er hatte immer rechts von ihr geschlafen) eine kolorierte Photographie des Sterbebetts, die die träumende Phantasie mit der unbarmherzigen Wirklichkeit konfrontierte.

Als Gladstone sie in seiner Eigenschaft als Finanzminister ebenfalls im März aufsuchte, hielt sie sich gerade zu einem ihrer seltenen Besuche in Windsor auf. Ihm war nicht wohl, ihr nach ihrem schmerzlichen Verlust gegenüberzutreten, und er blieb das ganze lange Gespräch hindurch stehen, während sie saß und ihm Fragen über die schlechte Wirtschaftslage wegen der ausbleibenden amerikanischen Baumwollieferungen und über kirchliche Angelegenheiten stellte, die Gladstone besonders interessierten. Schließlich kam sie auf den verstorbenen Prinzen zu sprechen. Ihr Wesen, vertraute sie ihm an, sei nicht «mit... Anpassungsfähigkeit begabt». Es sei nicht leicht für sie, ohne Albert weiterzumachen, fügte sie hinzu, denn «wenn je eine Frau einen Mann von Herzen geliebt habe, so habe sie den Prinzen geliebt». Sie fuhr fort, seine zahlreichen Eigenschaften aufzuzählen, darunter zu Gladstones Erstaunen auch «körperliche Schönheit» – immerhin sprach sie mit einem ihrer Minister, nicht mit einem Vertrauten.

Sie sei entschlossen, auch allein als Königin ihr Bestes zu geben, sagte sie, aber sie habe kein Selbstvertrauen.

Vorsichtig stimmte er ihrer Einstellung zu: Übermäßiges Selbstvertrauen sei ein Laster, dessen Mangel hingegen oft eine Tugend. Vielleicht wäre es besser gewesen, Vertrauen in ihre Fähigkeiten und ihr Urteilsvermögen zu demonstrieren, und Gladstone machte sich später Vorwürfe, «in der Sprache der Hoffnung nicht etwas weitergegangen zu sein». Doch er war «freundlich und mitfühlend» gewesen, notierte Victoria in ihrem Tagebuch, und nachdem Gladstone in einer Rede in Manchester den verstorbenen Prinzen gepriesen hatte, schrieb sie ihm am 28. April – nicht ganz in dem Stil, in dem ein Staatsoberhaupt mit seinem Minister verkehrt –, ihr größter Wunsch im Leben sei, es zu verlassen. «Ihr *einziger* Wunsch ist, bald wieder mit ihrem Liebling vereint zu sein. Jeder Tag scheint einen Schmerz noch zu vergrößern, den *nichts, nichts* lindern kann, da es niemals eine *Liebe* und Hingabe wie ihre gegeben hat. Alles, was einen reizen und erfreuen könnte, verursacht jetzt den schärfsten Schmerz. *Mrs.* Gladstone, die, wie die Königin weiß, eine *äußerst* zärtliche Ehefrau ist, kann sich vielleicht wenigstens entfernt vorstellen, was die Königin leidet.»

Gladstone antwortete ihr, sie möge die Verantwortung für ihre endgültige Wiedervereinigung mit dem Prinzen einer höheren Macht überlassen. «Wir, die wir nicht in die Zukunft sehen können, glauben, Madame, daß Er für Sie das Beste wählen kann ... und wird.»

Dennoch lebte die Königin auch ein Jahr später (am 25. April 1863) noch in trauernder Abgeschiedenheit, als Disraeli ihr in seiner ganz anderen Art über Albert schrieb: «Der Prinz ist der einzige Mensch, den Mr. Disraeli je kennengelernt hat, der das Ideal verkörperte. Ihm ist niemand bekannt, der dem je nahegekommen wäre. Er vereinte männliche Anmut und edle ritterliche Einfachheit mit dem intellektuellen Glanz der attischen Akademie.» Mit der Zeit, prophezeite Disraeli, würden aus Alberts «Plänen Systeme werden, aus seinen Vorschlägen Dogmen ... Alberts Name wird für eine Generation mit tieferem Empfinden und weiterem Blick stehen als die, die er geprägt und gelenkt hat ...» Die großzügige Schmeichelei entzückte sie, aber mehr noch wurde ihre Aufmerksamkeit sicher vom Präsens des Eingangssatzes angezogen, der die lebendige Gegenwart Alberts suggerierte. Im Vergleich dazu wirkte Gladstones pflichtbewußte Aufrichtigkeit verkrampft und wenig erhebend.

Dem Wunsch der Königin, sich ihrem Schmerz hinzugeben, kam ihre Regierung bereitwillig nach, solange sie sich dafür weniger in Kabinettsangelegenheiten einmischte, für die sie sich normalerweise interessiert hatte. Als Gast in Windsor im Juni 1862 hatte Lord Clarendon Gelegenheit, über Regierungsgeschäfte zu sprechen, und sie erwähnte einen Angriff des Oppositionsführers Lord Derby auf Palmerston. Plötzlich veränderte sich ihr Verhalten, sie preßte ihre Hände an die Stirn und rief erregt: «Mein Verstand! Mein Verstand!» Er begriff. Vor politischen Krisen solle man sie verschonen. Victoria kannte die Furcht vor Hannoveraner Geistesgestörtheit und nutzte sie vielleicht bewußt aus. Gerüchte über ihre geistige Verwirrtheit beschäftigten die Journalisten jahrelang. Ob sie nun tatsächlich pathologisch war oder nicht – zumindest hatte die genußvolle Selbstbestrafung der Königin den erwünschten Effekt.

Eine Zeitlang wurde die Reaktion der Königin auf die Katastrophe von einer trauernden, wirklich betroffenen Öffentlichkeit mitgetragen, und auf den enormen Umsatz an schwarzen Schärpen und Bändern und andere Ausdrucksformen des Mitgefühls folgte eine umfangreiche Produktion künstlerischer, musikalischer und poetischer Erinnerungswerke. Als all dies verebbte und die Königin immer noch untröstlich blieb, begann die öffentliche Meinung sich zu ändern, vor allem, als Victoria für Alice und Prinz Louis eine Hochzeit anordnete, die so düster und freudlos wie nur irgend möglich war. Sie wurde sogar in der Unbequemlichkeit Osbornes gefeiert, welche nur die Königin nicht empfand.

Die Trauungszeremonie fand auf Weisung Victorias im Eßzimmer von Osborne House unter dem großen Familienporträt Winterhalters und damit in Alberts huldvoller Gegenwart statt. Sie selbst saß in ihrer «traurigen Haube», wie «Baby» Beatrice sie nannte, abseits in einem Sessel, flankiert von ihren ältesten Söhnen. Die Feier sei «wie eine Beerdigung» gewesen, schrieb Vicky ihrer Tante Feodora. Die Braut, die Trauerkleidung trug, bekam sogar eine schwarze Aussteuer. Die Jungverheirateten reisten bald ab, um ihr Haus in Hessen zu beziehen – keinen Palace, aber ein Heim weit weg von Windsor. Mit 25 000 £ von der Königin bauten sie sich das Neue Schloß in Darmstadt mit holländischen Terrassen und italienischen Gärten.

Der nächste Programmpunkt der Königin war nun Berties Rettung vor weiterer Versuchung und Sünde durch Verordnung einer passenden Braut. Albert hatte noch im letzten Jahr dafür gesorgt, daß der Prinz von Wales das Heilige Land besuchte. Bertie, der gern reiste, war dabei aufgeblüht und hatte sich «gut entwickelt», fand die Königin; kurz vor Alices Hochzeit war er zurückgekommen. Er war jetzt fast einundzwanzig. Da die dänische Prinzessin Alexandra offensichtlich die passendste Wahl war, wurde Vicky mit der heiklen Aufgabe betraut, Alexandras Mutter annähernd die Wahrheit über Bertie zu erzählen. Die Königin empfahl die Version, «schlechte Kerle» hätten «den armen unschuldigen Jungen in Versuchung geführt», doch «sie beide» hätten «ihm vergeben». Er würde bestimmt ein rechtschaffener Ehemann, und eine Frau wie «Alix» wäre seine RETTUNG.

Dem mittellosen Haus Dänemark, das gern bereit war, seine hübsche Tochter gegen Status und Sicherheit herzugeben, mußte Bertie in der Tat als Retter erscheinen. Man kam überein, daß Victoria und Bertie Alix und ihre Eltern unter der wohlwollenden Schirmherrschaft König Leopolds in Laeken kennenlernen sollten. Anfang September trafen beide Parteien ein, und zum ersten Mal seit Alberts Tod fiel nun Victoria die Aufgabe zu, eine wichtige Verhandlung zu führen.

Die Königin war beeindruckt durch Alix' strahlendes Äußeres und die verwüstete Schönheit und vollständige Taubheit ihrer Mutter. Die Prinzessin sollte in wenigen Monaten achtzehn werden, blonde Locken umrahmten ein «wunderschön vornehmes Profil», und sie wirkte «ruhig und damenhaft». Für Victoria war es ein «schwieriger» Augenblick. «*Ich* mußte *allein* sagen und tun, was unter anderen, glücklicheren Umständen früher uns beiden gemeinsam zugefallen war.» Alix würde in ein «trauriges Haus» eintreten, sagte die Königin zu ihr, doch die gelassene Prinzessin gedachte nicht, ihre Chance wegzuwerfen, Königin von England zu werden. Als Victoria abreiste und Bertie zurückblieb, um ihr einen förmlichen Antrag zu machen, war er nicht überrascht über ihre Zustimmung. Die Königin erhielt die Nachricht in Deutschland.

Feodora war in Belgien zu ihrer Schwester gestoßen, um Alexandra zu begutachten. Am nächsten Tag reisten sie gemeinsam nach Gotha weiter, in Köln stiegen sie in den Nachtzug um. Solange sie verheiratet waren, hatten die Schwestern nicht viel Zeit zusammen verbracht. Da sie jetzt beide verwitwet waren, fand Victoria, sie könnten zumindest einen Teil des Jahres zusammenleben – natürlich in England, da die eine regierte und die andere frei von offiziellen Pflichten war. Victorias beste Strategie wäre vielleicht gewesen, sich zuerst einmal als angenehme Gesellschaft zu empfehlen. Doch als Feodora das Thema einer eventuellen Teilnahme Victorias an der Hochzeit ihres Sohnes Hermann anschnitt, die drei Wochen später in Karlsruhe gefeiert werden sollte, lehnte die Königin beharrlich jede Teilnahme an irgendeinem Fest ab. Danach war es schwierig, ihre Pläne zur Sprache zu bringen; doch nach zehn Tagen in Coburg, wo auch die treue Baronin Lehzen sie besuchte – sie war jetzt fast achtzig und lebte immer noch in Bückeburg –, drückte Victoria ihrer Schwester bei der Abreise einen Brief in die Hand.

Von Liebenstein aus, ihrer ersten Übernachtungsstation auf der Heimreise nach Baden, antwortete Feodora umgehend, doch vorsichtig. Sie meinte, das beste wäre, «keinen bestimmten Zeitpunkt festzulegen, sondern laß mich kommen und bei Dir wohnen, wenn Du mich brauchst und meine Gesundheit es erlaubt. Ich denke an drei oder vier Monate im Frühling oder Herbst..., wenn Du mir erlauben wirst, wieder nach Deutschland zurückzukehren, wenn ich mich nicht wohlfühle... In meinem Alter kann ich mein Haus und meine Unabhängigkeit nicht aufgeben. Gleichzeitig ist mein Leben Deinem so verbunden, und wir alleingelassenen Schwestern gehören so ganz zueinander... Ich sehe Dich vor mir in Tränen, unglücklich, verloren... Möge Gott Dir Kraft und Geduld geben, meine geliebte Victoria.» Tatsächlich kam sie ein Jahr später im November 1863 zu Besuch, und Victoria schrieb ihrem Onkel Leopold, Feodora sei «eine große Erholung und ein Trost».

Von Coburg aus kehrte Victoria auf die Insel Wight zurück, wo Alix Osborne einen Besuch abstatten und Berties bevorstehende Heirat verkündet werden sollte. Es wurde eine Zeit der Familienereignisse und ihrer europäischen Verästelungen, denn die Preußen waren unglücklich über eine zukünftige dänische Königin jenseits des Kanals, und der leere, wacklige Thron Griechenlands wurde Alexandras Bruder, Ernst von Coburg und Victorias Sohn Alfred angeboten. Sie könne keinen Prinzen «entbehren», versicherte Victoria; schließlich waren unmittelbar vor Alberts Tod in Portugal «drei in zwei Monaten hinweggerafft worden». Auch wollte sie nicht, daß Alfreds Kinder «als Griechen erzogen» würden (dabei war er noch gar nicht verheiratet); außerdem sei er noch zu jung. Sie wußte, daß er in der Coburger Erbfolge Nachfolger des kinderlosen Ernst war. Dann beschloß Ernst, er selbst wolle König von Griechenland werden, und Alfred sollte künftig sein Stellvertreter in Coburg sein. Da ein solches Arrangement Griechenland binnen kürzester Zeit in Nachfolgeprobleme verwickelt oder Alfred doch auf den griechischen Thron gehoben hätte, machte Victoria dieser Stuhlpolonaise ein Ende und empfahl erfolglos verschiedene andere Lösungen. Schließlich nahm ein dänischer Prinz den Thron an, der damit Victorias Familie auf andere Weise verbunden wurde.

Eine Art, Albert treu zu bleiben, drückte sich für Victoria darin aus, daß sie auf einer deutschen Komponente in ihrem Leben bestand. Es bereite ihr Kummer, schrieb sie im November 1862 an Vicky, daß Bertie Alix immer nur auf englisch schreibe. Sie wünsche, daß «das deutsche Element» in ihrem «geliebten Heim in Ehren gehalten und gepflegt» werde. Nachdem der Prinz von Wales Vicky in Berlin besucht hatte, schrieb die Königin ihr: «Ich hoffe, daß Du Bertie so weit wie möglich germanisiert hast.» Es wäre wichtiger gewesen, ihn zu anglisieren. Aber sie sah es lieber, daß er sich so viel wie möglich außerhalb Englands aufhielt. Als Lord Granville einen Versuch machte, den Prinzen von Wales in die Welt einzuführen, in der Albert sich so wohlgefühlt hatte, indem er ihn bat, bei einem Diner des Literaturfonds den Vorsitz zu übernehmen, war die Königin erbost. Bertie sei «zu jung und unerfahren».

Als Grund führte Victoria an, daß so etwas den Prinzen von Wales in unfairer Weise in Verlegenheit bringen würde, da er andere Interessen als sein Vater und nur eine oberflächliche Bildung hatte. Hinter ihrem Bestreben, Bertie zu schützen, stand vielleicht auch der Wunsch, ihn für Verantwortung unreif zu halten. (Sie war nicht einmal sicher, ob er reif genug zum Heiraten sei, und sie traute der erst achtzehnjährigen Alix kaum zu, aus ihm einen Ehemann und Vater zukünftiger Herrscher zu machen. «Ist Dir bewußt», erkundigte sie sich bei Vicky, «daß Alix den kleinsten Kopf hat, den man je gesehen hat? Ich fürchte – bei seinem kleinen leeren Gehirn – sehr für zukünftige Kinder.») Victoria war befriedigt, daß Alexandra nichts dazu beitragen konnte, ihren zukünftigen Ehegemahl in einen überzeugenden König zu verwandeln. Sie wußte sehr wohl, daß ihn am Tod seines Vaters keine Schuld traf, doch war er weder moralisch noch intellektuell ein Abbild des Prinzgemahls, der für sie ein König ohne Krone gewesen war. Dennoch schlichen sich in die Londoner Zeitungen bereits Gerüchte ein, sie werde nach der Heirat zugunsten Berties abdanken, und ihr Benehmen scheint teilweise darauf abgezielt zu haben, solchen Spekulationen den Boden zu entziehen. «Disraeli erzählt eine Geschichte», notierte Lord Stanley in seinem Tagebuch, «die er vom König der Belgier haben will, daß die Königin abdanken wird, wenn ihr Sohn und ihre Schwiegertochter ihre Eignung bewiesen haben, daß sie ihren Platz einnehmen können; sie will den Rest ihres Lebens in Coburg verbringen.»

Um Bertie und Alix in die angemessene Stimmung zu versetzen, besuchte Victoria am Tag vor ihrer Heirat mit ihnen das Mausoleum in Frogmore. Vor dem Grab aus Aberdeen-Granit, auf dem die 1862 von Baron Carlo Marochetti geschaffene weiße Marmorstatue Alberts ruhte, faltete Victoria ihre Hände und sagte: «*Er* gibt euch seinen Segen.» Die Hochzeit am 10. Mai 1863 in Windsor hätte ein großes festliches Ereignis sein können, hätte die Königin nicht ihr Witwenschwarz getragen und der Mangel an Planung und Unterkünften eine Konfusion gestiftet, von der sie selbst natürlich nichts bemerkte. Der Premierminister Lord Palmerston und die Marquise von Westminster, die behängt war mit einem Vermögen an Diamanten, mußten in einem Abteil dritter Klasse nach London zurückfahren. Entschlossen, die Heirat des zukünftigen Königs herunterzuspielen, hatte Victoria allem Drängen widerstanden, sich festlich zu kleiden, und hatte alle Entscheidungen über Karten, Einlaßbilletts und andere organisatorische Details so lange aufgeschoben, bis, wie Lord Torrington sich gegenüber John Delane beklagte, «die Vorbereitungen völlig verpfuscht» waren. Der *Punch* schlug vor, da die Gästeliste klein gehalten und die Hochzeit in irgendeinem Dorf in Berkshire abgehalten werden sollte, das einzig für sein Schloß ohne sanitäre Anlagen bekannt war, sei die optimale Lösung eine kurze Notiz in der Heiratsspalte der *Times*: «Am 10. d. M., getraut von Dr. Longley in Windsor, unter Assistenz von Dr. Thomson: Albert Edward England, K.G., mit Alexandra Dänemark. Glückwünsche nicht erbeten.»

Wo sie nur konnte, erstickte die Königin jedes Zeichen von Begeisterung. Nur die Fahrt der Prinzessin vom Bahnhof Southwark (nach der Landung in Gravesend am 7. März) nach Paddington durch die jubelnden Menschenmengen, entzog sich ihrem Einfluß.

In Windsor war an Feiern nicht zu denken, und hoch oben über der Georgskapelle saß Victoria in der königlichen Loge abseits der Zeremonie, doch jedermann sichtbar, und deckte ein Leichentuch über das ganze Geschehen. Über schwarzer Seide und schwarzem Krepp trug sie Alberts Hosenbandorden mit blauem Band und eine diamantengefaßte Miniatur Alberts, die sie sich seit 1840 als Brosche ansteckte. So sah Albert mit ihr von ihrem Fenster herab. Lord Granville erzählte der Herzogin von Manchester, als Jenny Lind den von Albert komponierten Choral zu singen begann, habe Victoria «einen Blick nach oben geschickt, der Bände sprach».

Obwohl die Hochzeit ganz nach Wunsch der Königin ablief, nahm sie nicht daran teil; sie umarmte das Paar nur bei seiner Rückkehr in den Palace auf der großen Treppe. Bei dem Familien-Mittagessen für achtunddreißig Personen war die Königin nicht anwesend. («Ich aß Lunch allein mit Baby.») Als das Paar nach Osborne abreiste, sah Victoria ihnen erst vom Korridor, dann von ihrem Schlafzimmerfenster aus nach. Nachdem alle Gäste abgefahren waren, ging sie mit Louise zum Mausoleum, um in Alberts Gegenwart zu beten.

Sogar die Geburt von Alices Tochter im Monat darauf, die als erstes Enkelkind den Namen der Königin erhielt, bot Anlaß zu traurigen Bemerkungen: Victoria schrieb Vicky, wie sehr es sie getroffen habe, daß keine der Töchter von Vicky und Friedrich Wilhelm «nach einem von uns genannt wurden». Sie wußte, daß dynastische und diplomatische Rücksichten Preußens andere Namen erfordert hatten, doch jedes bißchen Glück war rigoros zu meiden.

Auch Bertie und Alexandra waren keinerlei Zerstreuungen oder Vergnügen erlaubt, da die Königin sie für unangemessen hielt. Lord Stanley berichtete am 16. Juni 1863: «In London redet man viel darüber, in welch ungewöhnlichem Maße die Königin den Prinzen und die Prinzessin von Wales in jedem Detail ihres Lebens zu gängeln versucht. Sie dürfen keine Diner-Einladungen annehmen, außer in von ihr genannten Häusern; sie dürfen aber auch niemanden einladen, den die Königin nicht vorher genehmigt hat oder dessen Name auf einer bestimmten Liste steht. Und nachdem die Prinzessin ein- oder zweimal im Park geritten war, wurde es ihr verboten. Außerdem erfolgt täglich ein minuziöser Bericht an die Königin über alles, was in Marlborough House vor sich geht. Die direkt Betroffenen beklagen sich nicht, aber andere tun es für sie, und das ganze Vorgehen ist sehr unklug.» Die Einschränkungen standen ganz in der Tradition der falschen Erziehung des Prinzen und luden geradezu zu Ausflüchten ein.

Nach außen hin schien die Königin alles für das junge Paar zu tun. Am 16. Mai gab sie sogar einen ihrer seltenen Drawing-Room-Empfänge, um Alexandra mit den richtigen Leuten in London bekanntzumachen. Fast dreitausend Damen wurden ihr vorgestellt, und die zarte Prinzessin war schließlich so erschöpft, daß vorübergehend die Türen geschlossen werden mußten, damit sie sich erholen konnte. Außer bei diesen wenigen gesellschaftlichen Anlässen in ihren eigenen Residenzen erschien Victoria nach Alberts Tod fast zwei Jahre lang nicht in der Öffentlichkeit. Erst am 13. Oktober 1863 zeigte sie sich außerhalb der Familie, als sie nach Aberdeen reiste, um eine Statue des Prinzgemahls zu enthüllen. Ihren Wünschen entsprechend war die Aberdeener Bevölkerung angewiesen worden, nicht zu applaudieren, keine Musikinstrumente zu benutzen und Häuser und Straßen zur Begrüßung nicht mit Spruchbändern und Blumenbögen zu schmücken. Der unaufhörliche Regen, in dem das unfestliche Ereignis stattfand, erschien Victoria durchaus passend – sie beschrieb den Tag als «traurig & belastend & schmerzlich». Die zahlreichen Presseberichte betonten die beharrliche Zurückgezogenheit der Königin, denn im Laufe der nächsten Jahre schien sie nur in der Öffentlichkeit aufzutauchen, um Albert-Statuen zu enthüllen. Als sie ein Jahr später zu einer weiteren Denkmalenthüllung mit ihrer Familie nach Coburg reiste, fand die *Times* es angesichts der anhaltenden «Gefahr, sich dem Luxus des Trauerns hinzugeben», schon zunehmend schwierig, «respektvolle Anteilnahme zu erwecken». Der Verlust Alberts wurde fast überall in ihrem Herrschaftsbereich tief empfunden, doch die Zumutung, daß die Nation sich mehr mit Albert-Denkmälern als mit seinen fortschrittlichen Ideen befassen solle, stieß auch bei den verständnisvollsten Untertanen auf Ablehnung.

Daß ihr fortgesetztes Trauern eine Form von königlichem Egoismus war, kann Victoria selbst nicht entgangen sein. Ihre Damen lebten wie in einem Mausoleum und tauchten nur in den Perioden auf, wo sie keinen Dienst als Kammerfrauen hatten. Eine ihrer Lieblingsdamen, Lady Augusta Bruce, die Schwester von General Bruce, der bis zu seinem Tod 1862 Berties Erzieher gewesen war, entzog sich durch Heirat – «höchst unnötigerweise», wie Victoria sich Leopold gegenüber beschwerte. Im November 1863 war Augusta einundvierzig und ihr Ehemann, der Reverend Arthur Stanley, Dekan von Windsor, fünfundvierzig Jahre alt. «Das war mein größter Kummer und der schwerste Schlag seit meinem Unglück!» schrieb die Königin. «Ich dachte, sie würde mich nie verlassen.» Dr. Stanley hatte klug bis nach seiner Ernennung zum Dekan von Westminster durch die Königin gewartet, und Lady Augusta war auf Vorwürfe der Königin gefaßt, sobald die Nachricht veröffentlicht würde. Noch rücksichtsloser zeigte die Königin sich, als sie drei Jahre lang die Heirat von Henry Ponsonbys Sohn verzögerte, der Oberstallmeister bei ihr war – mit der Begründung, daß ein Mann «seiner Frau immer alles erzählt» und die Privatangelegenheiten der Königin «in ganz London herumposaunt würden».

Am 18. November 1863 schrieb Gladstone nach einer Unterredung mit der Königin hoffnungsvoll an seine Frau, er meine, «den alten Geschäftston» wieder vernommen zu haben. Doch Victoria konzentrierte sich nicht lange auf Geschäftliches, und der Finanzminister hatte den Rat seiner Frau vergessen, die ihm im Oktober 1862 vor einer Fahrt nach Windsor eingeprägt hatte: «Jetzt sei ein bißchen *nett* zur Königin, auch wenn es nicht deine Art ist, und glaube wenigstens einmal, daß du das auch kannst, du lieber alter Kerl.» Er konnte oder wollte es nicht; vielmehr schaffte er es, sich bei jeder möglichen Gelegenheit von ihrer Weltsicht zu distanzieren. Im Mai 1864 brachte ein Liberaler im Unterhaus den Vorschlag ein, die Anforderungen für die Wahlberechtigung in den Städten zu senken. Gladstone war von seinem Premierminister Palmerston vorgewarnt worden, die Regierung nicht zu kompromittieren, da der Gesetzentwurf wenig Chancen hatte. Der impulsive Gladstone hielt sich nicht daran, denn er fand, es sei an der Zeit, den Gebildeteren der arbeitenden Bevölkerung das Wahlrecht zu verleihen. «Ich wage zu sagen u , behauptete er im Unterhaus mit großer Geste, «daß jeder, der nicht aufgrund irgendeiner persönlichen Behinderung oder politischer Gefährlichkeit rechtsunfähig ist, das moralische Anrecht hat, entsprechend der Verfassung zugelassen zu werden». Der (in der Rückschau äußerst vernünftige) Gesetzesentwurf fiel mit 56 gegen 272 Stimmen durch. Für die Königin war dies ein Grund mehr, Gladstone nicht zu trauen.

Mit dem Beginn ihres dritten Trauerjahres im Dezember 1863 begannen die Londoner Zeitungen eine Kampagne, Victoria ins öffentliche Leben zurückzuholen. Die Presse kritisierte ihr Verhalten kühner denn je zuvor und bemerkte, daß man wohl von Gram gebeugt sein könne – das heiße aber nicht, daß man seine Arbeit nicht weiter zu tun brauche oder seine Pflichten weniger gut und gewissenhaft erfüllen dürfe.

Vieles hätte ihre öffentliche oder private Aufmerksamkeit verdient, hätte sie sich nicht so beharrlich ihrem Schmerz hingegeben. Die Lage im österreichischen Italien und entlang der preußisch-dänischen Grenze war prekär, der amerikanische Bürgerkrieg drückte weiter auf die Arbeitslosigkeit unter den englischen Textilarbeitern, und regelmäßig wurden Kabinettszwistigkeiten durch die Presse an die Öffentlichkeit getragen, die den Eindruck eines tatenlosen *laissez-faire* erweckten. Die Eröffnung des Parlaments stand wieder bevor und schien die beste Gelegenheit für eine Rückkehr der Königin in das politische Geschehen zu bieten. Um deutlich zu machen, daß sie das durchaus nicht vorhatte, wies Victoria Sir Charles Phipps an, dem Premierminister eine Erklärung zu schicken, daß die Ärzte Ihrer Majestät «nach Konsultation ganz entschieden der Meinung sind, daß es im Hinblick auf die Erhaltung der Gesundheit Ihrer Majestät nicht wünschenswert sei, daß Ihre Majestät solche Pflichten auf sich nimmt».

Mit dieser unbeholfenen Note endete das Jahr 1863 für die Königin, doch das neue Jahr hatte kaum begonnen, als sie sich veranlaßt sah, ihren Außenminister Graf Russell dringend zu ermahnen, Dänemark im Konflikt um Schleswig und Holstein nicht zu unterstützen. Die Herzogtümer, von denen eins, Holstein, Mitglied des Deutschen Bundes war, aber unter dänischer Regierung stand, hatten eine weitgehend deutsche Bevölkerung, obwohl ein Teil Schleswigs dänisch war. Die Thronbesteigung Christians I. – Alexandras Vater – machte eine Lösung noch komplizierter. Es gab zu viele Parteien, zu viele Verträge, zu viele Interpretationen. Nach einem Epigramm Palmerstons (das in mehreren Versionen existierte) hatten nur drei Personen in England je die schleswig-holsteinische Frage verstanden: der Prinzgemahl, der tot war, Mellish, ein Beamter im Außenministerium, der verrückt geworden war, und Palmerston selbst.

Da das winzige Dänemark von selbstmörderischer Hartnäckigkeit und offensichtlich nicht zu einem Kompromiß bereit war, wurde ein Krieg unvermeidlich. Victoria, pro-deutsch wie immer, wollte nicht in einen Krieg auf der anderen Seite hineingezogen werden; dennoch hatte sie sich jetzt mit der Öffentlichkeit wie mit Marlborough House überworfen. Mitten in dieser Unruhe kam Alexandra, die zum ersten Mal schwanger war, am 8. Januar in Frogmore mit einer Frühgeburt nieder. Jahre später erinnerte die Königin sich daran, wie sie in aller Eile von Osborne hingefahren war und «das kleine in Baumwolle gewickelte Ding» vorgefunden hatte.

Zur Freude der Nation war «das kleine Ding» ein Junge; doch welchen Namen er tragen sollte, wurde sofort zu einer politischen Frage. Ein Name, der außer Frage stand, war der seines zum Krieg gerüsteten Großvaters, König Christian von Dänemark; seine ersten Namen aber wurden angekündigt als Albert Victor. Von Anfang an wurde er «Eddy» genannt, wenn auch die Königin keine Gelegenheit ungenutzt ließ, seine Eltern an seinen richtigen Namen zu erinnern. Bei seiner Taufe am 10. März wurde auf Victorias Bitte der nach Worten von Thomas Oliphant von Albert komponierte Choral «Praise the Lord with heart and voice» («Lobet den Herrn mit Herz und Stimme») gesungen.

Die Namensfrage veranlaßte die Königin, Bertie einen Vortrag über seinen eigenen zukünftigen Namen als König zu halten. Es sei der Wunsch seines Vaters gewesen, erinnerte sie ihn, daß er mit seinen beiden Namen Albert Edward genannt würde, «und es wäre *unmöglich*, wenn du den deines Vaters *wegließest*». Bertie bemerkte treffend, daß kein englischer Herrscher je einen Doppelnamen getragen habe und er Louis Napoleon und Viktor Emanuel für unschöne neumodische Zusammenstellungen halte; doch sehe er «keinen unabänderlichen Grund», den Gebrauch eines Doppelnamens auszuschließen. Der Königin muß klar gewesen sein, daß sie schon verloren hatte.

«Ach!» schrieb Victoria im Februar 1864 nach dem Einmarsch preußischer und österreichischer Truppen in die Herzogtümer, «wenn Berties Frau nur eine gute Deutsche und keine Dänin wäre!» Die «Familienharmonie» war weiter geschwunden. «Es ist schrecklich, den armen Jungen auf der falschen Seite stehen zu sehen, und vergrößert meine Leiden erheblich.» In Marlborough House weinte die Prinzessin, als Dänemark besiegt war und gezwungen wurde, seine Ansprüche auf Schleswig und Holstein aufzugeben.

Da man in England stark befürchtete, das unterlegene Dänemark selbst, wie schuldig es auch an der illegalen Annexion Schleswigs war, könne von Preußen verschlungen werden, waren Palmerston und Russell in Übereinstimmung mit der öffentlichen Meinung bereit, Kriegsschiffe zum Schutz Kopenhagens zu schicken. Victoria mußte alle ihre Mittel als Königin einsetzen, um ihr Land neutral zu halten – was de facto bedeutete, dem Sieger die Vereinnahmung der Herzogtümer nachzusehen. Wo immer auch ihre Gründe oder ihre Sympathien liegen mochten, ihre Logik lautete, wie sie sich gegenüber Russell (der inzwischen Graf geworden war) im Februar 1864 ausdrückte, daß das erste Interesse einer Regierung die von ihr repräsentierte Nation sein muß. «Lord Russell weiß», belehrte sie ihn, «daß sie, wenn sie es verhindern kann, *niemals* zulassen wird, daß dieses Land in einen Krieg verwickelt wird, in dem *keine englischen* Interessen auf dem Spiel stehen.» Beharrlich drängte sie ihre Minister, sich in ihren Äußerungen zu mäßigen, die Flotte in ihre Heimathäfen zurückzurufen, den Konflikt passiv zu bedauern und gleichzeitig ihre Vermittlerdienste anzubieten. Hinter ihrer pro-preußischen Haltung sah sie als Parallele, wie Albert 1861 den Krieg mit Amerika verhindert hatte. «Ich bin froh, daß dem lieben Papa diese Sorgen und dieser Ärger erspart geblieben sind», schrieb sie befriedigt an Vicky, «denn er hätte noch weniger tun können als ich.» Trotz ihrer Zurückgezogenheit agierte sie jetzt als Königin, weil sie

Partei ergreifen wollte. Sie mochte Albert noch immer betrauern, aber sie hatte sich selbst bewiesen, daß sie ohne ihn auskommen konnte. Zugleich hatte sie ihre aktive Auffassung von der Rolle des Monarchen bestätigt. Noch einen anderen Nutzen erkenne sie in dem kurzen Krieg, erklärte sie Vicky. Es sei vielleicht «nützlich für Kaiser Napoleon gewesen zu sehen, wie ausgezeichnet und rasch die Alliierten den Feldzug geführt haben».

Als die antideutsche Stimmung in England anstieg, war Feodora immer noch auf ihrem ersten langen Besuch bei ihrer Schwester. Sie fühlte sich zunehmend unwohl und schob ihre rheumatischen Beschwerden im feuchten englischen Winter vor, um ihren Entschluß zur Heimreise zu begründen. Sie konnte den Gedanken nicht ertragen, am 10. Februar, Victorias Hochzeitstag, mit der Schwester zu frühstücken. Als sie nach viermonatigem Aufenthalt abreiste, gestand sie ihr in einem Brief: «Ich habe nicht die moralische Kraft, Dich ständig so unglücklich zu sehen und zu hören.» Baden-Baden war nicht so luxuriös, doch das war ein geringer Preis für die Befreiung aus Victorias selbstauferlegter Trübsal.

Victoria wußte, wie empfindlich die Engländer auf das ungeschliffene preußische Auftreten reagierten; dennoch erlaubte sie ihrem Sohn Alfred in einem scheinbar bewußten Affront, im Mai den preußischen Schwarzen Adlerorden von König Wilhelm anzunehmen, und ärgerte sich dann über Angriffe auf ihre Deutschfreundlichkeit in der Presse. Lord Torrington, dessen Verbindungen zur *Times* General Grey bekannt waren, erhielt eine Beschwerde und erwiderte, Prinz Alfred «unterstütze das Verhalten des Königs von Preußen und heiße es gut» und «verletze» die Familie, in die der Prinz von Wales eingeheiratet habe.

«Heute morgen schickte Ihre Majestät nach mir», schrieb Torrington am 10. Mai, seinem letzten Tag als diensttuender königlicher Kammerherr, an Delane. «Ich habe sie noch nie bei besserer Gesundheit, Laune und besserem Aussehen angetroffen...» In einem halbstündigen Gespräch verteidigte sie ihre Beziehung zu Preußen als notwendig, «um ein gutes Verhältnis zur neuen Heimat ihrer Tochter zu pflegen». Sie beharrte darauf, Preußen «werde nichts nehmen» (was, wie sich zeigte, nicht der Fall war), und behauptete, «wütend» über die «fragwürdige Ehre» zu sein, die Alfred da angenommen habe. Was öffentliche Auftritte betreffe, so habe sie ohne weiteres Aufsehen bei ungewöhnlichen Frühlingsschneefällen an einer Blumenschau in den Anlagen der Horticultural Gardens teilgenommen, und die «erdrückende Menge» habe sie nervös und krank gemacht. Dann schenkte sie Torrington eine Photographie von sich und bedauerte, daß seine Dienstzeit als Kammerherr zu Ende gehe.

Durch das Erlebnis in den Horticultural Gardens hatte sie sich überfordert gefühlt, und das ständige Geschrei, sie solle sich öfter zeigen und sich intensiver an Staatsangelegenheiten beteiligen, erregte ihre Ungeduld. Daher schrieb die Königin, wie die meisten des Lesens kundigen Londoner bald erfuhren, Anfang April eigenhändig einen Brief an die *Times*. Das Schreiben war adressiert «An den Herausgeber der *Times*», und Delane erkannte, daß es keine Fälschung war, sondern unverkennbar von Victoria selbst stammte. Trotzdem ließ er den Anfang vorsichtigerweise weg und druckte den Brief am 6. April als Artikel mit dem Titel «Der Hof» ohne Unterschrift ab.

«Allgemein scheint die irrtümliche Vorstellung verbreitet zu sein», begann er, «welche in letzter Zeit häufig Ausdruck in den Zeitungen gefunden hat, daß die Königin gedenkt, den Platz in der Gesellschaft wieder einzunehmen, den sie vor ihrem großen Verlust ausfüllte; das heißt, daß sie persönlich wieder Levers und Drawing-Room-Empfänge abhalten will und wie früher auf Hofbällen, bei Konzerten usw. erscheinen wird. Diesem Gedanken kann nicht entschieden genug widersprochen werden.» Der Artikel fuhr fort, die Königin werde in der Öffentlichkeit erscheinen, wann immer dadurch «ein echtes Ziel erreicht werden» könne. Sie «scheut – und scheute – weder persönliche Opfer noch Anstrengungen, wie schmerzhaft sie auch seien»; doch es gebe «höhere Pflichten» als «bloße Repräsentation», die sie mit «Arbeit und Sorgen» überwältigten – vermutlich die täglichen Arbeiten der Monarchin. «Mehr *kann* die Königin nicht tun», schrieb sie (wider Willen anonym), «und mehr werden die Freundlichkeit und das Mitgefühl ihres Volkes sicher nicht von ihr verlangen.»

In einem Brief an seine Frau behauptete Clarendon, die Veröffentlichung habe «einen sehr peinlichen Eindruck gemacht und wird für sehr unter ihrer Würde gehalten». Lady Palmerston habe ihm erzählt, «daß Pam sich entschlossen hat, mit der Königin über das Thema zu sprechen; aber ich bin sicher, er wird es nicht tun». Zumindest schrieb sie keine weiteren Briefe an den Herausgeber mehr, auch wenn sie alle erreichbare Hilfe benötigte, um den Stimmungsumschlag abzufangen: Aus der anfänglichen Anteilnahme an ihrer Trauer war Feindschaft gegen eine Monarchin geworden, die sich verweigerte und nur aktiv wurde, wo es der englischen öffentlichen Meinung gegen den Strich ging. Ein Stein des Anstoßes in den ersten Monaten des Jahres 1864 war der Besuch des italienischen Patrioten Giuseppe Garibaldi gewesen. Victoria mit ihren pro-österreichischen Neigungen schäumte im stillen, während die englische Aristokratie wie der seit langem pro-italienische Palmerston viel Aufhebens um den Freiheitskämpfer machten und sogar ihre enge Freundin, die Gräfin von Sutherland, ihn bei sich empfing. Sie gab zwar zu, daß Garibaldi «ehrlich, selbstlos & tapfer» sei, schrieb aber an Vicky, in London mache man sich mit den «schlimmsten Flüchtlingen» und unzuverlässigsten Politikern gemein; «das

Ganze wurde gekrönt durch die unglaubliche Dummheit und Schamlosigkeit Deines gedankenlosen älteren Bruders, der ohne mein Wissen mit ihm zusammentraf!»

Das englische Publikum merkte nicht, wie resolut die Königin hinter den Kulissen die Reaktionen ihrer Regierung auf den Krieg um Schleswig und Holstein manipulierte – es sah sie immer noch als zurückgezogen und passiv. Doch sie habe «Argusaugen», sagte sie Vicky, und sie benutzte sie auch. Ein nichtsahnender Londoner Spaßvogel brachte an einer Wand von Buckingham Palace ein Plakat an: «Großes Anwesen zu vermieten oder zu verkaufen, da Vorbesitzer in Ruhestand getreten.» Amüsiert schrieb Lord Stanley in sein Tagebuch: «Die Londoner Zeitungen unterdrückten es, aber es besteht kein Zweifel, daß es gesehen wurde. Allgemeine Unzufriedenheit unter den Londoner Geschäftsleuten: Sie glauben, daß die Königin geistesgestört ist und nie wieder in London wohnen wird.» Einige Wochen später fügte er hinzu, er habe sagen hören, «sie hat recht, sich nicht in der Öffentlichkeit zu zeigen», vor allem wegen ihrer preußischen Sympathien.

Wenn man die Prämisse akzeptiert, daß intelligente Menschen für ihre Handlungen verantwortlich sind, muß man zugeben, daß auch für ein Zeitalter, in dem übliche Privilegien einen Menschen zu einem gewissen Egoismus berechtigten, Victorias Weltsicht in den Jahren unmittelbar nach Alberts Tod pathologisch verengt war. Es scheint nahezu Absicht darin zu liegen, wie sie sich jeder Prüfung ihrer Belastbarkeit als Königin entzog. Ein gewisses Maß an Trauer traf durchaus auf Verständnis. Aber ihre Weigerung zu regieren, während sie doch jedes königliche Vorrecht beanspruchte, wollten die Untertanen der Königin allmählich nicht mehr akzeptieren, und Victorias Reaktion darauf war von einer empörten Blindheit, die jeder Vernunft spottete.

Nur wenige Tage nach ihrem Brief an die *Times* (und kurz nachdem der witzige Zettel angeklebt wurde) gab die Königin im Buckingham Palace einen Empfang für das diplomatische Korps. Es war «eine große Anstrengung, der ich mich gar nicht gewachsen fühle», schrieb sie Vicky «aus dem Ankleidezimmer des geliebten Papa – sein lieber Toilettentisch! Ich konnte den stillen Raum neben mir nicht ertragen, aus dem er immer so gutaussehend heraustrat, um mich zu Empfängen und Levers abzuholen...»

Auch ihre Beziehungen zu ihrem ältesten Sohn waren stark belastet. Am 8. November 1864 vertraute Victoria Königin Augusta von Preußen an: «Morgen ist wieder ein bitterer Tag: Berties Geburtstag!» Es ging um mehr als nur die schleswig-holsteinischen Spannungen. Ihre Probleme mit ihren erwachsenen Kindern waren so zahlreich wie die Kinder selbst. Da sie sich nicht auf ihre älteren Söhne verlassen wollte – Alfred hielt sie für unmoralisch, egoistisch und frech, Arthur war noch ein Junge und Leopold ein

Halbinvalide –, fühlte sie sich gezwungen, sich auf ihre Töchter zu stützen. Vicky stand nach ihrer Einheirat in eine andere Dynastie nicht mehr zur Verfügung. Alice war in Ungnade gefallen, weil sie die Gesellschaft aufsuchte, wenn sie in London war, und Deutschland vorzog, um den Ansprüchen ihrer Mutter zu entgehen. Helena – «Lenchen» – wollte gern heiraten, während ihre Mutter sie bei sich behalten wollte, ein Problem, für das sie in Alices Fall mit Louis von Hessen eine Lösung gefunden zu haben glaubte. Für Helena fand sie den mittellosen und kahlköpfigen Christian von Schleswig-Holstein, dessen älterer Bruder erfolglos Anspruch auf die Herzogtümer erhob. Mit neununddreißig Jahren war er für die Königin der «junge, vernünftige Prinz», den sie sich vorstellte. Selbst ohne Besitz, war er zufrieden, in England zu leben, und erhielt bei seiner Verlobung mit Helena im September 1865 Frogmore House.

Bei Affie war noch alles ungeklärt. Eigentlich wollte er die Tochter des Cousins seiner Mutter, des Königs George von Hannover, heiraten. «Drei Generationen der Blindheit und doppelten Verwandtschaft» seien genug, entschied die Königin und ließ ihn weitersuchen. Da die anderen weniger bedeutenden deutschen Prinzessinnen unattraktiv waren, zog sie auch nicht-protestantische Bräute in Betracht – die griechische Kirche kam zur Not in Frage, nicht aber die römisch-katholische. Aber Affie hatte seine eigenen Vorstellungen, und eine beliebige Heirat war annehmbar, so lange sie seine Affäre mit Constance Grosvenor nicht störte, der zwölf Jahre älteren Frau des Herzogs von Westminster. Was Victoria besonders schmerzte, war die Tatsache, daß diese Frau die Tochter ihrer guten Freundin, der Herzogin von Sutherland, war.

Die Ereignisse zwangen Victoria, aus ihrer Isolation herauszutreten. Im Winter 1864/65 schien sich denn auch eine Veränderung anzubahnen, obwohl sie wieder «Nervenzerrüttung» und «große Müdigkeit» vorschob, um nicht an der Parlamentseröffnung teilnehmen zu müssen. Ohne ihren Gatten als Führer und Tröster sei sie «schwächer und schwächer» geworden, erzählte sie Lord Russell. Aber in Windsor hatte sie wieder auf einem Pony zu reiten begonnen und hatte, wie sie ihrem Onkel Leopold erklärte, «meinen hervorragenden Hochlanddiener kommen lassen, der mich immer und überall draußen begleitet, ob beim Reiten oder Ausfahren oder zu Fuß; und es ist ein echter Trost, denn er ist mir so ergeben – so schlicht, so intelligent, so gar nicht wie ein gewöhnlicher Diener und so fröhlich und aufmerksam...» Wenn John Browns Versetzung von Balmoral auf eine Verschwörung des Hofes zurückging, um sie ans Licht zu ziehen, war sie zumindest teilweise erfolgreich. Brown konnte mit ihr umgehen, war kräftig und selbstsicher. Er sollte eine zunehmend wichtige Rolle spielen.

Wieder gab die Königin Anfang 1865 ihren Empfang für das diplomatische Korps im Buckingham Palace – «etwa hundert, mit Attachés», schrieb sie an Königin Augusta. Es war «furchtbar langweilig». Die Königin war wie üblich wieder in einfachem Witwenschwarz erschienen, mit dem sie bei der Mode von 1861 stehengeblieben war. «Meine Kleidung ist immer gleich», schrieb sie Vicky, «denn das ist die Kleidung, die ich für immer gewählt habe. Der einzige Unterschied war, daß das Kleid eine Schleppe hatte, und meine Kappe hatte einen langen Schleier und war mit großen Diamanten besetzt...»

Im Monat darauf endete der amerikanische Bürgerkrieg, und Präsident Abraham Lincoln wurde ermordet. Victoria schickte ein Beileidsschreiben an Mrs. Lincoln: «Niemand kann besser ermessen als ich, die ich selbst durch den Verlust meines geliebten Gatten, der das Licht meines Lebens war, völlig gebrochen bin, ... wie Sie leiden müssen.»

Im Juni hatte Alexandra wieder eine Frühgeburt. Der Sohn wurde George Frederick Ernest Albert getauft, und Victoria sagte zu Bertie, sie sei unglücklich über den hannoverschen Namen *George*. «Trotzdem, wenn das liebe Kind gut und verständig aufwächst, will ich mir nichts aus seinem Namen machen.» Die Veränderung in der Stimmungslage war bemerkenswert. Die Königin befreite sich tatsächlich allmählich – wenn auch noch so langsam – von den Folgen ihrer selbstauferlegten langen Trauerperiode.

Andere Ereignisse brachten sie weiter voran. Am Geburtstag des Prinzgemahls 1865 fuhr sie wieder nach Coburg, um auf dem Marktplatz eine drei Meter hohe, vergoldete Bronzestatue von William Theed zu enthüllen. Das geschah nicht wie früher in einer düsteren Zeremonie, sondern die Königin erschien in festlichem Aufzug, und die Pferde und Kutscher ihrer vier Karossen trugen zum ersten Mal seit Alberts Tod die rotgoldene Ascot-Livree.

Am 18. Oktober starb Lord Palmerston, «dieser starke, entschlossene Mensch», wie Victoria in ihr Tagebuch schrieb. «Er hat uns oft beunruhigt und Sorgen gemacht, doch als Premierminister benahm er sich sehr gut. Zu denken, daß er nicht mehr auf der Welt ist, und ich allein, ohne den liebsten Albert, um mich zu besprechen oder zu beraten!» Trotz ihrer Differenzen mit dem Premier hatte sie Palmerstons entschlossener Art vertraut. Der unvermeidliche Ersatz für ihn war Lord Russell, der vom Oberhaus aus nominell die Leitung der neuen Regierung übernahm, während der fähige Clarendon ins Außenministerium zurückkehrte.

Sehr bald danach mußte Leopold Palmerston folgen. Als er Anfang Dezember starb, waren alle alten Größen gestorben, und sie sah, daß es an der Zeit war, selbst wieder ins Leben zu treten. Sie hatte schon einen weiteren Exorzismus vorgenommen, indem sie aus ihren Tagebüchern für einen Privatdruck *Leaves from the Journal of Our Life in the Highlands*

(*Blätter aus meinem Tagebuch über unser Leben im Hochland*) kompiliert hatte. Das war ihre Art, die glücklichsten Jahre mit Albert noch einmal zu durchleben. In dem Monat, als Leopold starb, schickte sie Kopien davon an ihre Kinder, die über die kunstlose Aufrichtigkeit des Werkes entsetzt waren. Obwohl Russell in seiner Schwäche an sie appellierte, er brauche sie jetzt zur Parlamentseröffnung im Februar, bezeichnete sie die Pein, die er ihr «durchzumachen» zumutete, als vergleichbar mit einer «Exekution». Ob er dem Publikum wirklich «das Schauspiel einer armen, gebrochenen Witwe» zumuten wolle, die «nervös und schüchtern, in tiefer Trauer einsam zu diesem Staatsschauspiel gezerrt wird . . .?»

In den ersten drei Jahren, so hatte die Königin der Kronprinzessin gestanden, habe sie sich unaufhörlich nach der Wiedervereinigung mit Albert im Tode gesehnt. Doch dann (dies erzählte sie Vicky viele Jahre später, als die Tochter selbst verwitwet war und lieber sterben als weiterleben wollte) habe sie ihr einziges «Heimsuchungs»-Erlebnis gehabt und sei zutiefst erschüttert gewesen. «Auch ich wollte einmal meinem Leben *hier* ein Ende setzen, aber eine Stimme sagte mir, um *seinetwillen* – nein, ‹halte noch aus›.» «Gott in seiner Gnade wollte es so! Ich sollte leben . . .», schrieb sie Vicky 1867. «Halte noch aus» wurde ihr Motto. Die Tagebücher, soweit sie auf uns gekommen sind, enthalten keinen Hinweis darauf, wann dieses Ereignis stattfand. Aber es scheint klar, daß es schon eingetreten war, bevor sie sich zu der schmerzhaften Anstrengung überwand, das Parlament zu eröffnen.

Am 6. Februar 1866 brach sie in ihrer Witwenhaube, aber mit einem Krönchen aus Diamanten und Saphiren auf dem Hinterkopf und einem langen fließenden Tüllschleier, «allein» in ihrer Kutsche auf – ein «schrecklicher Augenblick», obwohl Kapellen spielten und die Menge applaudierte. «Allein» hieß ohne den Prinzen; ihr gegenüber in der Kutsche – die Staatskarosse hatte sie abgelehnt – saßen die Prinzessinnen Helena und Louise. Trotz starken Windes und der Februarkälte bestand sie darauf, daß die Fenster auf beiden Seiten geöffnet blieben: Sie wollte gesehen werden. Als sie das dicht besetzte Oberhaus in ihrer schwarzen Witwenkleidung betrat, fühlte sie sich schwach. Doch sie setzte sich, jetzt wirklich allein, auf den Thron – er war mit der Staatsrobe drapiert, die sie nicht tragen wollte – und blickte starr geradeaus, während der Lordkanzler «ihre» Rede verlas. Als die «schwere Prüfung» vorüber war, die durch die Art ihrer Handhabung in jeder Weise verschlimmert wurde, äußerte sie Dankbarkeit, daß sie es geschafft hatte, dies durchzustehen, und fühlte sich «schrecklich erschüttert, erschöpft und unwohl durch den heftigen *nervösen* Schock». Faktisch war ihre selbstgewählte Isolation noch lange nicht zu Ende, aber sie hatte eine persönliche Prüfung bestanden.

XII

DIE KÖNIGIN LÄSST SICH TREIBEN

(1866-1872)

Trotz offensichtlicher exorzistischer Versuche schien Victoria entschlossen, Alberts Verlust wie eine offene, schwärende Wunde zu bewahren. Wie viele Familienereignisse und Staatsangelegenheiten sich auch dazwischendrängten, nichts konnte sie davon abhalten, sich ganz dem Gedenken des Prinzgemahls zu widmen und unermüdlich seinen Namen zu beschwören. Es erschienen Bilder und Büsten und Statuen und ein Buch mit seinen öffentlichen Ansprachen. Außerdem entstand in Kensington eine sogenannte «Albertopolis», um seinen Interessen an Wissenschaft, Industrie und Kunst ein lebendiges Denkmal zu setzen. Auch eine Biographie sollte veröffentlicht werden, und Victoria war klar, daß die erste Lebensbeschreibung den Maßstab für alle weiteren setzen würde. War es also nicht das beste, sie selbst zu verfassen?

Sie verfügte über ihre eigenen und Alberts Tagebücher sowie über Abschriften und Originale vieler seiner Briefe. Zwar konnte sie nicht über ihr Eheleben schreiben, aber warum nicht über *Frühe Jahre des Prinzgemahls?* Zuerst assistierte ihr Prinzessin Helena; sie übersetzte alle deutschen Briefe. Dann übergab Victoria ihr Manuskript General Sir Charles Grey, ihrem Ersten Sekretär, und bat ihn, für die Veröffentlichung zu sorgen. Grey war früher Alberts Privatsekretär gewesen und gerade erst offiziell ihr eigener geworden. Allerdings hatte er unter anderen Bezeichnungen schon länger in dieser Funktion gedient, da Palmerstons Regierung es ablehnte, Victorias Bedürfnisse anzuerkennen, die durch das von Albert hinterlassene Vakuum entstanden waren. Sir Charles konnte nicht gut ablehnen; doch als er ihren Bericht las, fand er ihn so aufrichtig und arglos, daß er Bedenken hatte, ihn aus der Hand zu geben. Die Königin schrieb nicht nur einen einfachen und ungekünstelten Stil, sie war auch selbst von einer ungekünstelten Naivität und Unschuld. Vorsichtig empfahl Grey deshalb, den Kreis der Leser auf vertraute Freunde zu beschränken.

Greys Vorwort zu dem Privatdruck erweckte den Anschein, als habe er nur «Briefe und Notizen» gesammelt, die er für die Königin «geordnet und in einen Zusammenhang gebracht» habe. Doch seine Anmerkungen gaben zu verstehen, daß er abgesehen von den verbindenden Passagen eher Herausgeber denn Verfasser war; und seine Bitte, eine größere Historikerautorität den Inhalt begutachten zu lassen – Professor Adam Sedgwick, der als Kanzler der Universität Cambridge Alberts Sekretär gewesen war – spricht ebenfalls dafür, daß seine Rolle eher untergeordnet war. Grey benutzte Sedgwicks Brief an ihn als Seitendeckung und veröffentlichte ihn zusammen mit seinem eigenen Vorwort zu der Ausgabe, die im Sommer 1867 gedruckt wurde. Wenn dieses Buch an die Öffentlichkeit käme, schrieb Sedgwick und deutete damit ebenfalls auf Victorias zentrale Rolle bei seiner Entstehung hin, würde es «die Liebe und Treue aller aufrichtigen Engländer nur verstärken. Wo alles so liebenswert und so wahr ist, warum sollte unsere verehrte und geliebte Königin da nicht die innersten Winkel ihres Herzens offenbaren und sich damit auf immer der loyalen Sympathie derer versichern, die an das Gute glauben?» Sicher war nicht General Grey der Urheber eines solchen Werks; doch laut Titelseite hatte er es «zusammengestellt ... unter Leitung Ihrer Majestät der Königin»; Victoria selbst wurden nur erläuternde Fußnoten zugeschrieben.

Kein Monarch hatte sich auf eine solche Weise an die Öffentlichkeit gewandt. Die Hochland-Memoiren kursierten noch privat, und Grey wollte das Albert-Buch ebenso limitieren, aber beide gelangten an einen größeren Leserkreis. Um noch mehr für Alberts Ruf und ihre eigenen Bedürfnisse zu tun, holte Victoria sich Theodore Martin, einen Tory-Journalisten, den ihr Sir Arthur Helps empfohlen hatte, und gab eine mehrbändige offizielle Biographie in Auftrag. In ihrer üblichen unschuldigen, aufrichtigen Art bot sie ihm die gesamte Korrespondenz mit Albert und ihrer beider Tagebücher an, so daß wir in den Auszügen, die aus den Tagebüchern der Königin übernommen wurden, fast den einzigen gesicherten Originaltext haben, der die zerstörerischen Eingriffe ihrer Testamentsvollstreckerin überlebt hat. Wie sorgfältig Prinzessin Beatrices Text auch sein mag, nur durch die Zusammenarbeit ihrer Mutter mit Martin (und einigen Auszügen von 1892, die sie selbst abschrieb) wurden Worte bewahrt, die unzweifelhaft von Victoria selbst stammen.

Eine saffiangebundene Geschenkausgabe ging an den jetzt einunddreißigjährigen Duleep Singh – «in Erinnerung an frühere Tage von seiner ihm gewogenen und treuen Freundin». «Frühere Tage» hieß: Alberts Zeiten, doch es bedeutete auch, daß Singhs Ausschweifungen und sein schlechtes Benehmen ihn seiner Ersatzmutter entfremdet hatten. Sie hatte genügend eigene widerspenstige Kinder.

Daß die Königin zum ersten Mal seit Alberts Tod das Parlament eröffnete, hatte wenig mit ihrem Abschied von der Trauer oder etwa einem wiedererwachenden Interesse am Regieren zu tun. Da Prinz Alfred demnächst volljährig wurde und zwei Töchter bald heiraten sollten, brauchte Victoria die Zustimmung des Parlaments zu Alfreds Jahresrente und der Mitgift für ihre Töchter. Die Stimmung im Unterhaus würde nicht sehr wohlwollend sein, da sich keinerlei Änderung in der widerwilligen Art abzeichnete, wie sie ihre traditionellen Pflichten wahrnahm. Wenn es aber um ihre familiären Pflichten ging, verwandelte sich die zerstörte Witwe unversehens in eine zähe Stammesmutter.

Zwar war die Begeisterung der Königin für öffentliche Auftritte minimal, doch politischer Druck verlangte einen Besuch in Aldershot, von wo Albert krank zurückgekehrt war, um sich für immer zur Ruhe zu legen. Damals hatte sie geschworen, «niemals» wieder dort hinzufahren. Sie gab auch zwei Frühlings-Gartenfeste in Buckingham Palace, wo die vielen Menschen sie «erschreckten», besuchte den Londoner Zoo, das Jahrestreffen der Royal Academy und das South Kensington Museum. Da zu erwarten stand, daß die Arbeitslosigkeit und das Wahlreformgesetz Russells Liberale zu Fall bringen würden, konnte Victoria sich nicht wie üblich im Mai nach Balmoral absetzen. Statt dessen nahm sie das ihr zur Verfügung gestellte Cliveden «in bequemer Reichweite meiner Minister» an. Sie nahm eine Entourage von einundneunzig Personen mit, darunter drei Ärzte. Sie sehnte sich aber unaufhörlich nach Balmoral, und nachdem sie sich überlegt hatte, daß ihre Aufenthalte im schottischen Hochland noch nie eine «Unannehmlichkeit» für ihre Regierung gewesen waren, bestellte sie für den 14. Juni den königlichen Zug nach Norden. Es hatte beinahe den Anschein, als wolle sie eine größere Distanz zwischen sich und den preußisch-österreichischen Krieg legen, den sie lange befürchtet hatte und der jetzt wirklich ausgebrochen war.

Unter dem Vorwand nationaler Vereinigung und kühn geworden durch seinen dänischen Erfolg, hatte Otto von Bismarck die Einverleibung der kleineren deutschen Staaten durch Preußen geplant. Voraussetzug dafür war die Absetzung Österreichs als Führungsmacht des Deutschen Bundes. Der preußische Kanzler beabsichtigte, dieses Vorhaben durch politischen Druck zu beschleunigen oder durch Krieg zu erzwingen. Es war nicht der glücklichste Zeitpunkt für die vermeintlich scherzhafte Antwort der offenherzigen Prinzessin Louise auf die Frage ihrer Schwester Vicky aus Potsdam, was man Helena wohl zur Hochzeit schenken könnte. «Lenchen» sollte am 5. Juli den besitzlosen Prinzen Christian von Schleswig-Holstein-Sonderburg-Augustenburg heiraten. «Bismarcks Kopf auf einem Teller», schlug Louise vor. Im paranoiden Preußen wimmelte es von Spionen und Zuträgern. Bismarcks Hofagenten sorgten dafür, daß Louises spitze Antwort ihm zu Ohren kam, so daß Victorias beschwörende Worte an den

König keine unbefangene Aufnahme mehr fanden: «Geliebter Bruder», hatte sie ihm im bewährten Stil am 10. April geschrieben, «in diesem furchterregenden Augenblick kann ich nicht schweigen... Du wirst getäuscht... von *einem Mann*...» Dieser eine Mann jedoch veranlaßte eine königliche Antwort, die Victoria nicht beruhigen konnte.

Hätte die Königin den Brief an Wilhelm nicht geschrieben, sondern selbst erhalten, hätte sie sich über eine solche Einmischung in die inneren Angelegenheiten ihres Landes entrüstet. Doch der Krieg in Europa drohte ihr als persönliche Marter. Sie hatte schon zusehen müssen, wie ihre Kinder im preußisch-dänischen Konflikt verschiedene Parteien ergriffen. Jetzt schien der Traum ihres geliebten Albert von einem unter einem friedlichen Preußen vereinten Deutschland endgültig vorbei. Als der Krieg kam, war Victoria hilflos. Ihr Cousin, der blinde König George V. von Hannover, mußte zwischen Thron und Leben wählen. Victorias mit einem deutschen Prinzen und einem unbedeutenden deutschen Fürsten jenseits der Nordsee verheiratete Töchter standen plötzlich auf feindlichen Seiten. Die Kronprinzessin sah ihren Mann als Truppenkommandeur für den verhaßten Bismarck in den Kampf ziehen, Alice, gerade in Darmstadt von ihrer dritten Tochter entbunden, hatte keine Ahnung, wo sich ihr Mann mit seinem pro-österreichischen hessischen Regiment befand.

Die englische öffentliche Meinung stempelte Victoria als preußische Sympathisantin ab, und andere Sorgen folgten ihr nach Schottland. Während Fritz die Österreicher und ihre Verbündeten vernichtend schlug, starb Vickys Lieblingssohn Sigismund. In London unterlag Graf Russell mit elf Stimmen im Unterhaus. In einer vergeblichen Geste versuchte die Königin seinen Rücktritt mit der Begründung abzulehnen, die Niederlage sei so knapp gewesen. Sie weigerte sich, nach Süden zu kommen, schob schlechte Gesundheit vor und diktierte Jenner eine Note von zweifelhafter medizinischer Logik, die er gleichmütig abschickte. (Manchmal benutzte er seinen Harley-Street-Briefkopf für Mitteilungen über das Befinden der Königin, die offensichtlich Selbstdiagnosen waren; manchmal mißbrauchte Victoria auch General Grey dazu, eher laienhafte Gründe vorzuschützen wie etwa, sie sei «von einem ihrer schlimmsten Migräneanfälle völlig niedergeworfen».) Dennoch mußte die Königin Ende Juni nach Windsor zurückfahren, als Graf Derby sich mit Disraeli um die Aufstellung einer Tory-Regierung bemühte.

Zur selben Zeit etablierte der siebenwöchige Krieg die preußische Vorherrschaft in Mitteleuropa und fügte ihrem Herrschaftsbereich Hannover, Teile Hessens und anderer Herzogtümer hinzu, die Österreichs Partei ergriffen hatten oder unklugerweise neutral geblieben waren. In Preußen war Fritz ein Held und Vickys Gefühle waren gemischt; in England hatte

Alice sich als Flüchtling aus dem besiegten Hessen mit ihren Töchtern in Windsor eingerichtet. Victoria schrieb in ihr Tagebuch, sie wolle keine kriegführenden Schwiegersöhne mehr, aber Gatten für königliche Prinzessinnen waren knapp.

Die allgemeine Aufmerksamkeit in England richtete sich wieder auf die Wahlrechtsreform, und der protestierende Mob wütete in Hyde Park. Sehr bald empfahl die Königin den Tories die «unglückselige Reform». Sie wollte weniger Unruhe und sehnte sich weg aus der Londoner Hitze. Die Vereidigung der neuen Regierung mit Disraeli als Finanzminister und Führer der Konservativen im Unterhaus fand am 5. Juli 1866 in Windsor statt. Am selben Tag traf die Nachricht ein, daß die österreichische Armee in Königgrätz vernichtend geschlagen worden sei und Österreich um Waffenstillstand gebeten habe; zugleich war es der Hochzeitstag von Helena und Prinz Christian.

Merkwürdigerweise – bedenkt man Victorias Mißtrauen gegenüber ihren älteren Söhnen – waren der Prinz von Wales und der Herzog von Edinburgh, die zur Hochzeit gekommen waren, auch bei der Vereidigung anwesend, vielleicht als königliche Dekorationsstücke. Betontes königliches Dekor aber war ihre übliche Einleitung, wenn sie das Parlament um etwas bitten wollte, und tatsächlich schickte sie der neuen Regierung umgehend einen Antrag auf Erhöhung der 1863 zugebilligten 50 000 £ für Kanonenmetall (Bronze) für die Albert-Statue in den Kensington Gardens – das große Albert-Denkmal. Gladstone, dem jetzt wichtigsten Mitglied der Opposition, übermittelte Grey die Bitte der Königin um Unterstützung durch die Liberalen, und Gladstone antwortete taktlos, sein Prinzip sei, nie «um Geld ... für eine bestimmte Sache zu bitten, ohne zu verstehen zu geben, daß sie teurer werden könnte, und dann für denselben Zweck um mehr zu bitten». Aus Prinzip und wegen einer lächerlichen Summe mußte er die Königin kränken; in der Parlamentsdebatte bebte sein ergrauender Backenbart vor moralischer Indignation. Dabei wußte er, daß er eines Tages ihr Premierminister sein würde und mit ihr zusammenarbeiten müßte. Disraeli hatte keine Schwierigkeiten, die nötigen Stimmen zusammenzubringen, und am 26. Juli, einen Tag nach der Zustimmung des Unterhauses, erhielt er einen herzlichen Brief von der Königin, in dem sie ihm für die Wertschätzung «ihres lieben, großen Gatten» dankte. Disraelis Verbündeter Lord Stanley schrieb in sein Tagebuch: «Wie alle Frauen hat Victoria einen besonderen Instinkt, der ihr sagt, auf wen sie einen persönlichen Einfluß ausüben kann.»

Die Position der neuen Regierung begann bereits mit ihrem Antritt zu bröckeln; ihre papierdünne Majorität verlor in der nächsten Unterhauswahl sechsundzwanzig Sitze. Unbekümmert um die Unbeständigkeit politischer

Konstellationen war die Königin sofort erst nach Osborne und im August wie üblich nach Balmoral gefahren. Sie traf Gladstone aber am Tag, nachdem die Liberalen ihre Gewinne bekanntgegeben hatten, und wirkte bei dieser Begegnung verkrampft. Bei weiterer Verschiebung der Stimmenverhältnisse würde er ihr Premierminister, und Gladstone nahm an, daß der Gedanke an die dann unvermeidlichen Zusammenstöße mit seiner rigiden Politik sie beunruhigte. Doch eine solche Haltung hatte sich schon früher regelmäßig in ihren Beziehungen beobachten lassen. «Sie sah sehr gut aus und war freundlich», schrieb Gladstone, «aber in allen Gesprächen mit mir ist sie offensichtlich gehemmt, bricht an einem bestimmten Punkt ab & hält den Gedanken zurück, der ihr gerade kam.» Es läßt sich nicht feststellen, wann – wenn überhaupt – die Königin von seinen sexuellen Obsessionen erfuhr, die selbst in einem Zeitalter unterdrückter, doch zügelloser Sexualität seine hochgestellten Zeitgenossen, unter anderem Lord Clarendon, schockierten. Unübersehbar trug Gladstones «prophylaktisches Bemühen, Prostituierte anzusprechen», zur bleibenden Unterkühlung seiner Beziehungen zu Victoria bei, die sich zunehmend auf seinen politischen und emotionalen Opponenten Disraeli stützte.

Mit Beginn des Jahres 1867 wurde offensichtlich, daß der kranke, zunehmend durch Gicht behinderte Derby sein Amt als Premierminister nicht mehr lange wahrnehmen konnte und daß nur sein verzögerter Rücktritt Disraelis Aufstieg noch aufhielt. Mit einer seiner letzten persönlichen Entscheidungen gestand Derby der Königin offiziell einen Privatsekretär und General Grey einen Titel zu, der seine Funktionen, die sich auch auf die königliche Privatschatulle erstreckten, endlich anerkannte. Selbst an guten Tagen mußte der oft bettlägerige Derby die Treppen in London und in seinem Landsitz in Knowsley hinauf- und hinuntergetragen werden. Als sein Stellvertreter nahm Disraeli den Kampf mit Dr. Jenners Briefen auf, die vor der nervlichen Verfassung der Königin warnten, weshalb ihr fast alles unmöglich war – mit Ausnahme dessen, was sie selbst wollte.

Am 30. Juni 1867 fand Lord Stanley die Königin in Windsor beim Abendessen «in allerbester Stimmung, sehr breit, mit frischen Farben und dick (die Neigung nimmt rasch zu); dabei klagte sie über ihre Gesundheit, sagte, daß ihre Arbeit zu viel für sie sei, daß sie fast völlig erschöpft sei und so weiter.» Sie arbeitete wirklich an ihren roten Depeschen-Kästen mit den Staats- und persönlichen Papieren und mag gedacht haben, daß das, was sie zu sehen bekam, den tatsächlichen Ausstoß der Regierung an Arbeitspapieren darstellte. Wahrscheinlich wußte sie es besser, betrachtete aber ihre Klagen als nützliche Strategie. Dr. Jenner warnte regelmäßig, daß «jede stärkere Aufregung ... Gallenanfälle» hervorrufen könnte (ein Zitat von Lord Stanley) – Anfälle nervösen Erbrechens –, «und wenn die Natur diese

Entlastung nicht böte, könnte die Wirkung auf ihren Geist gefährlich werden». Victoria hatte einen eindrucksvollen Weg gefunden, allen Unannehmlichkeiten aus dem Weg zu gehen.

In diesem Sommer widersetzte sich die Königin zunächst einem Besuch des Sultans der Türkei, Abdul Aziz, um dann unfreundlich einzuwilligen, ihn erst in Windsor zu empfangen (das bedeutete eine Verschiebung ihrer Ferien in Osborne) und dann noch einmal auf der *Victoria und Albert* zu einer für ihn in Spithead angesetzten Marineparade.

Ihr nächster, bereitwillig empfangener Besuch war Kaiserin Eugénie, die Victoria seit Alberts Tod nicht wiedergesehen hatte. Die Kaiserin, deren Beziehung zu ihrem Gatten jetzt nur noch offiziell bestand, war genauso trostbedürftig wie die Königin selbst. «Sehr erleichtert, daß der Besuch vorüber ist», notierte Victoria anschließend.

Balmoral im August war etwas anderes. Dort ließ sie ihre Abgeschiedenheit von keinem ausländischen Würdenträger welchen Ranges auch immer stören. Der Zar, der im Herbst zuvor den Prinzen von Wales als seinen Gast empfangen hatte und in Paris eine Einladung von Victoria erwartete, war nicht willkommen. Derby schlug vor, sie solle dem russischen Herrscher wenigstens den Hosenbandorden und einen handgeschriebenen liebenswürdigen Brief schicken, in dem sie bedaure, daß ihre Abwesenheit von London eine Einladung unmöglich mache. «Die Königin», antwortete sie und verwarf damit im voraus jeden Gedanken an etwaige weitere zeremonielle Höflichkeitsbesuche, «ist *absolut unfähig*, irgendwelche königlichen Persönlichkeiten zu empfangen, wie sie es *gern täte*, mit Ausnahme derer, die ihr sehr eng verbunden sind und für die sie ihre Lebensweise nicht ändern muß.» Dann bestieg sie ihren Zug nach Norden, und Gathorne-Hardy fand sie in Balmoral «sehr gutaussehend und äußerst vergnügt».

Anfang September wurde nach Balmoral berichtet, daß irische Fenier eine Entführung oder die Ermordung der Königin planten. In dem einsamen Dee-Tal wurden solche Warnungen nicht ernst genommen. Victoria ging auf ihre üblichen Ausflüge.

Am 18. September kam die Nachricht von der Gefangennahme des Fenier-Führers Thomas Kelly in Manchester. Am Abend, als Gathorne-Hardy Victoria die gute Neuigkeit beim Essen erzählen wollte, traf ein Telegramm ein: Bewaffneter irischer Mob (tatsächlich waren es fünf Männer) hatte Kellys Häscher erschossen und ihn befreit. «Die Königin nahm es ruhig auf.» Tags darauf folgte ein anderes ungenaues Telegramm: «Ich schickte es der Königin hinein. Sie hatten 29 der Befreier in Manchester festgenommen & einer war der Mann, der den Polizisten erschossen hatte ... Keine Nachrichten von der Wiederergreifung Kellys.» Am Sonntag, dem 22. September, unterhielt er sich nach dem gemeinsamen Lunch lange mit Victoria über ihre Sicherheit. Es sei «zu albern!», Balmoral mit Soldaten zu umgeben, sagte sie zu General Grey. Dennoch gab sie nach, obwohl es ihr wie eine Mißtrauensbekundung gegen ihre Hochländer vorkam. Daß die Schotten unter englischer Herrschaft «so treu» waren, während die Iren unversöhnlich blieben, verblüffte die Königin, aber sie wollte nicht weich werden. Drei der in Manchester Gefangenen wurden am 29. November wegen Beteiligung an der Ermordung des Polizisten gehängt. Die radikale Presse nannte sie «Manchester-Märtyrer», während die Königin an Vicky geschrieben hatte: «Wir werden einige hängen müssen, & es hätte schon früher geschehen sollen.» Dennoch betete Victoria am Tag der Hinrichtung «für diese armen Menschen».

Trotz der Bedenken des Innenministers weigerte die Königin sich, noch einen Stallmeister mitzunehmen, wenn sie sich von John Brown in Balmoral und später in Osborne herumfahren ließ. Da ein Fenier-Angriff weiterhin nicht ausgeschlossen war, schrieb Lord Stanley in seinem Tagebuch, «folgen ihr bei solchen Ausfahrten in einem gewissen Abstand zwei mit Revolvern bewaffnete Männer ihres Personals». Da der kranke Derby nicht zur Verfügung stand, trafen Disraeli und das Kabinett im Dezember zusammen, wie Stanley am 17. vermerkte, um sich mit Geschichten und Gerüchten über geplante irische Attentate zu befassen, die ihnen von Informanten zugetragen wurden. «Ein Informant spricht von 155 Fenier- und Republikanerklubs allein in London, alle ohne Wissen der Polizei. Mehrere kündigen an, das Parlamentsgebäude in die Luft zu sprengen und die Königin umzubringen. Ein weiterer hinterbrachter Plan will den P. v. W. auf seinem Weg von oder nach Sandringham entführen.» Ein anderer Informant berichtete, eine Fenier-Gruppe sei mit einem «Kaperschiff» von New York aus unterwegs, um die Königin zu ermorden. Nach einer Kabinettssitzung zwei Tage später notierte er: U Es scheint, die Königin ist unruhig und ärgerlich: Sie will die Habeas-Corpus-Akte außer Kraft setzen, eine Bürgerwehr aufstellen, kurz Vorbereitungen gegen einen bewaffneten Aufstand treffen. Nichtsdestoweniger widersteht sie beharrlich allen Ratschlägen, bei Ausfahrten eine Wache mitzunehmen, besonders nach Einbruch der Dunkelheit.»

Bei einem Versuch der Fenier am 13. Dezember, Iren aus dem Gefängnis in Clerkenwell herauszuholen, wurde eine Wand mit Dynamit gesprengt, was unschuldige Opfer, aber keine Befreiung zur Folge hatte. Da Osborne House auf einer leicht erreichbaren Insel lag, drängte Grey die Königin, sich in die Sicherheit von Windsor Castle zurückzuziehen, aber sie wollte Weihnachten lieber in Osborne feiern; so mußte die Regierung zusätzliche Polizisten und Schiffe als Küstenpatrouille schicken. Selbst ein Mordanschlag der Fenier auf den Herzog von Edinburgh während eines Australienbesuchs konnte Victoria nicht überzeugen, daß die Vorsichtsmaßnahmen für sie nicht nur «lästig» seien. Alfred, der durch einen Rippenschuß verletzt worden war, erholte sich, und die Aufregung verebbte.

Zu Beginn des neuen Jahres wurde klar, daß Derby seine Funktion als Premierminister nicht mehr ausüben konnte. Seit Monaten wurde die Königin durch die täglichen Berichte seines Stellvertreters informiert. Trotz ihrer anfänglichen Abneigung gegen Disraeli freute sie sich immer auf seine Depeschen und seine eigenwillige Sprache, ob es sich nun um den Entwurf zu einer Gesetzesreform, um die Entstaatlichung der anglikanischen Kirche in Irland (die besonders Gladstone betrieb) oder um russische Vorhaben in Osteuropa handelte. Ende Februar 1868 verzichtete der fünfundsiebzigjährige Derby auf sein Amt, das schließlich kaum mehr als ein Titel war, und Disraeli überquerte den Solent nach Osborne, um ihrer Majestät die Hand zu küssen – ein vorausgehender Brief hatte sie vorbereitet, daß er ihr «nur seine Ergebenheit anzubieten» habe. Es würde «seine Freude und Pflicht sein, den geschäftlichen Umgang für Ihre Majestät so leicht wie möglich zu gestalten; ... doch wagt er darauf zu vertrauen, daß Ihre Majestät in den großen Staatsangelegenheiten die Güte haben wird, ihm das Privileg der leitenden Hand Ihrer Majestät nicht zu entziehen.» Eventuelle Sorgen wegen ihrer Beziehungen zu einem Juden – er war als Knabe getauft worden, doch öffentliche Vorstellungen wogen mehr als ein religiöses Bekenntnis – waren während der monatelangen Präliminarien zu seinem Amt bereits zerstreut worden. Faltig und spitzbärtig, galant und gewinnend bereicherte er die Arbeit der Königin um einen Hauch von Romantik und Dramatik. Auf seine Besuche freute sie sich wie vorher auf seine Memoranden. «Der jetzige Mann wird es gut machen», schrieb sie am 29. Februar 1868 an Vicky, «und wird besonders loyal und darauf bedacht sein, mich auf jede Weise zufriedenzustellen. Er ist s. merkwürdig, aber s. klug und vernünftig und s. versöhnlich.» Am 4. März setzte sie hinzu: «Er ist voller Poesie, Romantik & Ritterlichkeit. Als er niederkniete, um meine Hand zu küssen, d. er in seine beiden nahm, sagte er: ‹In liebender Loyalität & Treue›.»

Kaum hatte Disraeli Derbys Platz eingenommen, als Gladstone schon seine Chance sah, die neue Regierung zu stürzen. Am 16. März schlug er im Unterhaus die Auflösung der staatlich gestützten Irischen Kirche vor. Das brachte den Liberalen mit einem Schlag erhebliche katholische Stimmengewinne unter den Katholiken ein und zwang den Premierminister dazu, sich dieser Maßnahme entschiedener zu widersetzen, als politisch klug war. Als versöhnliche Geste gegenüber Irland solle die Königin ihrem beschäftigungslosen ältesten Sohn erlauben, an ihrer Stelle die unglückliche

Insel zu besuchen, bat Disraeli. In den vergangenen zwei Jahrhunderten habe der Monarch nur einundzwanzig Tage in Irland zugebracht (die meisten davon entfielen auf Victoria selbst), argumentierte er, und ihre irischen Untertanen «sehnten sich nach der gelegentlichen Gegenwart und dem belebenden Einfluß der Monarchie».

Auch wenn Disraeli ihr ihre Zustimmung hierzu abrang, blieb Victoria dem Gedanken feindlich, daß Bertie an noch mehr Pferderennen teilnehmen und zum Zwecke einer regelmäßigen Präsenz für vier Jagdwochen im Jahr ein Haus in Irland mieten könnte. Selbst in Disraelis überzeugender Prosa konnte sie solche Vorschläge nicht schlucken. Was für das rustikale Schottland gut sein mochte, war im Fall des zurückgebliebenen Irland nicht akzeptabel. Außerdem sei «jede Ermutigung» der ständigen Leidenschaft des Prinzen von Wales, «herumzureisen und sich nicht zu Hause oder in der Nähe der Königin aufzuhalten, *strengstens und nachdrücklich* zu mißbilligen».

Disraeli ignorierte solche Zurechtweisungen und setzte sein Werben um die Königin fort, auch wenn er wußte, daß die Tage seiner Regierung gezählt waren und er sich wegen eines neuen Mandats einer Neuwahl stellen mußte, die kaum zu gewinnen war. Da er doch eines Tages auf Rückkehr hoffte, war Victoria in seinen Schreiben seine «huldvolle Herrin», und die Oppositionsführer waren «eine *troupe* wie diese fahrenden Musikanten, denen man an Sommerabenden auf der Straße begegnet..., doch ihre Gesichter sind nicht so hell und strahlend wie die Züge der Untertanen Ihrer Majestät in Balmoral».

Trotz der drohenden Niederlage wollte Disraeli seine Minderheitsregierung nicht den Liberalen überlassen. «Bei großen politischen Anlässen», legte er Victoria nahe, wobei er sich hart am Rande des Konstitutionalismus bewegte, «ist es klug, daß gewissermaßen der sichtbare Einfluß des Souveräns von der Nation gespürt und erkannt wird und daß das Parlament praktisch begreift, daß der Kurs einer Regierung vom Willen der Königin abhängt.» In der Hoffnung auf eine Sinnesänderung der Öffentlichkeit versuchte Disraeli es mit einer Verzögerungstaktik. Victoria bemühte sich, durch persönliche Auftritte zu helfen, gab zwei Drawing-Room-Empfänge am 12. März und 1. April und legte den Grundstein für das St.-Thomas-Krankenhaus – wie üblich in ihrem Witwenschwarz, aufgehellt durch einen langen Schleier aus weißem Krepp und ein Diamantenkollier, an dem eine Miniatur des Prinzgemahls hing. Bei dem Problem der Entstaatlichung der anglikanischen Kirche in Irland ergriff sie Disraelis Partei und schrieb ihm: «Mr. Gladstone muß wissen, daß die Hauptschwierigkeit für die Regierung in Irland immer darin bestanden hat, den gegenseitigen Gewalttätigkeiten der alten Orangisten-Partei auf der einen Seite und der römisch-katholischen auf der anderen Einhalt zu gebieten, und er hätte gut daran getan, meint die Königin, nachzudenken, bevor er mit einer Deklaration an die Öffentlichkeit trat, die zweifellos die alten sektiererischen Fehden wiederbeleben und erneut zum Aufflammen bringen wird...»

Aus Furcht vor einem liberalen Erdrutsch schrieb der neue Marquess von Salisbury, ein Konservativer, der damals Disraeli als einen gefährlichen Radikalen betrachtete, einem Freund, die Königin sei zur Marionette «des Juden» geworden, der ihr nur einen Scheinrücktritt anbieten werde, da er mit ihr verabredet habe, auf ihr Verlangen hin im Amt zu bleiben. «Die Lage scheint sehr kritisch – eine Frau auf dem Thron & ein jüdischer Abenteurer, der das Geheimnis herausgefunden hat, wie man sie behandeln muß.»

Anfang Mai unterlag Disraeli erneut im Unterhaus. Wie vorhergesagt blieb er Premierminister, bot aber an, sich einer allgemeinen Wahl zu stellen. Das genau hatte die Königin gewollt.

Zwischen ihrem Frühlingsurlaub in Balmoral und ihrer Rückkehr dorthin im Herbst unternahm Victoria eine weitere Urlaubsreise, diesmal in die Schweiz. «Die Regierung eines Landes sechshundert Meilen von der Hauptstadt entfernt zu führen ist doppelt mühsam», schrieb Disraeli aus Schottland. Außerdem bedrängte die Königin ihn mit ihrem Interesse am Kirchenpatronat, vor dem wichtigere Dinge zurückstehen mußten. Für ihn war es Zeitvergeudung; dennoch schrieb er seinem Sekretär von Balmoral aus mit der Bitte um ein Exemplar von Crockfords Verzeichnis der Geistlichkeit, denn er sagte: «Ich muß gewappnet sein.» Bevor er ankam, schickte Victoria ihm Schlüsselblumen aus Schottland – sie tat es bis zu seinem Tode. Überschwenglich wie immer ließ er durch seine Frau Mary Anne in Worten danken, die wie von ihm diktiert klangen: «Mr. Disraeli liebt Blumen leidenschaftlich, und ihren Schimmer und Duft erhöhte noch die huldvolle Hand, die ihn mit allen Kostbarkeiten des Frühlings überschüttete.» Er stellte die persönlichen Präferenzen der Königin über alle Aspekte anglikanischer Doktrin und gab vor, unermüdlich zu suchen, um genau die Leute als Dekane und Bischöfe zu ernennen, die Victoria haben wollte; einer davon wurde unverblümt als «beredter, gelehrter und imponierender» Anwalt des «königlichen Supremats» charakterisiert.

Im November, als die Tories eine schwere Wahlniederlage erlitten und Disraeli seinen offiziellen Abschied von der Königin nahm, lehnte er die traditionelle Peerswürde für sich selbst ab und bat statt dessen darum, sie seiner Frau aus eigenem Recht zu verleihen. General Grey fand, daß man diese «sehr peinliche» Bitte nicht abschlagen könne, doch sie werde die exzentrische sechsundsiebzigjährige Mary Anne (Disraeli war vierundsechzig) «endloser Lächerlichkeit» preisgeben. Die Königin verlieh ihr den Titel einer Viscountess Beaconsfield und schrieb Disraeli, sie empfinde «wirklich Sympathie für seine Verehrung». Die Gesellschaft wie die Londoner Presse benahmen sich wie vorherzusehen sehr taktlos, doch Mary Anne hatte ein Spielzeug, das ihre letzten Lebensjahre vergoldete. Disraeli verdankte ihr viel, und die Königin hatte ihm geholfen, seine Schuld abzutragen, während sie ihm selbst erlaubte, im Unterhaus zu bleiben.

Bevor Victoria zur Wahl nach Windsor zurückkehrte, feierte sie ein Einzugsfest mit Whiskey-Grog und schottischen Tänzen zur Einweihung ihrer Fünfzehn-Zimmer-«Hütte», die sie Glassalt Shiel taufte. Am Ufer von Loch Muich lag das Haus selbst im Vergleich zur Feste Balmoral sehr einsam und hatte kaum Beziehung zu ihrem Leben mit Albert, was durch ihr Einzelbett symbolisiert wurde. Prinz Arthur, Prinzessin Louise und Lady Churchill waren dabei sowie Bedienstete und Soldaten von der Einheit, die Balmoral bewachte. «Ich dachte an meine glückliche Vergangenheit», schrieb Victoria in ihr Tagebuch, «und an meinen geliebten Mann, den ich fast zu sehen meinte und der immer hier an diesem wilden Lieblingsplatz inmitten der Hügel bauen wollte.» Glassalt Shiel war ein Zeichen für ihren weiteren Rückzug als Monarchin aus der Öffentlichkeit. Die Aussicht auf einen Premierminister namens Gladstone verdarb ihr vollends die Lust an einer Rückkehr nach London.

Die scheidende Regierung verabschiedete sich am 9. September 1868. «Um eins», schrieb Lord Torrington an Delane von Windsor aus, «kommen die alten Minister, liefern ihre Amtssiegel ab, essen, trinken und ziehen wieder ab, bevor die neuen kommen.» Es tue ihr leid, die Siegel wieder zurückzunehmen, sagte die Königin undiplomatisch, «sie sind nie in besseren Händen gewesen.» Clarendon und Stanley fuhren erleichtert davon. Die Königin, fanden sie, war nach wie vor «gleichgültig gegenüber der Arbeit, außer wenn ihre Verwandten sie drängen: argwöhnisch, daß ihr nichts verborgen bleibt, greift sie jedoch kaum ein, und dann nur, wenn es um Deutschland oder Belgien geht.»

Zu Beginn des Jahres 1869 wurde der Königin ein Landsitz in Irland angeboten, so daß sie eine Residenz auf «John Bulls anderer Insel» errichten konnte. Gladstone übermittelte ihr das Angebot des Dubliner Bankiers John La Touche und drängte sie, es anzunehmen. Victoria nannte es eine «noble» Geste, lehnte aber trotzdem ab mit der Begründung, nur Balmoral sei wirklich wichtig für ihre Gesundheit. Unerschrocken griff er ein anderes Thema auf, an dem sich sein Vorgänger die Finger verbrannt hatte. Statt des Lord Lieutenant im Dubliner Schloß sollte der Prinz von Wales Vizekönig werden, unterstützt von einem Irland-Minister. Keiner dieser beiden Vorschläge stieß auf Gefallen. Die Königin konnte kaum einen weiteren exponierten und offiziellen Wohnsitz für Bertie wünschen, um die reichen Londoner Sybariten zu unterhalten – von den unaussprechlichen Frauenzimmern ganz zu schweigen –, die durch seine Freundschaft gesellschaftsfähig geworden waren. «Wenn du je König wirst», hatte sie den Prinzen von Wales 1868 gewarnt, «wirst du all diese Freunde äußerst unbequem finden und mit *allen* brechen müssen.» Seine Bekannten waren Spieler und Bankleute, die von besseren Klubs oft abgelehnt wurden. Es waren sogar Händler dabei – ein millionenschwerer Lebensmittelhändler namens Lipton, ein Millionär mit einem Möbelgeschäft namens Maple, ein abenteuernder Millionär aus dem Bergbau namens Rhodes, ein Kaufmann namens Sassoon, der ebenfalls Millionär und unpassenderweise auch noch Jude war, was gleichfalls für den ungarischen Bankier und Pferdenarr Hirsch galt.

Der Prinz von Wales, gab die Königin durch Dr. Jenner zu verstehen, verursache ihr starke Kopfschmerzen und bleibe am besten unerwähnt. Gladstone gegenüber betonte sie am 3. Februar 1869 ihren Gesundheitszustand sowie ihren Wunsch, aus anderen Gründen das Parlament nicht zu eröffnen. Sie wolle keine persönliche Verwicklung in die Frage der Irischen Kirche oder einen seiner anderen Pläne für Irland. «Eliza geht es prächtig», berichtete Clarendon, «sie kann alles tun, was sie mag, und nichts, was sie nicht mag.» Gladstones Regierung verstand das wohl, konnte sie aber nicht zur Zusammenarbeit bewegen. Die Irish Disestablishment Bill, die die Trennung der Irischen Kirche vom Staat verfügte, wurde schließlich am 26. Juli Gesetz. Sechs Wochen davor hatte Gladstone der Königin für ihre Versöhnungsbemühungen gedankt; diese waren weitgehend fiktiv und von ihm nur erfunden worden, um sie zu einer intensiveren Wahrnehmung ihrer Amtspflichten zu drängen.

Gladstones Vorstöße waren durch offene Worte General Greys sekundiert worden, der eine liberale Politik vertrat, auch wenn er Victoria unabhängig von einer Parteibindung diente. Im Vertrauen hatte Grey ihm mitgeteilt, er sei «überzeugt, daß *nichts* die geringste Wirkung zeigen wird außer einem festen, ja sogar energischen Ton. Im Gegensatz zu Sir William Jenner bin ich der Ansicht, daß es ihr weder an Gesundheit noch Kräften mangelt, besäße sie nur die gehörige Neigung. Es ist einfach die lange, uneingeschränkte Gewohnheit, sich gehen zu lassen, die es ihr jetzt unmöglich macht, auch nur zehn Minuten lang auf die Befriedigung einer einzigen Neigung oder nur *Laune* zu verzichten.» Ein zweiter Brief warnte, jedes Hinauszögern der Auseinandersetzung mit der Königin, um sie zur Wahrnehmung ihrer Pflichten zu bringen, werde «den Kampf, der kommen *muß*,... noch schmerzhafter und schwieriger machen.»

Gladstone stimmte sofort zu. Er schob die Schuld auf die «eingebildeten

Vorstellungen» der Königin über ihre Gesundheit; sie würden noch durch einen «schwachsinnigen Arzt» verschlimmert, der «in beträchtlichem Maße die Unfähigkeit verursacht, die ohne ihn gar nicht existieren würde». Ohne einen Disraeli, um sie bei der Stange zu halten, sah sogar dieser selbst eine gefährliche, möglicherweise irreversible Tendenz in einer solchen Passivität der Monarchie. Bei einem Diner am 15. März fand Stanley ihn «niedergedrückt..., er glaubt die Monarchie in Gefahr, was er noch nie tat: nicht aus akuten Gründen noch aus irgendwelchen feindseligen Gefühlen gegen sie, sondern aufgrund eines allmählichen Prestigeverlusts; die Königin habe ihre Chancen weggeworfen, die Leute merkten, daß sie ohne einen Hof auskommen können etc.»

Aus verschiedenen Richtungen versuchte man, die Königin aus ihrer Reserve herauszulocken, doch selten mit Erfolg. Einen Versuch machte am 4. März Lady Augusta, Dean Stanleys Frau, als sie Victoria in ihr Haus nach Westminster zum Tee mit einigen Geistesgrößen einlud, in deren Gesellschaft Albert sich wohler gefühlt hätte.

Ein Jahr später besuchte auf Victorias Bitte hin ihr alter Verehrer (aus der Ferne), der jetzt fünfundachtzigjährige, schon sehr kranke Charles Dickens Buckingham Palace; die Königin war hauptsächlich deshalb nach London gekommen, weil der Romancier mit aschfahlem Gesicht und aschgrauem Bart der Fahrt nach Windsor nicht mehr gewachsen war.

Arthur Helps brachte Dickens herein und stellte ihn vor; er hatte sie instruiert – ohne zu wissen, wie viele Dickens-Romane sie gelesen hatte –, daß ihr Gast der Autor sei, «dessen Namen man später eng mit dem viktorianischen Zeitalter verbinden wird», und daß «auch er den dringenden Wunsch hat, die sogenannten ‹unteren Klassen› emporzuheben, und mit vielen Ansichten und Bestrebungen Ihrer Majestät übereinstimmen würde».

Statt Dickens während der neunzig Minuten zum Sitzen aufzufordern, erwies Victoria ihm das zweifelhafte Kompliment, selbst stehenzubleiben. «Er sprach über seine jüngsten Arbeiten, über Amerika, wie anders die Leute dort seien, von der Klassentrennung in England, die, wie er hoffe, mit der Zeit besser würde.» Bevor Helps Dickens hinausbegleitete, schenkte die Königin ihm ein Exemplar ihres *Hochland*-Buches mit der Widmung: «Vom bescheidensten Schriftsteller an einen der größten.»

Drei Monate danach, am 9. Juni 1870, telegraphierte Helps die Nachricht von Dickens' Tod nach Balmoral. «Er hatte einen großen, gütigen Geist», schrieb die Königin in ihr Tagebuch, «und das stärkste Mitgefühl mit den ärmeren Klassen. Er war sicher, daß es eines Tages zu einer richtigeren Einstellung und einer viel größeren Eintracht der Klassen kommen würde ... Und ich bete ernsthaft, daß es so sein wird.»

Von Osborne aus hatte Victoria zu Beginn des Frühjahrs 1869 ihre Schwester inständig gebeten, sie zu besuchen. Doch Feodora lehnte ab und schob ihr Alter, ihre Leiden und das unfreundliche englische Wetter vor. Ein späterer Brief aus demselben Jahr ließ andere Gründe anklingen – ein enges Zusammenleben mit Victoria blieb unerfreulich. Diplomatisch schalt Feodora ihre Schwester wegen ihrer Passivität, wegen des «Mangels, sich dann und wann an etwas freuen zu können, oder Dinge zu unternehmen und sich auf sie zu freuen, die uns früher interessierten und gefielen. Das kommt vom Älterwerden, wenn man sich nicht mehr so stark und wohl fühlt wie in der Jugend und nicht mehr so sorglos... Beschäftigung und das Gefühl, anderen von Nutzen zu sein, ist das einzige Mittel dagegen...»

Victoria ging zwar die Staatspapiere aus ihren roten Kästen durch und bestand auf ihren Prärogativen, doch darüber hinaus wurde sie selten in ihrer königlichen Rolle aktiv. Im Juni dieses Jahres hatte Gladstone wieder versucht, die Königin zu aktivieren; der erbitterte General Grey hatte gegenüber dem Premierminister unumwunden von «der königlichen Simulantin» gesprochen. Victoria fand die vielfältigsten Ausreden, um nicht tun zu müssen, was sie nicht tun wollte. Gladstone erinnerte sie daran, daß der Prinz und die Prinzessin von Wales zwei Monate lang Gäste des Khediven Ismail in Ägypten gewesen waren. Ob die Königin ihm jetzt während seines Englandbesuchs Räume im Buckingham Palace anbieten würde?

Widerwillig stimmte sie von Schottland aus zu, obwohl sie Buckingham Palace nur ein paar Tage im Jahr zu offiziellen Zwecken benutzte. Sie würde dem Khediven sogar eine Nacht in Windsor zugestehen, wenn er in kleiner Begleitung käme; doch meinte Victoria in ihrer bald schon legendären Sparsamkeit, sie müsse «entschieden *gegen* die Zumutung *protestieren*, daß sie auf *eigene Kosten*, in dem *einzigen Palace*, der ihr selbst gehört, ... alle ausländischen Potentaten empfangen soll, WELCHEN *es in den Sinn kommt*, zu ihrem eigenen Vergnügen hierherzukommen». Die aufgeregte Handschrift, Unterstreichungen und Großschreibung – und die Ungenauigkeit – verliehen ihren Gefühlen dramatischen Ausdruck.

So erfolgreich Gladstone auch bei den Wählern ankam, an die Königin war seine Überzeugungskraft verschwendet. Sie schien ungerührt von den Umtrieben, die der Premierminister als gefährlich anwachsende republikanische Agitation betrachtete. Im Hochsommer sollte die neue Blackfriars-Brücke über die Themse fertigwerden. Gladstone sah hierin eine Möglichkeit, die Queen ans Licht der Öffentlichkeit zu ziehen: War sie bereit, bei der Einweihung zu präsidieren? Da sie sich nur selten in der Hauptstadt aufhielt, konnte man bei der Gelegenheit auch gleich das neue Holborn-Viadukt, einen weiteren Straßenabschnitt am Themseufer und die neue

Untergrundbahn mit einbeziehen. Solch ein öffentliches Schauspiel würde die Rückkehr der Königin nach Balmoral nur um wenige Tage verzögern (wo sie sich im Juni noch befand).

Mr. Gladstone, antwortete die Königin, mache sich keine Vorstellung davon, wie ermüdend die Augusthitze in London für sie sei. Sie würde ihre Rückreise nach Schottland nur aufschieben, wenn dringende öffentliche Angelegenheiten es erforderten. Gladstone wende sich regelmäßig an sie, sagte Victoria einmal, als ob sie «Hyde Park Corner» sei. Entsprechend kam der Premierminister wieder auf seine alten Ermahnungen zurück und erinnerte die Königin daran, wie schwierig es sei, die Regierungsgeschäfte aus einer Entfernung von sechshundert Meilen zu führen, und wie wichtig, daß sie öffentlich auftrete, um «den vollen Einfluß der Monarchie aufrechtzuerhalten». Sie hingegen wies darauf hin, daß sie in den ersten fünf Monaten des Jahres 1869 zur Eröffnung der Royal Academy gegangen sei, Drawing-Room-Empfänge und ein Lever abgehalten habe und jetzt nach London fahre, um den Khediven im Buckingham Palace zum Tee (Frühstück genannt) zu empfangen – offensichtlich, um ihn von Windsor fernzuhalten. Gladstone wollte seine Niederlage nicht akzeptieren und beschwor sie, bis Mitte Juli in Windsor zu bleiben, wenn die dringendsten Themen im Parlament debattiert würden, so daß ihre Minister sie zwischen den Sitzungen konsultieren könnten.

Nur eine «*sehr* ungewöhnliche Krise in Staatsangelegenheiten» würde «eine so ernste Belastung ihrer Kräfte» rechtfertigen, warnte die Königin, «wie sie ein längerer Aufenthalt fern von der See», nämlich Osborne, «zu dieser Jahreszeit» bedeute. Ihr Entgegenkommen «*muß* als *völlig* einmaliger Fall betrachtet werden und darf in den kommenden Jahren von seiten ihrer Minister NIEMALS als Präzedenzfall für ähnliche Reklamationen benutzt werden». Ihre Reisedaten von und nach Osborne und Balmoral waren ebenso festgelegt, wie ihre Meinung gegenüber anderen Themen, die Gladstone unpassenderweise ins Gespräch brachte. Ihr Besuch der neuen öffentlichen Bauten der Hauptstadt – sie hatte schließlich zugestimmt, vorausgesetzt, er würde auf November verschoben – schien dem Premierminister der passende Anlaß, um Sir Lionel Rothschild die Peerswürde zu verleihen. Zweiundzwanzig Jahre lang hatte er die City of London würdig repräsentiert und war berühmt für seine wohltätigen Stiftungen. Hier fielen ihr nur Berties Beziehungen zu den Rothschilds und anderen Persönlichkeiten – darunter vielen Juden – aus dem Bank- und Maklergewerbe, dem Wett- und Renngeschäft ein. Sir Lionel, wandte sie ein, habe sein Geld als Glücksspieler «in gigantischem Maßstab» gemacht, «weit entfernt von dem legitimen Handel, den sie *mit Vergnügen* auszeichnet...» Außerdem habe ihre soziale Toleranz auch ihre Grenzen, wie sie Graf Granville stellvertretend für Gladstone erklärte – sie «kann nicht einverstanden sein, daß ein Jude in den höheren Adelsstand erhoben wird – obwohl sie nichts gegen einen *jüdischen* Baronet einwenden würde – und ist ganz sicher, daß es der Regierg. schaden statt nützen würde». Da sie, wie Gladstone wußte, nicht das geringste Interesse daran hatte, der liberalen Regierung Rückhalt zu geben, war ihm auch klar, welches Argument für sie im Vordergrund stand. Die Rothschilds mußten weiter auf ihren Adelstitel warten.

Da der Herbstaufenthalt der Königin in Balmoral bis zum 3. November dauerte, wurde die Einweihung des Holborn-Viadukts und der Blackfriars-Brücke für den ersten Sonntag nach ihrer Rückkehr, den 6. November, angesetzt. Daß es ein Feiertag war, erregte keinen Anstoß. Bei «Königinnenwetter» stand Delane von der *Times* inmitten der Menge am Viadukt und beschrieb die Szene in seinem Tagebuch lakonisch mit den Worten: «Beißende Kälte, ärmliches Spektakel, aber große Loyalität.» An der Blackfriars-Brücke war das Schauspiel noch ärmlicher, obwohl Hunderttausende die Straße zu beiden Seiten der Themse säumten.

Es konnte Gladstones Beziehungen zur Königin schwerlich zugute kommen, daß in seinem ersten Amtsjahr in den politischen Kreisen Geschichten über seine Freundschaft mit einer Mrs. Laura Eliza Thistlethwaite kursierten, die eine so ständige Begleiterin war, wie sie ein beschäftigter Mann im öffentlichen Leben nur haben konnte. Dem fünfzehnten Earl of Derby zufolge (so hieß der frühere Lord Stanley nach dem Tode seines Vaters im Oktober) war die Dame «in ihrer Jugend eine ausgehaltene Frau, die einen törichten Menschen mit großem Vermögen dazu gebracht hat, sie zu heiraten». Sie war «religiös geworden und predigt... Das ist es, zusammen mit ihrer Schönheit, was G. anzieht, und es ist charakteristisch für ihn, daß er sich um den Skandal nicht schert.» Die anziehende Schottin aus der Grafschaft Antrim (sie war Mitte dreißig, als Gladstone ihr 1865 zum ersten Mal begegnete) blieb ihrem Halbweltstil soweit treu, daß sie seine politischen Freunde (wie Lord Salisbury unter der Hand verlauten ließ) in «erhebliche Aufregung» versetzte. Sein Leben sei «ein Kampf zwischen Pflicht und Neigung», gestand Gladstone ihr. Die Pflicht behielt immer die Oberhand, doch die Spannung wirkte äußerst anregend und löste in Gladstone einen moralischen Eifer aus, der ihn noch über die Politik hinaus aktivierte.

Nichts konnte den unermüdlichen Premierminister davon abhalten, seine verschiedenen Pflichten nach eigener Auffassung zu erfüllen, und unnachgiebig drängte er die Königin, auch die ihren wahrzunehmen. Doch sie wollte seine Politik nicht unterstützen, indem sie im Februar 1870 das Parlament eröffnete. Sie sorgte vielmehr dafür, daß Gladstone regelmäßig Berichte über ihren anfälligen Gesundheitszustand erhielt, vor allem über neue neuralgische Probleme. Ende Januar vernichtete sie jede Hoffnung auf ihr Erscheinen mit einem endgültigen «ganz außer Frage» und «Verrücktheit». Sie lehnte nicht nur Gladstones Reformen ab; sie mochte ihn einfach nicht. Daß er sich bei Gesetzesänderungen auf christliche Prinzipien berief, roch ihr nach Heuchelei (obwohl er in Wirklichkeit aufrichtig war); sie stand seiner Art von Christentum weitgehend gleichgültig, wo nicht feindselig gegenüber.

Victorias eigenes Christentum war ein hochgradig persönliches und untheologisches Sammelsurium von Glaubensartikeln und -bräuchen. Später, im Jahr 1870 zum Beispiel, als die politische Lage in Frankreich und Preußen Zeitungen, Gespräche und die Depeschenkästen der Königin beherrschten, beschäftigte sie die anstößige genealogische Linie im revidierten Matthäus-Evangelium mindestens ebensosehr. Die Bibelversion von 1611 «David zeugte mit der des Uria den Salomo» war geändert worden in «David zeugte mit der Frau des Uria den Salomo». Das bedeute doch wohl, daß Salomo unehelich war, beschwerte sich Victoria, obwohl seine Eltern, David und Bathseba, nach der Verwitwung Bathsebas geheiratet hatten. «Die Königin ist ziemlich schockiert über die vorgeschlagene Änderung», schrieb Colonel Ponsonby für sie an Dean Stanley (Grey war im März gestorben).

«Ich glaube», fügte er hinzu, «dies ist fast das einzige Thema, über das wir uns in den letzten drei Wochen ausgiebig unterhalten haben, außer über den Krieg, der uns völlig im Bann hält...» Der Krieg zwischen Frankreich und Preußen im Sommer 1870 war eine von Bismarck gestellte Falle, um Napoleon zu vernichten. Die unvorbereitete, schlecht ausgerüstete und von Korruption unterminierte französische Armee wurde durch Zankereien um die spanische Thronfolge in den Kampf mit den abgebrühten und erfahrenen Preußen gelockt. Im Juli 1870 wurde, ganz wie Bismarck geplant hatte, der Anschein einer unprovozierten Aggression erweckt. Für Victoria bestätigte sich damit Alberts Mißtrauen, der Napoleon für ruhmsüchtig und die französische Nation für unmoralisch hielt. Innerhalb weniger Wochen verwirklichte der Krieg die Einheit des Vaterlands unter Preußen – Alberts Traum –, aber Bismarcks Preußen war nicht der idealisierte Staat, den der Prinzgemahl sich für Friedrich und Vicky ausgemalt hatte. «Worte sind zu schwach, um alles auszudrücken, was ich für Euch empfinde», schrieb die Königin an Vicky, «oder was ich von meinen Nachbarn denke. Wir müssen neutral bleiben, *so lange* wir können, doch niemand verbirgt hier seine Meinung bezüglich der extremen Frevelhaftigkeit dieses Krieges. Dennoch, *in der Öffentlichkeit* können wir nicht mehr sagen, aber das Empfinden des ganzen Volkes und des ganzen Landes ist mit Euch, was *vorher* nicht so war. Und muß ich sagen, was ich fühle?»

Der Prinz und die Prinzessin von Wales, die den Preußen die Einschüchterung Dänemarks nicht vergeben hatten, erklärten sich neutral, aber nicht pro-französisch, und Vicky, deren Ehemann Divisionen in die Schlacht führte, schrieb ihrer Mutter: «Ich bin sicher, der liebe Bertie muß Fritz beneiden, der so ein anstrengendes, aber so ein nützliches Leben führt.» Solche Loyalitätsbindungen nach verschiedenen Seiten innerhalb der königlichen Familie fand Victoria «ganz unerträglich. Die menschliche Natur ist für solche schrecklichen Belastungen nicht gemacht, vor allem nicht die Herzen von Müttern und Ehefrauen.» Als Prinzessin Louise 1869 volljährig wurde, war ihre Mutter daher entschlossen, für sie einen Partner fernab solcher ausländischen Verwicklungen zu finden, und befürwortete deshalb den Heiratsantrag des Marquess von Lorne, Sohn des Herzogs von Argyll. Seit 1515 hatte keine königliche Prinzessin einen Untertanen geheiratet, doch Victoria sah politische wie eugenische Vorteile («gesundes Blut») in dieser Verbindung.

Als Napoleon III. sich am 2. September in Sedan ergab, floh Eugénie ins britische Asyl. In Paris wurde die Republik ausgerufen, und auf der anderen Seite des Rheins löste ein Kaiser den anderen ab. Während Paris noch unter Bombardierung und Belagerung wankte, wurde König Wilhelm I. von Preußen am 18. Januar 1871 in einer von Bismarck inszenierten Zeremonie in Versailles zum Deutschen Kaiser ausgerufen. In ihrer spontanen Reaktion konnte Victoria nur Gutes in einem mächtigen vereinigten Deutschland erblicken, denn sie sah ihren Schwiegersohn und ihre Tochter als zukünftige Staatsoberhäupter. Der neue Kaiser war schon alt, und er und Bismarck würden vielleicht schon bald nicht mehr leben. Doch Arroganz und Rachsucht der Preußen im Sieg, die enorme finanzielle und territoriale Entschädigungen von Frankreich forderten, begannen sich bereits auf das politische Klima in England auszuwirken. Eugénie und ihr Sohn im Exil vor den Toren Londons sowie der schwerkranke Louis Napoleon als Kriegsgefangener in Deutschland lösten in ihrer Demütigung Sympathien und Großmut aus, die ihnen in Zeiten des Ruhms versagt geblieben waren.

Mit einer Kammerfrau, Jane Ely, und einem Kammerherrn, Charles Fitzroy, besuchten die Königin und Beatrice am 30. November Camden Place, ein Haus mit gerundeten Erkern in Chislehurst. Eugénie wirkte melancholisch, doch würdevoll, «so einfach wie möglich gekleidet, ohne Juwelen oder anderen Schmuck, ihr Haar ganz schlicht von einem Netz im Nacken zusammengehalten». Im Monat darauf lud die Königin Eugénie nach Windsor ein und führte sie an einem regnerischen Dezembertag zu dem Heiligtum, das nur wenige Bevorzugte betreten durften – zu dem «lieben Mausoleum» auf der anderen Seite von Castle Hill in Frogmore.

«Was für ein schrecklicher Kontrast zu ihrem Besuch hier '55», bemerkte Victoria in ihrem Tagebuch. Gegen Ende März des nächsten Jahres empfing sie dann den geschlagenen und in Ungnade gefallenen Ex-Kaiser in Windsor.

1871 hatte Gladstone keine Schwierigkeiten, Victoria zur Parlamentseröffnung zu bitten. Sie war sofort dazu bereit. Prinz Arthur wurde in diesem Jahr volljährig, und sie strebte ein Jahresgehalt von 15 000 £ für ihn an. Prinzessin Louises Hochzeit stand im März bevor, und trotz des beträchtlichen Familienbesitzes derer von Argyll empfahl Victoria für sie eine Mitgift in Höhe von 30 000 £ und eine Apanage von 6000 £. Es war keine glückliche Zeit für ihre Kinder. Wenige Monate zuvor hatte der lebenslustige Prinz von Wales vor dem Scheidungsgericht im Lady-Mordaunt-Fall als Zeuge aussagen müssen, und das Privatleben seiner weitgehend aus seinen Geliebten und ihren entgegenkommenden Gatten bestehenden «Marlborough-House-Clique» erlangte eine Publizität, die die Königin höchst unerfreulich, das Publikum hingegen interessanter als die *Hofnachrichten* fand. Wenigstens im Falle Lady Mordaunts war Bertie, wiewohl indiskret, unschuldig; aber seine Spielleidenschaft und seine Frauengeschichten wurden wieder einmal ans Licht gezerrt, um den Engländern handgreiflich vor Augen zu führen, daß dieser Lebensstil von ihnen selbst durch das vom Parlament bewilligte Jahresgehalt, die sechsstelligen Einkünfte aus dem Herzogtum Cornwall und von seinen begüterten Freunden finanziert wurde.

Die neue französische Republik auf der anderen Seite des Kanals hatte die republikanische Agitation in England wiederbelebt, und die Position der Königin wurde durch ihre mangelnde Aktivität, ihre angeblich deutschfreundliche Haltung während des Krieges mit Frankreich, die Unbeliebtheit ihrer Kinder und die steigenden Kosten eines scheinbar unbesetzten Thrones weiter unterminiert. Daß sie sich nur herbeiließ, ihre königlichen Pflichten in der Öffentlichkeit wahrzunehmen, wenn sie an die Freigebigkeit der öffentlichen Hand appellieren wollte, empörte einige ihrer statistisch denkenden Untertanen als krasse Berechnung. Da Windsor Castle, Buckingham Palace und ihre Yacht von der Nation unterhalten wurden und sie über ein jährliches Einkommen von 385 000 £ vom Parlament sowie über die Reste des Nield-Erbes von 1852 verfügte, zudem in ihrer Abgeschiedenheit keinerlei Ausgaben zu haben schien, erreichte ein Ende 1870 veröffentlichtes Pamphlet mit dem Titel *Was macht sie damit?* schnell weite Verbreitung.

In einem sehr direkten Brief an Lord Granville vom 3. Dezember 1870 nannte Gladstone dieses Problem «die Monarchiefrage». «Um es einmal grob und ganz allgemein zu sagen», erläuterte er, «die Königin ist unsichtbar und der Prinz von Wales wird nicht respektiert.» Der Premierminister glaubte nicht weniger inbrünstig an die Monarchie als an die Liberale Partei, aber in Aberdeen, Birmingham, Cardiff, Norwich und Plymouth sowie mehreren Londoner Stadtteilen waren die republikanischen Klubs nur so aus dem Boden geschossen. Auf dem Trafalgar Square fand eine Demonstration gegen «fürstliche Almosenempfänger» statt, und es wurden Stimmen laut, die eine parlamentarische Untersuchung der Finanzen der Königin forderten. Die Angriffe wurden unerfreulich.

Noch viel niederträchtiger äußerte sich die radikale *Reynolds' Newspaper*, die an einem Sonntag im April 1871 die Geburt des dritten Sohnes des Prinzen von Wales mit der Schlagzeile: «Ein weiteres unglückliches Ereignis» ankündigte und den Tod des Säuglings am nächsten Tag als «Eine glückliche Entlastung» mitteilte. «Wir haben die große Befriedigung», höhnte das Blatt, «mitteilen zu können, daß das neugeborene Kind des Prinzen und der Prinzessin von Wales kurz nach seiner Geburt verstarb und damit Englands arbeitende Schichten davon entlastete, später zusätzlich zur jetzigen langen Liste noch einen weiteren Staatsbettler unterhalten zu müssen.»

Da ihre Kinder ihr mehr Probleme denn je bereiteten, begann Victoria an ihnen vorbei auf die nächste Generation zu blicken. Doch als endlich für ihren ältesten Enkel in der Erbfolge, den Prinzen Albert Victor, ein Tutor gefunden worden war – John Neale Dalton –, entdeckte sie, daß «Eddy» so zurückgeblieben und lethargisch war, daß er fast unerziehbar schien. Was seinen Vater betraf, so hatte sich die Königin fast damit abgefunden, ihn in Irland zu beschäftigen. Doch konnte sie sich nicht entscheiden, ob sie ihn eher aus Problemen heraushalten konnte, indem sie ihn in ihrer Nähe hielt oder ihn abschob. Bertie gab seinem Hang zum Vergnügen nach, wo immer er sich befand. Schließlich verwarf Victoria den Irland-Plan mit dem Argument: «Mit den Jahren empfinde ich eindeutig, daß es das einzig Richtige ist, meinen Sohn und Erben zu stützen und an seinem Platz in meiner Nähe zu halten.» Das war alles andere als leicht gewesen. Er hatte sein eigenes Einkommen, seinen eigenen, weit von ihr entfernten Landsitz und Freunde, die bereitwillig seine Extravaganzen finanzierten, um in seinem immer größeren Schatten ihrem Vergnügen nachzugehen. Thronfolger scharten unvermeidlich einen alternativen Hof um sich. Die Königin hatte es Bertie noch besonders leicht gemacht, indem sie selbst kaum öffentliches Zeremoniell pflegte. Das einzig Positive, was sie an dem Irland-Plan sehen konnte, wäre die Fernhaltung ihres Sohnes von gewissen Ereignissen der Londoner Gesellschaft gewesen.

Die Eröffnung der Royal Albert Hall am 29. März 1871, zwei Tage nach Victorias Unterredung mit dem gestürzten Napoleon III., demonstrierte ihr zu ihrer Genugtuung, daß all die angebliche Unzufriedenheit mit ihrem Regierungsstil nach Alberts Tod oder mit dem Lebensstil des Prinzen von Wales nicht tiefer reichte als bis in die Schlagzeilen einiger Zeitungen. Alle Befürchtungen, daß sie denselben Weg wie der Ex-Kaiser von Frankreich würde gehen müssen, waren unbegründet. Die begeisterte Menge säumte den Weg nach Kensington. In der Halle applaudierten achttausend geladene Gäste ihrem Erscheinen und Berties Begrüßungsansprache. Es machte sie «ganz schwindlig», sich nach so langen Jahren so vielen Menschen zu stellen, und sie beschränkte sich auf einen einzigen Antwortsatz, in dem sie ihre «große Bewunderung für diese wunderschöne Halle» ausdrückte. Der Applaus, die Hochrufe und Pfiffe hörten erst auf, als der Bischof von London zum Gebet aufforderte. Dann sollte die Königin die Royal Albert Hall für eröffnet erklären, doch statt dessen rief sie den Prinzen von Wales zu sich und flüsterte ihm zu, sie könne es nicht. Er trat an den Rand der Bühne vor und verkündete: «Ihre Majestät erklärt die Halle hiermit für eröffnet.»

Während Victoria denken mochte, die Menschenmengen entlang der Straßen demonstrierten Ergebenheit (was sicher viele auch taten), war doch eine Menge Neugierde dabei. Die Königin hatte sich seit 1861 nur selten in der Öffentlichkeit gezeigt. Die demonstrative Begeisterung innerhalb der Halle hingegen wurde fast ausschließlich von Repräsentanten des *Red Book* getragen, des Adreßbuchs der besseren Londoner Gesellschaft. Als repräsentativen britischen Bevölkerungsquerschnitt konnte man sie nicht bezeichnen. Aber Gladstone war zuversichtlich, daß weitere königliche Auftritte an die tiefen Quellen der Loyalität zur Institution Monarchie rühren würden. Er setzte sein Prestige dafür ein, daß Prinz Arthurs Jahresrente bewilligt wurde, brachte auch Prinzessin Louises Mitgift erfolgreich durchs Parlament und hoffte nun, wie er der Königin schrieb, daß sie sich in einem Akt des «Wohlwollens und der Herablassung» ihrem Volk öfter zeigen würde. Sie war verärgert, war aber die künstlerisch veranlagte, herrschsüchtige Louise los. Alle ihre Töchter mit Ausnahme von Vicky konnten sich gegenseitig nicht leiden und kämpften um die Vorherrschaft. Louise kam nicht einmal mit ihrem Ehemann zurecht, und die Verbindung, die der Königin als die vom Blut her gesündeste erschienen war, erwies sich als das Gegenteil.

In Osborne House hatte Victoria im Frühsommer Kinder und Enkel um sich versammelt, darunter auch «Willy», «Henry», Charlotte und Waldemar, die Kinder der Kronprinzessin. Sie hatte keinerlei Interesse daran, in Osborne oder Windsor auszuharren, bis das Parlament seine Tätigkeit beendet hatte. Auf ihrem Kalender stand die Rückkehr nach Balmoral, wo sie im Frühling zum ersten Mal in zehn Jahren die steilste Seite von Craig

Gowan erstiegen und damit ihre vorgeschützte Gebrechlichkeit Lügen gestraft hatte. Trotzdem überschüttete sie Gladstone wegen seiner Bitte, doch einige Tage länger zu bleiben, mit einer Tirade: Sie sei (mit zweiundfünfzig) «keine junge Frau mehr» und lehne es ab, «sich herumhetzen und mißbrauchen zu lassen, bis ihre Nerven und ihre Gesundheit durch Sorgen und Aufregung und Einmischungen in ihr Privatleben völlig zerrüttet sind». Und sie drohte, eher abzudanken, als solche «Überarbeitung und Sorgen» auf sich zu laden, die «ihren geliebten Gatten getötet» hätten. Die «schwere Bürde» würde «in andere Hände» gelegt. Angesichts der zunehmenden republikanischen Agitation war König Bertie das letzte, was Gladstone brauchen konnte.

Vicky schrieb einen Brief, den alle anderen Kinder unterschrieben und in dem sie «unsere geliebte Mama und unsere Herrscherin» warnten, sie scheine die «täglich zunehmenden» Bedrohungen für das gesamte Gefüge der Monarchie nicht zu sehen. Doch dann bekamen sie Angst vor ihrer eigenen Courage. Victoria bekam das Manifest nie zu Gesicht.

Die Abstimmung über Prinz Arthurs Jahresrente ging am 1. August durch, allerdings mit vierundfünfzig Neinstimmen. Im Unterhaus wurden zahlreiche Vorwürfe laut. Am 4. August erwachte die Königin durch einen Schmerz unter dem rechten Arm, den sie für einen Insektenstich hielt. Als die Entzündung nachließ, meinte sie, sie sei abgesehen von einem rheumatischen Anfall und allgemeinem Unwohlsein, das ihren gewöhnlich gesunden Appetit beeinträchtigte, wieder in Ordnung. Sie schob alles auf den politischen Druck und war froh, am 17. August nach Balmoral abreisen zu können.

Im *Hofbericht* vom 20. August aus Schottland wurde mitgeteilt, die Königin habe «ihre Reise nach Norden gut überstanden, ist aber weiterhin indisponiert». Ab und an berichtete dieses Organ, die Königin sei mit Prinzessin Beatrice und Lady Churchill ausgefahren. In Wirklichkeit war sie sehr krank. Was ihr Arzt leichthin als Entzündung der rechten Mandel erklärte, fesselte sie ans Bett.

Da Victoria einen Insektenstich vermutet hatte, besteht eine entfernte Möglichkeit, daß sie eine beinahe tödliche allergische Reaktion hatte. Doch die Symptome klangen schnell ab, und es wurde nicht weiter von einem Stich geredet. Angesichts der Schwere der Komplikationen – aus verschiedenen Gründen war sie fast drei Monate lang wirklich krank – sind die Belege erstaunlich dünn, offensichtlich ist viel vertuscht worden. Es wird aber klar, daß dies die schwerste Krankheit während ihrer gesamten Regierungszeit war.

Als ihr Hals sich zu bessern anfing, begann die Königin dem wohlerwogenen Bericht des *Lancet* zufolge, den eindeutig Jenner geschrieben hatte, «einen Schmerz etwas unterhalb des rechten Arms zu fühlen, wo eine Schwellung auftrat, die nach einiger Zeit zu eitern begann. Die Gesundheit Ihrer Majestät wurde zu dieser Zeit durch die Bildung eines Abszesses stark beeinträchtigt, und mehrere Tage lang konnte Ihre Majestät keinerlei Nahrung aufnehmen.» (Während ihrer Krankheit nahm sie fast dreizehn Kilo ab.) Die Kombination einer schweren Halsentzündung mit einem Abszeß unter dem Arm läßt eine Staphylokokken-Infektion vermuten, die sich auf die Weichteile hinten im Hals ausdehnte. Aus bestimmten Gründen vermieden die Ärzte den Ausdruck Halsbräune, zu jener Zeit Begriff für den Peritonsillarabszeß. Es wäre eine erschreckende Diagnose gewesen, da Halsbräune als medizinischer Ernstfall galt, der mit starken Schmerzen, starker Schwellung des Halses bis zu Schluckstörungen und einer auf die Lymphknoten ausstrahlenden Entzündung verbunden war. In Victorias Fall scheint die Infektion den entgegengesetzten Weg genommen zu haben, nämlich von den Lymphknoten zum Hals, doch wie bei gewöhnlichen Fällen von Halsbräune war sie toxisch und bewirkte hohes Fieber. In der Zeit vor der Entdeckung des Penizillins war die Krankheit lebensgefährlich.

Schließlich brach der Halsabszeß durch und drainierte von hinten in die Speiseröhre, was nicht nur Victoria, sondern auch ihre Ärzte erleichterte, die befürchten mußten, daß die Infektion sich auf das Gehirn ausbreiten oder in einer tödlichen Sepsis, einer Blutvergiftung, enden könnte. Granville, der nichts von ihrem Zustand wußte und annahm, daß Victoria wieder einmal simulierte, schrieb Gladstone von Balmoral aus, wo er sie als residierender Minister nicht hatte sehen dürfen: «Der Königin geht es heute besser. Jenner kam heute morgen in mein Zimmer, und ich hatte eine Auseinandersetzung mit ihm – so scharf, daß er sagte, meine Übung in diplomatischen Wortwechseln setze mich auf unfaire Weise in Vorteil...» Doch er teilte dem Außenminister keine präzisen Fakten mit, die ihm erlaubt hätten, etwas anderes zu vermuten, als daß die Königin sich vor ihren Pflichten drücke.

Granvilles Brief wurde am 19. geschrieben. Victorias schlimmster Tag war Sonntag, der 20. August – bis «etwas im Hals nachzugeben schien und das Gefühl zu ersticken und die Krämpfe nachließen», wie sie später schrieb.

Der *Lancet*-Bericht blieb dabei, sie sei zwar «nie in unmittelbarer Gefahr, doch wirklich sehr krank gewesen». Persönlich dachte Jenner damals, wie er später zu Ponsonby sagte, daß sie vielleicht nur noch vierundzwanzig Stunden zu leben habe. Lady Churchill wollte das Richtige tun und fragte Sir Thomas Biddulph, warum die Kinder der Königin nicht gerufen worden seien. «Um Himmels willen!» sagte er, «das hätte sie sofort umgebracht.» Ponsonby, der Victoria seit ihrer Ankunft in Balmoral nicht zu Gesicht bekommen hatte, stimmte zu.

Während die Öffentlichkeit mit Berichten abgespeist wurde, die Königin befinde sich nur etwas weniger wohl als üblich, hatte Jenner in guter Absicht einen anonymen Artikel in den *Lancet* vom 19. August eingerückt; darin ging er auf die Kritik an Victorias zurückgezogener Lebensweise auf eine Art ein, als handele es sich bei der Vernachlässigung ihrer Pflichten um nicht viel mehr als das Versäumnis, im Buckingham Palace Bälle zu geben. «Mit Bedauern haben wir die Angriffe auf die Königin zur Kenntnis genommen», begann der Text, «die sich auf die Abwesenheit Ihrer Majestät von Abendunterhaltungen und auf die Kürze ihres Aufenthalts in London stützen... Ihre Majestät ist physisch nicht in der Lage, die Zumutungen überfüllter und überhitzter Räume oder eines längeren Aufenthaltes in London zu ertragen.» Und Jenner beschrieb die Folgen, die dies nach sich ziehen würde: starke Kopfschmerzen, Schlaflosigkeit, Appetitlosigkeit und allgemeines «Unbehagen». An seine Arztkollegen gewandt, schloß er: «Die Fachwelt wird leicht begreifen, ohne daß wir näher auf ein so delikates Thema eingehen müssen, daß die medizinischen Berater Ihrer Majestät die größte Sorgfalt walten lassen...» Der Bericht gab den Gerüchten über ihre Abdankung nur neue Nahrung. Selbst Gladstone sprach öffentlich von gewissen «Änderungen in unserer Regierungsform».

Ein paar Tage später eiterte der Abszeß der Königin immer noch, und der Schmerz ließ nicht nach. Man entschloß sich deshalb, Dr. Joseph Lister zu rufen, den Königlichen Professor für klinische Chirurgie an der Universität Edinburgh. Mit vierundvierzig war er bereits der anerkannte Pionier auf dem Gebiet der Antisepsis. Jenner gab auch weiterhin Gladstone und seinen Ministern, die versucht hatten, sie bis zum Ende der Sitzungsperiode in der Nähe des Parlaments zu halten, die Schuld am gesundheitlichen Zusammenbruch der Königin. «Beim Himmel», schwor er Ponsonby, «wenn sie gestorben wäre, hätte ich bezeugt, daß die sie umgebracht haben!» Wäre sie ein Mann gewesen, schloß er, hätte die Regierung nicht gewagt, sie auf eine so «schändliche» Weise zu behandeln. «Nein», sagte Ponsonby, «sie hätten sie einfach vom Thron geschubst.» Und er verwies auf die zunehmende Enttäuschung über ihre mangelnde Aktivität.

«Unsinn!» sagte Jenner. Das Problem sei nicht die Königin, sondern «die fortschreitende Demokratisierung der Zeit, und es ist absurd zu glauben, daß dies dadurch aufzuhalten ist, daß sie durch London fährt und Bälle für die leichtlebige Gesellschaft gibt.»

Lister kam am 4. September und untersuchte die Königin in ihrem Schlafzimmer im Beisein ihrer beiden Leibärzte, Jenner und John Marshall aus dem nahen Crathie. «Mr. Lister meinte, die Schwellung müsse aufgeschnitten werden», schrieb sie später, «er könne vierundzwanzig Stunden warten, besser täte man es aber gleich. Ich war schrecklich nervös, da ich Schmerzen so schlecht ertrage.»

Während Marshall ihren Arm hielt, gab Jenner ihr soviel Chloroform, daß sie schläfrig wurde. Dann betäubte Lister den Abszeß, dessen Durchmesser Victoria mit etwa 15 Zentimetern angab, mit Kälte und öffnete ihn mit einer Lanzette. «Augenblicklich spürte ich Erleichterung. Dann wurde ich fest bandagiert und ruhte mich auf meinem Bett aus ... Fühlte mich sehr mitgenommen und erschöpft.»

Lister blieb noch eine Woche in Balmoral, um den Fortschritt der Königin zu überwachen. Als er abfuhr, meinte man, es sei an der Zeit, die Nation über die Wiederherstellung der Königin zu informieren. Im *British Medical Journal* erschien eine Darstellung, die mehr verschwieg, als sie mitteilte, und die Zeitungen äußerten sich besorgt. In Balmoral traf Ponsonby die Königin am 13. September; sie sah «ziemlich geschwächt aus, dünner und blasser». In ihrem Rollstuhl wurde sie in ihren Salon gerollt, um Prinzessin Alice zu sehen, und dann von Brown zu einer kurzen Ausfahrt nach unten getragen. Der Premierminister kam als diensthabender Minister angereist – ein Zeichen, wie sehr die Regierung sich beunruhigte. In einer schriftlichen Note bat Gladstone die Königin inständig, «sich nach einer so ernsten Störung ihrer Gesundheit auf keinen Fall zu bemühen, ihn während seines Aufenthalts zu sehen». Ohne weitere Informationen als das, was er in Balmoral sah, wußte er doch, daß es Victoria noch lange nicht gut ging.

Obwohl die Ärzte zu niemandem davon sprachen, war ihr neuestes Problem die von ihnen so bezeichnete rheumatische Gicht. Victorias Füße waren schmerzhaft angeschwollen. Man gab ihr Chloral, damit sie überhaupt schlafen konnte, und nach wie vor war sie zu schwach, um ohne Hilfe ihr Tagebuch weiterzuführen. Wie fast den ganzen August und September über schrieb Beatrice nach ihrem Diktat.

In Presse und Öffentlichkeit herrschte die schönste Konfusion. Mit dem Jahrzehnt der Malaise nach Alberts Tod verband sich plötzlich die Notwendigkeit, die Dienste des bereits legendären Dr. Lister in Anspruch zu nehmen, der sich bald Sir Joseph nennen durfte. Jetzt sah es so aus, als hätte der unaufhörliche Druck von allen Seiten, den ihre Untertanen bisher so gerne heruntergespielt hatten, zu einem fast totalen gesundheitlichen Zusammenbruch geführt. Die *Times* entschuldigte sich am 18. September, daß sie sie des Betrugs bezichtigt hatte. Die *Daily News* hatte schon am 15. September gestanden, daß die Nation sich wegen ihrer Vorwürfe «schäme», sie habe «ihre königliche Stellung nicht mit dem entsprechenden Glanz» ausgefüllt, und «macht sich selbst Vorwürfe, solches geäußert zu haben». Flink ergriff Disraeli die politische Chance und brachte bei einem Erntedankfest in seinem Heimatdistrikt Hughenden am 26. September einen Toast auf die Königin aus, in welchem er einräumte, daß man den Ernst ihres Zustands und die Tatsache, daß sie lange Zeit «moralisch und physisch nicht in der Lage gewesen sei», ihren Pflichten zu nachzukommen, nicht verschweigen könne. Doch ihre Rolle sei mehr als bloß zeremonieller Natur, fügte er hinzu, und ihre anderen Staatspflichten habe sie immer «mit einer Pünktlichkeit und Präzision erfüllt, die sicher von keinem Monarchen dieses Reiches erreicht, geschweige denn übertroffen wurden». Der Schluß seiner Rede idealisierte Victoria als ein Staatsoberhaupt, dessen Unterschrift «noch nie unter ein öffentliches Dokument gesetzt wurde, dessen Zweck sie nicht kannte... Es lebt wahrscheinlich nicht ein Mensch in diesem Land, der einen so vollständigen Überblick über die politische Tradition Englands hat wie die Monarchin selbst... Möge sie eine Herrschaft fortsetzen, die sich bisher durch öffentliche Pflichttreue und private Tugend auszeichnete.»

Hämisch löste der *Daily Telegraph*, der Gladstone unterstützte, Disraelis unglücklich formulierten Satz «moralisch und physisch nicht in der Lage...» aus dem Zusammenhang und verkündete laut, Disraeli habe öffentlich zugegeben, daß Victoria regierungsunfähig sei. Disraeli schickte der Königin durch Dr. Jenner schleunigst einen Entschuldigungsbrief, doch Victoria war zutiefst verletzt. Dennoch trafen die Worte weitgehend zu: Die moralische Autorität der englischen Monarchie schien Albert nicht überlebt zu haben.

Mittlerweile hüllten sich Jenner und die anderen Hofärzte über das Leiden der Königin in Schweigen, wenn man einmal von einem signierten Brief an die Herausgeber des *Lancet* und des *British Medical Journal* absieht (in beiden am 4. November erschienen), in welchem Jenner abstritt, daß Victorias Auffrischungsimpfung vor vielen Monaten schuld an ihrer Erkrankung gewesen sei. Das sei eine fixe Idee impffeindlicher Käuze. Doch die ganze Zeit über ging es Victoria weiterhin sehr schlecht; am 11. September, dem Tag, an dem ihr Verband abgenommen wurde, nannte sie es «fast eine *dritte* Krankheit». Ende September hatte sie immer noch Fieber und war erschöpft; ihre beiden Beine, das linke Fußgelenk und der Fuß waren geschwollen und taten sehr weh. Ihre rechte Schulter schmerzte noch «heftig», und sie war «ganz außerstande», ihre rechte Hand zu bewegen. Noch am 18. Oktober schrieb sie in ihr Tagebuch (durch Diktat an Beatrice): «Eine ganz schreckliche Nacht quälender Schmerzen. Kein Beruhigungsmittel nützte. Ich schlief nur zwischen fünf und acht Uhr heute morgen etwas. Erwachte völlig erschöpft, hatte aber kein Fieber, und der Schmerz war schwächer. Meine Füße und Hände wurden bandagiert.

Meine völlige Hilflosigkeit ist eine schwere Prüfung, kann nicht einmal selbst essen ... War den ganzen Tag nicht imstande, irgend etwas zu essen.» Schließlich hatte sich ihre rechte Hand soweit erholt, daß sie die Papiere, die weiterhin in den vertrauten roten Kästen eintrafen, wieder mit ihren Initialen abzeichnen konnte. «Konnte unterschreiben», fügte sie hinzu, «was schon großartig ist.»

Die «rheumatische Gicht» oder rheumatische Arthritis – denn sowohl ihre Hände als ihre Füße waren davon betroffen – war eine Folge der früheren Infektion, wurde aber vielleicht von den Ärzten der Königin als Krankheit für sich betrachtet. Selbst wenn Jenner sich der ganzen Tragweite seines Verhaltens bewußt gewesen wäre, hätte eine bessere Informationspolitik während der Krankheit der Königin die Nation nur erschreckt, ohne die langen Jahre ihrer Malaise hinwegzuerklären, deren Hauptapologet er war. Nur das Faktum einer schweren, nicht näher definierten Krankheit mitzuteilen, von der die Königin sich erhole, ließ einen physischen Zusammenbruch durch Überarbeitung vermuten. Das war eine Deutung der Ereignisse, die die Presse und das Volk zumindest eine Zeitlang akzeptierten. Erst am 22. November fühlte Victoria selbst, daß sie «zum normalen Leben zurückkehrte». Doch bei ihrem zurückgezogenen Leben (besonders in Balmoral) und ihren vorsichtigen Ärzten wußte niemand außer ihrem engsten Kreis, daß sie noch Qualen litt, nachdem sie schon längst für gesund erklärt worden war.

Der physische Zusammenbruch der Königin hatte viele ihrer unverblümtesten Kritiker betreten verstummen lassen. Sir Charles Dilke aber verfolgte die Königin unnachgiebig weiter: Sie sei die Investitionen der Nation in ihre Häuser, Yachten, Beamte, Pferde und Wachen nicht wert.

Während die Kontroverse über Dilkes Kritik die Zeitungen beschäftigte (die zerknirschte *Times* nannte die Behauptungen «rücksichtslos bis zur Kriminalität»), ruhte sich der Prinz von Wales von den Anstrengungen der Fasanenjagd auf dem Landsitz des Grafen von Londesborough aus. Scarborough mit seiner Umgebung war, wie das *British Medical Journal* später bekannte, «die Stadt mit der schlechtesten Kanalisation in ganz England». Dies wurde den Gästen des leichtlebigen Grafen und ihm selbst klar, als sie alle plötzlich an Durchfall erkrankten. Als der Prinz von Wales zu seinem dreißigsten Geburtstag nach Sandringham zurückfuhr, war er schon mit Typhus infiziert.

Am 24. November erschien ein von Sir William Jenner und drei anderen Ärzten im Haus des Prinzen in Norfolk unterschriebenes Bulletin, das in verharmlosender Form die Krankheit des Thronerben mitteilte und hinzufügte: «Es gibt keine ungünstigen Symptome.» Doch die Nation brauchte nicht lange nachzudenken, um sich an Prinz Alberts Verfall und Tod zu erinnern – angeblich durch Typhus. Die Zeitungen, voller Reue nach der schweren Krankheit der Königin, brachten die Sensation in großen Schlagzeilen und kamen mit raschen Extraausgaben den Bedürfnissen eines Publikums entgegen, das sich nie wirklich für die Republikaner erwärmt hatte. Die königliche Familie eilte nach Sandringham. Sogar die Königin, noch blaß und schwach, kam und beanspruchte die wenigen Gästezimmer, so daß die weniger hochrangigen Gäste in die Gast- und Landhäuser der Umgebung abgedrängt wurden. Als besonderes Omen erschien der sensationslüsternen Presse, daß das Fieber des Prinzen (er hatte schon 40 Grad Celsius) seinen Höhepunkt am 14. Dezember zu erreichen schien. «Morgen ist es nun zehn Jahre her», hieß es im Leitartikel der *Pall Mall Gazette*, «daß der Prinzgemahl an einem ähnlichen Leiden starb. So lange die Welt steht, wird es Aberglauben geben, und wie dumm so ein Gefühl auch sein mag, es herrscht echte Besorgnis angesichts des morgigen Tages.» Überall tauchten auf den Kanzeln der Inseln königstreue Prediger auf, wo ihre Inhaber nur Wochen vorher privat die Unmoral und Nutzlosigkeit des Prinzen von Wales beklagt hatten. Im Krankenzimmer an seinem Bett versammelten sich Prinzessin Alexandra, Prinzessin Alice (die schon ihren Vater gepflegt hatte) und die Königin in Erwartung des Endes. Victoria erinnerte sich: «Alice und ich sagten unter Tränen zueinander: ‹Es kann keine Hoffnung mehr geben.› Ich ging ans Bett und nahm seine arme Hand, küßte sie und streichelte seinen Arm. Er wandte sich um, blickte mich wirr an und sagte: ‹Wer bist du?› und dann: ‹Es ist Mama.› ‹Liebes Kind›, antwortete ich. Später sagte er: ‹Es ist so lieb von dir, daß du gekommen bist.› Das zeigte, daß er mich erkannte, was mich sehr tröstete.»

Wo immer im Dezember «God Save the Queen» gesungen wurde, fügte ein weinendes Publikum hinzu: «Gott schütze den Prinzen von Wales». Wenige Tage, nachdem der Prinz von Wales für außer Gefahr erklärt wurde, erhielt sein Leibarzt Dr. William Gull mit allgemeiner Billigung den Rang eines Baronet. «Hätte *mein* Prinz dieselbe Behandlung gehabt wie der Prinz von Wales», sagte die Königin im stillen voll neuer Skepsis bezüglich Alberts medizinischer Versorgung, «wäre er vielleicht nicht gestorben.»

XIII

EIN TRAUM NAMENS BROWN

(1863-1883)

«Das wahre Geheimnis John Browns und der Königin ist», schrieb William Rossetti 1870 in sein Tagebuch, aufgeklärt durch den Besuch des Spiritisten Signor Damiani, «daß Brown ein mächtiges Medium ist, durch das Prinz Alberts Geist mit der Königin kommuniziert; deshalb schließt sich Brown manchmal stundenlang mit ihr alleine ein.» Das Zeitalter hatte ein intensives Interesse am Okkultismus, und Williams Bruder, Dante Gabriel, dessen Frau nur wenige Monate nach dem Prinzgemahl gestorben war, versuchte über Medien Kontakt zu ihrem Schatten aufzunehmen. Es war einfach, wenn auch völlig abwegig, John Browns Beziehung zu Victoria auf diese Weise zu erklären, und die Gerüchte siegten über jede Logik.

Außerdem gab es wirklich eine Verbindung zu Albert. Brown war in Balmoral sein bevorzugter «gillie», sein Diener, gewesen, und der Prinz hatte ihn oft damit beauftragt, sich um die Sicherheit der Königin zu kümmern oder verschiedenste Aufgaben im Freien zu erledigen. Als die verwitwete Königin im Sommer 1862 nach Deutschland reiste und beschloß, ihren eigenen Ponywagen mitzunehmen, war Brown dafür zuständig. Als sie im Jahr darauf mehrere Kutschen-Unfälle hatte, bewahrte Brown sie vor schwerem Schaden, als ihr Kutscher sie bei Dunkelheit in einen Graben fuhr, und fing ein durchgegangenes Pferd wieder ein. Er schien immer da zu sein, wenn er gebraucht wurde; 1863 – die Königin war vierundvierzig – war Brown ein rauher, aber gewitzter Schotte von neununddreißig Jahren, der an seinem Whiskey hing, gut aussah in seinem Kilt und zu schlichten, offenen Bemerkungen ohne Rücksicht auf Rang und Status neigte. Albert war gern mit ihm zusammengewesen und hatte ihm Freiheiten gestattet, die man nur einem sehr vertrauten Diener zugesteht.

Als Victorias Arzt Dr. Jenner im Oktober 1864 verlangte, sie solle den ganzen Winter über reiten, protestierte Victoria: In ihrem «schwachen und nervösen Zustand» könne sie keinen fremden Reitknecht brauchen. Sir Charles Phipps schickte nach John Brown, damit er Flora, das Pferd der

Königin, führte. Seine Pflichten reichten bald über Flora hinaus, und Anfang 1865 beschloß Victoria, Brown bei sich zu behalten. In ihr Tagebuch schrieb sie, er würde jetzt «ständig» bleiben und «sich auf andere Weise nützlich machen..., da er so zuverlässig ist». Am Tag darauf bereitete sie ein Memorandum vor, in dem seine Stellung definiert wurde. Er sollte für ihre Sicherheit zu Pferde und in Kutschen zuständig sein und weiter für ihre Kleidung fürs Freie und ihre Hunde sorgen (unbedeutende Aufgaben, die er bald wieder abgab). Als «der Hochland-Diener der Königin» – «the Queen's Highland Servant» – nahm Brown Aufträge ausschließlich von ihr selbst entgegen.

Am 1. März 1865 gab Victoria zum Zeichen der allmählichen Lockerung ihrer Isolation einen Empfang für das diplomatische Korps. Das übellaunige Verhalten des preußischen Botschafters brachte sie aus der Fassung, und in einem Brief an ihre Tochter zitierte sie Browns Kommentar über ihn – vielleicht wollte sie Vicky damit auf eine Mitteilung vorbereiten, die sie wahrscheinlich schlecht aufnehmen würde: «Browns Bemerkung über eine mißgelaunte Person scheint mir hier sehr passend: Es kann nicht sehr angenehm für einen selbst sein, ständig mißgelaunt zu sein.» Das sei «so wahr und so originell. Seine Beobachtungen über alles, was er hier sieht und hört, sind ausgezeichnet und zeigen oft, wie sehr er den Bediensteten hier an Gefühl, Vernunft und Urteil überlegen ist! Das Gerede und die Indiskretionen schockieren ihn.»

Daß Brown taktlos genug war, sich der Königin gegenüber Bemerkungen zu gestatten, schockierte die Kronprinzessin von Preußen kaum weniger als die enthusiastische Zustimmung ihrer Mutter. Einen Monat später enthüllte die Königin ihrer Tochter Vicky, daß Brown «gänzlich und ständig» ihr persönlicher Diener «für draußen» geworden sei. «Nach dem Frühstück und nach dem Lunch kommt er in mein Zimmer, um sich seine Anweisungen zu holen – und alles ist immer richtig; er ist so ruhig, sein Kopf und Gedächtnis sind so ausgezeichnet, und außerdem ist er so treu und anhänglich und klug und so wunderbar aufmerksam und merkt gleich, was man möchte. Er ist für mich jetzt ein wahrer Schatz, und ich wünschte nur, höhergestellte Personen hätten seinen Verstand und seinen Takt, und daß ich eine ebenso gute Zofe hätte.» Sein Rang und Lohn (120 £ im Jahr), fügte sie vorsichtig hinzu, würden unter dem Rudolf Löhleins liegen, Alberts persönlichem Diener, der weiter zu Victorias Haushalt gehörte. «Es ist eine ausgezeichnete Vereinbarung, und ich fühle, daß ich jetzt immer eine gute ergebene Seele im Hause habe..., deren einziges Bestreben und Interesse der Dienst für mich ist, und ich habe es weiß Gott nötig, daß sich jemand um mich kümmert.»

Das war es gerade, was im Juni 1865 Gegenstand weitverbreiteter Klatschereien wurde – wie man sich um sie kümmerte. Erhebliche Schuld daran hatte sicher Edwin Landseers Gemälde der Königin auf ihrem Pferd, dessen Zügel der kraushaarige John Brown im Kilt hielt. Aus der Intimität der Arbeitssitzungen mit beiden berichtete Landseer Dinge, die Lord Stanley in seinem Tagebuch als «seltsame und unerfreuliche Geschichten» bezeichnete, «die wahrscheinlich den Verdacht, den sie auslösen, nicht rechtfertigen. Die Königin hat einen Narren an einem gewissen schottischen Diener mit Namen Brown gefressen: will nicht, daß irgend jemand anders sie bedient, verlangt, daß er sie allein im Ponywagen herumfährt, neben oder eher hinter ihr geht, gibt den Stallmeistern durch ihn Anweisungen, gestattet ihm Zugang zu sich, wie ihn niemand anders sonst hat, und zeichnet ihn in verschiedener Weise weit über das in dieser Position Übliche oder Passende hinaus aus.» Die Affäre war «in ganz Windsor zum Gespött geworden, wo man von Ihrer Majestät als ‹Mrs. Brown› spricht: und wenn das noch länger so geht, wird aus dem Spaß noch ein Skandal.» Stanley machte «Überspanntheit, Einsamkeit und die Unmöglichkeit, eine ehrliche Meinung zu hören», für das innige Verhältnis zwischen Königin und Reitknecht verantwortlich. Im Oktober machte er sich Sorgen, wie lange man das Thema noch aus den Zeitungen heraushalten könne.

In den Jahren, in denen die Königin allmählich in öffentliche Ungnade abglitt, war die republikanische Meinung, gar kein Thron sei besser als ein leerer. Während Brown in der Boulevardpresse wegen seines angeblichen Einflusses auf die unsichtbare Königin immer mehr zur Zielscheibe grausamer Scherze wurde, war er für Victoria ein Bollwerk. Er arbeitete sieben Tage die Woche und nahm nie frei. Sein gesamtes waches Leben war ihrem Dienst gewidmet. Mitte Dezember 1865 begleitete er sie, als sie am vierten Todestag Alberts das «liebe Mausoleum» in Frogmore besuchte. Dann kam er für seine üblichen Anweisungen auf ihr Zimmer. Tränen rollten ihm über die Wangen. «Ich habe Sie heute morgen in Frogmore nicht gern so gesehen. Ich hatte Mitleid mit Ihnen», sagte er, «wie Sie da mit Ihren Töchtern kamen und Ihr Mann lag da – Ehe auf der einen Seite und Tod auf der anderen; nein, ich mochte Sie nicht so sehen; Sie taten mir leid; ich weiß so gut, was Sie fühlen müssen – Sie waren doch so glücklich. Es gibt keine Freude mehr für Sie, arme Königin, und ich habe Mitleid mit Ihnen, aber was kann ich denn für Sie tun? Ich könnte für Sie sterben.»

Browns schlichtes Mitgefühl sei «merkwürdig rührend» in einem «starken, kühnen Mann, einem Kind der Berge», schrieb sie Vicky. Als Brown Prinzessin Helena nach der Ankündigung ihrer Verlobung gratulierte, fügte er hinzu: «Nur noch eins: Ich hoffe, daß Sie die gute Königin nie vergessen werden.» Die Prinzessin sah nichts Rührendes in seiner Bemerkung, nur die Ungezogenheit eines Dieners, der seinen Platz nicht kannte.

Als Prinz Sigismund starb, Vickys jüngster Sohn – ein Ereignis, das dem Kummer der Königin neue Nahrung gab – sei Brown, so erzählte sie Vicky, auf sie zugetreten und habe verkündet: «Ich will für meine liebe gute Herrin sorgen, bis ich sterbe. Sie werden nie einen treueren Diener haben.»

In ihrem Tagebuch setzte sie hinzu (was wir nur wissen, weil sie die Stelle in einem Privatbrief zitierte): «Ich nahm seine liebe gute Hand und sagte, er möge lange zu meinem Trost verschont bleiben, und er antwortete: ‹Aber wir müssen alle sterben.›»

«Später habe ich ihm immer wieder gesagt, niemand liebe ihn mehr als ich oder habe einen besseren Freund als mich – und er antwortete: ‹Und Sie keinen besseren als mich. Niemand liebt Sie mehr.›» Die unverstellte Aufrichtigkeit läßt eher an eine Mutter und ihren übergroßen und etwas schlichten Pflegesohn als an eine edle Herrin und ihren Liebhaber niederer Herkunft denken. Eine so vollständige persönliche Loyalität hatte die Königin noch nie erlebt. In früheren, weniger zivilisierten Zeiten hätte er für sie so bereitwillig getötet, wie er jetzt ihr Teetablett trug.

Victorias Beziehungen zu ihren schottischen Bediensteten waren eine von ihren steifen und pedantischen englischen Sitten weit entfernte Welt. In der ursprünglichen räumlichen Beengtheit Balmorals war kein Platz für würdevolle Umständlichkeiten gewesen, und so war das Leben im schottischen Hochland immer weniger zeremoniell und von Regeln beherrscht als in ihren dem öffentlichen Blick ausgesetzten englischen Häusern, Osborne nicht ausgenommen. Von ihren Kindern und Enkelkindern wurden daher dieselben zwanglosen Umgangsformen erwartet. Der zukünftige Großherzog Ernst Ludwig von Hessen, einer von Alices Söhnen, erinnerte sich, daß Victoria immer «nachsichtig» mit Bediensteten war, sogar in Windsor. «Sie meinte, gesittete, wohlerzogene Leute müßten einfach wissen, was sich gehört. Aber einfachen Leuten verzieh sie immer, egal was sie getan hatten. Als ich ein Junge war, besuchte ich sie oft in Schottland, und als erstes schickte sie mich immer zum Personal und den *gillies*, die ich noch vom Vorjahr kannte, damit ich sie begrüßte.»

Der Herzog von Connaught (Victorias dritter Sohn, Prinz Arthur) erinnerte sich hoch in den Siebzigern – er wurde zweiundneunzig –, daß er gleich nach der Ankunft in Balmoral «vor allem anderen» der Dienerschaft die Hände schütteln mußte. Er erinnerte sich auch an einen Mann, der in Windsor Castle die Lampen versorgte und im Alter so schlimm trank, daß die Königin von ihren Beamten gedrängt wurde, seiner Entlassung zuzustimmen. Eines Tages fiel er mit einer angezündeten Lampe eine Treppe hinunter und verursachte einen kleinen Brand. Es schien, als habe er sich damit endgültig ruiniert; doch als man der Königin den Bericht über den Vorfall vorlegte, schrieb sie nur «armer Mensch» an den Rand.

Die anderen Kinder der Königin verabscheuten die Duldsamkeit der Königin gegenüber Bediensteten, besonders gegenüber Brown und seiner unverhohlenen, hündischen Verehrung. Andere Diener waren sich nicht zu schlecht, Brown Informationen zuzutragen, wenn damit ein wenig Einfluß zu erlangen war. Sie wußten, daß eine Empfehlung des Hochländers für eine Stelle oder eine Beförderung mehr wert war als die eines Prinzen. Wenn er sprach, wand sich mancher Höfling; sein Wort konnte vernichten. Als er einmal gefragt wurde, wie viele Personen aus dem Gefolge der Königin ohne zu großes Gedränge in ihrer Kirchenbank in Crathie Platz hätten, wenn sie zum Abendmahl ging, knurrte er: «Am besten hätte sie einen Platz für sich allein ohne das ganze Theater.» Die Kirche in Crathie war ein Ort seiner besonderen Wachsamkeit. Nach dem Bericht der Zeitung *The World* vom 18. November 1874 versteckte sich ein «verwegener Herr» hinter der Tür der Mittelgalerie, um die Königin aus der Nähe zu sehen, «und als er sein Ziel erreicht hatte, zog er mit triumphierendem Pfeifen ab. Er prahlte mit seiner Heldentat herum, und schon am nächsten Sonntag fand sich ein Nachahmer. Doch die Sache war auch dem kräftigen John Brown zu Ohren gekommen, der seine Chance abwartete... und den zweiten Kandidaten zwischen Tür und Wand plattdrückte.»

Zeremoniell bedeutete ihm wenig, wo es um die Interessen der Königin ging. Einmal schockierte er einen Direktor der Great Western Railway zutiefst, als er einfach in den Eisenbahnwagen eindrang, in dem der Prinz von Wales und seine Familie reisten, und verkündete – er zitierte einfach Victorias Worte, als sei er eine Verlängerung ihrer Person –: «Die Königin will die Jungs in ihrem Wagen haben.» Es ist auch unwahrscheinlich, daß der Thronerbe je vergaß, wie Brown ihm vor den Dienern in breitem schottischem Akzent ausrichtete: «Sie werden Ihre königliche Mudder nich vor fünf Uhr sehn.»

Vickys Haltung hingegen wurde deutlich, als ihre Tochter, die kleine Prinzessin Charlotte, bei einem Besuch aufgefordert wurde: «Sag ‹how do you do› zu Brown, Liebes.» Sie tat es, und ihre Großmutter sagte: «Jetzt geh und gib Brown die Hand.» «Nein», widersprach Charlotte, «Mama sagt, ich soll nicht zu vertraut mit Bediensteten umgehen.» Als Prinzessin Louise 1871 den Marquess von Lorne heiratete, sammelte Brown bei der Dienerschaft Geld für ein Geschenk und steuerte selbst dreißig Guineen bei; das war ein erheblicher Teil seines Jahresgehalts (damals 320 £) und viel mehr, als höhergestellte Persönlichkeiten gaben. «Trotzdem», sagte Louise zu Ponsonby, als sie sich über ihre zukünftigen Bediensteten unterhielten, «ich will nicht, daß *mir* so ein absurder Mensch im Kilt überall hin folgt». Als Prinz Alfred sich einige Monate nach einem Streit in Balmoral weigerte, Brown die Hand zu geben, sagte die Königin zu Ponsonby, er solle die Sache untersuchen und dafür sorgen, daß der Prinz und Brown sich wieder vertrügen. Nur wenn Ponsonby als Zeuge dabei wäre, wie es bei der Marine üblich sei, sagte Alfred, der jetzt Kapitän eines Kreuzers war, der *Galatea*. Victoria hatte einen großen Zorn auf den arrogantesten ihrer Söhne. «Dies ist kein Schiff, und ich will hier keine Marinesitten haben.» Doch als die Männer zusammentrafen, war auch der Privatsekretär dabei und berichtete seiner Frau einen Teil des Wortwechsels in einem Brief:

BROWN: Gehe ich recht in der Annahme, Sir, daß Sie über etwas verärgert sind, was ich in der Vergangenheit getan habe? Wenn ja, sagen Sie es mir bitte, denn es ist mir äußerst unangenehm, daß eines der Kinder Ihrer Majestät böse mit mir ist.
PRINZ ALFRED: Es ist nichts, was Sie in der Vergangenheit getan haben. Aber ich muß gestehen, daß ich über die ungewöhnliche Sprache erstaunt war, die Sie im Mai auf dem Gillies-Ball benutzt haben.
BROWN: Ihre Majestät hatte den ganzen Ablauf des Balls in meine Hände gelegt... Zuerst wußte ich nicht, daß es Eure Königliche Hoheit waren, die die Musik unterbrochen hatten, und ich war sehr verärgert und verlor die Fassung. Ich kann mir nicht vorstellen, daß ich ungehörige Worte brauchte, aber wenn Eure Königliche Hoheit es sagen, muß es so gewesen sein, und ich muß ergebenst um Verzeihung bitten.

Als sie sich trennten, verkündete der Prinz, daß er mit dem Ergebnis zufrieden sei. «Auch ich bin sehr befriedigt», sagte Brown, der keinen Rangunterschied zu akzeptieren bereit war. Er betrachtete sich tatsächlich – nach Ansicht empörter Beobachter – niemandem untergeordnet außer der Monarchin. Brown gehorchte niemandem außer Victoria selbst.

Manchmal nahmen die Instruktionen eine andere Richtung, schien es wenigstens dem Hof. In dem sogenannten Großen Raucherstreit von Balmoral beklagte Brown sich bei der Königin, daß die königlichen Raucher ihn zwängen, bis spät in die Nacht aufzubleiben, und er müsse doch früh aufstehen, um für sie bereit zu sein. Alle Prinzen rauchten wie schon ihr Vater, und die königlichen Schwiegersöhne waren sogar noch stärkere Raucher als der ständig Zigarren paffende Prinz von Wales. Die einfachste Lösung wäre gewesen, Brown von der Zuständigkeit für den fraglichen Raum zu entbinden. Statt dessen wies Victoria ihren Oberstallmeister Lord Charles Fitzroy an, «dem Prinzen (Christian von Schleswig-Holstein,

Louises Mann) gegenüber einfach zu erwähnen, *ohne* es als *direkten Befehl* erscheinen zu lassen, daß die Königin es mit Rücksicht auf die *Diener* für *nötig* halte ..., daß die Raucherzimmer ... um 12 Uhr geschlossen würden und nicht später.» Jeder der Betroffenen wußte, woher der Befehl kam. Einmal, als ihre königlichen Schwiegersöhne gemütlich in Windsor vor dem Feuer saßen und in den Kamin pafften, erschien ein Diener an der Tür und verkündete, Ihre Majestät habe die Mißachtung der Anordnung entdeckt. Sie waren sicher, daß Brown es ihr gesagt hatte.

Im März 1866 berichtete Lord Stanley weitere Klatschgeschichten über Brown. Er war überzeugt, daß das Benehmen der Königin den Verdächtigungen Vorschub leistete, auch wenn sie der Grundlage entbehrten. «Lange einsame Ausritte in entlegene Teile des Parks; ständige Anwesenheit in ihrem Zimmer; private Mitteilungen, die sie durch ihn an Personen von Rang schickt; Versuche, unbeobachtet zu bleiben, wenn er ihr Pferd führt oder ihre kleine Kutsche lenkt: All das zeigt, daß sie diesen Mann für eine Art von Freundschaft erwählt hat, die absurd und ihrer Position unzuträglich ist. Die Prinzessinnen – und das ist vielleicht klug so – machen einen Spaß aus der Sache und reden von ihm als ‹Mamas Liebhaber›.»

Browns zunehmende Vertrautheit mit Victoria führte schnell zu absurdem Gerede, sie habe ihren «gillie» heimlich geheiratet. Ein anonymes Pamphlet mit dem Titel «Mrs. John Brown» ging um, und es gab Leute, die glaubten, wenn etwas gedruckt erscheine, müsse es auch wahr sein.

Möglicherweise brachten Hofangestellte, die ihn als anmaßend und unerträglich dominierend empfanden, diese Verleumdungen in Umlauf und hofften, die Königin damit in solche Verlegenheit zu bringen, daß sie Brown wieder nach Balmoral zurückschicken würde. Da zu den Aufgaben des Hochländers auch das Überbringen von Botschaften an und von Victoria gehörte, versuchten sie, vielleicht in der vergeblichen Hoffnung, daß er um Versetzung bitten würde, ihn bis zur Erschöpfung herumzuhetzen. So könnte man den erzürnten Einspruch der Königin gegenüber ihrem Hofmarschall Sir Thomas Biddulph verstehen, «daß mein armer Brown so viel zu tun hat, daß es eine *gr.* Entlastung wäre, wenn die Stallmeister einen *Wink* bekämen, ihn nicht *zu jeder Tageszeit* und *ständig* mit lächerlichen Botschaften herumzuschicken: Er ist oft *so müde* von der ständigen Lauferei, daß er mit geschwollenen Füßen zu Bett geht und dann vor Übermüdung nicht schlafen kann!» Auch die Pagen und Damen seien zu tadeln, sagte sie, «& dem muß ein Ende gesetzt werden ...»

Browns demonstrative Anwesenheit brachte selbst die Regierung in Verlegenheit. Als die Königin ankündigte, sie werde am 5. Juli 1867 an einer Militärparade im Hyde Park teilnehmen und Brown (wie immer in seinem Kilt) werde sie begleiten, wurde die Befriedigung der Regierung über ihre

Bereitwilligkeit, sich als Monarchin zu zeigen, durch die Aussicht auf weiteren Presseklatsch über den berühmten Hochländer stark gedämpft. Der Innenminister Gathorne-Hardy stattete dem mit Gicht und Rheumatismus zu Bett liegenden Lord Derby am 30. Juni einen ungewöhnlichen Sonntagmorgenbesuch ab, und sie «hatten ein langes Gespräch über den peinlichen John Brown. Es wurde Einspruch erhoben & er wird nicht an der Parade teilnehmen, aber ich befürchte irgendeinen Schritt, der alles in den Augen der Öffentlichkeit noch schlimmer machen wird.»

Ein solcher Schritt erfolgte umgehend. Victoria weigerte sich, ohne Brown an ihrer Seite zu erscheinen, was Derby für so «nachteilig» für die Öffentlichkeitswirkung des Ereignisses hielt, daß er befahl, die Parade «aufzugeben». Doch bevor die Absage bekannt wurde, kam aus Mexiko die Nachricht, daß der dem Land von Napoleon III. erfolglos aufgezwungene junge Kaiser Maximiliam von Rebellen gefangengenommen und am 19. Juni erschossen worden sei. Maximilians Frau war eine Tochter von Victorias verstorbenem Onkel Leopold. Die Regierung nahm die tragische Nachricht bereitwillig zum Anlaß, die Truppenparade abzusagen. Aber die Königin war nicht so einfach zufriedenzustellen und schrieb an ihren Oberstallmeister Lord Charles Fitzroy, ohne Namen zu nennen, sie sei nicht bereit, «sich Vorschriften machen oder sich *zwingen* zu lassen, etwas zu *ändern*, was sie für ihre Bequemlichkeit für notwendig erachtet». Wenn die Regierung etwas von ihr wollte, mußte sie Brown schlucken.

Brown zu schlucken war schwierig und wurde immer ärgerlicher, je höher er in der Wertschätzung der Königin stieg und je mehr Freiheiten er dadurch erwarb. Er war der einzige Mensch in ihrem Leben, von dem sie keine kriecherische Heuchelei erwartete. Wenn er half, ihre Haube festzustecken, konnte er sagen: «Meine Güte, diese Frauen! Könn' Sie den Kopf nich gradehalten?» Oder über einen Schal, der ihm mißfiel: «Was haben Sie heute denn da an?»

Was Außenstehenden als grob erschien, empfand Victoria nur als entwaffnend, und gewisse Bemerkungen drangen wahrscheinlich nie bis zu ihr durch. Zum Beispiel antwortete er einer jungen Hofdame auf ihre höfliche Frage, ob er der Königin in seinem Tragkorb den Tee bringe: «Nein, nein, Tee mach sie nich so sehr. Wir nehmen Kekse mit und Schnappes.»

Als General Henry Gardiner zu einem Besuch eintraf, gab er Brown höflich die Hand und fragte: «Wie geht es der Königin, was sagt sie?» Der Schotte demonstrierte seinen Sinn für Humor wie seine Unbekümmertheit gegenüber Rang und Status, indem er antwortete: «Naja, sie hat gerade gesagt: ‹Da kommt der verdammte Schubiak Gardiner und wird nu seine Nase in alles 'reinstecken wollen.›» Daß Browns Zitate möglicherweise wörtlich zu nehmen waren, machte solche Bemerkungen für Mitglieder des Hofes und Politiker, die die Königin aufsuchten, nur noch verwirrender.

Geschichten über Browns Hang zum Alkohol waren am Hof verbreitet, kümmerten die Königin aber nicht. Als Brown einmal in Balmoral nicht auf dem Kutschbock erschien, ging Ponsonby auf sein Zimmer und fand ihn dort stockbetrunken. Ohne ein Wort zur Königin nahm der Privatsekretär Browns Platz als Kutscher ein, und ohne Kommentar gab die Königin den Befehl zur Abfahrt. Bei anderer Gelegenheit fand man Brown besinnungslos betrunken vor der Tür der Königin und trug ihn ins Bett. Als Dr. James Reid, Edward Jenners Nachfolger als Hofarzt, der Königin sagte, die Kombination von starkem Tabak und Hochprozentigem sei zu viel für Brown, er solle auf seinen bevorzugten Lochnagar-Whiskey verzichten und Weißwein trinken, wies die Königin Reid wegen des unerwünschten Themas in die Schranken: Der Hochländer war aller Kritik enthoben.

Anfang 1868 erschien Victorias erstes Schottland-Tagebuch, die «Blätter aus unserem Leben im Hochland» (*Leaves from the Journal of Our Life in the Highlands*), herausgegeben von Sir Arthur Helps, der die Grammatik durchsah und die Unterstreichungen reduzierte. Innerhalb weniger Wochen wurden 20 000 Exemplare von dem Buch verkauft. Es wurde ein Bestseller, und die Königin verdiente daran über 4 000 £ an Tantiemen, die sie für Wohltätigkeitszwecke spendete und «Leuten, die *nicht reich* sind». Trotz der Unzufriedenheit der Kinder über die Veröffentlichung der ursprünglich privaten Tagebücher ihrer Mutter bewiesen die weitgehend harmlosen Auszüge aus der Zeit mit Albert, ergänzt durch ihre eigenen Zeichnungen, daß sie eher einen mittelständischen Geschmack hatte, und rückten sie auf eine Weise ins Licht der Öffentlichkeit, die ihre Abgeschiedenheit Lügen strafte. Sie boten, schrieb Henry Ponsonbys Enkel Arthur, «ein unschuldiges und ziemlich sentimentales Bild rein häuslicher Ereignisse, von Ausflügen, An- und Abreisen verschiedner Familienmitglieder, kleinen Zeremonien, ländlichen Szenen, Todesfällen, Geburten und Hochzeiten». Im Grunde waren sie für ein Publikum, das immer begierig auf Details über das wahre Leben der Königsfamilie war, eine nachträgliche Illustration zu alten Ausgaben der lakonischen *Hofnachrichten*.

Kaum jemand führte ein Leben wie Victoria, und sie hatte nicht die Absicht, ihre Leser darüber zu täuschen. Doch wie Arthur Ponsonby bemerkte: Man hätte fast jeden beliebigen Tag herausgreifen können, für den im Hochland-Tagebuch der Königin nur ein häuslicher Vorfall oder ein Ausflug registriert wurde, um ihre Korrespondenz desselben Tages dagegenzustellen, in der sie in «irgendeinem Brief an den Premierminister oder den Privatsekretär in heftigster Sprache ihren Wunsch ausdrückte, in wichtigen Angelegenheiten von nationaler Tragweite einzugreifen». Da nichts davon in den *Blättern* erschien, wurden selbst ihre radikalsten Gegenspieler durch ihre scheinbare Bereitschaft entwaffnet, das Regieren ihren gewählten Vertretern zu überlassen, während sie selbst harmlos in ihrer schottischen Einsamkeit lebte. Es gab natürlich auch andere Einwände – daß sie dort unnütz auf erhebliche öffentliche Kosten und möglicherweise doch nicht so unschuldig mit John Brown zusammen lebe. Aber Brown trat in den frühen Tagebüchern kaum öfter als ein Grant oder ein Macdonald auf, und die *Blätter* voller häuslicher Tugenden und ländlicher Freuden wurden ein grandioser Werbeerfolg zu einer Zeit, als die Königin ihn bitter nötig hatte. Der *Punch* krittelte, das wichtigste Requisit des Buches sei das Teetablett, obwohl die letzten Kapitel eher an Brown und seine Flasche denken ließen, die den Tee im Geschmack stark verbesserten. Das sei die beste Tasse Tee gewesen, die sie je getrunken habe, sagte sie ihm einmal begeistert. «Das soll wohl sein, Ma'am», erklärte er, «ich hab 'nen großen Schluck Whiskey 'reingetan.»

Das Publikum bekam ein menschlicheres Bild von seiner Königin, die da in einer so freundlichen Atmosphäre mit ihren Angestellen in Schottland zusammenlebte. Dieser Aspekt brachte den Hof zur Verzweiflung, aber noch größere Indignation lösten Victorias biographische Exkurse über *gillies* und Bedienstete aus, als ob sie Adlige wären – was doch vermuten ließe, klagte Lady Augusta, daß sie alle «auf vertrautem Fuße» miteinander stünden.

Für Leser der Klatschblätter, die immer bereit waren, das Schlechteste über die Großen der Welt zu denken, besonders wenn sie zur Krone gehörten, bot Brown auch weiterhin Stoff genug. 1868 sollte er Victoria auf ihre Reise in die Schweiz begleiten. Daß sie überhaupt ins Ausland fuhr, betrachtete ihre Regierung als etwas Positives: Vielleicht konnte man sie dann sogar dazu bewegen, sich in ihrem eigenen Land öffentlich zu zeigen. Doch es tauchten Gerüchte auf, sie reise nach Lausanne, um dort heimlich Browns Kind zur Welt zu bringen. (1873 veröffentlichte ein schottischer Republikaner, Alexander Robertson, eine Schmähschrift, in der behauptet wurde, die Königin sei eine morganatische Ehe mit John Brown eingegangen und habe ihm ein Kind geboren.) Daß Victoria 1868 in ihrem fünfzigsten Lebensjahr stand, machte auf die Leichtgläubigen wenig Eindruck; und der Besuch Luzerns (nicht Lausannes) war alles andere als heimlich, wenn man an ihre Entourage und Reiseausrüstung denkt, zu der sogar ein Break und ein schottischer «*Sociable*», eine offene vierrädrige Kutsche mit gegenüberliegenden Sitzen und Kutschbock, und Pferde gehörten. Brown saß «hinten auf einem speziell angebrachten Notsitz, unter dem sich ein Kasten befindet..., in dem Lunch, Teekörbe etc. Platz finden», schrieb Victoria Vicky im August. Brown und sein Bruder Archie, der ebenfalls als *gillie* diente, «gehen unbelästigt und unbemerkt in ihren Kilts», behauptete Victoria.

Es war nicht einfach, die Königin und ihr Gefolge nicht zu bemerken. Mit ihr reisten drei ihrer Kinder – Louise, Beatrice und Leopold – sowie Sekretäre, Köche, Zofen, Diener und ein Geistlicher. Als Prinz Arthur vorschlug, er könne sie doch auch in der Pension Wallis besuchen, schrieb Victoria, um ihn davon abzubringen: «Wir könnten keine Maus mehr unterbringen.» Es blieb die einzige Schweizer Reise der Königin und eine der wenigen Auslandsreisen während Browns Zeit, da er Reisen in andere Länder verabscheute. «Ich halte nichts von der Herumreiserei und dem ganzen Rummel», sagte Brown.

Lady Longford nannte das in ihrer Victoria-Biographie einen der wenigen schlechten Dienste, die er der Königin erwies. «Da ihm selbst die Sprache, die Sehenswürdigkeiten, die Gerüche verhaßt waren, zwang er sie, in Baveno, Mentone oder Cannes ein striktes Balmoral-Regime aufrechtzuerhalten. Die königliche Reisetruppe brach nur selten einmal früh auf, und da Brown überall Fenier witterte, weigerte er sich, während einer Fahrt anzuhalten, damit sich keine Menschenmenge ansammelte. Sein eigener Hochlandaufzug sorgte schon dafür. Mit untergeschlagenen Armen und gesenktem Blick saß er störrisch zwischen der Königin und der Aussicht ... In Baveno gefiel ihm die italienische Sonne weniger denn je, denn er bekam eine schwere Wundrose ...» Von Baveno aus war die königliche Reisegesellschaft in jenem Frühling zur Stadtbesichtigung nach Mailand gefahren, «aber mit Brown auf dem Kutschsitz, der nicht einmal den Kopf hob, um irgend etwas anzuschauen», sah die Königin nichts von der Stadt. «Einmal hielt ich die Kutsche an und lief nach hinten, um ihr zu sagen, daß dies die Säulen von San Lorenzo seien», schrieb Ponsonby seiner Frau. «Aber das Anhalten der Kutsche wurde unfreundlich aufgenommen (von Brown), und eine Menschenmenge scharte sich zusammen, um den Schotten zu sehen. Also fuhren wir weiter ...»

Nach dem Urlaub in der Schweiz, wo sie unter dem allseits bekannten Pseudonym als Herzogin von Kent gereist war, bestand sie trotz aller Einwände immer nachdrücklicher darauf, Brown demonstrativ auf ihrer Kutsche zu haben. Selbst in Balmoral in seinem eigenen Milieu war Brown eine umstrittene Figur. Victoria hatte ihn bevollmächtigt, die Jagd- und Fischrechte auf ihren schottischen Ländereien zuzuteilen, und enttäuschte Anwärter behaupteten, Brown bedenke sich selbst und seine Freunde mit den besten Zeiten und Plätzen. Wenn das Wetter ungünstig oder die Aussicht auf Beute gering schien, durfte einer der zu Besuch weilenden Söhne oder Schwiegersöhne der Königin oder vielleicht ihr Leibarzt hinausgehen.

«Skittles», die Mayfair-Kurtisane Catherine Walters, die mit vielen Herren aus Londons feiner Gesellschaft von Lord Hartington bis zum Prinzen von Wales das Lager teilte, behauptete gegenüber Wilfrid Scawen Blunt, einem ihrer Liebhaber, in Balmoral werde geredet, Brown sei «der Beschäler der Königin». Sie berief sich dabei auf Sir Joseph Boehm. Dieser habe ihr erzählt, erinnerte sie sich Jahre danach, daß er 1869/70 nach Balmoral gerufen worden sei, um eine Büste von Brown anzufertigen. Damals habe er in Balmoral gehört, Victoria, «die ihren Gatten leidenschaftlich geliebt hatte, habe sich in den Kopf gesetzt, daß der Geist des Prinzen irgendwie auf Brown übergegangen sei, und unglücklich wie sie war, gestattete sie ihm vier Jahre nach ihrer Verwitwung alle Privilegien ... Boehm sah so viele Vertraulichkeiten zwischen ihnen, daß er keinen Zweifel hegte, daß Brown ‹jedes eheliche Privileg› genoß.»

Es wurde viel geredet, und 1872 berichtete die in der Londoner Gesellschaft bekannte Rosetti-Schönheit Georgie Sunner Ähnliches aus Schottland, nachdem sie zusammen mit der Königin bei der Herzogin von Sutherland eingeladen gewesen war. «Der Besuch der Königin war ein großer Erfolg», spottete sie gegenüber Blunt am 19. September, «ich verliebte mich in John Brown und machte Ihre Majestät beinahe eifersüchtig.»

Die Klagen der königlichen Angestellten bezogen sich weniger auf angebliche eheliche denn auf Browns weitgehende handfeste Privilegien am Hof. Eine Zeitlang schränkte Victoria die Benutzung ihrer Ställe durch Hofmitglieder ein – Brown ausgenommen. Selbst eine Intervention des Prinzen von Wales bei Henry Ponsonby zeitigte keine Wirkung. Viele hofften, daß die Gerüchte von seiner bevorstehenden Heirat sich als wahr erweisen und sie dadurch endlich von Browns Haustyrannei befreit würden. Miss Ocklee, eine der Ankleidezofen der Königin, wurde als Braut genannt; sie hatte auf den Bedienstetenbällen oft mit Brown getanzt. Als sie 1873 einen anderen heiratete, blieb Brown ohne Bindung. Er war auch jeder wirkungsvollen Kritik entzogen; sein Gehalt wurde wieder erhöht, und trotz seiner ländlichen Manieren und Sprache wurde ihm der Titel «Esquire» verliehen. Der Rang, der niedrigste, den die Königin verleihen konnte, schützte ihn dennoch nicht vor Familien- und Hofverschwörungen, um ihn loszuwerden. Als die Königin Anfang 1872 von einem Besuch der St.-Pauls-Kathedrale zurückkam und John Brown wie üblich hinter ihr saß, diesmal (wie sie Vicky schrieb) «in seinem vollständigen und sehr schönen Gesellschaftsanzug», gab sie damit praktisch bekannt, daß Brown unangreifbar war. Die Loyalitäts- und Begeisterungsbekundungen waren so groß, daß sie zwei Tage später noch einmal ausfuhr, um in den gedrängt vollen Straßen das Aufleben royalistischer Gefühle zu nutzen – während der Republikanismus wieder abflaute. Am Eingangstor zum Buckingham

Palace drängte sich der siebzehnjährige Fenier Arthur O'Connor zur Wagentür durch und richtete eine Pistole auf sie. Brown sprang vom Klappsitz und packte den verhinderten Attentäter an der Kehle.

Danach gab es neue Loyalitätsdemonstrationen, und zum dritten Mal in derselben Woche fuhr die Königin durch die jubelnde Menge, während der unerschütterliche Brown wie üblich alles von seinem Kutschbock überblickte. Die Königin hatte neuen Anlaß, auf ihrem Hochlanddiener zu bestehen, und stiftete eine goldene «Victoria Faithful Service»-Medaille für «einen ganz besonderen Akt der Aufopferung für die Monarchin». Die erste erhielt Brown, weitere wurden nicht verliehen.

Daß Brown eher ein Esquire als ein gewöhnlicher Diener war und obendrein noch eine Kategorie für sich darstellte, konnten Hofneulinge nur zu ihrem Schaden übersehen. Als General Sir John McNeill zum Oberstallmeister ernannt wurde, sah er keinen Grund, die Bediensteten anders zu behandeln als seine Soldaten. Bei Brown hieß das, merkte er bald, seine Karriere aufs Spiel zu setzen. Normalerweise lief der meiste Verkehr mit der Königin über handschriftliche Mitteilungen oder, wenn Brown zur Verfügung stand, mündlich über ihn (die Nachteile des Systems wurden ihr nie bewußt). Kurz nach seiner Ankunft in Osborne erhielt Sir John eine Mitteilung, er solle den Wagen für die Königin und ihre Begleitung bereitmachen. Brown blieb neben dem Schreibtisch des Generals stehen, bis er hinausgeschickt wurde. McNeill sagte ihm, er werde ihn rufen lassen, wenn er die Anweisung geschrieben habe. Brown gehorchte zwar, beklagte sich aber unverzüglich bei der Königin, Sir John sei herrisch gewesen und habe ihn angeschrien, als ob er ein gemeiner Soldat wäre.

So etwas machte man mit Brown nur einmal, lernte der General. Am selben Abend erhielt er einen Brief von Victoria, in dem sie ihn fragte, ob er gern ein Kommando in Indien übernehmen würde. Er begriff, daß es nicht nur ein entlegenes, sondern auch ein sehr kleines und unbedeutendes Kommando war, nur verstand er nicht, warum er so kurz und bündig weggeschickt wurde. Er ging damit zu Sir Henry Ponsonby, der den Grund erahnte; er riet McNeill zu antworten, daß er natürlich jeden Posten annehmen würde, den es Ihrer Majestät gefalle ihm anzubieten; doch da die Leute natürlich fragen würden, warum er seinen Posten am Hof so plötzlich aufgäbe, bäte er um Rat, welchen Grund er dafür angeben solle.

Da die Königin kaum den wahren Grund oder überhaupt einen Grund angeben konnte, ließ sie seine Anfrage einfach unbeantwortet. Er blieb Oberstallmeister, aber jahrelang richtete sie niemals das Wort an ihn; und als sie es nach Browns Tod doch wieder tat, war es, als sei in der Zwischenzeit nichts geschehen.

Es gab indirekte Anzeichen dafür, in welchem Maße die Königin Brown schätzte – wie McNeill feststellen mußte –, aber auch konkrete Gunstbeweise, oft in Gestalt sehr persönlicher Geschenke. Ein Gedichtband in schottischem Dialekt trug 1869 die Widmung «von seiner aufrichtigen Freundin VR». 1875 erhielt er eine goldene Uhr, 1878 eine ledergebundene Bibel «von seiner treuen Freundin VRI». 1880 bekam er zu Weihnachten eine Pfeifendose aus Sterlingsilber mit Meerschaumpfeife, aber ein Weihnachtsgeschenk hatte nicht die besondere Bedeutung eines Geschenks ohne sichtbaren Anlaß. Die Inschriften selbst waren so deutliche Hinweise auf die Unschuld ihrer Beziehung wie ihre anderen offenen Gesten der Zuneigung für Brown. Die Königin schenkte ihm auch ein Haus über dem Dee, «Bal-na-Choile», wo er nach seiner Pensionierung wohnen wollte, aber «Gunst und Gnaden»-Wohnungen waren nichts Ungewöhnliches. Wären irgendwelche Schuldgefühle in die Beziehung vermischt gewesen, hätte die Königin ihrem Diener keine Neujahrskarte wie die vom 1. Januar 1877 geschickt. Unter dem Bild eines hübschen Hausmädchens standen die Verse:

> Ich schicke mein Dienstmädchen
> mit meinem Neujahrsbrief,
> seine Worte werden
> Dir, meines Herzens Schatz,
> meine Treue und Liebe zeigen.
> Dann lächle ihr und lächle mir
> und schick mir liebevolle Antwort
> und schenk mir Freude.

Darunter hatte die Königin geschrieben:

Meinem besten Freund J. B.
Von seiner besten Freundin. V. R. I.

Aus dem Jahr 1878 gibt es ähnliche Grüße an ihren «lieben Freund» von «seiner aufrichtigen & ergebenen» Freundin, ebenso von 1879. Vielleicht lag in dem Bild von Diener und Dienstmädchen auch ein wenig uneingestandene Träumerei. Victorias Tagebucheintrag an ihrem Geburtstag 1871, auf dem Höhepunkt der niederträchtigsten Angriffe auf Brown, zeigt aber deutlich den redlichen Charakter von Browns Diensten: «Mein armer alter Geburtstag, mein 51ster! Allein, allein, wie es immer sein wird! Aber sicher segnet mein Liebster mich!»

Eine dieser Segnungen war, mag die Königin gedacht haben, daß Albert

Brown als Stütze für sie ausgewählt hatte. Keine zwei Männer hätten verschiedener sein können, und immer dachte sie mit Sehnsucht an die körperliche Schönheit ihres Prinzen zurück. Ihre eigenen weiblichen Reize waren längst verblichen, und sie wußte es. Dennoch mag bei aller Lauterkeit der Motive auch eine gewisse sinnliche Freude an dem stämmigen Schotten im Kilt mitgespielt haben, zu dessen Aufgaben es gehörte, sie aufs Reitpony und wieder herunterzuheben und sie, wenn nötig, aus der Kutsche zu tragen. Nach Albert war Brown der einzige Mann, dessen Armen sie sich anvertraute, bis Brown selbst nicht mehr da war. Er war auch das einzige männliche Wesen, das Zugang zum Schlafzimmer der Königin hatte, und er machte sich selten die Mühe anzuklopfen. Und da das Personal das wußte, wußte es jeder.

Obwohl die Königin selten zu Beerdigungen ging – nicht einmal zu denen hochrangiger Persönlichkeiten oder enger Verwandter –, fuhr sie im Oktober 1875 bei dichtem Regen zum Haus von John Browns Vater und sah von der Küche aus zu, wie der Sarg des alten Brown weggetragen wurde, der mit sechsundachtzig gestorben war. «Mr. Campbell, der Pfarrer von Crathie, stand im Flur unter der Tür, alle anderen drängten sich draußen. Sobald er mit seinem Gebet begann, kam die liebe alte Mrs. Brown und stellte sich dicht neben mich... und stützte sich während der sehr eindrucksvollen Gebete auf einen Stuhl. Als er geendet hatte, kam Brown zu uns hinüber und bat sie, sich zu setzen, während die Brüder den Sarg wegtrugen. Alle gingen hinaus und folgten ihnen, auch wir drängten mit hinaus und sahen gerade noch, wie sie den Sarg auf den Leichenwagen hoben. Dann stiegen wir auf eine kleine Anhöhe und sahen von dort aus zu, wie die traurige kleine Prozession sich langsam bergab wand.» Dann kehrte sie wieder ins Haus zurück, um die Witwe mit einer Trauerbrosche zu trösten, die etwas Haar von ihrem Ehemann enthielt (man hatte es am Tag davor abgeschnitten). Jedem der fünf Söhne schenkte sie ein Medaillon. «Nach allgemeiner Hochlandsitte tranken wir etwas Whiskey und Wasser und aßen Käse dazu, dann fuhren wir wieder ab», schrieb sie in ihr Tagebuch, «und baten die liebe alte Dame zum Abschied, nicht den Mut zu verlieren.» In John Browns Beziehungen zur Königin spielte das Protokoll selten eine Rolle, und sie selbst ignorierte es genauso leicht in der schottischen Abgeschiedenheit, wo die Browns und andere einfach nur weniger begüterte Nachbarn und ihre Pächter waren. Nach schottischer Tradition war ein Grundbesitzer auf jeden Fall verpflichtet, jedem seiner Leute das letzte Geleit zu geben.

Brown machte sich auch als Überbringer schlechter Nachrichten nützlich, so zum Beispiel, als 1872 ihr bevorzugter schottischer Prediger starb, Reverend Norman Macleod. «Meine Tränen flossen schnell...», schrieb sie, «aber ich ... dankte dem guten Brown für die sehr freundliche Art, in der er mir diese schmerzliche und unerwartete Nachricht beigebracht hatte.» Im Dezember 1878 wurde er sogar dazu ausersehen, der Königin zu eröffnen, daß ihre Tochter Alice, die Großherzogin von Hessen, genau an Alberts Todestag an Diphterie gestorben war. Victoria schickte Brown auch, um sich nach Kranken oder Sterbenden zu erkundigen; seine exotische Gegenwart war immer ein Zeichen der besonderen und persönlichen Anteilnahme der Königin. Im Februar 1881 wurde er nach Chelsea geschickt, um nach dem Zustand des sterbenden Thomas Carlyle zu fragen, doch er kam zu spät.

Mittlerweile war die langsam grau werdende, übergewichtige Königin nicht länger Gegenstand sensationslüsterner Klatschereien, und Browns Allgegenwart wurde für die aufmerksame Fürsorge genommen, die sie tatsächlich war. Seit langem war er unverzichtbar für sie; jetzt regte sich auch niemand mehr über ihn auf, obwohl er sich in ihrem Dienst erschöpfte. Anfang 1883 bestand er trotz Schüttelfrost und Fieber auf seiner Sieben-Tage-Woche. Die Krankheit schwächte ihn so, daß er die Hilfe eines anderen Dieners, Lockwood, brauchte, wenn die Königin mit ihrem geschwollenen Knie für eine Ausfahrt zu ihrem Ponywagen getragen werden mußte. Eine Woche davor, laut Tagebuch am 17. März, hatte sie auf der Treppe in Windsor «die letzten Stufen übersehen» und war «heftig auf ein Knie gestürzt». Es kam nie wieder ganz in Ordnung.

Eine ausgewählte Gesellschaft war zu einer Aufführung von Händels *Redemptio* am Palmsonntag eingeladen worden. Doch wegen der Indisponiertheit der Königin wurde alles abgesagt. Eine Woche später diente Brown ihr zum letzten Mal. An jenem Abend wurde Sir William Jenner nach Windsor gerufen, um Brown zu behandeln, und am nächsten Morgen zog sich über eine Seite seines Gesichts ein rotes Erysipel, eine durch Streptokokken hervorgerufene Entzündung, die von hohem Fieber begleitet wurde. Das Tagebuch der Königin (wie es auf uns gekommen ist) notiert nur, daß er eine schlechte Nacht gehabt hatte: «Verärgert, daß Brown nicht zur Verfügung stand, da es ihm so schlecht ging ...» Am nächsten Tag lag Brown im Delirium, aber offenbar sagte man Victoria nichts davon. Auf einen Stock gestützt und mit Lockwoods zusätzlicher Hilfe nahm sie an der Taufe von Prinz Leopolds Tochter in der Privatkapelle in Windsor teil und hörte später zu, wie eine Militärkapelle den Walzer «Alice of Albany» zu Ehren ihrer neuen Enkelin spielte. Nachmittags nahm Prinzessin Beatrice Browns Platz neben dem kleinen Ponywagen ein.

Am Dienstag, dem 29. März, lag Brown schon im Koma. Er starb am selben Abend um 22.40 Uhr. James Reid unterzeichnete den Totenschein

345

und gab als Ursache «Erysipel, 4 Tage» an. Leopold kam ins Ankleidezimmer seiner Mutter und «brachte mir die schreckliche Nachricht, daß mein guter, treuer Brown heute morgen früh verschieden ist. Bin schrecklich bewegt durch diesen Verlust, der mir einen Menschen raubt, der mir mit so viel Hingabe und Treue gedient hat und so viel für mein persönliches Wohlbefinden getan hat. Mit ihm verliere ich nicht nur einen Bediensteten, sondern einen wirklichen Freund.»

Dieser Tagebucheintrag wurde von Prinzessin Beatrice abgeschrieben. Wir werden also niemals wissen, ob Victorias ursprüngliche Worte nicht viel gefühlvoller waren. Man weiß aber, wie sie andernorts reagierte. Am selben Tag klagte sie gegenüber ihrem Enkel, Prinz George von Wales, Albert Edwards zweitem Sohn: «Ich habe meinen *liebsten, besten* Freund verloren, den niemand *auf dieser Welt jemals* ersetzen kann.» Und sie ermahnte ihn: «*Vergiß nie*... den *besten & treuesten* Freund Deiner armen trauernden Großmama.» Der Frau von Browns Bruder Hugh, Jessie McHardy Brown, schrieb sie in einem seltenen persönlichen Brief: «Weinen Sie mit mir, denn wir alle haben das beste, treueste Herz verloren, welches jemals schlug... Mein eigener Kummer ist grenzenlos, schrecklich, & ich weiß nicht, wie ich ihn ertragen soll, oder wie ich es glauben kann... Lieber, lieber John – mein liebster bester Freund, dem ich alles sagen konnte & der mich immer so freundlich beschützte und der an alles dachte – und noch vor drei oder vier Tagen wohlauf und stark und kräftig war.» Weil er sich nur um sie sorgte, meinte sie, habe er nie richtig «auf sich geachtet». Doch jetzt sei er bei den Auserwählten «und segnet uns und hat Mitleid mit uns Weinenden». Der «ausgezeichnete aufrechte warmherzige starke John» war nicht mehr, schloß sie in einem Ton von Selbstmitleid gegenüber Jessie. «Sie haben Ihren Ehemann – Ihre Stütze, aber ich habe jetzt keinen starken Arm.» Vickys ältester Tochter erklärte die Königin, daß Brown sie «18 & 1/2 Jahre... nicht einen Tag verlassen» habe.

Der *Hofbericht* teilte mit, das «betrübliche Ereignis» habe «das tiefste Bedauern der Königin und aller Mitglieder des Königlichen Hofes ausgelöst». Zur Beisetzung in Schottland schickte sie einen Kranz für den Sarg. Er trug die Aufschrift: «Ein Zeichen liebender, dankbarer und immerwährender Freundschaft und Zuneigung von seiner aufrichtigsten, besten und treuesten Freundin Victoria R. & I.»

Der Nachruf in der *Times* entstammte weitgehend der Feder der Königin, wenn auch abgemildert im Stil des Blattes. Sicher haben nur wenige Bedienstete die Ehre gehabt, mit ihrer Biographie den größten Teil einer *Times*-Spalte zu füllen. Ein Drittel davon war ein Zitat aus Victorias *Blättern*. «Unter den Angestellten Ihrer Majestät stand er in hohem Ansehen», hieß es weiter, «denn er war immer bereit, offiziell und privat jedem nach Kräften eine Freundlichkeit zu erweisen, der seiner Hilfe bedurfte.»

Ihrer Tochter Vicky hatte die Königin von dem «schrecklichen Schlag» geschrieben, «der mich zermalmt hat». Ihre Beschreibung von Browns Ende war voller ironischer Echos aus Alberts letzten Tagen. «Sir William Jenner, der ihn gut kannte und niemals überschwenglich reagiert oder einem falsche Angaben macht, sagte mir..., ich brauchte mich nicht so sehr aufzuregen... Eine Stunde später war schon alles zu Ende...! Der Schock – der Schlag, die Leere – ständig und überall fehlen der eine kräftige, starke zuverlässige Arm und Kopf – werfen mich fast nieder, und ich bin tief bestürzt.»

Ihr Schmerz war unkontrollierbar, und wie es ihr öfter in Zeiten starker emotionaler Erschütterung ging, verlor sie die Gewalt über ihre Beine. Das war nach Alberts Tod so gewesen und dann wieder 1871 auf dem Höhepunkt öffenlicher Kritik an ihrem zurückgezogenen Lebensstil. Selbst nachdem die Schwellung in ihrem verletzten Knie zurückgegangen war, konnte sie nicht ohne Hilfe gehen und fühlte sich «an meinen Stuhl gebunden». Noch fast ein Jahr nach Browns Tod konnte sie ohne Hilfe nicht «länger als ein paar Minuten stehen», wie der *Hofbericht* vom 21. Januar 1884 mitteilte. Ihre Behinderung hatte noch zu ihrem Kummer beigetragen, denn sie hatte den sterbenden Brown nicht besuchen können. «Ich bin wie betäubt und völlig verwirrt, und diese Qual, die mich von Zeit zu Zeit tagsüber oder auch nachts wie eine Welle überkommt, ist furchtbar», vertraute sie Vicky an. «Er beschützte mich so, war so mächtig und stark – so daß ich mich so sicher fühlte! Und nun ist alles hin in dieser Welt...»

Alles, was Vicky tun konnte (ihre anderen Kinder konnten sich nicht einmal dazu überwinden), war, ihr Bedauern über das *abattement* ihrer Mutter auszudrücken. Sie sei sicher, daß ihr die «liebste Beatrice» in dieser Zeit ein «großer Trost» sei. Selbst das wirkte nicht so gefühllos wie das Schreiben von Premierminister Gladstone, der ihr sein Beileid wegen des Verlusts von «Mr. John Brown» aussprach, den er als «Hausangestellten» in ihrem Dienst bezeichnete. «Eure Majestät werden sicher einen guten und tüchtigen Nachfolger auswählen», fuhr er fort, «wenn man auch nicht hoffen kann, daß irgend jemand, wie fähig er auch sei, die Lücke sogleich füllen könnte.»

Die Königin, niedergedrückt durch Schmerz und körperliche Behinderung, wies Ponsonby an, alle männlichen Mitglieder des Hofes von ihrem Tisch zu verbannen. «Wie kann ich denn abends beim Diner Leute sehen?» fragte sie. «Ich kann nicht den ganzen Abend herumgehen und mich dabei an den Stuhllehnen festhalten.» Da sie häufig getragen werden mußte, wollte sie dabei nicht gesehen werden. Die Folge war eine neue Flut von

Gerüchten, sie habe den Verstand verloren. In Wirklichkeit hatte sie nur eins im Sinn: Wie nach Alberts Tod war sie enschlossen, jemandem Denkmäler zu setzen, der ihr mehr bedeutete, als ihr selbst bewußt war. Sir Joseph Boehm erhielt den Auftrag, eine Statue des barhäuptigen Brown in schottischer Hochlandtracht für Balmoral anzufertigen.

Die Königin befahl, Browns Zimmer im Clarence-Turm in Windsor, in dem er gestorben war, wie zu seinen Lebzeiten zu belassen, und ordnete weiterhin an, daß täglich eine frische Blume auf sein Kopfkissen gelegt werden solle. Und vielleicht weil sie nie weitere Instruktionen gab, wurde das bis zu ihrem eigenen Tod so gehalten.

Am 31. März dankte sie Gathorne-Hardy für seinen mitfühlenden Brief, «in gebrochenen Worten ihrem Leid» Ausdruck verleihend, und einige Wochen später erfuhr Gathorne-Hardy bei einer Begegnung mit Disraelis früherem Sekretär und Vertrauten Lord Rowton (Montagu Corry), ihr Zustand sei immer noch «morbid». Rowton war in Osborne gewesen, wohin die Königin sich zurückgezogen hatte, und berichtete, sie tue «ihre offiziellen Pflichten», rede aber «ständig von Browns Verdiensten, plant Denkmäler für ihn, bewahrt sein Zimmer & seine Sachen, wie er sie hinterlassen hat, genau wie bei Prinz Albert. Es wird bedauerliche Folgen haben, wenn sie ihre Vorhaben wahrmacht, & viel Schaden im Land anrichten.»

Anfang Mai kursierten in der Londoner Presse Spekulationen über ein Brown-Tagebuch, «das ... ziemlich stark bearbeitet werden muß». *The World* berichtete, Sir Theodore Martin habe seine «Weisheit und Unabhängigkeit» demonstriert, indem er den Vorschlag ablehnte, eine Biographie Browns zu schreiben. Dieses Ansinnen schien dem Kabinett nun glücklich abgewendet; so konnte man sich jetzt anderen Problemen zuwenden, zum Beispiel der erneuten und verstärkten Isolierung der Königin. Da sie sich mit ihrer Behinderung nicht zeigen mochte, reiste sie «unter beispielloser Geheimhaltung», wie die Zeitungen berichteten, nach Osborne. Nur die unerläßlichen Angestellten durften sehen, wie sie Windsor verließ, «wo man in der Halle des Schlosses eine Art Podest errichtet hat, so daß der Rollstuhl der Königin in Höhe der Kutsche zur Tür gefahren werden kann». Von der Kutsche wurde sie in den Zug getragen und von dort auf die *Alberta*. Als sie im vorgerückten Frühjahr nach Balmoral fuhr, wurde kein Zeitplan veröffentlicht, und wo ihr Zug durchfuhr, wurde das Publikum von den Bahnsteigen ferngehalten. Sogar für ihre übliche Kutschenfahrt vom Bahnhof von Ballater nach Balmoral wurde die Route geändert, um Menschenansammlungen zu vermeiden. Für den Rest des Jahres wurden die Pächter- und Angestelltenbälle in Balmoral abgesagt.

Der Rollstuhl wurde zum unverzichtbaren Requisit in Victorias täglichem Leben. Nie wieder ging sie längere Strecken ohne Stock oder die Hilfe eines Bediensteten. Im Freien bewegte sie sich in ihrem Ponywagen.

Schon lange hatte die Königin einen Fortsetzungsband der *Blätter* geplant. Nach Browns Tod beschloß sie nun, daß dies nicht nur eine Erinnerung an ihr Leben als Witwe in Balmoral würde, sondern gleichzeitig auch ein Zeugnis ihrer zweiten, unausgesprochenen Witwenschaft. Da Sir Arthur Helps inzwischen verstorben war, wandte sie sich um Unterstützung an Miss Murray MacGregor, die sich schon früher bei der Vorbereitung einer Arbeit mit dem Titel *Highlanders of Scotland* nützlich erwiesen hatte, an der Victoria beteiligt war. Prinzessin Beatrice wollte das Titelbild beisteuern.

Die Tatsache, daß es wieder um eine Privatausgabe ging, löste Vermutungen aus, daß das Buch «weitgehend eine Biographie des treuen Begleiters der Königin» würde. Das war nicht der Fall, aber *Weitere Blätter* erschienen im Februar 1884 mit der Widmung: «Meinen treuen Hochländern und besonders zur Erinnerung an meinen ergebenen persönlichen Begleiter und zuverlässigen Freund John Brown.» Unter den acht Porträts darin war auch das von John Grant, dem Ersten Wildhüter von Balmoral, der 1879 mit siebzig Jahren in seiner Hütte unweit des Schlosses gestorben war, die ihm die Königin geschenkt hatte, und eins von John Brown. Von der ersten Auflage in Höhe von 10 000 Exemplaren nahmen Mudie's Leihbüchereien gleich 1500 Stück für ihre Mitglieder ab, und es folgten schnell Neuauflagen von je 5000 Exemplaren.

Brown tauchte darin auf nahezu jeder Seite auf. Oft ging es um sehr persönliche Bemerkungen, zum Beispiel wie die Königin besorgt entdeckte, daß «der arme Brown sich die Beine an der Kante seines nassen Kilts furchtbar wundgescheuert hatte..., gerade in der Kniekehle.» Gladstone fand, das Buch sei «die Unschuld selbst», aber die Kinder der Königin waren entsetzt über ihre Indiskretionen, von denen sie nur in Anspielungen sprechen konnten. Der Prinz von Wales war «empört» und «angewidert» und beklagte sich, daß er ganz ausgelassen worden sei (vermutlich zugunsten von Brown). Victoria antwortete scharf, er sei fünfmal erwähnt worden und wäre gewiß öfter auf ihren Seiten vorgekommen, wenn er sie öfter besucht hätte.

Vicky äußerte Befürchtungen, daß die Untertanen ihrer Mutter *Weitere Blätter* mißverstehen könnten. Die Königin entkräftete dieses Argument mit der Feststellung, nach fünfundvierzig Jahren Regierung kenne sie ihr Volk und seinen Geschmack, und eine ehrliche Publikation werde «falsche Biographien» unschädlich machen. Sie hätte ohne weiteres noch mehr Details über ihren vertrauten Umgang mit den Leuten im schottischen Hochland einbeziehen können; da sie in der Öffentlichkeit immer so demonstrativ auf ihren Vorrechten beharrte, wußten selbst in ihrem engeren Umkreis nur wenige Menschen, daß sie von Natur aus eigentlich sehr schüchtern und bescheiden war. Intimität fiel ihr nicht leicht, und selbst zu ihren vertrautesten Kammerfrauen hielt sie eine geziemende Distanz bei. Mit den Schottinnen auf dem Land aber, den Frauen und Müttern ihrer Angestellten, konnte sie ganz zwanglos verkehren.

Im Zuge des breiten Erfolges von *Weitere Blätter*, den sie genauso vorhergesehen hatte, schickte die Königin am 23. Februar 1884 ein Päckchen an Ponsonby. Das Begleitschreiben teilte mit, daß sie sich selbst mit dieser «kleinen Erinnerung» an John Brown befaßt habe. Sie war schon beim Jahr 1865, doch ständige Unterbrechungen verlangten, daß sie sich Hilfe suchte. Ihr schwebte vor, dies nur zum Privatgebrauch zu veröffentlichen und auch einige Auszüge aus Browns Tagebüchern einzubeziehen. Daß sie eine Lebensbeschreibung Browns anstrebte, war kein Geheimnis, seit sie an Sir Theodore Martin herangetreten war. Nachdem der sich aus der Affäre gezogen hatte, beauftragte die Königin Miss MacGregor mit der anonymen Bearbeitung. Sie «strich alle unnötigen Wiederholungen heraus», wie die Königin Sir Henry erklärte.

Ponsonby erkannte sofort das explosive Potential des Päckchens und schlug vor, es zwei Geistlichen zur Lektüre vorzulegen, denen die «Autorschaft» bekannt sei. Die Königin antwortete scharf: «Sir Henry hat nicht gesagt, ob ihm die Auszüge gefallen haben...» Nicht nur, daß sie Ponsonby ganz und gar nicht gefallen hatten – er wand sich bei dem Gedanken an eine weitere Publizität der Beziehung Victorias zu Brown. Nachdem er weiter über das Problem nachgedacht hatte, schrieb er der Königin, ihr Bericht werde sicher «alle, die Brown kannten», interessieren; er habe aber «Zweifel», ob dieses «Zeugnis der tiefsten und heiligsten Gefühle Eurer Majestät» veröffentlicht werden sollte. Die Leute hätten kein Verständnis für die besondere Natur einer solchen Beziehung, und ihre Reaktionen könnten der Königin unnötigen Schmerz bereiten.

Zwei weitere Noten der Königin folgten am 2. März; in der einen forderte sie das Manuskript zurück, damit sie es Lord Rowton zeigen könne. Mit unguten Gefühlen gab Ponsonby es an Rowton weiter und machte sie noch einmal auf die Möglichkeit aufmerksam, daß die gewöhnlichen Leute den Sinn von vielem, das sie geschrieben habe, verdrehen und falsch auffassen könnten. Unter der Hand stimmte Rowton dem sofort zu und drang auf «Verzögerung in jeder Form». Niemand, mit dem Sir Henry sprach, hatte die geringste Hoffnung, daß das Buch sich, wenn es erst veröffentlicht wäre, wie ihre früheren literarischen Bemühungen auf einen kleinen Leserkreis beschränken ließe.

Berichte über das Buch erschienen sogar auf geheimnisvolle Weise in der

World – zum Entsetzen von Ponsonby, der die Königin unglücklich warnte, eine Veröffentlichung könne «Bemerkungen unfreundlicher Art herausfordern». Doch es mußte erst der neue Dean von Windsor, Randall Davidson, seine Karriere riskieren und der Königin erklären, daß der Druck dieses Buches in jeglicher Form unerwünscht sei. Auf der Suche nach dem richtigen Weg, ihr das zu sagen, verfiel er schließlich darauf, ihr gleichzeitig mit dem Dank für eine Geschenkausgabe von *Weitere Blätter* zu verstehen zu geben, daß weitere «so offen geäußerte reizende Vertraulichkeiten» der Königin nicht wünschenswert seien.

Die Königin ärgerte sich furchtbar über diese Anmaßung und teilte dem Geistlichen mit, sie werde tun, wie es ihr beliebe, worauf Davidson mit einem noch deutlicheren Brief erneut seine Stellung aufs Spiel setzte. Durch Jane, Lady Ely, forderte sie den Dean auf, seine Bemerkungen zurückzunehmen oder sich zumindest für den Schmerz zu entschuldigen, den er ihr zugefügt habe. Für den Schmerz werde er sich entschuldigen, entgegnete er, «aber was das geplante Buch betrifft..., muß ich ohne Abstriche bei dem bleiben, was ich gesagt habe». Und er bot seinen Rücktritt an. Verärgert kündigte die Königin an, sie werde nicht am Sonntagsgottesdienst teilnehmen, wenn der Dean predige. Ein Ersatzgeistlicher mußte gefunden werden. Dann schickte sie nach Davidson, sagte ihm, sie schätze Leute, die den Mut hätten, ihr zu widersprechen, und daß sie sein Urteil annehme. «Ich glaube», sagte er später, «daß sie die am liebsten mochte und denen traute, die sich gelegentlich ihren Zorn zuzogen.»

Nachdem Ponsonby Victoria zu dem schlichten Grab mit den «Kränzen von Prinzessinnen, Kaiserinnen und Hofdamen» auf dem Friedhof von Crathie begleitet hatte, meinte er sinnend, Brown sei wohl «der einzige Mensch gewesen, der der Königin widersprechen und sie dazu bringen konnte, etwas zu tun, was sie nicht wollte». 1884 gelang das vorübergehend Randall Davidson. In aller Stille übergab Victoria Sir Henry ihr Manuskript und Browns Tagebuch, und der verbrannte sie ohne Aufhebens. Inzwischen war schon Browns erster Todestag herangerückt. Am 27. März 1884 schrieb die Königin in ihr Tagebuch: «Ich kann nicht aufhören zu klagen.» Ob der erleichterte Prinz von Wales von Davidsons Rolle in der Angelegenheit erfuhr oder nicht – als er König wurde, machte er den Dean zu seinem Erzbischof von Canterbury.

«Wäre er ein ehrgeizigerer Mensch gewesen», sagte Sir William Knollys, der Finanzverwalter des Prinzen von Wales, über Brown, «hätte er sich zweifellos in viel wichtigere Dinge einmischen können. Ich nehme an, die ganze Familie freut sich über seinen Tod, aber meines Erachtens ist das... sehr kurzsichtig.»

XIV

DIE FEEN-KÖNIGIN

(1872-1880)

Am Neujahrstag des Jahres 1872 hielt Victoria sich noch immer im verschneiten Sandringham auf, wo Bertie sich sehr langsam erholte. «Möge unser himmlischer Vater ihn wieder gesundmachen», betete sie in ihrem Tagebuch, «und diese schwere Prüfung in jeder Weise zu seinem Guten ausschlagen.» Sie hatte Gladstone schon gebeten, einen öffentlichen Dankgottesdienst vorzubereiten. Er hatte als Schauplatz, «einer ungebrochenen Tradition folgend», die St.-Pauls-Kathedrale vorgeschlagen. Sie bemängelte, Wrens höhlenartiges Meisterwerk sei eine «äußerst traurige, finstere, melancholische und unerbauliche Kirche». Unglücklich wandte sie ein, daß der von ihr bestellte Festakt wahrscheinlich ein des feierlichen Anlasses unwürdiges «Pomp und Gloria» würde und daß ein «langer ermüdender Gottesdienst» nicht in Frage komme.

Gladstone war so begierig, der Öffentlichkeit ihre Monarchin vorzuführen, daß er alle Bedingungen und fast jeden Termin akzeptiert hätte. Victoria wählte den 27. Februar – kurz genug vor der Eröffnung des Parlaments, so daß sie sich diesem Ereignis dann verweigern konnte. Außerdem bedurfte der Prinz von Wales so viel Zeit wie möglich zu seiner Wiederherstellung, und alle brauchten besseres Wetter. Victoria bot sogar freiwillig an, in derselben Woche noch einen Hofempfang abzuhalten. Doch während sie behauptete, selbst durch ihre schwere Krankheit noch geschwächt zu sein und unmöglich mehr tun zu können, kündigte sie gleichzeitig an, daß sie zu Ostern rasch inkognito den Kanal überqueren werde, um nach Baden-Baden zur Prinzessin Hohenlohe zu fahren.

Gladstone hatte dafür kein Verständnis und beschwerte sich, daß ihre Abwesenheit «während eines sehr wichtigen Teils der parlamentarischen Sitzungsperiode» auf die Öffentlichkeit einen ungünstigen Eindruck machen könnte, und Philip Guedalla betont in seinem Buch *The Queen and Mr. Gladstone* das scheinbar verantwortungslose Verhalten der Königin, indem er von einem «Verwandtenbesuch» spricht. Der größte Teil ihrer Reise sollte in die Osterpause des Parlaments fallen; ein Staatsminister, der jederzeit telegraphieren konnte, würde sie begleiten; und die «Verwandte» war ihre sterbende Schwester Feodora, deren jüngste Tochter gerade dem Scharlach erlegen war. Victoria fürchtete, sie würde Feo nicht mehr wiedersehen, und ließ sich durch nichts von der Reise nach Baden im März abhalten.

Vorerst kehrte sie nach Osborne und zu ihren roten Depeschen-Kästen zurück, um ihre Aufsichtspflicht über die Regierung auszuüben. Nach einigen harten und unpopulären Entscheidungen geriet diese im Parlament zunehmend in Schwierigkeiten und brauchte den politischen Auftrieb eines Schauspiels fürs Volk. Doch es war durchaus noch fraglich, ob der Prinz von Wales seiner öffentlichen Wiedergeburt auch gewachsen sein würde. Eine Woche vor dem Festakt war er immer noch schwach und bettlägerig, sein linkes Bein geschwollen und nicht zu benutzen. Victoria warnte Gladstone, sie sei nicht sicher, ob ihr Sohn die Aufregung und Anstrengung einer langen Fahrt durch London verkraften könne, doch sie sei entschlossen, eine gute Figur zu machen. Die Leute wollten, daß sie sich mehr zeigte: Gut, dann werde sie auf einer offenen Kutsche bestehen. Das Londoner Februarwetter mache ihr nichts aus, es sei kaum schlimmer als ein Sommer in Balmoral. Und der Prinz von Wales würde bis zu den Ohren in Schals eingewickelt, nötigenfalls noch weiter.

In einer schwarzen Seidenrobe mit einer pelzverbrämten Jacke und einer weißgefiederten Haube fuhr sie neben dem Prinzen im offenen sechsspännigen Landauer durch London. Der Prinz wirkte hinfällig und hinkte deutlich, wenn er ein paar Schritte tun mußte. Sieben königliche Karossen fuhren vor ihnen die Mall zum Trafalgar Square hinunter. Am Temple Bar winkte Victoria der jubelnden Menge, ergriff dann Berties Hand, hob sie hoch, senkte sie wieder und küßte sie. Der Prinz lüftete als Antwort auf die Hochrufe seinen Hut, und die Prozession fuhr weiter zur St.-Pauls-Kathedrale, wo sie um ein Uhr ankam. Ein großes Spruchband verkündete: «Ich freute mich über die, so mir sagten: Lasset uns ins Haus des Herrn gehen!»

Zwanzig Minuten vor vier waren sie wieder im Buckingham Palace, der ganz durchdrungen war von der «wunderbaren Demonstration der Loyalität und Zuneigung von den Allerhöchsten bis zu den Niedrigsten», wie Victoria sich ausdrückte. Sie mag sich gefragt haben, was all das Geschrei ihrer Minister um ihre Unpopularität zu bedeuten habe. Während ihrer Rekonvaleszenz hatte sie zwei Bücher über die Schrecken und Exzesse der Pariser Kommune gelesen, und was an Nachrichten über die Kämpfe der Republik nach England gedrungen war, hatte den Eifer schwankender Radikaler bereits gedämpft. Dennoch, wären die aufeinanderfolgenden lebensgefährlichen Erkrankungen der Königin und des Prinzen von Wales Teil einer kalkulierten Strategie gewesen, man hätte sich nichts Besseres einfallen lassen können, um die Monarchie vor Schimpf und Schande zu retten und die Tendenz zum Republikanismus umzukehren. Albert Edward war nach seiner Genesung kein besserer zukünftiger König, und Victoria war, von den letzten Februartagen abgesehen, keine zugänglichere Königin geworden. Alles, was zur endgültigen Wiederherstellung der Hochachtung für Königin und Thron noch fehlte, war nach der Krankheit und der prächtigen Prozession samt dem Mammut-Dankgottesdienst ein fehlgeschlagener Attentatsversuch, und dieser Akt des Stegreif-Melodrams folgte wie aufs Stichwort.

Noch immer voller Überschwang bestellte die Königin zwei Tage später, am Schalttag, ihren offenen Landauer und machte mit ihren Söhnen Arthur und Leopold sowie der Hofdame Jane Churchill eine Fahrt durch Hyde Park und Regents Park; über Constitution Hill kehrten sie zurück. Dort, am Gartentor zum Buckingham Palace, war Brown gerade abgestiegen, um den Tritt herunterzulassen, als ein Mann sich an die Königin drängte und ihr eine Pistole gegen die Wange drückte. Sie klammerte sich an Lady Jane Churchill und schrie laut: «Rette mich!» Brown packte den schwachsinnigen Arthur O'Connor, und die ungeladene Pistole fiel zu Boden. Wie sich beim Verhör herausstellte, wollte O'Connor die Königin zum Unterschreiben einer Petition zwingen, die um die Freilassung gefangener Fenier bat. Das Ergebnis war anders als erwartet. An diesem Abend und den ganzen nächsten Tag über standen die Londoner an den Palaceeingängen Schlange, um ihre Namen unter Dankbarkeitsergüsse über die Errettung der Königin zu setzen. Die Herzogin von Sutherland, Victorias Erste Kammerfrau, schrieb an John Delane von der *Times*, der Schock der Königin sei nicht geringer, als wenn die Pistole geladen gewesen wäre. «Es ist bedauerlich, daß die Königin immer die Vorstellung hat, was einmal versucht wurde, werde eines Tages auch ausgeführt, und sie werde erschossen.» Doch mit Victorias Unbeliebtheit war es vorbei.

Aber da war immer noch das Problem, eine Beschäftigung für den Prinzen von Wales zu finden. Die Umgebung des Prinzen sowie Colonel Ponsonby, Gladstone und sein Kabinett waren ein gut Teil des Jahres mit nichts anderem befaßt, doch Victoria brachte alle Empfehlungen mit ihrem Veto zu Fall. Vorerst schifften sich Bertie und Alexandra zu einer dreimonatigen Erholungsreise ins Mittelmeer ein. Vor seiner Abreise hatte der Prinz diverse Möglichkeiten in der Armee und eine Reihe von Tätigkeiten für verschiedene Regierungsabteilungen vorgeschlagen, um deren Funktionen kennenzulernen. Gladstone war bereit, fast jede Vereinbarung zu akzeptieren, die die Eignung des Prinzen für das Regierungsgeschäft zu fördern versprach.

Für die Königin kam die Armee nicht in Frage. Bertie liebte Uniformen und verstand sie mit Eklat zu tragen, doch da endeten seine militärischen Fähigkeiten auch schon. Daß er unter irgendeinem Regime das Regierungsgeschäft erlernen würde, schien ihr wenig wahrscheinlich: Außer den Berichten über Pferderennen las er nie etwas. Hunderte von Memorandenseiten und Briefen gingen zwischen Gladstone und seinen Helfern und der Königin ohne jeden Erfolg hin und her. Sie hatte Berties Hand am Temple Bar hochgehoben, aber bei nüchterner Betrachtung konnte sie immer noch keine königlichen Qualitäten an ihm entdecken. «Sie meint, die Monarchie wird so lange leben wie sie selbst», sagte Prinzessin Alice zu Ponsonby, «und es hat keinen Zweck, darüber nachzudenken, was danach kommt, wenn der Hauptbetroffene selbst es nicht tut; und so läßt sie die Flut einfach herankommen.»

Als der lästige Druck immer größer wurde, reiste die Königin mit ihrer Entourage, zu der auch Beatrice und Leopold gehörten, nach Baden-Baden ab. Ende März überquerten sie den Kanal und fuhren mit der Eisenbahn durch das bedrückte Frankreich, dessen wichtigste Grenzübergänge noch immer von preußischen Soldaten besetzt waren. Um Feos schwindende Kräfte zu schonen, hatte Victoria als Unterkunft für ihre Reisegesellschaft die Villa Delmar in Baden-Baden gemietet und dehnte ihre Besuche bei ihrer Schwester nicht zu sehr aus. Feo hatte nur wenige Kamine, doch die Königin fand es in Baden-Baden überall erstickend heiß. (Aller Wahrscheinlichkeit nach hatte sie eine etwas höhere Körpertemperatur als normal, was ihr lebenslanges Unbehagen bei Temperaturen erklären würde, die andere kaum als ausreichend warm empfanden.) Täglich trank sie mit Feo Tee, besuchte die örtlichen Bade-Kapazitäten, ließ sich selbst auf das Experiment eines «Dampfbads» ein (allerdings kein zweites Mal) und ging inkognito, zumindest theoretisch, einkaufen. (Auf all ihren Gepäckstücken, ob sie als Gräfin von Kent oder Herzogin von Balmoral reiste, stand «Queen of England».) Als sie abreiste, nahm sie den Dackel Waldmann mit; er blieb bis 1881 bei Victoria und verdiente sich einen Grabstein aus Granit mit seinem Namen in Balmoral. Am Morgen des 6. April nahmen die Schwestern zum letzten Mal voneinander Abschied.

Im Laufe des Jahres wurde Victoria zunehmend depressiv. Es sei schwierig, erklärte sie der Kronprinzessin, Monarchin und Mutter einer großen Familie zu sein. Sie hatte wenig Freude an ihren Kindern und noch weniger Vergnügen an den Auseinandersetzungen mit Gladstones Regierung, deren Interesse sich vor allem auf Irlandfragen, Kirchenfragen und Sparmaßnahmen in allen Institutionen zu richten schien – ob Armee, Marine oder Britisches Museum, wo die Kuratoren und Bibliothekare laut Ponsonby von Finanzminister Sir Robert Lowe ermahnt wurden, nur halbe Bögen zu benutzen. Das war nicht das expansive England, in dem die Königin zu leben meinte.

Feodora starb im September. In den letzten Tagen hatte sie nur noch mit Chloral und Morphium gelebt. Für die Königin fuhren Lady Augusta und Dean Stanley nach Baden. «Jetzt stehe ich ganz allein», schrieb Victoria in Balmoral in ihr Tagebuch. Niemand, der jetzt noch lebte, «könnte mir wirklich helfen». Im Dezember trat der lange erwartete Tod von Disraelis betagter Frau Mary Anne ein. Victoria, die dringend auf seine Rückkehr als Premierminister hoffte, drückte ihm sogleich schriftlich ihr «tiefempfundenes Mitgefühl» aus «in dieser seiner ersten Stunde der Verlassenheit». Im Januar starb Ex-Kaiser Napoleon nach einer Nierenoperation. Er hatte «sein schreckliches Mißgeschick mit Demut, Würde und Geduld getragen ... Ich mußte an seinen wunderbaren Aufstieg denken, nachdem er ein armer, unbedeutender Verbannter gewesen war ...», schrieb Victoria.

Sie war froh, als Gladstones Parlamentsmehrheiten in sich zusammenschrumpften. Als er aber seinen Rücktritt anbot, wollte Disraeli den Posten nicht annehmen ohne allgemeine Wahlen zur Bestätigung seines Mandats. Gladstone zog es vor weiterzumachen, klagte aber mit seinen vierundsechzig Jahren über Schwerhörigkeit und Probleme mit den Augen. Er ließ die Bereitschaft anklingen, sich aus der Politik zurückzuziehen. Seine Regierung quälte sich durch das Jahr 1873; nach einem Postskandal, der kaum dazu beitrug, die Liberalen über Wasser zu halten, mußte Gladstone sogar das Amt des Finanzministers übernehmen. Lord Granville schätzte das Klima der Beziehungen des Premierministers zu Victoria richtig ein, als er Gladstone während einer Kabinettssitzung im Juli 1873 eine Notiz mit der Frage zugehen ließ: «Was wäre für Sie und Mrs. Gladstone weniger unangenehm – Mittwoch mit der Königin in Windsor zu dinieren oder für einen Sonnabend und Sonntag nach Osborne zu fahren?» Gladstone zog die kürzere Variante vor.

Bis zum Schluß verfocht er jedes Projekt mit geradezu manischer Besessenheit. Er wollte nicht begreifen, daß sich sein (laut Disraeli) «schwerfälliger» Stil im Umgang mit der Königin wie Sand im Getriebe auswirkte. Er sei so kompliziert, schrieb «Dizzy» (Disraeli) an Lady Bradford, «lasse so völlig Melodie und Harmonie vermissen», daß er ihm Kopfschmerzen verursache. (Einmal bat Victoria Sir Arthur Helps, ein längliches, geschwollenes Gladstone-Memorandum zu einem verständlichen Text zu kondensieren.) Gladstone sah seine Probleme mit der Königin anders. «Seit dem Tode des Prinzgemahls hatte der Hof im eigentlichen Sinne aufgehört zu existieren ... Meine Art, den Monarchen zu beraten ..., wurde von Ihrer Majestät völlig blockiert.» Die ausgesuchte Weitschweifigkeit seiner Argumente, in der sie, wie er meinte, nur seine Besorgtheit um das Wohlergehen des Throns sehen konnte, löste lediglich Ermüdung aus. Auch wenn Victorias Krisenzeit sich ihrem Ende zu nähern schien, war sie nicht bereit, viel von ihrer wirklichen Vitalität für Gladstone einzusetzen.

Auf eine erfreuliche Ablenkung stieß die Königin 1873 in Chislehurst. Sie stattete Eugénie einen Sympathiebesuch ab und entdeckte den jetzt vaterlosen französischen Kronprinzen neu; er war noch nicht ganz sechzehn, blaß, mit traurigen Augen. Zwei Wochen später, am 6. März, kam Louis Napoleon zum Lunch nach Windsor, und Victoria fand einen Ersatzsohn und ein neues Interesse. Sie sorgte dafür, daß er als adliger Offiziersanwärter auf die Königliche Militärakademie in Woolwich kam. Für den Rest des Jahrzehnts behielt sie ihn im Auge, während er sich zu einem gutaussehenden jungen Mann mit schmalem Schnurrbart entwickelte.

Während Gladstone in der Irland-Kontroverse persönliche politische Erfolge feierte, gelang seiner Partei dies nicht; sie hinkte weiter. Und je stärker die Liberalen schwankten, desto mehr begann die Königin sich zu zeigen. Im April eröffnete sie feierlich den Victoria-Park in Hackney. In einer festlichen Reihe von Kutschen fuhren sie hin, Beatrice saß neben ihr («sie ist die letzte, die ich habe, und ich könnte nicht ohne sie leben»). Nach Krieg und Revolution auf der anderen Seite des Ärmelkanals und dem gewalttätigen Sturz von Königen und Fürsten freute es sie, daß bei ihrem öffentlichen Auftritt «nichts besser klappen oder die Begeisterung größer sein konnte», obwohl sie ohne Eskorte war. «Es war ein prächtiger Tag. In wenigen Ländern wird einem solch ein Anblick geboten.» Die beständige Liebe der Engländer zur Monarchie funktionierte nach wie vor als Sicherheitsventil für alle Unzufriedenheit.

Das nächste öffentliche Schauspiel, das sie Gladstone bot, war an ihrem sechsunddreißigsten Krönungstag, dem 20. Juni 1873, ein formeller, farbenprächtiger Empfang für den Schah von Persien in Windsor – mit Beefeaters, Kapellen, Glockengeläute und Kanonendonner. Die Königin gab für den Schah einen Lunch, sprach französisch mit ihm und tat höflich so, als ob sie seinen Kampf mit Messer und Gabel oder den Versuch, aus der Tülle einer Teekanne Wasser zu trinken, gar nicht bemerke. Sie wußte, schrieb sie an Vicky, daß nachher auf seinem Zimmer ein Lamm gebraten würde und er und sein Gefolge auf dem Boden säßen und es mit den Fingern in Stücke rissen. Da sie auf diplomatischen Rat hin vorsichtig genug gewesen war, ihn nicht zum Übernachten in Windsor einzuladen, ihn aber auch nicht beleidigen wollte, indem sie ihn in London nach einer Unterkunft suchen ließ, verlangte die Königin jetzt von der Regierung Gelder zur Restaurierung der Suite, die er im Buckingham Palace bewohnt hatte.

Zuerst reagierte Victoria schlecht auf das große Familienereignis des Jahres. «Jetzt ist es heraus!», war ihr Kommentar, als Prinz Alfred, der für einen schwarzbärtigen Romanov durchgegangen wäre, seine Verlobung mit Marie, der einzigen Tochter des Zaren, verkündete. Affies Affären mit englischen und anderen Damen hatten der Königin solche Sorgen gemacht, daß sie schon bereit gewesen war, ihre frühere Ablehnung gegen eine Verbindung mit seiner Cousine Friederike von Hannover zu widerrufen. Davor hatte sie sich schon gegen seine Bewerbung um den unsicheren Thron von Griechenland eingesetzt, weil das seinen Übertritt in die griechisch-othodoxe Kirche bedeutet hätte. Jetzt würde er also doch nach griechischem Ritus (wenn auch in russisch-orthodoxer Form) und im Ausland heiraten. Sie sah schon bärtige Priester mit Skapulier und Brustkreuz in Clarence House residieren und fürchtete, daß der Herzog von Edinburgh «bereit ist, ganz der gehorsame Diener Rußlands zu werden».

Da die unglückliche Situation der Kronprinzessin in Deutschland ihr schon genug Sorgen machte, fürchtete Victoria eine weitere dynastische Heirat, in der sie noch weniger Wesensverwandtschaft mit England und englischer Art sah. Ihre leidenschaftliche Abneigung gegen Rußland wurde noch durch die Weigerung von Maries Eltern verstärkt, ihrer Tochter vor der Hochzeit einen Besuch in Balmoral zu gestatten. Als sie unter Druck nachgaben und eine Begegnung zwischen Marie und der Königin in Köln vorschlugen, äußerte Victoria sich gegenüber Lord Granville, dessen «milder, schnurrender Ton» sie aufbrachte, erregt über «asiatische Rangvorstellungen». Sie würde sich nicht damit abfinden. Doch Marie schien ein «Schatz» zu sein, und die Hochzeit im Januar 1874 in St. Petersburg (zu der Victoria nicht fuhr) wirkte sich weder in politischer noch religiöser Sicht entzweiend aus. Vicky gegenüber äußerte Victoria sich besorgt, dies sei das erste Mal seit 1688, daß das Königshaus mit der anglikanischen Kirche breche. Wenn das so weiterginge, könnten sie «einpacken» und gleich die Stuarts zurückholen.

Zu Hause stand ihrem Geschmack nach selbst die anglikanische Hochkirche dem Vatikan zu nahe, und einer der letzten langen Vorträge, die die Königin Gladstone hielt, hatte seine angeblichen Neigungen zum römischen Ritus zum Thema. Als er sie aufforderte, das Parlament aufzulösen, wohl wissend, daß die überfälligen Wahlen ihn aus dem Amt heben würden, war die Königin ebenso erleichtert wie er selbst.

Mitte Februar zeigte die Stimmauszählung, daß die Mehrheit gegen die Regierung weiter wuchs. Die Königin drängte Gladstone zum Rücktritt. Am 20. Februar 1874 um sechs Uhr abends legte er in Windsor offiziell sein Amt nieder. Es war eine gezwungene und steife Begegnung. Gladstone wußte, wie gern Victoria ihn gehen sah. Sie äußerte oberflächliche Besorgnis über seine Gesundheit, gab ihm die Hand und sagte auf Wiedersehen. Sein Abgang wurde nicht gerade erleichtert durch die Tatsache, daß Disraeli um Viertel vor drei am selben Tag bereits dagewesen war, um mit der Königin Stellenbesetzungen durchzusprechen; danach war er niedergekniet, hatte ihre Hand geküßt und verkündet: «Der freundlichsten *Gebieterin* gelobe ich meine Treue!»

Disraeli war siebzig, als er zum zweiten Mal Premierminister wurde. Er wirkte außerordentlich alt. Sein gefärbtes Haar stach pechschwarz gegen sein blasses, faltiges Gesichts ab. Er wirkte schmächtig und geschrumpft. In den Augen der Königin aber besaß er offenbar enorme Vitalität. Seine dunklen Augen blitzten, seine Umgangsformen waren von altmodischer Ritterlichkeit – und er war nicht Gladstone. Ponsonby, wie treu er der Königin auch ergeben war, zog die Politik der Liberalen und die direkte, wenn auch unattraktive ehrliche Art von Diraelis Vorgänger vor. «Mir scheint», schrieb er seiner Frau über den neuen Premierminister, «daß er nichts außer grenzenlosen Liebes- und Treueerklärungen von sich gibt, und wenn er mehr schreiben soll, sagt er, er sei krank». Tatsächlich hatte Disraelis Wahlkampf vorwiegend auf dem negativen Programm beruht, Gladstone müsse gehen. Er hatte keine besonderen Gesetzesvorlagen im Sinn und war auch physisch den Anforderungen an eine dynamische Führungspersönlichkeit nicht gewachsen, die er seinen Wählern versprochen hatte. Dies und sein Bemühen, die Königin durch Schmeicheleien zu einem ihrer Position entsprechenden Verhalten zu verführen, bot ihr die Chance, ihn in einer Weise für ihre Ziele zu benutzen, die Gladstone verweigert hatte. Sir Thomas Biddulph, der Verwalter der königlichen Privatschatulle, sah Disraeli «völlig als Sklaven der Königin». Und so hatte es zu Beginn seiner Amtszeit auch den Anschein, als die Königin ihn dazu brachte, eine Gesetzesvorlage zur Neuordnung des Kultus zu unterstützen, die die anglikanische Kirche von römischen Praktiken säubern sollte. Angesichts der «Unannehmlichkeiten und Schwierigkeiten», die dies der neuen Regierung verursachen würde, hätte sie damit gern bis zum nächsten Jahr gewartet, erklärte sie, aber das sei «unmöglich» aufgrund der «gefährlichen» Tendenzen im Lande. Die Schlacht erwies sich als schwieriger, als Disraeli erwartet hatte, da Gladstone zurückkam, um mit seiner brillanten Rhetorik dagegen zu kämpfen.

Im Unterhaus erforderte es Disraelis gesamtes Verhandlungsgeschick, «den Ritualismus abzuschaffen» – nicht, wenn er von Katholiken praktiziert werde, versicherte er beiden Parteien, deren Lehre und Liturgie er mit Ehrfurcht zu behandeln bereit sei. Aber er erhebe Einwände gegen «Messen als Maskeraden». Der Gesetzesentwurf wurde angenommen; trotzdem sah Ponsonby den Premierminister als zwar «klug und glänzend konternd, aber träge und erschöpft». Er hatte eine Vorstellung von englischer Größe, die Victoria vielleicht an Alberts Ideen erinnerte. Wäre er mit einem Zeitplan zur Verwirklichung dieser Vision angetreten, hätte er es leichter gehabt. Aber sein Verhalten in Gegenwart der Königin und seine schriftlichen Ergebenheitsadressen beschworen für sie eine Vorstellung von Monarchie, die mit den äußerlichen Realitäten nicht mehr übereinstimmte. Man konnte kaum sagen, «Dizzy» manipuliere die Königin. Eher brachte sein Stil die Königin dazu, ihre Position in einer Weise auszunutzen, die nicht länger zulässig schien, und die Auswirkungen waren durch den Rest ihrer Regierungszeit hindurch spürbar.

«Besteht nicht vielleicht doch das Risiko», warnte Außenminister Derby am 6. Mai 1874, zwei Monate nach Regierungsantritt, seinen Premierminister, «sie in zu großartigen Vorstellungen von ihrer persönlichen Macht zu bestärken – und in zu großer Gleichgültigkeit gegenüber den Erwartungen der Öffentlichkeit? Ich frage nur; urteilen müssen Sie selbst.» Was der Kanzler vielleicht für Victoria wollte, war eine aktivere Rolle als Königin, der sie sich zur Zeit seines Vorgängers geschickt entzogen hatte. Wo Gladstone sie langatmig belehrte, hatte Disraeli, wie Ponsonby es ausdrückte, «eine wunderbare Begabung, in amüsantem Ton den Finger auf die entscheidenden Punkte eines Problems zu legen». Während Gladstone für Victoria ein römisch-katholischer Fanatiker war, folgte Disraeli, dem Theologie oder Liturgie in keiner Weise am Herzen lagen, gewöhnlich den Wünschen der Königin in Fragen kirchlicher Stellenbesetzungen oder Praktiken und bekam dafür seinen Willen bei der innenpolitischen Gesetzgebung. Während Gladstone viel vom lebhaften Hin und Her der Regierungsdepeschen von ihr ferngehalten hatte, schickte Disraeli ihr gerade so viele rote Kästen, daß sie die Illusion hatte, vollständig informiert zu sein, und glich den Mangel an Papieren durch witzige, fast literarische Zusammenfassungen der Kabinetts- und Parlamentstätigkeit aus. Und während beide, Gladstone und Disraeli, Bücher und Artikel schrieben, begann doch nur Disraeli ein Gespräch mit den Worten «Wir Schriftsteller, Ma'am ...»

Seinen Vertrauten gegenüber – etwa Selina, Lady Bradford, deren einziger Fehler für den verwitweten Disraeli darin bestand, daß sie einen Gatten hatte – nannte der Premierminister Victoria die «Faery Queen», die Feen-Königin. Die Anspielung auf den alten Spenser traf die Sache genau. Er und die Königin führten ein exklusives Epos für zwei Personen auf. Beide kannten die Spielregeln. Eine königliche Königin war nützlich für Disraeli. Ein ritterlicher Verehrer alter Tradition belebte Victorias Dasein. Beide wußten, daß er ein gichtgeplagter, runzliger Siebzigjähriger mit gefärbten Haaren war und Victoria klein und rund und nach ihren eigenen Worten (gegenüber der Kronprinzessin) ein «häßliches altes Gesicht» hatte. Als

Disraeli 1874 nach Balmoral kam und dort von Dr. Jenner wegen seiner Bronchitis behandelt werden mußte, konnte er Lady Bradford schreiben: «Heute morgen besuchte die Königin mich in meinem Schlafzimmer. Was halten Sie davon?» Bei Audienzen bat sie ihn, Platz zu nehmen, obwohl er anfangs ablehnte. (Später stellte er höflich seinen Stuhl an die Wand zurück.) «Er lebt nur für Sie», versicherte er ihr, «und arbeitet nur für Sie, und ohne Sie ist alles verloren.»

Zu Matthew Arnold sagte Disraeli im Vertrauen: «Jeder freut sich, wenn man ihm schmeichelt. Und wenn es um königliche Hoheiten geht, muß man dick auftragen.» Die Königin habe ihn so empfangen, erzählte er einmal, «daß ich wirklich dachte, sie wollte mich umarmen. Sie lächelte strahlend und glitt zwitschernd wie ein Vogel durch den Raum.» Doch die Ergebnisse ließen sich sehen: allein 1875 das Gewerkschaftsgesetz (ein Ergänzungsentwurf), das Gesetz über das öffentliche Gesundheitswesen, ein Fabrikgesetz zum Schutze von Frauen und Kindern, ein Wohnungsbaugesetz zur Sanierung von Elendsvierteln, ein Gesetz über den Verkauf von Lebens- und Arzneimitteln zum Schutz des Verbrauchers und ein Gesetz über landwirtschaftliches Pachtrecht, um dem bäuerlichen Pächter wenigstens einen gewissen Schutz zu garantieren. Obwohl bei den Tories die besitzende Klasse dominierte, wußte Disraeli, wo seine potentiellen Wähler saßen. Die Königin erhob keine Einwände. Sie wußte Gladstone lieber in Hawarden als in der Downing Street. Wie Disraeli selbst kümmerte sie sich nicht um Einzelheiten.

Es half Disraeli, daß die Königin sich während der ersten Sitzungsperiode seiner Regierung vor allem für kirchliche Stellenbesetzungen interessierte, doch sie stand nie im Bann ihres Premierministers. Was sie anstrebte, gewann für ihn oft Priorität, besonders in der Außenpolitik. Aber auch jetzt war sie nicht weniger eigensinnig als zu Gladstones Zeiten, wenn es um ihren persönlichen Zeitplan ging, der – wie hoch der diplomatische Preis auch war – so unabänderlich feststand wie der Kalender. So scheiterte der Besuch des Zaren – des Vaters der Herzogin von Edinburgh – fast an der Unhöflichkeit der Königin, die Alexander II. wegen Balmoral sitzenlassen wollte. Der Premierminister mußte seine ganze persönliche Beziehung zu ihr ins Spiel bringen, um sie zu einer Verschiebung ihrer Pläne zu bewegen, der sie schließlich «Mr. Disraeli zuliebe und zum Dank für seine große Freundlichkeit» zustimmte. Die Bande zu Rußland waren schwach, und auf einem großen Fest in Windsor tauschten die Königin und Disraeli behutsam Freundschaftsbekundungen mit Alexander aus. Der Zar war sehr huldvoll, erzählte Disraeli Lady Chesterfield, aber er sah in Alexanders «traurigem» Gesicht etwas, was er als «die Einsamkeit des Despotismus oder die Furcht vor einem gewaltsamen Tod» interpretierte. 1881 wurde der Zar ermordet.

Als Disraeli in die Downing Street zurückkehrte, schien Großbritannien im Ausland weltweit zu expandieren; doch es war keine beherrschende Weltmacht mehr, da es abgelehnt hatte, sich in die deutsche Vorherrschaft in Westeuropa oder die russische Vorherrschaft in Osteuropa und Mittelasien einzumischen. Die Beziehungen zu den Vereinigten Staaten lagen seit dem Bürgerkrieg im Argen, und in Afrika herrschte koloniale Unordnung. Um Indien, das Juwel in Victorias Krone, kümmerte man sich wenig, und der neue, kürzere Weg durch den 1869 eröffneten Suezkanal wurde von anderen Mächten kontrolliert. Viele dieser Einschränkungen waren eine beabsichtigte Folge von Gladstones nach innen gewandter Politik, die nicht nach *gloire* strebte. Der Königin hatte das alles nicht gefallen, doch unter Gladstone mußten imperiale Bestrebungen vor heimischen Prioritäten zurückstehen. Seinetwegen konnten die Iren in Irland bestimmen und die Buren Südafrika haben. Britannien mußte sein eigenes Haus in Ordnung bringen.

Victoria hatte andere Vorstellungen, und wie üblich gab es dafür persönliche Gründe. Durch die Vereinigung Deutschlands unter Preußen war ihre Tochter Vicky zur zukünftigen Kaiserin geworden, nicht mehr nur Königin, und die Ehe Affies mit der Tochter eines Zaren hatte beiden Vorrang vor den anderen Kindern der Königin verliehen. Vicky konnte nach ihrer Krönung Priorität vor ihrer Mutter beanspruchen, die nur Königin war. Kaum jemand in England betrachtete die Titel als nicht gleichwertig, doch die Königin fürchtete um ihren Rang. Außerdem war sie seit dem Ende der Meuterei in Indien und der damit einhergehenden politischen Konsolidierung und Einsetzung eines Vizekönigs dort als Kaiserin betrachtet worden, wenn der Titel auch keine gesetzliche Grundlage hatte. Jetzt beanspruchte sie kaiserlichen Rang für sich, auch wenn es nur Wortklauberei war.

Unbeabsichtigt förderte Disraeli Victorias Bestrebungen, indem er von Gladstone unterdrückte imperiale Interessen wiederbelebte. Mittlerweile wanderten die roten Depeschenkästen recht flott zwischen ihnen hin und her, und die Königin reihte noch andere Kästen ein: hölzerne mit frischen Blumen aus Osborne und Balmoral. Einer davon enthielt im Frühling 1875 zwei Primelsträuße und einen Schneeglöckchenstrauß. Sein Entzücken über die Himmelsschlüssel, die auch der Prinzgemahl so geliebt hatte, führte zu dem geheimen Einvernehmen, die Primel sei die Blume Disraelis. In seinen Briefen beschwor er Königin Titania, «die auf einem sanften, meerumschlungenen Eiland Blumen gepflückt und mir einige Blüten geschickt hat, die nach der Legende den Empfänger seines Verstandes berauben».

Der Katalog mit den Wünschen Victorias wuchs mit Disraelis Schmeicheleien. Während er sie hofierte und seine Beziehung zur Monarchin als einen völlig unglaublichen und dennoch wahrgewordenen Traum darstellte, genoß Victoria die neueröffneten Möglichkeiten, sich als Königin zu fühlen statt als pflichtvergessene Schülerin in Gladstones Klassenzimmer. Der kaiserliche Titel war nur die erste ihrer Forderungen, die bis hinunter zu kleineren Gefälligkeiten für ihre Hofdamen und besonders beliebte Geistliche reichten. Nach einem zehnstündigen Tag im Unterhaus kam Disraeli an einem Aprilabend 1875 nach Whitehall Gardens zurück und fand neben Victorias jüngster Primelsendung vom «Feen-Eiland» Ihrer Majestät jenseits des Solent eine neue Protektionsliste. «Wäre er der Großwesir Eurer Majestät», seufzte er in seiner Antwort, «nicht nur der Premierminister..., wäre er es zufrieden, seine ihm noch verbleibenden Jahre damit zu verbringen, jeden Wunsch Eurer Majestät zu erfüllen; doch ach, dem ist nicht so...»

Victorias Hauptsorge blieb Bertie und dessen Vergnügungsreise auf öffentliche Kosten nach Indien, die er mit Disraelis Zustimmung machen wollte. Den Prinzen sechs Monate lang unter Aufsicht aus England hinauszubugsieren, schien dem Premierminister den Preis wert, selbst wenn der politische Gewinn klein wäre. Der Prinz würde vielleicht sogar etwas über das Empire lernen. Die Königin gab nach unter der Bedingung, daß die Regierung die Kosten trüge. «Unser junger Hal», sagte Disraeli zu Derby, seinem Außenminister «hat nicht einen Schilling... und darf nicht auf *mesquine* Art durch Indien reisen.» Weder die Königin noch der Prinz wollten, daß Alexandra ihn begleitete, und Derby war einverstanden – nicht nur wegen der Protokollschwierigkeiten bei indischen Maharadschas, deren Gemahlinnen wenig galten, sondern weil (wie er zu Disraeli sagte) «‹Hal› ganz sicher in Frauengeschichten hineinrutscht, ob sie mitkommt oder nicht, und wenn sie nicht dabei ist, wird man sie ihm leichter verzeihen».

Da der Prinz in großer Begleitung reisen wollte und natürlich die unvermeidlichen üppigen Geschenke mit seinen Gastgebern austauschen mußte, überredete Disraeli das Parlament, die Auszahlung von 112 000 £ durch Admiralität und Schatzamt zu genehmigen; die Regierung des Vizekönigs bewilligte weitere 100 000 £. Victoria war wieder in einer peinlichen Lage, denn die Zeitungen, mit Ausnahme der *Times*, attackierten den Prinzen, weil er keine Experten für den Subkontinent mitnehmen wollte, sondern seine leichtlebigen Freunde, die seine Mutter ablehnte. Disraeli versprach, sie alle vor «dummen Streichen» zu warnen. *Reynolds' Newspaper* bezweifelte, daß es einen Wert habe, jemanden auf Kosten der Steuerzahler nach Indien zu schicken, dessen Interessen sich auf «Sauhatzen und Frauen» beschränkten; und der radikale Redner Charles Bradlaugh erklärte sechzigtausend applaudierenden Demonstranten im Hyde Park, daß die meisten Engländer sich über die Fähigkeiten ihres zukünftigen Königs sorgten und ihn, statt sich über seine Indienreise zu beklagen, «am liebsten noch auf eine viel längere Reise schicken würden».

Da die Prinzessin von Wales ihren Gatten nicht begleiten durfte, kündigte sie an, sie werde mit ihren Kindern zu ihren Eltern nach Dänemark fahren. Das brachte Disraeli wieder in Schwierigkeiten mit der Königin. Da sie schon mit dem Urlaub ihres Sohnes auf Staatskosten überstimmt worden war, beanspruchte sie wenigstens das Recht, einen zukünftigen Monarchen – ihren Enkel – am Verlassen des Landes zu hindern. Ihre Minister gaben ihr zu verstehen, daß es besser sei, wenn sie dieses Privileg nicht ausübe. Victoria gab mit einem Widerwillen nach, der sie bei ihrer Schwiegertochter nicht beliebter machte.

Der Prinz von Wales reiste mit der HMS *Serapis*, einem umgerüsteten Truppentransporter. Die Route führte die Reisenden erst nach Athen und dann durch den Suezkanal, der seit 1869 der kürzeste Weg nach Indien war. Der Prinz glänzte in seiner neuen Uniform eines Feldmarschalls – ein unverdienter Rang, in den seine Mutter ihn an seinem letzten Geburtstag erhoben hatte. Trotz aller Schneiderkunst wirkte er mit seinen 94 Kilogramm bei 1,55 Metern Größe nicht besonders militärisch.

An seinem vierunddreißigsten Geburtstag, am 8. November 1875, erreichte die *Serapis* den Hafen von Bombay. Es war die erste Station eines dank der begeisterten Betriebsamkeit des Prinzen gelungenen Unternehmens. Doch der wahre Erfolg der Reise zeigte sich auf unerwartete Art: In der Presse wurde ausführlich über den Prinzen von Wales berichtet, und er hatte in einer Weise die Aufmerksamkeit auf Indien gelenkt, die der Krone nützlich werden sollte. Außerdem hatte er auf spektakuläre Art den Suezkanal passiert.

Mehr, als ihm lieb war, mußte Disraeli sich mit den Problemen der Türkei beschäftigen, diesem feudalen und schlecht verwalteten Imperium, das an Englands Route nach Indien lag. Trotz seiner Krankheit hatte der Premier das ganze Jahr 1875 hindurch mit der Königin einen ständigen Depeschenaustausch über den «kranken Mann am Bosporus» unterhalten. Seit Beginn seiner Regierungszeit hatte er sich bemüht, die französischen Suezkanal-Aktien zu kaufen, da vier Fünftel des Durchgangsverkehrs unter britischer Flagge fuhr und man im Vergleich zur Kap-Route nach Indien viele Tage sparte. Die französischen Konsortien wollten nicht verkaufen, aber Anfang November erfuhr Disraeli, daß der Khedive von Ägypten, das nominell unter türkischer Oberhoheit stand, fast bankrott war und seine 176 000 Aktien (von insgesamt 400 000 Stück) gern verkaufen wollte. Disraeli machte heimlich ein Angebot, und die Franzosen hielten sich in der Erkenntnis zurück, daß es politisch unklug sei, das Monopol über eine internationale Wasserstraße zu beanspruchen. Da dies außerhalb der Sitzungsperiode des Parlaments geschah, nutzte Disraeli, nachdem er die Erlaubnis der Königin erbeten und erhalten hatte (die er gar nicht brauchte), seine Freundschaft zu Baron Lionel de Rothschild, um die benötigten 4 Millionen Pfund aufzubringen. Am 24. November 1875 schrieb er jubelnd an Victoria, als präsentiere er ihr ein persönliches Geschenk: «Alles ist geregelt; Sie haben ihn, Madam. Die französische Regierung wurde ausmanövriert.»

Was sie wirklich besaß, waren die Anteile des Khedive – nicht ganz die Aktienmehrheit und schon gar nicht im praktischen Sinne den Kanal. Und was den angeblichen Sieg betraf, war Disraeli nicht ganz ehrlich, wenn der Kauf auch einer etwaigen Besetzung Ägyptens durch Frankreich einen Riegel vorschob. Angemessener äußerte sich Derby in einer Ansprache in Edinburgh – sehr zum Ärger Victorias, die sich beklagte, ihr Außenminister habe versucht, «so viel kaltes Wasser wie möglich über den großen Erfolg zu gießen». Sie zog Disraelis Phantasie vor. «Die Fee ist außer sich vor Entzücken über ‹dieses große und wichtige Ereignis›», schrieb er an Lady Bradford. Wie man es auch nennen wollte, es war ein glänzender und populärer außenpolitischer Coup, auch wenn Sir Robert Lowe, Disraelis langjähriger liberaler Gegner, bei der Debatte im Unterhaus über die Rückzahlungen an die Rothschilds gegen die zweieinhalb Prozent Zinsen protestierte.

Am meisten schätze sie am Suez-Erfolg, daß er «ein Schlag gegen Bismarck» sei, erklärte Victoria Disraeli. Das beziehe sich auf Bismarcks «unverschämte Erklärungen, daß England aufgehörte habe, eine politische Macht zu sein», erläuterte er Lady Bradford im Vertrauen. Aus Indien telegraphierte der Prinz von Wales Glückwünsche. Wenn er und seine Mutter in irgend etwas einer Meinung waren, dann war es der Wunsch, Großbritannien solle eine größere Rolle in der Welt spielen als unter Gladstones restriktiver Politik. Der östliche Mittelmeerraum wankte unter einem unsicheren Frieden. Wie Gladstone wollte auch Derby keine englischen Initiativen; so blieb es Disraeli überlassen, sich angestachelt von der Königin mit der «Ostfrage» zu beschäftigen. Nach dem Suezkauf schien der unvernünftige, harte Umgang der Türken mit ihren slavischen Untertanen auf dem Balkan Großbritannien mehr als vorher anzugehen, und der *Dreikaiserbund* – ein informelles Interessenbündnis der Kaiser von Deutschland, Österreich und Rußland – schien begierig, die Türkei aus dem «christlichen» Europa zu drängen, um sich selbst die Reste einzuverleiben. Englands traditionelles Interesse war, keine Macht auf dem Kontinent dominant werden zu lassen.

Anfang 1876 hielt Victoria den Zeitpunkt für günstig, Disraeli anzukündigen, sie selbst werde am 8. Februar das Parlament eröffnen. Seit Alberts Tod hatte sie das nur getan, wenn sie etwas von den beiden Häusern wollte. Das war auch jetzt wieder der Fall. Schon im Januar 1873 hatte sie Ponsonby gefragt: «Ich bin eine Kaiserin und werde in normaler Unterhaltung manchmal Kaiserin von Indien genannt. Warum habe ich diesen Titel nie offiziell angenommen?» Disraeli wurde dieses Ansuchen vorgelegt, bevor der in Aussicht gestellte Auftritt der Queen im Parlament ihn in gehobene Stimmung versetzen konnte. Er warnte sie, er werde nichts von einer Änderung des königlichen Titels in der huldvollen Eröffnungsrede Ihrer Majestät erwähnen, nur einen Absatz über die Indienreise des Prinzen von Wales wolle er einrücken. Seine ersten Vorstöße waren auf ein negatives Echo gestoßen. Die Engländer, besonders Liberale Gladstonescher Couleur, waren der Ansicht, es gebe keinen ehrwürdigeren Titel als *Queen of England*, und erblickten keinen Zusammenhang zwischen einer eitlen gesellschaftlichen Präzedenzfrage und europäischer Politik. Disraeli sah ein widerwärtiges Gerangel voraus und hatte keine Lust dazu. Aber er fühlte sich der Königin gegenüber verpflichtet, ihren Wunsch durchzudrücken.

Eine tumultuöses Gedränge begrüßte die Königin vor dem Parlament. Ihr Premierminister konnte kaum das Gebäude betreten, und als er ihr für ihr Erscheinen dankte, bemerkte er, «was für einen enormen Einfluß die gelegentliche Anwesenheit Eurer Majestät ausüben kann». Trotzdem stieß er auf Einwände gegen die Vorlage zum Suezaktienkauf, die von Gladstone und Lowe kritisiert wurde, und auf weitere Schwierigkeiten wegen des beantragten neuen Titels für die Königin. Die Debatte wurde scharf geführt und zog sich in die Länge. Lowe warnte sogar, das Etikett *Empress* übergehe völlig die Möglichkeit, daß man Indien eines Tages verlieren könne. «Der ehrenwerte Gentleman ist ein Prophet», sagte Disraeli, «doch er ist immer ein Prophet des Unheils.»

Die Einwände gegen die Gesetzesvorlage nahmen kein Ende, und in den letzten Tagen des März schrieb George Meredith dem liberalen Politiker John Morley, er habe den Eindruck, Disraeli habe «die Aufgabe, die seine kaiserliche Gebieterin ihm zu einem Zeitpunkt auferlegte, als er die Meinung des englischen Volkes nicht richtig einschätzte..., herzlich satt.» Die Radikalen brauchten es nicht zu bedauern, wenn das Gesetz durchginge, meinte Morley, denn es werde als Stimulus für politische Reformen wirken. Dann verlieh Lowe seiner «Überzeugung» Ausdruck, «daß mindestens zwei frühere Premierminister eine solche Veränderung absolut abgelehnt» hätten. «Jetzt hat man gefügigere Personen gefunden, und ich habe keine Zweifel, daß die Sache zustande kommt.» Das ganze Haus war elektrisiert.

Gladstone, obwohl Lowes engster Parteifreund, wies die Behauptung zurück, Victoria sei an ihn in dieser Frage herangetreten. Am 2. Mai erhob sich Disraeli, getroffen von der Unterstellung, er sei ein gefügiger Premierminister. Habe es etwa irgendeine «verfassungswidrige und persönliche Einflußnahme der Monarchin» gegeben? Für den verstorbenen Grafen von Derby könne er sich verbürgen, und Gladstone sei für sich selbst eingetreten. So blieben – er erwähnte sich selbst nicht – nur der alte Graf Russell und der verehrte Palmerston. Um Lowes Verleumdungen ein Ende zu setzen, bat er um Erlaubnis, den Namen der Monarchin in die Debatte einführen zu dürfen. Dann verlas er ein Memorandum der Königin, in dem sie behauptete, es gebe «nicht die geringste Grundlage» für den «verleumderischen Klatsch» – der, wie Disraeli bedauerte, auch noch «aus dem Munde eines Geheimen Staatsrats» komme, «eines ehemaligen Kabinettsministers Ihrer Majestät».

Am 5. Mai berichtete Disraeli Lady Bradford: «Gestern nacht erschien Lowe mir in einem weißen Laken und hielt eine Bußkerze.» Zu ihrer Schwester, Lady Chesterfield, sagte er: «Er liegt im Staub, und da lasse ich ihn liegen.» Als politische Größe war Lowe am Ende. Mit großer Mehrheit wurde Victoria autorisiert, sich *Queen and Empress*, «Königin und Kaiserin», zu nennen. Der Tradition entsprechend unterzeichnete sie ihre Briefe fortan in latinisierter Form mit «Victoria R. & I».

Ein weiteres Privileg, das die Königin für sich beanspruchte, war das Vetorecht bei der Erziehung ihres Enkels, des Thronfolgers nach Bertie. 1876 waren Berties Söhne soweit, daß sie in die Schule geschickt werden sollten. Ihre Großmutter und Bertie hatten sich auf Wellington College geeinigt. Aber ihr Tutor, Hochwürden John Dalton, wandte ein, weder Prinz Albert Victor, der zukünftige Thronfolger, noch sein Bruder Prinz George seien den Anforderungen einer angesehenen Schule gewachsen. «Eddy» war schwer von Begriff, während George nur langsam lernte. Alexandra und Bertie schlugen vor, dann sollten die Jungen zusammen als Marinekadetten nach Dartmouth gehen. Die Königin bestand darauf, Eddy müsse zur Schule gehen, George könne auf der *Britannia* ausgebildet werden. Beunruhigt warnte Dalton: «Prinz Albert Victor braucht Prinz Georges Gesellschaft als Stimulanz, um überhaupt zum Arbeiten angeregt zu werden... Die Erziehung Prinz Albert Victors ist bereits jetzt schwierig und wird es doppelt und dreifach sein, wenn Prinz George ihn verlassen müßte...» Die Königin gab nach, tief bedrückt über die Zukunft der Monarchie, wenn solche Nachfolger zu erwarten waren wie ihr ältester Sohn und Enkel.

Eine weitere Sorge der Königin war der immer schlechter werdende Gesundheitszustand ihres Premierministers. Von einem Krankenbett zum nächsten mühte sich der durch chronische Bronchitis und Gicht geschwächte Disraeli, seine Regierung zu führen; obwohl er wußte, daß seine Zigaretten «Gift» für ihn waren, blieb er ein starker Raucher. Der Königin schlug er müde vor, er müsse sein Amt entweder Derby übergeben oder es behalten und die Belastung durch den Wechsel ins Oberhaus verringern; die Führung im Unterhaus würde er jemand anders überlassen, etwa Gathorne-Hardy oder Stafford Northcote. Victoria wollte «Dizzy» nicht als Premierminister verlieren, schon gar nicht gegen den passiven, isolationistischen Derby eintauschen, der ihre heftigen anti-russischen Gefühle nicht teilte. In der Nation schwelte der Meinungskonflikt wegen der Ostfrage. Selbst die Königin fragte Disraeli, wieso er die türkischen Grausamkeiten gegen die Christen in Bulgarien nicht verurteile. Nur die Bestrafung und Auflösung des unmoralischen ottomanischen Reiches könne das Problem lösen, hieß es in der liberalen Presse. Diese Lösung würde eine Stärkung Rußlands bedeuten, fand die Königin. Sie bat Disraeli zu bleiben, eine Entscheidung, die er sehr wahrscheinlich erwartet und unterschwellig gewollt hatte.

Am 11. August 1876 hielt er seine letzte Rede im Unterhaus. Es war die Antwort auf Vorwürfe, er habe die Ausmaße der türkischen Greuel heruntergespielt. Am nächsten Tag berichteten die Zeitungen, daß er zum Grafen von Beaconsfield und Viscount of Hughenden ernannt worden sei. Der *Punch* veröffentlichte eine Karikatur mit der Unterschrift «Neue Kronen für alte!», die Disraeli als Wesir zeigte, wie er Victoria eine Kaiserkrone im Austausch gegen seine gräfliche Kopfbedeckung überreichte. Unabhängig von seinem Titel blieb er verantwortlich für Englands Ostpolitik. Für ihn war der Balkan das Irland der Türken, ein Problem unterschiedlicher Sitten und Religionen, das intern gelöst werden mußte. Er vertrat auch die Meinung, nur starke, große Nationen könnten als Bollwerk gegen den russischen Expansionsdrang wirken, und war sicher, daß von der Türkei abgetrennte, schwache neue Balkanstaaten für den Zaren leichte Beute würden.

Gladstones Vorstellungen setzten christliche Ethik, wie er sie auffaßte, gegen Realpolitik, und wenn der Vorwurf moralischer Blindheit Disraelis Regierung schwächte, konnte ihm das nur recht sein. Er war als Führer der Liberalen zurückgetreten, um sich in seinem «Tempel des Friedens», wie er sein Arbeitszimmer in Hawarden nannte, dem Verfassen theologischer Traktate und Übersetzungen aus dem Griechischen widmen zu können. Trotzdem arbeitete er drei hektische Tage lang an einer Kampfschrift mit dem Titel «Die bulgarischen Greuel und die Ostfrage». Sie kam am 6. September heraus, und am Monatsende waren 240 000 Exemplare verkauft. Mit ihrer geschickten Mischung aus politischem Opportunismus, moralischer Beredsamkeit und der gerissenen Verquickung von Fakten, Spekulationen, Anschuldigungen und Absurditäten in gesalbtem Tonfall erreichte sie ihren Zweck, indem sie sich ganz auf die slavischen Bestrebungen und türkische Mißwirtschaft konzentrierte, dabei aber die Implikationen des Dreikaiserbundes unerwähnt ließ, den er in jeder Hinsicht für moralisch und politisch abschreckend halten mußte. Die Königin, die ehemalige Kriegsherrin, ermahnte ihre Regierung, festzubleiben; sie sah sich – und es gab tatsächlich Parallelen – bereits mit einem zweiten Krimkrieg konfrontiert. Doch Lord Salisbury, der hauptsächlich als Disraelis Unterhändler zwischen den europäischen Hauptstädten hin- und herreiste, und Lord Derby im Außenministerium wollten sich nicht auf der Seite der Türkei in einen Krieg mit Rußland hineinziehen lassen. Victoria hatte einst darauf hingewiesen, daß jede Beteiligung an einem Krieg ein zwingendes nationales Interesse voraussetze. Jetzt verbanden sich ihre Feindschaft gegen Rußland und ihr Haß gegen Gladstone zu offener Kampfbereitschaft, und der kränkelnde Disraeli stand in seinem eigenen Kabinett fast isoliert da.

Am 18. Oktober 1876 hatte die Königin ihm geschrieben, sie hoffe, es bedeute für Disraeli «keine Unannehmlichkeit», wenn sie wie üblich nach ihrem minutiös festgelegten Zeitplan in solchen Spannungszeiten nach Glasallt am Loch Muich fahre, koste es doch nur eineinviertel Stunden, um von Balmoral aus Nachrichten dorthin zu schicken (dabei lag Balmoral selbst schon sehr einsam). Da ein Treffen interessierter Mächte in Konstantinopel bevorstand, die allesamt hofften, der Türkei friedenssichernde Konzessionen abzuhandeln, versicherte Disraeli Victoria, ihre Abwesenheit bedeute durchaus keine Unannehmlichkeit. Doch zum ersten Mal seit Alberts Tod kam sie aus Balmoral für die Weihnachtszeit nach Windsor zurück, um Whitehall näher zu sein. Rußland machte ganz offen mobil, und gleich nach Weihnachten ließ die Königin ihren Kriegsminister Gathorne-Hardy kommen.

Durch einen Besuch General Ignatjevs, des russischen Botschafters in der Türkei, wußte die Königin, daß in Petersburg eine Friedenspartei und eine Kriegspartei um die Aufmerksamkeit des Zaren kämpften. Sie drängte Derby und Disraeli, fest zu bleiben. «Abgeschmackte Sentimentalität» für die Russen, warnte sie, «für Leute, die es kaum verdienen, wahre Christen genannt zu werden», mißachte «wichtige Interessen Englands». Der alternde, kranke Disraeli, der Victoria dazu gebracht hatte, nicht nur ihre persönlichen Vorrechte, sondern auch ihre schlummernde – fast ganz geschwundene – Macht zu gebrauchen, stand im Bann seiner Feen-Königin. Disraeli sei «nicht mehr imstande, die Kräfte zu kontrollieren, die er ins Leben gerufen» habe, sagte der Kolonialminister Lord Carnarvon, der bei Ablauf des Jahres schon nicht mehr dem Kabinett angehörte. Am 27. März nahm der Premierminister trotz seiner schweren Bronchitis die zweistündige Fahrt nach Windsor mit der Kutsche auf sich. In einem langen Gespräch ermahnte ihn die Königin, darauf zu drängen, daß das Kabinett festbleibe, und bot als Bonbon an, ihn in Hughenden Manor zu besuchen. Ein paar Tage später kam ein zweites Bonbon: Sie bat ihn um seine Zustimmung, daß Heinrich von Angeli ihn für sie porträtierte. Vicky schätzte diesen Maler besonders. «Es wäre nur der Kopf, und er arbeitet wunderbar schnell, so daß es nur weniger Sitzungen bedürfte. Lord Beaconsfields Laufbahn gehört zu den bemerkenswertesten in den Annalen des Empire, und keiner ihrer Premierminister hat *ihr* je mehr Rücksicht und Freundlichkeit erwiesen als er!» Wer jetzt wem den Hof machte, stand außer Frage.

Am 21. April 1877 überschritten russische Truppen die Grenze zur Türkei. Das moralische Problem war zu einem militärischen geworden, dem unausgesprochenen des politischen Gleichgewichts auf dem Kontinent und der laut geäußerten Sorge um die Sicherheit der britischen Indienroute. London ließ sich sofort von St. Petersburg versichern, daß internationale Gewässer respektiert würden, was Disraeli so interpretierte, daß die Russen kurz vor Konstantinopel und dem Bosporus haltmachen würden. Victoria meinte es besser zu wissen, denn sie hatte private Informationen erhalten. In einem ungewöhnlichen Brief an die Königin hatte ein Captain Haig behauptet, er habe von einem großangelegten russischen Täuschungsmanöver erfahren. Victoria, immer bereit, die Russen für Rechtsverdreher zu halten, bereitete eine Breitseite für Disraeli vor. Da sie fest entschlossen war, mehr als nur eine Monarchin zum Vorzeigen zu sein, versuchte sie, Disraeli aus seiner Passivität aufzurütteln. Sie erkannte nicht, wie isoliert ihr Premierminister in seinem eigenen Kabinett war: Derby stand an der Spitze einer Gruppe erbitterter Gegner jeden Engagements auf seiten der Türkei, das zum Krieg führen konnte. Über diese strapaziöse Zeit schrieb Disraeli: «Die Königin schreibt täglich und telegraphiert stündlich.» Er hatte am 6. Mai eine Warnung an Rußland gehen lassen und am 8. Juni eine ausweichende Antwort erhalten, die zwar Derby, nicht aber Victoria zufriedenstellte.

Indigniert erinnerte die Königin Derby an den Krimkrieg, wo die Regierung ihrer Ansicht nach zu wenig und zu spät reagiert hatte. «In diesem Land herrschen sehr gespaltene Gefühle», erklärte er ihr, «doch Lord Derby ist überzeugt, daß ein Krieg, der uns nicht durch Notwendigkeit und zur Selbstverteidigung aufgezwungen wird, unpopulär wäre...» Er denke sehr wohl an den Krimkrieg, fügte er hinzu. Als junger Mann von zweiunddreißig Jahren gehörte er dem Nachkriegskabinett an. Niemals habe er erlebt, «daß die Stimmung der Öffentlichkeit einer revolutionären Situation so nahe gewesen ist wie nach den ersten Fehlschlägen und Katastrophen jenes Krieges», erinnerte er sie – sie brauchte keine Erinnerungen an die Tower-Gerüchte.

Die Königin war fest entschlossen, alles, was der Krone noch an moralischem Einfluß blieb, dafür einzusetzen, daß Großbritannien einen seiner Stellung angemessenen Einfluß auf die Krise behielt. Wieder und wieder ermahnte sie Disraeli, «eine feste, kühne Haltung» einzunehmen, bevor das britische Prestige verpufft sei und die Russen vor Konstantinopel stünden. Wenn es dazu käme, «hätte die Regierung furchtbare Schuld auf sich geladen, und die Königin wäre so gedemütigt, daß sie wohl sofort abdanken würde. Seien Sie kühn!» Die Rücktrittsdrohung konnte nur rhetorisch gemeint sein: Victoria nahm an, daß die Politiker beider Parteien sie der Aussicht auf Bertie vorziehen würden.

Da die Königin Ponsonbys Ansichten zu liberal fand, wie groß seine persönliche Loyalität zu ihr auch sein mochte, und Disraeli klar war, daß die wichtigsten Mitglieder seines Kabinetts die militante Haltung der Königin nicht unterstützen würden, verfielen sie auf eine ungewöhnliche Maßnahme, um in diesem spannungsgeladenen Frühjahr und Sommer die beiden offiziellen Postwege zu umgehen. Die Hofdame Jane Ely fungierte als Kurier für sie beide, und der junge Prinz Leopold erhielt einen Schlüssel zu den roten Kästen – «als einer der Privatsekretäre Ihrer Majestät», sagte Disraeli, um ihm einen quasi-offiziellen Status zu verleihen.

Die Russen rückten rasch voran, bis Mitte Juli Osman Pascha bei Plevna standhielt. Die Königin, die im Juli immer noch in Windsor war – die Ereignisse hatten sie dort länger als je zuvor seit Alberts Tod festgehalten –, unterhielt sich nach dem Abendessen noch fast eine Stunde mit Gathorne-Hardy; sie äußerte sich «leidenschaftlich gegen ein Nachgeben gegenüber Rußland..., wünschte, daß der ‹wilde & niederträchtige› Gladstone seiner Gesundheit zuliebe endlich ginge, damit wir offene Schritte unternehmen könnten». Sie war auch erzürnt über Derby wegen «seiner kühlen Bemerkungen, die Türkei werde ‹überrollt› werden... & daß sie ihn ‹am liebsten durchgeschüttelt hätte›.»

Am 29. Juli starb unerwartet Disraelis Marineminister Ward Hunt. Nachdem er den Posten erfolglos dem bekannten Liverpooler Abgeordneten Viscount Sandon angeboten hatte, der de facto, wenn auch nicht dem Titel nach Erziehungsminister war, schlug Disraeli der Königin William Henry Smith vor, den Inhaber einer Reihe von Buch- und Zeitungsständen. Er hatte dem Kabinett erfolgreich als Sekretär des Finanzministeriums zugearbeitet. Smith habe ein klares Urteil, überzeugte Disraeli die Königin, und sei ein «erstklassiger Geschäftsmann... Er ist ganz und gar ein Mann des Mittelstands, und es wäre zweifellos eine populäre Ernennung.» Am 4. August antwortete die Königin, notfalls sei sie bereit, zuzustimmen, befürchte aber, «es könnte der Marine nicht *gefallen*, wo so viele von *höchstem Rang* dienen & beanspruchen, mit der Armee gleichgestellt zu sein

– wenn ihr auf diesem sehr hohen Posten ein Mann des Mittelstands übergeordnet wird...» Sie schlug zwei andere Namen vor.

Disraeli verglich Smith mit dem Innenminister Richard Assheton Cross, den sie sehr schätzte, und prophezeite, daß er «Wachsamkeit & Energie» sowie «diplomatische Umgangsformen» für die Aufgabe mitbringe. Die Königin gab nach, mahnte aber, Smith dürfe sich der Marine gegenüber «nicht als Herr aufspielen... und darf nicht den Ersten Lord der Admiralität *spielen,* denn das wäre beleidigend für die Marine». Smith erwies sich als starke Wahl.

Obwohl Disraeli den ganzen Sommer und den frühen Herbst über sehr mit seiner Gesundheit zu kämpfen hatte, hielt ihn ein Trommelfeuer von Telegrammen und Noten in Hughenden über die Ansichten der Königin informiert. Victoria war für eine Intervention, wenn Rußland sich nicht zurückzöge. Sie wollte nicht «in eine elende watteweiche, saft- und kraftlose Frieden-um-jeden-Preis-Politik verfallen» – der würde die Königin sich nicht beugen. Am 21. Juli hatte er das Kabinett so weit, daß es bereit war, einer Kriegserklärung zuzustimmen, wenn Rußland Konstantinopel besetzen und behalten sollte. Derby unterlief dies, indem er Henry Layard, seinem Botschafter in Konstantinopel, britische Neutralitätsversicherungen schickte. «Es macht die Königin rasend», sagte sie zu Disraeli, «zu fühlen, daß alle unsere Bemühungen von dem Minister ruiniert werden, der sie ausführen sollte.» Während die Russen auf dem Balkan auf dem Vormarsch waren, führte Derbys Verzögerungstaktik dazu, daß Gathorne-Hardy eiligst nach Balmoral gerufen wurde, denn Disraelis Lungen vertrugen das schottische Wetter nicht. Militärische Prognosen ließen vermuten, daß die Türken bei Plevna überwintern würden, und ihre Parole sei, sagte die Queen zu Gathorne-Hardy: «Kein zweiter Feldzug.»

Gladstone war für die Königin genauso ein Feind wie der Zar. Gathorne-Hardy gegenüber erinnerte sich Victoria daran, wie bereits der junge, schon damals fanatische Gladstone versucht hatte, dem Prinzgemahl seinen Willen aufzuzwingen. Gladstone sei ihm gegenüber damals «heftig geworden & habe fast geschäumt. Sie habe erst sagen müssen, sie werde das & das nicht tun, & dann habe Mr. G. gesagt, dann kann ich nicht mehr darum bitten.» Wie stark ausgeschmückt die Geschichte war, weiß man nicht, doch die Gladstone zugeschriebene Bemerkung war charakteristisch für ihn. Die Feen-Königin hatte ein eisernes Gewand.

Disraeli, der wahrscheinlich an Brightscher Krankheit (Nephritis), Bronchitis und Asthma litt, blieb auf seinem Landsitz Hughenden; sein innenpolitisches Programm ruhte, seine Außenpolitik lag in den Händen rivalisierender Minister, und die zögernden Befürworter einer Intervention unter ihnen standen unter starkem Druck von seiten der Königin. Jeder Unentschlossenheit zog sie den Rücktritt der Frieden-um-jeden-Preis-Minister und die politischen Konsequenzen daraus vor. Sie ahnte nicht, wie krank Disraeli wirklich war, denn sie hatte ihn seit Beginn seiner zweiten Regierungsperiode nie anders gesehen. Ihre eigenen Ärzte sowie Berties Leibarzt Sir William Gull hatten ihm nutzlose Medikamente verordnet. Disraeli blieb an Hughenden gefesselt. Das aber war, wie sie ihm schrieb, «ein Ort, mit dem man sehr schwer Verbindung halten kann», auch wenn er unweit von London lag, was man von Balmoral und seiner kaum zugänglichen Umgebung nicht sagen konnte. Sie konnte nicht verstehen, wie die öffentliche britische Meinung sich von Geschichten über türkische Barbareien hatte beeindrucken lassen, als wenn es auf der anderen Seite keine gebe. Außerdem seien die Russen auch noch bekannt dafür, daß sie «langsam durch Gefangenschaft und sibirisches Exil töteten», bemerkte sie.

Am 10. Dezember brach die türkische Front in Plevna zusammen, und Disraeli entschloß sich, ohne Rücksicht auf Zweifel im Kabinett das Militär in Bereitschaft zu versetzen. Die Königin ermahnte ihn, die Leute wären jetzt über Rußland «beunruhigt» und empfänden mehr Sympathie für die Türken, «die Heim und Herd verteidigen». Außerdem werde «England (ganz zu schweigen von seiner Monarchin) Rußland gegenüber *niemals* zu Kreuze kriechen, denn dann würde es von seiner hohen Position *herunterstürzen* und eine zweitrangige Macht werden!» Lady Salisbury berichtete, Victoria habe «die Selbstkontrolle verloren, plagt ihre Minister und treibt sie in den Krieg». Dennoch entsprach ihr Verhalten der öffentlichen Stimmung, wie ein Schlager der Zeit zeigte:

We don't want to fight, but, by Jingo, if we do,
We've got the ships, we've got the men, we've got the money, too.
We've fought the Bear before
And while Britons shall be true
The Russians shall not have Constantinople.

(Wir wollen nicht kämpfen, aber, bei Jingo, wenn wir's woll'n:
Wir haben die Schiffe, wir haben die Männer und auch das Geld dazu.
Wir haben schon früher gegen den Bären gekämpft,
Und solange es echte Briten gibt,
Sollen die Russen Konstantinopel nicht kriegen.)

Der Name Konstantinopel, der vieles heraufbeschwor, wenn er auch als Reimwort nicht taugte, heizte die Stimmung an. Es war der richtige Moment für die Königin, ihren zum Kampf gerüsteten Premierminister durch den versprochenen Besuch zu unterstützen. Am 15. Dezember fuhren sie,

Beatrice, Ponsonby und ein Kammerherr, Colonel du Plat, mit dem Zug von Windsor nach High Wycombe (eine Fahrt von etwa 40 Minuten) und dann weiter im vierspännigen offenen Landauer nach Hughenden. Graf Beaconsfield und sein Privatsekretär Montagu Corry begrüßten die Königin am flaggengeschmückten Bahnhof, wo das Volk sich drängte, und führten sie und ihre Begleitung in einer anderen Kutsche nach Hughendon Manor. Dort pflanzten die Königin und Beatrice im italienischen Garten je einen Baum. Dann sprachen der Premierminister und die Königin bis zum Lunch in der Bibliothek über Politik, und Victoria drängte ihn «heftig ..., eine Entscheidung zu erzwingen». Um halb vier war alles vorbei, und Victoria war auf dem Rückweg zum Bahnhof von High Wycombe, wo man sich trennte. Der Nachmittag war kurz gewesen, aber dennoch ein Ereignis. Es belebte Disraelis Kräfte und stärkte ihm den Rücken. Seit dem Diner mit Melbourne in Brocket hatte die Königin keinen ihrer Premierminister besucht.

Am 18. Dezember hatte die Königin einige Kabinettsmitglieder zum Diner in Windsor eingeladen, darunter auch Disraeli und seinen neuesten Minister W. H. Smith. Disraeli ermutigte ihn: «Ich fahre selbst auch hin, und wenn Sie wollen, können Sie mit mir zusammen fahren, da es manchmal nicht sehr angenehm ist, beim ersten Mal allein zu sein. Was die Kleidung betrifft: den üblichen Abendanzug, es sei denn, Sie müssen Breeches tragen.» Das Diner begann um neun Uhr, und nach einem einzigen Glas Wein zum Dessert erhob sich die Königin und mit ihr alle anderen, so daß sie sich individuell mit ihren Gästen unterhalten konnte – «mit der Ungezwungenheit einer gewöhnlichen Dame», schrieb Smith seiner Frau. Das waren die seltenen Gelegenheiten, bei denen die Königin mit Regierungsvertretern in der ersten Person sprach. Im Schriftverkehr war das anders. Henry Ponsonby, der ihr ein Vierteljahrhundert als Privatsekretär diente, bekam nur ein einziges Mal einen Brief, in dem sie das Wort *Ich* benutzte – ein Beileidsschreiben zum Tod seiner Mutter. Nur in sehr persönlichen Fällen erlaubte die Königin sich manchmal das Pronomen der ersten Person Singular.

Wieder blieb die Königin zu Weihnachten und über Neujahr in Windsor. In ihrem Tagebuch bat sie Gott, die «Ehre und Würde» ihres Landes im Jahre 1878 zu bewahren und Rußlands «niederträchtiger Aggression, seinem Ehrgeiz und seiner Doppelzüngigkeit» Einhalt zu gebieten.

Die einzige kleine Abwechslung inmitten der Sorgen um den Osten bot der Besuch Professor Alexander Graham Bells am 14. Januar in Osborne. Er demonstrierte Victoria sein Telephon. Sie war nicht besonders beeindruckt («es war ziemlich schwach»). Doch schon im nächsten Jahr wurden in London kommerziell Telephone installiert. Die Königin interessierte sich mehr für die präventive Besetzung von Gallipoli, sollten die Russen einen Waffenstillstand verweigern. Sie schlug sogar Namen vor, um nach den zu erwartenden pazifistischen Rücktritten die Lücken im Kabinett aufzufüllen. Doch am 26. Januar wurde die in Höhe von Konstantinopel liegende britische Flotille wieder abgezogen, und Derby und der Kolonialminister Carnarvon nahmen ihre Rücktrittsgesuche wieder zurück. Ein paar Monate später erzählte Carnarvon Gladstone, wie Disraeli eine Kabinettssitzung mit einer Botschaft der Königin eröffnet habe, «die uns dringend ermahnte, an dem Prinzip festzuhalten..., daß jeder Vorstoß auf Konstantinopel uns von unserer Neutralität entbinden würde».

Gladstone hielt eine solche politische Einmischung in die Arbeit des Kabinetts für verfassungswidrig, ja für eine «Unverschämtheit». Es war eine Paradoxie, daß die Königin, welche die Öffentlichkeit zu Gesicht bekam, nicht dieselbe war, die ihren Ministern Standpauken hielt, sondern die zurückgezogene Witwe, die mit ihren Damen Kutschenfahrten im schottischen Hochland unternahm. Die *Blätter* hatten ihr einen apolitischen Schutzschild verschafft.

Victoria widerstand der Versuchung, eine drastischere Sprache zu benutzen, und kommentierte Disraeli gegenüber den «Gegenbefehl an die Flotte» als «äußerst bedauerlich». Die Lage der Türken war nach wie vor verzweifelt, aber Disraeli hatte erfahren, daß die Russen vorhatten, gleich nach Einnahme von Adrianopel einem Waffenstillstand zuzustimmen. Obwohl die Unterzeichnung dort am 31. Januar stattfand, war Victoria nicht besänftigt.

«Oh, wenn die Königin ein Mann wäre», hatte sie Disraeli erregt am 10. Januar 1878 geschrieben, «würde sie hingehen und diesen furchtbaren Russen, deren Wort man nicht trauen kann, solche Prügel verabreichen!» Der Abbruch der Dardanellen-Intervention versperrte ihr diese Möglichkeit. Dabei hatte die Königin jede Gelegenheit genutzt, ihren Premierminister in Kriegsstimmung zu halten. «Ich will mich nicht selbst bestechen», erklärte er Lady Bradford, als er Victorias Angebot des Hosenbandordens ablehnte. Die Dinge entwickelten sich schlecht. Derby kehrte mürrisch ins Kabinett zurück, offenbar hatte er stark getrunken. Montagu Corry, eine wichtige Stütze Disraelis, brach unter der Arbeitslast zusammen. Lord Carnarvon, der schließlich doch nicht wieder ins Kabinett zurückgekommen war, ließ etwas von Derbys zweitem Rücktrittsversuch an die Presse durchsickern. In einer Ansprache in Oxford bekannte Gladstone öffentlich, sein Hauptziel seit seiner Rückkehr in die aktive Politik sei gewesen, «so gut ich konnte dem entgegenzuwirken, was Lord Beaconsfield meiner Meinung nach anstrebt».

«Die Maske ist gefallen», schrieb Disraeli an Lady Bradford. Unter dem «frommen Christen» verbarg sich ein «rachsüchtiger Satan». Daß die Russen den Waffenstillstand bald wieder brachen, wie die Königin erwartet hatte, bestärkte sie gegenüber Disraeli, ebenso Derbys Abgang. In England wuchs das Kriegsfieber. Dreimal erhielt die Marine im Februar Befehl, Kurs auf Konstantinopel zu nehmen. Jedesmal wurde der Befehl rückgängig gemacht, angeblich wegen Unklarheiten über das Operationsziel. Angesichts des drohenden Zusammenbruchs und ohne Aussicht auf englische Hilfe unterzeichneten die Türken den erniedrigenden Friedensvertrag von San Stefano. Einzelheiten darüber erreichten Disraeli erst am 23. März. Die Bedingungen ließen der Türkei nur einen schmalen Streifen in Europa jenseits der Dardanellen; sie schufen in einem vergrößerten Bulgarien einen russischen Satellitenstaat, der sich bis zur Ägäis erstreckte, und überließen Rußland 80 Kilometer der türkischen Schwarzmeerküste. Der Zustimmung Österreichs und Deutschlands sicher, beriefen die Russen einen Kongreß in Berlin ein, damit die Großmächte das Diktat ratifizieren konnten.

Die Königin war außer sich; Disraeli steckte in einem Dilemma. Eine zusätzliche Komplikation ergab sich durch die Tatsache, daß die *Sultan*, eines der Kriegsschiffe in einem Flottenverband, der aus irgendwelchen Gründen als zögerlich galt, unter dem Kommando des seit seiner Hochzeit mit der Zarentochter rußlandfreundlichen Prinzen Alfred stand. Und Alfred hatte Prinz Alexander von Battenberg, den die Russen für den Thron des geplanten vergrößerten Bulgarien ausersehen hatten, auf sein Schiff eingeladen. In ihrer Wut verlangte die Königin, ihrem Sohn müsse ein Verweis erteilt werden. Er dürfe nicht mit seinem Schiff nach England zurückkommen, damit er die anderen Kinder nicht anstecken könne, vor allem Prinz Arthur. Wenn er einen förmlichen Verweis bekäme, kündigte Alfred an, werde er eine gerichtliche Untersuchung verlangen. Angesichts dieser Situation entdeckte Admiral Hornby, daß der Prinz von Battenberg nicht in einer russischen, sondern in einer deutschen Uniform an Bord gekommen war, und schickte dem Herzog von Edinburgh «einen privaten, freundlichen Brief». Die Königin habe «keinerlei Unterstützung erhalten», beklagte sich Disraeli gegenüber dem Ersten Lord der Admiralität.

Andere Vorfälle hielten Victoria in einem Strudel der Angst vor Rußland gefangen. Sie versicherte Gathorne-Hardy, Derbys «geschwätzige Frau» habe Dinge, die im Kabinett besprochen wurden, nach Petersburg verraten. Lord Salisbury, der gerade vom Indienministerium in Derbys Außenministerium aufgerückt war, erklärte sich bereit, die britischen Interessen auf dem Berliner Kongreß zu vertreten, aber Disraeli wollte selbst mitfahren, um der Delegation schlagkräftige Argumente zu liefern. Victoria wandte ein, er sei «alles andere als kräftig». Der Prinz von Wales argumentierte, nur Disraelis Anwesenheit würde zeigen, «daß wir es ernst meinen».

«Seine Gesundheit und sein Leben sind für mich & das Land von unermeßlichem Wert», wandte Victoria ein, «& sollten auf keinen Fall aufs Spiel gesetzt werden. Berlin ist entschieden zu weit.» Dennoch wollte Disraeli hinfahren, denn er sah die Gelegenheit für einen letzten großen Auftritt. Ihr Mißtrauen gegen den Eisernen Kanzler ausnutzend, bestand er darauf, nur er könne mit Bismarck verhandeln.

Bismarck und Disraeli waren sich sechzehn Jahre nicht mehr begegnet. Anfangs nahm Bismarck als Gastgeber und Präsident des Kongresses die Leitung ganz in die Hand. Seine Methode sei, schrieb Disraeli der Königin, daß «alle Fragen ... öffentlich gestellt und dann privat gelöst» werden. Unter der Hand konnte Disraeli Bismarcks dominierende Rolle anfechten, und es war gut, dabei eine kampflustige Königin im Rücken zu wissen, hinter ihr eine ganze Nation im Kriegsfieber (der Mob hatte die Fenster von Gladstones Londoner Wohnung eingeworfen, was keinen Zweifel mehr an den Gefühlen der englischen Öffentlichkeit ließ), und eine Flotte, die immer noch in Reichweite von Konstantinopel lag. Er wollte nicht, daß die Türkei in Europa und Asien so verstümmelt würde, daß sie dem Nächstbesten zufiele, und er wollte die britischen Asienrouten sichern. An einem Punkt, als es schien, Bismarck und der russische Gesandte Graf Schuwalow würden keinesfalls nachgeben, erteilte Disraeli Order, seinen Sonderzug zur Abreise der britischen Delegation bereitzumachen. Bismarck vermutete ein Einschüchterungsmanöver und erschien sofort bei ihm, doch alle waren tatsächlich beim Packen. Er gab nach. «Der alte Jude ist der Mann», sagte er später.

Disraeli kam mit dem Ergebnis zurück, das er angstrebt hatte, dazu noch mit der erfreulichen Zugabe von Zypern, das an Englands östlicher Mittelmeerroute lag. Für diese Insel – und mit ihr als Stützpunkt – verpflichtete er sich der Türkei gegenüber zur Verteidigung ihrer Interessen, ein Versprechen, das eine Generation lang zur Wahrung des Friedens in dieser Region beitrug. Im September 1853 hatte Lord John Russell am Vorabend des Krimkriegs in einer berühmten Rede gesagt: «Wenn der Friede nicht ehrenvoll bewahrt werden kann, dann ist es kein Friede mehr.» Jetzt erinnerte Disraeli daran: «Lord Salisbury und ich haben Ihnen Frieden mitgebracht – doch einen ehrenvollen, hoffe ich.»

Voll Freude über seine Rückkehr schickte die Königin am 16. Juli Ponsonby mit einem persönlichen Glückwunschschreiben und einem Blumenstrauß zu seinem Empfang. Der Premierminister traf im langen weißen Mantel mit Salisbury, Lady Abergavenny und Lady Northcote in einer offenen Kutsche in Downing Street ein. Ponsonby überreichte ihm Brief und Blumen und rief über den Lärm der Menge hinweg: «Von der Königin!» Sie gingen hinein, und Disraeli schrieb Dankeszeilen an Victoria.

Disraeli war völlig erschöpft und litt schwer an Asthma. Dennoch fuhr er am 20. Juli nach Osborne zur Königin. Er war zuversichtlich, daß das Parlament die Berliner Verträge gutheißen werde, und schlug vor, Lord Lorne, ihr Schwiegersohn, solle als Generalgouverneur nach Kanada gehen. Victoria war schon mit anderen Familienangelegenheiten beschäftigt. Sie zählte jetzt auf ihren bluterkranken jüngsten Sohn Leopold als ständigen inoffiziellen Privatsekretär. So war er ihr nicht nur nützlich, sondern blieb auch in ihrer Nähe – sie fürchtete ständig, er könne sich verletzen oder infizieren. Als er verkündete, er ziehe Paris oder sogar London dem langweiligen Osborne und dem trübsinnigen Balmoral vor und werde sie nicht mehr dorthin begleiten, war die Königin äußerst ungehalten. Sie appellierte an ihre anderen Kinder, Leopold zu seiner Pflicht zu zwingen, was hieß, voll und ganz zu ihren Diensten zu stehen. Insbesondere sollte der Prinz von Wales, dem selbst der Zugang zu den Depeschenkästen verwehrt war, zu denen sein jüngster Bruder einen Schlüssel hatte, Leopold von Diners, Bällen, Empfängen und Rennen ausschließen. «Man muß ihn spüren lassen, daß ein solches Benehmen gegenüber einer Mutter und Monarchin nicht geduldet weden kann.»

Und jetzt wollte Disraeli ihr auch noch Louise nehmen und nach Übersee schicken – für Lorne eine deutliche Auszeichnung, aber für die Königin ein schwerer Abschied. Lorne war sofort bereit und nahm an. Auf der anderen Seite wollte die Königin «aus öffentlichen und privaten Gründen» (wie Disraeli sich dem Ersten Lord der Admiralität gegenüber ausdrückte) ihren Sohn Alfred, der sich noch immer auf See in türkischen Gewässern befand, so weit wie möglich von England fernhalten. Sie verlangte, «irgendeine harte Arbeit» solle für ihn gefunden werden, «weit weg von zu Hause».

Glücklicherweise fand sein Schwager gerade in dem Augenblick, als Alfred mit seinem Austritt aus der Marine drohte, einen Ausweg: Er schlug vor, als Generalgouverneur müsse er auf einem «Schiff der Königin» in Kanada ankommen. Das beendete Lord Beaconsfields «unerfreuliche Korrespondenz» mit Prinz Alfred, der zum Kapitän der *Black Prince* ernannt wurde, um Lorne nach Kanada zu bringen. Dann aber bot eine Dampfschiffahrtslinie dem königlichen Paar den komfortableren und zuverlässigeren Passagierdampfer *Sarmatian* an, und Lorne akzeptierte. Die Königin war aufgebracht. Sie erfuhr davon in Balmoral aus den Zeitungen und telegraphierte ungehalten. Sie wollte wissen, was dieser Bericht bedeute. Anfang Oktober versicherte Smith ihr, daß die *Black Prince* «in den richtigen Händen, in denen sie bei S. Kgl. H. dem Herzog von Edinburgh unzweifelhaft wäre ... für die Aufgabe, für die man sie vorgeschlagen hat, absolut geeignet und sicher wäre.»

Erst nach Appellen von Alfreds Frau, die ein Kind erwartete und sich zu dieser Zeit in Coburg aufhielt (wo der Herzog gesetzlicher Erbe war), hörte die Königin auf, nach weiteren Aufgaben für ihren Sohn zu suchen, und bat Ende Dezember den Marineminister, ihn vor Auflösung seiner Einheit zum Konteradmiral zu befördern.

Eine weitere Sorge war die plötzliche Verlobung des Herzogs von Connaught mit Prinzessin Louise Margarete, der Tochter Prinz Fritz Karls von Preußen und seiner Frau Marianne, die sich von ihm abgewandt hatte. Victoria mochte die «hochmütigen» Eltern nicht, war unangenehm berührt durch deren zerrüttete Ehe und äußerte sich negativ über Luises «schlechte Zähne», fand auch ihren Mund und ihre Nase «häßlich». Außerdem sei Arthur «so gut», daß er es nicht nötig habe, überhaupt zu heiraten. Doch bald war die Prinzessin «*dear Louischen*», und die einzige Sorge der Königin war – schrieb sie an Vicky –, daß Arthur und Louise «allein nach Frogmore hinübergefahren sind», das heißt ohne Anstandsbegleitung. Die Zeiten änderten sich, doch Victorias Uhr war in den meisten Fragen bei 1861 stehengeblieben.

Einen weiteren Grund zu Kummer und Enttäuschung fand Victoria in der Erziehung ihrer Enkel Eddy und George. Sie beklagte sich bei W. H. Smith, daß sie ihr «völlig fremd» werden müßten, wenn sie weiter als Leutnants zur See ausgebildet würden; der Ältere war auf jeden Fall unfähig, sich in der Marine anzupassen, der Jüngere war an seine Gesellschaft gefesselt. Für den Ersten Lord der Admiralität bedeutete dies eine zusätzliche königliche Bürde.

Ein weiteres Familienereignis war der Tod von Victorias Cousin George von Hannover, dem blinden Ex-König. Sie entdeckte, daß sie die Testamentsvollstreckerin für seinen Sohn Ernest war, der sich jetzt mit dem Titel seines Großvaters Herzog von Cumberland nannte. Doch das war noch gar nichts im Vergleich zu ihrem Kummer, als in Darmstadt Prinzessin Alices Kinder an Diphterie erkrankten und Alice (jetzt Großherzogin von Hessen) sich Anfang Dezember, erschöpft von der Pflege der Kinder, selbst ins Bett legte. Es ist schwer, sich vorzustellen, wie bösartig und weitverbreitet diese ansteckende bakterielle Infektion des Rachens einmal war. Fast die Hälfte ihrer Opfer, meist Kinder, überlebten sie nicht.

Voller Angst und Unruhe schickte Victoria Sir William Jenner zu Alices Pflege hinüber, doch am 14. Dezember 1878 starb Alice. Sie war fünfunddreißig. Wie fast jedes Jahr seit Alberts Tod hatte die Königin den Abend des vierzehnten im Blauen Zimmer von Windsor verbracht, wo sie diesmal um Alices Genesung betete. Am nächsten Morgen brachte Brown zwei Telegramme, die sie auf das dritte, endgültige vorbereiteten.

Einer Enkelin schrieb die Königin: «Daß dieses liebe, talentierte...

weichherzige ... liebenswerte Kind, das sich während der Krankheit seines lieben Vaters und danach so bewundernswert verhalten und mich in jeder denkbaren Weise unterstützt hat, genau am Jahrestag von dessen Tod zu seinem Vater abberufen werden sollte, scheint fast unglaublich und tief geheimnisvoll.» Vicky, Alices ältere Schwester, schrieb ihrer Mutter einen vierundzwanzigseitigen kläglichen Brief. «Aus Angst vor Ansteckung» hatte ihr Schwiegervater, der deutsche Kaiser, ihr und Fritz die Teilnahme an der Beerdigung untersagt.

Trotz ihres Aufschreis aus tiefstem Herzen war Victoria schon fast abgehärtet gegen den Tod und wollte nicht zulassen, daß Arthurs und Louises Hochzeit durch Trauer ruiniert oder deswegen ihr Urlaub in Baveno am Lago Maggiore (als Herzogin von Balmoral) abgesagt würde. Kaiser Wilhelm bestand allerdings darauf, daß die Hochzeit bis zum Ende der Fastenzeit verschoben wurde. Solche religiösen Skrupel konnte die Königin nicht verstehen. «Eine Hochzeit ist kein Amüsement, sondern ein feierlicher Akt», schrieb sie Vicky. Bei der Hochzeit im März erschien sie nicht in Trauer, sondern trug einen langen weißen Schleier und ihren Koh-i-noor-Diamanten. Dabei war inzwischen ein weiterer Trauerfall eingetreten: Vickys geliebter jüngster Sohn Waldemar war plötzlich ebenfalls an Diphtherie gestorben. Es sei «eine schreckliche Heimsuchung», schrieb sie Vicky. Da sie die Miete im voraus gezahlt hatte, fuhr sie wie geplant nach Baveno.

Disraeli, durch Krankheit die meiste Zeit unter sein eigenes Dach verbannt, hatte seine königliche Gebieterin während der Wintermonate des Jahres 1879 nur selten zu Gesicht bekommen. «Eine so große Monarchin wie Ihre Majestät», entschuldigte er sich, «sollte keinen kranken Premierminister haben.» Selbst jetzt, nach fünf Jahren einer Regierung, die daran krankte, daß die Zügel allzu locker gehalten wurden, schien er nicht an Rücktritt zu denken. Sein Kabinett war zu beschäftigt mit den katastrophalen Vorfällen in Südafrika. Die Zulus hatten in Natal britische Truppen vernichtend geschlagen; es gab Tausende von Verwundeten und fast sechshundert Tote. Man mußte Verstärkungstruppen schicken, und der jetzt dreiundzwanzigjährige kaiserliche Prinz Louis Napoleon wollte unbedingt mitfahren. Disraeli war aus politischen Gründen dagegen – jede Aufmerksamkeit für den jungen Mann würde die französische Regierung brüskieren. Mit dem stillschweigenden Einverständnis des Armeechefs, des Herzogs von Cambridge, wurde Victorias und Eugénies Plan trotzdem durchgesetzt.

«Ich glaube, ich werde von dem kaiserlichen Prinzen, dieser kleinen Mißgeburt, hinters Licht geführt», schrieb Disraeli aufgebracht am 28. Februar 1879 an Lord Salisbury. «Ich dachte, wir hätten uns geeinigt, sein

Abenteuer nicht zu sanktionieren? Statt dessen wird er vor seiner Abreise zu königlichen Audienzen empfangen ... und wird von Whiskerandos (Lord Napier, der die nicht benötigten britischen Streitkräfte in der Türkei kommandierte) persönlich zum Bahnhof begleitet, demselben General, der Konstantinopel erobern sollte ... Was soll ich dazu sagen? I. M. weiß, wie gering meine Sympathie für die Bonapartes ist.»

Theoretisch fuhr Louis Napoleon nur als Beobachter mit, doch «ich befürchte, daß einige indiskrete Freunde von sehr hohem Rang ihm privat Briefe an Lord Chelmsford mitgegeben haben, in denen sie den General bitten, ihn in seinen Stab aufzunehmen», sagte Disraeli zu Lady Chesterfield. Am 1. Juni geriet der Prinz mit einem Spähtrupp in einen Hinterhalt. Seine Begleiter flohen, er selbst konnte sein scheuendes Pferd nicht wieder besteigen und wurde von den Assagai-Wurfspießen der Zulus getötet.

Da es noch keine Kabelverbindung mit Südafrika gab, brauchte die Nachricht lange bis London. Am Nachmittag des 19. Juni erfuhr Disraeli bei einer Ausstellungseröffnung in der Grosvenor Gallery davon. «Das ist eine schreckliche Nachricht», sagte er. «Ja», sagte der Parlamentsabgeordnete G. W. E. Russell, «und ich fürchte, die Franzosen werden unsere Leute beschuldigen, daß sie ihn im Stich gelassen und seinem Schicksal überlassen haben.»

«Ich bin nicht sicher, daß sie damit unrecht haben», stimmte Disraeli zu. «Well! Mein Gewissen ist rein. Ich habe alles getan, was ich konnte, um ihn zu hindern. Aber was kann man machen, wenn man es mit zwei starrköpfigen Frauen zu tun hat!»

In Frankreich brach unter den Bonapartisten erneute Anglophobie auf; Victoria wurde vorgeworfen, die Hoffnungen auf eine neue napoleonische Ära vernichtet zu haben. Die Königin erhielt die erschreckende Nachricht durch Brown. Es gebe schlechte Neuigkeiten, sagte er: «Der junge französische Prinz ist getötet worden.» Es war ein solcher Schock, daß sie nicht glauben konnte, was sie gehört hatte; Brown mußte es auf ihre Bitte hin mehrmals wiederholen. Dann kam Beatrice mit dem Telegramm in der Hand herein. «Oh! der kaiserliche Prinz ist gefallen!» rief sie. Sie drückte die Hände gegen ihren Kopf und weinte: «Nein, nein! Es kann nicht, kann nicht wahr sein! Es kann nicht sein!»

«Die liebe Beatrice gab mir das Telegramm und weinte schrecklich, wie ich auch. Wir ließen Jane Ely holen, die im Haus war, als er geboren wurde, und die ihn so gern hatte; und er war so gut! Oh, es ist zu, zu schrecklich! Je mehr man darüber nachdenkt, desto schlimmer ist es ...»

In jener Nacht tat niemand in Balmoral ein Auge zu, schrieb sie: «Es dämmerte, und ich hatte wenig Schlaf bekommen ... Beatrice so unglücklich; jeder völlig benommen ... Hatte eine schlechte, ruhelose Nacht, von diesem schrecklichen Ereignis heimgesucht, sah ständig diese gräßlichen Zulus vor mir und dachte an die arme Kaiserin, die noch von nichts wußte.»

Später im selben Monat fuhr der von der Gicht gezeichnete Disraeli nach Windsor, wo die Königin eineinhalb Stunden «mit dem einen Thema verbrachte, das sie tief getroffen zu haben scheint». Er wußte vielleicht nicht, welche Bedeutung der junge Louis Napoleon für sie hatte. Von ihren eigenen vier Söhnen war nur Arthur keine Enttäuschung. Der französische Kronprinz war ihr fast ein Sohn, wie sie nie einen gehabt hatte, und um ein Haar ihr Schwiegersohn. Während die Königin vergeblich versucht hatte, ein besonderes Ehegesetz durchzubringen, damit Alices verwitweter Mann, der Großherzog von Hessen-Darmstadt, Beatrice heiraten konnte, hatte ihre jüngste Tochter wohl andere Vorstellungen. Mit einundzwanzig Jahren war sie zwar für die Königin immer noch «Baby», wußte aber, was sie wollte, und sah für Louis von Hessen-Darmstadt keinen Platz in ihrer Zukunft.

Religiöse Skrupel gab es nicht, obwohl die englische Staatskirche sich lange Zeit prinzipiell gegen die Eheschließung eines Witwers mit der Schwester seiner verstorbenen Ehefrau gewandt hatte – was dazu geführt hatte, daß solche «illegalen» Paare nach Norwegen oder in die Schweiz ausweichen mußten, um das Gesetz zu umgehen, und in England gesellschaftlich gemieden wurden. Obwohl Bertie auf Bitten der Königin eine Petition beim Parlament einreichte, war die Gesetzesvorlage im Mai durchgefallen. Da die Bischöfe dagegen waren, war es Disraeli nicht gelungen, sie durch das Oberhaus zu bringen. Erst 1907 wurde das Gesetz aufgehoben. Selbst wenn die Änderung durchgegangen wäre, ist es unwahrscheinlich, daß Beatrice sich in die Verbindung mit einem Schwager mit vier Kindern gestürzt hätte, der alt genug war, um ihr Vater zu sein. Sie wie Eugénie schienen trotz der damit verbundenen Schwierigkeiten in der Stille an eine Verbindung mit dem kaiserlichen Prinzen gedacht zu haben. Schließlich hatte auch Alfred schon nach russisch-orthodoxem Ritus geheiratet.

Wie eifersüchtig die Königin ihre jüngste Tochter auch bewachte, es gab für Beatrice sicher Wege, sich ihrer kranken Mutter zu entziehen, die (trotz unverhohlener Zuneigung zum Prinzen) diplomatische und religiöse Einwände gegen eine solche Verbindung erhoben hätte. Jetzt war es zu spät.

Louis Napoleon hatte vor der Abreise ein Testament geschrieben. Im sechsten Artikel drückte er seine «tiefe Dankbarkeit» gegenüber der Königin «und der ganzen königlichen Familie» aus. Wenn das als Hinweis auf eine unveröffentlichte Bindung gemeint war – er kannte nur Beatrice und den Prinzen von Wales –, kann man es so interpretieren. Es ist nur ein dünner Faden neben den Zeugnissen von ihrer und ihrer Mutter Zuneigung für den Kronprinzen und ihrem tiefen Schmerz um seinen Tod, deren Spuren Beatrice in den Tagebüchern Victorias nicht auslöschte. Hofgerüchte jedoch verbanden ihn mit Beatrice und sahen als einen seiner Gründe, nach Afrika zu gehen, die Notwendigkeit, sich der britischen Öffentlichkeit durch seine Taten als akzeptabel zu beweisen.

Drei Wochen nach der Katastrophe erreichten seine sterblichen Überreste England. Zwei der längsten Tagebucheinträge der Königin beschreiben, wie der Leichnam am 12. Juli von Camden Place abgeholt wurde, und die Beerdigung in der katholischen Kirche von Chislehurst am 17. Juli. Disraeli schrieb an Lady Chesterfield: «Ich habe gerade ein Telegramm von der Königin erhalten, die nach Windsor zurückgekehrt ist und sehr zufrieden scheint mit allem, was sich heute morgen in Chislehurst abspielte. Ich hoffe, die französische Regierung wird es ebenso freudig aufnehmen. Meiner Meinung nach gibt es keine größere Unbesonnenheit als diese ganze Angelegenheit.» Bei Regen war Victoria mit Beatrice (und dem üblichen Gefolge) zur Beerdigung gefahren, um den prächtigen Sarg zu sehen, in den man den gräßlich entstellten Leichnam gelegt hatte. Nur die wenigen, die die Überreste formell identifiziert hatten, wußten, daß der ungeschickte Versuch einer Einbalsamierung in Südafrika fehlgeschlagen war.

Die vier Söhne der Königin trugen den Sarg, und die Exequien wurden in Gegenwart Ihrer Majestät von Kardinal Manning gehalten. Beatrice kniete so lange, daß ein Bischof seinen Assistenten schickte, um sie zum Aufstehen aufzufordern.

Durch den Tod Louis Napoleons erhob sich für die Königin erneut die Frage nach der mangelhaften britischen Kampfbereitschaft in Südafrika. Die Regierung müsse Steuererhöhungen zur Finanzierung des Militärs durchsetzen. «Wieder haben wir eine wichtige Lektion erhalten», schrieb sie Disraeli, «aber man hält sich wieder nicht daran: NIE *Armee und Marine so weit* ABSINKEN *lassen*, daß man dann in aller Eile *riesige Ausgaben* zu bewältigen hat.» Das sei schon im Krimkrieg passiert. «Wir waren *nicht* vorbereitet... Wenn wir unsere Position als *eine der ersten Großmächte aufrechterhalten* wollen, ... müssen wir mit unserem Indischen Empire und unseren großen Kolonien STÄNDIG *überall auf Angriffe und Kriege vorbereitet sein.* Und auf *wirklich wirtschaftliche Weise* kann man das nur, wenn man *immer bereit ist.* Lord Beaconsfield kann seinem Lande den größten Dienst erweisen, indem er dies ständig wiederholt *und dafür sorgt, daß es so gehandhabt wird. Es wird Kriege verhüten.*»

Die Soldatentochter zeigte mehr Energie als ihr Premierminister, doch dieser beklagte sich Lady Bradford gegenüber, solange das Militär ein

Spielzeug der Aristokratie bleibe, werde es trotz aller Kanonen und Kreuzer ein untaugliches Instrument bleiben. «Die Horse Guards werden dieses Land ruinieren, solange es keinen Premierminister gibt, der sich durchsetzen kann, und darauf kann man nicht rechnen.» Und im Rückblick auf den Fall des französischen Kronprinzen, der ihm exemplarisch für diese Art inkompetenter Einmischung in das Militär schien, fügte er hinzu: «Sie werden einen Kriegsminister nicht dazu bringen, dem Vetter einer Monarchin zuwiderzuhandeln... Ich zittere, wenn ich angesichts der Generäle des Herzogs von Cambridge an das Schicksal dieses Landes denke, sollte, was nicht unwahrscheinlich ist, ein ernsthafter Konfliktfall eintreten.»

Fünfzehn Jahre später war der Herzog noch immer im Amt, und die Prinzipien der Königin und die Wirklichkeit klafften weit auseinander. Er hatte diesen Posten seit 1856 inne und behielt ihn insgesamt neununddreißig Jahre. Er pendelte zwischen dem Kriegsministerium, seiner Stadtwohnung in Queen Street, wo er mit seiner morganatischen Ehefrau, der ehemaligen Schauspielerin Mrs. FitzGeorge, wohnte, oder seinem anderen Haus in Chesham Street, wo er sich seine Geliebte Mrs. Beauclerk hielt, hin und her. Mit neunzehn war er Oberst geworden, mit siebenunddreißig Oberbefehlshaber. Er repräsentiere die Krone, schrieb er 1858 einmal seiner Cousine Victoria: Wenn sein Amt abgeschafft würde, «wird die Armee eine parlamentarische Armee und zu einer Gefahr für den Staat». Labouchère von der *Truth* beschrieb ihn an der Spitze seiner Truppen stehend, «das gezogene Gehalt in der Hand». Wenn solche Posten in der Spitze der militärischen Hierarchie unabänderlich von Geburtsrang und Privilegien abhingen, bestehe tatsächlich eine Gefahr für den Staat, aber nicht die, die George von Cambridge sah.

Wie immer gab es auch Ausnahmen. Victorias Neffe Graf Gleichen – Prinz Viktor von Hohenlohe-Langenburg – wurde wegen seiner Verdienste zum Admiral befördert, bevor er die Armee verließ, um Bildhauer zu werden. Und Victorias eigener Sohn Arthur, Soldat mit Leib und Seele, schrieb ihr 1879, daß er nicht zum General ernannt werden wolle, ohne Oberst gewesen zu sein: «Bis jetzt habe ich mich durch alle Ränge hinaufgedient, angefangen mit dem Oberstleutnant, und ich möchte keine Stufe überspringen...»

Der Zulu-Krieg und ein ebenso unpopulärer Grenzkrieg in Afrika sowie die schlechte Wirtschaftslage in England überschatteten das Ende von Disraelis langer Dienstzeit. So krank er war, war er doch bereit weiterzumachen und drängte die Königin, das Parlament persönlich zu eröffnen – «so glänzend es Ihrer Majestät nur gefällt», um auch der Regierung wieder etwas Glanz zu verleihen. Wie Gladstone früher, drängte nun er: «Die Pracht der Monarchie erfreut das Volk.»

Die Auflösung des Parlaments, die Disraeli in Hoffnung auf bessere Zeiten lieber auf den Herbst verschoben hätte, fand schon im März statt. Er hatte telegraphisch in Windsor um ein Gespräch gebeten, um zu erklären, daß jedes längere Warten sich ungünstig für die Konservativen auswirken würde. Besonders den Bauern ging es sehr schlecht, und deren Stimmung konnte ansteckend wirken.

Es war ein erbitterter Wahlkampf. Wie Graf Granville der Königin erklärte: «Lord Beaconsfield und Mr. Gladstone sind Männer von außerordentlichen Fähigkeiten; sie haben eine stärkere Abneigung gegeneinander, als zwischen Männern der Öffentlichkeit üblich ist. Von keinem anderen Politiker hätte Lord Beaconsfield öffentlich gesagt, daß er sich schlimmer verhalten habe als die, welche die bulgarischen Greuel veranstaltet haben. Er kann mit zwei Worten etwas sagen, was einen Mann vom besonderen Temperament Mr. Gladstones in größte Erregung versetzt.» Gladstone wende sich nicht gegen die Königin, erklärte Granville, der nicht sah, wie sehr Disraelis rußlandfeindliche Politik auch Victorias war.

Nach der Parlamentsauflösung fuhr die Königin zur Konfirmation ihrer beiden mutterlosen Enkelinnen nach Darmstadt und dann weiter nach Baden-Baden. Disraeli hatte W. H. Smith als Minister mitschicken wollen, doch dieser bat angesichts der Wahlsituation darum, durch einen «dekorativen Adligen» ersetzt zu werden. Statt seiner fuhr Sir Michael Hicks Beach mit, und als er Disraeli um Rat bat, wie sein Amt zu handhaben sei, sagte der: «Denken Sie vor allem daran: Sie ist eine Frau.» Von Baden-Baden aus schrieb Victoria Vicky realistisch über die Wahlaussichten: «Ungebildete und unvernünftige Leute meinen, ein Regierungswechsel würde ihnen eine gute Ernte bescheren und den Handel wiederbeleben...» Während ihres zweiwöchigen Aufenthalts dort erfuhr sie von dem Erdrutschsieg der Liberalen. «Eure Majestät sollten sich in diesem Moment nicht unnötig beeilen oder aufregen...», telegraphierte Disraeli ihr am 7. April, «ich nehme die Verantwortung auf mich.»

Die Königin antwortete am selben Tag von Baden aus in der ersten Person: «Was Ihr Verlust als Premierminister für mich bedeuten würde, ist unmöglich zu ermessen. Doch ich vertraue darauf, daß Sie immer mein Freund bleiben werden, an den ich mich wenden kann und auf den ich mich verlassen darf. Ich hoffe, Sie werden Sonntagvormittag nach Windsor kommen und den ganzen Tag bleiben, auch zum Abendessen und zum Übernachten.» Vor diesem Sonntag grübelte sie über eine Alternative zu Gladstone; eher würde sie selbst abdanken, ließ sie Ponsonby wissen, «als diesen *halbverrückten Unruhestifter* zu holen oder irgendwelchen *Kontakt* mit ihm zu haben, der bald alle ruinieren & *Diktator* sein wird. Andere *mögen sich vielleicht* seinem demokratischen Regiment *unterwerfen*, aber *nicht die Königin.*» Sein Wahlkampf habe «einen absolut unverzeihlichen & persönlichen Haß auf Ld. B.» gezeigt, warf sie ihm vor, «welcher England das Ansehen wiedergegeben hat, das es unter Mr. G.s Regierg. eingebüßt hatte». Obwohl Disraeli wußte, daß der Abschied endgültig war – so kurz, wie die Spanne schien, die ihm überhaupt noch zugemessen war –, hoffte die Königin, daß er nur «für eine kurze Zeit» abtreten müsse. Seine Beziehungen zu ihr, telegraphierte er zurück, «seien sein größtes, er könne fast sagen: sein einziges Glück & Interesse auf dieser Welt». Sie gestattete ihm dafür das Privileg, ihr in der ersten Person zu schreiben, denn «wenn wir korrespondieren, was wir, wie ich hoffe, über so manches *private* Thema tun werden, ohne daß es jemanden erstaunt oder Anstoß erregt & mehr noch, ohne daß jemand überhaupt davon erfährt – so wird das hoffentlich in dieser einfacheren Form geschehen... Sie dürfen nicht glauben, daß dies ein wirklicher Abschied ist. Ich werde Sie immer wissen lassen, wie es mir geht & was ich tue, & Sie müssen versprechen, von sich hören zu lassen & mir Nachricht zu geben.» Und sie schlug nochmals vor, seinen dreizehnjährigen Neffen und Erben Coningsby zu adeln. Wieder lehnte Disraeli ab: Es sei kein verdienter Rang.

Disraeli wickelte seine Amtsgeschäfte ab, setzte sich «kurz vor Toresschluß noch mit Quälgeistern» auseinander, mehr noch mit Problemen der Machtübergabe, und verließ Downing Street zum letzten Mal am 25. April, zwei Tage vor einer Abschiedsaudienz bei der Königin. Danach mußte sie sich mit dem trösten, was von ihm zurückgeblieben war: Am 4. Mai schrieb sie ihm, sie freue sich, «Sie nach dem Essen von der *Wand* herabblicken zu sehen», und immer noch wollte sie glauben, daß das, «was passiert ist, nur ein böser Traum ist».

Diese Art Austausch wurde nach wie vor an Ponsonby vorbeigeleitet, der ihn zweifellos bedauert hätte. In seinem geliebten Hughenden wußte Disraeli dem ungewohnten Privatleben die beste Seite abzugewinnen. Im Frühling und Sommer während der parlamentarischen Sitzungsperioden hatte er seinen Landsitz nur selten erlebt. Jetzt schrieb er Victoria am 14. Juni 1880, nach einer Fahrt nach London zu einer Abstimmung im Oberhaus werde er gleich am nächsten Tag wieder zurückkehren. «Ich kann der Faszination der geheimnisvollen, sinnlichen Stimme des Kukkucks, dem Gurren der Ringeltauben und der betörenden Pracht der Maiglöckchen nicht widerstehen. Geruhen Sie, gnädigste Lady, (da ich früher in diesem Monat nie auf dem Lande war), diese Schwäche Ihres zutiefst dankbaren und ergebenen Beaconsfield zu verzeihen.»

Bei drei Gelegenheiten besuchte er später im Jahr auch Windsor und stand in Briefwechsel mit Victoria, wobei Politik meist vermieden wurde. Am 1. März 1881 war er zum letzten Mal zum Diner in Windsor, ohne daß die Königin etwas von seinem raschen Verfall ahnte. Kurz danach hielt er sogar noch eine große außenpolitische Rede im Oberhaus. Drei Wochen später entwickelte sich eine Erkältung zur Bronchitis, und Disraelis schwache Lunge hielt nicht durch. Ende März schrieb er vom Bett aus seinen letzten Brief an die Königin, ein paar zittrige Bleistiftzeilen mit dem Schluß: «Ihr niedergeworfener, doch ergebener B.» Sie drängte, man solle ihre Ärzte zu seiner Behandlung hinzuziehen, aber Disraelis eigener Arzt, Dr. Joseph Kidd, war Homöopath, was für die konventionelleren Praktiker Probleme mit sich brachte. Schließlich ließ sich Dr. Richard Quain, ein Spezialist für Lungenkrankheiten, aus Loyalität zur Königin dazu bewegen, Disraeli zu besuchen. Doch mit Medizin, das wußte der Patient selbst, war hier nicht mehr zu helfen.

Nach entsprechenden Winken der Königin wurde Disraeli gefragt, ob er sich über einen Besuch Ihrer Majestät freuen würde. «Nein, lieber nicht», sagte er. «Sie würde mir doch nur einen Gruß an Albert mitgeben.» Sie schickte ihm Blumen aus Windsor und schrieb ihm einen letzten Brief, bevor sie am 5. April nach Osborne aufbrach.

Das Ringen um Atemluft endete am 19. April. Er hatte sich vom Kissen aufgerichtet, um etwas zu sagen; seine Lippen bewegten sich, aber es kam kein Laut. Dann sank er zurück, ohne ein letztes Wort gesprochen zu haben.

Victoria brachte es nicht über sich, mit allen anderen zusammen von Disraeli Abschied zu nehmen; sie fuhr am 30. April von Windsor aus nach Hughenden. Es waren noch Blumen von der Beerdigung da, auch ihre Himmelsschlüssel. «Dann stiegen wir in die Gruft hinunter, die extra für mich geöffnet worden war ...», schrieb sie in ihr Tagebuch. «Ich konnte es kaum alles fassen, es schien zu traurig und so freudlos. Ich legte einen Kranz aus Roseneibisch nieder.»

In der Kirche von Hughenden ließ Victoria ein Marmordenkmal errichten, «von seiner dankbaren und geneigten Monarchin und Freundin Victoria R. I.» Das «I.» war Disraelis Geschenk. Die letzte Zeile der Inschrift war ein Vers aus den Sprüchen Salomos: «Wahrhaftige Lippen gefallen dem König.»

XV

DER «VOLKS-WILLIAM»
(1880-1886)

«Für mich ist der ‹Volks-William› ein äußerst unangenehmer Mensch», schrieb die Königin Anfang Mai 1880 an Vicky, «– halb verrückt und aufgeregt (obwohl er Respekt und ordentliche Umgangsformen zeigte und Ergebenheit bekundet).» Sie hatte Schwierigkeiten, seine vorgebliche Ehrfurcht für ihr Amt und ihre Person mit seinen, wie sie fand, demagogischen Wahlreden und seiner Benennung von Revolutionären für das Kabinett in Einklang zu bringen. Gladstone brauchte die Stimmen seines radikalen Flügels, und Victoria mußte Charles Dilke und Joseph Chamberlain in der Regierung dulden, die beide aus ihren republikanischen Neigungen kein Hehl gemacht hatten. Aus Stolz bestand sie darauf, daß sie Wohlverhalten zusichern müßten, und erst nach zwei Briefen von Dilke fand sie, daß er sich nun ausreichend für seine Sünden aus den frühen 70er Jahren entschuldigt habe.

Selbst Gladstone brachte eine Entschuldigung zu Papier: In einem seiner Ausbrüche während des Wahlkampfs um seinen Wahlkreis Midlothian hatte er den österreichischen Kaiser falsch zitiert und behauptet, dieser hoffe auf Disraelis Sieg. Victoria verlangte, Gladstone müsse diese falsche Behauptung Kaiser Franz Joseph gegenüber persönlich zurücknehmen. Nach diesem rein symbolischen Akt der Unterwerfung mußte sie ihn zum zweitenmal als Premierminister akzeptieren, da er nicht bereit war, sich irgend jemandem unterzuordnen. Nur zu bereitwillig machte der gewählte Führer der Liberalen, der graubärtige Marquis von Hartington mit den traurigen Augen (später achter Herzog von Devonshire, von Disraeli «Harty Tarty» genannt), ihm Platz.

Gladstone wollte nur eine rein symbolische Monarchie als Fundament der Regierung anerkennen und bedauerte Ponsonby gegenüber, daß die Liberalen sich mit einer aktiven Königin auseinandersetzen müßten. Als sie sich voller Selbstmitleid zurückgezogen hatte, war es mühsam genug gewesen, sie überhaupt zu öffentlichen Auftritten zu bewegen, aber eine sich überall einmischende Königin Disraeli'schen Stils wollten sie nicht. Das bedrohe in einem zunehmend demokratischen Zeitalter die Institution selbst, meinte Gladstone. «Meine Zeit geht zu Ende», sagte er, «und wenn man aufgerieben ist, beginnt man zu grübeln. Früher sah ich keinen Grund, weshalb die Monarchie hier nicht jahrhundertelang weiterbestehen sollte; aber ich gestehe, daß die Art, wie die Monarchin von der letzten Regierung in innen- und außenpolitischen Angelegenheiten in den Vordergrund gespielt worden ist, meine Überzeugung erschüttert hat.»

Alle Hoffnungen der Königin auf einen umgänglicheren Gladstone wurden sofort zunichte, als er sie innerhalb weniger Tage nach seinem Amtsantritt drängte, Sir Robert Lowe, den taktlosesten Gegner der Royal Titles Bill im Unterhaus, zum Viscount zu erheben. Alle Einwände der Königin wurden von Gladstone unermüdlich entkräftet. Schließlich gab sie nach. Sie vertraue darauf, sagte sie zu Gladstone ohne große Hoffnung, «daß ihre Bereitschaft... bei anderer Gelegenheit von ihm erwidert werde.»

Dann kam Gladstone, «der Volks-William», auf die Idee, seinen Etat auf Kosten der unteren Einkommensklassen durch eine neue Biersteuer auszugleichen. In ihrer Hilflosigkeit kritisierte Victoria ihn bekümmert: «Die reicheren Klassen, die Wein trinken und sich in jeder Weise alles erlauben, können sich den Wein auch leicht leisten. Aber die Armen können kaum eine zusätzliche Steuer auf etwas verkraften, was in vielen Gegenden praktisch ihr einziges Getränk ist.» Sie meinte auch als Freundin der Armen zu handeln, wenn sie gegen Verbesserungen in der Grundschulbildung opponierte, die bereits jetzt «von zu hohem Niveau & daher nutzlos» sei. Sie fand es unmoralisch, die unteren Klassen für die Arbeitslosigkeit auszubilden und ihr Unglück noch zu vergrößern, indem man unrealistische Erwartungen züchtete. Das war eine Melbournes würdige Betrachtungsweise.

Die Präliminarien zu Gladstones zweiter Amtszeit als Premierminister ließen in keiner Weise hoffen, daß er und die Königin besser miteinander zurechtkommen würden als beim ersten Mal. Mitte Juli schrieb sie an Vicky: «Alles läuft so schlecht wie möglich, und ich fühle mich zutiefst abgestoßen und gedemütigt.» Mit seinen siebzig Jahren war Gladstone schwerhörig. Das war auch ein kalkuliertes Unvermögen, eine generelle Taubheit, sobald es um die Ansichten der Königin ging. Jede Mitteilung an sie begann er mit einem stereotypen: «Mr. Gladstone entbietet Eurer Majestät seinen untertänigen Respekt», aber damit endete die Ehrerbietung auch schon. Wenn er nicht seinen Willen bekam, drängte er wieder und wieder, bis die Königin nachgab: wenn nicht vollständig – dazu war sie zu stolz –, so doch wenigstens soweit, daß Gladstone sich ermächtigt fühlen konnte.

Am 8. August schrieb die Königin Graf Granville, dem Außenminister und Führer der Liberalen im Oberhaus, einen emotionsgeladenen Brief mit zahlreichen Unterstreichungen, den sie auch Gladstone und dem Kabinett zu zeigen bat:

> Sie ist *ernsthaft* beunruhigt durch die Liebedienerei der gegenwärtigen Regierung gegenüber den *extremen Radikalen*, und sie muß Lord Granville sagen, daß sie meint, die gemäßigten Mitglieder der Regierung sollten *alles* tun, um die *Unterstützung* ihrer *gemäßigten* Whig-Anhänger zu erlangen, *statt* den *extremen Flügel* zu hofieren. Sie *weiß*, daß die Opposition sie *in jeder Weise* bei der Bekämpfung einer Politik *unterstützen würde*, welche an die *Wurzel und Existenz* der Verfassung und der Monarchie rührt. Die Königin selbst kann *niemals Vertrauen haben* zu Leuten, die *Reformen* nur anstreben, *um das Bestehende* und das, was für die *Stabilität* einer konstitutionellen Monarchie *wesentlich* ist, zu verändern und niederzureißen. Sie wird *niemals bereit sein*..., einer *demokratischen Monarchie* anzugehören. *Für den Fall* müßten *andere* gefunden werden, und sie *glaubt*, daß wir uns in einer gefährlichen und bedenklichen Talfahrt befinden, die unaufhaltsam immer schneller wird.
> Die Königin ist durchaus für *Verbesserungen* und gemäßigte Reformen von Mißständen, doch nicht um bloßer *Veränderungen und Reformen willen*...

Gladstone sah das Problem darin, daß die Königin von Disraeli verdorben worden war. «Er hat besagte Schülerin etwas zu umfassend gebildet», erklärte der Premierminster Granville gegenüber unehrerbietig. Als sie gegen Radikale auf Unterstaatssekretärsposten protestierte, ließ Gladstone zusammen mit einer Kopie des königlichen Protests einen bissigen Kommentar an mehrere Minister gehen: «Ich halte dies für unerträglich. Diese Ämterbesetzungen werden I. M. rein höflichkeitshalber mitgeteilt.» Ihre Majestät hingegen betrachtete es als ihr königliches Recht, informiert zu werden und gegen Bedenkliches auch Bedenken anzumelden. Nach einer Audienz notierte er: «Sie ist wie immer von größter Höflichkeit, aber was Vertrauen betrifft, hält sie mich jetzt auf Armeslänge entfernt.» In einer merkwürdigen Blindheit hatte er nicht bemerken wollen, wie dieser Abstand im Laufe von zwei Jahrzehnten gewachsen war. Disraeli hatte einmal im Scherz gesagt, man brauche ein besonderes Ministerium nur für den Umgang mit der Königin; jetzt rief Gladstone auf einem Spaziergang mit Lord Rosebery in Hawarden aus, die Königin allein könne einen Mann umbringen. Victoria drückte es gegenüber Ponsonby, ihrem Draht zum Kabinett, anders aus: «Die Königin muß sich über den Mangel an Respekt und Rücksichtnahme gegenüber ihren Ansichten beklagen (ihre fünfundvierzigjährige Erfahrung könnte und sollte von der Regierung beachtet werden...). Sie ist verletzt und ungehalten.»

Der erste Burenkrieg begann im Dezember 1880 im Transvaal, das die Briten 1877 annektiert hatten, weil die aufgebrachten Buren Steuerzahlungen verweigerten. Wenn es um Kolonien ging, war Gladstone eher für Rückzug als für Zwangsregime. Seine Thronrede für Victoria enthielt ein weiteres Beispiel dafür. Er schlug darin die Räumung der südafghanischen Stadt Kandahar vor. Diese Region an der Nordwestgrenze schien von entscheidender Bedeutung im «Großen Spiel», wie Rudyard Kipling es nannte, diesem Kampf um strategische Positionen hoch oben an den Grenzen des indischen Subkontinents. Auf dem Spiel standen Partien Asiens vom Himalaja bis zum Persischen Golf, und bis ins zwanzigste Jahrhundert hinein beobachteten Russen und Briten mißtrauisch ihre gegenseitigen Motive und Bewegungen.

Auf einer Sitzung des Staatsrats zu Anfang des neuen Jahres in Osborne erhob die Königin Einspruch dagegen. Sie verzögerte sogar die Eröffnung der Sitzung so lange, bis die anwesenden Mitglieder eine Antwort des abwesenden Gladstone auf ein Telegramm Victorias erhielten, in welchem sie «irgend etwas in der Art einer positiven Erklärung» verlangte. Gladstone antwortete, er wie seine Minister stimmten überein, daß die Königin aus Gründen liberaler Politik wie konstitutioneller Praxis «der in ihrem Namen zu haltenden Thronrede schlicht und uneingeschränkt zuzustimmen habe». Betreten über den barschen Ton wichen die Geheimen Räte dem Blick der Königin aus. «Ich sprach mit niemandem», berichtete sie in ihrem Tagebuch, «und die Minister stolperten übereinander, als sie hinausdrängten.»

Für Victoria war die Mißstimmigkeit eine Taktlosigkeit; für Gladstone ging es wieder ums Prinzip, und auf Beharren der Königin gab er nur in einem Brief soweit nach, daß er «ergebenst» zustimmte, wenn die Umstände sich ändern sollten, werde die Regierung Kandahar noch einmal überdenken. Es dauerte nicht lange, daß die Überschwenglichkeit, die sie unter Disraeli empfunden hatte, unter dem großen alten Mann der Liberalen wieder verpuffte.

Rückzieher aus Kolonien könnten ansteckend wirken, sorgte sich die Königin. «Wir dürfen den Forderungen der Buren nicht nachgeben», schrieb sie Gladstone am 11. März nach der peinlichen Niederlage der Briten bei Majuba Hill und ihrem Rückzug. Dennoch entließ die Regierung das Transvaal im August 1881 in die beschränkte Unabhängigkeit und versuchte nicht, das Gebiet zurückzugewinnen. Nur in innenpolitischen Fragen war Gladstone kompromißlos, schien es Victoria, obwohl sie auch da eine Ausnahme fand. Trotz all seiner Feindschaft gegen das Oberhaus, das er für einen Anachronismus in einer demokratischen Gesellschaft hielt, bevorzugte er die alte Aristokratie in seinem Kabinett und beantragte bei jeder Gelegenheit die Peerswürde für seine Anhänger. Dabei bemühte er sich kaum, solche Ehren ideologisch als Versuche zu verbrämen, die Tory-Majorität zu verringern. In einem Brief an die Königin vom 23. August 1881 gestand er der Königin sogar, daß bei weitem die Mehrzahl der Erhebungen in den Adelsstand seit ihrer Thronbesteigung unter dem Druck liberaler Premierminister erfolgt sei. Victoria hoffte, das werde aufhören, und Gladstone äußerte die unaufrichtige Hoffnung, ihm persönlich werde nie wieder die Aufgabe zufallen, Zuwachs für das Oberhaus vorzuschlagen.

Als scheinbar alles verquer lief und nicht ihre eigenen, sondern Gladstones Ansichten sich im Volk breiter Unterstützung erfreuten, erfuhr Victoria unverdiente Rückenstärkung durch das letzte der gegen sie gerichteten Attentate. Diesmal hörte sie, als sie am 2. März 1882 nach einem ihrer seltenen Aufenthalte im Buckingham Palace in Windsor aus dem Zug stieg, einen scharfen Laut, den sie nur für ein Lokomotivgeräusch hielt. Dann sah sie «wie Leute herumrannten und ein Mann heftig vorwärtsgestoßen wurde...» – es war ein Schuß gewesen.

Nach dem mißlungenen Attentat hatten sich sofort Eton-Schüler mit Regenschirmen auf Roderick Maclean gestürzt. Drei Tage später empfing die Königin neunhundert Eton-Boys im Innenhof von Windsor Castle und bedankte sich besonders bei den beiden Jungen, die Maclean daran gehindert hatten, ein zweites Mal zu schießen. Gladstone hatte unrecht, wenn er behauptete, alle ihre sieben Attentäter seien Verrückte ohne politisches Motiv gewesen. Obwohl auch Maclean später für unzurechnungsfähig erklärt wurde, befürchtete Victoria weitere Angriffe irischer Radikaler und ging zum «lieben Mausoleum», um dort an Alberts Grab um weiteren Schutz zu bitten. Inzwischen strömte eine Flut von Briefen und Telegrammen nach Windsor, die ihr zu ihrer jüngsten Rettung gratulierten. «Die Begeisterung, Loyalität, Sympathie und Zuneigung, die man mir entgegenbringt, ist unbeschreiblich. Es ist es wert, auf sich schießen zu lassen, um zu sehen, wie sehr man geliebt wird.»

Im April half Victoria ihrem jüngsten Sohn Leopold, der sich gern vor der englischen Kälte an die Riviera flüchtete, in Mentone seinen neunundzwanzigsten Geburtstag zu feiern. Seine unbeständige Gesundheit beunruhigte die Königin, doch trotz der Hämophilie, die ihn nach ihrer Beschreibung «lahm und wacklig» machte, eröffnete er ihr bei diesem Aufenthalt, daß er eine Frau gefunden habe. Die junge Frau (seine Mutter hatte sie ihm vorgeschlagen) war Prinzessin Helene von Waldeck, neunundzwanzig Jahre alt und unsentimental – sie machte sich keine Illusionen über die

Lebenserwartungen des Herzogs von Albany. Ihre anderweitigen Erwartungen waren gering. Leopold hatte einen Titel gewollt, der dem seiner älteren Brüder ranggleich war, und Victoria bemerkte, jeder könne Herzog sein, aber nur wenige königliche Prinzen. Sie gewährte ihm die Herzogswürde mit der Einschränkung, daß er in ihren Häusern Prinz Leopold bleiben müsse.

Am 27. April 1882 wurde der Bund feierlich in der Königlichen Kapelle zu Windsor geschlossen. Über ihrem üblichen Schwarz trug die Königin weiße Spitze und einen weißen Schleier. Ihr Hochzeitsgeschenk an Leopold und Helen war Claremont. Sie hatte das Anwesen von den Erben ihres Onkels gekauft, nach dem Leopold getauft war. Zu ihrer Überraschung präsentierte ihr das Paar zehn Monate später eine Enkelin; das hatte sie bei der zarten Konstitution des Prinzen nicht für möglich gehalten.

Eine Woche nach der Hochzeit fuhr die Königin in Gala nach High Beach in Ost-London, wobei sie sich scheinbar ohne Angst vor Mordanschlägen den Weg durch gewaltige, begeisterte Volksmengen bahnen mußte, um Epping Forest als neuen Londoner Park zu eröffnen. Nach ihrer Rückkehr nach Windsor überreichte Henry Ponsonby ihr ein Telegramm aus Dublin. Lord Frederick Cavendish, der neue Staatssekretär für Irland, und sein Unterstaatssekretär waren im Phoenix Park von Feniern erstochen worden. Ein weiteres Telegramm später am selben Abend bestätigte ihren Tod. Cavendish war mit Gladstones Nichte Lucy verheiratet gewesen.

Vier Tage vorher, am 2. Mai, hatte Gladstone die Freilassung dreier radikaler irischer Parlamentsabgeordneter aus dem Gefängnis angeordnet, darunter auch Charles Stewart Parnell. Seine Begründung war, diese Geste würde «Frieden und Sicherheit in Irland fördern» und die «Kein Pachtgeld!»-Bewegung gegen außerhalb des Landes lebende Großgrundbesitzer abbauen helfen. (Es würde auch dazu beitragen, wie Gladstone wußte, Parnells Stimmenblock im Unterhaus zu sichern.)

Als die Königin von der Strafaussetzung für Parnell erfuhr, telegraphierte sie Gladstone, wie Edward Hamilton, sein Privatsekretär, notierte, «in erheblicher Aufregung ..., das könne nicht wahr sein. Es war nur wieder eins der üblichen dummen Versäumnisse, sie zu informieren, wie es ganz klar ihr Recht ist.» Hamilton merkte nicht, daß es inzwischen feststehende, wenn auch ungeschriebene Politik des Premierministers war, die Königin nicht zu informieren. Da Victoria gegen jede Irland betreffende Maßnahme Gladstones Einwände erhob, hatte er ihr nichts davon mitgeteilt. Victoria war der Ansicht, seine laxe Politik habe zu der Gewalttat geführt. «Ganz gewiß hat ihm dies die Augen geöffnet», schrieb sie in ihr Tagebuch. Sie wollte wirkungsvollen Druck, denn sie hielt den überall aufflackernden Nationalismus für eine Erscheinung, die bei entschlossener Abschreckung von selbst wieder verschwinden würde.

Die Beziehungen zu Gladstone waren bitter in jeder Hinsicht, trotz der höflichen Formulierungen, in die die Mitteilungen gekleidet wurden – gleichgültig, ob es sich um Irland, um Afrika oder um die Ernennung eines Bischofs handelte. Außerdem waren Gladstones «nächtliche Spaziergänge» wieder Thema in ganz London, wie Hamilton in seinem Tagebuch festhielt. Angeblich waren Gladstone und eine Straßendirne gesehen worden, wie sie «Arm in Arm» in der Nähe des Denkmals für den Herzog von York am Waterloo-Platz spazierengingen. Hamilton gegenüber leugnete er nicht, daß so etwas tatsächlich vorgekommen sei, und deutete an, «daß er diese nächtlichen Begegnungen wirklich aufgeben wolle». Obwohl die Königin die Gladstones zu Prinz Leopolds Hochzeit einlud – das ließ sich kaum umgehen –, veranlaßte ihn «ihre unfreundliche Einstellung ihm gegenüber» zu der Bemerkung (so erzählte seine Frau Catherine es Hamilton): «Sie wird nicht glücklich sein, bis sie mich aus dem Amt getrieben hat.»

Die frühen 80er Jahre wurden von weltweiten Konfrontationen zwischen Nationalismus und Kolonialismus beherrscht, bei denen Königin und Kabinett auf verschiedenen Seiten standen. Für Victoria, die sich nach langen Jahren der Gegnerschaft Palmerstons Ansichten zu eigen gemacht hatte, beruhte Weltmacht auf Besitzungen. Für Gladstone zählte nur die moralische und geistige Macht, da Kanonen nicht von selbst schießen. Ein späterer Eintrag im Tagebuch der Königin über Gladstones Regierung spiegelte ihre Unduldsamkeit angesichts von Entscheidungen wider, die aufgrund moralischer Prinzipien, finanzpolitischer oder innenpolitischer Erwägungen gefällt wurden: «Mir ist unbegreiflich, wie eine Handvoll Männer, die in einem Zimmer in London sitzen und größtenteils sehr wenig über Ägypten wissen, sich ein Urteil darüber anmaßen können, ob Gefahr besteht oder nicht.»

1882 hatte Ägypten Südafrika als Krisenherd abgelöst. Ein Colonel Arabi hatte sich die Unzufriedenheit wegen der schweren Auslandsschulden, die der Khedive eingegangen war, zunutze gemacht und nach einem Staatsstreich die Zahlungen an die europäischen – meist englischen und französischen – Gläubiger eingestellt. In Alexandrien wurden bei Ausschreitungen Europäer getötet, und Arabi Pascha stellte Kanonen an den Hafenzufahrten auf. Aber das republikanische Frankreich zögerte, in eine Situation einzugreifen, die als nationaler Aufruhr aufgefaßt wurde. Da es um den Schutz britischer Interessen ging – und Christen «ungestraft ermordet wurden», wie Victoria Gladstone mahnte –, entschloß die Regierung sich widerwillig, Arabi niederzuschlagen. Krieg war in Sicht, und selbst der Prinz von Wales wollte teilnehmen.

Der Gedanke, daß der dickleibige, unmilitärische Bertie sich mit seinen einundvierzig Jahren als Thronfolger ins Ausland in unsichere Gegenden wagen könnte, wo selbst die Umgebung eines Offiziersklubs unvorhersehbare Gefahren barg, war der Königin ganz entsetzlich. Der Prinz von Wales hatte sich schon die Unterstützung seines Vetters, des Herzogs von Cambridge, gesichert und die des kommandierenden Generals in Ägypten, Sir Garnet Wolseley, angefordert, doch wenigstens dieses eine Mal stimmte Gladstone mit Victoria überein.

Statt dessen wurde die Familie in Ägypten vom Herzog von Connaught vertreten, der ein Gardekorps kommandierte. Prinz Arthur, mit zweiunddreißig Jahren ein regelrechter, wenn auch sehr junger Generalmajor, war am 13. September mit im Feld bei Tel-el-Kebir, als die buntscheckige Armee von Arabi Pascha zerschlagen wurde. Die Königin schrieb Wolseley stolz, Arthur sei «seines eigenen lieben Vaters würdig» und des «großen Paten» auch, dessen Namen er trug – des Herzogs von Wellington.

Gladstone, der den Ausbau des Empire nur widerstrebend betrieb, war dafür, sich sofort aus Ägypten zurückzuziehen. Die Königin erinnerte ihn an «das *unglückselige Resultat* der Hast, mit der unsere Truppen aus Zululand & Südafrika abgezogen wurden, & den daraus folgenden Prestigeverlust, den wir im Transvaal erlitten haben. Dies sollte uns zum *gegenwärtigen Zeitpunkt* als Warnung dienen.» Gladstone registrierte «ein weiteres aufgeregtes Telegramm aus Balmoral» und vertrat die Ansicht, sie sehe nur «*eine* Seite der Frage». Victorias «entschlossene Versuche, die Verringerung der Armee in Ägypten zu stören & zu verhindern», schrieb er Lord Hartington, «sind (um es einfach zu sagen) unerträglich» und «fast so verfassungswidrig wie irrational».

Die meisten Truppen kamen im November 1882 aus Ägypten zurück, und am 18. November, einem wolkenlosen, sonnigen Tag, nahm die Königin im St. James Park unweit von Buckingham Palace eine Parade ab. «Mein Herz hüpfte mir im Hals», vertraute sie Vicky an, «als mein Liebling Arthur an der Spitze der tapferen Männer, die er in die Schlacht geführt hat, an mir vorbeiritt und so ganz wie der liebe, geliebte Papa aussah.» In einer besonderen Zeremonie verlieh sie am selben Tag dem hageren Arthur mit dem hängenden Schnurrbart den Bath-Orden (für militärische Verdienste).

Einige Tage später fand eine weitere Parade statt. Den kühlen, frischen Tag belebten die bunten Uniformen der indischen und Garderegimenter, Flaggen und Militärkapellen. «Ich verlieh 330 Medaillen», erzählte sie Vicky, «viele davon steckte ich den Offizieren und Männern selbst an, den anderen legte ich sie in die Hände.» Der stolzeste Augenblick kam für sie, als sie Arthur die Medaille des Ägyptenfeldzugs an die Brust heftete. Nach der Rangordnung als letzte kamen drei Malteser und ein Inder, «denen ich allen die Medaille anheftete, aber ich fürchte, einen habe ich dabei gestochen. Einige der Inder hielten mir nach ihrer Sitte ihr Schwert hin, damit ich es berührte. Ich freute mich, sie so aus der Nähe sehen zu können, so edle Männer, und einige von ihnen so gutaussehend. Ich stand auf dem feinen türkischen Teppich, der Arabi gehört hatte und der nach Tel-el-Kebir aus seinem Zelt geholt worden war. Arthur hatte in jener unvergeßlichen Nacht darauf geschlafen und hat ihn mir geschenkt.»

Hinter der farbenprächtigen und selbstverherrlichenden Fassade signalisierten die beiden Tage festlicher Zeremonien, daß Gladstone sein Vorhaben wahrmachte, die britische militärische Präsenz im Ausland zu reduzieren. Was vom Standpunkt der Königin gesehen alles noch schlimmer machte, war, daß er den Tory-Renegaten Lord Derby – einen Überläufer aus Disraelis «Ostfragen»-Kabinett – an die Spitze des Indien-Ministeriums setzte. Derby hatte soeben in Manchester eine Rede mit dem Thema «Laßt Ägypten selbst für sich sorgen» gehalten. Daß er jetzt für das Juwel der Krone zuständig sein sollte, war zuviel. Derbys politische Philosophie, wie sie Vicky bereits beschrieben hatte, lautete: «Nichts tun – sich aus allem heraushalten – und sich abkapseln.» Lieber wollte sie Dilke im Kabinett sehen als Derby, sagte sie Gladstone am 14. Dezember. Taub für ihre Wünsche erwiderte er am Tag darauf: «Es befriedigt mich sehr, sagen zu können, daß Lord Derby dem Wunsche Ihrer Majestät sofort nachkommt. Ich habe ihm also vorgeschlagen, morgen zur Vereidigung als Minister für die Kolonien nach Windsor zu kommen.» Da die Königin ihn nicht für die indischen Angelegenheiten zuständig wissen wollte, setzte Gladstone ihn eigensinnig an die Spitze eben jenes Ministeriums, dessen Verantwortung Derby am stärksten beschnitten sehen wollte.

Es würde «schmerzlich» sein, Derby zu empfangen, telegraphierte sie, aber sie war machtlos unter Gladstones unnachgiebigem Druck. «Er kann keinen freundlichen Empfang erwarten, aber es ist viel wert, daß er nicht ins Indienministerium geht», räumte sie ein. Der «rückläufige Kurs» in den Kolonien, den sie Gladstone am 22. Dezember vorwarf, war ihrer Meinung nach durch die «Liebe» des Premierministers zu Frankreich und Rußland begründet. Tatsächlich war eines seiner Ziele, eine Konfrontation mit Rußland im Mittleren Osten zu vermeiden, und ein anderes, Frankreich davon zu überzeugen, daß die Besetzung Ägyptens nur vorübergehend war.

Dank Gladstones schlechter Gesundheit und seiner relativen Passivität während der ersten Monate des Jahres 1883 verschlechterten sich die Beziehungen zu Victoria nicht noch weiter. Später zog sie sich nach dem plötzlichen Tod John Browns fast völlig zurück. Ihre Beine versagten den

Dienst, und erst Mitte Juli konnte sie ihre Kutsche wieder ohne die Hilfe einer besonders konstruierten Holzplattform besteigen oder verlassen.

Ein offenes Geheimnis war damals in Großbritannien «der morbide Zustand der Königin wegen John Brown», wie Gathorne-Hardy es in seinem Tagebuch nennt, ein weiteres die Art, wie Gladstone seine Regierung im Namen der Queen führte, als existierte die Königin gar nicht. Am 4. April 1883 warf die *World* dem Premierminister vor, «nicht einmal vorzugeben», die Monarchin zu konsultieren, obwohl ihr «Wissen und ihre Erfahrung» unvergleichlich seien und sie «eine Frau von außerordentlicher Begabung» sei. Während Disraeli sie «gewohnheitsmäßig konsultierte», erinnerte die *World* ihre Leser, zeige Gladstone «eine wenig ausgeprägte Neigung, sich das Wissen der Königin zunutze zu machen». Das Kabinett scheine sich in jeder Weise von der Identifikation mit der Monarchie zu lösen, als ob es sich bei dieser Institution nur um eine historische Eigentümlichkeit handle. In einer bewußt taktlosen Ansprache bezeichnete Joseph Chamberlain, der Leiter des Handelsministeriums und führende Radikale in Gladstones Kabinett, die konservative Opposition (de facto die Partei der Königin) als Vertreterin der Klasse derer, «die weder graben noch spinnen». (Der modische, Monokel tragende Chamberlain stammte aus einer wohlhabenden Fabrikantenfamilie in Birmingham und sah immer wie ein Vertreter seiner eigenen Gegenseite aus.) Die Königin nahm Anstoß an seiner Attacke und beklagte sich bei Gladstone, die Rede beleidige die Krone und hetze die Klassen gegeneinander auf. Edward Hamilton, Gladstones Sekretär, meinte in seinem Tagebuch, die Sache sei «sicher nicht wohlüberlegt» gewesen. Gladstones einziges Zugeständnis war, Victoria drei Monate im nachhinein wissen zu lassen, es tue ihm «leid», daß seine Augen ihm nicht mehr erlaubten, «den kleinen Druck der Zeitungen» zu lesen, und daß er daher die Rede nicht gelesen habe. Chamberlain war Gladstone zwar unsympathisch, aber zu populär bei der neu zur Wahl zugelassenen Wählerschaft und zu erfolgreich im Beschaffen von Parteispenden, um ihn vor den Kopf zu stoßen.

Der Königin war klar, daß Gladstones Entschuldigung Unsinn war, und sie forderte ihn auf, «Schritte zu unternehmen, um ihr Mißfallen wie das der Regierung» auszudrücken. Er klopfte dem ehrgeizigen Chamberlain leicht für die «unvorteilhaften Ergebnisse» seiner Bemerkungen auf die Finger, und die Königin mußte das schließlich als Genugtuung akzeptieren. Sie war entschlossen, Chamberlains Einfluß auf das Reformgesetz einzuschränken, das eine Neuverteilung der Sitze im Unterhaus durchsetzen sollte: Die angeschwollenen – und radikalen – Großstädte sollten mehr Sitze, die vergleichsweise schrumpfenden, konservativen Grafschaften weniger Sitze erhalten. Man mußte die Aufmerksamkeit auf die verantwortungslose Birminghamer Rede Chamberlains lenken und ihn zum «schwarzen Schaf» in Gladstones Kamarilla stempeln. Da der «Volks-William» ein solches Gesetz im Wahlkampf versprochen hatte, wußte die Königin, daß es prinzipiell unvermeidlich war.

Seinem Privatsekretär gegenüber schrieb Gladstone die feindselige Haltung der Königin seiner immensen Popularität bei den Massen zu, denen er immer sagte: «In der ganzen Welt werde ich die Massen gegen die Klassen verteidigen», und: «Man kann nicht gegen die Zukunft kämpfen; die Zeit ist auf unserer Seite.» Wo ein Publikum sich sammelte, konnte der «Volks-William» nicht widerstehen, sarkastische politische Statements von sich zu geben, die oft königliche Reaktionen herausforderten. «Sie ist gekränkt, sagt er», schrieb Ponsonby, «wegen der unverdienten Ehrerbietung, die einem alten Mann zuteil wird, an den das Publikum ständig erinnert wird und der über die ihm bestimmte Zeit hinaus weiter für es arbeitet, während I. M. der Öffentlichkeit durch das Leben, das sie führt, verborgen bleibt. Das hat eine Aufhebung der natürlichen und gerechten Balance des öffentlichen Interesses zur Folge. Mr. G. hat ganz recht. (Aber wie kann es anders sein, wenn die Königin sich niemals zeigt – nie länger als zwei Nächte im Jahr in der Hauptstadt bleibt, es ablehnt, das Parlament zu eröffnen, alle offiziellen Anlässe meidet und fast niemanden sieht?) Was er vorsichtig und behutsam ausdrückt, ist (um es geradeheraus zu sagen) *Eifersucht*. Sie kann die großen Lettern über den Zeitungsspalten mit der Schlagzeile ‹Mr. Gladstones Maßnahmen› nicht sehen, während ganz unten in Kleindruck die Hofnachrichten stehen.»

Zu Fragen, die er für unwichtig hielt oder die den Hof direkt betrafen, holte Gladstone auch weiterhin die Meinung der Königin ein. Dazu gehörte zum Beispiel die Untertunnelung Londoner Parks für einen neuen Abschnitt der Untergrundbahn. Da Buckingham Palace in der Nähe lag, auch wenn er nicht direkt betroffen war, wurde Bertram Mitford (später Lord Redesdale), dem das Amt für öffentliche Bauten unterstand, nach Balmoral geschickt. Dort traf er am 12. November ein. Es war kalt und schneite stark. Im Schloß fand er eine Notiz von Henry Ponsonby: «Gehen Sie bitte auf Ihr Zimmer, bestellen Sie Tee und machen es sich bequem. Wir sind zu einem Picknick gefahren.»

Schließlich kam Ponsonby halberfroren zurück und kauerte bis zum Abendessen an Mitfords Feuer. Die Tischgesellschaft – wie gewöhnlich war auch Beatrice dabei – war klein. Mitford wartete auf eine Gelegenheit, um sein Thema zur Sprache zu bringen. Sie wollte sich nicht bieten, denn die Unterhaltung drehte sich um Erinnerungen der Königin. Nach dem Essen im Wohnzimmer hatte jeder Gast die übliche kleine Audienz bei Victoria, und Mitford, der wußte, daß der Etikette entsprechend die Königin die

Themen der Unterhaltung bestimmte, fand keine Möglichkeit, auf die Untergrundbahn zu kommen. Es war, als sei er «ein geladener Gast, nicht einfach ein Beamter im Dienst», erinnerte er sich.

Am nächsten Morgen – mittags sollte er wieder abfahren – brachte die Herzogin von Roxburghe ihm ein signiertes Exemplar der großen illustrierten Ausgabe des Hochland-Tagebuchs und teilte ihm mit, um welche Zeit die Königin ihn wegen seiner Angelegenheit erwartete. In ihrem Tagebuch notierte sie, daß er ihr einen Plan vorlegte, «die Parks von Westminster aus ... zu untertunneln ..., so daß Parliament Street erweitert werden könnte. Ich sagte, ich würde meine Zustimmung nur unter der Bedingung geben, daß keine Luftlöcher, Rauch oder Geräusch bis in die Nähe des Palaces kämen oder etwas von (den Bauten) in den Parks zu sehen wäre.» Dann, berichtet Mitford, fügte sie hinzu: «Aber ich fahre jetzt so selten nach London, daß ich mich kaum berechtigt fühle, meine Meinung dazu zu äußern.»

Mitford war galant: «Ich wünschte nur, Madam, daß wir im Ministerium öfter Gelegenheit hätten, vom Rat Eurer Majestät zu profitieren.» Der Plan zur Untertunnelung wurde gebilligt.

Zu jeder Jahreszeit war Balmoral berüchtigt für seine Kälte, die für Victoria eine besondere Anziehungskraft darstellte. «Alle Ärzte sagen», beharrte sie, «daß Hitze ungesund ist, aber Kälte gesund.» Je älter sie wurde, desto mehr zog es sie im Winter zur Sonne des Mittelmeers; doch ihre Antipathie gegen Feuer blieb. Einmal beeilte sich Ponsonbys Familie in Osborne, wo sie auf dem königlichen Anwesen wohnten, mit Eimern alle Spuren des Feuers im Wohnzimmerkamin zu beseitigen, die Fenster aufzureißen und frische Luft hereinzulassen, weil die Königin nahte. Ponsonby erinnerte sich an eine Unterhaltung in Balmoral zwischen der Königin und Beatrice, «ob man, wenn man wählen müßte, lieber am Äquator oder am Nordpol leben würde». Die leidgeprüfte Beatrice wählte den Äquator.

Die Ereignisse am Äquator vertieften die Kluft zwischen der Königin und der Regierung Gladstone. Im November 1883 schrieb sie in ihr Tagebuch, daß Außenminister Granville «als Stütze ein sehr schwaches Rohr» sei, was Afrika betreffe; er und Gladstone hätten dem Khedive, der jetzt unter britischer Protektion stand, geraten, den Sudan aufzugeben; der würde ihn nur an den Bettelstab bringen. Das «Landesinnere» südlich von Assuan solle er den verschiedenen religiösen und nationalistischen Gruppen überlassen, die sich darum stritten und auch bereit waren, mit der Waffe dafür zu kämpfen. In den ersten Wochen des Jahres 1884 war Gladstone zu einer weiteren Intervention nur bereit, um die Garnison in der sudanesischen Hauptstadt Khartum zu evakuieren. General Charles «Chinese» Gordon, der in Afrika und im Fernen Osten gekämpft hatte und den Sudan kannte, war damals mit fünfzig Jahren Offizier außer Dienst und auf dem Sprung, im Dienste Leopolds II. in den Kongo zu fahren. Statt dessen wurde er beauftragt, nach Khartum zu gehen, doch nur, um die britischen Streitkräfte von dort abzuziehen und das Land den Anhängern Mohammed Achmeds zu überlassen: dem «Mahdi», einem religiösen Reformer und späteren Rebellenführer.

Granville hatte die Besorgnis der Königin um die Sicherung ihrer Kolonien privat heftig kritisiert und zu Gladstone gesagt, sie solle doch Eugénie fragen, «ob sie es jetzt noch immer für richtig hält, daß sie ihren Gatten gedrängt hat, den mexikanischen ... Krieg anzufangen». Jedem außer General Gordon war klar, daß seine Mission ein streng begrenztes Unternehmen war, nachdem eine Reihe von Überfällen aus dem Hinterhalt und andere Gemetzel die wankende westliche Präsenz weiter reduziert hatten. Granville, der Gordons Namen überhaupt ins Spiel gebracht hatte, wies Gladstone darauf hin, daß der General «einen ungeheuren Namen in Ägypten» habe und zugleich «zu Hause beliebt» sei. Er habe aber «merkwürdige Tauben auf dem Dach». Mit solchen merkwürdigen Tauben kannte Gladstone sich aus, doch Sir Evelyn Baring, sein Prokonsul in Kairo (später Lord Cromer), warnte das Außenministerium: «Ein Mann, der den Propheten Jesaja konsultiert, wenn er in Schwierigkeiten steckt, ist kaum bereit, irgendwelchen Anweisungen zu gehorchen.»

Die Warnung blieb ungehört. Die Botschaften, die Gordon Baring auf seinem Vormarsch nach Süden schickte, zeugten von aberwitziger Gottbesessenheit. «Wir sind Pianos», schrieb er auf Telegrammformularen, die er zum Tagebuchschreiben benutzte, «die Ereignisse spielen auf uns. Gladstone ist nicht wichtiger für die Ereignisse des Lebens als wir; wichtig ist, wie er reagiert, wenn auf ihm gespielt wird.» Wie Gladstone reagierte, als Gordon mit ihm spielte (oder Gott, da die Dinge sich zu vermischen begannen), wurde offenbar, als der General beschloß, nicht die Garnison von Khartum zu befreien, sondern den Mahdi zu vernichten. «Wir haben ganz klar einen Fehler gemacht», sagte Gladstone später, «einen großen, doch sehr verzeihlichen Fehler; der Grund war, daß wir den Mann nicht genügend kannten und ihn weitgehend im Vertrauen auf allgemeine Eindrücke & Zeitungsberichte genommen haben ...»

Die Königin verlieh ihrer Besorgnis früh Ausdruck: «Die Königin zittert um General Gordons Sicherheit. Wenn *ihm* etwas zustößt», warnte sie Gladstone, «wird das furchtbare Folgen haben.» Der Premierminister war mehr mit den Aussichten seines neuen Reformgesetzes zur Erweiterung des Wahlrechts befaßt. Sobald es von der Opposition kritisiert wurde, verwandelte sich der radikale Flügel der Liberalen in seinen Angriffen auf das Oberhaus in «lärmende Demagogen», wie die Königin sie nannte. Für

Dilke und Chamberlain war das Oberhaus eine Bastion der Privilegierten, während es für Victoria «das wahre Gefühl des Landes» repräsentierte. Beide Themen – Gordon und die Wahlreform – erhitzten die Gemüter im Laufe des Jahres. Gordon sah man sich nach kurzer Zeit über seinen «friedfertigen Auftrag» (so Gladstone zur Königin) hinwegsetzen, und die Radikalen in seiner Regierung setzten sich in ähnlicher Weise über den Premierminister hinweg.

Als Gordon bald im Sudan in der Klemme saß, wollte die Königin weitere Truppen schicken. Gladstone war dagegen und schrieb grob, der General werde «in dem vollen Ausmaß» unterstützt, «das das nationale Interesse zuläßt». Da der Konflikt im Sudan wie das neue Reformgesetz sich der geringen Einflußmöglichkeit der Königin entzog, konnte sie nicht auch noch Familienprobleme gebrauchen. Doch wieder einmal waren der finanzielle Leichtsinn und persönliche Indiskretionen des Prinzen von Wales öffentliches Gespräch. Seine Anhänger im Parlament wollten ihn mit der Behauptung aus seinen Schulden befreien, der «Rückzug» der Königin «aus dem öffentlichen Leben» habe ihm an ihrer Stelle «finanzielle Belastungen» aufgebürdet. Gladstone erörterte die Frage mit Hamilton und wies auf die Gefahr einer parlamentarischen Untersuchungskommission hin, sollte man versuchen, das Problem auf legislativem Wege zu bereinigen. «Sie würden wahrscheinlich finden, daß seinen Angelegenheiten jegliche ökonomische Organisation fehlt...», meinte Gladstone.

Drei Tage, nachdem die Königin Lord Hartington telegraphiert hatte, daß der bei Khartum eingeschlossene Gordon «in Gefahr» sei und die Regierung «verpflichtet, sich um seine Rettung zu bemühen», starb Prinz Leopold unerwartet in Cannes. Auf der Suche nach Sonne und Wärme war er in den Süden gereist. (Prinzessin Helene erwartete gerade ihr zweites Kind und war in England geblieben.) Victoria war bewußt, daß ihr «intelligenter, kluger Sohn, der sich so viele Male von schrecklichen Krankheiten und von zahlreichen kleinen Unfällen erholt hat», wie sie am 28. März in ihr Tagebuch schrieb, eines Tages an einer letzten, tödlichen Blutung sterben würde. Dennoch war sie am Boden zerstört. «Wieder ein liebes Kind zu verlieren..., und dazu so ein begabtes, das mir eine solche Hilfe war, ist zu schrecklich!»

Gegen Ende April fuhr Victoria trotz der Trauer zur Hochzeit ihrer Enkelin Victoria (Alices Tochter) mit deren Vetter Ludwig von Battenberg nach Darmstadt. «Diese armen Kinder sind seit dem Tode ihrer lieben Mutter wie meine eigenen gewesen», schrieb sie Vicky, «und ich fühle mich wie eine alte Glucke, deren Entchen ins Wasser gehen.»

Obwohl Hessen keine bedeutende politische Größe mehr war, wurde es ein elegantes, sorgfältig geplantes Fest – und zum Schluß gab es noch eine

Überraschung. Nach Graf Friedrich von Holstein, der seine Tagebuchblätter seiner Cousine Ida von Stülpnagel schickte, damit sie nicht bei ihm gefunden werden und seine Botschafterlaufbahn beeinträchtigen konnten, wußte die Königin schon bei ihrer Ankunft von dem Verhältnis des verwitweten Großherzog Ludwig mit einer russischen Schönheit, Alexandra Kolemine. Sie war die geschiedene Frau eines Diplomaten und wegen ihrer «ungewöhnlich unerquicklichen» früheren Affären bekannt. «Die größte Wut hat die Königin von England», schrieb Holstein, «die den Witwer mit ihrer jüngsten Tochter Beatrice verheiraten wollte.» Er beschrieb weiter Victorias lange Bemühungen, ein «Prinzessin-Beatrice-Gesetz» durchs Parlament zu bringen.

Die schüchterne, unerfahrene Beatrice hatte kein Interesse am Brautvater. Doch Victoria interessierte sich ihretwegen für ihn, bis der Großherzog heimlich Alexandra Kolemine heiratete und dies dann verkündete, bevor die Hochzeitsgäste seiner Tochter Hessen wieder verließen. Am 3. Mai schrieb Henry Ponsonby, daß die Königin angeblich «einen Wutanfall» gehabt habe. Nach außen hin blieb alles ruhig, aber der Großherzog stand nicht weniger unter Belagerung als Gordon in Khartum. Im Juni schrieb Hermann Sahl, der im Ruhestand lebende deutsche Sekretär der Königin, Ponsonby aus Darmstadt: «Sie werden sich freuen zu hören, daß die Entflechtung des morganatischen Knotens jetzt *subtantiell* abgeschlossen ist, und auch die *formale* Auflösung wird schließlich von einem zu diesem Zweck einberufenen Gericht verkündet werden.» Alexandra wurde mit 500 000 Mark abgefunden. Wer das Geld gab, ist unbekannt, doch es kann sehr wohl Victoria gewesen sein.

Beatrice wußte, daß es nicht der richtige Augenblick war, darüber zu sprechen, aber aus ihrer Sicht waren die beiden Hochzeiten ein Erfolg gewesen. Sie war der Verbindung mit dem Großherzog Ludwig entgangen und hatte einen Bruder des Bräutigams kennengelernt. Ihre Mutter erfuhr davon, als die hessischen Gewitterwolken sich verzogen hatten.

«In den letzten Tagen», schrieb Graf Holstein am 7. Mai 1884, «habe ich einige bemerkenswerte Einzelheiten darüber gehört, wie die Königin von England ihre Familie in Darmstadt in Atem hielt und tyrannisierte. Eine Viertelstunde vor dem Mittagessen... sagte sie, wer von den königlichen Hoheiten mit ihr speisen sollte. Die übrigen aßen woanders. Die Begleiter der zahlreichen Prinzen und Prinzessinnen ignorierte sie völlig.» Ihr Schwiegersohn Friedrich («unser Kronprinz») «wagte nicht», ihr seine Adjutanten vorzustellen. Und als ihre Tochter Vicky ihr ihre Damen vorstellte, hob die Königin nicht einmal den Blick; es war gar nicht daran zu denken, daß sie auch nur ein einziges Wort an sie gerichtet hätte. Da ihr großer Zorn über Großherzog Ludwig jeden Augenblick ihres Darmstädter

Aufenthalts vergiftete, wirkte es auf jeden der Anwesenden «wie eine himmlische Auferstehung», wenn sie sich einmal entfernte, berichtet Holstein.

Zieht man die Feindseligkeit jedes Bismarckschen Mitarbeiters gegenüber der Königin in Betracht, so mag der Zeuge suspekt erscheinen. Doch Holsteins Bemerkungen waren für sein geheimes Tagebuch gedacht. Er habe gefragt, fügte er hinzu, ob das Geheimnis der Autorität der Queen in ihrer Persönlichkeit liege. Im Gegenteil, zitierte er seine nicht identifizierte englische Quelle, Victoria sei «eine kleinwüchsige Kreatur, fast ebenso breit wie hoch, sehe aus wie eine Köchin, habe ein bläulich-rotes Gesicht und sei mehr oder weniger geistesgestört». Sie sei «sehr reich», erzählte sein boshafter Gewährsmann ihm, und werde ihren Reichtum wahrscheinlich noch viele lange Jahre genießen, «wenn die Auswirkungen des Alkohols das nicht verhindern».

Sobald die Königin wieder zu Hause war und der Großherzog nachgegeben hatte, verwandelte sich ihre Haltung in reinste Liebenswürdigkeit. «Der liebe Louis ist wirklich so gut», schrieb sie Vicky am 15. Mai, «und hat eine solche ritterliche Einstellung gegenüber der Gräfin Czapaska» – das war Alexandras Name vor ihrer ersten Ehe –, «doch man hat ihm die Augen geöffnet und er weiß, daß andere das Schlechteste von ihr glauben. Er kann es nicht ertragen, sie beschimpft zu hören..., denn wenn ein Mann von einer Frau sehr angezogen wird und glaubt, sie sei ihm sehr zugetan..., kann er sie nicht innerhalb eines Tages hassen. Die Überzeugung von ihrer Verderbtheit muß allmählich kommen.» Die Annullierung wurde am 3. Juni unterschrieben.

Weniger befriedigend endete eine andere Darmstädter Romanze. Vickys Tochter Moretta betrachtete sich als verlobt mit Prinz Alexander von Battenberg, einem weiteren der vier attraktiven Brüder von Hessen-Nassau. Mit Unterstützung seines Onkels, des Zaren, mit dem er sich seither entzweit hatte, weil er keine Marionette sein wollte, war «Sandro» Prinz (tatsächlich König) von Bulgarien geworden. Vickys betagter Schwiegervater, der deutsche Kaiser, und ihr ältester Sohn Wilhelm, selbst zukünftiger Kaiser, weigerten sich, die unbedeutenden morganatischen Battenberg-Prinzen als Fürsten von Geblüt anzuerkennen, während Bismarck empfahl, den Zaren nicht zu beleidigen. Die Hochzeit wurde verboten. Für Vicky war diese Entscheidung ein weiterer Beweis des verheerenden Einflusses der Preußen in Berlin, die sie für kaum etwas besseres als eine englische Umstürzlerin hielten. Monatelang ging ein erregter Briefwechsel zwischen der Queen und ihrer Tochter hin und her, bis Fritz sich weigerte, über den Kopf seines aufstrebenden Sohnes hinweg an den altersschwachen Wilhelm I. zu appellieren. Auf Victoria wirkte die deutsche Manie der «Blutreinheit» «etwa so, als ginge es um Tiere». Wegen der fehlgeschlagenen «bulgarischen Hochzeit», erzählte Prinz Wilhelm Herbert von Bismarck, dem Sohn des Kanzlers, im Oktober 1885 habe «die alte Hexe» ihn und seinen Bruder Heinrich nicht sehen wollen, als sie ihren Onkel Bertie in Sandringham besuchten.

Ende Mai ging die Königin zum ersten Mal seit Jahren wieder in der Öffentlichkeit zu Fuß – ohne Hilfe, nur mit einem Stock: sie überquerte den Bahnsteig von Perth, um im Bahnhof zu frühstücken, wo ihr Salonwagen auf dem Weg nach Balmoral fast eine Stunde Aufenthalt hatte. Sogar der kürzeste Weg war ein öffentlicher Triumph. Sie wiederholte diese Vorführung nicht sehr oft und ließ sich immer öfter im Rollstuhl sehen. Ihre durch den Tod Browns noch mehr eingeschränkte körperliche Beweglichkeit hatte dazu geführt, daß sie den regelmäßigen Gottesdienstbesuch in den Kirchen von Crathie und Whippingham aufgegeben und einen Kaplan für private Gottesdienste eingestellt hatte. Die Touristen in Schottland und auf der Isle of Wight waren enttäuscht, denn es war zu einer Attraktion geworden, sie am Sonntag anzugaffen.

Mit neuem Anlaß zu Kummer war Balmoral ein noch trübsinnigerer Ort geworden, und die Tischgäste beim königlichen Diner bemühten sich, die ernste Förmlichkeit aufzuhellen, wenn die Königin gedankenverloren und schweigsam war. Nachdem Vicky ihr eine Broschüre über die Wohnverhältnisse der niederen Klassen geschickt hatte, wurde dieses Thema beim Essen erörtert. Die Königin schickte Gladstone einen Brief, in dem sie die Ansicht vertrat, bessere Wohnbedingungen seien wichtiger als andere von der Regierung behandelte Fragen, womit sie wahrscheinlich das neue Reformgesetz meinte. Bei Tisch beschrieb ihr ein ernster Geistlicher die Überbevölkerung des Londoner East End und erzählte, er sei in einem Haus gewesen, wo sieben Personen in einem Bett schlafen mußten. «Wäre ich eine von ihnen gewesen», sagte die Königin, «hätte ich auf dem Fußboden geschlafen.»

Tagelang blieb die Königin in Balmoral oder Osborne unsichtbar, schickte Mitteilungen über größere und kleinere Angelegenheiten auf Notizblättern und aß allein oder mit Beatrice oder einer ihrer Damen. Wurde ein Mitglied des Hofes bei Zustellung einer Botschaft nicht angetroffen, wurde der Betreffende zur Rechenschaft gezogen. Eines Sonntagmorgens waren Ponsonby und sein Assistent Fleetwood Edwards kurz zur Kirche gegangen, als eine Nachricht der Königin gebracht wurde. Eine vierseitige Rüge Victorias folgte, in der sie verlangte, Sir Henry und Major Edwards sollten sich so arrangieren, daß sie nie *zur selben Zeit* ausgingen. Dabei hatten sie nur wenig Wichtiges mitzuteilen oder in Empfang zu nehmen, da Gladstone die Königin ohnehin von allen wichtigeren Entscheidungen ausschloß.

Eine Möglichkeit zu innenpolitischem Eingreifen ergab sich, als das Oberhaus am 9. Juli 1884 Gladstones Gesetzesvorlage zur Wahlreform zu Fall brachte. Es schien, daß das Oberhaus selbst Opfer seiner eigenen Kompromißlosigkeit werden könnte. «End them or mend them!» – «Schluß mit ihnen oder Reformen», lautete der Schrei der Radikalen. Die Königin drängte Gladstone, «einige seiner wilden Kollegen und Anhänger *in die Schranken zu weisen, was ihm wohl möglich ist*», doch das erforderte einen Kompromiß der Konservativen. Die Königin machte sich daran, in einer, wie wir es heute nennen würden, Operation zur Schadensbegrenzung Disraelis Nachfolger als Tory-Führer, den kahlköpfigen, schwarzbärtigen Robert Cecil (dritter Marquis von Salisbury), zur Reform zu bekehren. Das war der Anfang ihrer letzten langen und engen Verbindung zu einem bedeutenden Politiker. In den Augen des jungen George Curzon war Salisbury eine «eigenartige mächtige unergründliche und brillant obstruktive Überflußexistenz». Tatsächlich hatten er und sein liebenswürdiger Neffe und Privatsekretär Arthur Balfour gedroht, die Wahlrechtsreform so lange wie möglich zu verhindern. Damit weitere Konflikte zwischen den beiden Häusern ohne Demütigung für das Oberhaus vermieden würden, intervenierte Victoria persönlich. Direkt und durch Tory-Vermittler wie Disraelis alten Vertrauten Lord Rowton suchte sie eine maßvolle Position, um, wie sie Gladstone erklärte, das «notwendige Gleichgewicht der Kräfte», eine «mäßigende Kraft» zu bewahren. Es dauerte zwar bis November, doch es kam zu einer Einigung; die Konservativen wurden durch einige Änderungen der Wahlkreisgrenzen zu ihren Gunsten gewonnen. Gladstones radikaler Flügel trug allerdings wenig dazu bei. Von Balmoral aus schrieb die Königin am 11. Oktober 1884 an Gladstone, obwohl ihr ihre «Versöhnungsaufgabe» durch die «scharfen Äußerungen (seiner) Minister» nicht gerade leicht gemacht werde, sei sie «*dermaßen* beeindruckt von der Tragweite des zur Debatte stehenden Problems, daß sie ihre Bemühungen nicht aufgegeben und von den Oppositionsführern die Zusage ihrer Bereitschaft zum Verhandeln erhalten hat... in der Hoffnung, daß dieses zu einem Kompromiß führen *möge*...»

Selbst Gladstone war der Ansicht, daß Victorias Anstrengungen «großes öffentliches Unheil» abgewendet hätten. Sobald der Kompromiß am 27. November 1884 in allen Punkten geschlossen war, telegraphierte er der Königin nach Windsor: «Alle wesentlichen Punkte heute nachmittag geklärt. Bleiben nur noch Formalitäten. Gratuliere ergebenst.» Vielleicht war dies das erste Mal im Verlauf ihrer Beziehung, daß Gladstone wirklich meinte, was er schrieb. Victoria antwortete: «Ich erwidere Ihr Telegramm froh und dankbar. Alles, wofür ich jetzt noch lebe, ist der Wunsch, von Nutzen zu sein.»

Das neue Gesetz nahm endlich auch die Landarbeiter, die einzige große männliche Gruppe, die noch immer vom Wahlrecht ausgeschlossen war, in die Wählerverzeichnisse auf und dehnte außerdem das Wahlrecht in den großen Städten aus, wenn das Stimmrecht auch noch immer vom Besitz einer Wohnung oder zumindest von deren Verfügung abhängig gemacht wurde. Das Gesetz schuf auch Wahlbezirke mit jeweils nur einem Abgeordneten und etwa gleichen Bevölkerungszahlen. Gladstone war so erfreut über das Ergebnis, daß er seinem chiffrierten Telegramm noch einen Brief folgen ließ, der «den weisen, gnädigen, beharrlichen Einfluß von seiten Eurer Majestät» pries.

Die Beziehungen zu «dem alten Sünder», wie die Königin ihn privat (Vicky gegenüber) nannte, waren bald wieder dieselben wie vorher. Doch für den Augenblick freute man sich gemeinsam über die Tatsache, daß das System der konstitutionellen Monarchie noch funktionierte. Unter normalen Bedingungen blieben der Königin in diesem System allerdings kaum mehr als rituelle Formalitäten – oft nur Zeremonien, die ihren Namen beschworen und ihre Person ignorierten.

Was die Königin besorgt machte, ja ängstigte, war die ununterbrochene Belagerung Khartums durch den Mahdi. Zu Beginn des Jahres 1885 schienen Gordons Vorräte erschöpft zu sein. Endlich hatte man Entsatztruppen losgeschickt, doch zu spät, fürchtete die Königin. Ihr Enkel Wilhelm sandte ihr einen militärischen Plan, den er für den Entsatz Gordons ausgearbeitet hatte, doch Victoria wollte ihn nicht bestätigen, vielleicht weil sie meinte, daß dies eine Einmischung in eine rein britische Angelegenheit sei. Willy war gekränkt. Anfang Januar drängte eine Entsatz-Kolonne unter dem Kommando von Oberstleutnant Frederick Burnaby in einer Schlacht bei Abu Klea am Nil die Truppen des Mahdi endlich beiseite, doch auf Kosten von Burnabys Leben. Er fiel, erinnerte die Königin Gladstone, «mit dem Gesicht zum Feind – der Tod, den ein wahrer Soldat immer sucht & den die Königin als Tochter & Mutter von Soldaten nur bewundern kann!»

Verfassungswidrig telegraphierte die Königin direkt an Burnabys Vorgesetzten, General Wolseley, und löste damit eine politische Beschwerde von Marquis Hartington im Kriegsministerium aus. An Ponsonby gerichtet, aber für Hartington bestimmt, feuerte sie zurück, daß sie «ihren Generälen immer direkt telegraphiert *hat* und es auch *immer tun wird*, da sie *das* hochschätzen und sich bei weitem nicht so viel aus einer offiziellen Mitteilung machen... Doch sie findet den Ton von Lord Hartingtons Brief *sehr aufdringlich und impertinent*. Die Königin *hat* das *Recht*, jedem telegraphische Glückwünsche und Anfragen zu schicken, und wird sich keinem Diktat beugen. Sie *wird* keine *Maschine* werden, doch die Liberalen wollen immer, daß sie sich als eine SOLCHE *fühlt*, und sie *wird das nicht akzeptieren.*»

Ponsonby leitete die Worte der Königin in gereinigter Fassung an Hartington weiter: «Die Königin hat mir aufgetragen zu bemerken, daß Ihre Majestät immer die Gewohnheit gehabt hat, in ihrem eigenen Namen dem kommandierenden General siegreicher Streitkräfte zu telegraphieren. Sie bedauert jedoch, daß sie im Falle von Abu Klea versäumt hat, Ihnen die Botschaft gleichzeitig zu telegraphieren.» Im März schrieb die Königin unter Umgehung des offiziellen Weges an Lady Wolseley, die Regierung sei «unverbesserlicher denn je»; ihr Gatte solle sich «energisch äußern... und sogar mit seinem Rücktritt drohen», «wenn er keine wirkliche Unterstützung und Handlungsfreiheit bekommt». Einige Wochen später schrieb sie in ähnlichem Ton an Wolseley selbst und schloß mit den üblichen Worten, die die Geheimhaltung einer sensitiven Mitteilung garantierten: «Die Königin möchte Lord Wolseley bitten, diesen Brief zu zerstören, da er äußerst vertraulich ist...»

Handlungsfreiheit war das letzte, was Gladstone dem Militär zugestanden hätte, nachdem er sah, wohin Gordon ihn gebracht hatte. Abu Klea wäre unnötig gewesen. Er zeigte sich wie Ihre Majestät beeindruckt von «den hohen militärischen Qualitäten, die die Kommandeure wie die einfachen Soldaten der Armee Eurer Majestät bewiesen haben», doch scheute er den Preis für die Unterdrückung aufstrebender nationalistischer Bewegungen oder für «Annexionen, die den Kolonisierungsbestrebungen anderer Länder zuvorkommen sollen». Dann kam am 5. Februar die Nachricht, Gordons ausgehungerte Garnison sei gefallen, als bereits eine Vorausabteilung von Lord Wolseleys Entsatztruppen in Sichtweite der Stadt war. Gordon war tot. Später hat Lord Cromer geschrieben, daß die Wolseley-Expedition «zu spät sanktioniert wurde», weil Gladstone nicht glauben wollte, daß sie nötig sei.

In Osborne Cottage wurde Mary Ponsonby durch das unangekündigte Erscheinen einer schwarzen Gestalt aufgeschreckt; es war die Königin, die mit erstickter Stimme verkündete: «Gordon ist tot!» Schäumend vor Demütigung und Wut ließ Victoria gleichlautende Telegramme an Gladstone, Granville und Hartington abgehen. Gladstone und Hartington waren in Holker bei Hartingtons Vater, dem Herzog von Devonshire, gewesen. Auf dem Rückweg nach London erhielt der Premierminister die hastig und im Zorn aufgesetzte, offensichtlich nicht chiffrierte Botschaft: «Diese Nachricht aus Khartum ist furchbar, und zu denken, daß all dies hätte verhindert werden und viele kostbare Leben durch früheres Eingreifen hätten gerettet werden können, ist zu entsetzlich.»

Diese Botschaft – noch dazu unkodiert und somit jedermann entlang der

Telegraphenlinie zugänglich – war eine so scharfe öffentliche Maßregelung, wie sie Victoria nur einfallen konnte. Die ganze Nation war in gedrückter Stimmung, da jeder Belagerungstag zu Gordons Ansehen als Held beigetragen hatte. Gladstone antwortete mit gebremster Wut auf vier Seiten Länge, die mit der Bemerkung begannen, er habe «heute die Ehre gehabt, Eurer Majestät Telegramm *en clair* zu erhalten, das sich auf die beklagenswerten heutigen Informationen bezieht . . .» Er erwarte «reichlichen Zorn und Entrüstung» des ganzen Landes, beharrte aber darauf, daß «unsere eigentliche Aufgabe der Schutz Ägyptens war, und das war niemals durch den Mahdi militärisch gefährdet». Er bestand darauf, der Fehler habe in ihrer Anwesenheit dort gelegen. Dann hielt er eine Verabredung zu einem Theaterabend ein, und als die Presse ihm deswegen Vorwürfe machte, sagte er, daß das Kriegsministerium Gordons Tod noch bestätigen müsse.

Gladstone blieb keine Alternative, er mußte am 19. Februar im Parlament verkünden, die Regierung habe beschlossen, den Mahdi mit allen erforderlichen Mitteln zu vernichten. Das Ganze schien ihm so widerwärtig, daß er nicht einmal ein freundliches Wort über «Chinese» Gordon verlor, diesen Verrückten, der ihn im Sudan hereingelegt hatte. Ein Mißtrauensvotum im Unterhaus scheiterte nur an vierzehn fehlenden Stimmen, und der «Volks-William» erwog – und verwarf – den Gedanken an Rücktritt.

Selbst private Freuden konnten den Zorn der Königin nicht dämpfen. Nach der Ankündigung von Prinzessin Beatrices bevorstehender Hochzeit mit Prinz Heinrich («Liko») von Battenberg (einer Verbindung, die der Mutter genau richtig erschien, da sie ihre letzte Tochter bei sich behalten wollte) beklagte Victoria sich gegenüber Gladstones Stellvertreter Lord Carlingford, «daß einige Minister ihr nicht geschrieben und gratuliert haben». Das hatte auch das deutsche Königshaus versäumt, das in Fragen des Blutes unbeugsam blieb. Selbst Vickys «freche dumme Söhne» übernahmen die niederträchtige Haltung der Hohenzollern, wie die Königin ihrer Tochter schrieb, aber «wenn die Königin von England jemanden für gut genug für ihre Tochter hält, was haben andere Leute da noch zu sagen?»

Die unterkühlte Verlobungszeit war ganz nach Victorias Geschmack. «Es gibt keine Küsserei etc. (was Beatrice nicht mag)», schrieb sie Vicky im Vertrauen. Es war wichtig, daß Beatrice keine so romantischen Gefühle entwickelte, daß sie schließlich ein Liebesnest außerhalb der Residenz der Königin haben wollte. Die übertrieben schüchterne Beatrice war sich ihrer mangelhaften Reize bewußt und wußte genau, daß dies keine Liebeshochzeit war; doch wie viele solcher Ehen gelang sie besser als manche auf zärtlicher Liebe basierende Verbindung. Wenn das Paar zu Anfang eine gemeinsame Leidenschaft hatte, so war es das Kettenrauchen – Liko rauchte Zigarren, Beatrice (außer in Gegenwart ihrer Mutter) Zigaretten. Victoria muß es bemerkt haben. Das Rauchen war für manche Frauen zu einer demonstrativ feministischen Geste geworden.

Selbst am einundzwanzigsten Geburtstag ihres Enkels Prinz Albert Victor und dann am zwanzigsten seines Bruders Prinz George fand sie wenig zu feiern. Eddy zeigte wenige Eigenschaften eines zukünftigen Königs, und Victoria hatte vom Herzog von Cambridge, an sich ein Fürsprecher der Privilegierten, gehört, daß der Prinz Uniformen liebte, aber «ein eingefleischter und unverbesserlicher Bummelant» sei, «nie fertig, nie zur Stelle». Da sie sah, daß auch Prinz George sich nach dem Vorbild seines Vaters entwickelte, schickte sie ihm als Geburtstagsgruß folgende Warnung: «Durch Wetten und ähnliches haben sich unendlich viele junge und ältere Männer ruiniert, sind Elternherzen gebrochen und große Namen und Titel in den Schmutz gezogen worden.»

Im großen und ganzen erlaubte die Königin ihren Enkelkindern sehr viel; sie hätte wohl auch kaum anderes tun können. Aber mit Berties Söhnen, die nur einen oder zwei Herzschläge vom Thron entfernt waren, verhielt es sich anders. Sie machte sich Sorgen, daß Albert Victor, der Älteste, zu «gleichgültig» sei, und hoffte, er werde noch Verantwortungsgefühl entwickeln. Mit vierundvierzig Jahren zeigte selbst Bertie Anzeichen der Reife. Was die anderen Enkel und jetzt auch Urenkel betraf, fühlte sie sich von ihrer Anzahl und durch die persönliche finanzielle Last, die viele von ihnen darstellten, förmlich überwältigt, da das Parlament keinen Anlaß sah, Kinder, die der Thronfolge fernstanden, durch die öffentliche Hand zu unterhalten.

Wenn ihre große Familie sie manchmal auch zur Verzweiflung brachte, war Victoria doch unglücklich über die Aussicht, daß Louise keine Kinder haben würde. Bei einem Unfall in Kanada war ihr Schlitten umgestürzt, sie war an den Haaren mitgeschleift worden und hatte das eine Ohr fast ganz verloren. Die Prinzessin kam zur Behandlung nach England, versteckte die entstellte Seite unter dem Haar und fuhr nicht wieder nach Ottawa zurück. Als Lord Lorne, für den die Königin wirkliche Sympathie empfand, seinen Posten aufgab und nach Hause kam, existierte die Ehe praktisch nicht mehr, obwohl beide in Gegenwart der Königin weiterhin gemeinsam auftraten. Der Unfall war nur der dramatische Schlußpunkt einer bereits zerbrochenen Beziehung.

Um die mutterlosen Kinder von Prinzessin Alice kümmerte Victoria sich besonders intensiv. Sie waren oft bei ihr zu Besuch, und Prinzessin Victoria von Battenberg kam sogar zur Geburt ihres ersten Kindes nach Windsor. Ende Februar 1885 schob die Königin alle anderen Verpflichtungen beiseite und saß von sieben Uhr morgens bis zum Ende der Wehen um fünf

Uhr nachmittags bei ihrer Enkelin. Die Königin, immer auf der Suche nach Omen, sah eines in der Tatsache, daß das kleine Mädchen im selben Bett wie seine Mutter zur Welt kam. Es erhielt den Namen Alice und wurde die Mutter des Prinzgemahls von Elizabeth II., Prinz Philip, und damit Großmutter eines zukünftigen Königs von England.

Wenn die außenpolitischen Ereignisse Anfang 1885 Victoria auch die Ruhe raubten und sie fast verzweifeln ließen, so trieb ihr Druck doch auch Gladstone aus dem Amt. Die allgemeine Empörung über eine Serie von kleineren Bombenanschlägen im Tower, in Westminster Hall und im Unterhaus brachte die von Chamberlain vorangetriebenen Demokratisierungsbestrebungen aus dem Gleis. Unaufhörlich warnte die Königin ihre Minister vor der Maßlosigkeit der Radikalen, die weitere Gewalt zur Folge haben würde. Während bis Mitte März Ägypten und der Sudan die Presse beherrschten und Gladstone mit Schmähungen überhäuft wurde, gab die Königin passenderweise einen Drawing-Room-Empfang im Buckingham Palace, «auf dem sie eine ganze Stunde anwesend war!», wie Edward Hamilton vermerkte. Sie ging und stand mit einem Stock jetzt sicherer und war in Osborne eine ganze Meile zu Fuß gelaufen; doch diese Energie hielt nicht lange vor. Wenn die Dinge sich in ihrem Sinne entwickelten, besserte sich ihr Gesundheitszustand oft, wenn nicht, verschlechterten sich manche Körperfunktionen.

Am nächsten Tag, dem 19. März, schickt Victoria Gladstone nach Hamiltons Beschreibung «die Briefe eines Offiziers aus Indien und der Frau eines anderen Offiziers. Sie sind natürlich in einem schwarzseherischen Ton geschrieben. Es ist bedauerlich, daß solche Mitteilungen überhaupt in ihre Hände kommen ... Glaubwürdigeren Quellen zufolge ist die Situation in Indien besonders günstig.» Das war keineswegs der Fall, und in derselben Woche hatte es bereits einen Briefwechsel zwischen Windsor und Downing Street wegen russischer Absichten in Afghanistan gegeben. Die Bedrohung Indiens schien durchaus real, denn russische Agenten stachelten die Afghanen auf, die Briten und Inder anzugreifen. Prinz Arthur wurde mit dem Kommando einer Division betraut und nach Pindi geschickt, so daß die Königin sich noch stärker betroffen fühlte und Gladstone rügte, er müsse über seine pro-russischen Sympathien hinwegkommen und erkennen, daß es sich um eine russische Bedrohung handele, nicht nur um einen afghanischen Grenzkonflikt in kartographisch kaum erfaßtem Gelände.

Selbst Gladstone sah die Möglichkeit eines Krieges; und die Königin, die mit ihrer üblichen Entourage ins alpine Hoch-Savoyen gefahren war, applaudierte von dort aus den entschiedeneren Maßnahmen der Regierung. Bis zum Mai hatte man sich mit Rußland auf eine Grenzkommission zur Entschärfung der Situation geeinigt. Nachdem Gladstone so die englische

Würde bewahrt hatte, suchte er nach neuen Wegen, um die Armee aus dem Sudan herauszuziehen und das Gebiet dem Mahdi zu überlassen. Die Königin überließ es Ponsonby, ihre Frage in angemessener Formulierung weiterzuleiten: «Hat der große alte Mann denn überhaupt kein Ehrgefühl im Leib?»

Doch Gladstone drängte es, sich anderen Themen wieder zuzuwenden, von denen Indien und Ägypten ihn abgelenkt hatten, nämlich dem irischen Regierungssystem und dem immerwährenden Problem des Prinzen von Wales. Die Königin konnte kaum mehr tun, als sich maßlos über die Herumpfuscherei mit dem irischen Status quo aufzuregen; wenn es aber darum ging, Bertie eine größere politische und repräsentative Rolle zu übertragen, kam man nicht an ihr vorbei. Sie würde entscheiden, ließ sie Gladstone wissen, welche Regierungspapiere der Prinz zu Gesicht bekäme und welche nicht; und sie würde entscheiden, bei welchen Levers sein Auftreten passend sei. «Dem Prinzen in diesem Lebensalter zu einer internen Kenntnis der Geschäfte Zugang zu eröffnen, scheint mir sehr sinnvoll und wünschenswert...», appellierte Gladstone durch Ponsonby. Das einzige Resultat war, daß die Königin tolerierte – indem sie den Gedanken nicht ausdrücklich verwarf –, daß der Prinz von Wales der Königlichen Kommission für die Wohnverhältnisse der Arbeiterklasse beitrat. Mag er auch an deren Abschlußbericht kaum beteiligt gewesen sein, wurde doch hier das bisher Unaussprechliche ausgesprochen: daß Slumbedingungen Vergewaltigung, Inzest und uneheliche Geburten förderten. Diese Erkenntnis rührte an das Gewissen der Nation und führte schließlich zum Housing of the Working Classes Act von 1890, der Grundlage des späteren britischen Wohnungsbaugesetzes. Daß der Prinz von Wales zu den Mitunterzeichnern des Berichtes gehörte, war für die Kommission ein großer Öffentlichkeitserfolg.

Unter der Belastung durch den Dilke- und Chamberlain-Flügel der Partei und die irischen Mitglieder begann Gladstones liberale Koalition im Mai 1885 zu bröckeln. Am 9. Juni 1885 erfuhr die Königin zu ihrer Überraschung in Balmoral – noch immer gab es dort in manchen Nächten Bodenfrost –, daß die Regierung bei der Verabschiedung des Staatshaushalts mit zwölf Stimmen gescheitert war. Telegraphisch bot Gladstone seinen Rücktritt an. Eine Verbesserung der Stimmenstärke der Konservativen war nur durch allgemeine Neuwahlen zu erreichen, und die Königin bezweifelte, daß die Liberalen wirklich in die Opposition abgedrängt werden könnten. Doch sie erklärte, sie sei bereit, den Rücktritt der Regierung anzunehmen, und schickte nach Lord Salisbury.

Da Ascot ganz in der Nähe von Windsor lag, wollte sie nur ungern während der lärmenden, unruhigen Rennsaison dort hinfahren. Die Verhandlungen über die neue Regierung begannen daher in der Einsamkeit Balmorals, und Salisbury mußte telegraphisch mit London Kontakt halten. Selbst die Einwände des Prinzen von Wales, ihre Abwesenheit schwäche die Position der Krone, fruchteten nichts. «Sie vergißt», schrieb Edward Hamilton am 12. Juni in sein Tagebuch, «daß es noch einen anderen Palace gibt, in dem sie wohnen könnte und der sogar passender als Windsor wäre – Buckingham Palace. Noch nie hat ein Monarch eine solche Chance weggeworfen. Sie hätte keine populärere oder geziemendere Entscheidung treffen können, als in dem Augenblick, da sie von der Krise erfuhr, ihren Sonderzug zu bestellen und sofort nach London zu kommen.»

Widerwillig und mißmutig brach die Königin ihren Balmoral-Urlaub ab und kam am 16. Juni endlich nach Süden. «Sie hat bekanntgemacht, daß Regierungskrisen nie wieder während der Saison in Ascot und ihrer Urlaube in Balmoral vorkommen dürfen», schrieb Hamilton. In London schleppte das Interregnum sich dahin, während Salisbury versuchte, ohne Mehrheit und mit zu vielen selbsternannten Kandidaten ein Kabinett aufzustellen. Hamilton meinte, nach der langen Zeit in der Opposition strebten die Tories U nicht nur mit Appetit oder Hunger, sondern mit einer wahren Gier nach einem Amt».

Um ein Uhr mittags am 24. Juni, einem Mittwoch, fuhr Gladstone nach Windsor, um offiziell sein Amt niederzulegen. Als die Herren sich unter Verbeugungen entfernten, reichte die Königin Hartington und Granville förmlich die Hand, Gladstone aber mit Absicht nicht. Er bat ergeben darum, ihre Hand küssen zu dürfen – das einzig Richtige in dieser Situation. Sie bot ihm ihre Finger. Victoria sah die Schwäche der kommenden Tory-Regierung und wollte Gladstones Entschluß, in den Ruhestand zu treten, nicht trauen; sie war sicher, daß sie dem «Volks-William» unter gleichen Umständen wiederbegegnen würde.

Die nun folgende Salisbury-Regierung wirkte wie ein kurzer Satz in einem langen polemischen Absatz Gladstones. Der «große alte Mann» hatte sich lange mit Halsproblemen herumplagen müssen und saß meistens still auf seinem Platz in der ersten Reihe der Oppositionsbänke. Optimistisch schrieb die Königin ihm, sie hoffe, «daß Mr. Gladstone sich von der Heiserkeit erholt, die ihn so lange Monate beeinträchtigt hat, und sie benutzt diese Gelegenheit, um ihrer Hoffnung Ausdruck zu verleihen, daß er sich eine Zeitlang schonen und nicht in öffentlichen Versammlungen auftreten wird».

Für Victoria war das größte nichtpolitische Ereignis des Jahres Beatrices Hochzeit. Mit achtundzwanzig Jahren – Prinz Heinrich von Battenberg war siebenundzwanzig – sorgte Beatrice für eine kleine historische Besonderheit, indem sie sich als erste königliche Braut in einer Pfarrkirche trauen ließ, und zwar am 23. Juli 1885 in Whippingham bei Osborne. Die geringe politische Bedeutung des Bräutigams und die Position der Braut in der Erbfolge erlaubten eine Hochzeit ohne großen Aufwand. Einige Gäste fehlten. Vicky und ihr Gatte konnten nicht kommen, da Mitglieder des deutschen Königshauses die Verbindung nicht anerkennen durften.

Auch als die Königin Liko zur Königlichen Hoheit erhob, galt dieser Status nur in ihren Dominien. Da er keine politische oder dynastische Rolle spielte, mißfiel ihren weniger privilegierten Schwiegersöhnen auch, daß sie ihm den Hosenbandorden verlieh – sie meinten, der Bath-Orden hätte es auch getan. Die Königin ignorierte jeglichen Familienkrach, der mit Prinz Heinrich zu tun hatte, und erfreute sich auch weiterhin der Unterstützung und Gesellschaft «Babys», da die beiden bei ihr lebten. Selbst auf ihrer Hochzeitsreise war Beatrice nur zwei Tage von ihrer Mutter fort, und auch da nur in einer Villa im benachbarten Ryde, ohne die Insel zu verlassen. Anläßlich ihrer Heirat einigte sich das Parlament auf dieselbe finanzielle Regelung wie bei ihren Schwestern. Sie erhielt eine Mitgift von 30 000 £ und eine Apanage von 8000 £.

«Ein glücklicher wirkendes Paar hat man selten am Altar knien sehen. Es war sehr bewegend», behauptete die Königin trotz der unfreundlichen Presseberichte in ihrem Tagebuch. Vicky schrieb sie, daß sie bis zur Abfahrt des Paares die Fassung bewahrte – «dann brach ich regelrecht zusammen. Ich blieb allein oben, und als ich die Hochrufe und das ‹God Save the Queen› hörte, hielt ich mir die Ohren zu und weinte bitterlich.» Sie war nun sechsundsechzig Jahre alt und seit fünfundzwanzig Jahren Witwe. Jetzt hatte auch das letzte ihrer neun Kinder geheiratet – und zwei waren bereits gestorben.

Die neue Regierung war gerade zu dem Zeitpunkt an die unsichere Macht gekommen, als die neue Reformgesetzgebung das Wahlrecht ausgeweitet hatte. Angesichts der allgemeinen Wahlen im November und Dezember rief Lord Rosebery, Lordsiegelbewahrer im letzten Gladstone-Kabinett und ein kommender Mann bei den Liberalen (sogar Victoria mochte ihn), seine zerstrittene Partei auf, sich unter dem «Gladstone-Schirm» zu sammeln. Gladstone, noch immer von chronischer Heiserkeit gequält, warb für eine klare Mehrheit unabhängig von der Irland-Abstimmung. «Wie kann Mr. Gladstone mit sechsundsiebzig Jahren und gebrochener Stimme wieder kandidieren?» beklagte die Königin sich bei Henry Ponsonby in einem internen Schreiben.

Selbst gegen Ende des scharfen Wahlkampfes schrieb sie am 2. Dezember hoffnungsvoll in ihr Tagebuch, daß infolge der Reform «die Grafschaften gegen die Regierung gehen, aber in den städtischen Wahlbezirken werden die Radikalen allgemein geschlagen». (Für sie waren alle Liberalen Radikale.) Zum Nachteil für die Stabilität ergaben die 334 gewählten Liberalen – bei 250 Konservativen – wegen 86 irischer *Home-Rulers* weniger als die Mehrheit.

In den ausklingenden Dezembertagen appellierte die Königin an verschiedene Persönlichkeiten beider Parteien, die sie «gemäßigte, loyale und *wirklich patriotische* Männer» nannte, «denen die Sicherheit und das Wohlergehen des Empire und der Krone am Herzen liegen», mit vereinten Kräften dafür zu sorgen, daß die Regierung nicht noch einmal in die «rücksichtslosen Hände von Mr. Gladstone» fiele.

Die Zeitungen sprachen von der Salisbury-Regierung, als sei sie bereits beendet. Doch auf Drängen der Königin gab Salisbury nicht auf, in der Hoffnung, gemeinsache Sache mit den irischen Abgeordneten machen und Gladstone fernhalten zu können. Victorias Intervention hatte nur das Unvermeidliche aufgeschoben und ihre Machtlosigkeit offenbart. Sie bot Salisbury sogar das höchste Opfer an: Sie wollte persönlich das Parlament eröffnen, denn sie hoffte, seiner Regierung mit dieser Geste das königliche Imprimatur zu verleihen.

Diese Eröffnung – am 21. Januar 1886 – war Victorias letzter Auftritt im Parlament, und sie tat alles, um Gladstone abzudrängen. «Es war eins der prächtigsten Schauspiele, das ich je gesehen habe», schrieb die zukünftige Lady Monkswell. Alle, die sich nach einem großartigen Auftritt sehnten, waren auf ihre Kosten gekommen. Doch die Tatsache, daß die Queen nicht selbst zum Parlament sprach, obwohl die Rede kaum länger als eine Seite und zudem noch von eben der Regierung verfaßt war, die sie durch ihre Anwesenheit retten wollte, zeigte, daß sie selbst nicht daran glaubte. Sie wußte schon, wie es weitergehen würde.

Es folgten noch ein paar verzweifelte Versuche, Gladstone abzuwehren. Eine Woche später, als sie von Osborne aus immer noch wegen einer Alternative verhandelte, telegraphierte sie Salisbury, er solle auf keinen Fall «wegen einer Lappalie» zurücktreten. Sie dachte an eine Koalition unter Hartington, in der Salisbury einen Posten übernehmen könnte. Dann schlug sie vor, der intelligente George Joachim Goschen, der mit seinen fünfundfünfzig Jahren bereits mehreren liberalen Kabinetten angehört, sich aber auch den Respekt der Tories erworben hatte, solle eine Regierung aufstellen, die sich für die Verhinderung der *Home Rule*, der Selbstverwaltung für Irland, einsetzen würde. Goschen sei «ein unabhängiger Mann», sagte die Königin zu Salisbury.

Beide Häuser vertagten sich auf den 28. Januar. Am Morgen darauf trat Lord Salisbury zurück und riet der Königin, Gladstone zu rufen. Mit den

Instruktionen der Königin versehen, überquerte Ponsonby den Solent und kam spät in London an. Als erstes suchte er Lord Salisbury in der Downing Street auf. Dort fand er ein Telegramm der Königin vor, das ihn instruierte, zu Goschen zu fahren. Der war nicht zu Hause, hatte ihr aber soeben geschrieben und dringend geraten, Gladstone zu rufen. Wenn man ihn weiter übergehe, werde die allgemeine Sympathie für ihn im Lande enorme Ausmaße erreichen. Ponsonby blieb dort und unterhielt sich mit Mrs. Goschen, bis Goschen selbst kurz vor Mitternacht nach Hause kam und wieder die Notwendigkeit betonte, Gladstone in die Downing Street zu holen – und sei es nur, um zu beweisen, daß seine Medizin kein Allheilmittel sei.

Ponsonby kam um 0.15 Uhr bei Gladstone an, als dieser gerade ins Bett gehen wollte. Er war siebenundsiebzig Jahre alt und hatte einen langen Tag gehabt. Ponsonby machte es kurz, seine Zeilen hatte er gut memoriert. Die Königin habe nicht früher nach Gladstone geschickt, weil er «so oft den Wunsch geäußert habe, sich zurückzuziehen». Doch jetzt wünsche sie zu wissen, ob er bereit sei, die Anstrengung einer Regierungsbildung auf sich zu nehmen.

«Seither hat sich einiges geändert», sagte Gladstone. Ob Sir Henry ein förmliches Schreiben der Königin mitgebracht habe?

Nein, mußte dieser gestehen. Es verstand sich von selbst, daß Victoria gezögert hatte, eins zu verfassen.

Das spiele keine Rolle, beeilte Gladstone sich zu sagen. Er sei «mit diesem mündlichen Auftrag zufrieden». Dann stieg er die Treppe hinauf und ging zu Bett.

XVI

IM HADER MIT DER ZEIT

(1886-1890)

Am Montag, dem 1. Februar 1886, fuhr Gladstone um 9.30 Uhr morgens von Waterloo Station ab, um das Fährschiff von Gosport nach Cowes zu erreichen. Dort erwartete ihn ein Dampfer und brachte ihn nach Osborne, wo er vor dem Lunch eintraf, Victoria mit Handkuß begrüßte und mit den Gesprächen über seine Amtsübernahme begann. Die Königin fand, daß er «sehr blaß wirkte, als er hereinkam; es entstand eine kleine Pause, und er seufzte tief.» Victoria mußte gefährlich nahe an den leuchtend weißen Backenbart des «großen alten Manns» heranrücken, um sich Gehör zu verschaffen. «Ich bemerkte, daß er eine große Aufgabe übernommen habe, worauf er erwiderte, das habe er, und er sei sich ihrer Bedeutung bewußt.» Er war «schrecklich aufgeregt und nervös», fand sie. Er fühlte sich immer befangen in ihrer Gegenwart; unter ihren Förmlichkeiten spürte er ihre eisige Aversion.

Gladstone war zu einem guten Start entschlossen und berichtete der Königin, ihrem Wunsch entsprechend habe er Granville zwar nicht das Außenministerium gegeben, ihm aber statt dessen das Kolonialministerium anbieten müssen. Dann sprachen sie über Irland. Es sei das wichtigste nationale Problem, beharrte Gladstone, und «es stehe 49 zu 1, daß er scheitern würde, aber er werde es versuchen». Er blieb zum Lunch, danach setzten sie die Diskussion fort. Chamberlain, «der nicht gefährlich sei», müsse er einen wichtigen Posten geben, Dilke aber werde er keinen anbieten. Victoria erschien Gladstone weniger radikal, wiewohl «tiefernst, ja fast fanatisch davon überzeugt, daß er sich für Irland opfert». Ebenso ernst bat er die Königin, «ihm nachts keine unangenehmen Briefe mehr zu schicken, da sie ihm den Schlaf raubten». Dann fuhr er nach London zurück, wo er um 19.45 Uhr in Waterloo Station ankam. Nach einem späten Nachtmahl verbrachte er den Rest des langen Abends mit politischen Diskussionen und Gesprächen mit potentiellen Anwärtern für verschiedene Ämter.

Ihrer regelmäßigen Gewohnheit entsprechend – einer im Hinblick auf die Verfassung äußerst zweifelhaften Praxis – schickte die Königin Salisbury einen Bericht über diese Gespräche. Auch danach hielt sie die Opposition heimlich über die Schritte der Regierung auf dem laufenden und ließ Salisbury sogar Kopien von Briefen liberaler Minister sowie von ihren eigenen Antworten an Gladstone zugehen. Offiziell trennten Salisbury und sie sich am Sonnabend, dem 6. Februar, mit dem Austausch von Erinnerungsstücken, unter anderem einer Bronzebüste von ihr und einem Watts-Porträt von ihm für die Königin. Inzwischen war das Kabinett komplett, und es entfaltete sich eine lebhafte Reisetätigkeit von und nach Osborne, wo Victoria die neue Regierung bestätigte. Sie hatte keinerlei Interesse daran, den neuernannten Ministern die Sache zu erleichtern, indem sie sie in Windsor empfing. Ein Brief Ponsonbys an Gladstones Privatsekretär Horace Seymour beschreibt das dadurch entstandene Chaos. «Der Solent ist von Dampfern bedeckt, die Minister hierherbringen, und in verschiedenen Räumen wird Lunch serviert für alle, die um 14 Uhr, 14.30 Uhr oder 15 Uhr wieder abfahren müssen. Die königliche Yacht *Elfin* ist nach Portsmouth gefahren und erwartet dort einige von ihnen. Die königliche Barkasse *Louise* sucht den Hafen von Cowes nach weiteren ab. Die königliche Yacht *Alberta* ist nach Southampton gefahren, um die Herzogin von Edinburgh abzuholen. So ist unsere Flotte gut beschäftigt.»

Einige Wochen lang war Victoria mit der neuen Regierung zufrieden, denn eine beherrschende Rolle spielte der glattrasierte, redegewandte junge Lord Rosebery; er war mit neununddreißig Jahren Außenminister geworden. Für die Königin war er der kommende Mann der Liberalen. Daß er Hannah Rohschild geheiratet hatte, schadete seinen Aussichten nicht, setzte ihn vielmehr in die Lage, sich seinen gräflichen Lebensstil eher leisten zu können. Außerdem mochte Lady Rosebery Gladstone nicht und sagte heimlich, er würde «nie einen Mann, geschweige denn eine Frau verstehen». Victoria ging so weit, Gladstone ein Zeugnis über Rosebery zu schicken, in dem sie ihm gute Noten für «Festigkeit & Takt» und «bemerkenswert gute Arbeit» ausstellte.

Festigkeit war eine Eigenschaft, die ihr an den Kabinetten Gladstones immer gefehlt hatte. Auch am 8. Februar bemerkte sie diesen Mangel, als eine Demonstration von Arbeitslosen auf dem Trafalgar Square mit Gewalttätigkeiten endete. Nach aufputschenden Reden der Sozialisten H. M. Hyndman, John Burns und H. H. Champion strömte ein großer Teil der auf dem Platz versammelten Menschenmenge in die Pall Mall, St. James's Street und Piccadilly, dann durch Mayfair und in den Hyde Park. Dabei warf der Mob die Fensterscheiben feiner Herrenclubs und eleganter Geschäfte ein, und an einigen Orten wurde auch ein wenig geplündert. Die herbeigerufene Polizei wurde irrtümlich zur Mall statt nach Pall Mall geschickt.

Dem Innenminister H. C. Erskine Childers (den die Königin vom Kriegsministerium ferngehalten hatte, weil er für den Herzog von Cambridge zu reformerische Ideen hatte) ließ Victoria durch Ponsonby mitteilen, daß sie «strenggenommen eine öffentliche Versammlung auf dem Trafalgar Square für illegal» halte. Sie verlangte, Childers solle «tumultuöse Aufläufe an diesem Ort» verbieten. Die Regierung leistete der Aufforderung der Königin gehorsam Folge; doch sie schaffte damit ein Sicherheitsventil für allgemeine Unzufriedenheit ab und provozierte jahrelange trotzige Demonstrationen für «Redefreiheit». Als das Verbot schließlich überholt schien, hatte es zur Wiederbelebung der sozialistischen Bewegung in England entscheidend beigetragen. Victoria hatte sich damit keinen Gefallen getan, aber sie tat sich mit Neuerungen schwerer als andere, die weniger zu bewahren hatten als sie.

Sie haderte mit ihrer Zeit, vor allem als die Radikalen Anfang März ihre Kampagne zur Beschneidung der Macht des Oberhauses wieder aufnahmen. Gladstone beeilte sich zu erklären, «daß die weniger angesehenen Mitglieder ... ausgeschlossen werden könnten» und das Oberhaus nur durch «einen kräftigen Zustrom von Peers auf Lebenszeit» liberalisiert werden könne. Gladstone hielt beide Möglichkeiten für vernünftig, wenn das House of Lords überhaupt überleben wollte, doch die Königin antwortete mit einer langatmigen Apologie des Erbadels und der Unabhängigkeit des Oberhauses als Damm gegen die Exzesse des wählerabhängigen Unterhauses. Auch Ponsonby mahnte, «daß das Ressentiment gegen das Oberhaus zunehme und Reformen irgendeiner Art stattfinden müssen, wenn die Institution erhalten bleiben soll».

Gladstones Regierung war zu uneinig, um die verschiedenen schwierigen und kontroversen Themen in Angriff zu nehmen, die er behandeln wollte. Doch der «große alte Mann» fühlte, daß er wenig Zeit hatte. Er hatte der Königin bereits gesagt, daß das Irlandproblem für ihn Priorität habe. Am 8. April 1886 wurde das Thema der Reform des Oberhauses denn auch in den Hintergrund gedrängt, als er im Unterhaus seine Home Rule Bill (den Gesetzentwurf zur irischen Selbstverwaltung) vorlegte. Reginald Brett (der zweite Viscount Esher), bis 1885 liberaler Parlamentsabgeordneter und Privatsekretär des Marquis von Hartington (der die *Home Rule* ablehnte), fand, Gladstone «planschte darin herum wie ein Kind in der Badewanne». Er finde eindrucksvolle Unterstützung bei der liberalen Elite, unter anderem auch bei Graf Spencer, dem Präsidenten des Geheimen Staatsrats und früheren Vizekönig von Irland, der einst zu Alberts Gefolge gehört hatte. Spencer war in Irland wegen der Repressionen nach dem Mord an Lord Cavendish schwer unter Beschuß geraten und hatte sich zu einem Befürworter der *Home Rule* entwickelt. Gladstone war der Meinung, auch

Chamberlain stehe auf seiner Seite, aber der Birminghamer Abgeordnete wurde nicht ohne Grund «Jumping Joe» genannt. Trotz der beschwörenden Reden des Premierministers über ein Irland, das «hier vor der Schranke steht, erwartungsvoll, hoffnungsvoll, fast flehend... und darum bittet, die Vergangenheit in gnädiges Vergessen sinken zu lassen», erwarteten Chamberlain und andere, daß Gladstone die *Home Rule* nicht *einführte*, sondern *erörterte*. Aus dieser Differenz erwuchsen schwärende Wunden und Rivalitäten.

Gladstone sprach dreieinhalb Stunden lang. Er glaubte sich tatsächlich von Gott inspiriert. Die *Home Rule* war moralisch, und sie war christlich, selbst wenn sie seine Partei spaltete. Viele Liberale glaubten ihre Sitze aufs Spiel zu setzen, wenn sie ein separates Parlament in Dublin unterstützten. Andere benutzten die Gesetzesvorlage als Vorwand, den alten Mann zugunsten potentieller neuer Führer im Stich zu lassen. In den nun folgenden Wochen, in denen über die Gesetzesvorlage debattiert wurde, trennten sich Hartington, Chamberlain, Bright und andere vom Premierminister. Dieser war nicht bereit, seinen Kampf aufzugeben, selbst wenn es ihn sein Amt kosten sollte.

Immer weniger Leute schienen Gladstones bittere Medizin für die kolonialen und internen englischen Krankheiten schlucken zu wollen. Auf ein Schreiben der Königin, das in der Anlage einen Brief des gemäßigten Liberalen George Goschen enthielt, antwortete Lord Salisbury, seiner Meinung nach könne Gladstones zerstrittene Regierung nicht mehr lange durchhalten. Am 6. Mai traf Gladstone mit der Königin im Buckingham Palace zusammen, bevor sie wieder nach Windsor fuhr. «Ich ... betonte, es sei äußerst ratsam, daß Mr. Gladstone eine Kursänderung versuche», notierte Victoria in ihrem Tagebuch, «und Irland mehrere Regierungsorgane bekomme, doch er sagte, das sei unmöglich...»

Sobald Gladstone wieder abgefahren war, schrieb sie ihm in einem erneuten Anlauf, eine kostspielige Spaltung des Unterhauses zu verhindern. Sie könne «*nur Gefahr sehen*», warnte sie, und sie schreibe «*mit Schmerzen, da sie immer den Wunsch hat, ihren Premierminister voll und ganz zu unterstützen*, aber das wird ihr unmöglich, wenn die Einheit des Empire durch Aufspaltung und ernsthafte Störungen gefährdet wird». Dennoch erkannte sie an, daß «sein einziger Beweggrund die Überzeugung sei, daß er das Beste nicht nur für Irland, sondern auch für das gesamte Empire tue».

In der Woche darauf bestieg Victoria im Rahmen einer Reihe von Unternehmungen, bei denen im Verborgenen auch häufig der Rollstuhl zum Einsatz kam, einen Zug nach Liverpool, um eine Internationale Schiffahrts- und Handelsausstellung zu eröffnen. Ihr war wohl bewußt, daß dies ihr fünfzigstes Regierungsjahr war und nur noch zwölf Monate bis zu ihrem Goldenen Jubiläum blieben. Diese offizielle Besuchsrunde war ein Test, wie weit sie ein Jubiläumsjahr verkraften konnte und mit welcher Reaktion der Öffentlichkeit man zu rechnen hatte. In der einen wie der anderen Hinsicht war Liverpool ein Erfolg. Trotz heftiger Regengüsse waren enorme Menschenmengen zusammengeströmt. Die Liverpooler waren außer sich vor Freude über ihre Königin, die im offenen Landauer bei Wind und Regen durch die aufgeweichten Straßen der Innenstadt fuhr, vorbei an den Abordnungen der Zünfte und Innungen mit ihren triefend herunterhängenden Fahnen und Spruchbändern.

Am Abend war sie wieder in Windsor, «ganz verwirrt, mein Kopf dröhnte von dem unaufhörlichen Lärm des Applauses». Es war alles sehr «bewegend und erfreulich» gewesen. Jetzt wußte sie, daß sie trotz abtrünniger Peers im Oberhaus, Radikaler im Unterhaus, Aufrührer in den Parks und auf öffentlichen Plätzen und Schmierereien in der Boulevardpresse eine nationale Institution geworden war. Alle Bedenken wegen 1887 waren verschwunden.

Zu ihrem siebenundsechzigsten Geburtstag lud Victoria Madame Wilhelmina Clauss-Szárvady nach Windsor ein. Sie war Schülerin von Robert Schumann gewesen, und Prinz Albert hatte sie oft eingeladen. Die sehr in Erinnerungen lebende Königin bat die gealterte Pianistin, die jetzt wie Victoria vielfache Großmutter war, eine Scarlatti-Sonate zu spielen, die sie vor dreißig Jahren für das königliche Paar gespielt hatte. Wie vieles, das die Königin jetzt beschäftigte, war auch dieser Auftritt eine inoffizielle Probe für das Jubiläum: das Auswählen symbolischer Personen und Orte, die Probefahrten, Vorstellungen und Eröffnungen, die Belastbarkeitsproben und Popularitätstests. Sie ließ J. E. Boehm nach Windsor kommen und eine Porträtmedaille für die Gold-, Silber- und Bronzemünzen zum Jubiläumsjahr 1887 anfertigen. Er mußte auch eine kleine Marmorbüste von ihr als Geschenk für den Komponisten Franz Liszt ausführen. Der sechsundsiebzigjährige Liszt war Anfang April in Windsor gewesen, zweiundsechzig Jahre nach seinem ersten Besuch; damals hatte Fürst Esterhazy den Vierzehnjährigen in einer Postkutsche mitgenommen, um für George IV. zu spielen, «den größten Gentleman Europas». Jetzt fiel ihm sein weißes Haar schwer auf die Schultern, und seine knorrigen Finger konnten nicht mehr wie einst über die Tasten fliegen. Die Königin erinnerte ihn daran, wie er zwei Jahre nach ihrer Hochzeit für sie gespielt hatte und dann wieder beim Beethoven-Fest in Bonn.

Sie hatte Liszt nicht gesehen, als er zehn Jahre zuvor seinen Schwiegersohn Richard Wagner bis Paddington Station begleitete, wo Wagner, Cosima und der Dirigent Sir William Cusins am 17. Mai 1877 den Zug nach

Windsor zu einer Audienz bestiegen. «Nach dem Lunch», schrieb die Königin damals in ihr Tagebuch, «wurde der große Komponist Wagner, nach dem die Leute in Deutschland wirklich ziemlich verrückt sind, von Mr. Cusins in die Galerie gebracht. Ich hatte ihn '55 mit dem lieben Albert zusammen gesehen, als er ein Philharmonisches Konzert dirigierte. Er ist alt und korpulent geworden und hat intelligente, aber nicht sehr angenehme Gesichtszüge... Ich drückte mein Bedauern aus, daß ich bei keinem seiner Konzerte anwesend sein konnte.» Sie sagte nicht, aber sicher wußte er es, daß sie seit Alberts Tod kein öffentliches Konzert mehr besucht hatte. Wagner hatte von ihr eine noch weniger schmeichelhafte Meinung. Am 18. Januar 1880 drückte er Cosima gegenüber seinen Ärger darüber aus (und sie hielt es in ihrem Tagebuch fest), daß «die dumme Büchse, die Königin, nicht abdanke und dadurch den Prinzen von W. zu einem absurden Leben zwänge; früher wären die Söhne, wenn majorenn, Vormünder ihrer Mütter geworden...»

Liszt war galanter. Außerdem konnte er mehr tun, als wie Wagner nur unaufrichtige Dankbarkeit zu demonstrieren, daß er zur Audienz bei der Monarchin vorgelassen wurde: Am Flügel des Roten Wohnzimmers in Windsor spielte Liszt auf Victorias Bitte hin Partien aus seinem Oratorium *Legende von der heiligen Elisabeth* und danach ein Nocturne von Chopin. Nach jedem Stück erhob sich die Königin mit Hilfe ihres Stocks und ging zum Klavier, um dem ehrwürdigen Virtuosen Komplimente zu machen. Als Liszt am 31. Juli in Bayreuth starb, war Boehms Marmorbüste noch nicht vollendet.

Mehr und mehr Jubiläumsglückwünsche trafen jetzt mit der Post der Königin ein. Lord Rosebery schrieb ihr in einem Stil, der sich von dem Gladstones so weit unterschied, wie für einen liberalen Minister nur irgend vorstellbar: «Die letzten fünfzig Jahre wird man... als das Goldene Zeitalter der englischen Geschichte betrachten. Nicht nur hat sich das Empire fast grenzenlos ausgedehnt; seine zahlreichen Teile stehen auch in enger Beziehung zueinander, wie man sie sich bei Amtsantritt Eurer Majestät nicht hätte vorstellen können... Dieser unermeßliche Fortschritt fällt mit der Regierungszeit Eurer Majestät zusammen, und diese gewaltigen Dominien finden das sie vereinigende Band und Symbol ihrer Zusammengehörigkeit in der Person Eurer Majestät.» Die Königin mag sich ihre schwächer werdenden Augen gerieben und sich gefragt haben, ob nicht in Wirklichkeit die geisterhafte Unterschrift Disraelis darunterstände.

Ende Juni stand zu erwarten, daß Gladstones Regierung, in der Lord Rosebery Außenminister war, als eine der kurzlebigsten in die Geschichte eingehen würde. Eine Abstimmung per Hammelsprung am 9. Juni hatte Gladstones leidenschaftlich verteidigtes Irland-Gesetz zu Fall gebracht.

Neununddreißig Abgeordnete seiner eigenen Partei hatten ihn im Stich gelassen. Er beschloß, den Fall ins Land hinaus zu tragen. Er sprach, wo er nur konnte, und seine Stimme hielt, wie er schrieb, «auf wunderbare Weise» durch. «Ich fuhr ab voller Bitterkeit, voll heftiger Erregung, doch die Hand des Herrn war über mir.» Die Königin schrieb ihm, sie fürchte, daß seine «ungewöhnlichen Ansprachen und Reden ... nicht zu einer leidenschaftslosen Erörterung des Schrittes beitragen, gegen den so viele von Mr. Gladstones nachdenklichsten und besten Freunden und Anhängern meinen Widerstand leisten zu müssen».

Selbst Gladstones «nächtliche Pirschgänge» – auch mit sechsundsiebzig Jahren war er noch davon besessen – kamen in der Parteidebatte über seine weitere Amtstauglichkeit zur Sprache. Sein Sekretär Edward Hamilton bat ihn am 13. Juli 1886 dringend einzusehen, daß es eine Verschwörung gebe, «um Sie persönlich anzuschwärzen ... Ich will nur hinzufügen, daß die, die Sie schlecht machen wollen, einer gewissen Frau Geld dafür geben, daß sie ihre Verleumdungen bestätigt.» Gladstone erwiderte am 16. Juli, er werde seine nächtlichen Streifzüge einstellen – «bis auf zwei Fälle, die ich nicht einfach so aufgeben möchte...» Sehr wahrscheinlich wurden nur wenige Wähler durch derartige Unterstellungen beeinflußt. Die tatsächlich bestehende Spaltung zwischen Liberalen und liberalen Unionisten genügte, um die Konservativen wieder ins Amt zu heben. Am 20. Juli bot Gladstone der Königin in Osborne telegraphisch den Rücktritt seines Kabinetts an.

Auch diesmal kam Gladstone wieder mit einer Wunschliste von Adelstiteln zur Königin. Ärgerlich wies sie ihn darauf hin, daß sie erst vor wenigen Monaten zahlreiche seiner Anhänger in den Adelsstand erhoben habe. Als er mit dem Schiff nach Osborne fuhr, um zum dritten Mal sein Amt niederzulegen, überlegte er, was er sagen sollte. Wie üblich vermieden sie die wahren Probleme und diskutierten statt dessen über die Erziehung der unteren Volksschichten. Gladstone mußte der Königin zustimmen, daß mehr Bildung, als ein Mensch gebrauchen könne, ein Fehler sei und nur unbegründete Ansprüche nähre. Wenn er den Standpunkt der Königin vielleicht auch nur teilte, um die qualvolle Situation hinter sich zu bringen, war Gladstone doch selbst Besitzer umfangreicher Ländereien. Auf seinem walisischen Anwesen lebten und arbeiteten 2500 Menschen auf 7000 Morgen Land; unter anderem gehörte auch eine von ihm betriebene Kohlenmine dazu. 1890 sollte er seinen Pächtern erzählen, daß er diese Ordnung für «das beste und gesündeste System» halte. Das war wohl kaum ein radikaler Standpunkt und war Victorias aristokratischem Dünkel zweifellos näher als den Prinzipien vieler seiner Anhänger. Er war Führer einer Partei, die in sich zerrissen war und nur durch seine Persönlichkeit zusammengehalten wurde.

Weder er noch die Königin erwähnten Irland, wenn sie auch meinte, er solle sich wenigstens einige Zeit öffentlicher Äußerungen enthalten, die «Anreiz zu Gewalttätigkeiten» bieten könnten. Sie wußte, daß er emotionsgeladene Briefe an seine Anhänger geschrieben hatte, die ihre Sitze verloren hatten – «monströse, niederträchtige, sozialistische Briefe», berichtete sie Vicky. «Lange Zeit bin ich für seine Beweggründe eingetreten, aber jetzt werden sie ganz klar von Eitelkeit, Ehrgeiz & Haß bestimmt und zeigen Anzeichen von Irrsinn.»

Blaß und zitternd verabschiedete er sich. Nach seinem Tagebuch vermutete er anderweitig Geistesgestörtheit: Victoria sei seit 1874, dem Jahr, in dem seine lange Regierungsperiode endete und Disraeli an die Macht kam, «stark verschroben». «Ich fühle mich sehr erleichtert», fügte er hinzu, «und dieses Gefühl betrifft auch meine schmerzhaften Beziehungen zur Königin, die Ähnliches empfinden wird.» Weder er noch Victoria erwarteten, sich noch einmal unter den selben Umständen wiederzusehen.

Als die Königin im Mai Liverpool besuchte, waren die kaum verhüllten Machenschaften, um die *Home Rule* zu Fall zu bringen und Gladstone aus der Regierungsmacht zu treiben, in vollem Gange. Sie hatte wieder im Widerspruch zur Verfassung gehandelt, indem sie eine Koalition zwischen Tories und liberalen Unionisten befürwortete und Mitglieder ihres Gefolges zur Beförderung eindeutig subversiver Botschaften benutzte. «Es gibt einen entscheidenden Punkt, den Lord Salisbury, Lord Hartington & Mr. Goschen hoffentlich in seiner *Tragweite* in Betracht ziehen & der *nicht geduldet* werden kann», mahnte sie Salisbury. «Das wäre, daß Mr. Gladstone die Gesetzesvorlage nur zurückzieht, um sie im nächsten Jahr erneut vorzulegen... Bitte raten Sie mir, wie man sich gegen eine so bedrohliche Gefahr & *Möglichkeit* schützen kann & beraten Sie *miteinander*, WIE diese Ungewißheit eliminiert werden kann.» Victoria folgte dem Rat Disraelis, daß ein Überschreiten ihrer Kompetenzen ihre geschwächte Macht stärken würde. Jetzt traf Disraelis Tory-Nachfolger Salisbury, ein hinreichend patrizischer Cecil, am dritten August zum zweiten Mal in Osborne ein – eine Stunde nachdem Gladstones Kabinett in die entgegengesetzte Richtung abgedampft war.

Am 17. August berief die Königin die erste Staatsratssitzung unter der neuen Regierung ein. «Die Queen sah sehr wohl & heiter aus», notierte Gathorne-Hardy, jetzt Präsident des Geheimen Staatsrats, in seinem Tagebuch. «Lady Ely erzählte mir, sie sei wie ausgewechselt & empfinde Salisburys Umgangston & -art als sehr angenehm. Die Befreiung von seinem Vorgänger sei an sich schon eine große Erleichterung.» Zwei Wochen danach, am 30. August, war Gathorne-Hardy mit einem Dutzend anderer Gäste zum Abendessen bei der Queen in Windsor. Auch Prinz Wilhelm und Prinz Heinrich waren anwesend; letzterer war, so hörte Gathorne-Hardy, «sehr ungehalten darüber, wie sein Bruder behandelt wurde». Die Königin ihrerseits war außerordentlich verärgert über die verächtliche Behandlung der Battenberg-Brüder durch die Preußen, insbesondere über die Berliner Unterstützung der zaristischen Bemühungen, Fürst Alexander zu stürzen. Als importierter Fürst von Bulgarien hatte er die von den Russen angestachelten serbischen Versuche bekämpft, seine Regierung zu unterminieren, bis er gefangengenommen und zur Abdankung gezwungen wurde.

Die Königin unterstützte eine Intervention zur Wiedereinsetzung Alexanders, der im September für kurze Zeit nach Sofia zurückkehrte, dann aber kaum mit dem nackten Leben davonkam. Keine andere Nation wollte sich für ihn einsetzen; er wurde als Faustpfand in einer größeren Auseinandersetzung betrachtet. Am 7. September schrieb Gathorne-Hardy: «Die Königin dürstet nach Ruhm für England und kann nicht mit ansehen, wie ihre Diplomatie verächtlich gemacht und ihre Intervention von den europäischen Großmächten, die sich über einen schändlichen Handel abgesprochen haben, mit kalter Geringschätzung behandelt wird.» Er sah nur eine Dimension des Falles. Victoria hatte ihre Enkelin schon als Königin gesehen; jetzt würde der Fürst, der den Zugang zu diesem wankenden Thron eröffnen sollte, selbst nie König sein.

Am 8. Dezember 1886 kam der vertriebene Sandro im englischen Exil an: gutaussehend, flott und heimatlos. Louise sagte zu ihrer Mutter, er erinnere sie an «Papa». Victoria stimmte zu, obwohl die einzige Ähnlichkeit darin bestand, daß beide deutsche Duodezfürsten ohne Beschäftigung waren. Alexander behauptete, er hoffe immer noch, die junge Victoria Moretta eines Tages zu heiraten; aber Vicky wußte und erzählte es auch bald der Königin, daß Sandro sich nur solange interessiert gezeigt hatte, wie die Heirat politisch nützlich schien. Als die Verbindung keinen Nutzen mehr zu bringen versprach, machte er kein Hehl daraus, daß sein eigentliches Interesse Johanna Loisinger galt, einer Sopranistin. Er heiratete sie 1888, nannte sich danach Graf Hartenau und starb 1893 im Alter von sechsunddreißig Jahren.

Zwar beschäftigte das Schicksal der Battenbergs Victoria in den letzten Monaten des Jahres 1886 sehr, doch auch ihr herannahendes Regierungsjubiläum beanspruchte schon viel Zeit. Im November nahm sie inoffiziell die größte überdachte Arena in Augenschein, in die sie seit den berauschenden Tagen der Weltausstellung den Fuß gesetzt hatte. Das neue, elektrisch beleuchtete Olympia in West Kensington faßte normalerweise neuntausend Zuschauer. Aber die Königin saß allein mit ihrer Begleitung in der Nationalen Landwirtschaftsausstellung, die sich als «lehrreich» und «ohne jegliches vulgäre Element» empfahl. Nicht einmal Beatrice war dabei, denn sie hatte am 23. November ihr erstes Kind, einen Battenberg, zur Welt gebracht.

Elektrische Beleuchtung wie im Olympia war nichts Neues für die Königin. Im Laufe der achtziger Jahre wurden nach und nach die öffentlichen Londoner Institutionen wie das Britische Museum elektrifiziert, wenn auch die Stromzufuhr noch starken Schwankungen unterlag und zuweilen unter Sprühgewittern ganz erstarb. Es gab Tage, wo die Bogenlampen in der Nationalbibliothek erloschen und der große Lesesaal mit der Kuppel abrupt geräumt wurde. Der Runde Turm in Windsor wurde zum Jubiläum beleuchtet, und 1888 wurden elektrische Leitungen im Roten Wohnzimmer gelegt und Lampen installiert. Einer der Arbeiter bekam dabei einen elektrischen Schlag, und Victoria befahl, den Strom abzustellen. Erst zehn Jahre später, als selbst die Häuser der Mittelschicht elektrischen Strom hatten, erlaubte sie schließlich, daß ein Kronleuchter in einen «electrolier» umgewandelt wurde. Ihre «moderneren» Kinder konnten nicht so lange warten. Im Februar 1889 ließen Beatrice und Liko elektrisches Licht in ihren Appartements installieren.

Das Kabinett, das England ins Jubiläumsjahr steuerte, war nicht ganz dasselbe, das die Königin wenige Monate zuvor in Osborne willkommen geheißen hatte. Einer der aufgehenden Sterne war der Tory-Finanzminister Lord Randolph Churchill gewesen. Dieser Posten war oft das Sprungbrett zukünftiger Premierminister, und Churchill hatte als Nachfahre der Herzöge von Marlborough wie seine Vorfahren die Fähigkeiten zu Größerem. In der geistreichen Art Disraelis hatte er der Königin in seinen Schreiben verschiedene Vorgänge im Unterhaus erklärt, und am 22. September hatte sie ihm dankbar für seine «regelmäßigen und ausführlichen und interessanten Berichte» gedankt und ihm bestätigt, daß er sein Amt «mit viel Geschick und Urteilsvermögen» ausfülle. Seine Reizbarkeit hatte sich verstärkt, wenn auch nicht im Umgang mit der Königin; sie hingegen machte sich Sorgen, wie sich sein Hang zu strikter Sparsamkeit auf ihre Zivilliste auswirken würde.

Doch etwas ganz anderes löste seinen Rücktritt aus. Bei einem Diner mit der Königin am 21. Dezember 1886 diskutierte er über den Voranschlag für das Militärbudget, als hätte er ihn bereits abgesegnet, benutzte dann aber die angeblich überzogenen Forderungen als Vorwand, aus der Regierung auszutreten. «Am selben Abend in meinem Haus schrieb er auf Windsor-Papier seinen schon vorher beschlossenen Rücktritt und schickte ihn Lord Salisbury», schäumte die Königin. Als Salisbury ihn nicht als endgültig annehmen wollte, schickte Churchill ihm einen weiteren, weniger gemäßigten Brief. Die Politiker – und auch die Königin – nahmen an, er wolle für sich eine Position abstecken, von der aus er seine eigene Parteiführung angreifen könne.

Das mag seine Absicht gewesen sein, aber sein Benehmen wirkte nicht wie das eines gesunden Menschen und erwies sich als ein frühes Symptom des zerebralen Abbaus, der Churchills Karriere ein vorzeitiges Ende setzte. Ob es, wie allgemein angenommen wird, tertiäre Syphilis war oder ein Gehirntumor – das Ende war qualvoll, peinlich und zog sich lange hin. Victoria warnte Bertie, der mit ihm befreundet war, er sei prinzipienlos und unzuverlässig, und Anfang 1888 erinnerte sie ihn: «Bitte korrespondiere nicht mit ihm, denn man kann ihm wirklich nicht trauen, er ist sehr indiskret, und seine Macht und Begabung werden weit überschätzt.» George Goschen, Enkel eines Leipziger Verlegers und Sohn eines Londoner Bankiers, übernahm Churchills Posten als Finanzminister und wurde der führende liberale Unionist im Tory-Kabinett.

Ein weiterer Verlust des Kabinetts war der frühere Außenminister Stafford Northcote, einst Gladstones Privatsekretär. Kaum zwei Jahre vorher war er Graf Iddlesleigh geworden. «Er wurde oben an der Treppe in Downing Street ohnmächtig», notierte Victoria am 12. Januar 1887 in ihrem Tagebuch, «und starb innerhalb von zwanzig Minuten!... Ich war ganz verwirrt und bestürzt...» Northcote war mit seinen neunundsechzig Jahren nur ein Jahr älter gewesen als Victoria. Salisbury nahm das zusätzliche Amt auf sich. Dann mußte Sir Michael Hicks Beach, Staatssekretär für Irland, wegen seiner Sehschwäche sein Amt niederlegen. «Das ist schrecklich», schrieb Victoria am 2. März in ihr Tagebuch. Aber, fügte sie hinzu, «Lord Salisbury hat seinen klugen und angenehmen Neffen (Arthur Balfour) als den geeignetsten Nachfolger genannt ... und ich wollte soeben denselben Vorschlag machen.»

Mit dem herannahenden Frühling begannen die Jubiläumsauftritte und -reisen der Königin. Am 23. März fuhr sie nach Birmingham. «Der Empfang war so gut wie in Liverpool», urteilte sie, «aber ich glaube, während man hier nicht so viele zerlumpte Menschen sah wie dort, gab es in Birmingham *allgemein* mehr arme und gewöhnliche Leute ... Sehr bemerkenswert fand ich, daß es an einem Ort mit so vielen Radikalen und einer so ungebildeten Bevölkerung soviel Begeisterung und Loyalität gab.» Verschiedene zeremonielle Auftritte, die sie in einem weniger überfüllten Jahr selbst bewältigt hätte, wurden anderen Mitgliedern der königlichen Familie übertragen. Das ist seither Brauch des monarchischen Apparats geblieben und eine der Rechtfertigungen für seine Existenz. Immer eifersüchtig auf ihren Status und ihre Privilegien bedacht, erkannte die Königin niemanden als legitimen Ersatz für sich selbst an. Ponsonby erhielt Weisung, daß die Kinder bei Jubiläumsfeierlichkeiten und auch danach «immer» den Passus *meine liebe Mutter* in ihre Reden einzufügen hätten, um deutlich zu machen, mit wessen Vollmacht sie auftraten. «Das sollte nie versäumt werden, wenn sie sie vertreten.»

Da die Hauptfestlichkeiten für Mai und Juni angesetzt waren, fuhr Victoria wie üblich zum Urlaub nach Cannes und Aix-les-Bains und besuchte das Hochtal der Grande Chartreuse. Bei ihrer Rückkehr begannen die Zeremonien, Ansprachen und offiziellen Besuche erst richtig, doch ein Telegramm, das im Mai in Windsor eintraf, vergällte jede Feststimmung gleich zu Beginn. Zwei berühmte deutsche Chirurgen hatten Kronprinz Friedrich am achtzehnten Mai untersucht und dazu geraten, eine Geschwulst in seinem Rachen von außen operativ zu entfernen – «ein äußerst erschreckendes Verfahren». Die Familie sowie die Ärzte wünschten, daß der führende englische Laryngologe Dr. Morell Mackenzie Fritz untersuchte. Victorias Arzt Dr. Reid fuhr in die Harley Street, um ihn darum zu bitten, und Mackenzie verbrachte viele der folgenden Monate beim Kronprinzen. Unter der Jubiläumsaufregung verbarg die Königin eine tiefere Angst als in Sandringham, als Bertie im Sterben zu liegen schien, oder in Windsor, als Albert sich durch seine letzte Krankheit kämpfte, denn diese bedrückenden Sorgen zogen sich dreizehn Monate lang hin.

Zu Beginn dieser qualvollen Zeit traten Bismarcks Diplomaten mit dem Ansinnen an die Königin heran, die Kronprinzessin von ihrem Hofmarschall Graf Seckendorff zu trennen. Victoria, die selber sehr vertrauten Umgang mit viel einfacheren Dienstboten pflegte, bedauerte dennoch die seit langem bestehende Stellung des Grafen als *cavaliere servente* an Vickys Hof. Der dünne, mürrische Seckendorff, loyal und ergeben, löste durch seine Stellung als Beschützer und Vertrauter boshafte Gerüchte aus. Doch Vicky brauchte jemanden wie den Grafen in politischen und gesellschaftlichen Situationen, da ihr Ehemann, der früher aktiver General gewesen war, nicht immer zur Verfügung stehen konnte und sie oft aus Repräsentationsgründen gleichzeitig an verschiedenen Orten auftreten mußten. Nun, da Fritz sich in die Invalidität zurückgezogen hatte, war der Graf für sie unverzichtbar geworden, doch Bismarck mißtraute dem Einfluß Seckendorffs noch mehr als dem ihrer Mutter.

Früher hatte die Königin sich Ponsonby gegenüber kritisch über die ständige interessierte Anwesenheit des Grafen geäußert. Beharrliche Gerüchte hatten ihn schon lange zu Vickys Liebhaber erklärt, was der Wahrheit kaum mehr entsprach als die angebliche Romanze zwischen Victoria und John Brown. Warum aber hatte Vicky dann Seckendorff während eines Besuchs in Balmoral mit auf den Craig Lochnagar hinaufgenommen? Sie selbst nähme doch nie einen ihrer Kammerherren allein auf solche Ausflüge mit. Bismarcks Emissär Hugo von Radolinski wurde nach Osborne geschickt, um eine Trennung Seckendorffs von Vicky zu erreichen.

Der Graf schien jetzt Morell Mackenzies wichtigste Stütze in der Entourage des Kronprinzen zu sein; Mackenzies konservierende Behandlung konnte Fritz zwar nicht wieder gesundmachen, ihn aber vielleicht doch länger am Leben halten als durch eine drastische Halsoperation. «Ich schmeichelte ihr gewaltig», schrieb Graf Radolinski dem Grafen Holstein über «Mama». Er erzählte der Königin, sie sei der einzige Mensch, dessen Wünsche ihre Tochter ernst nehme. Sie lächelte reizend wie ein errötendes Mädchen und schien ihm wirklich ganz entzückend. Drei Tage hintereinander habe sie ihn zum Abendessen im engsten Kreise eingeladen. Radolinski war sehr zufrieden mit seiner Kampagne.

Trotz seines optimistischen Berichts – typisch für die Selbsttäuschung von Spionen und Verschwörern – war Radolinski, der Fritzens Entourage überall hin folgte, weder bei der Königin noch sonst irgendwelcher Erfolg beschieden. Denn weder Victoria noch Graf Radolinski hatten die Ereignisse unter Kontrolle. Auf jeden Fall zog die Königin, auch wenn ihr Instinkt sie davor warnte, die tröstliche Diagnose Mackenzies den unausweichlich auf sie zukommenden Schrecken vor. Mit ergrautem Bart, bleich wie Pergament und in weißer Paradeuniform wirkte Fritz, wo immer er mit stummer Würde auf den Jubiläumsfeierlichkeiten auftauchte, fast wie sein eigener Geist.

Besonders bedrückte Victoria die Aussicht, daß Prinz Wilhelm, der alle bedauerlichen Züge der Hohenzollern, kaum aber vorteilhafte geerbt zu haben schien, ein früher Amtsantritt und eine lange Regierungszeit offenbar sicher waren. Am 9. November konnte man die Wahrheit nicht länger verbergen, und Mackenzie telegraphierte aus Deutschland, daß sich die Krebs-Diagnose bestätigt habe. «Mein Liebling hat ein Schicksal vor sich, an das ich gar nicht zu denken wage», schrieb Vicky ihrer Mutter. Doch die Königin redete sich ein, die Situation sei «nicht ganz hoffnungslos». Prinz Wilhelm wußte es besser – er hatte es schon lange gewußt –, und Mackenzie machte nun endlich deutlich, daß er (nach den Worten der Königin) «nur Palliativmaßnahmen zur Verlängerung des Lebens» sähe. Die deutschen Ärzte wollten das Risiko einer Operation eingehen. Unwürdige Schärfe verbitterte jede Konsultation, da Vicky und Fritz die «englische Behandlung» der preußischen vorzogen.

Fritz selbst erfuhr es erst am elften November. «Sein Lebenstraum war, einmal einen Sohn wie unseren geliebten Papa zu haben», schrieb Vicky pathetisch an ihre Mutter, «der nach Seele und Verstand sein Enkel wäre ... Man muß lernen, seine Träume aufzugeben und die Dinge zu nehmen, wie sie sind ...» In den entscheidenden Entwicklungsjahren hatte es kaum ein richtiges Verhältnis zwischen Vater und Sohn gegeben, und Willy plagte sich unter dem strengen Regime, das seinen verkümmerten linken Arm kompensieren sollte. Er war hochfahrend und arrogant geworden und verachtete den seiner Meinung nach weichen, unpreußischen Liberalismus des Kronprinzen, dessen Denken schon lange von seiner Frau und deren kämpferischer Anglomanie beherrscht wurde. Vielleicht sehnte der junge Wilhelm sich nach einer idealisierten Vaterfigur mit eisernem Willen. Einen kurzen Augenblick schien etwas Ähnliches auf, als sein Vater von den Ärzten sein Todesurteil entgegennahm. Seinem früheren Erzieher Georg Ernst Hinzpeter beschrieb Wilhelm die Szene: «Aufrecht stehend, ungebeugt dem Sprecher fest in die Augen sehend, vernahm er den Spruch. Ohne zu zucken oder auch die leiseste Bewegung zu verraten, dankte er ihnen für ihr Bemühen und Sorgen und entließ sie; da sie stumm und staunend von dem Helden gingen, noch ganz erfüllt von seinem Charakter, der den echten Hohenzoller und großen Soldaten zeigte. Als wir später bei ihm waren, war er es, der uns mit ruhig lächelnder Miene tröstete, als wir unserer nicht mehr mächtig in Tränen schwammen! Welch ein Mann!» Doch der sterbende Vater hatte für ihn jetzt nur noch wenig Bedeutung. Wilhelm benahm sich öffentlich wie privat, als sei er bereits Kaiser. Gegenüber seinem engen Vertrauten Philipp von Eulenburg sprach er von Königin Victoria als der «Kaiserin von Hindustan», von seiner Mutter und seinen Schwestern als der «englischen Kolonie», und die Ärzte, die seinen Vater behandelten, waren für ihn «jüdische Tölpel» und «Satansknochen». Weder Wilhelms Großvater noch sein Vater hatten mehr lange zu leben. «Es ist ein furchtbarer Zustand», klagte Victoria in ihrem Tagebuch, «und es läßt mir keine Ruhe.»

Am 4. Januar 1888 besuchte die Königin mit ihrem Ponywagen Mary Ponsonby in Osborne Cottage, um aus erster Hand einen Bericht aus San Remo zu hören. Mrs. Ponsonby hatte Vicky besucht, die mit ihrem Mann den Winter in der warmen Mittelmeersonne verbrachte. Der Tagebucheintrag dieses Tages zeigt, wie sich für die Königin Realität und Irrealität mischten, um das Leben erträglich zu machen: Mrs. Ponsonby «sagte, die Prüfungen, Schwierigkeiten und Ängste der armen Vicky seien schrecklich. Fritzens Zustand sei gegenwärtig sicher befriedigender. Hatte meine tägliche Hindustani-Stunde.»

Den Hindustani-Unterricht erteilte Abdul Karim, der die Jubiläumsunterschriften der Königin getrocknet und bei Tisch bedient hatte. Doch er war ehrgeizig und stolz und beklagte sich, daß diese Arbeiten unter seiner Würde seien. Zu Hause in Agra sei er ein *Munshi* gewesen, ein Sekretär. Er behauptete, deshalb gelte er als Geistesarbeiter: ein Schreiber, der in einer weitgehend analphabetischen Bevölkerung Briefe für jedermann verfaßt hatte, der seine Dienste bezahlen konnte. Die Königin war schnell davon überzeugt, daß eine Einführung in die Grundbegriffe des Hindustani ihr zu einem besseren Verständnis für ihre Untertanen auf dem Subkontinent verhelfen würde. Abdul Karims Pflichten beschränkten sich jetzt auf gelegentliche Unterrichtsstunden für Victoria, wobei reichlich Freizeit übrigblieb. Er erhielt eine Gehaltserhöhung aus der Privatschatulle und durfte seine Familie kommen lassen.

Die neuen indischen Bediensteten, mit denen die Königin sich so ungezwungen unterhielt wie mit den *gillies* in Balmoral, verursachten ihr neue theologische Zweifel. Sie hatte sich nie besonders für die reine Doktrin erwärmen können und sah ihren Glauben – von der christlichen Moral abgesehen – jetzt mehr und mehr auf ein Jenseits beschränkt, wo ihre Seele mit Albert und anderen, deren Erinnerung sie in Ehren hielt, wiedervereint würde. Eines Abends in Balmoral stellte sie Gathorne-Hardy bohrende Fragen über Gladstones Glaubensgrundsätze und äußerte Zweifel an der Trinität. «Dann sprach sie von ihren mohammedanischen Bediensteten, ihrer Strenge, und daß sie zwar nicht an die Möglichkeit eines Gottessohnes glaubten, Jesus aber verehrten. Ich fürchte oder sollte vielmehr furchtlos sagen, ich konnte nicht zustimmen, außer daß ich einen Gehorsam bei ihnen anerkannte, der den Christen fehlt; doch ich fürchte, sie hat keine präzisen oder richtigen theologischen Vorstellungen & weiß nur wenig, denkt aber, ihre vagen Ideen seien eine Religion ... Ihr graut vor Evangeliumsgläubigkeit ...»

Obwohl Victoria sich weiter zu betrügen und zu glauben versuchte, Friedrich würde nicht an Kehlkopfkrebs sterben, mußte Dr. Ernst von Bergmann am 11. Februar überstürzt nach San Remo fahren und dem Kronprinzen mit einer Tracheotomie Luft verschaffen. Nach dem Luftröhrenschnitt konnte Friedrich wieder atmen, wenn auch mit Schwierigkeiten und nur durch eine Silberkanüle. Morell Mackenzie telegraphierte Dr. Reid zur Information der Königin, der Tubus sei unbefriedigend, und in San Remo stritt er mit den deutschen Ärzten, weil die Kanüle die Trachea des Prinzen reizte und ständiges Bluten verursachte. In den folgenden Wochen befahl die Königin Mackenzie, den Fall zu übernehmen, was er auch tat. Er führte seinen eigenen Tubus ein und bestand am 6. März auf einer öffentlichen Erklärung der anderen Ärzte, daß er die Behandlung leite, daß es «keine Meinungsverschiedenheiten» gebe und es nicht sicher sei, «daß die Krankheit wirklich bald eine gefährliche Wendung nimmt».

Zum Schutz seines Rufes wollte Mackenzie die Unterstützung der Deutschen; dabei hatte er schon am 4. März von deutschen Pathologen die Bestätigung erhalten, «daß der krankhafte Prozeß krebsartiger Natur war» (so Mackenzies eigene Worte). In jener Woche lag Friedrichs Vater im Sterben, der alte Wilhelm I. Am 8. März erreichte die Nachricht San Remo, daß das Ende bevorstand, und am nächsten Tag war der einundneunzigjährige Kaiser tot. War Fritz wegen seiner Krankheit für regierungsunfähig erklärt worden? Das war Vickys und seine Sorge. Auch wenn die Verfassung keine Grundlage für ihre Befürchtungen bot, konnte es sein, daß er zugunsten seines Sohnes übergangen worden war. Der ehrgeizige Wilhelm wartete auf das Amt und hatte, wie Victoria es nannte, mit Bismarck «doppeltes Spiel» getrieben. Da Mackenzies Unwahrheiten von allen anwesenden Medizinern, selbst von den preußischen Professoren bestätigt worden waren, konnte Friedrich die Thronfolge antreten, wenn auch nicht regieren. Während sein Gefolge sich im Salon der Villa in San Remo versammelte, saß der neue Kaiser Friedrich III. stumm an einem kleinen Tisch und entwarf die Ankündigung seiner Thronbesteigung. Dann schrieb er ein weiteres Memorandum, in dem er seiner Gattin Kaiserin Victoria den Schwarzen Adlerorden verlieh, das deutsche Äquivalent des Hosenbandordens. Mit einer dritten Notiz dankte er Mackenzie, daß er ihn lange genug am Leben erhalten habe, um die Tapferkeit und den Mut seiner Gattin zu vergelten. Das bewegende Ereignis verlieh ihm soviel Kraft, daß er noch ein Telegramm an Königin Victoria entwarf. Bewegt drückte er darin noch einmal seine liebende Verehrung für Victoria und seinen ernsten Wunsch nach enger und dauerhafter Freundschaft zwischen dem deutschen und englischen Volk aus. Die Königin fand diese Gefühle «beautiful» und legte das Telegramm in ihr Tagebuch.

Zum Regieren entschlossen, verließ Friedrich III. in voller Uniform am nächsten Morgen San Remo; sechsunddreißig Stunden später kam der Sonderzug bei Schneetreiben in Berlin an. Der britische Botschafter Sir Edward Malet berichtete Victoria, daß er den neuen Kaiser aufrecht und stolz durch das Charlottenburger Schloß habe schreiten sehen. Der Prinz von Wales, der zur Beerdigung des alten Kaisers nach Berlin gefahren war, erzählte ihr, daß Kaiser Friedrich einen «gehetzten, bekümmerten Eindruck machte, was sehr traurig anzusehen war».

Mackenzie behandelte ihn auch weiterhin und erstattete der Königin regelmäßig Bericht. Sie hatte beschlossen, von ihrem jetzt alljährlichen Frühjahrsurlaub im Süden über Charlottenburg zurückzufahren. Sie wollte Fritz noch einmal sehen und ihre Tochter als Kaiserin begrüßen. Vielleicht blieb nicht mehr viel Zeit dazu. «Meine GELIEBTE Kaiserin Victoria, es scheint wirklich wie ein unmöglicher Traum», schrieb sie atemlos an Vicky, «möge Gott sie schützen! Du weißt, *wie* wenig ich mir aus Rängen oder Titeln mache – aber ich kann nicht *leugnen*, daß ich *nach alledem*, was geschehen & gesagt worden ist, dankbar & stolz bin, daß der liebe Fritz & Du auf den Thron gekommen seid.»

Nach einem Gedenkgottesdienst für den verstorbenen Kaiser in Windsor brach die Königin am 16. März nach Italien auf. In Florenz, erinnerte sich

Sidney Peel, war der ganze Platz vor dem Dom voller Menschen, die die renovierte Fassade betrachten wollten. An einem Frühlingstag 1888, während Peel auch dort stand, bahnten Polizisten einer kleinen Kutsche den Weg durch die Menge. Es war Victoria in ihrem Ponywagen, den sie jetzt überall hin mitnahm und der fast zu ihrem zweiten Paar Beinen geworden war. Sie befahl anzuhalten, nestelte in ihrem Mieder und zog ein Medaillon heraus, das sie zum Dom hochhielt. Später fragte Peel eine der Hofdamen, was dieses seltsame Zeremoniell zu bedeuten hatte. Er erfuhr, daß die Königin oft eine in blaues Email und Perlen gefaßte Miniatur des Prinzgemahls hochhielt, um ihm etwas zu zeigen, das er in seinem Erdenleben nicht kennengelernt hatte. Zweifellos hatte Albert Victoria von seinem Florenzbesuch in seiner Jugend erzählt, meinte die Hofdame, und sie dachte, es würde ihn interessieren zu sehen, wie der Duomo nach der Restaurierung aussah.

Im April fuhr der Zug der Königin nach Norden; über Bologna und den Brenner ging es nach Österreich. In Innsbruck hielt der Zug, und Victoria wurde auf dem Bahnsteig von Kaiser Franz Joseph begrüßt. Er war achtundfünfzig Jahre alt, hatte einen breiten weißen Bart und trug trotz der glühenden Sonne volle Uniform. Wie Victoria war er mit achtzehn Jahren einem Onkel auf den Thron gefolgt. Sie hatte ihn seit ihrem Besuch in Coburg 1863 nicht mehr gesehen; damals war er zur Einweihung eines Albert-Denkmals nach Norden gekommen.

In einem Raum im Bahnhofsgebäude «voller Blumen», die wahrscheinlich die «elenden Kopfschmerzen» der Königin noch verschlimmerten, setzten sie sich «*à quatre*» zum Mittagessen – Beatrice und Liko hatten sie auf allen Etappen der Reise begleitet. Sie konnte «so gut wie nichts» essen, war aber beeindruckt, daß Franz Joseph von Wien aus siebzehn Stunden gefahren war, um sie zu sehen. Das machte seine Bekenntnisse zur Freundschaft zwischen ihren beiden Ländern glaubwürdiger. Rußland sei «unbegreiflich», erzählte er der Königin. Sie konnte nur zustimmen, und der Abschied war «sehr herzlich».

In München hielt der Zug für eine Begrüßung der Königinmutter von Bayern, die noch um den geistesgestörten König Ludwig Trauer trug. Der Gönner Wagners hatte sich vor zwei Jahren ertränkt. Der jüngere Sohn, König Otto, sei ebenfalls verrückt, notierte Victoria. Das Königreich wurde nominell von einem Regenten, doch de facto weitgehend von Berlin regiert. In Regensburg hielt der Zug noch einmal, damit die Königin zu Abend essen konnte; danach blieb sie bis spät in die Nacht auf, «von Unruhe wegen des nächsten Tages erfüllt».

Lord Salisbury hatte darum gebeten, daß sie für den Charlottenburger Teil der Reise einen Minister mitnähme: Die deutsche Führung, von Bismarck alarmiert, war wegen des Besuchs der Queen beunruhigt und befürchtete ihren Einfluß auf Vicky, der zu einer Manipulation des deutschen Throns durch Victoria führen könnte. Victoria weigerte sich und bestand darauf, daß es sich um einen Privatbesuch handle. Sie traf Friedrich im Bett an, doch Mackenzie behauptete, es gehe seinem Patienten schon besser. Im Berliner Schloß stattete sie der betagten Kaiserin Augusta einen Kondolenzbesuch ab. Ganz allein fuhr sie in einem winzigen handbetriebenen Fahrstuhl zu ihrer einstigen Freundin und Vertrauten hinauf und fand sie «ganz zusammengeschrumpft und totenblaß, wirklich ein ziemlich unheimlicher Anblick... Eine Hand ist gelähmt, und die andere hat ein starkes Schütteln.» Die in sich zusammengesunkene, schweigsame Augusta war siebenundachtzig.

Am nächsten Tag, dem 25. April, erschien Fürst Bismarck (der er unter Wilhelm I. geworden war) zur Audienz bei der Königin. Vorsichtig hatte er sich bei Major Bigge erkundigt, ob Victoria stehen oder sitzen würde und wie er sich verhalten solle. Kurz nach Mittag brachte Vicky den stämmigen Bismarck herein. Die kleine Königin reichte ihm die Hand und forderte ihn zum Sitzen auf. Er kam auf Friedrichs Krankheit zu sprechen. «Ich fand ihn nicht so krank aussehend...», sagte sie ohne Überzeugung zu Bismarck. Dann äußerte sie ihre Befriedigung, daß keine Rede von einer Regentschaft sei. Er versicherte ihr, es werde keine geben. Selbst wenn er es für nötig hielte, was er nicht tat, hätte er nicht das Herz, sie zu beantragen. Sie bat ihn, Vicky beizustehen, und halbherzig versprach er es. «Sie hat ein hartes Schicksal gehabt», sagte er. Victoria, die sich Sorgen über «Willy» als Kaiser machte, wies auf seine mangelnde Erfahrung hin, vor allem daß er außer in England nie im Ausland war. (Wenigstens hatte sie Bertie eine Vergnügungsreise nach der anderen auf öffentliche Kosten machen lassen.) Bismarck war unbesorgt: Wenn Wilhelm «ins Wasser geworfen würde», sagte der Kanzler, «würde er auch schwimmen können».

Am 26. April verabschiedete sie sich von dem blassen, stummen Friedrich mit einem Kuß und drängte ihn, sie zu besuchen, wenn er «wieder bei Kräften» wäre. Dann reiste sie nach England ab. Auf dem Bahnsteig kämpfte die Kaiserin mit ihren Gefühlen. «Die liebe Vicky kam in meinen Wagen, und ich küßte sie wieder und wieder. Schließlich... brach sie in Tränen aus, und es war schrecklich, sie da weinend stehen zu sehen, während der Zug sich in Bewegung setzte, und zu denken, was sie litt und vielleicht noch durchzumachen hatte. Mein armes Kind, was würde ich nicht tun, um ihr in ihrem schweren Los zu helfen!» Der bevorstehende Machtkampf fand nicht statt. Sobald Vicky Fritz verlor, hatte sie alles verloren.

Friedrichs Schwierigkeiten wurden täglich größer, und mit jedem Morgen rückte die gefürchtete Erkenntnis näher, daß es keinen Weg mehr gäbe, ihn zu ernähren oder ihm das Atmen zu ermöglichen. Am 14. Juni 1888 erhielt Victoria in Balmoral ein Telegramm von Mackenzie, in dem er ihr mitteilte, daß der Kaiser eine Lungenentzündung bekommen habe und es mit ihm abwärts gehe. Sie telegraphierte Prinz Wilhelm, sie sei «so besorgt um die arme liebe Mama. Tu alles, was Du kannst, wie ich Dich gebeten habe, um ihr in dieser schrecklichen Zeit furchtbarer Prüfungen und Schmerzen zu helfen. Gott helfe uns!» Am nächsten Tag war alles vorbei. Friedrich III. hatte neunundneunzig Tage regiert.

«Mein Herz ist gebrochen», telegraphierte die Queen Willy, der mit neunundzwanzig Jahren jetzt Kaiser Wilhelm II. war. «Hilf Deiner armen Mutter und tu für sie, was Du kannst, und bemühe Dich, Deinem besten, edelsten und liebenswertesten Vater nachzufolgen.»

Vor Monatsende wußte die Königin durch Bertie, der nach Berlin gefahren war, um sie auf der Beerdigung zu vertreten, daß Bismarck «falsch und herzlos» war und Willy unzuverlässig. Auf dem Papier jedoch war Wilhelm der liebevolle Sohn und Enkel, der seiner «liebsten Großmama» schrieb, er tue sein «Äußerstes», um die Wünsche seiner verwitweten Mutter zu erfüllen. Dann reiste er zu einer Begegnung mit dem Zaren, «die sich positiv auf den Frieden in Europa auswirken wird». Er hoffte auch mit anderen Monarchen zu konferieren – man müsse «auf der Hut sein vor Gefahren, die dem monarchischen Prinzip von demokratischen und republikanischen Parteien überall in der Welt» drohten. Es erregte Victoria «Übelkeit», wenn sie sah, wie Wilhelm schon wieder zu Banketten und Paraden ging und als Kaiser offizielle Reisen machte, obwohl sein Vater erst wenige Wochen tot war. Sie war zwei Generationen älter als er, und zwischen ihrer beider Erziehung lagen Welten; die einzige Ähnlichkeit zwischen Großmutter und Enkel bestand in der Entschlossenheit, ihren Titeln als Königin-Kaiserin und Kaiser-König Bedeutung zu verleihen. Doch Victoria hatte die Erosion der Macht widerwillig akzeptiert und machte das Beste aus ihren persönlichen Vorrechten und der geringen Autorität, die ihr noch geblieben war. Wilhelm hingegen ergriff bereitwillig das autoritäre Regime, das Bismarck bewahrt und für Wilhelm I. ausgebaut hatte.

Deutsche Probleme beherrschten auch weiterhin das Jahr der Königin. Wilhelm begann sich durch seinen Botschafter zu beschweren, daß er nicht seinem Rang entsprechend behandelt werde und daß England sich gegenüber deutschen Bestrebungen in Europa und im Ausland feindselig zeige. Am 15. Oktober 1888 machte Victoria sich Lord Salisbury gegenüber Luft. Sie und der Prinz von Wales, erklärte sie, hätten

... immer ein sehr vertrautes Verhältnis zu unserem Enkel und Neffen gehabt, und zu verlangen, er müsse *privat* wie in der Öffentlichkeit als «seine Kaiserliche Majestät» behandelt werden, ist *totaler Wahnsinn*. Er ist genauso behandelt worden, wie wir seinen geliebten Vater und selbst seinen Großvater behandelt hätten und wie die Königin *selbst* immer von ihrem lieben Onkel König Leopold behandelt worden ist. *Wenn* er *solche* Vorstellungen hat, sollte er lieber *nie herkommen.*
Die Königin wird diesen Affront nicht hinnehmen.
(...) Dies alles zeigt einen sehr ungesunden und unnatürlichen Geisteszustand; und man muß ihn spüren lassen, daß seine Großmutter und sein Onkel sich solche Überheblichkeit nicht bieten lassen. Der Prinz von Wales darf sich eine solche Behandlung *nicht* gefallen lassen.
Was die politischen Beziehungen der beiden Regierungen betrifft, stimmt die Königin völlig zu, daß sie (möglichst) von diesen elenden persönlichen Streitigkeiten nicht berührt werden sollten; aber die Königin *fürchtet* sehr, daß dies bei einem so aufbrausenden, eingebildeten und verbohrten jungen Mann, dem jedes Feingefühl mangelt, JEDERZEIT *unmöglich* werden kann.

Die Frau eines englischen Diplomaten schrieb, die Deutschen sagten «alle, daß die englische Königsfamilie Kaiser Wilhelm nie als Souverän behandelt, sondern wie einen dummen Jungen». Die Beobachtung war nicht ganz aus der Luft gegriffen; Victoria hatte zu lange regiert, um ihren Enkel, der noch gestern in den Windeln gesteckt zu haben schien, als einen Herrscher anzuerkennen, der bereits zehn Jahre älter war als sie selbst bei ihrer Thronbesteigung. Ihre Sorge um Wilhelms verschrobene Arroganz wurde zur Manie. Vicky bat, ob sie sie besuchen dürfe, um sich der angeblichen schlechten Behandlung durch «Bismarck und seinen Sohn» und durch Wilhelm selbst zu entziehen. «Es bringt mein Blut in Wallung», schrieb die Königin in ihrem Tagebuch. Gathorne-Hardy sagte sie im Vertrauen, Wilhelm behandle die Kaiserin «abscheulich» und scheine zu meinen, daß er «eine übernatürliche Stellung» innehabe.
Es gab auch andere Ablenkungen. Abdul fuhr auf Urlaub nach Indien, und die Hindustani-Stunden der Königin mußten ausfallen. Doch sie war fasziniert von den «Whitechapel-Morden», die später einem nie gefaßten «Jack the Ripper» angelastet wurden. Der Innenminister Henry Matthews (später Viscount Llandaff) und der Premierminister erhielten Schreiben der Königin zur Aufklärung der Morde. Sie schlug darin Methoden ihres fiktiven Zeitgenossen Sherlock Holmes vor, der zum ersten Mal 1881 in einer Erzählung auftauchte. Da die Opfer des Mörders weitgehend Stra-

ßendirnen waren, fragte die Königin Matthews: «Hat man nachgeforscht, wie viele alleinstehende Männer ein Zimmer für sich allein bewohnen?» Und außerdem «muß die Kleidung des Mörders blutgetränkt sein und irgendwo aufbewahrt werden». Sie fragte sich auch, ob «alle Vieh- und Passagierschiffe» nach einem fliehenden Mörder durchsucht worden waren und ob es «nachts genügend Polizeiaufsicht» gebe. Beharrliche Gerüchte, von denen die Königin wahrscheinlich nichts hörte, wiesen auf Prinz Eddy als den Mörder von East End. Spätere Vermutungen nannten den Arzt seiner Familie, Sir William Gull. Kein überzeugender Tatverdächtiger wurde je gefunden, doch für den trägen Herzog scheint Jack the Ripper eine viel zu anstrengende Rolle gewesen zu sein.

Am 19. November kam Vicky in England an. An der Pier wurde sie von der Königin, dem Herzog von Cambridge und dem deutschen Botschafter Graf Hatzfeldt abgeholt. Die Königin war erschrocken über die ausgehängten Flaggen und die Menschenmengen, die unterwegs in London ihre Anteilnahme bekundeten. Sie fürchtete, Vicky könnte beides als Affront gegen ihre Trauer auffassen. Unter dem dichten schwarzen Trauerflor nahm ihre Tochter jedoch, blind vor Tränen, nichts davon wahr. Es waren noch zwei Tage bis zu ihrem achtundvierzigsten Geburtstag, aber ihr Leben war praktisch schon zu Ende.

Vicky blieb bis weit ins neue Jahr hinein. Als das Jahr 1889 in Osborne anbrach, blieb niemand auf, um es zu feiern, schrieb die Königin. Sie wies die Einsprüche des Premierministers zurück, die Anwesenheit der früheren Kaiserin als Quasi-Verbannte belaste die Beziehungen zwischen Großbritannien und Deutschland. Als Vicky jedoch im Februar zurückfuhr, streckte der Außenminister und Sohn des Kanzlers, Graf Herbert von Bismarck, seine Fühler aus wegen eines Staatsbesuches, der Victoria die Möglichkeit geben würde, ihren Enkel als Kaiser zu empfangen.

Am 26. Februar 1889, dem Tag, an dem Vicky nach Deutschland abreisen sollte, gab die Königin gleich nach Mittag einen großen Drawing-Room-Empfang. Das aristokratische London war eingeladen, von der Kaiserin Abschied zu nehmen. Lady Monkswell vermerkte in ihrem Tagebuch, daß es «mit halbstündigen Unterbrechungen» schneite und sie «im Brougham in Buckingham Palace Road elend lange warten mußte, während es kälter & kälter wurde». Danach – wieder einmal hatte die Presse wegen der gesundheitlichen Risiken eines Palaceempfangs für die Damenwelt Klage geführt – revidierte die Königin ihre Kleiderordnung und erlaubte bei Veranstaltungen in Windsor und Buckingham Palace auch hochgeschlossene Kleider. Sobald die letzten Gäste sich entfernt hatten, folgte die Kaiserin Friedrich – so wollte sie lieber genannt werden – ihnen nach. Einen Monat später verließ auch die Königin England wieder zu ihrem

Frühjahrsurlaub, diesmal in Biarritz und San Sebastian. Als sie die Grenze nach Spanien überschritt, wurde sie von der regierenden Königin und der jungen Königin Christina begrüßt und hörte einen Chor auf baskisch «God Save the Queen» singen. Mit ihren fast siebzig Jahren war Victoria jetzt eher eine Institution als eine Herrscherin. Whitehall und Westminster funktionierten wie immer, und nur die *Hofnachrichten* registrierten ihre Abwesenheit.

In vieler Hinsicht spielte sie nur die Rolle der Königin. Zum Beispiel ernannte sie Abdul Karim bei seiner Rückkehr aus Indien zu ihrem *Munshi*, ihrem indischen Sekretär, und übertrug ihm die Aufgabe, Post aus Indien zu erledigen, die nur formale Antworten verlangte. Karim, der in bezug auf seinen Status so empfindlich war wie der deutsche Kaiser, verursachte ständig Probleme, von denen die Königin nichts merkte oder die sie zu seinen Gunsten entschied, so daß seine Gegenwart die Atmosphäre vergiftete, wo immer er in ihrer Begleitung auftrat – und er war fast immer dabei. Da Alter, Gebrechlichkeit und die große Entfernung sie daran gehindert hatten, nach Indien zu fahren, schuf sie sich ihr eigenes Indien – nicht nur in Gestalt des königlichen *Munshi*, sondern auch mit einem kostbaren Durbar-Raum als Anbau an Osborne House, wo sie ihre wuchernde Sammlung indischen Kunsthandwerks, indischer Möbel und Kuriosa ausstellen konnte.

Daß die Königin Alberts Entwurf für Osborne änderte, war an sich schon bemerkenswert. Sonst haßte sie Neuerungen. Die für die Möbel und Einrichtung ihrer Häuser zuständigen Hofangestellten achteten darauf, daß verschlissene Vorhänge, Teppiche und Polsterbezüge durch möglichst ähnliche ersetzt wurden, damit sie keine Veränderungen bemerkte. Graf Crawford notierte in seinem Tagebuch, daß sogar im Buckingham Palace, «der nur sechs- oder siebenmal jährlich bewohnt wird..., natürlich viele Dinge auf den Tischen, Stühlen oder auf dem Boden herumliegen – zum Beispiel Bücher, Schals oder alte Briefumschläge. Sie werden sorgfältig eingesammelt, numeriert, katalogisiert und inventarisiert; die Teppiche markiert man mit Kreidezeichen, die Stühle mit Stecknadeln. Wenn die Königin ihr Kommen ankündigt, wird alles mit skrupulöser Sorgfalt wieder ausgebreitet.» Im geheiligten Osborne fiel der Königin ein Eingriff in Alberts architektonisches Konzept leichter, weil sie seine ursprüngliche Baufirma Cubitt damit beauftragen konnte, den disproportioniert großen Anbau auszuführen. Der Hauptraum mit der hohen Decke maß zehn mal zwanzig Meter, darüber lagen Wohnungen für Beatrice und Liko und für den jeweiligen residierenden Minister.

Während Victoria die Neuzeit von Windsor fernhalten wollte, ließ sie im Durbar-Raum und auch im übrigen Gebäude Elektrizität legen, obwohl sie selbst sie lieber nicht benutzte. Ein kleines Kraftwerk mit Gasgenerator in der Nähe der Bedientenunterkünfte lieferte den Strom. Die Trophäen aus Indien – selbst eine große Trophäe – sollten gut sichtbar sein, und die Augen der Königin ließen nach.

Zu einer Theatervorstellung in Sandringham, die der Prinz von Wales mit großem Kostenaufwand organisiert hatte, brachte die Königin ihren *Munshi* mit. Am 25. April 1889 kam sie in Sandringham an; seit Dezember 1871, als der typhuskranke Bertie im Sterben zu liegen schien, war sie nicht mehr dort gewesen. Seit er sich mit dem frustrierenden Warten auf den Thron abgefunden und das Parlament ihm weitere 36 000 £ für seine Kinder zugestanden hatte – selbst Gladstone hatte zugestimmt –, führte er ein elegantes Haus, unterhielt seine Mätressen und brachte es seit dem Jubiläum irgendwie fertig, seine Mutter darüber zu beruhigen, daß das Empire eines Tages bei ihm in guten Händen sein würde. Der Kontrast zu Wilhelm in Deutschland – dem Neffen des Prinzen von Wales – hatte wesentlich dazu beigetragen, Bertie in den Augen der Königin zu heben. Er schien um seine Mutter besorgt und wahrte die nötige Diskretion in bezug auf sein Privatleben, das er vorläufig nicht mehr in der Öffentlichkeit führte; er hatte offiziell Zugang zu den roten Depeschenkästen der Königin und zeigte Talent zur Außenpolitik. Mit siebenundvierzig entwickelte er königliche Statur.

Als Gastgeber hatte er im Tanzsaal von Sandringham Sitze für fast dreihundert Gäste aufstellen lassen, unter denen Mitglieder des Königshauses wie auch Nachbarn, Bedienstete und Pächter vertreten waren. Abdul Karim, der vom *Khidmatgar* (Diener) zum *Munshi* aufgestiegen war, wollte nicht bei den Bediensteten sitzen. Ganz verletzte Würde, zog er sich auf sein Zimmer zurück. Obwohl die Mitglieder des Hofes seine Ansprüche völlig unberechtigt fanden, mußten sie bei Diners neben ihm sitzen, so daß seine Gegenwart stets beharrliches Schweigen auslöste. Er prahlte, ohne Antwort zu erhalten, von seiner zunehmenden Bedeutung (jetzt hatte er schon Untersekretäre), und Arthur Bigge appellierte an seinen Vorgesetzten Ponsonby: «Sollte man diesen Beförderungen nicht einen Riegel vorschieben?» Doch auf den Braemar-Spielen wurde er 1890 auf Anweisung der Königin zwischen den Landadel gesetzt. Der Herzog von Connaught sprach Ponsonby ärgerlich darauf an, aber der im Dienste der Königin ergraute ehrwürdige Privatsekretär meinte, es sei besser, die Sache nicht zu erwähnen. 1892 wurde Karim zum *Munshi Hafiz* Abdul Karim ernannt; er wurde im Hofbericht erwähnt und erhielt eine möblierte Wohnung in Osborne, in der Leute wohnten, die behaupteten, seine Frau oder seine Tanten zu sein, und für die fantastischsten Gerüchte sorgten, die den sonst so eintönigen Hof belebten. Dr. Reid behauptete, daß ihm jedes Mal, wenn eine Mrs. Karim krank wurde, eine andere Zunge zum Untersuchen hingestreckt würde.

Daß Reid persönlich mit der ärztlichen Betreuung der weitläufigen Familie des *Munshi* beauftragt wurde, ist symptomatisch für Victorias Beziehung zu ihrem jüngsten Favoriten, der 1889 noch ein junger Mann gegen Ende zwanzig war. Die Königin beschäftigte einen enormen Stab an Medizinern. Seit Jenner Anfang der achtziger Jahre in den Ruhestand getreten war, war Reid Leitender Arzt des Hofärztlichen Personals, das 1889 aus drei Leibärzten, zehn Honorarärzten, zwei festangestellten Chirurgen, drei Honorarchirurgen, drei *accoucheurs*, zwei Augenärzten, einem Kinderarzt, vier Honorar-Palaceärzten, einem Zahnarzt und neun Apothekern bestand.

Uneingeweihte hielten den *Munshi* mit seinem schwarzen Bart, dem weißen Turban, seinen golddurchwirkten Gürteln und Schärpen für einen residierenden Maharadscha, und in der Boulevardpresse begann man zu fragen, welche Rolle er eigentlich spiele. Solche Angriffe fand die Königin «niedrig und wirklich schändlich». Seine Vorfahren anzuzweifeln sei «völlig unangebracht», da sie Erzbischöfe gekannt habe, die Söhne von Metzgern oder Kolonialwarenhändlern waren, und Peers, «die als Kinder barfuß herumgelaufen sind».

Die vom *Munshi* boykottierte Theateraufführung in Sandringham hatte Henry Irving und Ellen Terry mit ihrem großen Kassenerfolg *The Bells* nach dem französischen Melodram *Le Juif Polonais* gezeigt; danach folgte die Prozeß-Szene aus dem *Kaufmann von Venedig*, in der Irving den Shylock und Ellen Terry die Portia spielte. Anschließend unterhielt die Queen sich mit dem Paar. Von Irving war sie sehr beeindruckt; er sei «durch und durch ein Gentleman, und sie war sehr angenehm und hübsch». Sie mußte von dem privaten Verhältnis der beiden und den unehelichen Kindern Ellen Terrys gehört haben, aber jenes frühere Wesen namens Victoria in Gestalt der Königin gab es nicht mehr, die Zeit hatte es verwandelt. Jetzt rauchten sie und einige ihrer Damen in Balmoral sogar Zigaretten, um die kleinen Mücken zu vertreiben – natürlich nur aus hygienischen Gründen.

Am 24. Mai 1889 wurde Victoria siebzig Jahre alt. In Windsor brachte «Drino», Beatrices ältester Sohn Alexander, ihr Blumen ans Bett und sagte: «Herzliche Glückwünsche, Gangan.» Weit entfernt war sie jetzt von den «strahlenden, glücklichen Geburtstagen», die 1861 abrupt aufhörten. Jetzt war fast jeder Tag der Todestag eines ihr nahestehenden Menschen; der von Fritz am 15. Juni war der jüngste und schrecklichste. Als ihre letzte Tante starb, die Herzogin von Cambridge, fuhr die Königin sofort nach London, um den aufgebahrten Leichnam in St. James's Palace zu sehen, der «so friedlich & ruhig – & frei von allem Leiden» aussah. «Sie sah so hübsch aus – mit einer unter dem Kinn gebundenen weißen Haube, der Kopf war ein wenig auf die Seite geneigt, was sie so zufrieden aussehen ließ – & in den Händen hielt sie ... ein kleines Kruzifix, das die liebe Alix ihr geschenkt hatte.» Die Königin machte eine Ausnahme und fuhr zur Beerdigung in die Kirche von Kew.

Kaiser Wilhelm war so umsichtig, seinen Besuch in die Zeit nach dem ersten Todestag seines Vaters zu legen. Da der Kaiser direkt mit dem Schiff zur Insel Wight kommen sollte, schlug man der Königin vor, zur Zierde des Empfangs einige königliche Leibgardisten nach Cowes zu holen. Von Henry Ponsonby kam die ungehaltene Antwort: «Die Königin sagt, sie will verdammt sein, wenn die Beefeaters London verlassen.» Doch zur Vorbereitung von Wilhelms Besuch verlieh die Königin ihm den Rang eines britischen Admirals, so daß er die begehrte Uniform bei einer Parade in Spithead tragen konnte. Seine Annahme unterschrieb er mit «Immer Dein Dich liebender und ergebener Enkel», und dem britischen Botschafter in Berlin sagte er im Vertrauen, das Geschenk seiner Großmutter mache ihn «ganz schwindlig». Er fühle sich so ähnlich, wie Macbeth sich gefühlt haben muß, als er plötzlich mit dem Ruf: «Heil, Heil dir, Than von Glamis!... Than von Cawdor!» von den Hexen empfangen wurde. Daß Macbeth ein ehrgeiziger Usurpator war, der ein schlimmes Ende nahm, entging ihm dabei offensichtlich. Nach dem Schah von Persien im Juli kam Wilhelm im August als strahlender Admiral. Um die Stimmung weiter zu heben, verlieh die Königin Prinz Heinrich, Wilhelms Bruder, den Hosenbandorden. Frühstück und Abendessen wurden *en famille* im Zelt in Osborne eingenommen, ihrem Lieblingsplatz wegen der angenehm frischen Luft. Die Stimmung war herzlich, und von Berlin aus bedankte Wilhelm sich für «Deine grenzenlose Liebe und Freundlichkeit mir gegenüber».

Eine weitere Dankesbotschaft aus Berlin enthielt eine ominöse Bemerkung. Das Parlament hatte gerade Millionenbeträge für siebzig neue Kriegsschiffe gebilligt. Wilhelm, der «jede Phase» der Entwicklung der Schiffe der Königlichen Marine «beobachtete», da er «wußte, daß die britischen gepanzerten Schiffe zusammen mit meinen und meiner Armee die stärksten Garanten des Friedens sind», registrierte dies. In den Augen des Kaisers waren die deutschen Waffen sein persönliches Spielzeug; und er war vernarrt in Wettrennen, besonders in den Rüstungswettlauf.

Die Post der Königin floß über von Bagatellen, doch ihre Bürokraten hielten vieles von ihr fern, das ihr Interesse oder ihre Aufmerksamkeit nicht verdiente. Vor allem Briefe von Sonderlingen über religiöse Themen erregten ihren Unwillen und hatten ihre reizbare Geduld strapaziert, als sie um Albert trauerte. Danach war ihr selten etwas von der Art vorgelegt worden. Doch 1890 schickte der selbsternannte General der Heilsarmee William

Booth ihr sein Buch, dessen Titel die britischen Interventionen in Afrika parodierte: *Im dunkelsten England*. Die darin entworfenen Sozialfürsorge- und Selbsthilfeprogramme zur Bekämpfung von Arbeitslosigkeit, Überbevölkerung und Armut waren in ihrem Kern durch und durch evangelisch. Sich seiner heiklen Aufgabe bewußt, legte Ponsonby Victoria das Buch vor.

Booth wurde in der Presse große Aufmerksamkeit beigemessen, und seine Armee verzeichnete etliche Bekehrungserfolge. Man konnte die Königin nicht übergehen, doch laut Krönungseid war sie auch Schirmherrin eines anderen Glaubens. Sie könne sich nicht zu den Einzelheiten seines Programms äußern, ließ sie Ponsonby an Booth schreiben, «doch da Ihre Majestät sieht, daß es Ihr Ziel ist, Leid und Elend zu lindern, wünscht Ihre Majestät Ihnen freundlich allen erdenklichen Erfolg in dem Unternehmen, das Sie ins Leben gerufen haben». Booth schickte den Brief an die *Times*, die ihn nach Genehmigung durch den Hof abdruckte. Das Ergebnis war genau, was die Königin beabsichtigte: Die Staatskirche wurde davon nicht bedroht, die Heilsarmee und ihre Missionare waren glücklich, und Victoria hatte soziales Verantwortungsgefühl bewiesen.

Eine andere Armee – ihre eigene – war ein bleibendes Problem. Schon lange füllten Klagen über den rückständigen, doch hartnäckigen Einfluß des Herzogs von Cambridge im Kriegsministerium die roten Depeschenkästen der Königin. 1890 kamen die Einwände gegen ihn detailliert im Bericht einer Parlamentarischen Kommission zur Sprache. Der Herzog war siebzig Jahre alt und verkörperte eine vergangene Epoche militärischer Anschauungen. Seine persönliche Einflußnahme auf alle wichtigen Stellenbesetzungen hatte weitgehend verhindert, daß Verdienst mehr honoriert wurde als sozialer Status und Familienbindungen. Er hatte sein Amt und seine Macht vom Herzog von Wellington geerbt und dazu benutzt, Reformen abzublocken. Die Königin fand die Vorwürfe «rücksichtslos» und wollte keine Veränderung. Sie bestand auf dem Recht des Souveräns, den Oberbefehlshaber zu ernennen, und werde, wie sie sich Ponsonby gegenüber ausdrückte, «ihrem Sohn und Enkel die Krone unbeeinträchtigt weitervererben». Da sie eine Dame von ungewöhnlicher Standhaftigkeit war, konnte sie die Zukunft zwar nicht verhindern, aber immerhin aufschieben.

Auch gegen die Bemühungen des Außenministeriums, Grenzkonflikte mit Frankreich und Deutschland in Afrika durch einen vernünftigen Austausch ferner Gebiete beizulegen, konnte sie wenig unternehmen. Als jedoch die Briten zwecks Sicherung ihrer Grenzen in Ostafrika auf Helgoland verzichteten, ein strategisch bedeutendes Eiland aus Felsen und Sand in der Nordsee vor der deutschen Küste, und die Deutschen im Austausch dafür Sansibar aufgaben, war die Königin wütend. «Etwas aufzugeben, was man hat, ist immer schlecht», wandte sie Salisbury gegenüber ein. Dieser Philosophie blieb sie während ihrer gesamten Regierungszeit treu.

Wenn es um kleine persönliche Dinge ging, konnte die Königin sich immer noch durchsetzen. Für den Durbar 1890 in Delhi (den offiziellen Empfang beim Vizekönig von Indien) verlangte sie ein Grundstück in Agra für den *Munshi* und für ihn und seinen Vater bevorzugte Plätze. Zögernd sagte Lord Lansdowne zu, den *Munshi* beim Adel zu plazieren. Aber sein Vater war nicht von Rang und kam trotz der dringenden Gesuche aus Windsor nicht in Frage. Auch größere Rosinen entgingen ihr, aber sie war beharrlich. So versuchte sie zum Beispiel, ihren Sohn Arthur, den Herzog von Connaught, der Regierung als Oberbefehlshaber für Indien aufzuzwingen, ein leicht durchschaubarer Schritt, um ihn als Nachfolger ihres Vetters George als Armeechef aufzubauen. Die List schlug allerdings fehl. Sie konnte zwar eine Uniform, aber kein Amt verleihen.

Während die Macht der Königin schwand, besserte sich paradoxerweise ihr Ruf. Während W. T. Stead in seiner *Pall Mall Gazette* schrieb, die Öffentlichkeit beklage sich, sie «bekomme zu wenig Monarchie für ihr Geld», hatte Victoria sich seit ihrem Regierungsjubiläum häufiger gezeigt, als die Generation ihrer Zeit sich je erinnern konnte. Sie war der einzige Souverän, den die meisten lebenden Briten kennengelernt hatten, und jedem war klar, daß ihr nur noch wenige Jahre blieben. Das Resultat war, daß die Leute in Scharen zusammenliefen, wo immer ihr Erscheinen angekündigt wurde.

Was fest und unveränderlich war in Victorias Leben, war eben so, wie sie es haben wollte; und was immer sie zu tun wünschte, tat sie, um ihr Leben auf angenehme Weise auszufüllen, ohne Rücksicht auf andere. Sie war die Königin. Daß ihr ungestörtes Eigenleben andere aus der Fassung bringen konnte, beachtete sie kaum. Während der Trauerjahre um Albert hatte sie angeordnet, daß die Kanonen der Marine, die man in Osborne noch schwach hörte, nicht mehr schießen durften. In späteren Jahren telegraphierte sie regelmäßig ihren Protest an die Marinestellen, die den Solent mit dem fernen Echo ihrer Kanonenschüsse überzogen.

Immer öfter benutzte Victoria auch in der Öffentlichkeit einen Stock zum Gehen. Als der Sultan von Sansibar sie so gesehen hatte, fragte er bei Hofe an, ob sie «als Geburtstagsgeschenk» wohl einen krückenartigen Stock annehmen würde. Ponsonby bejahte, wenn er nicht «zu schwer oder kostbar» sei und entsprechend der Größe der Königin eine Höhe von 88 Zentimetern habe. Weder ihre Unbeweglichkeit noch ihr Alter konnten die Königin davon abhalten, das zu tun, was sie wollte. Wie ihre Aufenthalte in Osborne begannen und endeten auch ihre Urlaube in der Einsamkeit Balmorals mit der Regelmäßigkeit eines Uhrwerks, und der immer gleiche und eintönige Tagesablauf bekam ihr bestens. Sie machte sich auch keine Gedanken, wie monoton der Dienst der Damen und Herren war, die ohne jede Beschäftigung auf ihren seltenen Ruf warten mußten. Miss Adeane schrieb im Juni 1890 von Balmoral aus, das Leben als «Diensthabende» sei «äußerst langweilig, oft darauf beschränkt, jeden zweiten Abend mit der Königin das Essen einzunehmen», und *«ohne irgendwelche* Aufgaben, um unseren Geist zu beschäftigen, und das Wetter ist gräßlich kalt und naß ... Wir existieren nur von einer Mahlzeit zur nächsten und tun unser bestes, die Zeit totzuschlagen.»

Ein diensthabender Minister verglich das Leben in Balmoral 1890 mit dem Leben in einem «Konvent»: «Wir sehen uns zu den Mahlzeiten ..., und wenn wir fertig sind, verschwindet jeder wieder in seiner Zelle.» Seit den frühen Tagen der Königin in Windsor hatte sich nur wenig geändert.

XVII

EIN VERSINKENDER STERN

(1891-1894)

Der Tranby-Croft-Skandal Anfang 1891 machte wieder einmal die Hoffnungen der Königin zunichte, der Prinz von Wales werde sich eines Tages noch in einen brauchbaren Monarchen verwandeln. Ebenso quälend war die Aussicht, daß die Tories wieder die Macht verlieren würden und daß Gladstone, der, so schwach er körperlich auch sein mochte, immer noch ein Rattenfänger war, wenn er zu reden begann, noch eimal zurückkehren sollte, um Handküsse zu verteilen. Nachwahlen, bei denen die Liberalen Sitze gewannen, kündigten an, daß Gladstone noch einmal auf die Bühne treten würde.

Den ersten Anlaß zu Verdruß für die Königin im Jahre 1891 bot ein Ereignis in Yorkshire, und zwar in dem Landhaus Tranby Croft. Dort war der Prinz von Wales zugegen, als beim Bakkarat einer seiner Freunde beim Falschspielen bloßgestellt wurde. Mit einem Privateinkommen von 80 000 £ im Jahr zu einer Zeit, als man mit einem einzigen Pfund ein stilvolles Abendessen für zwei bezahlen konnte, schien der Missetäter es kaum nötig zu haben, beim Kartenspiel zu betrügen. Aber die anderen drohten, nur Stillschweigen zu bewahren, wenn er eine Erklärung unterzeichnete, in der er sein Vergehen eingestand und den Karten abschwor. Der Ertappte unterschrieb. Als der Fall trotzdem in die Presse durchsikkerte, reichte «der abscheuliche Sir Wm. Cumming», wie Victoria ihn in ihrem Tagebuch bezeichnete, eine Verleumdungsklage ein, und zum zweiten Mal in seinem Leben wurde Bertie als Zeuge vernommen. Die unsichere Stimme, mit der der Prinz vor Gericht aussagte, hinterließ einen noch schlechteren Eindruck als die Tatsache, daß er überhaupt an diesem Ort war. Eine Zeitung zitierte gewisse Landadelige, die ihn «einen Verschwender und Hurenbock» genannt hatten, und die *Times* wünschte, der Prinz «hätte eine ähnliche Erklärung unterschrieben», Glücksspiele hinfort zu meiden.

So gerne die Königin eine Stellungnahme «zur Verteidigung oder Entschuldigung» für den Prinzen abgeben wollte, bat sie Lord Salisbury «eindringlich», Stillschweigen zu bewahren. Daraufhin schlug sie vor, Bertie solle einen öffentlichen Brief an den Erzbischof von Canterbury schreiben, in dem er das Glücksspiel beklagte, eine Geste, die die Zeitungen wohl als grotesk betrachtet hätten. Er schrieb jedoch schließlich, auf den Druck seiner Mutter hin, einen privaten Brief an den Kirchenfürsten und drückte darin seinen «Abscheu vor dem Glücksspiel» aus, womit er wohl den Abscheu davor meinte, öffentlich dabei erwischt zu werden, oder vielleicht auch den Abscheu vor Leuten, die spielten und es sich nicht leisten konnten, zu verlieren.

Duleep Singh, der immer wieder im Leben der Königin auftauchte und dann wieder verschwand, trat erneut in Erscheinung, um sie in Verlegenheit zu bringen. Er war ihr erstes Andenken aus Indien und bezog noch immer eine Staatspension als abgesetzter Maharadscha. Doch hatte er seine fünziger Jahre nicht eben ehrenvoll erreicht. Er war arm und dick, trieb Vielweiberei, lebte von geliehenem Geld und tändelte mit Tänzerinnen und Soldatenliebchen. Victoria hatte bei den Verhandlungen um seine Eheschließung mitgewirkt und war Taufpatin seines ältesten Sohnes, Victor. Wie Freddie, der zweitgeborene Sohn, war er ein Schürzenjäger und ging gern auf die Jagd. Inzwischen bei der Gesellschaft in Ungnade gefallen, brauchte Vater Singh die Absolution der Königin. Er suchte Victoria während ihres Frühjahrsurlaubs im März an der Riviera auf, um, wie Marie Adeane schrieb, «die Königin um Vergebung für alle seine Missetaten zu bitten. Die Königin sagte, er sei zuerst ganz ruhig gewesen und habe dann bitterlich geweint und um Vergebung gefleht, und als sie schließlich seine Hand streichelte, habe er seine Fassung wiedergewonnen.» Miss Adeane war über Duleep Singhs Überfall empört und ebenso über die Langmut der Königin. «Ich glaube, er ist ein Ungeheuer von der übelsten Sorte und wird viel besser behandelt, als er verdient.» Aber Bertie, der fast gleich alt war wie er, hatte ebenfalls alles andere als den gebotenen Takt bewiesen, und die Königin konnte nicht einen ehemaligen Ersatzsohn aufgrund eines moralischen Maßstabes wegschicken, den sie nicht an den Prinzen von Wales anlegen wollte.

Als Duleep Singh 1893 starb, schrieb sie an Victor, wie gutaussehend und charmant sie seinen Vater einmal gefunden hatte und wie «schmerzlich» die Trennung gewesen war. Sie unterließ es, Polly Ash zu erwähnen, eine Tänzerin im Alhambra, der der hoch verschuldete Ex-Maharadscha kurz zuvor einen Unterhalt von 3000 £ im Jahr zugesprochen hatte. Sie schickte statt dessen einen Kranz und unterschrieb mit «immer Ihre Ihnen herzlich zugetane Freundin & Patin, Victoria R & I». Im Korridor des Durbar-Flügels verblieb Marochettis Marmorbüste von Duleep Singh wie auch das idealisierte Porträt der stehenden Gestalt, das Winterhalter 1854 gemalt hatte, als Duleep sechzehn war.

Bertie bleib weiterhin Gegenstand von Skandalgeschichten. Er trieb seine Liebschaften in solcher Öffentlichkeit, daß er die Schlafzimmertüren gleich hätte offenlassen können. Darum verbrachte Alexandra viel Zeit getrennt von ihm und sogar im Ausland. Sie hatte lange öffentlich die von ihr erwartete Rolle der Gemahlin des zukünftigen Königs gespielt und dies auch mit Würde getan, obwohl sie ihrer Schwiegermutter freimütig sagte, «es ist kein Vergnügen, Königin zu sein». Privat hatte sie schon längst aufgehört, das Schlafzimmer mit ihrem Ehemann zu teilen, der damit zufrieden war, daß sie genügend Erben geboren hatte. Für seine sonstigen Bedürfnisse gab er leidenschaftlichen und sinnlichen Frauen den Vorzug vor der kalten, hageren Alix.

Da der Prinz von Wales oft auf Reisen war und das gewöhnlich ohne sie, beschloß sie, die eheliche Zukunft ihrer Söhne in die Hand zu nehmen. Sie erkannte, daß bald etwas geschehen mußte. Andernfalls sähe sich die organsiationsfreudige Victoria genötigt, sich auf die Suche zu machen; immerhin würde Eddy seinem Vater auf den Thron folgen und eine Königin brauchen. Mit siebenundzwanzig Jahren hatte er zwar einen Ehrendoktor der Rechte von Cambridge sowie zahlreiche Orden, Ehren und Titel. Aber der Herzog von Clarence und Avondale – Prinz Albert Victor – schien an nichts wirkliches Interesse zu haben als an einem sinnenfrohen Leben. Er stand im Ruf, sehr schweigsam zu sein, das aber nur, weil er nichts zu sagen wußte. Er konnte kaum lesen, hatte von seiner Mutter Schwerhörigkeit geerbt und trug ein schlaffes, leeres Gesicht zur Schau, das manche Frauen – und vielleicht auch einige Männer – attraktiv fanden. Victoria wußte nur wenig über sein tägliches Leben, aber es war ihr klar, daß unter dem angenehmen, sanften Wesen, das er an den Tag legte, fast nichts lag, und daß eine charakterstarke Frau zwar vielleicht nichts aus ihm machen, ihn aber zumindest aufrechthalten konnte.

Da sie so viele Enkelinnen hatte, die Ehemänner brauchten, machte sie sich keine Gedanken mehr über die Gefahren der Blutsverwandtschaft. Es schwebte ihr vor, ihn mit einer der Töchter von Alice zu verheiraten. Aber Prinzessin Alix von Hessen erklärte, sie wolle Eddy keineswegs heiraten; nur «wenn sie *gezwungen* wird, tut sie es», teilte die Königin bald darauf Vicky mit. Das zeige eine «große Charakterstärke» gestand ihre Großmutter, denn das Mädchen weise damit «die großartigste Position zurück, die es gibt».

Den in Frage kommenden Frauen konnte Prinz Eddys Ruf nicht unbekannt sein. Sein Leben mit ihm zu teilen, würde eine beträchtliche Bürde sein, auch für eine zukünftige Königin von England. Er trank unmäßig und rauchte ununterbrochen türkische Zigaretten, er wurde wegen Gonorrhöe und Syphilis behandelt, er hatte Gicht, obwohl er noch ein junger Mann war, und eine Schauspielerin behauptete, ein Kind von ihm zu haben. Sein männlicher Enthusiasmus reichte von der Jagd bis ins Boudoir, und 1889 hatte er sich möglicherweise auch in ein Bordell für Homosexuelle in der Cleveland Street verirrt, das von Lord Arthur Somerset gefördert wurde, dem Stallmeister des Prinzen von Wales. Victorias Wahl fiel auf Prinzessin Margaret, Tochter der Kaiserinwitwe und Schwester von Kaiser Wilhelm, aber sie war Eddy nicht hübsch genug, und er verwarf den Vorschlag. Außerdem verkündete er, er wolle als Braut die Tochter des Comte de Paris, eines Enkels von König Louis-Philippe, der Anspruch auf den französischen Thron erhob. Hélène Louise war neunzehn Jahre alt und eine fromme Katholikin. Ihr lag viel daran, Königin von England zu werden. Doch sie fiel, wie ein Biograph von Eddys Mutter es ausgedrückt hat «den Angehörigen beider Geschlechter zum Opfer, die ihn ermutigten. Im Dienste des Eigennutzes wußte er hervorragend Theater zu spielen und den Eindruck zu erwecken, er sei verliebt.»

Obwohl Victoria die Warnung aussprach, daß Hélène schon aus Gründen der Verfassung nicht in Frage komme, hielt Eddy mit Alexandras Einwilligung um ihre Hand an und wurde erhört. Die Verschwörer trafen an einem herrlichen Augusttag des Jahres 1890 in Balmoral ein, als Victoria gerade wie gewöhnlich im Freien mit ihren Depeschenkästen beschäftigt war, und baten um ihre Aufmerksamkeit für ihre Liebeserklärung. Victoria war entzückt und nahm an, daß man das Problem von Hélènes Religionszugehörigkeit schon aus der Welt schaffen würde – ein geringer Preis, wenn man dafür Königin wurde. Für den Comte war dieser Preis allerdings zu hoch, und die Prinzessin wurde nach Hause befohlen. Flexibel wie immer richtete Eddy seine Glut nun auf Lady Sybil St. Clair Erskine – die Victoria für inakzeptabel erklärte. Im Januar 1891 wurde eine etwas entferntere Cousine als Margaret in Sandringham vorgeführt. May war die Tochter von Prinzessin Adelaide, Herzogin von Teck, einer direkten Cousine der Königin und die Schwester des Herzogs von Cambridge. May war blond, stattlich und fast vierundzwanzig. Sie hatte schon beinahe die Hoffnung aufgegeben, einen passenden Ehemann zu finden. Eddy war nicht der Prinz ihrer Träume, aber er würde König werden, und ihre Eltern waren angesichts dieser Möglichkeit vor Aufregung ganz aus dem Häuschen. «Die dicke Mary» – Mays Mutter – war das im ganzen Land beliebteste Mitglied des Königshauses. Nach der Königin war sie auf feierlichen Eröffnungen, Einweihungen und Festlichkeiten bei jedermann am beliebsten. Victoria fand ihre Lustigkeit jedoch bedrückend, und Mary war selten ein königlicher Gast gewesen.

Unter Berufung auf neue Photographien erklärte die Königin, daß Prinzessin May ihrer Mutter so unähnlich sehe wie nur möglich, was gut sei, und noch weniger ihrem dunkelhäutigen Vater, dem Herzog Franz von Teck, gleiche, was noch besser sei. Im Oktober erreichte die Spannung schließlich ihren Höhepunkt mit der Aufforderung an May und ihren Bruder Adolphus, in Balmoral zu erscheinen. Der exzentrische Herzog und die Herzogin erhielten keine Einladung. (Sie waren nur einmal in Balmoral gewesen, und zwar 1868.) Ihre Kinder nahmen am 4. November 1891 den Nachtzug nach Aberdeen und stiegen dann nach Ballater um, um «Tante Königin» allein zu besuchen. Victoria wollte sie ungehindert inspizieren und hielt auch Bertie, Alix und Eddy auf Abstand.

Bertie, der gerade mit einer neuen Liebschaft, seiner «Darling Daisy» Brook, der zukünftigen Gräfin von Warwick, beschäftigt war, empfand es als eine Erleichterung, nicht bei ungeheizten Kaminen und Schneeschauern dahinvegetieren zu müssen. Er hatte ein schwieriges Jahr hinter sich, da es im Tranby-Croft-Fall erst Anfang Juni zum Prozeß kam. Die ersten Monate, in denen der Klatsch über Bertie und seine Damen und Bertie und seine in Glücksspiele verwickelten Herren kein Ende nahm, brachten die Königin ebensosehr auf wie die vergebliche Suche seines Erben nach einer Braut. Eddys «Bildung und Zukunft waren eine Angelegenheit großer Besorgnis für uns, und die Schwierigkeit, ihn aufzurütteln, ist außerordentlich groß», erklärte der Prinz von Wales seiner Mutter. «Eine gute, vernünftige Frau von erheblicher Charakterstärke ist das, was er am nötigsten braucht. Aber wo ist sie zu finden?»

Während die Königin über die begrenzten Alternativen nachsann, erledigte sie nebenbei ihre Aufgaben als Herrscherin. Sie gab in Windsor Cecil Rhodes eine Audienz, der als Unternehmer eine Diamantmine betrieb und zugleich Premierminister der Kapprovinz war, und lauschte geduldig seinen Ausführungen. «Er sagte», schrieb die Königin am 24. Februar in ihr Tagebuch, «daß Großbritannien das einzige Land sei, das zu kolonisieren verstünde, keine andere Nation hätte damit Erfolg. Er hoffe, mit der Zeit werde sich der britische Herrschaftsbereich vom Kap bis nach Ägypten erstrecken. Er dachte, alles ließe sich arrangieren und die Schwierigkeiten könne man überwinden.» Im stillen stimmte ihm die Königin darin zu, daß die anderen Kolonialmächte es versäumt hatten, die Verantwortung des weißen Mannes ernst zu nehmen, denn überall dort, wo nicht die britische Flagge wehte, würden die Eingeborenen schändlich ausgebeutet. Ihr eigener Cousin, Leopold II. von Belgien, der den Kongo als privates Lehensgut kontrollierte, war der schlimmste der europäischen Grundbesitzer und hatte einen so schändlichen Ruf, daß die Leute sich wunderten, daß sie ihn überhaupt empfing, als er nach London kam.

In der Downing Street saß noch immer Salisbury. Die Königin aber hatte wenig, womit sie sich beschäftigen konnte. Daher füllte sie ihre Zeit mit häuslichen Angelegenheiten aus, einschließlich Theatervorstellungen, die teils von Mitgliedern des Hofs, teils von Berufsschauspielern dargeboten wurden. Weder Trauer noch Etikette hinderten die Königin, immer wieder unter großem Kostenaufwand musikalische und andere Aufführungen in ihrem Haus stattfinden zu lassen. Auch Bedenken wegen ihrer Sicherheit und ihres Schutzes kümmerten sie nicht. Wenn sie es sich einmal in den Kopf gesetzt hatte, dann fuhr sie los, um Buffalo Bill oder P. T. Barnum in einer Londoner Halle zu sehen, die Tausende von Menschen faßte. Dabei weigerte sie sich, in die Oper nach Covent Garden zu gehen, zu Konzerten in die Albert Hall, zu Operetten ins Savoy Theater oder in eines der vielen Dutzend Theater oder einen der zahlreichen Konzertsäle im West End.

Oft gab es auch Konzerte und Liederabende, die gewöhnlich von Signor Paolo Tosti arrangiert wurden, der *persona gratissima* bei der Königin war. Ihr Geschmack reichte von Tostis sentimentalen eigenen Liedern bis zu Wagner-Arien, von englischen Sängern und Instrumentalisten wie Ben Davies, Kennerley Rumford, Leonard Borwick und Clara Butt bis zu solchen Künstlern vom Kontinent wie den Brüdern De Reszke, Emma Albani, Marie Brema und Francesco Tamagno. Der Majordomus in den Jahren nach 1890, Edward Pelham-Clinton, sorgte für Geschenke, Honorare und Sonderzüge von London zu den Aufführungsorten, den Aufbau von Bühnenbildern und die Vorbereitung von Kostümen sowie das Abendessen nach den Vorstellungen. Da so viele von den Künstlern in höchstem Maße egoistisch und exzentrisch waren, gab es enorme strategische und diplomatische Probleme. Es gab immer Extrawünsche, und man mußte den besonders sensiblen Künstlernaturen mit größter Aufmerksamkeit begegnen, denn sie fühlten sich leicht wie fahrende Musikanten, wenn die Königin sie nicht wie Adelige behandelte. Dann gab es noch Natalie Janotha, die eine spezielle Vorrichtung auf das Klavier stellte, um den bösen Blick abzuwehren, und die vor der Königin niederkniete, ehe sie zu spielen begann.

Wenn die Darsteller nach Balmoral geholt werden mußten, bedeutete das oft eine Investition, mit der man durchaus eine größere Aufführung in London hätte finanzieren können, obwohl sich manchmal weniger als ein Dutzend Personen nach dem Abendessen im Empfangssalon versammelten. «Ich saß neben der Königin», schrieb Lady Lytton nach einem solchen Privatkonzert in ihr Tagebuch, «und ihr Verhalten gegenüber den strahlenden Künstlern war vollkommen... sie alle sangen und spielten besonders gut. Gounods *Ave Maria* mit (dem Violonisten Johannes) Wolff und der Albani war perfekt. Die Albani bekam ein Saphirarmband... und die Herren werden auch alle etwas bekommen, und alle ihre Ausgaben werden ihnen *erstattet*. Der Hofstaat aß mit den Künstlern und den Gästen zu Abend, und es ging sehr fröhlich zu.»

Anläßlich der Heirat einer Tochter von Prinzessin Helena (Prinzessin Christian von Schleswig-Holstein) in Windsor im Juli stellte man fest, daß die Königin etwas Neues eingeführt habe – oder zumindest beinahe etwas Neues. Lady Monkwell erblickte Victoria in einem offenen, von zwei Pferden gezogenen Wagen und beobachtete, wie Männer, die sie vorbeifahren sahen, den Hut vor ihr zogen. «Sie trug einen *Hut*, in der Art, wie ich ihn zuletzt vor 35 Jahren gesehen habe, mit einer großen schwarzen & auch einer weißen Feder daran. So jugendlich für eine alte Dame von 72.» Victoria hatte die Jubiläumshaube und die Witwenhaube nicht für immer abgelegt, ja sie hatte sich nicht einmal neue Kleider gekauft. Aber sie schien entschlossen – in den Grenzen der gebotenen Zurückhaltung –, die ihr noch verbleibende Regierungszeit zu genießen.

Am 19. August 1891 schrieb der Privatsekretär des Prinzen von Wales, Sir Francis Knollys, einen Brief an Sir Henry Ponsonby. Das Schreiben kam an, als die Königin gerade Vertreter eines französischen Flottenverbandes in Osborne zu Gast hatte. Knollys berichtete, Prinzessin Alexandra habe ihrem Sohn Albert Victor vorgeschlagen, er solle einige nützliche Erfahrungen sammeln, indem er den Kontinent und die Kolonien besuche, und (vorausgesetzt, die Königin sei einverstanden) im Frühjahr Prinzessin May heiraten. Der Herzog von Clarence hatte lediglich der Heirat zugestimmt. «Ich denke, die Vorbereitungen sind schon recht weit gediehen», fuhr Knollys fort, «aber glauben Sie, daß Prinzessin May irgendwelchen Widerstand leisten wird? Ich erwarte keine ernsthafte Opposition von seiten Prinz Eddys, wenn er richtig angeleitet wird.»

Eddy war im Mai 1890 von einer Reise nach Indien zurückgekehrt, blaß und gelb unter seinen Rehaugen und dem gewichsten, aufgezwirbelten Kavallerie-Schnurrbart. Sein langer Hals, der immer in hohen Kragen steckte, sah noch länger aus. Reisen bekam ihm nicht, und es gab auch Zweifel daran, daß die Ehe in irgendeiner Weise für ihn heilsam sein würde. Nach dem dreitägigen Empfang für die französischen Offiziere und Matrosen, bei dem sich die meisten Veranstaltungen unter sintflutartigen Regenfällen dahingeschleppt hatten – abgesehen von einem sonnigen Morgen am 19. –, wandte die Königin ihre Aufmerksamkeit Prinz Eddy zu. Trotz des Wetters war ihr Durbar-Saal ein Erfolg bei dem großen Diner für die Kapitäne der französischen Kriegsschiffe gewesen, und die Flottenparade hatte trotz der Wolkenbrüche stattgefunden. Die Prunkentfaltung brachte die Schiffe und das Reisen von der besten Seite zur Geltung, und Victoria mag unter diesen Umständen wieder an den Brief des Prinzen von Wales über ihren lethargischen, labilen Enkel gedacht haben: «Der wahre Grund dafür, daß wir Besuche in bestimmten Kolonien für wünschenswert hielten, war, daß die Reisen länger wären.»

Die Königin verstand. Niemand hatte sie offiziell über Eddys Missetaten informiert, aber sie begriff, daß die Heirat mit einer Frau von strengem Charakter dringend war. «Ich frage noch eimal, *wer* es ist, der der Königin diese Dinge erzählt», wollte Knollys im Dezember von Ponsonby wissen, nachdem Victoria an Prinzessin Alexandra über Eddys «ausschweifendes Leben» geschrieben hatte. Zu diesem Zeitpunkt war die Hochzeit jedoch bereits arrangiert worden. Eddys Verlobung war eine Staatsangelegenheit – «zum Wohle des Landes», wie Knollys es Ponsonby gegenüber formulierte. Andere Staatsgeschäfte waren in ihren Augen nicht so dringend, obwohl der Tod ihr einen ihrer hingebungsvollsten Staatsdiener, William Henry Smith, geraubt hatte. Er hatte Ehrungen abgelehnt, während er dem Kabinett angehörte. Victoria adelte seine Witwe.

Die Zukunft der Monarchie würde, so meinte Victoria – wenn sie Bertie irgendwie überdauern würde –, bei einer jungen Frau liegen, die mehr Vormund als Ehefrau für Berties Erben wäre. Sie mußte auch wie eine Königin aussehen. May kam zusammen mit ihrem Bruder am 5. November 1891 kurz nach Mittag an. «Sie sieht jetzt viel besser aus», war Victorias Urteil Vicky gegenüber, die sich skeptisch über May geäußert hatte. Manche Leute meinten, so sagte die Kaiserin Friedrich, May sei «oberflächlich». (Vicky hoffte noch immer, eine Tochter als Braut für Eddy opfern zu können.) Nach einigen Wagenfahrten in die Berge, Laientheaterspielen im Haus bei einem Wetter, das selbst Victoria «naß & düster» fand, und verzweifelten Besuchen bei Tante Beatrice, wo ihr Bruder «Dolly» außerhalb von Victorias Reichweite rauchen konnte, begriff May, daß sie Gnade gefunden hatte.

Die jungen Tecks kehrten mit einem Brief an Prinzessin Mary Adelaide zurück, der die Heirat so gut wie sicher in Aussicht stellte. Am 3. Dezember schrieb der Prinz von Wales an seine Mutter, daß Eddy angewiesen worden war, um Mays Hand anzuhalten, und sich dazu bereiterklärt hatte. Am folgenden Wochenende war er schon unter einem Dach mit May, in einem Landhaus bei Luton Hoo, und dort wurde die Verlobung vereinbart. In der darauffolgenden Woche wußte es ganz England – inoffiziell, allein durch Klatsch und Tratsch verbreitet. Nur eine Woche später, nach einem Besuch in Windsor, wurde die Verlobung offiziell bekanntgegeben. Den beiden wurden Räume im St. James's Palace zugeteilt, und Victoria nahm das Paar mit in das Mausoleum, damit sie den posthumen Segen des Prinzgemahls empfangen konnten.

Victoria verlieh dem Besuch noch mehr Gewicht durch einen Brief an May, in dem sie ihre Freude darüber zum Ausdruck brachte, «daß Du jetzt mein Enkelkind wirst». Sie betonte, «wieviel Vertrauen ich zu Dir habe, daß Du den wichtigen Posten, zu dem Du durch Deine Heirat mit Eddy berufen bist, mit Würde ausfüllen wirst». Victorias Entzücken war viel größer, als die Sätze es verrieten, die sie ohne Gefahr May gegenüber äußern konnte. Victoria brauchte Bestätigung, als das Jahr sich neigte. Eddys Bruder George hatte gerade einen Anfall von Typhus überstanden, der Krankheit, von der man allgemein annahm, daß sie seinen Großvater das Leben gekostet habe, und der auch um Haaresbreite sein Vater erlegen wäre. Sein Gewicht war dabei auf 57 kg gefallen, und während des Festes für Eddy hatte George sein Krankenzimmer nicht verlassen können. Die Königin war sich bewußt, wie zerbrechlich die Gliederkette ihrer unmittelbaren Nachfolge war. Berties Töchter erschienen ihr sogar noch schwächer als seine Söhne.

Trotz ihrer vielen Kinder und Enkel hegte Victoria Befürchtungen über die Zukunft des Thrones. Als das Jahresende näherkam, wurden ihre Bedenken durch einen Jagdunfall und die Weihnachtsausgabe einer Londoner Zeitung noch untermauert. Prinz Arthur, der Herzog von Connaught, hatte versehentlich seinen Schwager, Prinz Christian, in den Kopf geschossen. Helenas Mann mußte unter einer Chloroformnarkose das Auge herausoperiert werden. In London hatte die Zeitschrift *Truth* einen satirischen Artikel veröffentlicht, der den letzten Besuch Kaiser Wilhelms zum Anlaß nahm, diesem frei erfundene Äußerungen über das Verhalten des Prinzen von Wales in Tranby Croft sowie über Berties Geliebte und deren kooperative Ehemänner in den Mund zu legen. Zur großen Verlegenheit der Königin war der Prinz von Wales inzwischen wegen seiner Frauengeschichten in noch größere öffentliche Schwierigkeiten geraten, da Lord Charles Beresford im Kampf um die schöne Daisy Brooke sein Rivale war und mit ihm gestritten hatte. Lord Charles verlangte eine Entschuldigung vom Prinzen, weil er ihn an die Öffentlichkeit gezerrt und damit seine Frau beleidigt habe. Die Affäre weitete sich im Dezember zu einem handfesten Skandal aus, der die Nachricht von der Verlobung des Herzogs von Clarence überschattete.

Aufgebracht unterbreitete die Königin die Sache Lord Salisbury. Sie wollte wissen, was man tun konnte, um den Klatsch zum Verstummen zu bringen. Salisbury zeigte ihr ein Memorandum von Sir Francis Knollys, in dem dieser ihm versicherte, die Prinzessin von Wales unterstütze «den Prinzen in allem, was mit der unglücklichen Affäre zusammenhängt, und ist willens, alles in ihrer Macht Stehende zu tun, um ihm zu helfen». Die Androhung sofortiger und zukünftiger gesellschaftlicher Ächtung durch den Hof – schließlich würde Bertie eines Tages König werden – beendete das Kreuzfeuer von Drohungen, verdarb aber den königlichen Familien das Weihnachtsfest. Es war nicht einmal sicher, ob der Prinz von Wales mit seiner zornigen, wenn auch nach außen hin ergebenen Frau in Sandringham bleiben wollte. Wie üblich hatte sich die Königin nach Osborne zurückgezogen und hoffte, daß eine prächtige königliche Hochzeit die Öffentlichkeit ablenken würde.

Am letzten Tag des Jahres 1891 starb unerwartet ein Neffe der Königin, Prinz Victor von Hohenlohe, der sich lange Graf Gleichen genannt hatte. Victoria hatte ihn gern gehabt, vielleicht sogar mehr als ihre eigenen Söhne. Bei seiner Beerdigung an einem kalten, windigen Januartag holte sich Prinz Eddy, der auch zugegen war, da er sich gerade sehr um das Wohlwollen seiner Großmutter bemühte, offenbar eine Erkältung. Er ging trotzdem auf die Jagd und kam am Nachmittag des 7. Januar 1892 wieder nach Hause, so krank, daß er sich sofort zu Bett legte.

Inzwischen waren die Tecks in Sandringham eingetroffen, um Eddys achtundzwanzigsten Geburtstag zu feiern und über die Hochzeit zu sprechen, die für den 27. Februar vorgesehen war. Am nächsten Morgen war Eddy, der Grippe zu haben schien, jedoch kaum in der Lage, die Treppe hinunterzuwanken, um seine Geschenke anzuschauen. May war mehr seine Krankenschwester als Verlobte. Eine spanische Wand wurde in Eddys Schlafzimmer aufgestellt, über die die Hausgäste hinüberspähen durften. Aber Dr. Francis Laking ließ nur Alexandra und May bis an Eddys Bett vor und schickte schleunigst nach Dr. W. H. Broadbent, der Prinz George bei seinem Typhusanfall handelt hatte.

Am 9. Januar erklärten die Ärzte, Eddy leide an einer Reizung der Lunge. Sie scheuten sich, das Wort *Lungenentzündung* zu verwenden. Am 12. ging es ihm «bedeutend schlechter», obwohl sein Zustand am 11. «sehr zufriedenstellend» gewesen war. Am 13. fiel er in Fieberwahn, und am nächsten Morgen starb der voraussichtliche Erbe des englischen Thrones, nachdem er bis zum Ende wirr geredet hatte. Wieder hatte das Schicksal am 14. eines Monats zugeschlagen.

Das romantische Pathos des Ereignisses ergriff die Nation so sehr, wie es das Leben des schwachen Prinzen niemals vermocht hätte. Einen Augenblick lang zog es jedermann vor, zu vergessen, wie hoffnungslos ungeeignet Prinz Eddy für das Los gewesen wäre, das ihm der Zufall seiner Geburt beschieden hatte. Prinzessin May wurde sofort Gegenstand wilder öffentlicher Spekulationen. Warum sollte sie nicht Eddys Bruder heiraten und damit Anwärterin auf ihre Position bleiben? George war sechsundzwanzig und unverheiratet. «Das liebe Mädchen sieht wie eine zerdrückte Blume aus, aber hat sich damit abgefunden und ist ruhig & sanft – man wird ganz *traurig* für sie», schrieb die Königin. Sie hatte keinerlei Absicht, May oder Prinz George unter Druck zu setzen, aber einen subtilen Einfluß übte sie sehr wohl aus. Alexandra und Bertie betrachteten May weiterhin als Tochter, und Alexandra bat May, sie auch in Zukunft *Mama* zu nennen. Sechsundzwanzig Jahre früher hatte Alexandras eigene Schwester, Dagmar, den Zarewitsch Alexander geheiratet, nachdem sein Bruder, Zarewitsch Nikolaus, mit dem sie verlobt war, gestorben war. Sie war nun Zarin Marie Feodorowna. Es gab noch andere Präzedenzfälle dieser Art, aber zuerst einmal mußte eine angemessene Trauerzeit verstrichen sein.

Die Königin machte George zum Herzog von York, holte ihn aus der Marine heraus, die er zu hassen begonnen hatte, und stattete ihn mit einem eigenen Haushalt aus, um ihn auf das Leben vorzubereiten, das er für sich nie in Betracht gezogen hatte.

Der neue Herzog hatte kein ganz asketisches Leben geführt. Er hatte eine Geliebte in Southsea und eine in St. John's Wood. Die Londoner Dame hatte er mit seinem Bruder geteilt. Er hatte außerdem das Gefühl, sich auf etwas keuschere Weise mit Marie («Missy»), der ältesten Tochter seines Onkels, des Herzogs von Edinburgh, gut zu verstehen, die erst siebzehn war. Jetzt, da allmählich der Druck wuchs, er solle sich mit May verbinden, drängte er Missys Eltern, einer Verlobung zuzustimmen. Der Einfluß der in Rußland geborenen Herzogin war deutlich daran abzulesen, daß die Edinburghs, ohne ihre Tochter zu fragen, den Freier zurückwiesen. Selbst Victoria war irritiert, obwohl ihre Präferenz Prinzessin May galt, als im Juni die Verlobung Maries mit dem Kronprinzen Ferdinand von Rumänien verkündet wurde. Die Königin rätselte, warum man dem Erben eines «sehr unsicheren» Landes den Vorzug vor dem Erben von England gegeben hatte. Positiv daran fand sie, daß May nun gewiß keine Rivalinnen mehr hatte.

Victoria hatte einen Brief an die *Times* geschrieben, in dem sie ihrem Volk für die Beileidsbriefe zu Prinz Eddys Tod dankte. Die Öffentlichkeit sah darin eine liebenswürdige Geste. Im allgemeinen erinnerten sich jetzt die einfachen Leute wie die Bergarbeiterwitwen in Barnsley eher an die Würde und Freundlichkeit der alten Königin als an ihr weniger freundliches Verhalten in der Vergangenheit, und nur wenige wußten, wie sie ihr Privatleben gestaltete, das ihr ohnehin jedermann gerne zugestand.

Die Familienprobleme der Königin (auch Großherzog Ludwig von Hessen, ihr Schwiegersohn, war in jenem Frühjahr gestorben), hatten die ersten Monate des Jahres 1892 völlig beherrscht. Nun aber verlangten die näherrückenden Wahlen ihre Aufmerksamkeit. Als Evelyn Baring, Prokonsul in Ägypten, im Juni zum Baron Cromer gemacht wurde und sich bei der Königin «für die persönliche Unterstützung» bedankte, «die ich in den dunklen Tagen Gladstones von Ihrer Majestät erfahren habe», notierte Victoria auf der Rückseite des Briefes als Instruktion für Ponsonby: «Die Königin wird sich freuen, ihn wieder zu unterstützen in den *neuen* dunklen Tagen Gladstones.» Es war ihr klar, daß eben diese näherrückten. Irland blieb das Thema, das Regierungen einsetzte oder stürzte, und Anfang Juli hatten die Liberalen und ihre Anhänger die Oberhand, obwohl sie keine Mehrheit für die *Home Rule* hatten. Die Königin erkannte, daß ihr «dieser gefährliche alte Fanatiker aufgehalst würde», und wies Ponsonby in Vorbereitung auf den Übergang an, standhaft dafür zu sorgen, daß keine Extremisten ins Kabinett kamen. In der Hitze des Wahlkampfes hatte sie sogar eine von Roseberys Reden «beinahe kommunistisch» gefunden. «Unabhängig von dem wirklichen Unglück, für das Land & Europa», schrieb sie von Balmoral aus an den geduldigen Ponsonby, «ist die Vorstellung, daß ein irregeleiteter, sich ereifernder Mann von 82 versucht, mit den erbärmlichen Demokraten hinter sich England & sein riesiges Reich zu regieren, ganz und gar absurd. Es ist ein schlechter Scherz!» Ihrem Tagebuch vertraute sie an, wie unglücklich sie darüber war, daß die Verdrehungen der Wahlkampfrhetorik ein tüchtiges Kabinett geschlagen hatten.

Nicht gewillt, mit besonderer Eile nach Gladstone zu schicken, zögerte Victoria, bis sie wieder in Osborne war. «Ihre Hand ist gezwungen», gestand sie schließlich am 23. Juli Ponsonby, wobei sie gleichzeitig erklärte, daß die neue Regierung aus «gierigen Postenjägern» zusammengesetzt sei, sie alle «im Herzen Republikaner». Ein paar Tage später konnte sie sich noch immer nicht entschließen, «sofort diesen schrecklichen alten Mann holen zu lassen (nicht, weil sie irgendeine persönliche Abneigung gegen ihn hegt), da sie von ganzem Herzen seine gefährliche Politik haßt, die Sprache, die er spricht, die Art und Weise, jeden Kunstgriff zu nutzen, um an die Regierung zu kommen, & dem sie weder Respekt noch Vertrauen entgegenbringen kann». Warum, so wollte sie wissen, war kein anderer Liberaler ein potentieller Premierminister? Warum nicht Hartington, Granville oder selbst Rosebery? Aber niemand sonst wollte das Risiko eingehen, es mit einer Regierungsbildung zu versuchen, wenn der «große alte Mann» den Posten selbst wollte.

Der Wechsel kam, als sich die Königin gerade auf einen weiteren Besuch ihres Neffen Willy vorbereitete, der gerne in Cowes segelte. Um die Last der Zeremonien zu erleichtern, hatte Victoria darauf bestanden, daß der königliche Urlaub als privat eingestuft wurde. Willy und Heinrich wurden sogar dazu überredet, an Bord ihrer Yacht zu wohnen. Salisburys Regierung trat Mitte August zurück, und schon bald dampften Postschiffe vom Festland herüber und wieder zurück, um die abdankenden und die neuen Minister überzusetzen. «Ich werde nie meinen letzten Rapport als Minister vergessen», schrieb Gathorne-Hardy, ein treuer, alter Anhänger Disraelis, in sein Tagebuch. Jetzt, zum Earl von Cranbrook erhoben, akzeptierte er die Tatsache, daß er mit achtundsiebzig in seinem letzten Kabinett gedient hatte. «Ach, mein lieber Lord Cranbrook», sagte die Königin, «ich kann

Ihnen gar nicht sagen, wie leid es mir tut, Sie zu verlieren und von Ihnen Abschied zu nehmen.» Sie brach in Tränen aus und streckte ihre Hand aus, «die ich niederkniend & sehr bewegt küßte, und ich sprach ihr meine tiefe Dankbarkeit für all ihre Güte mir gegenüber aus, in all den langen, vergangenen Jahren».

Als sie ihre Fassung wiedergewonnen hatte, begann die Königin von Gladstone zu sprechen, der jetzt dreiundachtzig war. Victoria bemerkte, «wie sehr er sich in Erscheinung, Gespräch & Verhalten verändert habe, sehr schwerhörig geworden sei und Schwäche in der Mundpartie zeige». Gathorne-Hardy nahm an, daß sie zwar übertreibe, aber er wußte sehr wohl, daß der «große alte Mann» gebrechlich wurde.

Während es in Gladstones Partei viele gab, die Victoria lieber ohne Amt gesehen hätte, gab es doch einen, den sie gerne im Kabinett haben wollte, der sich aber nur ungern zur Mitarbeit bewegen ließ. Die Frau des Earl von Rosebery war zum Kummer ihres Gatten wie der Königin gestorben. Über ein Jahr nach ihrem Tod lebte der Earl noch immer zurückgezogen in Unglück und Einsamkeit. Galdstone war bereit, ihn wieder als Außenminister zu nehmen, und selbst der Prinz von Wales drängte Rosebery zur Rückkehr. Die Königin war überzeugt – und deshalb mochte sie Rosebery noch lieber –, «daß er *nicht* wünschte, *sein Los mit diesen Leuten zu teilen*, denn wenn er das jetzt tue ..., würde das natürlich seine Karriere zerstören». Auf ihre Bitten hin schrieb Bertie an Rosebery als einen «alten Freund» und bat ihn, «zum Wohle der Königin und dem unseres großen Reiches» das Amt zu übernehmen. Das war eine der seltenen Gelegenheiten, bei denen der Prinz in ihren Bereich eingriff. Aber es geschah auf Veranlassung seiner Mutter und war von Ponsonby arrangiert worden.

Rosebery gab nach. Ein Telegramm mit seiner Zustimmung traf ein, «was eine großartige Sache ist», schrieb die Königin in Osborne in ihr Tagebuch, «aber wir konnten uns nicht denken, was ihn dazu bewogen hat, es sich anders zu überlegen». Sie hatte vergessen, daß sie am 26. Juli – vor mehr als zwei Wochen – Bertie um sein Einschreiten gebeten hatte. Und doch war gerade die Einschaltung des Prinzen höchst bedeutsam zu einer Zeit, da seine Mutter zutiefst über sein lasterhaftes Leben empört schien. Er würde eher früher als später an ihrem Platz sitzen. Sie begann sich darauf einzustellen und auch ihre zukünftigen Minister darauf vorzubereiten.

Was die Königin an Gladstones neuem Kabinett am meisten störte, waren die drohenden Reformen. Sie wußte bereits, daß der Kriegsminister, Henry Campbell-Bannerman, entschlossen war, den Herzog von Cambridge aus dem Kriegsministerium hinauszureformieren. Der alte Herzog – der gleichaltrig mit Victoria war – fürchtete am meisten die Ernennung von

Charles Dilke und zog C. B. vor. Aber «C. B.» verkündete bald, er sei mehr für Beförderung nach Verdienst als nach Alter und sprach sich für eine Neuorganisierung der Wachbataillone aus. Die Königin sträubte sich, vorwiegend durch Verzögerungstaktiken, gegen fast jeden Versuch, Nutzen und Effizienz zu steigern, und gab sich alle Mühe, Campbell-Bannerman zu beeinflussen, während er als residierender Minister in Balmoral war. Sein erster Eindruck dort war, wie er seiner Frau am 22. Oktober 1892 schrieb, «sibirischer Schnee rundherum».

Wie andere verglich er das Leben in Balmoral – trotz der englischen Musikkapelle, die jeden Abend im Korridor Melodien aus Wien und Ungarn spielte – mit einem Kloster, in dem jeder Bewohner nach den Mahlzeiten in seine Zelle zurückkehrte. Jeder bekam «jeden Abend ein gutes Kaminfeuer und fünf neue Kerzen». Ebensowenig wie bislang die Elektrizität nach Balmoral gelangt war, gab es auch noch keine Schreibmaschinen, obwohl sie in England schon seit etwa 1880 in Gebrauch waren, für einige Auserwählte sogar schon seit 1876. Die Königin beklagte sich sogar, wenn Schreibmaschinen benutzt oder auf ihnen geschriebene Mitteilungen ihr aufgedrängt wurden. Rosebery wandte sich von Whitehall aus an den geduldigen Sir Henry Ponsonby, der in Victorias Dienst jeden Tag gebrechlicher, weißbärtiger und gebeugter wurde, und schrieb: «Der Königin gefällt es nicht, daß wir mit Schreibmaschinen schreiben. Hier wimmelt es von ihnen und ebenso in jeder Botschaft, Gesandtschaft und in jedem Konsulat – oder zumindest in den meisten. Der Gebrauch dieser genialen Maschinen wird von der Abneigung der Königin gestoppt. Wir haben uns daher bemüht, unser Verfahren zu verbessern, und ich schicke Ihnen jetzt zur Vorlage bei der Königin ein Textexemplar, das, wie ich bewundernd gestehe, in meinen Augen eher wie der Druck einer Familienbibel aussieht als das schwache Resultat einer Schreibmaschine. Wird sie die Gnade haben, ihm ein Lächeln zu gönnen und dadurch eine ganze Industrie von ihren Fesseln zu befreien?»

Die Königin verwarf jegliche Schreibmaschinenschrift. Sie verlangte vielmehr, daß die Beamten ihr alle Geschäftsschreiben handgeschrieben vorlegten. Der Verkehr zwischen den Behörden ging weiterhin per Schreibmaschine, aber alles, was Victoria zu sehen bekam, mußte mühsam abgeschrieben werden. Erst nachdem Ponsonby von Arthur Bigge abgelöst worden war, wurde eine Schreibmaschine Teil der Büroausstattung des Privatsekretärs, und selbst dann durfte sie nur für Schreiben verwendet werden, die der Königin nicht vorgelegt wurden.

Nur selten diskutierten Gladstone und die Königin Themen von Bedeutung. Wenn er etwas Wichtiges mitzuteilen hatte, sprach er mit Ponsonby (oder schrieb ihm), wenn sie dem «großen alten Mann» etwas Ernsthaftes zu sagen hatte, das sie nicht schriftlich niederlegte, ließ sie Ponsonby für sich reden. Gladstone bewahrte die Liste der Themen auf, die er oder die Königin bei einer Audienz in jenem November ansprachen:

1. Nachfrage nach der Gesundheit der Königin.
2. Der Nebel in London & Windsor.
3. Der *poeta laureatus*, W. Watson.
4. Die Herzoginwitwe von Sutherland ...
5. Die rumänische Hochzeit ...
6. Lord Acton: der Königin noch nicht persönlich bekannt.
7. Befinden von Lady Kimberley.
8. Hat Mr. Gladstone noch immer einen Neffen, der Lehrer in Eton ist?
9. Dean Wellesley ...
10. Der Dekan von Peterborough.
11. Die Gesundheit des Bischofs von Rochester.
12. Landwirtschaftliche Not.
    (I. M. schien geneigt, sie «großen Importen» zur Last zu legen.)
13. Kommission darüber. (Unerwünscht)

«Das», schrieb Gladstone, «sind alle oder fast alle Themen, die bei der Audienz heute Abend angesprochen wurden. Aus ihnen kann man ein Stück weit auf den Grad des Vertrauens zwischen Ihrer Majestät und ihrem Premierminister schließen.» Die meisten seiner Audienzen waren, so meinte er, «ein Schwindel». Für sie war *er* ein Schwindler. Sie waren in fast allen Punkten unterschiedlicher Meinung, und die Königin fand Gladstone als Person, wie sehr ihn andere auch verehren mochten, scheinheilig und abstoßend. Seine Welt war ein kompliziertes Geflecht juristischer Gesetze und ethischer Gebote, die ihre ein schlichtes Mosaik einfacher Werte und Entscheidungen. Wie «Chinese» Gordon, den Gladstone als seinen Gegner betrachtete, war er von Gott besessen und besaß eine originelle und schrullige Moral. Er war in allem ein Tory, so spöttelte Balfour, bis auf das Wesentliche.

Obwohl die meisten Dinge, die man jetzt der Königin vorlegte, unbedeutend waren und lediglich zeremonielle Fragen betrafen, empfanden andere Minister als der Premier Victorias Blick, wenn die Königin sie empfing, als durchdringend und waren von ihrem raschen Erfassen der Sachlage beeindruckt. Campbell-Bannerman «fühlte sich wie ein kleiner Junge, der mit seiner Großmutter spricht». Die wenigen Gleichaltrigen bereiteten ihr am meisten Vergnügen. Kaiserin Eugénie lebte jetzt in Farnborough Hill; nach dem Tod ihres Sohnes hatte sie Chislehurst unerträglich gefunden. Victoria besuchte sie am 1. Dezember mit einem kleinen Gefolge – acht Personen, die Dienerschaft ausgenommen, auch Beatrice (und Liko) waren wie immer dabei.

Die Art, in der Victoria und Eugénie einander entsprachen, war, in den Worten Mary Ponsonbys, «perfekt». Beide hatten guten Grund, aufeinander eifersüchtig zu sein. Selbst mit fortschreitendem Alter blieb Eugénie von statuenhafter Schönheit und wirkte in jeder beliebigen Umgebung und in jedem Kleid elegant. Sie war eine Witwe ohne Reichtum und Status, lebte im Exil, und ihr einziger Sohn war tot, so daß es in ihrem Leben am Erfolg, am Prestige und am äußeren Glanz der Königin fehlte. Aber für die untersetzte, schwerfällige und unschöne Victoria, der das Alter sehr zugesetzt hatte, verkörperte Eugénie das, was in einer idealen Welt das Wesen von Kaiserinnen sein mochte, während die Königin Eugénie für ihren stillen Mut im Unglück bewunderte. Victoria hatte Eugénie auf dem Tiefpunkt ihres Schicksals aufgenommen, entgegen den Wünschen des Außenministeriums, und behandelte sie weiterhin als Gleichgestellte. Ihre gegenseitige Zuneigung war aufrichtig und offenkundig.

Zu Weihnachten, so erfuhr Victoria, schickte Prinz George von Wales May eine Brosche, und May antwortete noch am 28. Dezember: «Wir können nur darauf hoffen, daß 1893 für uns ein glücklicheres Jahr wird als 1892.» Beide Signale waren deutlich. Als die Königin am letzten Tag des Jahres 1892 in Osborne in ihr Tagebuch schrieb: «Ich wage kaum, mich auf das neue Jahr zu freuen», wußte sie bereits, daß zumindest ein erfreuliches Ereignis zu erwarten war.

Zu einer anderen Zeit und an einem anderen Ort hätte man den inoffiziellen Theaterintendanten der Königin, den Kammerdiener Alick Yorke, als «einen ältlichen Homo» bezeichnen können, wie einer seiner späteren Verwandten schrieb, «... obwohl ihn nie auch nur der Hauch eines Skandals berührte». Die Prozesse Oskar Wildes, die die Homosexualität in England noch stärker bloßstellten als die Cleveland-Street-Affäre (die in höheren Kreisen weitgehend vertuscht worden war), wurden erst 1895 geführt. Zehn Jahre früher hatte das Strafrechtsergänzungsgesetz Labouchères neben anderen Verschärfungen vorgeschlagen, «schwere Unzucht» zwischen Angehörigen desselben Geschlechtes zu einem strafbaren Vergehen zu machen. Als das Gesetz der Königin zur Überprüfung vorgelegt wurde, deutete sie angeblich eine Formulierung so, als würde damit implizit behauptet, solche Dinge kämen auch zwischen Frauen vor. «Frauen machen so etwas nicht», soll sie gesagt haben. Und anstatt ihr zu erklären, daß dies durchaus nicht zutraf, zogen ihre Minister es vor, das Gesetz so umzuformulieren, daß es sich nur auf Männer bezog. Einer anderen Version desselben Ereignisses zufolge wurde die lesbische Liebe ausgeklammert, weil niemand Victoria erklären wollte, was darunter zu verstehen sei. Höchstwahrscheinlich gehören beide Geschichten in den Bereich der Anekdote. Ihre inoffiziellen Zuträger hielten die Königin wohlinformiert, so etwa über die absonderlichen Neigungen Gladstones, und ungeachtet gesetzlicher und gesellschaftlicher Tabus, die verschiedene sexuelle, «unsittliche» Handlungen betraffen, gab es manches zu berichten. Victoria mag in vielen sozialen Dingen konservativ gewesen sein, aber sie hatte zu lange gelebt und war zu wißbegierig, um in ihrem Alter noch naiv zu sein.

Der rundliche Alick Yorke entsprach mit seinem schwarzen Schnurrbart ganz und gar dem Klischee der dekadenten Ästhetik des späten 19. Jahrhunderts. Doch mochte er auch dicke Blüten im Knopfloch tragen, große, juwelenbesetzte Ringe und Krawattennadeln, die ausgefallensten Anzüge und stets von einer Duftwolke umhüllt sein – die Königin zog es vor, darüber hinwegzusehen. Er war nützlich, und er war amüsant. Daß andere im Haushalt jedes der banalen Theaterstücke fürchteten, weil sie entweder darin mitspielen oder es anschauen mußten, kam Victoria nie in den Sinn. Die Bewohner der königlichen Residenzen waren erleichtert, wenn die Unterhaltung von jemand anders geboten wurde.

Kaiserin Friedrich verbrachte den Frühling in Osborne. Da sie ihre Mutter jetzt höchstens einmal im Jahr sah, fiel ihr stärker als denen, die sie täglich umgaben, ins Auge, wie sehr Victoria gealtert war. Die Königin ging jetzt sehr wenig zu Fuß und beklagte sich, daß es keine Brille gebe, die ihr ermöglichte, eine gedruckte Seite zu lesen, und daß die Leute zu leise sprächen. Als sie am letzten Februartag vom Buckingham Palace aus in den Hyde Park fuhr, war sie erfreut über die «ungeheuer großen und höchst loyalen, freundlichen Massen». Darüber vergaß sie zunächst ganz, daß sie sich ja seit zwei Jahren nicht mehr gezeigt hatte.

Ende März fuhr Victoria nach Florenz, um ihren gewohnten Urlaub in der Sonne zu verbringen. Zuvor aber machte sie einen ihrer seltenen Besuche im Atelier eines Künstlers. Alfred Gilbert war beauftragt worden, einen Sarkophag für das Grab des Herzogs von Clarence anzufertigen. Er hatte ein Modell entworfen (heute im Victoria and Albert Museum), das eine schwerttragende, liegende Figur in militärischer Kleidung zeigt, über deren Haupt sich ein Engel neigt, um dem Prinzen einen unverdienten Lorbeerkranz auf die schöne Stirn zu legen. Weniger ehrerbietige Stimmen in der Presse hatten sich über das militärische Begräbnis des trägen, unmilitärischen Eddy mokiert. Gilbert fügte durch seine Darstellung eine eigene Note der Übertreibung hinzu. Die Königin war zufrieden.

In Florenz betrachtete Victoria 1893 Skulpturen einer weniger aufdringlichen Art und stürzte sich in eine ganze Orgie von Museumsbesuchen, im Ponywagen, Rollstuhl und – auf ihren Stock gestützt – zu Fuß. Viele

Menschen sahen sie im Palazzo Pitti, den Uffizien, in Santa Maria Novella und in der Annunziata. Aber am meisten war sie über das Wetter beglückt. Es war, wie sie am 12. April an Gladstone schrieb «herrlich, immer Sonnenschein und blauer Himmel. (...) Sie haben hier sechs Wochen lang Schnee gehabt!» Walburga, Lady Paget, eine enge Freundin der Kaiserin Friedrich, sah die Königin, «sehr unsicher auf den Beinen» und auf einen Stock gestützt umhergehen. Sie in ihr Fahrzeug hinein- und wieder herauszubringen war eine komplizierte Aktion. «Die Königin läßt gewöhnlich ihren eigenen Wagen eine Stunde lang warten», notierte Lady Paget in ihrem Tagebuch. «Schließlich kam sie heraus, nachdem ihr zuerst zahllose Decken, Schals, Sonnenschirme und Zeichenmaterialien vorangegangen waren. Teppichbelegte Treppchen wurden an den Wagen geschoben, und ein grauhaariger Hochlandschotte auf der einen Seite und ein Inder mit gelbem Turban auf der anderen Seite hoben die alte Dame in den großen Landauer. Der kräftige Schotte schloß die Wagentür, nachdem die übrigen Damen eingestiegen waren, während der Inder mit seinen zierlichen braunen Händen den Gazeschleier der Königin vor ihr Gesicht zog. In ihrer jugendlichen und glockenreinen Stimme rief sie dann aus: «Zum Ponte Vecchio.» Sie trug Schwarz und einen runden, weißen Filzhut.

Am 16. Mai verkündete die Königin in Windsor bei einem Treffen des Staatsrates, eine Woche vor ihrem vierundsiebzigsten Geburtstag, was fast jeder schon wußte. Prinz George von Wales, voraussichtlicher Erbe nach seinem Vater, hatte sich mit Prinzessin Victoria May von Teck verlobt. Anfang Februar hatte der *Observer* ein Telegramm an Sir Henry Ponsonby geschickt und gefragt, ob es wahr sei, daß die Verlobung am 11. Februar öffentlich bekanntgegeben würde. Er telegraphierte aus Osborne zurück: «Vielen Dank für die Nachricht, ich hatte sie vorher noch nicht gehört, und ich kann auch niemanden in diesem Haus finden, der etwas davon weiß.» Ein Memorandum der Königin kommentierte das Telegramm mit den Worten: «Ausgezeichnete Antwort. Bitte zeigen Sie sie dem P. von Wales & lassen Sie der Königin Kopien machen.»

Der Druck auf das junge Paar war erbarmungslos. Am 2. Mai besuchte May das Landhaus des Herzogs von Fife in der Nähe von London – die Herzogin war Prinz Georges Schwester Louise –, um den neugeborenen Säugling der Fifes, Prinzessin Maude, anzuschauen. «Na Georgie», sagte Louise, «meinst du nicht, du solltest mit May in den Garten gehen und die Frösche im Teich ansehen?» George war auf dem Kontinent gewesen – zuerst in Heidelberg, dann in Athen und Rom. Am Teich hielt er um Mays Hand an und wurde erhört. «Wir haben an alle Verwandten telegraphiert», erinnerte sich May.

Am Nachmittag vor der Hochzeit traf Victoria zu einem Gartenfest zu

Ehren von Prinz George und seiner Braut im Buckingham Palace ein. Fünftausend Gäste waren ins Marlborough House eingeladen worden, wo auf den weiten Rasenflächen des Prinzen von Wales Zelte aufgestellt worden waren, wo Adelige und Bürgerliche spazierten und Erfrischungen gereicht wurden. Victoria hatte ihr eigenes, privates Teezelt, in dem zwischen halb sechs und Viertel vor sieben Gäste empfangen – und schnell wieder hinausbefördert – wurden: Botschafter, indische Prinzen, ausländische Würdenträger. Nach Angaben ihres Tagebuchs wurden der Premierminister und seine Frau «zu mir gebracht, um zu mir zu sprechen». Aber Gladstone ist möglicherweise schon vorher ohne Ankündigung hereingeplatzt, denn einer der Angehörigen des Hofstaates erzählte, daß die Königin, als sie den alten Mann erblickte, zunächst giftig fragte: «Glaubt Mr. Gladstone, das hier sei ein öffentliches Zelt?»

Die Trauung fand am 6. Juli 1893 in London in der Königlichen Kapelle des St. James's Palace statt. Es war ein heißer, wolkenloser Tag. Die Menschenmassen erinnerten die Königin an das Jubiläum. Schon früh am Morgen, als sie noch im Buckingham Palace im Bett lag, hörte sie «das ferne Summen der Menschen». Auf ihrer Fahrt zur Kirche mit Mary von Teck in der neuen gläsernen Staatskalesche, die von vier Falben gezogen wurde, trug die Königin ihren Brautschleier über ihrem üblichen Schwarz sowie eine kleine Krone. Durch einen Planungsfehler nahm der Wagen der Königin den kurzen Weg durch die Mall und kam als erster an. Nur ein einziger Platzanweiser war da, um sie zu empfangen. Prinzessin Mary Adelaide schaute sich um, sah einen leeren Raum zur Linken der Kirche und schlug vor, ihre Cousine solle dort warten. Dann ging sie selbst den Mittelgang entlang auf den Altar zu, und ihre Hofdame, Miss Thesiger, folgte ihr. Plötzlich spürte Miss Thesiger ein Zupfen an ihrem Rock, und eine Stimme sagte: «Ich komme als erste.» Es war die Königin, die, auf ihren Stock gestützt, nach vorn eilte. Victoria sagte später, es sei zur Abwechslung einmal «sehr amüsant gewesen, alle anderen hereinkommen zu sehen».

Der Herzog und die Herzogin von York kamen am 31. Juli von ihrer Hochzeitsreise zurück und gingen nach Osborne, zur Königin. «Sehr schöner Tag», begann ihr Tagebucheintrag. «Frühstück wie gewöhnlich im Zelt.» Das Zelt mit den grünen Fransen, das wie ein riesiger Sonnenschirm aussah, war der Ort, an dem Victoria bei gutem Wetter Frühstück und Mittagessen einnahm. Die Szene veränderte sich jetzt kaum von einem Jahr zum anderen. Inder mit Turbanen standen unbewegt Wache und teilten sich ihre Pflichten häufig mit schottischen Hochländern im Kilt. Einer oder mehrere der Hunde der Königin dösten neben ihr im Gras. Eine ihrer Töchter, normalerweise Beatrice, aber manchmal auch Helena oder Louise, leistete ihr Gesellschaft, zusammen mit einer Ehrendame oder einer Hofdame. Nur selten war mehr als eine Tochter bei Tisch anwesend. Sie hatten einander niemals gemocht, und die Zeit hatte sie nicht von ihren Eifersüchteleien und Rivalitäten kuriert. Oft genoß auch eine Enkelin – eine war fast immer zu Besuch da – die Gastfreundschaft der Königin, und alle aßen aus Tellern und Schüsseln, die vor Gold glänzten.

Manchmal lud sie einen weiblichen Gast dazu ein, mit ihr im Ponywagen zu fahren, den im allgemeinen ihr französischer Esel Jaquot zog, der langsam um das Grundstück zockelte. Gelegentlich gingen sie auch in die Dörfer in der Umgebung, und wenn Victoria ihren eigenen Besitz verließ, wurde sie von ein oder zwei Wagen des Hofstaates begleitet. Berittene Eskorten hielten sich in diskretem Abstand. Dann kehrte sie zu ihrem Zelt und den roten Depeschenkästen zurück, eine Hofdame oder eine Prinzessin las ihr vor, und alle außer ihren unbeweglichen indischen oder schottischen Wachen zogen sich unauffällig zurück, bis sie gerufen wurden. Die anderen, die «Dienst hatten», warteten drinnen. Mitglieder des Haushalts, die nicht in Bereitschaft waren, wie auch die Gäste konnten auf der Insel umherwandern, auf das glitzernde Wasser der See hinausschauen oder sich in ihren Zimmern und den Gästehäuschen aufhalten. Man unterschied die Jahreszeiten nach dem Sonnenstand oder dem Temperaturabfall am Abend.

Beim Abendessen spielte eine Kapelle, und es gab mehr Gäste bei Tisch. Am Ankunftstag der Neuvermählten wurde der Durbar-Saal benutzt. Er erstrahlte hell im Glanze des elektrischen Lichtes und der Juwelen der Damen, einschließlich Prinzessin Mays neuem Diamantenkollier – einem Geschenk der Königin – und einer Tiara auf ihrem hochgesteckten Haar. Der Prinz von Wales trug eine Admiralsuniform. Militärische Kleidung war bei den Herren im Gefolge der Königin beliebt, gleichgültig, ob sie sie verdientermaßen oder ehrenhalber trugen.

Am 23. August erwarb Alfred, der zweite Sohn der Königin, einen weiteren Schrank voll Uniformen und das Herzogtum Coburg. Obwohl durch die deutsche Vereinigung politisch abgeschwächt, überlebte Sachsen-Coburg-Gotha, und der kinderlose Ernst hatte schon lange den Herzog von Edinburgh, seinen, abgesehen von dem nicht in Betracht kommenden Prinzen von Wales, ältesten Neffen zu seinem Nachfolger bestimmt. Victoria sann darüber nach, wie merkwürdig es war, daß ihr Sohn «jetzt ein regierender Herzog, ein ausländischer Souverän!!» war. «Mein Kopf war ganz voll davon...» Es würde im Parlament Auseinandersetzungen über die Weiterzahlung der Apanage des Herzogs geben, und Victoria telegraphierte an Gladstone, er solle «seine Freunde» veranlassen «dem Antrag dieses schrecklichen Mr. Labouchère, der dagegen ist», Widerstand zu leisten. Gladstone tat es.

Der «große alte Mann» zeigte sich allerdings weniger eifrig, die Sache des dritten Sohnes der Königin, Arthurs, voranzutreiben. Aber Campbell-Bannerman versicherte ihm, daß der Herzog von Connaught, trotz der Unterstützung der Königin und ihres Cousins George, der nach außen hin immer noch Oberbefehlshaber der Armee war, der beste Kandidat sei für das Kommando in Aldershot. Victoria betrachtete den Posten als Sprungbrett für das Amt des Herzogs von Cambridge. «C. B.» hoffte, ihn der Familie zu entziehen, sobald er konnte. Ihrem Cousin schrieb die Königin später, sie sei «dankbar, ... daß Du nicht erlaubt hast, daß der gerechte Anspruch meines lieben Arthur mißachtet wurde, um anderer Leute Launen und Grillen entgegenzukommen». Die Armee blieb eine der letzten Bastionen des königlichen Einflusses.

Wie gewöhnlich verbrachte die Königin die Herbstmonate in Balmoral. Aber selbst Balmoral war kein Kokon, in dem Zeit und Ereignisse eingefroren blieben, obwohl es dort immer den Anschein hatte, als würde sich kaum etwas ändern. Die Königin war sich der Vorgänge im In- und Ausland durchaus gewahr und schickte eine Flut von Telegrammen und Memoranden nach Whitehall, die innenpolitische Dinge sowie die wachsenden Spannungen im Ausland betrafen, wo das Empire ein Dutzend Kolonial- und Landesgrenzen anfocht und auch selbst angefochten wurde. Wieder wollte sie eine Verstärkung der Seestreitkräfte, aber die Führer der Liberalen sträubten sich gegen jeden Gedanken einer erhöhten Besteuerung. Sir William Harcourt schrieb selbstgefällig an die Königin, daß ein Antrag der Opposition zur Kriegsflotte «tatsächlich ein Mißtrauensvotum gegen die Regierung ist. Dieses wird leicht niedergestimmt werden.»

Henry Ponsonby schickte in ihrem Namen eine Antwort, in der sie sagen ließ: «Ich bedaure, daß Sie eine Diskussion um die Sicherheit des Empire fürchten und dadurch eine Frage, die in allen Parteien Besorgnis weckt – ich hatte gehofft, in der Ihrigen auch –, in einen politischen Streit verwandeln.» Parteiliche Streitigkeiten nahmen in der Tat zu, als die Tories zu spüren begannen, daß die Tage von Gladstones Regierung gezählt waren, und nach Schwachstellen zu bohren begannen.

Obwohl Gladstone keinen Millimeter von der Macht seiner Regierung preisbgab, war ihm doch klar, daß die Königin bald mit einer neuen Führung rechnen konnte. Sein Kabinett hatte sich ohne ihn sowieso nur mühsam durchgeschlagen, und als er von einem Urlaub in Biarritz zurückkam, den er aus gesundheitlichen Gründen hatte nehmen müssen, schien er nicht mehr in der Lage, die Geschäfte fortzuführen. Am 14. Februar 1894 gestand er Ponsonby, daß er nicht mehr gut sehe und seine Augen seit seinem Urlaub in Frankreich sogar noch schlechter geworden seien. Zehn Tage danach erklärte er seinen Rücktritt sowie seinen Rückzug aus der

Politik mit der Begründung, seine Gesundheit sei zu labil. Er war erzürnt darüber, daß sogar seine eigene Partei «verrückte» Haushaltspläne zur Flotte billigte, die mehr in der Richtung lagen, die die Königin wünschte, als in der, die er selbst empfohlen hatte. Obwohl Victoria ungeduldig darauf wartete, daß er endlich ging, störte es sie, daß die Nachricht in ganz London bekannt war, ehe sie sie in Osborne erreichte.

In Gladstones Abwesenheit hatte sie noch anderes beunruhigt, und nicht alle Probleme konnte man dem alten Mann zur Last legen. Ein anarchistisches Attentat mit dem Ziel, das Observatorium in Greenwich in die Luft zu sprengen, war gescheitert; der französische Schneider Martial Bourdin, der die Bombe legen sollte, hatte statt dessen sich selbst in die Luft gesprengt. Sein Begräbnis bot jedoch sympathisierenden linken Gruppen die Gelegenheit zu einer Demonstration, die der Königin äußerst unliebsam war. Gladstone hatte dazu gedrängt, Basil Wilberforce, den Sohn des berühmten Bischofs, den Victoria als Kind gekannt hatte, zum Kanonikus von Westminster zu machen. Aber Wilberforce war ein ausdrücklicher Befürworter totaler Abstinenz von alkoholischen Getränken, was die Königin «unmöglich» fand. Sie wollte die Kanzel der Abtei nicht für Predigten undurchführbarer Lehren zur Verfügung stellen. Und sowohl Bertie als auch Kaiser Wilhelm baten sie direkt und indirekt inständig um Gunsterweise, für die sie unumstritten die «Quelle der Ehre» war, nämlich um zusätzliche militärische Ehrentitel, die neue, farbenprächtige Uniformen einschlossen. Bertie war der Rang eines Oberst in Willhelms Dragonerregiment angeboten worden, und als Gegenleistung erwartete man von ihm, daß er bei seiner Mutter einen militärischen Rang für den Kaiser bewirkte, der, so argumentierte Bertie, «wenn er jetzt an einer Parade teilnähme..., gezwungen wäre, in Admiralsuniform zu Pferd zu sitzen». Da die Königin seit Anfang Dezember an Schmerzen in den Beinen litt und noch unbeweglicher war als sonst, hatte sie wenig Geduld für solche lächerlichen Eitelkeiten. Ponsonby gegenüber sprach sie von «Uniformjagd» und bezeichnete Willy als «verwöhntes Kind». Es bedurfte unablässigen Drucks, aber Ende April, als sie nach Coburg fuhr, um Alfreds Einsetzung als regierender Herzog beizuwohnen, und nicht daran vorbeikam, Willy als Kaiser zu begegnen, gab sie nach. Kaiser Wilhem wurde Kommandant des Ersten Königlichen Regiments und konnte somit den traditionellen roten Rock tragen, den er so gerne wollte. Die Königin machte keine Anstrengungen, ihre Ungeduld angesichts seiner pubertären Neigungen zu verhehlen.

Am Abend des 28. Februar kam Gladstone, vierundachtzig Jahre alt, nach Windsor, um den Regierungswechsel zu besprechen. Die zusammengekniffenen Augen, die gebogene Nase und der fast kahle Schädel, sein ausgezehrtes Gesicht, das kein Fleisch mehr auf den Knochen hatte, verliehen ihm das Aussehen eines alten Adlers. Er humpelte herein, gebrechlich und zitternd, und blieb trotz der Bitten der Königin zunächst stehen. Aber sie «nötigte ihn, sich zu setzen». Victoria betrachtete die Ehrerbietung als absurde Heuchelei. Nach vier Kabinettsperioden hatte sich ihre gegenseitige herzliche Abneigung zu gegenseitigem Abscheu verhärtet. Gladstone hatte vierundsechzig Jahre lang im Parlament gesessen, schon als Victoria noch eine Prinzessin mit ungewisser Zukunft war. Sie weigerte sich, eine beschönigende Rede zu halten, und sagte lediglich, sie habe seinen Brief erhalten und bedauere «den Grund für seinen Rücktritt». Sein Ausscheiden aus der Regierung selbst erwähnte sie nicht. Beide hatten sich mit den Jahren sehr verändert, aber keiner von ihnen konnte dies recht wahrnehmen, da sie beide an nachlassender Sehkraft litten. Gladstone murmelte etwas davon, daß seine «Sehbehinderung beträchtlich zugenommen habe, seit er in Biarritz gewesen sei». Dann, so notierte die Königin, «sprach er von einigen Ehrungen für seine Freunde, aber nicht viele», und wurde hinausgeleitet.

Anders als Victoria hielten die Kabinettsmitglieder am nächsten Tag mühsam die Tränen zurück, als Gladstone seinen Entschluß offiziell bekanntgab. Nicht gewillt, sich gerührt zu zeigen, nannte er seine Minister vertraulich «Heulsusen» und ging ins Unterhaus, um eine Rede zu halten, von der nur wenige merkten, daß es seine letzte war, da sie ein scharfer Angriff auf das Oberhaus war und alles andere als eine herkömmliche Abschiedsrede. Dann ging er zur Downing Street und begann sein persönliches Eigentum zusammenzupacken.

Am 2. März lud die Königin die Gladstones zum Abendessen samt Übernachtung nach Windsor ein, wahrscheinlich eher, weil der Anstand es gebot, als daß es sie verlangte, den «Volks-William» noch einmal zu sehen. Am nächsten Morgen bat Mrs. Gladstone darum, die Königin nach dem getrennten Frühstück sehen zu dürfen. «Sie war sehr aufgeregt, das arme Ding», schrieb Victoria, «und bat darum, sprechen zu dürfen, denn ihr Mann ‹könne nicht sprechen›. Damit wollte sie sagen, was sie unter vielen Tränen auch tat, daß, was immer auch seine Irrtümer gewesen sein mochten, ‹seine Ergebenheit gegenüber Eurer Majestät und der Krone sehr groß ist›. Sie wiederholte das zweimal und bat mich, ihm sagen zu dürfen, daß ich ihm glaube, was ich tat, denn ich bin davon überzeugt, daß es zutrifft, obwohl seine Handlungsweise es mir manchmal schwer gemacht hatte, es zu glauben. Sie sprach von vergangenen Tagen und wie lange sie mich und den liebsten Albert gekannt hatte. Ich küßte sie, als sie ging.»

Am selben Nachmittag schrieb Gladstone nach einer kurzen Sitzung des Staatsrates mit der Königin, noch ehe er Windsor verließ, einen offiziellen Rücktrittsbrief, in dem er seinen Abschied mit seiner zunehmenden

Schwerhörigkeit und einem ihn stark behindernden grauen Star begründete. «Sein Wunsch, dieses Amt niederzulegen, ist begleitet», so versicherte er ihr, «von einem Gefühl der Dankbarkeit für das freundliche Wohlwollen, das ihm Eure Majestät bei so vielen Anlässen während der verschiedenen Wahlperioden gütig geschenkt hat, in denen er die Ehre hatte, Eurer Majestät zu dienen.» Dann legte er den Brief in einen roten Depeschenkasten und brachte ihn selbst zu seiner letzten Audienz mit. Er mag sich den Gedanken gestattet haben, daß die Königin jetzt endlich ein wenig Gefühl zeigen könnte. Während sie mit blinden Augen auf seinen Brief starrte, bemerkte er, daß es schmerzhaft sei, zu scheiden, daß es aber für das Empire am besten sei, daß an der Spitze der Regierung ein Mann stehe, «der in alles Einblick habe und sich um alles kümmern und alles im Auge behalten könne». Seine Kollegen, so versprach er, würden sich «loyal verhalten», welchen Premierminister sie auch wählen mochten.

Wie gewöhnlich vermied die Königin jede Diskussion über Amtsgeschäfte mit ihm. Sie sprach statt dessen über die Kompetenz ihrer Augenärzte (es war ihr nicht gelungen, eine Brille zu bekommen, mit der sie sehen konnte), dankte ihm für seine Hilfe bei der Weiterzahlung der Apanage für Affie als Herzog von Coburg und fügte ein abschließendes freundliches Wort über Mrs. Gladstone hinzu, die sie aufrichtig bewunderte. Er wartete noch auf ein weiteres Wort über seine Amtsführung als Premierminister, aber es kam nichts. «Dann küßte er mir die Hand», schrieb sie, «und ging.»

In einer kurzen Note teilte ihm Victoria am selben Tag mit, daß sie seinen Rücktritt annehme, und sie wünschte ihm «Frieden & Ruhe mit seiner ausgezeichneten und & ergebenen Frau in Gesundheit und Glück». Nur «ein freundlicher und großherziger Abschied von Ponsonby», sagte Gladstone wehmütig, ersetze ihm «den Abschied von meiner Herrscherin». Dem Erzbischof von Canterbury gegenüber zeigte sich Victoria ohne Rührung über den Abgang ihres Premierministers. «Mr. Gladstone ist ausgeschieden», sagte sie lachend, «in einem einzigen Augenblick ganz verschwunden. Seine letzten beiden Kabinette waren Fehlschläge. Im Grunde sogar seine letzten drei. Mr. Gladstone greift ein oder zwei Dinge auf – und dann interessiert ihn nichts anderes mehr. Die Außenpolitik ist ihm gleichgültig, dabei ist sie immer so grundlegend für England ... Er nimmt keinerlei Vorschläge an, die nicht aus seinem eigenen Kopf stammen. Es ist ihm gleichgültig, was man sagt ... Es macht keinen Unterschied. Er sagt nur: ‹Tatsächlich? Wirklich?›» Gladstones eigene Einschätzung fand Niederschlag in einem geheimen Memorandum, das sich bei seinen hinterlassenen Papieren fand. Er hatte sich bei seiner Abfassung einen Ritt auf dem Rücken eines Maultiers in Sizilien im Jahre 1838 ins Gedächtnis gerufen.

«Das Tier war vollkommen unzugänglich für freundliche Signale der Stimme oder der Hand, aber es versah seinen unauffälligen, wenig spektakulären Dienst auf recht tüchtige Weise ... Ich war nun schon viele Dutzend Stunden auf dem Rücken des Tieres geritten, und es hatte mir nichts Böses getan, es hatte mir große und wertvolle Dienste geleistet, aber ... ich konnte nicht das geringste Gefühl für das Grautier aufbringen, ich konnte es weder lieben noch gern haben ... Was das sizilianische Maultier für mich war, war ich für Victoria ...»

Die alten Widersacher begegneten sich noch einmal, in Cannes, am 22. März 1897. Gladstone, der inzwischen achtundachtzig Jahre alt war, fand die achtundsiebzigjährige Victoria «ausgesprochen freundlich, so wie ich sie lange Zeit vor meinem endgültigen Rücktritt nicht erlebt hatte; und sie gab mir die Hand ..., was ich in meinem ganzen Leben noch nicht erlebt hatte». Nachdem sie ein paar Minuten lang über allgemeine Themen gesprochen hatten, gingen sie zum letzten Mal auseinander. Später in jenem Jahr, als Gladstone starb, widmete die Königin ihm in ihrem Tagebuch einen gnädigen Nachruf. «Hörte beim Frühstück», schrieb sie am 19. Mai 1898 in Windsor, «daß der arme Mr. Gladstone, der seit einiger Zeit hoffnungslos krank war und schwer litt, heute morgen um fünf Uhr ruhig verschieden ist. Er war sehr klug und steckte voller Ideen für das Vorwärtskommen des Landes, war mir persönlich immer höchst ergeben und bereit, alles für die königliche Familie zu tun, aber leider bin ich sicher, daß er ungewollt manchmal großen Schaden anrichtete. Er hatte eine wundervolle Begabung für öffentliche Reden und konnte die Massen mitreißen.»

In einem Brief an Kaiserin Friedrich schlug die Königin kräftigere Töne an, und weigerte sich, den Zeitungsnachrufen zuzustimmen – und Vicky –, daß Gladstone «ein großer Engländer» gewesen sei. Er sei «klug» gewesen, das gab sie zu, aber er «stellte Klasse gegen Klasse» und «versuchte nie, die Ehre und das Ansehen Großbritanniens zu fördern». Und sie würde ihm nicht vergeben, daß er Gordon im Stich gelassen und den Transvaal abgegeben hatte, auch nicht, daß er «die Irischen Wachen zerstört hat». Was seine persönlichen Beziehungen zu ihr betrafen, war sie zu größerer Nachsicht bereit. Dies zeigte sich auch in einem handgeschriebenen, fast unleserlichen Brief an Catherine Gladstone, in dem sie ihr Beileid aussprach. «Keine Ehefrau war je so hingebungsvoll wie Sie», schloß sie, «und der Verlust des einzigen Inhalts Ihres Lebens ist unersetzlich.»

Ein Telegramm an Mrs. Gladstone aus Balmoral folgte am 28. Mai, dem Tag der Beisetzung in der Westminster Abbey. «Meine Gedanken sind heute ganz bei Ihnen», begann es, «da Ihr lieber Mann zur letzten Ruhe gelegt wird.» Sie ordnete an, daß der Text als Teil der *Hofnachrichten* erscheinen sollte, aber er wurde am 31. Mai in der *Times* in einer Zusatzkolummne gedruckt. Darin erkannte Victoria Gladstone als «einen der herausragendsten Staatsmänner meiner Regierungszeit» an. «Ich werde mich stets dankbar an seine Hingabe und seinen Eifer in allen Belangen erinnern, die mein persönliches Wohl und das meiner Familie betrafen.» Wie immer war Victoria außerordentlich akkurat. Über seine Politik allerdings konnte sie nicht dasselbe sagen.

In der Abbey fungierten der Prinz von Wales und der Herzog von York, beide zukünftige Könige, als Ehren-Sargträger, und nachdem der Eichensarg herabgelassen worden war, küßten beide Catherine Gladstone die Hand. Die Königin reagierte mit unverhüllter Gereiztheit. Sie wollte keinen falschen Eindruck über ihr Verhältnis erwecken und lehnte alles ab, was auf theatralische Weise zu verstehen gab, es sei besser gewesen, als es war. Victoria blieb unversöhnlich, selbst angesichts der Endgültigkeit des Todes.

XVIII

GEBURT EINES MYTHOS
(1894-1897)

Am 5. März 1894 küßte der Earl of Rosebery im Buckingham Palace die Hand der Königin als Premierminister. Victoria war entzückt über sein Kabinett wie auch über Roseberys Vorschlag, sofort den Haushalt für die Flotte zu erhöhen. Der Sohn des «großen alten Mannes», Herbert, sollte das Ressort für öffentliche Anlagen leiten – ein Posten, der harmlos genug war, auch wenn er den Anschein erweckte, daß durch ihn der verderbliche Einfluß des «Volks-William» weiterwirkte. Selbst daß Rosebery H. H. Asquith als Innenminister im Amt behielt, störte Victoria nicht, obwohl sie Asquiths Energien oft als fehlgeleitet betrachtete und seine frisch eingegangene Ehe als eine Verirrung ansah. In einem scherzhaften Postskriptum zu einem Memorandum an ihren Privatsekretär hatte Asquith im Februar seine bevorstehende Eheschließung mit der Verkörperung der modernen jungen Frau, der extravaganten Margot Tennant, angekündigt, um zu fragen: «Muß ich um die Zustimmung der Königin bitten?» «Wie seltsam», schrieb sie an Ponsonby, «daß er überhaupt *fragt*, ob meine Zustimmung zu seiner Heirat erforderlich sei. Wenn sie es *wäre*, würde die Königin sie nicht erteilen, denn sie glaubt, sie ist höchst unpassend als Frau eines Ministers.»

«Unbelehrbar und herrlich», nannte Asquith die ehrgeizige Margot. Victoria hätte sie gut als Beispiel dafür anführen können, warum es falsch war, Frauen eine höhere Bildung zu geben, eine Praxis, die die Königin für ebenso verderblich hielt wie die Kampagne, ihnen das Wahlrecht zu verleihen. Sie sagte dem Historiker James Bruce, der jetzt in Roseberys Kabinett für den Bereich Erziehung verantwortlich war, es sei von grundlegender Bedeutung, die Bürger zu der Erkenntnis zu bringen, «daß Arbeiter und Hausangestellte ebensogut und notwendig sind wie Büroangestellte, und daß die Pflicht, ihre Eltern zu unterstützen und ihnen zu helfen, in den Geist der Kinder eingepflanzt werden muß. Sie dürfen nicht nur für *sich selbst* erzogen werden.» Demokratie verunsicherte die Königin. Sie bedrohte ihre Hoffnungen, der Nachwelt das System weiterzugeben, das für ihre Klasse so gut funktioniert hatte. Daß dieses System für andere weniger gut funktioniert hatte, war nicht Gegenstand ihrer Sorge. Die neue Mobilität, die viele in die Lage versetzt hatte, der Vorherbestimmung durch ihre Klasse und ihre Geburt zu entgehen, war für sie ein bedrohlich zersetzender Faktor in der Struktur der Nation.

Nachdem das neue Kabinett eingesetzt war, fuhr Victoria in ihren Frühjahrsurlaub nach Florenz. Kaum war sie angekommen, erfuhr sie von der Insel, daß die Regierung bei einem gegen das Oberhaus gerichteten Antrag um zwei Stimmen unterlegen war. Henry Labouchère hatte ihn geschickt zur Abstimmung gebracht, als gerade viele Mitglieder nicht im Haus anwesend waren. Die peinliche Sache wurde revidiert, aber sie gab der Königin das – nicht gänzlich unwillkommene – Gefühl, daß Rosebery nicht sehr lange im Amt bleiben dürfte. Er war nicht besser als Gladstone, so erkannte sie, als sie Roseberys Worte über die Debatte las. Die Peers, behauptete er «repräsentieren nichts», weil sie «nicht von irgendeinem Interesse, einer Klasse oder einer Körperschaft abgeordnet oder gewählt werden, die sie vertreten sollen. Es mag wahr sein, wie Eure Majestät sagt, daß sie oft das wirkliche Gefühl des Landes repräsentieren..., aber das kann gegenwärtig kaum zutreffen, da das Land ein liberales Unterhaus gewählt hat, das es vertreten soll, während neun Zehntel des Oberhauses in Opposition zu dieser Partei stehen.»

Die Königin wollte am liebsten, daß die Dinge so blieben wie sie waren. Nur widerwillig erkannte sie an, daß die Welt in Bewegung war. Veränderung als Paradoxie innerhalb einer eingebildeten, unerschütterlichen «Alten Welt» sollte im April in Coburg dramatisch zutage treten, wohin sie auf der Rückreise von Florenz fuhr, um Affie als regierenden Herzog zu begrüßen. Coburg bedeutete für sie eine Reise des Herzens zurück zu den Tagen von Albert und Ernst. Es schien sich wenig verändert zu haben, außer daß eine Eisenbahnlinie – erfreulicherweise – durch den Zwergstaat führte. Die «liebe alte Festung» war geblieben, ebenso das malerische Schloß Ehrenburg und die idyllischen Häuser. Und doch war Coburg ein Anachronismus – eine Ansichtskarte mit politischen Weisungen aus Berlin.

Veränderungen tauchten rings um die Königin herum auf. Als sie nach Hause fuhr und auf dem Weg nach Balmoral in Manchester Station machte, *erschienen* manche Dinge nur wie immer. Am Albert Square, wo der Oberbürgermeister eine Adresse verlas, stand eine «Statue des liebsten Albert unter einem Baldachin, im Stil von Sir W. Scotts Denkmal in Edinburgh und ähnlich wie das im Hyde Park» vom Prinzen. Das Neue zeigte sich, als sie mit ihrer Yacht, die sie erwartete, zu den Mode Wheel Docks dampfte und den neuen Kanal und die Docks für eröffnet erklärte «indem sie die große Schleuse mit einem elektrischen Draht öffnete, der an hydraulische Maschinen angeschlossen war», die wiederum automatisch das

Abfeuern von Salutschüssen auslösten. Alle die Anlässe, bei denen sie symbolisch präsidierte, hatten jetzt auf geheimnisvolle Weise mit einer Kraft zu tun, die Elektrizität hieß, in ihrer Jugendzeit nur als mysteriöses und unberechenbares Phänomen am Gewitterhimmel bekannt. Selbst die Dampflokomotive war noch unbekannt gewesen, als Victoria geboren wurde, und was zu ihrer Kindheit ein ungestümes eisernes Monstrum war, hatte England inzwischen von Grund auf verwandelt und ihr sogar die Flucht an zwei so weit entfernte Pole wie Osborne und Balmoral ermöglicht, ihre Schlupfwinkel, aus denen sie viel zu spät wieder hervorgekommen war.

Jetzt, da sie die fünfundsiebzig überschritten hatte, konnte Victoria voller Zuversicht auf einen scheinbar unbegrenzten materiellen Wohlstand für die Zukunft ihres Empire schauen und ihre direkte Nachfolge bereits bis in die vierte Generation übersehen. Wenig mehr als ein Jahr, nachdem der Herzog und die Herzogin von York geheiratet hatten, wurde ihnen ein Sohn geboren, aber die Freude des 23. Juni wurde gedämpft durch eine Explosion im Albion-Bergwerk im Cilfynydd in Wales, die 260 Männer und Jungen verschüttete. Am nächsten Tag ereignete sich ein weiterer Zwischenfall: Sadi Carnot, der Präsident von Frankreich, wurde ermordet. Im Unterhaus stellte am 25. Juni Sir William Harcourt den Antrag, man solle dem französischen Volk kondolieren, und drei Tage später brachte er eine Adresse für die Königin über die Geburt des königlichen Kindes ein.

Beim ersten dieser Anlässe fragte Keir Hardie, der selbst einmal Bergmann gewesen war, ob das Haus auch sein Beileid für die Angehörigen der Opfer des Grubenunglücks aussprechen würde. «Oh nein», sagte Sir William, «das kann ich jetzt gleich erledigen, indem ich sage, daß das Unterhaus mit diesen armen Leuten mitfühlt».

Hardie versuchte trotzdem, eine Beileidserklärung für die Bergarbeiter zu erwirken, aber man entzog ihm das Wort. Als am 28. der Gratulationsantrag aufkam, wandte er sich dagegen, und zwar, wie er erklärte, «im Interesse der Würde des Hauses und als Protest gegen den Führer des Unterhauses, der es ablehnt, offiziell Kenntnis von dem schrecklichen Grubenunglück in Südwales zu nehmen». Hardie wurde niedergeschrien, weil er angeblich einen vulgären Angriff auf die Königin unternommen hatte. Die übrigen Abgeordneten ließen ihn im Stich, selbst seine wenigen Labour-Kollegen. Der Vorfall trug ihm den Ruf eines Extremisten ein, der jahrzehntelang an ihm hängenbleiben sollte. Die Affäre demonstriert die vorbehaltlose Ergebenheit für Victoria, die jetzt sogar der selbstgefälligen Beschränktheit derjenigen standhielt, die ihre Regierung repräsentierten.

Der Urenkel, der einmal König werden sollte, wurde Edward Albert Christian George Andrew Patrick David getauft. (Der Prinz selbst bevorzugte den Namen *David*, aber solange er König war, nämlich bis er abdankte, um die geschiedene Amerikanerin, die er liebte, heiraten zu können, nannte er sich Edward VIII.) Bei ihrer Rückkehr nach Windsor sah die Königin das «schöne, kräftig aussehende Kind» und empfing als Gäste zwei junge Europäer, deren Schicksal die Welt weit mehr verändern sollte als der neugeborene Säugling. Der Erbe des österreichisch-ungarischen Thrones, Erzherzog Franz Ferdinand, sollte am 28. Juni 1914 in Sarajevo dem Anschlag eines einsamen Anarchisten zum Opfer fallen. Die beiden Hauptgegner in dem Krieg, den sein Tod vorzeitig herbeiführte und der alles zerstörte, was von Victorias Welt noch übriggeblieben war, waren ihre beiden Enkel George und Wilhelm.

An jenem sonnigen, wolkenlosen Frühsommertag, dem 29. Juni 1894, kam auch Zarewitsch Nikolaus mit seiner zukünftigen Braut, Prinzessin Alix von Hessen, einer Enkelin Victorias, zu Besuch. Mit seinen kantigen Gesichtszügen und dem schwarzen Knebelbart sah «Nicky» wie ein Ebenbild von George aus, dem Vater des königlichen Säuglings. 1918 wurden Nikolaus und seine Zarin zusammen mit ihren Kindern in sibirischer Gefangenschaft von kommunistischen Revolutionären ermordet, deren Aufstieg der Weltkrieg ermöglicht hatte.

Am 13. Juli empfing Victoria in Windsor den Earl von Rosebery, um ihren Gefühlen Luft zu machen über Gesetze, die sie für notwendig hielt, und solche, auf die sie meinte verzichten zu können. Drei Wochen vorher war der französische Präsident Sadi Carnot von einem italienischen Anarchisten erstochen worden. Mit seinem Ruf, vorbildlich die bürgerlichen Freiheiten zu gewähren, war England – und besonders London – lange ein Paradies für europäische Anarchisten gewesen. Seit dem Anschlag auf das Observatorium in Greenwich, der nur denjenigen getötet hatte, der ihn verübte, hatte Victoria darauf gedrängt, die Möglichkeiten zu beschränken, daß «diese monströsen Anarchisten und Mörder hier leben und ihre schrecklichen Verschwörungen in unserem Land aushecken können». Die Position der Liberalen, so erklärte Rosebery trete für eine verschärfte «Polizeiaufsicht» ein, ohne «unsere alte Auffassung in der Frage des Asyls» aufzugeben.

Die Königin betrachtete auch die Erhöhung der Erbschaftssteuern als die falsche Art von Fortschritt. Die neuen «Todessteuern» würden die Stabilität des Eigentums gefährden, argumentierte sie, denn ein Vater sei nicht mehr in der Lage, Land auf seinen Sohn zu vererben. Das sei «ein falsches Prinzip und wird sehr unglückselige Folgen haben». Rosebery gab zu, daß er selbst «zu einer eher düsteren Sicht der Folgen dieser Steuer für die Klasse neigte, der er selbst angehörte». Aber er sah ihre Notwendigkeit ein und schlug vor, die «härtesten Folgen» des Gesetzes dadurch abzumildern, daß man Grundbesitz zu seinen Lebzeiten übertrug sowie «ein einfacheres Leben führte». Keiner der beiden Vorschläge konnte die Königin besänftigten.

Als der zukünftige Herrscher von Rußland mit seiner Braut, die die glänzendste Partie aller Enkelkinder der Königin gemacht hatte, wieder abreiste, schien es gut zu passen, daß Victorias Hauptsorge während der letzten Monate von 1894 die Außenpolitik sein sollte. Japan hatte Absichten auf chinesische Häfen, die nicht bereits von europäischen Handelsmächten besetzt waren. Die Königin wollte daher, daß man Tokio unter Druck setzte. Es gab Spannungen zwischen Belgien und Frankreich hinsichtlich der Zukunft des Kongo. Deutschland wiederum wehrte sich dagegen, daß die Briten Territorium erwarben, das Kairo mit der Kapprovinz verbinden würde – dies eben war der Traum Cecil Rhodes'. Weiterhin hatten die Buren im Transvaal «fremden» weißen Ansiedlern politische Aktivitäten untersagt, vorwiegend Engländern, und diese hatten die Königin um Unterstützung gebeten. Keineswegs hilfreich hatte ihr Kaiser Wilhem stolz von einer erneuten Vergrößerung seiner Armee geschrieben, um einer Drohung von seiten Rußlands besser standhalten zu können, so erklärte er, wo der sterbende Zar nicht mehr fähig sei, die Lage zu kontrollieren. «Alicky», ihre Enkelin, das wußte Victoria nun, würde bald Zarin sein.

Selbst im Hofstaat waren größere Veränderungen im Gange. Sir John Cowell, der Hofmarschall, starb plötzlich im August. Victoria war «wie vom Donner gerührt». Lord Edward Pelham-Clinton wurde gebeten, an seine Stelle zu treten, aber er sagte, er habe eine schwache Gesundheit. Victoria bat ihn, das Amt sechs Monate lang zu erproben, und er blieb bis zur nächsten Regierungsperiode. Arthur Bigge hatte mehr Verantwortung übernommen, als Ponsonbys Kräfte nachließen. Am Ende des Jahres setzte ihm die Königin, obwohl sie wußte, daß er gebrechlich war, hartnäckig wegen seiner angeblich kleinen Schrift und blassen Tinte zu. Ponsonby merkte, daß ihre Augen erheblich schlechter wurden. Da er wußte, daß sie diese Tatsache nicht gelten lassen würde, lieferte er mühselig immer größere Schriften in der dunkelsten Tinte, die er finden konnte. Nichts half, und auch ihre eigene Schrift wurde immer unleserlicher.

Trotz Gladstones Ausscheiden plante die liberale Mehrheit noch immer, die Machtbefugnisse der Lords zu schwächen. Als die Königin in Balmoral weilte, ließ sie den residierenden Minister, Henry Campbell-Bannerman, holen und hielt ihm einen Vortrag über den «subversiven» Charakter dieser Veränderung. Sie nahm die Anträge persönlich. Es sei «grausam», so beklagte sie sich, «daß sie nach ihrer langen Herrschaft in ihrem Alter und mit ihren vielen Sorgen» ihr Amt auf eine Weise ausfüllen solle, die einem

«Präsidenten» eher angemessen sei als ihr. Beunruhigt über das Schicksal der Lords rief sie «C. B.» am 7. November 1894 noch spät um neunzehn Uhr zu einer Audienz. Wie ungewöhnlich diese Tatsache auch war, ihr Tagebuch sagt wenig mehr darüber, als daß sie nach dem Tee «ein Gespräch ... über die verflixte Frage der Lords» hatte. In Campbell-Bannermans ausführlichen Aufzeichnungen finden sich Victorias Äußerungen, wonach das Unterhaus jetzt «zu stark» sei, daß darin «schockierende Leute» säßen, die «alles hinwegfegen wollten», und daß «alle besseren Klassen» in Alarmbereitschaft wären. Sie wollte nicht zugeben, daß die Provokation des Erbschaftsprinzips und ihrer konservativen Auffassung von Politik die Mehrheit des Volkes trug und nicht vom «lärmenden Abschaum», «irischen Rebellen» und «Zerstörungswütigen» herrührte.

Am 1. Januar 1895 prophezeite Edward Hamilton in seinem Tagebuch, daß das neue Jahr «ziemlich sicher einen Regierungswechesel bringen wird ..., ungefähr in der Mitte – wahrscheinlich wegen eines unvorhergesehenen Ereignisses». Die erste Veränderung fand jedoch im Hofstaat statt. Im Januar 1894 hatte Ponsonby als Antwort auf Gerüchte über seine Gesundheit einen scherzhaften Brief an Spencer Ponsonby-Fane geschrieben, einen Cousin, der im Büro des Lordkämmerers arbeitete: «Ich ließ sofort nach meiner Gesundheit fragen und die Antwort war noch nie so gut.» Mit seinen neunundsechzig Jahren war er sichtlich langsamer geworden und machte der Königin Sorgen, wenn sie, selbst mit ihrer geschwächten Sehkraft, in seiner Schrift Veränderungen wahrnahm, die Schwierigkeiten ankündigten. Am 7. Januar 1895 erlitt er den Schlaganfall, den sie hatte kommen sehen. Sein rechter Arm und sein rechtes Bein waren gelähmt und sein Sprechvermögen beeinträchtigt. Er lag matt in seinem Häuschen in Osborne, und die Königin verteilte seine Pflichten in einem nüchternen Memorandum an Oberst Arthur Bigge (Privatsekretär) und Sir Fleetwood Edwards (Privatschatulle).

Roseberys Regierung war ein gewisser Trost für Victoria, weil sie eine Ablenkung von der *Home Rule* und der Reform des Oberhauses bedeutete. Im Februar kam Sir Mountstuart Grant Duff, ein Kolonialbeamter und Diplomat im Ruhestand, nach Windsor und fand die Königin wenig verändert, bis auf ihre zunehmende Unbeweglichkeit. Er bemerkte nicht, wie wenig sie durch den Schleier ihres grauen Stars sah und wie sie das auf anderen Wegen kompensierte. «Nach dem Abendessen wird der übliche Kreis gebildet», schrieb er am 26. Februar 1895. «Ihre Gehbehinderung hält die Königin davon ab, sich mehr zu bewegen, als absolut notwendig, und ihre Gäste werden zu ihr hingeführt, während sie sitzen bleibt. Aber ich erinnere mich nicht, sie jemals so lebhaft gesehen zu haben, auch ihre Stimme kam mir ungewöhnlich kräftig vor.»

Im März wurde der Premierminister krank und war für zwei Monate arbeitsunfähig. Die Königin verzögerte die Regierungsgeschäfte noch mehr dadurch, daß sie ihren üblichen Frühjahrsurlaub nahm. Sie fuhr an die Riviera, wo sie mit ihrem riesigen Gefolge im bescheidenen Grand Hotel von Cimiez wohnte, das seinen Namen ganz zu Unrecht trug. Der Ort lag eine Meile nordöstlich von Nizza, und es hatte dort lange eine englische Kolonie gegeben. Ein Mitglied ihres Hofstaates zeigte ihr vor der Reise eine Liste der indischen, englischen und schottischen Bediensteten, die sie mitnehmen wollte, sowie eine Liste der königlichen Prinzessinnen und ihres Gefolges, die sie begleiten sollten, und fragte im Hinblick auf Einsparungen, ob sie auf irgend jemanden davon verzichten könnte. Victoria bestand darauf, daß sie alle bräuchte, selbst wenn viele von ihnen absolut nichts zu tun hätten.

Nach Aix-les-Bains hatte die Königin im Frühling der Reihe nach Florenz, Biarritz, Grasse und Hyères aufgesucht. Aber sie hatte keinen Ort gefunden, an dem sie sich niederlassen wollte. In Aix-les-Bains war sie glücklich gewesen. Deshalb hatte sie ein Grundstück in der Umgebung erworben und wollte darauf ein Landhaus bauen. Haute-Savoie vereinte die alpinen Eigenschaften von Balmoral mit dem milden Klima von Osborne. Ehe der Grundstein gelegt wurde, wollte Victoria, daß die Behörden einige Veränderungen in der Straßenführung vornahmen, damit ihre Privatsphäre geschützt war. Sie war bereit, großzügig für diese Arbeiten zu bezahlen, aber als die ortsansässigen Grundbesitzer Einspruch erhoben, verkaufte die Königin das Gelände.

Als sie für immer den Ort verließ, nahm sie ein Souvenir mit. Auf einer ihrer Wagenfahrten – sie unternahm im allgemeinen zwei am Tag, eine vor und eine nach dem Mittagessen – sah sie am Ufer des Lac de Bourget langsam einen Bauern näherkommen, dessen Karren von einem mageren weißen Esel gezogen wurde. Sie hielt den Wagen an und fragte, ob der Esel verkäuflich sei. Er habe hundert Francs dafür bezahlt (damals etwas mehr als drei Pfund oder achtzehn Reichsmark), sagte der Bauer – «ein billiger Preis».

«Ich werde Ihnen zweihundert geben», bot sie ihm an. «Sind Sie einverstanden?» Fremden gegenüber mißtrauisch, zögerte der Bauer zunächst, bevor er einwilligte. «Sie können dafür zwei Esel kaufen», versicherte ihm Victoria, während ein Diener die Geldscheine abzählte. Jaquot zog von nun an ihren Wagen in den Ferien an der Riviera ebenso wie in Osborne, wohin er zusammen mit ihrem Ponywagen und ihren Möbeln verschifft wurde.

Das Grand Hotel in Cimiez wurde ganz für die Königin gemietet, für die Dauer von fünf Wochen und zum Preis von 50 000 Francs. Die wirtschaftlichen Vorteile, die die Gegend dadurch hatte, daß die Königin und ihr Gefolge dort ihr Geld ausgaben, nötigten die Behörden, die Straßen zu verbessern. Victoria schickte ihre Lieblingsgegenstände per Schiff voraus, um die weniger üppige Einrichtung des Hotels zu ergänzen. Für ihren Tisch wurde überallhin ihre eigene Tischwäsche, ihr Service und ihr Besteck sowie die übrigen Utensilien mitgenommen; außerdem englischer Speck und Würstchen, die, zusammen mit gebratenem Fisch und Spiegeleiern, bei keinem königlichen Frühstück fehlen durften.

Mahlzeiten und Wagenfahrten waren die Höhepunkte der Tage im Ausland. Ein französischer *maître de cuisine*, M. Ferry, und sein Stab bereiteten die meisten Diners zu, bei denen es stets ihre Lieblingssuppe, *crème de volaille*, gab (sie mochte ihre Hühnerbrühe auch klar und geliert). Gewöhnlich ließ sie ihren indischen Koch noch ein zusätzliches Gericht zubereiten. Mit Ausnahme von Besuchen auf Dorfjahrmärkten und religiösen Festen zog sie es vor, ihre Wagenfahrten in abgelegene Gegenden zu machen, fernab der Städte. Außer wenn der Regen Jaquot behinderte, spannte sie einfach ihren Schirm auf und ließ den Esel dahintrotten, als scheine die Sonne, und das königliche Gefolge kam gottergeben hinterher.

Der Telegraph stellte sicher, daß sie nie ohne Verbindung mit London war. Sie wußte daher, als sie zurückkehrte, daß sie noch einmal für ihren Cousin George kämpfen mußte. In einem Brief erklärte ihr der Herzog von Cambridge, was ihr bereits klar war: daß er, wenn er nicht freiwillig ausschied, zum Rücktritt gezwungen würde. Oberst Bigge wurde dazu ausersehen, im Kriegsministerium mögliche Alternativen zu erkunden. Er stellte fest, daß es für den alten Herzog keinen Weg mehr gab, seinen Platz für Prinz Arthur warmzuhalten – daß der Herzog von Connaught vielleicht in fünf Jahren Aussicht auf den Spitzenposten habe, aber erst, «nachdem ihn ein anderer General für eine gewisse Zeit innegehabt hat». Bigge, den sie am 24. Mai – ihrem Geburtstag, an dem sie Titel verleihen konnte – adelte, vertraute die Königin an, daß es «zwar der Traum ihres Lebens gewesen war», ihren Sohn als Nachfolger des Herzogs von Cambridge zu sehen, daß sie «jetzt aber nicht darauf drängen» würde. Sie wollte jedoch die Macht der Ernennung behalten, damit das Amt nicht ein «parlamentarisches» würde.

Rosebery versicherte ihr, daß es immer noch eine Chance für Arthur gebe, und Victoria stimmte dem *Opfer* zu. Der Herzog weigerte sich jedoch, sich absetzen zu lassen, und wies auf seine neununddreißig Jahre als Oberbefehlshaber und seine robuste Gesundheit hin. An diesem Punkt verlor Campbell-Bannerman die Geduld, und Sir Arthur Bigge mußte der Königin melden, daß eine weitere Verzögerung für jedermann höchst peinlich würde. Aus Balmoral telegraphierte sie mit ihrem üblichen Scharfblick für die Vorgänge in Whitehall: «Es ist äußerst dringlich, daß die Vereinbarungen über den Oberbefehlshaber sofort ausgeführt werden, denn ich habe gehört, daß sonst am Ende des Monats eine Kabinettskrise droht. Mr. C.-B. *muß* die Sache regeln. Ich denke, es war falsch vom Herzog, nicht schon vor einigen Jahren auszuscheiden, und meine, daß es unwürdig ist, sich an sein Amt zu klammern. Ende Oktober oder Anfang November sollte der Zeitpunkt sein.»

Die Halsstarrigkeit des Herzogs war auch im Juni noch ungebrochen. Er war entschlossen, als Preis für seinen Abschied so viel wie irgend möglich an Ehrungen und Einkünften herauszuholen. Es gab keinen Weg, auf dem ihn die Regierung absetzen konnte, wie er stur behauptete: er hatte ein königliches Patent als «Sicherheit». Außerdem wollte er eine Pension, was die Königin in einem Memorandum an Sir Arthur «lächerlich» nannte. Er bekam bereits 14 000 £ im Jahr aus öffentlichen Mitteln sowie ein Haus, das er miet- und steuerfrei bewohnen konnte. Schließlich wurde er vertrieben, und «C. B.» würdigte ihn im Unterhaus mit einer übertriebenen, unaufrichtigen Lobrede. Trotzdem wurde die Episode zu einem Anlaß für die Opposition, die Regierung zu stürzen. Als Victoria am 21. Juni von Balmoral nach Windsor zurückkehrte, hörte sie zu ihrer Überraschung, als der Zug in Carlisle anhielt, daß die Regierung wegen «Georges Rücktritt eine Niederlage erlitten hatte. Mir war nicht recht klar, daß er eine Krise verursachen würde.»

Die Krise war aus viel trivialeren Gründen entstanden. Roseberys Kabinett war überstimmt worden bei einem Antrag, das Gehalt des Heeresministers um 100 £ zu kürzen. Das hieß in Wirklichkeit, Campbell-Bannerman dafür zu verurteilen, zugelassen zu haben, daß die Munition für kleinkalibrige Waffen in der Armee knapp geworden war. Die Erben Gladstones waren zwischen Rosebery und dem Schatzkanzler Sir William Harcourt geteilt. Daher waren die Mehrheiten der Liberalen geschwunden. Harcourt, ein gebieterischer Mann von 1,90 Meter Größe, war ein geborener Plantagenet. Er war jedoch Führer im Unterhaus, weil Rosebery ein Earl war. Mit achtundsechzig Jahren hatte er seine letzte Gelegenheit schwinden sehen, Premierminister zu werden, als Rosebery ernannt wurde. Sir William sammelte später die Scherben als Parteivorsitzender nach der Wahl auf. Da viele Mitglieder bei der Blitzabstimmung fehlten, verlor die Regierung mit sieben Stimmen – «ein *zufälliger* Schlag», schrieb Harcourt ohne Enttäuschung an Rosebery, «aber meiner Meinung nach ein tödlicher».

Von Windsor aus telegraphierte die Königin an Rosebery, wenn er zurücktreten wolle, würde sie diesen Entschluß nicht akzeptieren. Das war eine seltsame Kehrtwendung, denn Roseberys Liberale waren überwiegend von Gladstone ernannt worden. Zum erstenmal seit ihrer Thronbesteigung begann die Königin zu begreifen, daß selbst ein Premierminister, den sie mochte, ihre Ansichten nicht zu teilen brauchte. Zwei Wochen später aß Right Reverend Randall Davidson, damals Bischof von Rochester, zweimal mit Victoria zu Abend und verließ sie nach «einem ausgiebigen Gespräch» mit dem Eindruck, daß die Königin «nicht besonders glücklich ist über den Regierungswechsel. Ich glaube, daß sie Rosebery, Bannerman, Spencer und Fowler *persönlich* lieber hat als ihre Nachfolger.» Am Abend des 22. reichte Rosebery seinen Rücktritt ein und sagte der Königin, es sei ihm «eine immense Erleichterung, sein Amt abzugeben».

Die Formalitäten zur Einsetzung von Lord Salisburys drittem Kabinett mußten in aller Eile erledigt werden, da Victoria einen Staatsbesuch erwartete. Der Shahzada (Prinz) Nasrulla Khan von Afghanistan reiste an, beladen mit «einer herrlichen Truhe», die einen Brief seines Vaters, des Emirs, enthielt, und «vierzig wunderschöne Shals und achthundert Teppiche». Als Zeichen ihrer Gunst zeigte ihm die Königin das Mausoleum. Danach zog sie sich nach Osborne zurück, wo sie ihr Frühstück im Freien unter dem gestreiften Zeltdach genießen konnte. Dort tankte sie ihre Geduldsreserven für Kaiser Wilhelms alljährlichen Sommerbesuch wieder auf. Das bedeutete Diners im Durbar-Saal mit ebenso ausgeklügelten wie unehrlichen Toasts von der Königin und dem Kaiser und Konzerte der Streichkapelle der Königlichen Marineartillerie wie der deutschen Marinekapelle. Ein Mitglied des kaiserlichen Gefolges – Wilhelm mochte es, wenn Angehörige seiner Entourage kindisches Verhalten an den Tag legten – war «Onkel Hermann» Salzmann, ein Maler von Seestücken, der jedesmal, wenn das Eintreten der Königin es erforderte, laut sang: «Gott seefe dem Queenchen ein.», was seinen Herrn mächtig amüsierte. Wußte Victoria davon? Es schien ihr im allgemeinen nie an Informanten zu mangeln.

Erleichtert kehrte die Königin in ihr geliebtes Zelt zurück, als der Kaiser Cowes verließ. Sie beugte sich über ihre roten Kästen und versuchte, die immer mehr verschwimmende Korrespondenz zu entziffern.

Im Oktober mußten für die Königin in Balmoral die Hymnen, die in ihren privaten Sonntagsgottesdiensten in der Kapelle gesungen wurden, laut Tagebuchnotizen von Lady Lytton «in sehr großen Buchstaben für sie geschrieben werden, und selbst dann benützt sie ein Vergrößerungsglas». Die Kaiserin Eugénie besuchte sie von dem nur unweit gelegenen Haus aus, das die Königin ihr und ihrem Gefolge zur Verfügung gestellt hatte. Lady Lytton notierte, daß Victoria Eugénie stets «ma chère sœur» nannte.

Immer um Victoria herum war ein Schwarm von zappeligen Prinzessinnen – Töchter und Enkelinnen, die mehr unternehmen wollten, als nur in die Kirche und zum Mittagessen zu gehen oder beim Lesen zu helfen, wenn Victorias Doppelgläser nicht ausreichten. Bei einem Abendessen am

16. Oktober, bei dem Prinz Heinrich von Battenberg neben der Königin saß, beklagte sie sich (mit schottischem Akzent, in den sie in Balmoral stets fiel): «Ich weiß nicht, warum die Kerzen kein Licht geben, es ist so dunkel.»

Da die Köngin sich weigerte, eine Staroperation vornehmen zu lassen – ein riskantes Unternehmen, das sie auch den Rest ihres Augenlichtes kosten konnte –, hatte Sir James Reid Professor Hermann Pagenstecher in Wiesbaden konsultiert, den die Königin für «einen der größten Augenärzte Europas» hielt. Am 24. August war er nach Osborne gekommen, um sie zu untersuchen. Pagenstecher, einundfünfzig Jahre alt, war an der Londoner Augenklinik von 1872-1880 als ophthalmologischer Chirurg tätig gewesen und hatte den *Atlas der pathologischen Anatomie des Augapfels* verfaßt. 1889 hatte er erfolgreich Prinzessin Helena behandelt, deren Gast er nun bei seinen Besuchen in England war. Da es ihm trotz seines ausgezeichneten Rufes nicht gelang, die Königin dazu zu überreden, sich von ihm operieren zu lassen, verordnete Pagenstecher Belladonna, um die Pupillen zeitweilig zu erweitern und den Film aufzulösen.

Im November erfuhren die Königin und ihr Stab, daß die Regierung der Ashanti in Schwierigkeiten war. König Prempeh von Kumasi durchforstete dort die Goldküste nach Sklaven. Die Ashantikriege der 70er Jahre hatten das Küstengebiet weitgehend pazifiziert, und die Briten hatten seit zweihundert Jahren dort Handel getrieben. Dort hatte auch General Garnet Wolseley seinen Ruf und sein Vermögen erworben (durch den Zuschuß von 20 000 £ vom dankbaren Parlament). Der Einfluß des Empire reichte aber von Accra aus nicht weit ins Inland. Wolseley, der inzwischen Lord Wolseley und Oberbefehlshaber anstelle des Herzogs von Cambridge war, schickte eine neue Expedition in den unruhigen Busch der Ashanti.

Gelangweilt von seinem Leben als höherer Kammerherr, versuchte Liko – Prinz Heinrich von Battenberg –, der Welt der Frauen zu entkommen, wo seine hauptsächliche Leistung darin bestanden hatte, Vater von Prinzessin Beatrices Kindern Alexander, Ena, Leopold und Maurice zu werden und die Königin dazu zu überreden, in Balmoral und Osborne Raucherzimmer einrichten zu lassen. Am 17. November, so schrieb die Königin, teilte ihr Liko mit, «daß er ernstlich auf die Ashanti-Expedition mitgehen will, aber ich sagte ihm, das käme niemals in Frage».

In der Erkenntnis, daß er in Zukunft vielleicht nie mehr eine Möglichkeit bekommen würde, sich loszureißen, ging er direkt zu Wolseley und Landsdowne ins Kriegsministerium und wurde vorläufig angenommen. Dann kehrte er zu Beatrice und der Königin zurück. Er sei Soldat, so behauptete er beharrlich. Seine drei Brüder waren zum Soldatenberuf erzogen worden und hatten aktiv im Dienst gestanden. Ihm war dies versagt geblieben. Die Königin schickte Dr. Reid zu ihm, um ihm seine Pläne auszureden. Er wies auf das ungesunde Klima des äquatorialen Westafrika hin, aber Liko blieb standhaft dabei, daß zwar das Klima «ohne Zweifel schlecht sei..., aber wenn er achtgebe, könne er vielleicht dem Fieber entgehen, und der Feldzug wäre voraussichtlich auch kurz». Victoria ließ ihn gehen.

«Trank Tee mit Beatrice und Liko», schrieb Victoria am 6. Dezember in Windsor, «und gleich danach kam er, um mir Lebewohl zu sagen. Er war sehr aufgeregt und kniete nieder und küßte meine Hand, und ich umarmte ihn. Er sagte, er gehe nicht aus Abenteuerlust, sondern weil er das Gefühl habe, es sei richtig.» Beatrice kam «traurig» herein, und dann fuhren sie zusammen nach Aldershot, dem Ausgangspunkt für den Feldzug. «Ich konnte kaum an etwas anderes als diesen traurigen Abschied denken. Gott möge uns gewähren, daß der liebe Liko unversehrt wieder zu uns zurückkehrt!» Vielleicht hätte sie seinen Diener Butcher in ihr Gebet einschließen sollen, der, einer uralten Tradition folgend, mit seinem Herrn ging, ob er nun Interesse an Ruhm, Ehre oder der grundlos so genannten Goldküste hatte oder nicht.

Es war eine Zeit der Abschiede. Am 21. November starb Henry Ponsonby, und fünf Tage später wurde er in Osborne bestattet. Die Königin war bei dem Begräbnis nicht anwesend, aber einen Monat später ging sie auf den Friedhof von Whippingham, um einen Kranz an seinem Grab niederzulegen. Beatrice, die jetzt ohne Liko war, begleitete sie. Heinrich war soeben in Afrika gelandet.

Victoria hatte mit der Rückkehr auf die Insel Wight gewartet, bis ihr Albertine-Ritual Mitte Dezember vorbei war. «Ich beendete den Tag, wie ich ihn begonnen hatte», schrieb sie am 14. Dezember 1895, «indem ich in das liebe, heilige Blaue Zimmer ging.» Es war die vierunddreißigste Wiederkehr jenes «schrecklichen Gedenktages», aber diesmal gab es wenigstens ein ausgleichendes Ereignis. In ihrem Ankleidezimmer fand sie an diesem Morgen Telegramme, die sie darüber in Kenntnis setzten, daß dem Herzog und der Herzogin von York ein zweiter Sohn geboren worden war. «Georgies erstes Gefühl war ein Bedauern darüber, daß das liebe Kind an einem so traurigen Tag geboren wurde. Ich habe das Gefühl, es könnte ein Segen für den lieben kleinen Jungen sein und ist vielleicht gar ein Geschenk Gottes!» Es war keine Frage, daß ihr Urenkel den Namen Albert erhalten sollte, obwohl er sich, einundvierzig Jahre später, dafür entscheiden sollte, George VI. genannt zu werden.

Am 27. Dezember schloß sich Liko der Haupteinheit der englischen Streitkräfte an, die landeinwärts auf Kumasi zumarschierte. Die Hitze war groß, und mehrere Männer brachen zusammen, als die Marschkolonne

481

nach Norden vorrückte. Zur gleichen Zeit hatte sich weit im Südosten, an der Grenze der Republik Transvaal (welche de jure der Oberhoheit der Königin unterstand, de facto aber von Buren-Siedlern regiert wurde, die sich allein Präsident Paul Krüger gegenüber zu Untertanengehorsam verpflichtet fühlten), ein bunter Haufen von Freischärlern unter der Führung eines milde blickenden Arztes, Dr. Leander Starr Jameson, zusammengeschart. Er hatte die Medizin aufgegeben, um Cecil Rhodes' gleichnamiges Lehensgut im Norden zu verwalten – rechtlich ebenfalls unter Victorias Oberhoheit. Rhodesien besaß jedoch keine unbegrenzten Goldadern, wie es sie anscheinend unter dem Witswatersrand gab, westlich von Johannesburg, der Stadt, die Krüger gleichsam über Nacht aus dem Boden gestampft hatte. Rhodes kaum verdecktes Ziel, das er der Königin, die ihn zum Geheimen Staatsrat ernannt hatte, persönlich gegenüber aussprach, war es, dem Empire die landumschlossenen Hochlandgebiete einzuverleiben, die reich an Gold und Diamanten waren, und dort sowohl seine Investitionen als auch die seiner ihn finanzierenden Freunde zu schützen. Als Premierminister der Kapkolonie konnte er den Überfall nicht als einen offiziellen Akt deklarieren, aber er würde im Namen der Königin ein neues Regime von britisch-geführten Opportunisten und Abenteurern akzeptieren. Die *Uitlanders* hatten das Land ausgebeutet und den ländlichen Status der Eingeborenen verändert. Aber die africaanssprechende Bevölkerung war keineswegs gesonnen, Außenstehenden politische Rechte einzuräumen, während sie den schwarzen Stämmen, denen sie das Land weggenommen hatten, die Bürgerrechte vorenthielten. Sie betrachteten die beiden weißen Bevölkerungsgruppen nur als bessere Lastesel.

Botschaften liefen zwischen London, Kapstadt und Johannesburg hin und her. Der Einfall wurde aufgeschoben, gestrichen, neu geplant. Am 29. Dezember überquerten Jamesons Männer die unmarkierte Grenze, und am Neujahrstag 1896 waren sie schon fast in Sichtweite der Goldminen. In «Jo'burg» hatte sich jedoch kein Aufstand erhoben. Am Morgen des 2. Januar hißten die enttäuschten Angreifer, umstellt und ohne Munition, in Doornkop, nordwestlich der Stadt, ihre weiße Flagge. Verlegen mußte der Premierminister der Kapkolonie zurücktreten. Er behauptete, Jameson habe ihn «ruiniert». Victoria war keineswegs erfreut über die Tatsache, daß ihr Hoher Kommissar in der Kapprovinz, Sir Hercules Robinson, um die Freigabe der Gefangenen bitten mußte. Noch viel ärgerlicher war Kaiser Wilhelms Glückwunschtelegramm an Krüger. Der Prinz von Wales drängte die Königin, die Botschaft aus Berlin als unfreundlichen Akt zu verurteilen, und Beatrice las ihr eine Flut von deutschfeindlichen Telegrammen und Botschaften vor. («Mein Augenlicht ist so schwach», diktierte Victoria ihrer Tochter, «und es ist mir noch nicht gelungen, eine Brille zu bekommen, die mir hilft.») Die Affäre im Transvaal stufte sie höchstens als «sehr unglückselig» ein. Immerhin erfuhr sie «zufriedenstellende Berichte» aus anderen Teilen Afrikas, weitgehend über die Zeitungen. An der Goldküste, so las ihr Beatrice vor, «waren die Häuptlinge der Eingeborenen... höchst aufgeregt und überrascht, als Sir Francis Scott ihnen Liko vorstellte, ‹der die Tochter der Königin geheiratet hat›. (...) Die Zeitungen schreiben auch, daß Liko zum Militär-Sekretär des Generals ernannt worden ist.» Es war merkwürdig, daß Victoria ihre Informationen aus der Londoner Presse beziehen mußte.

Dr. Jameson saß in Johannesburg im Gefängnis, und die Königin schrieb an ihren Enkelsohn in Berlin – als «Deine Großmutter, der Du immer so viel Zuneigung entgegengebracht hast und von deren Beispiel du immer mit so viel Respekt gesprochen hast» –, daß dieser «unfreundliche» Brief, «von dem ich sicher bin, daß er nicht als solcher beabsichtigt ist», hier «einen sehr peinlichen Eindruck hinterlassen hat». Vom Außenministerium in Berlin aus schrieb Graf Georg zu Münster am 13. Januar an Graf Holstein in einem Brief, der mit «streng vertraulich und privat» gekennzeichnet war: «Unser Kaiser sah nur die Oberfläche» der Dinge und habe sein Telegramm abgeschickt, «ohne vorauszusehen, daß es der Zünder war, welcher den angesammelten Zündstoff entzündete». Tatsächlich hatte Krüger um deutsche Hilfe geworben, und in Anbetracht der angetasteten imperialistischen Gefühle der Inselnation war nicht einmal ein Krieg, in den Deutschland mit hineingezogen werden könnte, völlig auszuschließen. «Die Königin und die leitenden Männer», versicherte Münster Graf Holstein, «sind zu vernünftig dazu», aber wenn ein Aufwiegler die Aufmerksamkeit der Öffentlichkeit finde, «so ginge die Nation in ihrer jetzigen Stimmung mit». Schon jetzt, so dachte er, hatte man der englischen Admiralität Vorwände genug geliefert, die Flotte zu verstärken, aber er meinte, «das geschieht weniger gegen uns als gegen Amerika, denn der Konflikt kann jeden Augenblick brennend werden».

Als genügten den Briten im Augenblick nicht schon die lokalen Konflikte in Afrika und Asien, gab es noch einen weiteren in Südamerika, einen Grenzstreit zwischen Venezuela und Britisch-Guayana. Präsident Grover Cleveland hatte gedroht, sich in dieser Frage auf die Monroe-Doktrin zu stützen und die Vereinigten Staaten um militärischen Beistand für Venezuela anzurufen. «Soviel zu tun», schrieb die Königin in ihr Tagbuch, «und meine schlechten Augen machen alles so viel schwieriger.»

Als Armeechef machte Wolseley Victoria darauf aufmerksam, daß es wichtig sei, Jamesons Männer aus den Händen der Buren freizubekommen, denn es seien «hervorragende Offiziere dabei... sie wären ein Verlust für die Armee Eurer Majestät. Früher oder später muß der Transvaal eine englische Provinz werden.» Für die Ashanti-Truppen, so fügte er hinzu, gehe alles gut. «Ich stelle fest, daß die Zeitungen frühere und bessere Nachrichten erhalten als wir. (...) Ich erhielt einen guten Bericht von der Reise zur Goldküste und davon, wieviel Prinz Heinrich getan hat...» Der General rechne damit, daß seine Truppen in wenigen Tagen Kumasi erreichen würden.

Die Überstellung von Jamesons Männer an die britischen Behörden erfolgte schnell, weil man erwartete, daß sie bestraft würden. Die Königin schrieb an Krüger – eine Botschaft, die der Kolonialminister, Joseph Chamberlain, vorbereitet hatte –, daß seine großzügige Tat «zum Frieden in Südafrika führen würde». Es ging das Gerücht, daß der stämmige und bärtige «Oom Paul» Krüger, als er elf Jahre zuvor in einer Buren-Mission in England gewesen war, zum Tee bei der Königin eingeladen worden sei. In der Etikette unversiert oder absichtlich rebellisch, hatte Krüger, der damals zweiundfünfzig war, sich angeblich geweigert, sich bei der Vorstellung vor der Königin zu verbeugen: er verbeuge sich nur vor Gott. Außerdem habe er angeblich seinen Kaffee in die Untertasse gegossen, damit er schneller abkühlte, und damit Ihre Majestät gezwungen, ebenso zu verfahren, um ihn nicht in Verlegenheit zu bringen. Tatsächlich war nichts dieser Art geschehen, da er der Königin niemals begegnet war. Und doch gab es bei den Buren eine Kriegbereitschaft, die Krüger in seiner Person verkörperte. In eben diesem Jahr, 1885, als das Mehl knapp war und von England Zoll auf importiertes australisches Mehl erhoben wurde, womit der Preis des allgemeinen Hauptnahrungsmittels stieg, sagte Krüger: «Ja, as julle wil Ourna se brood eet, dan moet julle daar voor betaal!» – «Ja, wenn Ihr der Oma ihr Brot essen wollt, dann müßt Ihr dafür bezahlen!»

Mit ihrem langen Gedächtnis ging die Königin zurück in das Jahr vor Krügers Besuch und schlug vor, daß ihr Premierminister die tatsächlichen Rechte Englands im Transvaal bestimmen sollte, besonders, da der deutsche Botschafter ihre Oberhoheit in Frage gestellt hatte. Wenn Ihre «Justizbeamten... meinen, daß die Konvention von 1884 nicht die Präambel von 1881 ungültig macht», telegraphierte sie Salisbury von Osborne aus, «werden Sie eisern diese Position verteidigen...» Salisbury war gezwungen, zu antworten, daß der Earl von Derby, Gladstones Kolonialminister, in einem Brief an Krüger «die Position beinahe preisgibt». Oberhoheit bedeutete auf jeden Fall sowieso kaum mehr als ein Stück Papier, das die Königin formal anerkannte.

Am 10. Januar, dem Tag von Victorias Schriftwechsel mit Salisbury, traf ein Telegramm von General Scott an Prinzessin Beatrice ein: «Prinz Heinrich leidet an Fieber, nicht stark, aber genug, um ihn daran zu hindern, an die Front weiterzugehen.» Victoria telegraphierte, um weitere Nachrichten zu erhalten, und stellte fest, daß Butcher bei Liko geblieben war. Er und ein Sanitätsoffizier sollten Liko an Bord eines Lazarettschiffes, der HMS *Blonde*, bringen. In einem Brief an den Prinzen von Wales über Kaiser Wilhelms «vorschnelles Handeln» und seine «Einbildung» teilte ihm die Königin auch die Nachricht von Likos Malaria mit, die ihn dazu veranlaßt hatte, «heute morgen den Rückweg zu dem Schiff anzutreten. Es ist eine schreckliche Enttäuschung für ihn, aber wir haben heute morgen gehört, daß das Fieber zurückgeht, so daß er vielleicht doch noch zurückgehen kann. Es ist eine schreckliche Belastung für die liebe Beatrice ...»

Beruhigende Telegramme folgten. Liko hatte «gut geschlafen, hat heute morgen etwas gegessen, die Symptome sind viel besser geworden, er ist in der Lage, die Reise zu machen». Später am Tag kam ein weiteres Telegramm. Der Prinz hatte Manso erreicht, ein kleines Stück landeinwärts hinter dem Hafen von Sekondi. «Das hat der lieben Beatrice große Freude gemacht», schrieb die Königin in ihr Tagebuch, «die in so grausamer Ungewißheit schwebte.» Ein paar Tage später traf der Trupp im Lazarett an der Kapküste ein. «Bin sehr krank gewesen», lautete ein Telegramm unter dem Namen des Prinzen, «aber dank der unermüdlichen Hilfe von Dr. Hilliard und Butcher bin ich gut hier angekommen.»

In Wirklichkeit ging es Liko so schlecht, daß die *Blonde* sofort die Anker lichtete und Richtung Madeira in See stach. Vor der Küste von Sierra Leone starb Liko am Abend des 20. Januar. Am 22. Januar kam das Telegramm, das Victoria und Beatrice ungeduldig erwartet hatten und von dem sie annahmen, es enthalte die Nachricht von der sicheren Ankunft des Prinzen in Madeira. Statt dessen enthielt es die Nachricht von seinem Tod. Arthur brachte die schlimme Botschaft der Königin in ihr Ankleidezimmer, noch ehe sie an diesem Morgen aufgestanden war. Beatrice folgte ihm ins Zimmer. «Alles Leben hat mich verlassen», sagte sie mit zitternder Stimme. Mit achtunddreißig war sie jetzt sogar noch früher Witwe geworden als ihre Mutter, und sie sollte auch noch länger Witwe bleiben als Victoria – fünfzig Jahre lang.

Auch für Victoria war es ein «furchtbarer Schlag». Sie wußte nicht einmal, ob sie das Ereignis zu Papier bringen konnte. «Was wird aus meinem armen Kind werden?» fragte sie sich. Die Antwort auf diese Frage, die sie vielleicht noch nicht einmal sich selbst eingestehen mochte, war, daß sie ihr «Baby» wiederhaben würde. «Es herrscht ein solcher Kummer im Haus ... Ging hinüber in Beatrices Zimmer und saß eine Weile bei ihr; sie ist ... so erbarmungswürdig in ihrem Elend. Was haben wir nicht alle verloren mit unserem geliebten, edlen Liko, der gestorben ist, weil er seinem Land dienen wollte. Er war unsere Stütze, der strahlende Sonnenschein unseres Hauses. Mein Herz schmerzt vor Sehnsucht nach meinem geliebten Kind ... Es ist, als wären die Jahre '61 und '62 zurückgekommen.» Am 3. Februar traf Heinrichs Leichnam – in einem aus leeren Keksdosen behelfsmäßig zusammengebauten Sarg und in Rum konserviert – mit der HMS *Blenheim* in Portsmouth ein. Dort wurde er in einen würdigeren Sarg umgebettet. Anstatt nach Madeira zu reisen und die Genesungszeit mit ihrem Mann zusammen zu verbringen, fuhr Beatrice nun nach Portsmouth, um seine sterblichen Überreste zu begleiten. Am folgenden Nachmittag setzten sie mit der *Albert* auf die Insel Wight über. Dort wartete Victoria mit Beatrices Kindern und einem Gefolge von Bediensteten zusammen an der Pier. Liko wurde am nächsten Tag in der Kirche von Wippingham beigesetzt. Am 13. Februar fuhr Beatrice mit ihren Kindern nach Cimiez, wo ihr Victor Cazalet seine Villa Liserb angeboten hatte.

Da die Familie wieder einmal in Aufruhr und Trauer war, hatte Victoria zumindest eine Entschuldigung, den alljährlichen Besuch Kaiser Wilhelms aufzuschieben, der sich bereits auf die Sommerregatta in Cowes freute. Der wahre Grund, den niemand auszusprechen brauchte, war die Krüger-Depesche. Obwohl Victoria Wilhelms Erklärung angenommen hatte, er habe sie nicht beleidigen wollen, wurde er erst 1899 wieder eingeladen. Am Sonntag, dem 23. Februar, kam Bischof Davidson von seinem neuen Sitz in Winchester, um in der Kapelle von Windsor zu predigen, und sprach darüber, wie man Kummer annehmen könne. Prinz Heinrichs Tod wurde dabei nur indirekt erwähnt, und doch war er der Grund, weshalb man Davidson geholt hatte. Victoria sagte Lady Lytton, sie sei enttäuscht. Nicht jedermann betrachtete Likos Tod als einen nationalen Verlust, obwohl er für die Königin die stärkste männliche Stütze bei Hofe gewesen war. Diese Rolle fiel nun dem schon kahl werdenden Arthur Bigge mit seinem gewaltigen Schnurrbart zu, obwohl er nur dem Hofstaat angehörte.

Da Beatrice verreist war, leisteten andere Familienmitglieder der Königin Gesellschaft, was eine aufwendigere Tafel bedeutete. Nachdem der vorgeschriebene Trauermonat vorbei war, spielte bei formellen Diners auch wieder eine Musikkapelle. Bei einer solchen Gelegenheit versäumte der über achtzig Jahre alte und schon ein wenig vergeßliche Oberstallmeister Sir Lyndoch Gardiner es einmal, die Kapelle zu bestellen. Er jammerte, er würde sein Amt niederlegen müssen. Es war schon nach fünf Uhr, und in Windsor gab es – weil die Königin sich standhaft dagegen gewehrt hatte – kein einziges Telephon. Sir Henry Ponsonbys Sohn Frederick (Fritz), der inzwischen Bigges Assistent war, wies einen Diener an, nach Windsor Great Park hinüberzugaloppieren und dem zweiten Kavallerieregiment der Gardetruppen die Nachricht zu bringen, man möge unverzüglich irgendeine Kapelle auftreiben. Das bedeutete, daß man Männer zusammentrommeln mußte, die außer Dienst in der Stadt waren. Aber es gab keine

Möglichkeit, sie auf die Terrasse zu schleusen, wenn das Essen erst einmal serviert war. Ponsonby ließ Leitern von der Schloßfeuerwehr bringen, so daß die Mitglieder der Musikkapelle hinaufklettern und an ihre Plätze gelangen konnten, ohne Victoria beim Diner zu stören. Als sie um Viertel vor neun Uhr eintraf – verspätet wie immer und auf den Arm eines indischen Dieners gestützt – war noch immer keine Kapelle da, und es ertönte kein «God Save the Queen».

Ponsonby hatte das schreckliche Gefühl, versagt zu haben. «Bei dem verzagten Gesichtsausdruck General Gardiners wurde mir ganz elend. Aber als ich mich setzte, sah ich durch das Fenster, wie dunkle Gestalten auf die kleine Terrasse kletterten, und noch ehe die Königin einen Löffel Suppe gegessen hatte, spielte die Kapelle eine Ouvertüre... Aber natürlich fiel der Königin auf, daß die Nationalhymne fehlte – sie merkte immer alles.» Am nächsten Tag erhielt der alte General eine schroffe Notiz, die Kapelle habe bei jeder Mahlzeit, zu der die Königin erscheine, die Nationalhymne zu spielen.

Ob auf Ponsonbys Druck hin oder weil sie Nachrichten schneller haben wollte, als sie per Telegramm kommen konnten, ließ Victoria im Sommer 1896 in Windsor Telephone einrichten, mit Privatleitungen zum Postamt und zum Bahnhof der Stadt sowie ins Marlborough House und in den Londoner Buckingham Palace. Es sollte in Zukunft einfacher sein, eine Kapelle zu bestellen.

Ende März fuhr sie in Begleitung ihrer hundert Bediensteten wieder an die Riviera, die erneut das Grand Hotel in Cimiez fast ganz füllten. Wie üblich brachte Victoria ihr eigenes Bett, ihre Bettwäsche sowie ihre Kammerzofen und -diener mit, ihre eigene Kutsche, ihre Kutscher und Reitereskorte, ihren Rollstuhl, Kilt oder Turbane tragende Diener, die sie herumschoben, ihr ambulantes Krankenhaus mit Internisten, Zahnärzten, Augenärzten, Krankenschwestern und medizinischer Ausrüstung (dennoch sah Dr. James Reid, der sie jeden Morgen um neun Uhr dreißig untersuchte, sie stets nur vollständig bekleidet, bis zu ihrer letzten Krankheit).

Beatrice, die sich nicht weit von Cimiez «in geduldiger Resignation» geübt hatte, gesellte sich wieder zu ihrer Mutter, so daß das Gefolge noch umfangreicher wurde und die Trauer sich verdoppelte. Trotz des sonnigen Wetters schrieb die Königin an Lord Salisbury: «Eine schwere Wolke hängt überall über unserem armen Haus.» Bald darauf kam Salisbury, der eine Villa im nahegelegenen Beaulieu besaß, selbst nach Cimiez, um mit der Königin zu konferieren und ein wenig Sonnenschein zu ergattern. Danach bearbeitete ihn die Königin zuerst persönlich, dann in Briefen und Telegrammen, mit Ratschlägen, die sich auch an Joseph Chamberlain richteten, sie sollten in Afrika und andernorts in ihrer imperialen Haltung nicht wanken. Chamberlain kam dieses Eingreifen nicht ungelegen. Er spürte, daß die Königin sowohl mit der Nation wie auch mit ihm auf einer Wellenlänge lag.

Nicht die gesamte Post der Königin war geschäftlich und auf die wohlvertrauten roten Kästen beschränkt. Sie hatte zwei Sekretärinnen, die ihre Korrespondenz lasen und beantworteten. Zuerst ging sie immer die Depeschenkästen durch. Dann wandte sie sich der Familienpost und den Bündeln von Briefen der Bittsteller zu. Wenn sie sich in Frankreich aufhielt, waren diese meist gallischer Herkunft. Nachdem sie ihre übliche Post zu den Regierungsgeschäften erledigt hatte, die mit codierten Telegrammen beantwortet wurde, ließ sie ihre Sekretärinnen, normalerweise Hofdamen, die servilen, listigen, dummdreisten und aufdringlichen Bettelbriefe von den wenigen trennen, die sie ernst zu nehmen gedachte. Da gab es Bitten von französischen Briefschreibern um englische Briefmarken oder um ein Autogramm von ihr. Einer bat sie, das Schulgeld für einen Jungen an einer Oberschule in Bordeaux zu übernehmen. Jemand aus der Lorraine bat um ein Fahrrad. Manche erboten sich, ihr Dinge zu verkaufen, einschließlich einer roten, einer weißen und einer blauen Katze, andere baten um Kleidungsstücke. Oft schickten die Briefschreiber die Waren, die sie der Königin verkaufen wollten, gleich mit und baten, man solle sie bezahlen oder zurückschicken. Viele Briefe kamen von selbstgekürten Erfindern, die die Protektion oder Schirmherrschaft der Königin für Apparate wünschten, die eher der Phantasie als wissenschaftlicher Forschung entsprungen schienen. Ein weiteres, dickes Bündel kam regelmäßig von Dichtern, die der Königin Werke widmen wollten oder um ein Honorar für bereits fertige Arbeiten baten. Ein Franzose wünschte sich «eine Sendung ... erstklassigen Champagners» für seine Verse, ein anderer drohte mit Selbstmord, «wenn Eure Majestät meinen Bitten kein Gehör schenkt». Dann gab es die wirklich Verrückten. Ein *Comte* wünschte ihre Hilfe, um den Thron von Ägypten «zurückzuerhalten», in einem Brief aus dem algerischen Oran, an «Madame und liebe Mutter» gerichtet, wurde sie gebeten, «ein wenig an mich, Deinen Sohn zu denken, den Du in Indien verlassen hast». Solche Briefe wurden selten beantwortet, aber sie brachten für ihr gelangweiltes Gefolge Farbe in die Ferien in Frankreich, die ansonsten nur Aussicht auf eintönige Diners und reizlose Ausfahrten mit dem Eselskarren boten.

Anfang Mai fuhr Victoria wieder nach Hause. Im Juni begann Victorias sechzigstes Jahr auf dem Thron, und die Zeitungen fingen an, nach Feierlichkeiten im Jahre 1897 zu fragen und zu überlegen, wie man ein solches Jubiläum nennen könnte. Manche spekulierten – oder hofften sogar darauf –, daß die Königin bei dieser Gelegenheit zugunsten ihres Sohnes zurücktreten würde. Die Hofbeamten waren sehr darauf bedacht, diese heikle

Frage von ihren Ohren fernzuhalten; sie vor ihren Augen zu verbergen war kein Problem.

Am 23. September 1896 hatte die Königin einen Tag länger regiert als jeder andere englische Souverän. Sie hatte keine Feierlichkeiten gewünscht, bis sie im folgenden Juni die sechzig Jahre vollendet hatte. Aber Gratulationsschreiben trafen aus allen Teilen des Empire ein. Vor allem dank der Initiative Joseph Chamberlains begann sich die Idee durchzusetzen, daß das Jubiläum 1897 eine Feier des imperialen Britanniens sein sollte. Daß ausländische Gäste auf Staatsoberhäupter und Vertreter der Kolonien beschränkt wurden, statt Könige und Kaiser und Prinzen einzuschließen, erleichterte die Probleme des Protokolls und schaffte die Aufgabe aus der Welt, gekrönte Häupter unterzubringen. Es schloß auch von vornherein zeremonielle Belastungen aus, die die Kräfte der gealterten Königin überstiegen, und entsprach zugleich der expansionistischen und selbstherrlichen Stimmung ihrer Untertanen. Die monatelange Suche nach einem Namen für das Ereignis, der die Phantasie beflügeln würde, führte zu einer Reihe nichtssagender oder unmöglicher Bezeichnungen, bis Bigge «Diamond Jubilee» vorschlug: diamantenes Jubiläum. Quer über sein Billet schrieb die Königin in blauer Kreide: «Genehmigt. VRI.»

Abgesehen von spontanen und verfrühten Feiern des Jubiläums waren die größeren Ereignisse des Spätjahres ein Besuch des jungen Zaren und seiner Zarin – Victoria sorgte sich darüber, daß sie vielleicht von Anarchisten ermordet werden könnten – und der Sieg von Berties Pferd *Persimmon* in Newmarket und beim Derby. Lady Lytton gestand Victoria, daß sie der Sieg beim Derby nicht freute – solche Erfolge würden nur andere zu Glücksspielen ermutigen, «und der Prinzgemahl war so dagegen.... Aber es macht den Prinzen von Wales glücklich und ist vielleicht ein besseres aufregendes Vergnügen als andere.» Es war nicht notwendig, auszusprechen, welcher Natur die «anderen» waren.

Für den Hof, so beklagte sich Marie Mallet (früher Adeane), gab es keine Abwechslung, nur «anhaltende Monotonie». Aus dem eintönigen Balmoral schrieb sie, es habe wohl «einen seltsamen Reiz für unsere geliebte Herrscherin, die selben Dinge am selben Tag zu tun, jahraus, jahrein». Das vielleicht aufregendste Ereignis in Maries Dienstperiode war der alljährliche Besuch der Kirche in Crathie am 5. November, «um die Gräber der verschiedenen Browns zu bekränzen. I. M. stieg aus ihrem Ponywagen aus und legte eigenhändig einen Strauß frischer Blumen auf das Grab John Browns. Dem Prinzgemahl (in Frogmore) und den Hochland-Pächtern wird diese einzigartige Ehre ebenfalls zuteil, es ist wirklich sehr seltsam...»

In Schottland erschien ein Vorbote des zwanzigsten Jahrhunderts in

Gestalt eines Mr. Downey, der die Königin und ihre Familie photographierte, wie sie in ihr Tagebuch schrieb, «mit dem neuen kinematographischen Verfahren, das bewegte Bilder ergibt, indem man eine Filmspule abrollt. Wir sind auf und ab gegangen, und die Kinder sind herumgehüpft.» An Weihnachten war die Königin, ihrem Kalender getreu, wieder in Osborne, und Salisbury kam zu Besuch, um die Kandidaten für die Titelverleihungen zu Neujahr zu besprechen. Sie billigte die Verleihung der Peerswürde an Sir Joseph Lister, dem sie 1871 vielleicht ihr Leben verdankt hatte. Aber es fiel ihr schwer, zurückzuschauen, denn die Erinnerung führte ihr nur den noch nicht verwundenen Verlust Likos vor Augen. Besser war es, den Blick auf das kommende Jubiläum zu richten.

Die offizielle Feier, die ihr Sohn Arthur Anfang 1897 vorschlug, sollte in einem «*Te Deum* unter freiem Himmel, vor St. Paul's» bestehen. Die Königin, gehbehindert und halb blind, würde in ihrer Kutsche sitzenbleiben, während die Feierlichkeiten um sie herum zelebriert würden. Da sich der Todestag von Prinz Heinrich bald zum erstenmal jährte, hielt der Hof die Pläne vor der Königin verborgen, bis eine angemessene Frist verstrichen war. Aber als das Datum näherrückte, begannen Staatsoberhäupter anderer Länder um Erlaubnis zu bitten, teilnehmen oder «Gratulationsbotschaften» schicken zu dürfen. Es wurde daher notwendig, einen Rahmen abzustekken. In Victorias Namen schrieb Sir Arthur Bigge an den Premierminister, man möge Herrschern abraten, zu kommen, da die Königin nicht in der Lage sei, ihnen angemessene Gastfreundschaft zu gewähren.

Das Hauptproblem, wie man das Jubiläum nicht nur bei den Feierlichkeiten vor St. Paul's zu einer wahrhaft imperialen Feier gestalten könnte, bestand darin, daß viele der «besten eingeborenen Häuptlinge» es schwierig finden würden, ihr Land zu verlassen, wie der Indienminister Lord George Hamilton der Königin erklärte. Das Empire war riesig, aber es war nicht ruhig. Und auch in der übrigen Welt herrschte kein Frieden. Auf dem Balkan drohte ein neuer Krieg, und an vielen Orten flackerten Unruhen auf. Die Königin äußerte ihre Besorgnis und intervenierte durch ihren Minister in Kopenhagen sogar beim König von Dänemark, er solle seinen Sohn, der in Griechenland regiert, doch überzeugen, daß er die Türkei nicht wegen der Insel Kreta herausfordern dürfe. Victoria schlug sich damit auf eine in England unpopuläre, aber pragmatische Seite. Im April marschierten die Griechen ein – und verloren.

Fast ebenso wichtig wie das Jubiläum und das Weltgeschehen war für die Königin das Wohlergehen des *Munshi* und seiner Freunde. Über mehrere Jahre hinweg hatte es wegen der Vorrechte Abdul Karims ständig Reibereien zwischen der Königin und dem Hofstaat gegeben, angefangen bei Plätzen zum Diner bis hin zu Ämtervergaben in der Regierung. Einmal hatte Fritz Ponsonby an den Vizekönig in Indien geschrieben: «Ich bin schon so weit, mich glücklich zu schätzen, daß wenigstens der Schuhputzer des *Munshi* nicht mit uns diniert.» In den ersten Monaten des Jahres 1895 hatte sie Salisbury dazu gedrängt, dem Freund des *Munshi*, Rafiüddin Ahmed, einen diplomatischen Posten in der Türkei zu geben. Ihre Kampagne reichte bis ins Jahr 1897 hinein. Im Dezember 1892 wurde der bärtige und turbantragende Ahmed, der behauptete, Rechtsanwalt zu sein, und sich seitdem weiter in das Hofleben hineingedrängt hatte, in den einführenden Zeilen zu einem Artikel, den er in der Zeitschrift *The Strand* veröffentlichte, als «eminenter indischer Gelehrter» beschrieben. Daß er den Beitrag überhaupt veröffentlichen konnte, verdankte er den guten Diensten des *Munshi*, der ihm, mit Hilfe der Königin, Abschriften von zwei Seiten ihres Tagebuches zur Verfügung gestellt hatte, auf denen sie, unter der Anleitung des *Munshi*, ihre Einträge auf Englisch und Hindustani geschrieben hatte.

«Das Tagebuch der Königin in Hindustani» war eine Enthüllung, die merkwürdigerweise dem scharwenzelnden Ahmed anvertraut wurde, der dem Eigentümer von *The Strand*, Sir George Newnes, für diese Nummer, die auch ein Abenteuer von Sherlock Holmes, «Silver Blaze», enthielt, alles hätte verkaufen können, wenn es nur mit der Königin zu tun hatte. Die Faksimiles der Tagebuchblätter – die einzigen, die seit Beatrices Säuberung anstelle des Originals übriggeblieben sind – waren beklebt mit Photographien von Ahmed und dem immer dicker werdenden *Munshi*, einer signierten Photographie der Königin, die dem Autor an Weihnachten 1891 überreicht worden war, und den aufdringlichsten Lobeshymnen auf sie, die jemals in einer englischen Zeitschrift gedruckt wurden.

Obwohl der Text zu verstehen gab, Ahmed sei in Konstantinopel die Ehre zuteil geworden, mit dem Sultan der Türkei Gespräche führen zu dürfen, und er sei ein potentieller Gesandter der Königin bei einer Vielzahl moslemischer Machthaber, hielten ihn ihre Minister bestenfalls für einen Mann, der jegliches Geheimnis, das er in Erfahrung bringen konnte, verkaufen würde. Schließlich schüttelte Salisbury Ahmed ab, indem er versicherte, er würde ihn «gerne beschäftigen, wenn sich eine geeignete Gelegenheit böte. Aber ich bin... bedauerlicherweise auf Anzeichen von Rassenvorurteilen gestoßen, die bei den Behörden Eurer Majestät bestehen...» Er berief sich auf ihre Meinung und sein Unvermögen. Dadurch glaubte er sich aus der Klemme ziehen zu können.

Am 11. März 1897 brach die Königin wieder einmal an die Riviera auf. Sie nahm einen langsamen Zug (der immer anhielt, wenn sie ihre Mahlzeiten einnahm) nach Süden und legte in Paris eine Pause ein, um François-Félix Faure, den französischen Präsidenten, in ihrem Salonwagen zu empfangen. In Cimiez lud sie den Herzog von Cambridge zum Mittagessen ein und danach den Kaiser von Österreich, dem sie eine Freude machte, indem sie ihn bat, sie mit dem vertraulichen «Du» anzusprechen. Diesmal logierte ihr riesiges Gefolge in einem neuen Hotel, das vor das alte Grand Hotel gebaut worden war und ihm damit den Ausblick aufs Meer versperrte.

Der *Munshi* stand auf der Liste der Königin und sollte mitreisen. Das hätte bedeutet, daß er mit dem Hofstaat gegessen hätte. Er war nicht im Zug. Ponsonby, Bigge, Reid und andere überredeten Harriet Phipps, die ranghöchste Ehrendame und persönliche Sekretärin der Königin, Victoria darum zu bitten, Abdul Karim von der Reiseliste zu streichen. Die Königin hatte einen Wutausbruch, wie sie ihn seit Alberts Zeiten nie mehr gehabt hatte. Sie fegte alles zu Boden, was sich gerade auf ihrem Schreibtisch befand, und erklärte, daß nichts ihren *Munshi* – in der französischen Presse *Le Munchy* – davon abhalten sollte, nach Frankreich zu fahren. Salisbury, der behauptete, Frankreich gut zu kennen, weil er dort eine Ferienvilla hatte, griff besänftigend ein und konnte sie davon überzeugen, daß die Franzosen «komisch» seien und die Position des *Munshi* mißverstehen könnten. Um jeder Möglichkeit aus dem Weg zu gehen, man könne ihn grob behandeln, kam er von den übrigen getrennt. Sogleich lud er Rafiüddin Ahmed ein, ihm zu folgen. Das war zu viel für den Hofstaat. Ohne die Königin zu fragen, schickten Bigge und Ponsonby Ahmed weg. Sie gaben ihm für die Abreise achtundvierzig Stunden Zeit. Von Cimiez aus bombardierten sie indische Behörden mit Telegrammen, um belastende Informationen über *Le Munchy* und Rafiüddin Ahmed zu erhalten, in der Hoffnung, sie könnten die beiden als Sicherheitsrisiko darstellen.

Keiner von beiden hatte sich irgendein Vergehen zuschulden kommen lassen, nicht einmal eine Indiskretion. Victoria, die später von diesen Nachforschungen erfuhr, versprach zwar, Ahmed – «diesen Schnüffler» – aus ihren Schlössern zu verbannen, drängte aber noch immer auf eine Anstellung für ihn. Was den *Munshi* betraf, so versicherte die Königin Salisbury, daß Abdul Karim «nicht fließend genug Englisch liest, um irgend etwas von Bedeutung lesen zu können» – eine Erklärung, die ihn zwar schützte, aber Zweifel aufkommen ließ an dem Wert, den er für sie hatte. Er helfe ihr, so erklärte sie, «Wörter zu entziffern, die ich nicht lesen kann». Obwohl ihre Energie nachließ, erlahmte sie niemals, wenn es um den *Munshi* ging. Um seinen sozialen Status zu heben, sollte er eine Jubiläumsmedaille erhalten sowie einen wenig bedeutenden Titel, der ihm aber erlaubte, mehrere Buchstaben hinter seinen Namen zu setzen. Sie drängte ihn moslemischen Würdenträgern auf, die bei ihr zu Gast waren. Aber Ahmed war verschwunden. «Alles ist jetzt ruhig & in Ordnung», schrieb die Königin am

27. Dezember 1898 an Salisbury, «außer daß die gekränkte Person nicht darüber hinwegkommen kann.»

Der Krieg zwischen der Türkei und Griechenland ging weiter, während die Königin im Ausland war. Die Lage der Griechen wurde immer verzweifelter, da ihr Angriff nun erwidert wurde. Als Victoria nach Hause kam, versuchte sie, andere europäische Mächte einzuschalten, die helfen sollten, die Gegner zu trennen. Durch Heirat und Abkunft waren beide Seiten der griechischen Königsfamilie mit ihr verwandt. Sie war immer mehr zur Großmutter Europas geworden. «Deutschland, oder vielmehr Wilhelm, benimmt sich schändlich», hatte sie am 21. April aus Cimiez geschrieben, und in Windsor fügte sie am 8. Mai hinzu: «Erhielt eine grobe Antwort von Wilhelm, *en clair* geschrieben, während mein Telegramm chiffriert war.» Sie selbst hatte diesen boshaften Kunstgriff verwendet, um Gladstone in der Gordon-Affäre zu maßregeln. Am 13. Mai verzeichnete sie ein weiteres hochtrabendes Telegramm, ebenfalls *en clair* von Wilhelm. An den deutschen Botschafter in London, Paul von Hatzfeldt, schrieb Graf Holstein, «daß der Kaiser irgendeinen äußeren Erfolg braucht zu Befestigung seiner Stellung nach innen» und daß Wilhelm zu einem entsprechenden Kommentar in einem anderen Brief gemeint hatte: «Na, ich danke, einiges habe ich doch schon.»

«Mein armer alter Geburtstag jährte sich wieder», schrieb die Königin am 24. Mai. Sie war achtundsiebzig. Das Ereignis «scheint jedes Jahr trauriger zu sein», und ihre «große Lahmheit» gab ihr ein Gefühl dafür, «wie das Alter vorankriecht». Am nächsten Tag kam Leopold II. von Belgien mit «einem herrlichen Orchideenarrangement, man kann es kaum noch Bukett nennen, das er aus Belgien mitgebracht hatte». Sie kannte seinen Ruf, aber er verstand es, sich einzuschmeicheln. Obwohl sie andere Staatsoberhäupter abgewiesen hatte, die zum Jubiläumstag kommen wollten, hatte sie ihn und seine jüngste Tochter, Prinzessin Clementina, eingeladen.

Am 3. Juni 1897 gründete Friedrich Hirschhorn, ein Diamantenhändler aus Kimberley, in Elands Drift in der Kapkolonie die Diamond Jubilee Company, Ltd., die nach Diamanten und anderen Mineralien suchen, sie fördern und verkaufen sollte. Auf der anderen Seite des Kontinents, in der rasch gewachsenen Stadt Pilgrim's Rest im östlichen Transvaal, wurde die Jubiläumsmine eröffnet, in der Gold geschürft und ausgewaschen werden sollte. Überall in den Kolonien wurde das Etikett «Jubiläum» mit noch größerer Begeisterung an Dinge und Orte geheftet als 1887, und in den abgelegensten Winkeln des Empire begann man, die zerbrechliche Verbindung mit einer winzigen, korpulenten, alten Frau in London zu feiern. Überall im Empire gab es überschwengliche Loyalitätsbekundungen für die symbolische Victoria. Nur wenige Menschen in der Welt begegneten noch der wirklichen Victoria, aber in kaum einer Wohnung Englands oder des Empire, überall, wo britische Staatsbürger in der Fremde lebten, fand sich nicht irgendeine Darstellung der jugendlichen oder gealterten Königin – in Kalendern, auf Öldrucken, Photographien, Jubiläumsbechern und Gedenktellern – sowie auf jeder Briefmarke auf den Millionen Exemplaren, die seit 1840 gedruckt und verschickt worden waren. Es gab sogar ein 90 mal 120 cm großes Porträt Ihrer Allergnädigsten Majestät der Königin, das B. Israel in London gedruckt hatte. Auf der Bildunterschrift stand zu lesen, daß er vier Jahre und sieben Monate gebraucht hatte, um es zu vollenden, und daß es die Geschichte ihres Lebens in 173 000 Worten erzählte, die sich in engen Kreisen umeinanderwanden und ein einigermaßen erkennbares Abbild ergaben.

Für die meisten ihrer Untertanen hatte sich die Königin, die durch Alter und Abgeschiedenheit der Realität ihres Lebens fernstand, bereits in einen Mythos verwandelt. Nur wenige konnten sich noch an einen Herrscher vor ihr entsinnen. Emily Ampthill, die mit der Königin in ihrem luxuriösen königlichen Salonwagen von Schottland nach Süden gereist war, erinnert sich an die Verehrung, mit der die Königin inzwischen betrachtet wurde, ihr früherer Rückzug und ihre Apathie waren vergessen. Da sie nicht schlafen konnte, zog Lady Ampthill beim ersten Schimmer des Morgenlichtes – es war etwa vier Uhr – die Jalousie hoch und war überrascht, Menschen an den Schienen stehen zu sehen. «An den Hecken oder Holzpfählen entlang, die die Gleise schützen, stand eine geschlossene Reihe von Menschen, die über Äcker und Wiesen herangekommen waren, um den Zug vorbeifahren zu sehen – Menschen, die wußten, daß sie ihre geliebte Königin nicht sehen konnten, die sich aber freuten, den Zug zu sehen, in dem sie fuhr. In abgelegenen Gegenden war die Anzahl der Menschen klein – in den dichter besiedelten Gebieten standen sie manchmal in dreißig bis vierzig Reihen gestaffelt – und all das an einem dunklen, verhangenen Morgen.»

Während der Zug stetig weiterfuhr, «zogen die Männer ihre Hüte und die Frauen hielten Taschentücher hoch und küßten manchmal ihre eigenen Hände: in keinem Fall jubelte irgend jemand laut, denn die Ruhe der Königin wird von ihren Untertanen respektiert». In dieser Weise feierten bescheidene Leute Victorias Jubiläum – indem sie den vorbeibrausenden königlichen Zug grüßten, wobei ihnen ganz klar war, daß es dabei keine Erwiderung ihrer Huldigung gab. Das war eine Loyalität und Hingabe, die schlecht zu dem Drängen im Parlament auf Demokratie und Reform paßte. Beständigkeit und Veränderung auszubalancieren war das ständige Anliegen ihrer Regierungen. Die Königin verkörperte die Beständigkeit.

Die Feierlichkeiten des großen Tages verteilten sich auf mehrere Zeremonien. Am 20. Juni begann die Windsor-Phase. In Begleitung aller noch lebenden Kinder – Beatrice hatte ihre Trauerkleidung abgelegt und war ganz in Weiß – besuchte die Königin einen Gottesdienst in der St. George's Chapel. Dann ging sie zu Alberts Grab, «und blieb eine kleine Weile dort sitzen». Am nächsten Morgen fuhr sie nach einem Frühstück mit Vicky und Lenchen zum Bahnhof von Windsor.

Von Paddington bis zum Buckingham Palace waren die Straßen lückenlos von Menschenmengen gesäumt. Victoria bemerkte, daß sie unter einem «wunderschönen» Bogen hindurchfuhr, auf dem geschrieben stand: «Unsere Herzen sind Dein Thron.» Im Palace saß sie, bis sie zum Tee in den Garten entkommen konnte, in ihrem Rollstuhl und nahm Adressen von ausländischen Prinzen und Botschaftern entgegen sowie Grüße von vielen Blutsverwandten und angeheirateten Verwandten, von denen die meisten zum ausländischen Adel gehörten – selbst ihr eigener Sohn, der jetzt Herzog von Coburg war. Zum Diner mit den ausländischen Würdenträgern trug sie ein goldbesticktes Kleid, das man in Indien für sie gefertigt hatte, und ihre Haube war mit Diamanten besetzt. Der Ballsaal anschließend war «sehr voll und fürchterlich heiß und das (elektrische) Licht sehr unzureichend». Es war schon nach elf Uhr, als sie schließlich erschöpft in ihr Zimmer zurückgefahren wurde. «Es herrschte großer Lärm auf den Straßen, und man sagte uns, viele Menschen würden draußen auf Parkbänken schlafen.»

Der 22. Juni war der «unvergeßliche» Tag, der zum zusätzlichen arbeitsfreien Feiertag erklärt wurde. Holztribünen waren überall der Fahrtroute entlang nach St. Paul's aufgestellt worden: in Whitehall, vor der National Gallery, am Bahnhof Charing Cross, vor St. Martin's-in-the-Fields, und elegante Hotels am Strand verschwanden hinter ihnen. Die Bevölkerung der Stadt hatte sich verdreifacht, auf beinahe vier Millionen, seit die Mengen anläßlich der Krönung aus dem ganzen Land und aus dem Ausland nach London geströmt waren, um die neue Königin zu sehen. Tausende waren schon um sieben Uhr morgens auf der Straße. Die Woche vorher war kalt und regnerisch gewesen, und selbst der große Tag war grau und trüb heraufgezogen. Aber die auf und ab marschierenden Soldaten in scharlachroten Uniformen und Bärenfellmützen sorgten für ein buntes Bild, ebenso die Straßenverkäufer, die als Jubiläumsandenken Wimpel, Flaggen, Programme, Luftballons, Trinkbecher, Bilder, Platzdeckchen, Lärminstrumente und Feuerwerkskörper feilboten. Bis die Königin angekleidet war und mit ihren Töchtern gefrühstückt hatte, waren die Kolonialtruppen mit ihren Musikkapellen am Buckingham Palace vorbeigezogen. Dann kamen die einheimischen Streitkräfte, denen sie von ihrem Balkon aus zuschaute, ehe sie hineinging und auf einen elektrischen Knopf drückte, womit sie eine telegraphische Botschaft an das ganze Empire auslöste: «Von Herzen danke ich meinen geliebten Völkern. Gott segne sie!» Dann half man ihr in ihren Staatslandauer, der von acht Falben gezogen wurde. Die Prinzessin von Wales und Lenchen saßen ihr gegenüber, der Prinz von Wales und der Herzog von Cambridge, der mit seinen achtundsiebzig Jahren dickköpfig und zäh wie eh und je war, ritten rechts und links der Kutsche. Prinz Arthur, Feldmarschall und Hauptverantwortlicher für den Umzug, folgte ihr.

Der königliche Troß hatte sich um elf Uhr fünfzehn auf den Weg gemacht, wobei Vicky in einem eigenen Wagen fuhr, der von vier Rappen mit roten Schabracken gezogen wurde. Ihr Rang als Kaiserin verbot es ihr, ihrer Mutter gegenüber zu sitzen, mit dem Rücken zu den Pferden. Darum mußte die Königin alleine sitzen. Das Tempo war langsam, aber das gab der Sonne Zeit, aus den Wolken hervorzutreten. Sie ließ die Dekorationen und die Eleganz, die Blumen und die loyalen Inschriften aufleuchten. Das ordentliche Verhalten der Mengen entsprach dem geregelten Vorankommen des Zuges. Es gab mehr Polizisten, die mitmarschierten, als solche, die patrouillierten, mehr Soldaten, die im Stechschritt eskortierten, als solche, die Wache standen. Die Begeisterung hatte einen so ernsten Unterton, wie es sich für die Verehrung einer großmütterlichen Herrscherin geziemte, und es gab ebenso viele Tränen wie Hochrufe. Bei Temple Bar im Strand – die Königin vermißte den Temple Bar, den man 1878 weggenommen hatte, um die Straße zu verbreitern – wartete der Lord Mayor in Amtstracht und Amtskette, um sein Schwert zu überreichen, das die Königin sodann berührte. Danach stieg er auf seinen Schimmel und «galoppierte barhäuptig dahin, mit seinem Schwert in der Hand und begleitet von seinen Sheriffs», wie die Königin notierte.

Am Eingang von St. Paul's hielt der Wagen der Königin an vor wahren Massen von Zuschauern, aufmarschierten Kolonialtruppen in farbenprächtigen Uniformen, Bischöfen in Chorröcken und königlichen Prinzen. Ein *Te Deum* wurde gesungen, es folgte das Vaterunser, ein besonderes Jubiläumsgebet, ein Segen, und dann sang jedermann in Hörweite aus voller Kehle den hundertsten Psalm. Die Königin weinte, wischte sich die Augen und dankte dann dem Erzbischof von Canterbury und dem Bischof von London für ihren Danksagungsgottesdienst.

Für viele ihrer Untertanen war die entrückte Gestalt in der Kutsche, obwohl ihre Macht nur symbolisch war, die wichtigste Person der Welt. Unter anhaltendem Jubel fuhr die Königin zum Mansion House weiter, wo der Lord Mayor, vermutlich sehr erleichtert, absaß und seine Frau, Lady Mayoress, Victoria einen silbernen Korb mit Orchideen überreichte. Dann bewegte sich der Zug nach Süden, erst über die London Bridge, die von

Truppen gesäumt und für Fußgänger geschlossen war, und dann durch die Borough Road in Südlondon, wo die ärmsten der Schaulustigen wohnten. Auch hier brachten die Mengen auf gesittete Weise ihre Begeisterung zum Ausdruck, wie überall waren die Laternenpfähle mit Blumensträußen geschmückt. Auf dem Rückweg fuhren die Kutschen über die Westminster Bridge, an den Parlamentsgebäuden vorbei, bogen wieder in die Mall ein und beendeten die sechs Meilen lange Rundfahrt in den heißesten Stunden eines inzwischen schwül gewordenen Tages. In ihrem Wagen öffnete die Königin einen Sonnenschirm aus schwarzer Spitze mit weißem Futter und einem langen Griff, den ihr Lady Lyttons Onkel, Charles Villiers, eigens zu diesem Anlaß geschenkt hatte. Er war Mitglied des Unterhauses gewesen, seit Victoria eine Prinzessin von sechzehn Jahren war. Jetzt war er fünfundneunzig.

In vier getrennten Zeremonien im «heißen und dunklen» Ballsaal des Buckingham Palace empfing Victoria am folgenden Nachmittag die Mitglieder des Unterhauses, die Vorsitzenden der Grafschaftsräte und dann vierhundert Bürgermeister und ihre schottischen Kollegen, die Provoste, und jede Delegation verlas eine Adresse. Da sie, wie sie notierte, nicht in der Lage war, «ohne Brille oder Vergrößerungsglas zu lesen», erwiderte sie jeweils nur ein paar Worte und überreichte den Vortragenden eine schriftliche, offizielle Antwort. Als sie den Palace um fünf Uhr dreißig verließ, um nach Paddington und dann Windsor zu fahren, waren die Menschenmengen so groß wie zuvor. Die hölzernen Tribünen waren jetzt mit Schulkindern gefüllt, die auf diese Weise eine zusätzliche Möglichkeit bekommen sollten, die Königin zu sehen. Es war acht Uhr, als Victoria müde und erschöpft im Schloß eintraf.

Am 28. fuhr die Königin, nachdem man ihr einige Ruhetage zugestanden hatte, wieder nach London, um auf dem Gelände des Buckingham Palace ein riesiges Gartenfest abzuhalten. Mit ihrer ältesten Tochter an der Seite (der Anlaß galt als inoffiziell) und später mit ihrer Schwiegertochter Alix, die dem Kutscher jedesmal sagen mußte, wann er anhalten sollte – jemand mußte der Königin die Augen ersetzen – fuhr sie in langsamem Tempo in einer «Victoria» (einem leichten, vierrädrigen Wagen mit einer Sitzbank für zwei Personen und einem kleinen Bock für den Kutscher), die von zwei Grauschimmeln gezogen wurde, über die Rasenflächen. Vor ihr ritt ein Vorreiter, ebenfalls auf einem Grauschimmel. «Sie fuhr durch den ganzen Garten», schrieb Lady Monkwell, «und alle umringten sie & knicksten ... Sie verbeugte sich und sah sehr glücklich aus ... Dann ging sie in ein großes Zelt, das verschwenderisch mit Blumen geschmückt war, & setzte sich hin. Es war weit offen – die ganze Vorderseite – & ihre treuen Untertanen konnten ihr zuschauen, wie sie Tee trank und sich ihren Toast von dem indischen Diener mit Butter bestreichen ließ... Lord Lathom (der Lordkämmerer) nahm die Inder & andere vornehme Leute mit hinein & ich sah einige mit Photos in der Hand wieder herauskommen.»

Als Victoria das Zelt verließ, half man ihr in ihren Landauer, in dem sie zum Paddington Bahnhof zurückfuhr. «Kam um acht Uhr nach Windsor zurück, sehr müde», schrieb sie auf.

Das Jubiläum war noch nicht vorbei. Ehe die Kolonialtruppen, die das Empire repräsentierten, wieder nach Hause fuhren, wurden sie am 2. Juli nach Windsor gebracht, wo sie für die Königin aufmarschierten. Lord Roberts und Lord Methuen gingen neben ihrem Wagen her und benannten ihr jede Einheit. Sie hielt, trotz ihrer schlechten Augen noch immer neugierig, bei den «Sikhs aus Indien, der Polizei aus Hongkong in China und den Haussa aus Westafrika» an. «Einer der englischen Offiziere und ein Eingeborener hatten Liko gekannt, und der letzere wurde herausgerufen, damit ich mit ihm sprechen konnte.» Die Truppen marschierten vorbei und salutierten. Anschließend wurden ein Offizier und ein Unteroffizier aus jeder Einheit zur Königin gebracht. Sie probierte ihr Hindustani an einigen der Sikhs aus, die «prächtige, schöne Männer waren». Ehe sie ging, bat sie Lord Roberts: «Bitte sagen Sie den Offizieren und ihren Mannschaften, welch eine große Freude es für mich war, so viele meiner Untertanen aus den verschiedenen Kolonien heute hier zu sehen. Ich hoffe, sie werden eines Tages alle wieder hierherkommen, und ich wünsche ihnen Glück und Wohlergehen.» Er rief den Truppen ihre Botschaft zu.

Am nächsten Tag, einem Samstag, nahm die Königin besondere Mühen auf sich, um sich einmal mehr als großzügige Monarchin zu erweisen. Der Empfang der Mitglieder des Unterhauses im Buckingham Palace am 23. Juni, der zweiten der vier großen Delegationen, die rasch hinein- und wieder hinausgeschleust wurden, war schlecht organisiert gewesen und entsprechend schlecht verlaufen. «Nicht einmal die Hälfte der Lords und ein Viertel der Bürgerlichen sahen die Königin überhaupt», schätzte Lady Monkswell. «Sie gingen alle sehr unzufrieden nach Hause & es gab häßliche Bemerkungen in den radikalen Zeitungen. Sie genossen ihre Kränkung gerade aus tiefster Seele, als verkündet wurde, die Königin würde die treuen Unterhausmitglieder sowie ihre Frauen und Töchter in Windsor empfangen! Ein Gartenfest in Windsor hat es in meinem ganzen Leben noch nicht gegeben. Das nimmt den Unzufriedenen vollständig den Wind aus den Segeln. Jeder von ihnen, der laufen kann, wird hingehen – vielleicht sogar ein paar von den Iren – & die Königin wird beliebter sein denn je.»

Auf der großen Rasenfläche unter der Schloßterrasse umschwirrten die Vertreter des Volkes mit ihren Damen die Tische, die sich unter der Last des kalten Büffets bogen. Wieder mischte sich die Königin in einem kleinen Wagen unter die umherschlendernden Politiker. «Fuhr langsam zwischen meinen Gästen hindurch und sprach mit einigen. Manche der Labour-Abgeordneten wurden mir vorgestellt, was sie, wie ich später erfuhr, außerordentlich gefreut hat.» Die Labour-Partei war eine neue, dritte Partei und vertrat, so weit Victoria verstand, eine Richtung, in der England sich entwicklen könnte, nachdem sie nicht mehr lebte. Sie hatte sich der Zukunft auf vielerlei Weise entgegengestellt, aber diese Geste zeigte, daß sie dabei war, einen Waffenstillstand mit ihr zu schließen.

Die Reaktion auf dieses Ereignis hätte sich Victoria nicht besser wünschen können. Arthur Balfour schrieb, dieser Erfolg sei ihm «eine ungeheure Freude». «Er hat nicht nur alle Erinnerungen an die Panne der vorhergehenden Woche ausgelöscht, sondern eine Befriedigung vermittelt, die niemals aus der Darbietung einer Adresse hätte erwachsen können...» Sir William Harcourt, der Führer der Opposition, sprach in einem Brief an die Königin von der «aufmerksamen Freundlichkeit» einer «noblen Unterhaltung» und von einer Erinnerung, die «man stets dankbar im Gedächtnis behalten» werde. Aber es kam ihm nicht in den Sinn, daß zumindest die Hälfte der Freude an dem Ereignis darin bestand, daß auch die Frauen und Töchter daran teilhaben durften, die in der verpfuschten Zeremonie im Buckingham Palace keinen Platz gehabt hatten. Wäre das ursprünglich vorgesehene Ereignis ordnungsgemäß verlaufen, hätte das die Familien um ein viel größeres Schauspiel in Windsor gebracht, wahrscheinlich das letzte Aufflammen von Victorias Selbst-Beglückwünschung.

Ein Veteran mehrerer Gladstone-Kabinette und im Grunde noch immer einer ihrer Gegner, war Harcourt von der Stimmung, die das Ereignis auslöste, nicht weniger beeindruckt als alle anderen, und er gestand, «er sei froh, daß die Königin in der Lage gewesen sei, die immense Mühe dieser denkwürdigen Feier so gut zu überstehen». Er hoffe ferner, daß «ihr Leben noch viele Jahre erhalten bleiben möge zum Wohle all derer, die voller Verehrung und Zuneigung zu ihr aufschauen».

Am 6. Juli empfing sie den Jubiläums-Sonderbotschafter der Vereinigten Staaten – den späteren ordentlichen Botschafter – Whitelaw Reid, der ihr sagte, daß die Amerikaner «ihr sehr zugetan» seien und sie «die gute Queen» nannten. Als letzte empfing sie am Tag darauf die fünfzehn Kolonial-Premiers, die sie als Geheime Staatsräte vereidigte und denen sie Jubiläumsmedaillen schenkte. Als Dank überreichte ihr jeder von ihnen «Adressen in wunderschönen Kassetten». Dann stellte Mrs. Mary Chamberlain, die Ehefrau des Mannes, der die Idee der imperialen Gestaltung des Jubiläums gehabt hatte, die Frauen der Premiers vor.

Ein typischer Tag am Ende des Festlichkeiten war der 8. Juli 1897. Die

Präsentationen begannen im großen Empfangssaal in Windsor um drei Uhr nachmittags. Jede einzelne Abordnung hielt sich kurz vor der Zeremonie auf Abruf bereit und wurde dann zur Königin geleitet, die sie sitzend erwartete. Ein Kammerherr hatte bereits die strengen Regeln des Zeremoniells erklärt. Der Vortragende verlas die Adresse, küßte die plumpe, mit Ringen beladene Hand Ihrer Majestät und küßte sie noch einmal, wenn er ihre Antwort erhielt. Derjenige, der die Adresse vorgeschlagen hatte sowie sein Sekundant wurden vorgestellt, und nacheinander küßten beide Ihrer Majestät die Hand. Dann zog sich die Abordnung in den Garter Room zurück, den soeben die vorhergehende Präsentationsgruppe verlassen hatte, «und von dort aus, so bald wie möglich» – so lautete die Anweisung, die bereits den Verkehr zahlreicher Deputationen in Rechnung stellte – durch den Waterloo-Saal und den Wachen-Saal in die St. George's-Halle, wo Erfrischungen gereicht wurden. Da die Abordnungen jeweils hundert oder mehr Personen umfaßten, konnten viele ihrer Untertanen sagen, sie hätten die Königin von Angesicht gesehen und unter ihrem Dach auf ihre Gesundheit getrunken. Anschließend drängten sich die glücklichen Abordnungen auf dem Bahnsteig in Windsor, um den Zug nach Paddington zu nehmen.

Trotz der ausgeklügelten Arrangements, die Königin bei allen Jubiläumszeremonien fast nur als sichtbares Denkmal in Erscheinung treten zu lassen, war jeder Auftritt eine Strapaze. Viele Adressen wurden stellvertretend an den Prinzen von Wales gerichtet, der in ihrem Namen handelte. Aber jeder Überbringer, den er empfing, hatte das Gefühl einer zweitklassigen Behandlung, obwohl feststand, daß der stämmige, inzwischen graubärtige Prinz bald König sein würde.

Bitten, von der Königin empfangen zu werden, waren von allen möglichen Organisationen und Regierungsstellen des Inlands und der Kolonien ausgesprochen worden; sie alle wurden zuerst vom Innenminister, Sir Matthew Ridley, abgefangen. Nicht alle konnten mit einem Ersatz abgespeist werden. Die Abgeordneten einiger protestantischer Splittersekten – die von den Presbyterianern und den Baptisten bis zu den Quäkern reichten – hatten das gesetzliche «Recht der persönlichen Annäherung an die Herrscherin», um ihre Bürgerrechte zu schützen, und sie nahmen es in Anspruch. Das tat auch die angesehenste akademische Vereinigung der Nation, die Royal Society. Alle, deren Anspruch als gerechtfertigt eingestuft wurde, wurden am 15. Juli zusammengefaßt, um die Königin zu sehen und ihre Adressen vorzubringen, wobei jede Delegation auf zwanzig Personen begrenzt wurde. Damit war Victorias Beteiligung am Jubiläum abgeschlossen, das zuerst nur einen einzigen Tag – genauer: eine Viertelstunde an der Treppe von St. Paul's – dauern sollte und nun statt dessen fast einen

Monat in Anspruch genommen hatte. Als die Königin gänzlich mit ihren Jubiläumsauftritten aufhörte, vertrat Bertie sie bei den noch ausstehenden Repräsentationspflichten.

In vielerlei Hinsicht hatte das Diamantene Jubiläum die Verwandlung einer untersetzten, gehbehinderten, nahezu blinden kleinen Dame, die stets Hauben trug und beinahe achtzig Jahre alt war, in eine lebende Legende vollendet. Jeder, dem gestattet war, ihre hoheitsvolle Gegenwart zu schauen, die durch den Rahmen und die Umstände noch erhabener wirkte, begriff, daß die Aussicht auf eine weitere derartige Gelegenheit so fern lag wie die Planeten am Himmelszelt. Von nun an würde man die Königin wieder nur noch auf den Porträts sehen können, die Wohnzimmer und öffentliche Amtsstuben schmückten – und auf ihren Briefmarken.

XIX

DIE KRIEGSKÖNIGIN

(1897-1900)

Am 25. Oktober 1897 formulierte die Königin eine Direktive für ihre eigene Bestattung. Sie wollte ein Minimun an Pomp, nicht einmal den traditionellen «Totenmarsch» aus Händels «Saul», Draperien in Weiß und Gold anstelle von Mausoleums-Schwarz. Als nominelle Oberste Befehlshaberin der Truppen ordnete sie ein militärisches Begräbnis an, mit einer blumengeschmückten Lafette, von acht Pferden gezogen – «keine Rappen», so entschied sie. Nicht nur der *Munshi*, sondern auch ihre deutschen Sekretäre sollten Plätze im Trauerzug erhalten. Was als Viktorianische Trauer bekannt geworden war, sollte für Victoria selbst nicht gelten.

Einen Anstoß zur raschen Formulierung dieser Anweisungen hatte die letzte Krankheit von Prinzessin Mary Adelaide von Teck gegeben. Als sie am 27. Oktober, schon Tage vor ihrem Tod, hilflos dalag, fanden ihre Angehörigen heraus, daß sie kein Testament gemacht und keine Anweisungen für ihr Begräbnis hinterlassen hatte. Ihre Cousine Victoria wollte sicherstellen, daß keine Unklarheiten darüber bestanden, was im Falle ihres eigenen Hinscheidens zu tun sei.

Es half nun kein Deuten mehr: Victoria war alt. Das schien nicht zuletzt in ihrem unnachgebigen Starrsinn sichtbar zu werden. Nachdem der Herzog und die Herzogin von York einen sehr erfolgreichen Besuch in Irland gemacht hatten, drängte die National Conservative Union darauf, dort eine königliche Residenz einzurichten. Dagegen hatte die Königin lange Widerstand geleistet hatte, schon gegenüber dem Vater des Herzogs. Sir Michael Hicks Beach versprach, Mittel dafür zu finden, und Lord Cadogan suchte den Herzog auf, der ihm versprach, jedes Jahr eine gewisse Zeit in Irland zu wohnen. Niemand hatte Victoria gefragt. Am 17. November lehnte sie den Plan mit einem entschiedenen *Nein* ab und behauptete beharrlich, das Klima dort sei ungesund. Sie hatte das schon früher gesagt und war nicht von dieser Meinung abzubringen. Es gab nicht viel, was sie im Parlament bestimmen konnte, aber wenn es um die königliche Familie ging, schien ihre Macht uneingeschränkt zu sein.

Bei seinem Versuch, sich auf seine zukünftige Rolle vorzubereiten, geriet der Herzog von York auch noch in anderer Hinsicht mit seiner Großmutter in Schwierigkeiten. Als sie feststellte, daß er Walter Bagehots Abhandlungen über Wirtschaftsfragen las, mißfiel ihr, daß er sich mit einem so «radikalen» Schriftsteller beschäftigte. Bagehot hatte in seinem einflußreichen Werk *The English Constitution* den Machtschwund der Monarchie seit der ersten Reform Bill analysiert. Das Buch war 1867 veröffentlicht worden, und ein Ergänzungsband folgte 1879. Die fleißige Victoria war darin als «zurückgezogene Witwe» bezeichnet worden, eine Beschreibung, die 1867 auf sie zutraf, später jedoch zunehmend ihre Gültigkeit verlor.

Um ihr die Spätzeit ihrer Herrschaft zu erleichtern, dachten sich die Hofbeamten Aufgaben für sie aus, die wie Donquichoterien wirkten, ihr aber das Gefühl gaben, nützlich zu sein. Eine davon war die vertrauliche Mission, auf die sie Sir Theodore Martin, den Biographen des Prinzgemahls, schickte. Er suchte die Herausgeber verschiedener Londoner Tages- und Wochenzeitungen auf und drängte sie, ihren schroffen Ton gegenüber Deutschland und Wilhelm II. zu mäßigen. Auf beiden Seiten hagelte es geschmacklose Grobheiten. Ganz besonders wünschte sich Wilhelm, die Königin möge das Erscheinen des satirischen Blattes *Punch* untersagen.

Alles, was dazu beitragen konnte, die Beleidigungen zu entschärfen, so dachte die Königin, könnte die schrillen Töne der deutsche Presse mildern und die Streitlust der deutschen Führung dämpfen. Martin kehrte am 14. Januar 1898 zurück und brachte von zehn Herausgebern das Versprechen eines versöhnlicheren Tones mit. Sogar der *Punch* versprach, weniger «boshaft» zu sein. Aber er erkannte, daß die Spannungen in Politik und Handel die Londoner Presse reizen würden, selbst wenn die schneidigen Reden des Kaisers und die Prahlerei der deutschen Presse unter Kontrolle gebracht werden konnten. Die höfliche Zurückhaltung sollte nicht lange anhalten, aber das Bemühen darum zeigte, daß die Königin weiterhin die Möglichkeiten der Einflußnahme nutzte, die das Ansehen des Thrones ihr bot. Es hatte gelitten, als sie die Zügel schleifen ließ; aber seit Disraeli und besonders seit ihrem ersten Jubiläum hatte sie begriffen, daß der Thron und sein Inhaber eine untrennbare Einheit bildeten.

Die Kriege, die der Preis für die Beibehaltung der Kolonien waren – wie Victoria erneut zu Bewußtsein kam, als sie im März Richtung Cimiez aufbrach, um die Sonne zu genießen –, schienen kein Ende zu nehmen. Es sah ganz so aus, als würde es in fernen Ländern noch weitere Kämpfe geben, und sie war nur ungern bereit, sich hineinziehen zu lassen. Nachdem die Vereinigten Staaten England gezwungen hatten, von einem Grenzkonflikt mit Venezuela Abstand zu nehmen, benahmen sie sich weiterhin wie ein imperialistischer Tyrann, diesmal, indem sie damit drohten,

Spanien auf Kuba und auf den Philippinen eine Niederlage zu bereiten. Die regierende Königin von Spanien beklagte Victoria gegenüber die Hilflosigkeit ihres Landes und die Gleichgültigkeit der Welt. Von Cimiez aus fragte Victoria bei Salisbury an, was man tun könne. Der Premierminister schlug vorsichtshalber nur Sympathiebekundungen vor. Als er, ebenso vorsichtig, jeden Wunsch seiner Regierung leugnete, Rußland von der mandschurischen Küstenstadt Port Arthur fernzuhalten, während er jedoch an den unweit gelegenen britischen Hafenprotektoraten festhielt, fand die Königin diese Haltung tröstlich. Die Welt, so schrieb sie am 27. März 1898 an den Premierminister, «sollte nicht den Eindruck haben, daß wir niemandem außer uns selbst irgend etwas gönnen wollen, aber wir müssen gleichzeitig unsere Rechte und unseren Einfluß sichern». Das war keine große Hilfe für schwache Kolonialmächte wie Spanien. Die mitleiderregende «regierende Königin» blieb ein «armes Ding», deren Notlage Victoria bedauerte, um sie dann mit einem Achselzucken beiseite zu schieben.

Am 13. April stattete der Präsident von Frankreich, François-Félix Faure, der Königin einen privaten Besuch im Hotel Excelsior Regina ab. Obwohl er ein Staatsoberhaupt war, widerstrebte es Victoria, den Präsidenten einer Republik wie einen Souverän zu behandeln. Sie ordnete statt dessen an, daß Bertie, der sich im nahegelegenen Cannes aufhielt, ihn im Vestibül des Hotels empfangen solle, und postierte drei königliche Prinzessinnen oben auf der Treppe. «Ich stand an der Tür des Empfangszimmers», schrieb Victoria, «und bat ihn, sich zu setzen. Er war sehr höflich und liebenswürdig und hatte eine sehr charmante Art, ganz *grand seigneur* und gar nicht wie ein *parvenu*. Er mied alle Politik...»

Eine Viertelstunde sprach er mit Victoria unter vier Augen, während Mitglieder ihres Gefolges sich mit Faures «beiden Herren» unterhielten, die sodann vorgestellt wurden. Beim Abschied, so erinnerte sich Fritz Ponsonby, «küßte der Präsident der Königin die Hand und sagte auf Wiedersehen. Er machte das sehr elegant, und die Königin stand mit Hilfe ihres Stockes auf und machte ein paar höfliche Bemerkungen über die Schönheit von Frankreich.»

So viele Vertreter königlichen Geblüts und des europäischen Hochadels weilten Saison für Saison an der Riviera, daß die Königin dort jeden März und April fast ständig Hof hielt. Eines Tages kam Leopold II. von Belgien, der Fritz Ponsonby «sehr nervös vorkam und vor ihr Angst zu haben schien; er saß da und zappelte mit den Händen wie ein Schuljunge. Es war merkwürdig, daß sie ihn mochte, denn sein moralischer Ruf war schändlich. Aber die Königin schien darüber hinwegzusehen.» Ein weiterer Gast im Jahre 1898 war die junge Königin Wilhelmine der Niederlande, die damals gerade achtzehn war. Ein Souverän, den sie seit der Krüger-Depesche nicht mehr sehen wollte, war Wilhelm II. Sie wäre sogar noch ärgerlicher gewesen, wenn sie gewußt hätte, wie er auf ihre Kampagne reagiert hatte, die englisch-deutschen Spannungen zu vermindern. Er hatte sich «erstaunt» gezeigt über das «Nachlassen» der Attacken von seiten der britischen Presse. «Durch private Nachforschungen», schrieb er später, «fand ich heraus, daß I. M. die Königin höchstpersönlich durch einen Freund ... der britischen Presse die Botschaft geschickt hatte, sie wünsche ein Ende dieses gemeinen und üblen Spiels. Das ist das Land der ‹freien Presse›!» Als am 15. Juni der zehnte Jahrestag des Todes von Friedrich III. kam, «bedauerte» die Königin den Verlust ihres Schwiegersohnes «immer mehr» und bezeichnete ihn «als ein großes Unglück für ganz Europa».

Schmucke Marineoffiziere, die einander in ihren gold-betreßten weißen Ausgehuniformen Besuch machten, führten die Sonnenseite einer Karriere auf See vor. «Die Berichte vom spanisch-amerikanischen Krieg sind furchtbar», hatte Victoria sechs Tage früher in ihr Tagebuch geschrieben. «Die spanische Flotte wurde zerstört, und der Admiral wurde gefangengenommen.» Im Sudan fuhren Kitcheners Truppen den dampfenden Nil hinauf Richtung Karthum. Das Kabinett hatte zu Victorias Genugtuung beschlossen, «daß jede andere Flagge in diesem Tal entfernt werden sollte» – eine Anspielung auf die symbolische Präsenz der Franzosen in Faschoda, die weitere Auseinandersetzungen mit sich bringen konnte. Auch an anderen Grenzen in Afrika und Asien gab es Konflikte, und Konzessionen wären für jedes Kabinett in London tödlich gewesen. Lord Salisbury erklärte der Königin: «Die britische öffentliche Meinung hat nicht immer recht mit dieser Haltung, aber wenn die Öffentlichkeit so erregt ist über das Thema wie eben jetzt, ist sie zu stark, als daß man ihr Widerstand leisten könnte ...»

Im Interesse der Wahrung des britischen Einflusses in Ostafrika sprach die Königin am 8. August in Osborne in eine Vorrichtung mit einem großen Trichter hinein, um eine phonographische Botschaft an Kaiser Menelik von Äthiopien aufzunehmen, in der sie sich «Freundschaft zwischen unseren beiden Reichen» wünschte. Sie schickte die Walze mit ihrer Botschaft sowie einen Phonographen, auf dem sie abzuspielen war. Damit, spekulierte sie, werde sie den Herrscher einer der rückständigsten unabhängigen Nationen Afrikas tief beeindrucken. Die Aufnahme, so befahl die Königin, «soll versiegelt werden, und nachdem er die Boschaft erhalten hat, soll man sie zerstören». Es war das erste Mal, daß moderne Technologie Staatsoberhäupter auf diese Weise miteinander in Verbindung setzte.

In den Tagebüchern ihrer Zeitgenossen hallt die Stimme Victorias noch immer nach. Ihr neuer Sekretär des Staatsrates, Sir Almeric Fitzroy, erinnerte sich an seine erste Ratssitzung und Begegnung mit «dieser zusam-

505

mengeschrumpften achtzigjährigen Gestalt ... mit der würdigen Haltung, die ihr eigen ist, und einer überaus klaren Artikulierung, die in ihrer melodischen Klangfülle aufhorchen läßt». Der Gegensatz zwischen der Stimme und dem Körper, aus dem sie hervorkam, fiel ihm an diesem Tag Ende Oktober 1898 sehr auf: «Kurz nach der Verbeugung, mit der ich entlassen war, zog sich Ihre Majestät zurück, und als sie am Arm ihres indischen Dieners das Zimmer verließ, schien sie zu einem unendlich kleinen und alten Wesen geschrumpft zu sein.»

Das große Ereignis des Herbstes war der Sieg in Omdurman Anfang September und die Rückeroberung von Khartum. Besonders froh war die Königin über «den Gedächtnisgottesdienst an dem Ort, an dem der arme Gordon Opfer seines Schicksals wurde», und sie telegraphierte ihre Glückwünsche sowie das Angebot der Peerswürde an Sir Herbert Kitchener. Bald darauf war der General wieder in England, um seine Adelung zu empfangen, und am 31. Oktober besuchte er Victoria in Balmoral, wohin sie sich nach dem unerbittlichen Rhythmus ihres Kalenders zurückgezogen hatte.

Tischgespräche mit Damen waren Kitchener unbehaglich, denn er hatte wenig Erfahrung mit ihnen. Mit achtundvierzig Jahren war er ein einsamer, düsterer Junggeselle. Victoria füllte jedoch mühelos die Schweigepausen. Sie brannte darauf, dem Befreier von Khartum zu erzählen, wie sie Gladstone nach dem Tod Gordons mit ihrem Telegramm *en clair* getadelt und beschämt hatte. Sie riß die Unterhaltung an sich (man durfte die Königin nicht unterbrechen) und verbreitete sich ausgiebig über das Thema, das zu ihren liebsten gehörte. In einer der seltenen Pausen nutzte Kitchener seine Chance. Die Eroberung von Omdurman, so gestand er, bereite ihm große Ungelegenheiten, denn er habe nun zweitausend sudanesische Frauen auf dem Hals. Prinzessin Beatrice fragte, wie sie denn seien. Kitchener zeigte sich verblüfft. «Genauso wie andere Frauen», sagte er schließlich, «sie reden eine Menge.» Die königlichen Damen hatten keine Ahnung, wie gnadenlos Kitchener bisher und auch weiterhin mit Zivilisten umging, die in die Falle seiner Kriege gerieten.

Als sie später im selben Monat nach Windsor zurückkehrte, erfuhr Victoria von ihrem Gouverneur in der Kapprovinz, Sir Alfred Milner, von der Lage in Südafrika. Er prophezeite, daß die Buren «sich wahrscheinlich nicht bessern würden». Dann war am 3. Dezember Lord Kitchener mit einem zweiten Besuch an der Reihe, ehe er nach Afrika zurückkehrte. Von der Königin erhielt der General ein Abschiedsgeschenk, das noch ein paar Jahre früher höchst unwahrscheinlich gewesen wäre. «Ich gab ihm», schrieb sie in ihr Tagebuch, «ein Zigarettenetui mit meinem Monogramm, über das er sich sehr zu freuen schien.»

Früher am selben Tag war sie mit Kitchener und Prinzessin Beatrice im Zug nach Netley gefahren, um wieder einmal das Lazarett zu besuchen. Sie rollte in ihrem Rollstuhl durch die Stationen, wo die Invaliden, die stehen konnten, sich ihr zu Ehren erhoben. Es gab Veteranen von der indischen Grenze und sudanesische Verletzte, von denen sie zwei – einen Feldwebel und einen gewöhnlichen Soldaten – mit Medaillen beschenkte. Ein Leutnant, so fiel ihr auf, «lag auf einem Feldbett, das mit einer Steppdecke bedeckt war, die ich gemacht hatte». Der Offizier konnte dies kaum wissen, denn Victoria wollte ihre Handarbeit nicht als etwas Besonderes gepriesen haben. Ehe sie ging, notierte sie, wurde ihr «der Röntgenstrahlen-Apparat gezeigt» – ihre erste Begegnung mit einem solchen Gerät. In ihrem achtzigsten Lebensjahr merkte sie, daß die Hervorbringungen einer neuen Welt nicht länger zu leugnen waren.

Ein Neujahrsbrief von Kaiser Wilhelm sprach deutlich für seinen Wunsch, das Zerwürfnis mit seiner «Liebsten Großmama» zu beenden. Er plante, wie sie von ihrem Botschafter in Berlin bereits erfahren hatte, in Kiel zu Ehren ihres achtzigsten Geburtstages eine Segelregatta um einen Goldpokal zu veranstalten, und hoffte offensichtlich, später im Jahr auch in Cowes dabeisein zu können. Der Zustand Europas, so gab er zu, sei schlecht – abgesehen von Deutschland und England, die angeblich gemeinsame Interessen hätten. Aber er vermochte sie nicht in dem Sinne zu beruhigen, daß eine Waffenreduzierung an die Stelle des anglo-deutschen Wettrüstens treten könnte. Er gestand Victoria, es sei ihm unvorstellbar, wie man zwei Zentimeter Panzerung auf einem englischen Kriegsschiff mit einem Schützenbataillon im Tirol vergleichen könne. Rußland, so meinte er, stehe «am Rand eines Zusammenbruchs», eine Prophezeiung, die um beinahe zwei Jahrzehnte verfrüht war. Und Frankreich sei zerrissen von «Korruption und Ungerechtigkeit».

Zu den Besuchern der Königin im November hatten der russische Außenminister, Prinz Lobanoff, und seine Frau gezählt, die zum Mittagessen in Windsor waren, zusammen mit Eugénie und der Romanautorin Mrs. Humphry Ward. Der Fall Dreyfus wurde erwähnt, obwohl in Gegenwart der Königin das ungeschriebene Gesetz galt, daß bei Tisch nicht über Politik geredet wurde. Die Russen «erschütterten uns alle sehr», schrieb Marie Mallet, «als sie sagten, Juden gegenüber sei keine Ungerechtigkeit möglich. Sie müßten *alle* ausgerottet werden.» Prinzessin Lobanoff fügte hinzu: «Juden? Was sind sie schon? Kleine Häufchen Schmutz und Lumpen. Wie kann irgend jemand nur mit ihnen sprechen?» Marie fragte sich: «Was würden sie wohl sagen, wenn sie die Rothschilds beim Diner träfen?» Eine Reaktion der Königin ist nicht überliefert, aber ihre Abneigung gegen Rußland und russische Dinge bestand unverändert fort.

Was Frankreich betraf, so war die Königin beunruhigt über die niedrige Gesinnung, die die Dreyfus-Affäre bei einer Nation offenbarte, deren Land und Leute sie mochte. Die Kritik der französischen Presse an der expansionistischen britischen Politik in Afrika wuchs noch weiter, als die Trikolore im Sudan eingeholt wurde. Daher überlegte sie sich, ob sie nicht auf ihren alljährlichen Aufenthalt an der Riviera verzichten sollte, der schließlich nur die französischen Brieftaschen füllte. Bald wurde ihr Botschafter in Paris, Sir Edmund Monson, belagert. Er drängte sie, wie gewöhnlich dorthin zu reisen, als Geste des weiterhin guten Willens. Als das alte Jahr zu Ende ging, war noch offen, wie sie sich entscheiden würde.

Das Leben der Königin wurde jetzt ebensosehr von den Toten wie von den Lebenden bestimmt. Sie wollte Windsor im Dezember nicht verlassen, ehe sie nicht Alberts Todestag mit einem Besuch im Mausoleum begangen hatte, und sie wollte Osborne im Januar nicht verlassen, ehe der Gedenkgottesdienst für Prinz Heinrich stattgefunden hatte. Inzwischen gaben sich Beamte in England und Frankreich Mühe, ihre Bedenken bezüglich einer Rückkehr an die Riviera im März zu zerstreuen und ihr schlechtes Gewissen zu beruhigen. Sie befürchtete einen Staatsstreich der Rechten, eingefädelt von den Generälen und Offizieren, die Hauptmann Dreyfus unehrenhaft entlassen hatten. Es war ihr weiterhin unwohl bei dem Gedanken, durch ihre Anwesenheit in Cimiez stillschweigend die Haltung einer Nation zu billigen, die keinen Anstoß an der Art und Weise nahm, in der man Dreyfus behandelt hatte.

Präsident Faure versicherte Monson, wie dieser der Königin berichtete, «daß die Aufregung, die die Dreyfus-Affäre erregt hat, sehr übertrieben worden und die innere Lage... im Ausland mißverstanden worden» sei. Aber er gestand zugleich, daß er an beiden Aussagen Zweifel hege. Der frankophile Salisbury versuchte Monsons Bedenken Arthur Bigge gegenüber mit der lapidaren Bemerkung zu zerstreuen: «Es gibt solche und solche Revolutionen.» Außerdem sah er nicht ein, weshalb Unregelmäßigkeiten der französischen Gerichte oder die Internierung «einer gewissen Anzahl von Juden» die Königin veranlassen sollten, «überhaupt davon Notiz zu nehmen». Und «wenn sie nervös würde, könnte sie mit ihren Pferden immer in zwei Stunden auf die andere Seite der Grenze (nach Italien) gelangen». Dies sei besser, als den Besuch zu streichen. Er empfahl auch keinerlei «Vorkehrungen, außer vielleicht in Bordighera auf den Namen einer Hofdame ein paar Zimmer zu mieten». Auf eine «böse Revolution folgte jedoch mit einiger Wahrscheinlichkeit eine unmittelbare Kriegsgefahr», und das, so meinte er, könnte «die Lage der königlichen Gesellschaft vollkommen verändern». Für einen Minister der Königin war das eine erstaunliche Einstellung.

Als Kaiser Wilhelm am 27. Januar 1899 vierzig Jahre alt wurde, konnte sie zu dieser melancholischen Tatsache in ihrem Tagbuch nur bemerken: «Ich wollte, er wäre in diesem Alter weiser und weniger impulsiv!» Aber sie schickte ihm doch eine Glückwunschbotschaft, und er antwortete überschwenglich: «Ich kann gut verstehen, wie merkwürdig Dir die Tatsache vorkommen muß, daß der winzige Balg, den Du oft in den Armen gehalten hast und den der liebe Großpapa in einer Windel herumgeschwenkt hat, vierzig geworden ist! Gerade die Hälfte Deines reichen und erfolgreichen Lebens! Es ist erfüllt von unaufhörlicher Arbeit, und beseelt von meinen unermüdlichem Bestreben, dem großartigen Beispiel, das Du uns allen gegeben hast, gerecht zu werden.»

Was Wilhelm nicht sagte, war, daß er unermüdlich dafür arbeitete, England von anderen europäischen Nationen zu isolieren, indem er ihren Staatsoberhäuptern andeutete, daß die britischen Interessen auf dem Kontinent zu ihren eigenen im Widerspuch stünden. Victoria schrieb privat an den Zar: «Ich fürchte, daß Wilhelm imstande ist, Ihnen Dinge zu erzählen, die gegen uns sprechen, gerade so wie er uns über Sie berichtet. Wenn dem so ist, dann sagen Sie es mir bitte offen und im Vertrauen. Es ist so wichtig, daß wir einander verstehen und daß ein so boshaftes, hinterlistiges Vorgehen unterbunden wird.»

Anfang Februar starb der junge Prinz Alfred, der einzige Sohn des Herzogs von Coburg, an Tuberkulose, die durch eine zusätzliche Geschlechtskrankheit noch verschlimmert worden war. Die Königin wußte von seinem lasterhaften Leben – es schien untrennbar mit dem Herzogtum verbunden zu sein. In ihrem Tagebuch nannte sie ihn einen «armen, lieben Jungen», aber ihre Sorge galt mehr der Nachfolge. Der augenfällige Erbe des Zwergstaates war der Herzog von Connaught. Dann war da noch Arthurs Sohn, dachte die Königin, «und, falls das nicht klappte», auch noch Charlie, Leopolds Sohn, der junge Herzog von Albany.

Obwohl Präsident Faure plötzlich Mitte Februar starb, gab es in Frankreich keine Sukzessionskrise. Emile Loubet, der 1892 Premierminister gewesen war, wurde von der Abgeordnetenkammer zum Präsidenten gewählt. Das war Victoria sehr recht. «Er soll», so notierte sie am 8. Februar, «ein ehrlicher und anständiger Mann sein und auch keine gewalttätige Rolle in der Dreyfus-Affäre gespielt haben.» Darüber hinaus wußte man von ihm, daß er für eine Bereinigung der Sache war. Rasch beauftragte er René Waldeck-Rousseau damit, ein Kabinett zu bilden, das den Fall lösen sollte, der die französische Bevölkerung in zwei Lager gespalten hatte. Loubet sollte entdecken, daß das leichter versprochen als getan war. Aber der Aufenthalt der Königin in Cimiez wurde dadurch unproblematischer.

Während sie sich in Frankreich aufhielt, traf Victoria Affie, der aus

Coburg kam, um mit ihr die Nachfolge zu erörtern. Sie wußte, daß er eine Krankheit hatte, die man nicht beim Namen nennen durfte. Keiner von beiden erwähnte sie, aber sie drängte Arthur, einen Anspruch für sich selbst und seinen Sohn anzumelden. Als er das jedoch tat, verlangte Kaiser Wilhelm, daß Arthur seine britische Uniform ablegen und in die deutsche Armee eintreten, seinen Hauptwohnsitz in Deutschland nehmen und seinen Sohn dort erziehen lassen müsse. Er könne nicht «als deutscher Prinz posieren» und dann ein britisches Kommando führen. Der Botschafter der Königin in Berlin tat den barschen Ton des Kaisers als «schlechte Laune» ab. Wilhelm war nicht eingeladen worden, zum achtzigsten Geburtstag der Königin im Mai nach England zu kommen. Außerdem sah er die Teilung der Samoa-Inseln als nicht gerade vorteilhaft für Deutschland an, obwohl «Samoa für England eine Haarnadel war, verglichen mit den Tausenden von Quadratmeilen, die es jedes Jahr rechts und links ohne Widerstand annektiert». Die Nachfolge in Coburg blieb offen.

Aus Omdurman schrieb Lord Kitchener an die Königin, daß die Gebeine des Mahdi gefunden worden seien. Er hatte zuerst daran gedacht, diese Trophäe an das College of Surgeons in London zu schicken, bekam dann aber Bedenken und veranlaßte ihre Beisetzung auf einem moslemischen Friedhof. Victoria war erleichtert. Sie mißbilligte, so schrieb sie an Kitchener, «die Zerstörung der armen Leiche des Mannes, der, selbst wenn er böse und grausam war, schließlich doch ein *Mann* von einer gewissen *Bedeutung* war – so daß es, nach Meinung der Königin, allzusehr an mittelalterliche Sitten erinnert, nicht zu gestatten, daß seine Überreste in aller Stille beerdigt werden...»

Ihr Wiedersehen mit Vicky in Cimiez fiel wehmütiger aus, als sie einander eingestehen wollten. Kaiserin Friedrich starb langsam an inoperablem Rückenmarkskrebs. Sie wirkte angegriffen, wollte es aber nicht zugeben. Eugénie wußte Bescheid und hatte Vicky ihre Villa in Cap Martin angeboten. Das ermöglichte den denkwürdigen Anblick dreier königlicher Witwen – die beiden Kaiserinnen gingen rechts und links von Victorias Eselskarren, Vicky aufrechtgehalten von Morphium und der eisernen Entschlossenheit, ihre Mutter zu überleben. Sie war achtundfünfzig.

Als die Königin Frankreich verließ, schickte sie eine Dankesbotschaft an Präsident Loubet für die Gastfreundschaft seines Landes, und Loubet telegraphierte seine Dankantwort nach Windsor. Victoria wünschte nicht, daß durch Wilhelms Machenschaften Keile zwischen England und andere Länder getrieben würden, und ihr Dank war ihr Beitrag zum beiderseitigen guten Einvernehmen. In Windsor sprach sie mit Prinz Arthur über die Nachfolge in Coburg und über Wilhelms «lästige Einmischung». Weder der Herzog von Connaught noch sein Sohn waren geneigt, die deutschen

Bedingungen zu erfüllen. Die Königin war bereit, «Charly Albany» einen Deutschen werden zu lassen – seine Mutter war ohnehin schon Deutsche –, damit er zum regierenden Herzog aufsteigen konnte. (Er sollte sein Deutschtum sehr ernst nehmen: er lebte bis in die Hitlerzeit und wurde ein Nazi.)

Da der 24. Mai der achtzigste Geburtstag der Königin war, verschob sie ihre Reise nach Balmoral, bis das Ereignis gebührend begangen worden war. Sie wollte nicht, daß Kaiser Wilhelm und seine Familie nach Windsor kamen und hatte das dadurch klargestellt, daß sie ihn statt dessen nach Cowes eingeladen hatte. Wilhelm antwortete mit einer langen Liste englandfeindlicher Anklagen und beschuldigte vor allem Lord Salisbury, er würde Deutschland «geringschätzig» behandeln. Er war bekümmert über die Kluft zwischen England und Deutschland in so vielen Fragen. Eine U Vergnügungsreise» sei ausgeschlossen, so behauptete er, wegen der öffentlichen Meinung in Deutschland.

Victoria schickte den Brief an Salisbury, der jede einzelne Anklage zu ihrer Zufriedenheit widerlegte. Sie ermahnte Wilhelm sodann: «Ich zweifle, ob je ein Herrscher in einer solchen Sprache an eine gleichgestellte Herrscherin, die noch dazu seine eigene Großmutter ist, über ihren Premierminister geschrieben hat.» Beigefügt war eine Kopie von Salisburys detaillierter Zurückweisung aller Anklagepunkte, um Wilhelm zu zeigen, daß er «sich im Irrtum» befinde, sowie ein Hinweis darauf, daß sie ihn nicht zur Regatta in Cowes, sondern in ihr Haus nach Osborne eingeladen hatte – «stets Deine Dich liebende Großmutter V. R. I.». Betroffen und verblüfft nahm Wilhelm die ausgeschlagene Einladung an und kündigte sein Kommen für November an.

Der achtzigste Geburtstag der Königin wurde verhältnismäßig still gefeiert, obwohl jetzt stets Zehntausende auf die Straße kamen, wann immer sie irgendwo zu sehen war. Selbst wenn sie zum Bahnhof Paddington fuhr, lockte das Menschenmassen auf die Straßen, die so groß waren wie bei ihren Jubiläen. In Windsor empfing sie am 24. Mai Abordnungen, Adressen und Geschenke, darunter achtzig Rosen von den ersten Life Guards. Von ihrem Ponywagen aus sah sie die Schottische Wache vorbeidefilieren, mit Arthur als ihrem Regimentschef an der Spitze. Anschließend fuhr sie durch den Long Walk zum Mausoleum hinüber und legte Blumen «zu Füßen des lieben Grabmals nieder. Wie sehr hätte mein lieber Albert sich gefreut, alle diese Zeichen von Liebe und Treue zu sehen!»

Nach einem Familiendiner saß sie in der ersten Reihe in der Waterloo Galerie, um den ersten und dritten Akt von Wagners *Lohengrin* zu sehen, «entzückt» von «der herrlichen Komposition, so poetisch, so dramatisch und so, man könnte fast sagen, religiös im Gefühl und so voller Schwermut, Pathos und Zartheit». Der Gesang der Brüder de Reszke war «über alles Lob erhaben». Sie war in der Welt des *bel canto* von Rossini und Donizetti aufgewachsen, jetzt hatte sie das neue Musiktheater von Wagner und Puccini kennengelernt.

Victoria traf am 27. Mai in Balmoral ein. Der Boden war noch gefroren, aber es war bis neun Uhr abends hell. Das Tageslicht war eine Erleichterung für die Königin, denn das neue elektrische Licht überall in Balmoral blendete sie mehr, als daß es ihr besser sehen half. Dr. Pagenstecher hatte sie in Windsor besucht und ihre Pupillen wieder erweitert, aber die Wirkung war lediglich, daß sie zeitweilig um ihre wolkigen Katarakte herumsehen konnte. Da sie so schlecht sah, war sie völlig davon abhängig, daß man ihr vorlas. Das taten manchmal ihre Damen, aber häufiger, wenn es um vertrauliche Dinge ging, Prinzessin Beatrice, die es oft eilig hatte, mit dieser langweiligen Aufgabe fertig zu werden und daher Fehler machte oder Zeilen ausließ, zur Verwirrung der Königin. Marie Mallet, die als Sonder-Kammerzofe einen Teil des Vorlesens und der Korrespondenz übernahm, meinte, Beatrice habe es verdient, «geschüttelt» zu werden. Aber die Prinzessin war seit Jahren in einer Rolle gefangen, für die sie immer weniger Geduld aufbrachte.

Um Victoria die Lektüre zu erleichtern, nachdem ihr die Brille nicht mehr viel nützte, hatte Fritz Ponsonby mit immer schwärzerer Tinte experimentiert und übergroß geschrieben, aber es half alles nichts. Sie konnte jetzt Gesichter nicht mehr deutlich genug sehen, um Menschen zu erkennen, ehe sie mit ihr sprachen. Sie begann auch, manche Leute mit längst verstorbenen Verwandten zu verwechseln, was nichts mit ihrer schwindenden Sehkraft, sondern mit einem Gedächtnisverlust zu tun hatte. Im Juni 1899 gehörte eines Abends Paul Cambon, der französische Botschafter, zu den Gästen beim Diner. Die Königin, die die Sitzordnung im voraus zu sehen bekam, nahm an, daß er als dienstältester Gesandter zu ihrer Linken sitzen würde. Der Hofmarschall hatte ihn jedoch aus Versehen rechts neben sie gesetzt. Die Königin hatte die Gewohnheit, zuerst mit dem weniger interessanten Gast an ihrer Seite zu sprechen, so daß sie dann ihre Zeit weitgehend dem anderen widmen konnte. Da sie Cambon für den italienischen Botschafter, Graf Deym, hielt, fragte sie nach rechts: «Wo ist Ihr König derzeit?»

Cambon merkte, daß die Königin ihn mit seinem italienischen Kollegen verwechselte. Ohne zu zögern, verfrachtete er den König taktvoll auf seine Yacht, sprach weiter und beschrieb seine letzte Begegnung mit Seiner Majestät. Als es aber immer mühsamer und unglaubwürdiger wurde, die Maskerade fortzusetzen, begriff Victoria endlich ihren Irrtum. Anschließend zitierte sie den unglückseligen Hofbeamten herbei und rügte ihn, weil er sie in Verlegenheit gebracht hatte.

Im Tagebuch der Königin wurde diese Panne nicht erwähnt. Dort schilderte sie Cambon nur als «einen äußerst angenehmen, wohlinformierten und weitblickenden Mann» – was wohl teilweise ein Kompliment für seine Kenntnis italienischer Belange war. Erheblich mehr war sie an seinen Meinungen über den Fall Dreyfus interessiert, denn die Regierung hatte den Prozeß noch einmal aufgerollt. In Balmoral hatte die Königin das als «großartige Neuigkeit» bezeichnet. Jetzt, im Juli, fand Cambon in Windsor Worte für die «*misérable affaire de Dreyfus*», die die Königin billigte. Er meinte, die Stimmung in Frankreich habe sich geändert, und prophezeite Victoria einen Freispruch, denn er dachte, «die ganze Affäre sei daraus entstanden, daß er Jude sei», «intelligent und gewitzt», aber unliebenswürdig. «*Il était le victime de son caractère*», notierte die Königin als wörtliche Aussage Cambons.

Am 9. September 1899 hörte sie «die Nachricht, daß Dreyfus erneut mit fünf gegen zwei Stimmen verurteilt worden war ... Nachdem er so glänzend verteidigt worden ist ..., ist es schrecklich, daß alles umsonst gewesen sein soll. Jedermann ist sehr erregt und beunruhigt darüber». Sie schickte ein Telegramm an ihren Premierminister, in dem sie schrieb: «Ich bin zu entsetzt, um Worte zu finden für dieses monströse, schreckliche Urteil gegen den armen Märtyrer Dreyfus. Wenn nur ganz Europa seinen Abscheu und seine Empörung ausdrücken würde! Ich vertraue darauf, daß es dafür eine strenge Vergeltung geben wird. V. R. I.» Salisbury teilte ihre «flammende Empörung». Seit ihrem Drahtbrief an Gladstone über Gordon hatte sie kein unchiffriertes Telegramm mehr über eine heikle Sache verschickt. Als der Text eines ähnlichen Telegrammes an ihren Botschafter in Paris durchsickerte, was sie durchaus beabsichtigt hatte, gab es in der rechtsgerichteten Presse einen Sturm der Entrüstung über ihre Einmischung, und es erschienen bösartige Karikaturen einer korpulenten, adlernasigen, hexenähnliche Königin. Trotzdem kann ihre öffentliche Intervention als einflußreichste regierende Monarchin Präsident Loubet nur geholfen haben – wie Victoria vielleicht erhofft hatte –, Hauptmann Dreyfus auf freien Fuß zu setzen.

Am 20. September berichtete ihr Botschafter Monson, den sie um jegliche erhältliche Information gebeten hatte, daß Dreyfus «befreit» worden sei. Es sollte zwar noch weitere Gerichtsverfahren geben – es dauerte bis 1906, daß die Ehre des Hauptmanns wiederhergestellt wurde –, aber zumindest war die Vollstreckung seines Urteils ausgesetzt worden, und er mußte nicht mehr in die berüchtigte Strafkolonie auf der Teufelsinsel zurückkehren. «Inzwischen» schrieb Sir Edmund Monson am 1. Oktober an die Königin, «haben die französischen Zeitungen im Transvaal ein Thema gefunden, sich an England für die Freiheit zu rächen, mit der die britische Presse das Vorgehen des Kriegsgerichtes in Rennes kritisiert hat.»

Im Mai, kurz vor ihrem Geburtstag, hatte die Königin ein Dokument erhalten, das von Tausenden von «britischen Untertanen, die in Britisch Südafrika leben», unterzeichnet war. Es war eine Petition, die 21 684 Transvaal Uitlanders unterschrieben hatten. Sie baten darin um Victorias Hilfe bei der Beseitigung der Mißstände, unter denen sie litten. Die nichtburische Bevölkerung behauptete, es gebe keine Pressefreiheit, keine Versammlungsfreiheit, viele Menschen würden oft willkürlich eingesperrt; sie müßten horrende Steuern zahlen, hätten aber keine gewählten Vertreter in der Regierung. Das alles waren Verletzungen der Konvention von 1881, mit der Gladstone die Kolonie preisgegeben hatte. Die Bewohner der Kapkolonie unterstützten jetzt die Petition der Uitlanders und behaupteten, das Regime im Transvaal sei «für alle südafrikanischen Besitzungen Eurer Majestät eine Quelle der Unruhe, Unsicherheit und geschäftlicher Schäden». Dann kamen Botschaften aus Natal, daß Truppen nötig seien, um die dortige Grenze gegen Angriffe der Buren zu verteidigen. Verstärkung wurde sowohl aus England als auch aus Indien geschickt. Die Königin hatte den Antrag unterstützt, denn sie wollte keine nationale Demütigung. Die einzige erfreuliche Nachricht aus Afrika war, daß ihr Abessinienbeauftragter, Oberst Harrington, im August in Osborne eingetroffen war und eine phonographische Antwortbotschaft von Kaiser Menelik und Kaiserin Taitou mitgebracht hatte, die sie durch einen großen, hornförmigen Lautsprecher anhörte und «sehr kurios» fand.

Als der Spätsommer 1899 in den Herbst überging, zwangen die Ereignisse die Königin, sich weniger mit ihren Familienproblemen und ihren körperlichen Gebrechen zu beschäftigen, obwohl beides sie ständig plagte. In einem Brief, den ihr Prinzessin Beatrice vorlas, wurde der Königin vorgeschlagen, sie könne sich vielleicht leichter bewegen, wenn sie eine enge Lederjacke trüge, an die man einen Ballon anhängen könnte, so daß sie eher schweben als gehen würde. Als Fritz Ponsonby heiraten wollte, hatte sie ihn gezwungen, die Hochzeit drei Jahre aufzuschieben, weil sie ihn ständig in ihrer Nähe brauchte und nicht wollte, daß eine Ehefrau ihm dabei im Weg sei. Sie nahm es auch Sir James Reid übel, daß er sich mit einer ihrer Hofdamen verlobte, denn niemand erschien ihr unabkömmlicher. Sie hatte seit langem angenommen, der Arzt würde Junggeselle bleiben und sie überallhin begleiten.

Der drohende Krieg machte es ihr unmöglich, besonders viel an ihre eigene Person zu denken. Die sture Haltung der Buren trug zu ihrer Einschätzung des Falles als eines gerechten nationalen Anliegens bei. Angesichts offenkundig berechtigter Beschwerden ihrer Untertanen im Afrikaner-Land blieb sie ohne Ahnung, wie sehr Alfred Milner und Cecil Rhodes diesen Krieg in Südafrika gesucht hatten und ebenso der ehemals radikale Republikaner, ihr jetziger Kolonialminister Joseph Chamberlain. Die Unnachgiebigkeit der Buren war der Vorwand, den sie als *casus belli* brauchten, und Präsident Krüger spielte ihnen nur die Gründe in die Hände.

Am 27. August hatte der deutsche Botschafter in London, Paul von Hatzfeld, an Graf Holstein geschrieben, er glaube nicht, daß es zum Krieg kommen werde, «wenn man in Pretoria nicht verrückt geworden ist». Krügers beharrlicher Hinweis, England müsse auf seine weitgehend bedeutungslose Oberhoheit verzichten, «tut Chamberlain den größten Gefallen». Der Botschafter nahm an, daß Chamberlain noch weitere Vorwände finden würde, den Transvaal zurückzuerobern, wenn die Sache mit den Uitlanders geklärt wäre, «bis er seinen Zweck erreicht». In ihrer Lektüre darauf beschränkt, was man ihr vorlas, wußte die Königin nichts von den politischen Strategien ihrer Minister zu Hause und im Ausland, um die Buren-Staaten wieder zurückzugewinnen. Die Herzogin von Buccleuch erzählte der Königin einmal, daß sie Rhodes bei einer Abendgesellschaft in London getroffen, aber nicht gewünscht habe, daß er ihr vorgestellt würde. Sie habe gehört, er könne Frauen nicht leiden und sei manchmal sehr grob zu ihnen. «Oh, ich glaube nicht, daß das wahr ist», sage die Königin, «denn er war sehr höflich zu mir, als er hierherkam.» Rhodes hatte ihr eine Kolonie vom Kap bis nach Kairo versprochen. Sie wußte zwar von seiner Rolle beim Jameson-Handstreich, aber er war ihr mehr als ein Enthusiast denn als ein Verschwörer erschienen.

Die Buren, berichtete Salisbury am 29. September, blieben «starrsinnig». «Außerdem», sagte er der Königin, «ist es unmöglich, nicht davon überzeugt zu sein, daß die Buren tatsächlich danach streben, eine Südafrikanische Republik zu errichten, die aus dem Transvaal, dem Oranje-Freistaat und der Kap-Kolonie Eurer Majestät besteht.» Während er General Sir Redvers Buller mit Truppen auf den Weg schickte, die die Streitkräfte in Südafrika auf 70 000 Mann erhöhten, «die größte Anzahl, die *jemals* vom Vereinigten Königreich in irgendeinen Krieg geschickt wurde», versicherte Viscount Wolseley der Königin am 4. Oktober 1899 beschwichtigend: «ich gebe immer noch nicht die Hoffnung auf, daß wir letzlich doch keine ernsthaften Kämpfe haben werden.» Ehe er abreiste, hatte Buller am 5. Oktober in Balmoral eine Audienz bei der Königin. Sie fand ihn «offen» und «freimütig». Bald darauf übermittelte Chamberlain der Königin einen Text von Krüger, den er als «Ultimatum» bezeichnete und den sie «unglaublich» fand. Er schien Krieg zu bedeuten. Krüger verlangte den Abzug aller Truppen, die seit dem 1. Juni in der Kapprovinz gelandet waren, sowie aller Truppen von der Grenze zwischen Transvaal und Natal und die

515

Rückkehr aller Truppen, die auf hoher See Richtung Südafrika unterwegs waren. Wenn bis zum Morgen des 11. Oktober keine zufriedenstellende Antwort eingetroffen sei, würde Krüger das als Kriegserklärung ansehen. «Angesichts dieses Angriffs», sagte Lord Rosebery als Sprecher der Liberalen, «wird die Nation ohne Zweifel die Reihen schließen und Parteistreitigkeiten auf geeignetere Zeiten verschieben.»

In Balmoral besuchte die Königin ihre Garde der Gordon Highlanders, die sich gerade nach Südafrika einschifften. «Ich fuhr die Reihe entlang», schrieb sie, «sie marschierten vorbei und formierten sich neu ... Ich richtete folgende kurze Abschiedsworte an sie: ‹Ich wünsche euch eine glückliche Reise. Möge Gott euch beschützen! Ich vertraue darauf, daß ihr immer eure Pflicht tun werdet und immer den guten Ruf der Gordon Highlanders aufrechterhaltet.› Die Männer brachten dann drei Hochrufe aus». Sie gab dem Hauptmann der Garde die Hand und sprach mit den beiden Leutnants; sie «fühlte einen ziemlich Kloß im Hals, als wir wegfuhren ... Ich dachte daran, daß vielleicht nicht alle von diesen ausnehmend prächtigen Männern zurückkommen werden.» Charakteristischerweise telegraphierte sie dann Salisbury, der zur Finanzierung des Krieges vorgeschlagen hatte, einen Penny pro Pfund auf die Einkommensteuer und Sixpence auf jeden halben Liter Bier aufzuschlagen, sie wolle nicht, daß die Last der Besteuerung «auf die Arbeiterklasse falle». Salisbury stellte den Vorschlag für spätere Erwägungen zurück.

In Deutschland waren die Zeitungen voll mit antibritischen Parolen. Sie beschrieben das imperiale England als bösen Moloch und druckten beleidigende Karikaturen von der Königin. In Südafrika erschien England jedoch alles andere als furchterregend. Krügers Ziel war es gewesen, zuzuschlagen, ehe die feindlichen Streitkräfte anwuchsen, und das tat er auch. Die britische Presse veröffentlichte eine ganze Litanei von Rückzügen und Katastrophen. Victoria war plötzlich wieder eine Kriegskönigin, die sich bei jedem Rückschlag zu verjüngen schien. Als 1854 zwei Erzbischöfe einen nationalen «Tag der Erniedrigung» vorschlugen, sagte sie zu Fritz Ponsonby, sie sei dagegen, den Leuten zu befehlen, für irgend etwas zu beten. «Laßt sie beten», sagte sie, «ich hoffe und glaube, daß sie es tun werden, aber es sollte ohne irgendeine Anordnung von mir geschehen.» Und doch brachten die ersten Monate des Krieges wiederholt Tage der Erniedrigung. «Die Königin», erinnerte sich Fritz Ponsonby, «wurde oft von Gefühlen überwältigt und weinte über die langen Listen der Gefallenen – zumindest dachten wir in jenen Tagen, sie seien lang; sie schien ungeduldig auf den Sieg zu warten und nicht verstehen zu können, warum die britische Armee nicht einen einzigen triumphalen Sieg hatte und damit dem Krieg ein Ende machte.»

Bisher unbekannte Namen wurden Teil des Pressevokabulars – Nicholson's Nek, Ladysmith, Lombard's Kop, Sannah's Post, Dewetsdorp, Reddersberg, Kroonstaad. In Nicholson's Nek ergaben sich ein ganzes Bataillon und eine Artilleriebatterie. Ladysmith wurde abgeschnitten und belagert. «Gewiß, wir konnten wohl kaum damit rechnen, ohne Niederlagen davonzukommen», sagte sie Ponsonby, der die schlechten Nachrichten brachte, «aber wir müssen gewinnen, und wenn die ganze Armee ausrükken muß.»
Der Krieg hatte genau einen Monat gedauert, als die Königin am Bahnhof von Windsor ihren Salonwagen verließ, nachdem sie in einer über siebzehnstündigen Nachtfahrt von Balmoral zurückgekehrt war. Es war noch nicht ganz neun Uhr morgens. Um Viertel vor eins fuhr sie in einem Wagen mit Beatrice und Emily Ampthill zu den Spital-Kasernen, um drei Schwadrone der Hofkavallerie zu inspizieren, die kurz vor ihrem Aufbruch nach Südafrika standen. Nachdem sie die Reihen entlanggefahren war und die Soldaten salutiert hatten, formierten sie sich um den Wagen herum, so daß sie sie ansprechen konnte. Mit einer Stimme, so klar wie immer, nahm sie Abschied von «euch, die ihr immer in meiner Nähe gedient habt...», ehe ihr zu eurer langen Reise in ferne Teile meines Reiches aufbrecht, zu deren Verteidigung eure Kameraden jetzt so tapfer kämpfen». Dann stellte Oberst Nield seine Offiziere vor, zu denen auch der Bruder von Prinzessin May, Dolly Teck, gehörte. Als die Männer aufgefordert wurden, ihr drei Hochrufe auszubringen, ehe Victoria ging, «brachten sie viel mehr aus und wollten gar nicht mehr aufhören».
Die *Times* wunderte sich über ihre «körperliche Vitalität» und pries «ihre gewohnte Unterordnung persönlicher Bequemlichkeit unter zeremonielle Notwendigkeiten». Sie hatte sich nur allmählich an diese Unterordnung gewöhnt. Es gab viele im Gefolge der Königin, die sich daran erinnern konnten, wie sie sich manchmal sogar dann geweigert hatte, ihre Gewohnheiten zu ändern, wenn eine Regierung stürzte. Jetzt sollte es noch viele weitere Abschiede geben, und bald begann die Rückkehr von Verwundeten. Die Königin war häufig zugegen und zeigte keine Anzeichen von Ermüdung. Privat gab sie ihrer Erschöpfung nach. Nach einem der langen Tage, auf den am nächsten Morgen eine Staatsratssitzung folgen sollte, dinierte sie um Viertel nach neun Uhr und schlief danach zweimal ein, während sie mit Lord Balfour von Burleigh sprach, «zu seiner maßlosen Verblüffung», wie Almeric Fitzroy schrieb. Als sie wieder erwachte, entschuldigte sie sich «sehr freimütig mit ihrer langen Wagenfahrt» und fuhr «mit großer Lebhaftigkeit» fort, die Reden von Sir William Harcourt als «unpatriotisch und unloyal» zu verurteilen.
Wenn einer die Methoden oder die Moralität des Buren-Krieges in

Frage stellte, wurde er sehr schnell beschuldigt, «pro-burisch» zu sein. Trotzdem wurden Bedenken in beiden Punkten offen ausgesprochen. Auch die Fehler der Briten in Taktik und Strategie quälten die Königin und brachten sie in Verlegenheit. Ende Oktober mußte die Rede der Königin zur Schließung einer kurzen Parlamentssession im letzten Moment geändert werden, ehe sie ihr formell vorgelegt wurde. Die Formulierung «die hervorragenden Eigenschaften, die unsere Soldaten an den Tag legen», mußte umgewandelt werden in «die gewonnenen Siege».

Die Königin war nicht ständig unterwegs. Schließlich war sie achtzig Jahre alt. Aber schon bald traf sie mit einem großen Gefolge wieder am Bahnhof von Windsor ein und machte sich auf den Weg nach Bristol, um das Royal Convalescent Hospital zu eröffnen. Sie ließ sich den Großteil des Tages in einem Eisenbahnwagen durchschütteln, um dann zwei Stunden lang – von zwei Uhr bis vier Uhr – durch flaggengeschmückte Straßen zu fahren und das Militärkrankenhaus zu besuchen. Die Tochter eines ortsansässigen Pfarrers hatte ihr von einem blinden und gelähmten Invaliden, Robert Caines, geschrieben, dessen Haus an der Strecke lag, die sie nehmen sollte. Die Königin ließ ihren Wagen an der Stelle langsamer fahren, so daß der alte Mann sie zumindest vorbeifahren hören konnte. Anschließend schickte sie ihm eine Fünfpfundnote, denn sie meinte, die würde ihm mehr nützen als eine Photographie von ihr. Sowohl auf der Hin- wie auf der Rückfahrt wurde das Tempo des Zuges an bevölkerten Wegstrecken gedrosselt, damit die Leute Gelegenheit bekamen, die Königin am Fenster ihres Wagens zu sehen.

Am 20. November statteten Kaiser Wilhelm und seine Familie den aufgeschobenen Besuch in Windsor ab, zu einem Zeitpunkt, da Victoria beim Empfang eines Staatsgastes mehr auf sich selbst gestellt war als je zuvor. Lady Salisbury, die unheilbar krank gewesen war, starb an eben jenem Nachmittag. Da Lord Salisbury auch das Außenministerium verwaltete und somit zwei Ratgeber in einer Person vereinigte, mußte sie weitgehend alleine mit ihrem Enkelsohn fertigwerden, obwohl Arthur Balfour, als Vertreter seines Onkels, eine Besprechung mit dem Kaiser abhielt. Daß der Besuch überhaupt stattfand, war das Ergebnis einer politischen Regelung, die einige Monate zuvor getroffen worden war und die Ansprüche auf verschiedene Inselgruppen im Pazifik betraf. England zog sich dabei aus Samoa zurück und ließ zu, daß das Land zwischen Deutschland und den Vereinigten Staaten aufgeteilt wurde. Dafür erhielt England die Tonga-Inseln, und Deutschland bekam die Erlaubnis, die Karolinen von Spanien zu kaufen, das kein Interesse mehr an ihnen besaß, nachdem es die Philippinen verloren hatte. Deutschland expandierte als Kolonialmacht – um so bessere Gründe für Wilhelm, seine Flotte zu vergrößern.

Trotz Schwierigkeiten in Natal, die Wilhelm heimlich Freude gemacht haben mochten, konnte er in England die ungeheuren Reserven sehen, die die Buren schließlich überwältigen sollten. Am 25. November 1899, einen Tag bevor der Kaiser von Windsor nach Sandringham fuhr, kam aus Ägypten die Nachricht, daß Sir Reginald Wingate den Kalifen und seine Derwisch-Armee besiegt hatte, wobei viele der Feinde gefallen waren. «Ich hoffe, das ist das Ende des Mahditums», schrieb Victoria, «und ich denke, es ist mit Abstand das beste Ende, das es finden konnte.» Kaiser Wilhelm war sichtlich beeindruckt. Seinem Stab rief er vor dem Runden Turm von Windsor mit großer Geste zu: «Von diesem Turm aus wird die Welt regiert!»

Die Königin wußte besser als Wilhelm, daß damit keineswegs alles gut war. Einige Städte in Natal hielten eisern entschlossen aus. Die Briten machten Schnitzer und verhielten sich oft töricht. Buller, der eine ganze Armee führte, um Ladysmith zu befreien, zog sich zurück, stieß wieder vor und zog sich erneut zurück.

Die Königin suchte nach einem symbolischen Geschenk, das sie den Truppen als persönliche Gabe zu Weihnachten schicken konnte. Bald darauf brachten Schiffe jedem Soldaten im Feld eine flache Blechdose, gefüllt mit Schokolade, auf deren Deckel der Kopf der Königin im Relief geprägt war. Jeder Soldat in Südafrika und auf See dorthin sollte eine solche Dose erhalten, die mit rotem, weißem und blauem Band geschmückt war, und nach Aushändigung eine Empfangsbescheinigung unterschreiben. Hunderttausend Tafeln Schokolade wurden gen Süden geschickt (zu spät für Weihnachten: die Dosen wurden erst Mitte Januar verteilt), und Legenden rankten sich um ihre Auswirkungen. Manche Soldaten wollten keinen Bissen davon anrühren, entschlossen, das heilige Geschenk mit nach Hause zu nehmen. Sean O'Caseys Bruder Tom kam nach Dublin zurück, «die bunte Schokoladendose der Königin immer noch gefüllt in seinem Tornister. Denn welcher Soldat könnte eine Schokolade aufessen, die ihm eine Königin geschenkt hat?»

Mehr als eine solche Dose hatte angeblich Gewehrkugeln abgehalten. Ein authentisches Beweisstück wurde der Königin von dem Sanitätsoffizier geschickt, der am 28. Februar 1900 den gemeinen Soldaten James Humphrey von den Royal Lancasters behandelt hatte. Das Begleitschreiben vom Lazarett in Frere erklärte, die Dose sei in der Proviantasche des Soldaten gewesen: die Kugel habe sie durchschlagen und sei in der Schokolade steckengeblieben anstatt in der Milz Humphreys zu landen. Bigge meinte, die Königin «wolle doch gewiß dem Soldaten Humphrey eine neue Dose schicken lassen».

Das Geschenk wurde hoch geschätzt – denn es war ein seltener, wenn nicht überhaupt der einzige Kontakt mit Ihrer Majestät – so empfanden es die Truppen. Manche Männer verzichteten auf fünf Pfund – für einen einfachen Soldaten der Sold für zwei Monate – um der Schokolade der Königin willen. Bei ihren Lazarettbesuchen nahm die Königin weitere Blechdosen mit, und ein einbeiniger Soldat erklärte galant: «Ich würde lieber noch ein Glied verlieren als keine Dose bekommen!» Witwen und Müttern, die ihre Söhne verloren hatten, schickte man die Dosen oft zusammen mit den persönlichen Habseligkeiten der Soldaten, die weit von zu Hause entfernt begraben wurden.

Victoria interessierte sich für jede Möglichkeit, am Krieg Anteil zu nehmen. Am 4. Dezember 1899 empfing sie die überwiegend amerikanischen Freiwilligen, die den Sanitätsstab des Lazarettschiffes *Maine* bildeten, das mit amerikanischen Geldern ausgestattet worden war. Das Schiff selbst war von einer Reederei in Baltimore gechartert. Das Projekt war einer Idee der Witwe von Lord Randolph Churchill entsprungen, Jennie, die in Amerika geboren war. Die Ärzte wurden zum Mittagessen nach Windsor mit Prinzessin Helena eingeladen, deren Sohn ungeduldig darauf wartete, mit in den Krieg ziehen zu dürfen. Dann wurden sie der Königin vorgestellt, die ihnen dafür dankte, «daß sie so feundlich sind, herüberzukommen, um meine Männer zu betreuen». Zwei Tage danach wurde Jennie Churchill eingeladen, «in Windsor zu Abend zu essen und zu übernachten». Victoria äußerte sich ihr gegenüber etwas besorgt: «Ich finde, die Chirurgen sehen ziemlich jung aus.»

«Dann haben sie um so mehr Energie», gab Jennie in ihrer unerschrockenen amerikanischen Weise zurück. Sie vergaß das sonst höflich angehängte «Ma'am», was verständlich war, weil sie seit zwei Wochen um ihren Sohn Winston gebangt hatte, der Auslandskorrespondent der *Morning Post* war. Er befand sich in Kriegsgefangenschaft bei den Buren, die einen schlecht verteidigten Panzerzug umgestürzt und in ihre Gewalt gebracht hatten. Dieses Mißgeschick sollte den Anfang von Winstons Karriere bilden, nachdem er entkommen war und darüber schreiben konnte. Da sie ganz von den Vorbereitungen dafür in Anspruch genommen war, die *Maine* auf den Weg nach Südafrika zu bringen, konnte Lady Randolph nicht viel Zeit damit verbringen, sich um ihren Sohn zu ängstigen. Die erwartete amerikanische Beflaggung für ihr Schiff war ihr von Washington verweigert worden, und sie mußte sich hastig an den Herzog von Connaught, einen alten Freund, wenden, um statt dessen einen *Union Jack* zu bekommen. Am 16. Dezember überreichte er ihr im Namen der Königin persönlich einen *Union Jack* mit einem roten Kreuz auf weißem Grund in der Mitte. «Noch nie zuvor», sagte der Herzog arglos, als die Flagge gehißt wurde, «ist ein Schiff unter den beiden Flaggen, *Union Jack* und *Stars and Stripes*, gesegelt...» Jennie konnte ihm nicht gestehen, daß sie kein Recht hatten, die amerikanische Flage zu hissen, und ließ sie trotzdem aufziehen. Am Weihnachtstag fuhr das Schiff bei dichtem Nebel ab, unter den Jubelrufen von Menschenmengen am Kai, die die Freiwilligen nicht sehen konnten.

In den Tagen, die als Schwarze Woche bekannt wurden – vom 10. bis zum 15. Dezember 1899 –, erlitten die britischen Streitkräfte außerordentlich hohe Verluste. Und doch war Ladysmith noch immer belagert, denn Buller war zurückgeschlagen worden, als er einen Frontalangriff an einer Eisenbahnlinie entlang versucht hatte. Die Königin erfuhr von den zahlreichen Fehlschlägen, als sie am 16. Dezember zum Frühstück erschien, und bekam ein «sehr unbefriedigendes Telegramm» ausgehändigt, das das Kriegsministerium von Buller erhalten hatte. Er sprach darin von schweren Verlusten und heftigem Beschuß von Seiten der Feinde, und obwohl er vermutete, daß auch der Feind schwere Verluste erlitten haben mußte, hatten seine Soldaten «keinen toten Buren gesehen». Buller schätzte, daß sie gegen eine Streitmacht von 20 000 Mann allein auf diesem Abschnitt angetreten waren, obwohl die ganze Bevölkerung des Transvaal, einschließlich Frauen und Kinder, lediglich 85 000 betrug.

Bei einem Besuch in Windsor am 18. Dezember war Arthur Balfour niedergeschlagen. «Bitte verstehen Sie», sagte Victoria, «daß in *diesem* Haus niemand deprimiert ist; wir sind nicht an den Möglichkeiten einer Niederlage interessiert; es gibt sie nicht.» Sie beschloß, zu Weihnachten nicht nach Osborne zu fahren, damit sie für ihre Minister leichter zu erreichen war. Aus Berlin traf ein konfuser Weihnachtsgruß von Wilhelm ein, mit dem Wunsch nach «Frieden auf Erden den Menschen, die guten Willens sind». Weiter begrüße er, daß «die britische Aristokratie der Welt gezeigt hat, daß sie um ihrer Pflicht willen zu sterben weiß, wie die anderen Ehrenmänner auch!»

Nachdem der vierzehnjährige Signalbläser eines Regiments von Buller, das in den Tod marschiert war, große Publizität in den Zeitungen erlangt hatte, galt dieser Einheit Victorias besondere Bewunderung. General Arthur Fitzroy Hart, der die Dubliner Füsiliere befehligte, hatte es unterlassen, Kundschafter vorauszuschicken. Er hatte daher keine Ahnung, wie das Gelände vor seinen Truppen beschaffen war. Trotz schweren Musketenbeschusses hatte er seine Männer in eng geschlossenen Reihen marschieren lassen. Wegen seiner Jugend zur Nachhut beordert, hatte Arthur Dunn diesen Befehl mißachtet und war bei seiner Kompanie geblieben. Als ihre vorderen Reihen fielen, geriet er in Panik, hob sein Horn und blies zum Vorstoß. Die Männer pflanzten Bajonette auf und stürmten blindlings in den Fluß Tugela, der an dieser Stelle etwa drei Meter tief war. Manche ertranken, manche schwammen hinüber und wurden am anderen Ufer vom

521

Feuer der Buren niedergemäht. Einige wenige schwammen zurück und konnten sich retten, unter ihnen der Signalbläser Dunn, der am Arm und an der Brust verletzt war und sein Horn verloren hatte. Der Junge kam als Invalide nach Hause und wurde zum Helden erklärt, weil das Land einen brauchte – und vielleicht auch, weil er zu jung war, um vor ein Kriegsgericht gestellt zu werden. In Portsmouth hob ihn die rasende Menge hoch und trug ihn auf Händen. Man brachte ihn nach Osborne, wo er der Königin vorgestellt wurde, die ihm, zur Freude der Nation, ein silbernes Horn schenkte. Sie schilderte ihn in ihrem Tagebuch als «hübschen, bescheidenen Jungen». Einer der ersten Helden des Krieges, war er verantwortlich für viele der 216 Toten der Dubliner Füsiliere bei Colenso.

Zwei Tage vor Weihnachten brach Lord Roberts von Kandahar – Träger des Victoria-Kreuzes (V. C.) siebenundsechzig, Kriegsheld in Afghanistan und anderen Kolonialkriegen, Armeechef in Irland – nach Südafrika auf, um das brüchige Unternehmen in die Hand zu nehmen. Prinz Arthur, als Feldmarschall ranghöher als er, bat darum, als zweiter Befehlshaber mitgehen zu dürfen, erhielt aber nicht die Erlaubnis dazu, weil er von Gesetzes wegen nicht auf seinen Rang verzichten durfte. Der Prinz von Wales begleitete Roberts zu seinem Schiff. Es hieß *Dunottar Castle* und hatte vorher bereits Buller nach Südafrika gebracht. Bertie berichtete seiner Mutter von einer «dichten und schwerfälligen Menschenmasse, so daß man Gefahr lief, zerquetscht zu werden». Roberts stand an Deck, trug einen unmilitärischen schwarzen Mantel und einen Zylinder, den er in die Luft hob, um die Menge am Kai zu grüßen. Die *Times* schilderte ihn als «kleinen, kräftigen, resoluten, bekümmerten Mann in Trauerkleidung». Am Tag vorher war er bei der Königin gewesen, die in ihr Tagebuch schrieb: «Er kniete nieder und küßte mir die Hand. Ich sagte, wieviel Mitgefühl ich mit ihm habe. Er konnte nur antworten ‹Ich kann nicht *davon* sprechen, aber ich kann über alles andere sprechen›.»

Roberts einziger Sohn Frederick war an den Wunden gestorben, die er eine Woche zuvor bei Colenso empfangen hatte, und selbst der Burengeneral «Piet» Joubert hatte telegraphisch den Eltern des jungen Offiziers sein Beileid ausgesprochen. Das hatte auch Victoria getan, die eine Antwort aus Dublin erhalten hatte: «Unser Verlust ist schmerzlich, aber unser Junge ist den Tod gestorben, den wir für ihn gewählt hätten.» Leutnant Roberts war aus dem Sattel geschossen worden, als er tollkühn versucht hatte, einige der schweren Geschütze zu retten, die Buller schon aufgegeben hatte. Er erhielt das erste posthume Verdienstkreuz V. C. Sieben Victoria-Kreuze wurden für unsinnige Versuche vergeben, die zehn im Stich gelassenen Schiffskanonen wiederzuerlangen, die ersten schweren Artilleriegeschütze, die eine britische Kampftruppe in einem ganzen Jahrhundert verloren hatte. Da zu jener Zeit nur lebende Soldaten das Victoria-Kreuz erlangen konnten, behalf man sich mit der Erklärung, Buller habe das V. C. für Roberts schon vorgeschlagen, als er noch am Leben war. Die Königin schickte eine Botschaft an Landsdowne im Kriegsministerium: «Hätte es gerne, damit ich es Lady Roberts selbst überreichen kann.»

Am Tag nach Weihnachten lud Victoria, die noch immer in Windsor weilte, die Frauen der Truppenmitglieder aus Windsor zum Tee ein, die in Südafrika kämpften. Sie empfing sie unter einem großen, reichgeschmückten Weihnachtsbaum, vielleicht dem ersten, der mit elektrischen Kerzen beleuchtet wurde. Dann, so schrieb Victoria, «strömten die Kinder herein, und nachdem sie den Baum angeschaut hatten, setzten sie sich alle zum Tee an zwei sehr lange Tische unter dem Baum. Alle halfen zusammen, um sie zu bedienen, auch meine Familie, jung und alt, sowie mein Hofstaat. Ich wurde immer wieder an den Tischen entlang und um sie herum gefahren, dann zog ich mich für kurze Zeit zurück, um selbst Tee zu trinken, und kam wieder, als sie gerade anfingen, den Baum zu plündern, und viele Dinge händigte ich selbst den Frauen und den lieben kleinen Kindern aus. (...) Es war ein sehr rührender Anblick, wenn man an die armen Männer und Väter denkt, die alle fort sind und von denen einige vielleicht nicht mehr zurückkommen.»

Am 28. Dezember, zwei Tage später, dankte ihr Kitchener, der nach Südafrika unterwegs war, in einem Schreiben dafür, daß sie ihn zum Stellvertreter von Roberts ernannt hatte. Der Herzog von Connaught übernahm auf Druck Victorias hin Roberts' Posten in Dublin. Am Silvesterabend traf sie endlich in Osborne ein und zog in ihrem Tagebuch Bilanz des «sehr ereignisreichen und in vieler Hinsicht traurigen Jahres». Am Neujahrstag 1900 telegraphierte sie gute Wünsche an den glücklosen Sir Redvers Buller, als Zeichen ihrer unerschütterlichen Unterstützung in seinem Mißerfolg. Roberts traf am 10. Januar in Kapstadt ein, zusammen mit Kitchener, um Buller als Oberbefehlshaber abzulösen, der aber weiterhin im Einsatz blieb.

In Osborne traf die Königin am 22. Januar mit Joseph Chamberlain zusammen, den sie 1882 einmal als Gladstones «bösen Geist» bezeichnet hatte und 1885 als «schrecklichen Sozialisten». Jetzt schienen sie eines Sinnes, und er versicherte ihr, «er habe alles nur Menschenmögliche unternommen, um den Krieg zu verhindern. Er sei aber trotzdem gekommen, weil er sonst später hätte kommen müssen. Da sei es besser, er komme jetzt gleich, ehe die Anzahl der Feinde noch weiter steige.» Er sei sicher, daß «das Rückgrat des Krieges gebrochen ist, wenn wir Ladysmith befreien können». Vier Tage später erhielt Victoria ein Telegramm von Buller, daß seine Truppen Spion Kop aufgegeben hätten, wobei es zweihundert Tote und dreihundert Verletzte gegeben habe, darunter den Generalmajor E. R. P. Woodgate, den Kommandeur. Ein paar Tage später erfuhr sie, daß sich unter den Toten zweiundzwanzig Offiziere befanden, und sie drückte Landsdowne gegenüber ihr Entsetzen über «die schreckliche Verlustliste» aus. Wolseley, der sie ebenfalls besuchte, erklärte – und beschwor damit, ohne es zu wissen, die Worte Kaiser Wilhelms herauf –, daß der hohe Tribut an Offizieren «beweist, daß die Ehrenmänner, denen die Königin Aufgaben in der Armee überträgt, die Privilegien ihrer Stellung als Gentlemen erkennen und die Verantwortung zu tragen bereit sind, die mit dieser Stellung untrennbar verbunden ist».

Zum Glück für ihren gepeinigten Geist – Victoria konnte nicht mehr gut schlafen – waren die Zahlen, die man ihr nannte, falsch, nämlich viel zu niedrig. In Wirklichkeit hatte es mindestens 1700 Tote, Verwundete und Vermißte gegeben. Der Gestank der unbeerdigten Leichen in der Hitze Afrikas hatte die Buren rasch aus ihren neugewonnenen Stellungen vertrieben.

Auf der anderen Seite des Kontinents waren andere britische Enklaven unter Belagerung. Im Zentrum war südlich des Flusses Vaal die Stadt Kimberley abgeschnitten, im Osten war Mafeking eingeschlossen, wobei eine Belagerung nach den Regeln der Buren die Einhaltung einer Feuerpause am Sonntag und eine halbstündige Unterbrechung um halb sechs Uhr nachmittags zur Kaffepause bedeutete. Am 2. Februar schickte der Bürgermeister von Mafeking ein Telegramm an Victoria, in dem er anläßlich des hundertsten Belagerungstages seine Ergebenheit und Entschlossenheit zum Ausdruck brachte. Am 16. traf die Nachricht von der Befreiung Kimberleys bei ihr ein, die die erste Bresche in den Wall der Verzweiflung schlug und ein Zeichen dafür war, daß die Massen von Truppen, die hastig nach Südafrika geschickt wurden, wie schlecht sie auch ausgebildet sein mochten, allein aufgrund der Zahl eine Wirkung hatten. Kaiser Wilhelm reagierte auf die Nachricht von Kimberley in einer Weise, die die Königin auf keinen Fall fehlinterpretieren konnte: «Wie glücklich wird Mr. Rhodes sein!» telegraphierte Wilhelm zweideutig. Cecil Rhodes hatte sich während der ganzen Belagerungszeit in der Stadt aufgehalten, aber vielleicht war es keineswegs dieser Umstand, den Wilhelm im Sinn hatte.

Victoria schlief jetzt häufig tagsüber ein, weshalb sie nachts noch schlechter schlief. Dadurch verstärkte wiederum sich ihre Neigung, am Tage vor sich hin zu dösen. «Meine abendliche Aufgabe ist jetzt nicht leicht», schrieb Marie Mallet am 4. Februar aus Osborne, «die Königin schläft fest und bittet mich doch inständig, sie wachzuhalten, sie sogar notfalls zu schütteln, aber das bringe ich nicht über mich. Und so lese ich, rasche mit dem Papier und rutsche auf meinem Stuhl herum, lasse meinen

Fächer fallen und tue alles, was in meiner Macht steht, um meine Herrscherin zu wecken. Dabei wäre es viel besser für sie, und auch für mich, sie ginge zu Bett!» Ein paar Tage später saß die Königin bei einer Nachmittagsausfahrt mit dem Rücken zu den Pferden, «um aus dem Wind zu sein», was Marie «sehr komisch» fand. Victoria war vorher noch nie in einer so unköniglichen Position gefahren, aber wie Marie Mallet erkannte, als sie nach sechs Monaten Abwesenheit wieder mit ihrem Hofdamendienst an der Reihe war, «hat sie sich verändert, seit ich zuletzt hier war, und sieht so viel älter und schwächer aus, daß mir das Herz schwer wird». Im Wagen versuchten sie und die Herzogin von Roxburghe angestrengt, ein Gespräch in Gang zu halten, «aber die Königin schlief friedlich an meiner Schulter und war nur schwer wachzubekommen».

Eines Morgens ging Marie Mallet früh mit der Königin zur Kirche von Wippingham, «zu einem düsteren, kurzen Gottesdienst zum Gedenken an Prinz Heinrichs Beerdigungstag. Diese stets aufs neue wiederholten Gottesdienste sind sehr ermüdend, aber ich glaube, daß die Königin wirklich Freude daran hat. Auf jeden Fall sind sie die einzigen Ausnahmen, die sie in eine Kirche hineinbringen.»

Als die Königin wieder in Windsor war und sich am Morgen des 27. Februar gerade zum Lazarett in Netley aufmachen wollte, kamen Nachrichten von Lord Roberts. General «Piet» Cronjé war, ohne Lebensmittel und von der Außenwelt abgeschnitten, in Paardeberg eingeschlossen worden. Unter schwerem Beschuß, dem er nichts entgegenzusetzen vermochte, hatte er sich mit seinen sechstausend Männern samt Frauen und Kindern ergeben. Gekleidet wie ein Bauer, der er auch war, stand der grobschlächtige Cronjé mit seinem schwarzen Bart in scharfem Kontrast zu dem kleinen, nur 1,57 Meter großen, in Khaki gekleideten Roberts mit seinem weißen Schnurrbart. «Sie haben sich heldenhaft verteidigt, Sir», sagte Roberts.

Während in Pretoria, wo in den Kirchen besondere Bittgottesdienste abgehalten wurden, um für die Garnisonen in Paardeberg zu beten, allgemeine Bestürzung herrschte, telegraphierte Roberts der Königin, es sei «befriedigend», daß es die ersten guten Nachrichten des Krieges am «Jahrestag von Majuba» gegeben hätte. (Majuba war Schauplatz der letzten Schlacht des ersten Burenkrieges gewesen, wo am 26. Februar 1881 die regulären britischen Soldaten von Bauern aus dem Transvaal besiegt worden waren, deren Zahl nur ein Sechstel der Engländer betrug. Gladstone hatte daraufhin in London beschlossen, es sei das beste, sich mit der nominellen Oberhoheit und der Evakuierung zufriedenzugeben.) Als zwei Tage später Ladysmith befreit wurde, nachdem Buller schließlich den Tugela überquert hatte, sah es so aus, als wäre der Widerstand der Buren gebrochen.

Die Nachricht kam, als sich die Königin in Windsor auf die Vergabe von Auszeichnungen vorbereitete, unterstützt vom Herzog von York. «Georgie», so schrieb sie, stand neben ihr und half ihr beim Anlegen der Orden – «und ich benützte sein Schwert für die wenigen Ritterschläge». Die Botschaft aus Ladysmith nannte ein Dundonald-Regiment aus der Grafschaft Down. Wolseley meinte, daß eine Geste der Anerkennung für Irland angebracht sei – dergleichen habe «unfehlbar eine magische Wirkung auf diese sentimentale und phantasievolle Rasse». Er schlug als «Initiative der Königin» vor, daß alle irischen Regimenter zukünftig am Tag des heiligen Patrick ein Kleeblatt anstecken dürften. «Jedes Jahr», so betonte er, «schlagen die irischen Mitglieder des Parlaments viel Kapital aus der Tatsache, daß es den irischen Regimentern nicht erlaubt ist..., ein nationales Abzeichen zu tragen.»

Victoria billigte den Vorschlag und ordnete außerdem an, daß ein Irisches Garderegiment eingerichtet würde. Rechtzeitig zum St. Patrick's Day gab das Kriegsministerium einen Erlaß heraus, der das Tragen eines Kleeblatts erlaubte, ganz ähnlich, wie die Walisischen Füsiliere am St. David's Day den Lauch trugen. Die beiden Ideen führten zu einer dritten, die für die Königin folgenreicher war. Am 2. März 1900 war Prinz Arthur von Irland aus zu Besuch gekommen. Er drängte sich als erster auf, dem man eine Irische Gardeeinheit vorschlagen konnte. Er schlug zusätzlich vor, daß ein Besuch der Königin in Irland an die Stelle ihrer alljährlichen Reise in den Süden treten könne. Von der veränderten Perspektive des Krieges her kam es ihr plötzlich vor, als sei die unglückliche Insel genau der rechte Ort für sie. Niemand hatte vorher die Königin darauf hinzuweisen gewagt, daß ein Aufenthalt an der französischen oder italienischen Riviera unpassend für sie wäre, während die Nation blutete und Europa wenig Mitgefühl zeigte. Ihr Hofstaat hatte jedoch klugerweise die Vorbereitungen für den Mittelmeerurlaub hinausgezögert. Salisbury hatte zwar Bordighera vorgeschlagen, aber man hatte noch nichts in die Wege geleitet.

Die Italiener verhielten sich der Königin gegenüber genauso beleidigend wie die Deutschen und die Franzosen. Eine Karikatur in *Il Fischietto* zeigte eine ungestalte, dicke «Sainte Reine» von explosivem Temperament, und *L'Asino* stellte sie in einer zeltartigen Uniform dar und mit einer Kanone, die auf ihrem Rücken baumelte. In der deutschen Zeitschrift *Kladderadatsch* ließ eine dicke Victoria in schwarzer Witwenkleidung eine Bulldogge auf ein unschuldiges Burenmädchen los, und die *Lustigen Blätter* brachten eine enorm beleibte Königin in Schwarz, die unter Mithilfe des monokeltragenden Joseph Chamberlain noch weitere Teile der Weltkarte mit britischem

Rot anmalte. In Österreich erschien in den *Rumoristischen Blättern* eine Karikatur, auf der eine Victoria mit weit hervorquellenden Augen einen Paul Krüger in Lilliputanergröße an einer Schnur zurückzieht, während *Kikeriki* sie in eine Admiralsuniform steckte, in der sie die Huldigungen von winzigen schwarzen Eingeborenen entgegennimmt, auch hier in Witwentracht abgebildet, wie sie gerade tränenumflort einen englischen Wermut Marke U Ladysmith» trinkt. *Weekblad voor Nederland* zeigte sie an einem Waschbecken, wo sie vergebens versucht, das Blut der Toten und Verwundeten abzuwaschen, während der Tod im Zylinderhut (ein monokeltragender Joseph Chamberlain) grinsend zuschaut. Die belgische *Réforme* schließlich nannte sie *Grandmaman* und setzte sie in einen kanonenbeladenen Triumphwagen, geschmückt mit dem Wahlspruch des Hosenbandordens: *Honi soit qui mal y pense* – Ein Schurke, wer Schlechtes dabei denkt. Von St. Petersburg bis Lissabon verurteilte der Kontinent den Krieg gegen die Buren, und eine aufgeblasene und abstoßende Victoria bekam von allen Seiten den Zorn der Karikaturisten zu spüren. Da sie nur sah, was man ihr vorlegte, wußte sie nichts von den gehässigen Zeichnungen. Aber ein Europa, das zu solchem Britenhaß aufgepeitscht wurde, bot keinen Platz, an dem sie ihre Ferien verbringen konnte.

Schon wenige Tage später begann man einen königlichen Besuch in Dublin vorzubereiten. Obwohl die Königin weitgehend an einen Rollstuhl oder einen Wagen gebunden war und es Bedenken wegen ihrer Sicherheit gab, hatte der Krieg sie dazu angespornt, ihr Invalidendasein zugunsten einer symbolträchtigen Präsenz in der Öffentlichkeit aufzugeben. Dementsprechend wagte sich Victoria, gleichsam als eine Generalprobe für Irland, auf eine Königliche Fahrt von Windsor in die City von London. Sie sollte am 8. März stattfinden und demonstrativ ihre Anerkennung dafür ausdrükken, daß die City von London eine bemerkenswert starke Truppe aufgebracht hatte, die Imperial Volunteers. Ihre Uniformen und Ausrüstung wurden bis auf die Gewehre aus einem Fonds des Mansion House bezahlt, dem die Öffentlichkeit per Subskription 100 000 £ gestiftet hatte. Das war eine unmittelbare Folge der Schwarzen Woche gewesen, und die Truppe war so schnell ausgestattet und ausgebildet worden, daß die ersten Einheiten schon auf Truppentransportschiffen nach Durban unterwegs waren. Zum ersten Mal hatte eine britische Armeeeinheit – eine Batterie Artillerie, ein Bataillon Infanterie und zwei Kompanien berittener Infanterie, zusammen 1500 Mann – Offiziere, die nicht der Forderung entsprachen, daß die Führung aus Gentlemen bestehen müsse, und Mannschaften, die nicht die Bedingung erfüllten, keine Gentlemen zu sein. In allen Rängen befanden sich Männer aus zivilen Berufen – Anwälte, Architekten, Beamte, Lehrer. Die CIV (City Imperial Volunteers) war damit zukunftsweisend.

Von Paddington bis zum Buckingham Palace und von dort bis Blackfriars, wo der Lord Mayor in voller Amtstracht mit seinen Stadträten wartete, waren die Volksmengen so groß wie bei den Jubiläen. Helena und Beatrice saßen der Königin gegenüber mit im Wagen, an den der Oberbürgermeister, Sir Alfred Newton, herantrat, damit ihm Victoria «für alles danken» konnte, «was die City getan hat».

Am nächsten Tag fuhr sie wieder aus, diesmal mit der Prinzessin von Wales anstelle von Helena. Sie schlug den Weg nach Westen ein statt nach Osten, fuhr bis zum Hyde Park und zur Exhibition Road und gab damit den Menschenmengen Gelegenheit, das zu feiern, was die meisten für den Anfang vom Ende des Krieges hielten. Am 10. März fuhr sie im Wagen auf den Rasen vor dem Palace, um zwei Garde-Bataillone zu verabschieden, die nach Südafrika abrückten und denen sie gute Reise wünschte. Dann fuhr sie im selben Wagen nach Paddington und von dort aus weiter nach Windsor.

Roberts prophezeite der Königin, daß der Oranje-Freistaat «sich rasch beruhigen wird». Er meinte, zwar werde der Transvaal vorerst wohl noch durchhalten, doch lange könne auch er sich nicht mehr halten. Kaiser Wilhelm sah gleichfalls das Kriegsende kommen und bot seine «freundliche Intervention» an, um den Frieden wieder herzustellen – tatsächlich aber, um die beiden Burenrepubliken zu retten. «Bitte teilen Sie dem Kaiser mit», telegraphierte sie an Sir Frank Lascelles in Berlin, «daß meine ganze Nation mit mir fest entschlossen ist, den Krieg ohne Intervention zu Ende zu führen. Die Zeit und die Bedingungen für den Frieden müssen unserer Entscheidung überlassen bleiben, und mein Land, das unter dem so schweren Opfer kostbarer Menschenleben leidet, wird jede Einmischung ablehnen.» Der Privatsekretär des Prinzen von Wales, Sir Francis Knollys, meinte, diese Botschaft «hätte Königin Elizabeth Ehre gemacht».

Am 22. März verließ Victoria Windsor wieder mit der Bahn, diesmal über den Bahnhof Waterloo zum Woolwich-Arsenal, wo zwanzigtausend Arbeiter mit der Herstellung von Munition beschäftigt waren. Sie bekamen einen halben Tag frei und «jubelten so ungeheuer, daß sie die Musikkapelle, die *God Save the Queen* spielte, völlig übertönten». Zwei Meilen weiter lag das Herbert-Lazarett, und der ganze Weg war gesäumt von einer «dichtgedrängten Menge jubelnder und rufender Menschen». An ihrer Route lagen viele symbolträchtige Orte, darunter «das kleine Haus, in dem General Gordon geboren wurde, sowie das Standbild des Kaiserlichen Prinzen gleich vor der Militärakademie» in Sandhurst. Victoria wurde durch die Korridore gefahren, die von bereits genesenden Verwundeten gesäumt wurden, und sie gab sich Mühe, mit ihren trüben Augen jeden der Männer anzusehen. Auf den Stationen ließ sie sich an jedes Bett heranschieben, damit sie mit jedem der bettlägerigen Verwundeten sprechen konnte. Einigen von ihnen gab sie Blumen und fragte sie, wo sie verwundet worden waren. Dabei erfuhr sie, daß mehrere von ihnen «bei diesem schrecklichen Ereignis von Colenso» teilgenommen hatten, andere hingegen erst vor ein paar Tagen angekommen waren. Der Rückweg zum Bahnhof Waterloo war vier Meilen lang und führte über Blackheath, am Fieberlazarett, der Marineschule für Knaben und dem Heim für behinderte Kinder vorbei. Überall standen begeisterte Menschenmengen, die ihr ohrenbetäubend zujubelten. Victoria kam um sieben Uhr wieder nach Windsor zurück, «ziemlich müde». Dabei fehlten nur noch zwei Monate, bis sie einundachtzig wurde. Jedem anderen Menschen in diesem Alter, der so schlecht sah und so gehbehindert war wie die Königin, hätte man es nachgesehen, wenn er in der Abgeschiedenheit eines Krankenzimmers ein wenig Selbstmitleid gepflegt hätte. Sie selbst hatte das früher dreißig und mehr Jahre lang getan, als sie körperlich viel gesünder war.

Am 1. April telegraphierte Victoria eine Botschaft «des Vertrauens und der Bewunderung» an Oberst Robert Baden-Powell, der die Truppen im belagerten Mafeking befehligte. Von den meisten Möglichkeiten der Nachrichtenübermittlung abgeschnitten, benützte Mafeking oft einen starken Heliographen. In der Stadt ließ Baden-Powell (er behauptete, es sei sein Stab gewesen) Briefmarken mit seinem Kopf anstelle des Kopfes der Königin drucken, um die Gemüter aufrechtzuhalten. Als Victoria später davon erfuhr, war sie, trotz ihres Stolzes auf den Widerstand in Mafeking, nicht gerade amüsiert.

Kurz bevor sie nach Irland aufbrach, bat sie das Kolonialministerium, etwas gegen die Flut von Südafrikabesuchern zu unternehmen, die dem Krieg nur hinderlich waren. Die Beamten fragten sich verwundert, wie sie nur immer herausbekam, was sie ihr zu verbergen wünschten. Sie sprach mit jedermann über den Krieg, der ihr die Gelegenheit dazu bot, einschließlich verwundeter Soldaten, die arglos waren und ihr nichts verheimlichten. Ihre Damen schienen ihre eigenen Informationsquellen zu besitzen. Während die Kämpfe weitergingen, bot Cooks Reisen zu den inzwischen stillen Schlachtfeldern an, Familien besuchten Krankenhäuser und Friedhöfe, und eine «ungewöhnliche Anzahl von Damen», so sagte Chamberlain Milner auf Anweisung der Königin, schien Kapstadt zur Last zu fallen, obwohl sie (wie Milner gestand), «keinen besonderen Grund oder Anlaß hatten». Tatsächlich hatten sie durchaus einen, aber Victoria wollte sie nicht dort haben; sie beklagte die «hysterische Stimmung», die sie mit sich brachten. General John Maxwell drückte das dezent so aus: «Jeder Winkel und jede Ecke ist überfüllt mit Damen, die abwechselnd miteinander streiten und den Offizieren das Gesicht waschen.»

Die Mißbilligung der Königin bereitete Roberts Unbehagen, da seine Frau und seine beiden Töchter unterwegs waren, um bei ihm in Bloemfontein zu wohnen. Er hatte einfach weggeschaut, als die Damen anderer Offiziere eintrafen und kostbaren Platz und kostbare Versorgungsmittel benötigten. Seine Damen, so schrieb er an Victoria, würden für Arbeiten im Lazarett benötigt. «Ich verstehe, daß Eure Majestät es nicht schätzt, wenn Damen aus reiner Neugier nach Südafrika kommen», erklärte der treuergebene Roberts. «Ich verbiete es allen, in den Oranje-Freistaat einzureisen, bis auf diejenigen, die einen Sohn oder einen Mann im Lazarett haben oder deren Mann wahrscheinlich eine Zeitlang in Bloemfontein Quartier bezieht.» Diese Regelung war, wie Victoria wohl kaum entgangen ist, absichtlich ziemlich weitmaschig gehalten. General Maxwell vertraute seiner Frau an, daß Lady Roberts verschwenderischerweise in einem besonderen Panzerzug nach Pretoria weiterfuhr, «und Kitchener sagt, sie hat beinahe 500 Tonnen Nachschub ersetzt...» Was immer Victoria über die oft miserable Kriegsführung wußte – die mangelhaften Lazarette in Südafrika erinnerten an die Krim –, so wußte sie auch, daß selbst ihre moralische Autorität, und das war die einzige, die sie hatte, noch weiter vermindert wurde durch Berge von Bürokratie und viele Seemeilen Ozean.

Was die Königin tun konnte, tat sie. Es war kein Zufall, daß sie zur Verkörperung der nationalen Gesinnung wurde. Genau das wollte sie. Obwohl sie im einundachtzigsten Lebensjahr stand und ebenso behindert war wie manche ihrer Soldaten, die als Invaliden nach Hause geschickt wurden, besuchte sie Einheiten, die kurz vor dem Aufbruch in den Krieg standen, und begrüßte sie wieder bei ihrer Rückkehr; sie schrieb und telegraphierte ermutigende Botschaften an ihre Generäle und ihre Einheiten im Feld, sie besuchte Lazarette und Genesungsheime, ohne Furcht vor dem Anblick entstellender Verletzungen, und zeichnete die Verstümmelten eigenhändig mit Orden aus. Sie verteidigte unhaltbare militärische Beschlüsse und die inkompetenten Offiziere, die sie faßten, um nicht den Fortgang des Krieges dadurch zu behindern, daß sie sie in Zweifel zog. Um Mißbräuche abzustellen und die Effizienz zu steigern, rügte sie jedoch die bürokratischen Mängel und Schwächen, wo immer sie welche vorfand. Ebensosehr war sie auf einen rücksichtsvollen Umgang mit dem Feind bedacht und sorgte sich über Unschuldige, die mit ins Kreuzfeuer gerieten, so etwa die Zulus. Um die Moral der Truppen zu stärken, schickte sie Zeichen persönlicher Anteilnahme ans Kap, wie die Schokolade zu Weihnachten und die gestrickten Wollschals, die sie mit ihren Damen anfertigte.

Im Frühling – der Sommer bedeutete unterhalb des Äqators den südafrikanischen Winter – schickte sie Lord Roberts Halstücher aus khakifarbener, feiner Wolle, auf die jeweils VRI gestickt war und die sie selbst gemacht hatte. Sie sollten an einfache Soldaten aus den Kolonien verteilt werden, als Zeichen ihrer persönlichen Anerkennung der Dienste der Kolonialtruppen. «Es gab einen großen Wettstreit darüber, wer glücklicher Eigentümer eines solchen Tuches werden durfte», schrieb Roberts. Außerdem sei es, da die Truppen «weit verstreut und ständig in Bewegung sind», recht schwer gewesen, die Soldaten herauszufinden, die die Tücher am meisten verdienten. Er hatte sich dann für vier einfache Soldaten entschieden – jeweils für einen aus Kanada, Australien, Neuseeland und der Kapkolonie. Es stellte sich jedoch heraus, daß der kanadische Empfänger, der «einstimmig von seinen Kameraden in Robert's Horse als würdigster Kandidat gewählt wurde», ein amerikanischer Freiwilliger war. «Ich beschloß, daß seine Nationalität nicht als Hinderungsgrund betrachtet werden muß.» Es war zwar nicht der Krieg der Königin, aber sie steckte alle Kraft, die ihr verblieben war, in ihn hinein.

Victoria legte am 4. April in Dublin an. Sie trug Sträußchen aus Kleeblättern in der Hand, als sie von Bord ging. Selbst ihre Haube und ihr Sonnenschirm waren mit silbernen Kleeblättern bestickt. Sie war nicht mehr in Irland gewesen seit dem katastrophalen Besuch 1861, kurz vor Alberts Tod, als sie und der Prinzgemahl auf Reisen gegangen waren, um Berties Entwicklung als Soldat zu begutachten. Danach hatte sie Dublin eine Statue von Albert geschenkt, aber der Bürgermeister und die Stadtbehörde hatten die Annahme verweigert, und die Königin hatte ein sehr langes Gedächtnis. Ohne den Krieg hätte es keinen weiteren Besuch mehr gegeben. Jetzt zog sie es vor, den Affront zu vergessen und sich statt dessen auf den Wert ihrer irischen Truppen zu besinnen. Die Dubliner ihrerseits hängten Spruchbänder auf, auf denen zu lesen stand: «Gesegnet für immer sei sie, die auf Erins Ehre und Erins Stolz zählte», und: «Sie vereinigt tausend Tugenden als Mutter, Frau und Königin.»

Sie richtete sich mit bescheidenem Gefolge für drei Wochen in der Viceregal Lodge ein, während der Vizekönig, Earl Cadogan, mit seiner Familie ins Schloß von Dublin umsiedelte. Dann folgten jeden Nachmittag lange Rundfahrten durch flaggengeschmückte Straßen.

Selbst über die Irische See hinweg konnte sie den Krieg nicht aus ihren Gedanken verbannen, denn mehrmals täglich trafen Nachrichten vom Kap ein. Victoria wurde auch davon unterrichtet, welche Betretenheit das Kriegsministerium durch die Veröffentlichung von Depeschen über das Debakel von Spion Kop verbreitete. Die Enthüllungen, so telegraphierte sie Salisbury, «werden die Disziplin der Armee ruinieren». Doch die Soldaten im Feld hatten kaum Zugang zu Londoner Zeitungen, und die meisten von ihnen konnten sie ohnehin nicht lesen.

Mitten in der Kabinettsaufregung fuhr die Königin am 26. April nach

Holyhead und von dort aus nach Hause. «Ich muß gestehen, daß ich sehr müde bin», schrieb sie. Alles in allem verbrachte sie während ihrer vierundsechzigjährigen Regierungszeit fast sieben Jahre in Schottland, aber nur fünf Wochen in Irland.

Was immer Anfang Mai noch von der Kontroverse im Kriegsministerium über die Aufdeckung der Fehler der Generäle in Südafrika übrig war, wurde am neunzehnten von der Nachricht des Entsatzes von Mafeking ausgelöscht. Überall in England brach eine so stürmische und überschwengliche Begeisterung aus, daß für ihre Beschreibung das Wort *maffikking* geprägt wurde. Einen solchen Freudentaumel der Massen sollte es erst am Tag des Waffenstillstands im Jahre 1918 wieder geben. Die Königin hatte sich vorgenommen, an diesem Tag das Wellington College zu besuchen, wo Beatrices Sohn «Drino» studierte. Der Weg dorthin wurde zu einem Triumphzug. «Die Leute sind ganz verrückt vor Freude», schrieb sie in ihr Tagebuch, «und in London soll es ganz unbeschreiblich sein.» Ihr Geburtstag, der kurz darauf folgte, wurde zwar nicht vergessen, war aber ein weniger bedeutender Anlaß als in den früheren Jahren. Innerhalb eines Monats hatten die Truppen, die gerade noch «Marching to Pretoria» gesungen hatten, die Stadt tatsächlich besetzt, und Präsident Paul Krüger war mit der Bahn in einen unbesetzten Teil des Transvaal geflohen.

Victoria war inzwischen zu erschöpft, um sich über die Siegeshysterie recht zu freuen. Sie hatte gesehen, daß der Sieg – wenn man schon davon sprechen konnte, denn es wurde ja noch weitergekämpft – weit teurer erkauft war als erwartet. Als am 11. Juni eine Botschaft von Lord Roberts im Kriegsministerium eintraf, in der er vorschlug, daß der Sockel für eine unvollendete Statue von Präsident Krüger in Pretoria statt dessen für eine Statue Ihrer Majestät genutzt werden sollte – die Armee in Südafrika könne per Subskription die erforderlichen Mittel aufbringen –, zeigte Victoria sich keineswegs begeistert. Ihr Kommentar unter dem Text des Telegramms, das Landsdowne nach Windsor übermittelt hatte, bezeichnete den Vorschlag höflich als «liebenswürdig», jedoch «verfrüht». Roberts erschien das nicht so, denn er prophezeite der Königin am 21. Juni: «Wenn Eure Majestät diesen Brief erhält, müßte der Feind bereits in die Ecke gedrängt sein, und das wird, wie ich zuversichtlich glaube, zur allgemeinen Unterwerfung führen» – eine Einschätzung, die sich als irrig erwies.

Aus Afrika traf eine weitere Botschaft von Kaiser Menelik von Äthiopien ein, dessen frühere Kontakte mit der Königin über eine Phonographen-Walze gelaufen waren. Diesmal bedankte sich der Kaiser für die Pferde und Jagdhunde, die sie ihm geschickt hatte, und erklärte sich bereit, die südliche Grenze seines Landes dort zu ziehen, wo Ihre Majestät sie «festlegen» würde. Kaiserin Taitou hatte sich über Victorias Bild gefreut, «weil ich weiß, daß ich niemals die Möglichkeit haben werde, Eure Majestät persönlich zu sehen, obwohl es mein Herzenswunsch ist...» Sie hatte den kleinen Hund erhalten, den die Königin ihr geschickt hatte. «Es war ein sehr niedlicher kleiner Hund, aber der Tod hat ihn mir geraubt.» Solche Botschaften zwischen Herrschern lassen auf ein viel einfacheres und früheres Zeitalter schließen als das Jahr 1900, und doch konnte fast gleichzeitig die Königin Reden bei einem Bankett des Bürgermeisters in Liverpool über das Telephon hören, während sie zu Hause dinierte. Unschuld und Einfachheit, Zynismus und Komplexität existierten noch nebeneinander.

Familienangelegenheiten, die Enkel oder Urenkel betrafen, beschäftigten die Königin jetzt selten; ihre Familie war zu zahlreich und zu weit verstreut. Aber am 25. Juni 1900 gebar ihre Enkelin Victoria, Alices Tochter, ihr letztes Kind, einen Sohn, und zwar im Frogmore House im Home Park zu Windsor. Da die Königin sich in unmittelbarer Nähe befand, nahm sie stärker daran Anteil als sonst üblich, und bat vor der Geburt des Kindes darum, daß es «meinen Namen tragen soll, gleichgültig, ob es ein Junge oder ein Mädchen wird». Die Battenbergs schlugen für den zukünftigen Earl Mountbatten von Burma «Victor» vor, aber die Königin drängte außerdem auf «Albert». Schließlich wurde er Louis Francis Albert Victor Nicholas getauft, doch wurde er bei keinem dieser Namen gerufen. Seine Eltern nannten ihn lieber «Dickie».

Bei der letzten Taufe, die Victoria noch miterlebte, bestand sie darauf, Dickie während der ganzen Zeremonie zu halten. Als er mit den Ärmchen fuchtelte, schlug er ihr die Brille von der Nase, und während er noch über das Taufbecken gehalten wurde, geriet ein Händchen in den Schleier ihres Hutes. «Er ist ein schönes, großes Kind und hat sich sehr gut benommen», kommentierte sie am 17. Juni nachsichtig in ihrem Tagebuch.

Zwischen dieser Geburt und der Taufe hatte die Königin auf dem Rasen vor dem Buckingham Palace ihr letztes Gartenfest für 5000 Personen gegeben. Wie schon vor drei Jahren fuhr sie mit Prinzessin Alix in einem offenen Wagen, den diesmal zwei kleine Schimmel zogen, zweimal um das ganze Gelände herum. Andere Angehörige des Königshauses folgten ihr zu Fuß, «bei glühender Hitze», wie Victoria sich ausdrückte. Von anderen Dingen abgelenkt, kam sie den Pflichten ihres Auftritts nach, ohne übermäßiges Interesse zu heucheln. In Peking, wo eine Revolution im Gange zu sein schien, die die Kaiserinwitwe angefacht hatte, herrschte das Chaos. Die Bewohner ausländischer Botschaften wurden gefangengenommen oder ermordet, die britische Vertretung wurde belagert, schien aber durchzuhalten, und eine internationale Truppe war von Tientsin aus nach Norden unterwegs, um eine Rettungsaktion zu versuchen. Sie fühlte sich «ganz elend, entsetzt», wie sie ihrem Tagebuch anvertraute. Burische Gegenangriffe und der Partisanenkrieg gingen im Transvaal weiter, und Roberts gestand: «Ich wollte, ich könnte Eurer Majestät sagen, daß der Krieg wohl bald zu Ende sein wird, aber im Augenblick scheinen die Buren dazu entschlossen zu sein, auszuhalten.» Diese unglückselige Tatsache wurde der Königin immer wieder vor Augen geführt. Am 18. Juli wurde ein ehemals gutaussehender Offizier, Hauptmann E. B. Towse von den Gordon Highlanders, von seiner Frau zur Königin geleitet, die ihm das Victoria-Kreuz anheftete. Eine Burenkugel hatte ihn beide Augen gekostet.

In Osborne sah es so aus, als liefe die Zeit der Königin langsam ab. Ihre Verdauung «funktionierte nicht mehr richtig», wie Marie Mallet schrieb. «Wenn sie nur Diät halten und nur Benger's Food und Geflügel essen würde, wäre alles gut, aber sie will unbedingt Roastbeef und Eis!... Sir James Reid hat sie endlich dazu übereden können, Benger's zu versuchen, und es schmeckt ihr auch, aber zu seinem Entsetzen ißt sie es nun zusätzlich zu ihren ohnehin schon üppigen Mahlzeiten und nicht an deren Stelle...» Benger's Food, ein Pulver auf der Basis von Weizenmehl, das verdauungsfördernde Enzyme enthält, wurde mit heißer Milch zu einem Brei angerührt. Es zeigte sich, daß es keine Lösung für Victoria war, wie Marie notierte. «Wenn sie natürlich ein riesiges Schokoladeneis verschlingt und danach ein paar Aprikosen verspeist, die sie auch noch mit Eiswasser hinunterspült, muß sie ja damit rechnen, daß der Verdauungsteufel sie zwackt.»

Victorias Nächte waren ebenso geplagt wie ihre Tage. Sie konnte oft nicht vor dem Morgengrauen einschlafen und klagte über Rückenschmerzen. Es gab zu viele Sorgen neben dem Leid, das ihr Körper ihr zufügte. Seit der Schwarzen Woche und auch schon vorher hatte sie sich oft von ihren Gefühlen übermannen lassen und über die langen Verlustlisten geweint, und sie weinte auch allein in ihrem Bett, wenn sie schlaflos dalag. Sie machte sich Sorgen über Vicky, die zu krank war, um zu Besuch zu kommen. Ende Juli bestätigten sich ihre Befürchtungen hinsichtlich Affie. Ein chiffriertes Telegramm über seinen Zustand wurde ihr zunächst zwar vorenthalten, schließlich aber doch vorgelesen. Der Herzog von Coburg litt an unheilbarem Kehlkopf- und Zungenkrebs. «Affie», so versicherte sie sich selbst, «weiß gar nichts von der Gefahr...»

Sechs Tage später, am 31. Juli, erfuhr sie, daß ihr Sohn gestorben war. Marie Mallet fand, die Königin sehe «niedergeschlagen und traurig» aus, und Prinzessin Beatrice, ihre Hauptstütze, sei «schrecklich mit sich selbst beschäftigt und ohne jedes Mitgefühl». In ihrem Tagebuch schrieb die Königin: «Ich denke, sie hätten mir die Wahrheit längst nicht so lange vorenthalten sollen, wie sie es getan haben... Ich bete zu Gott, daß er mir hilft, geduldig zu sein...» Am nächsten Tag empfing sie «Tino» – Konstantin, den Herzog von Sparta, und Vickys Schwiegersohn –, der zusammen mit dem Prinzen von Wales eingetroffen war. «Aber ach!» fügte sie hinzu, «er brachte keine guten Nachrichten von der lieben Vicky.» Die Königin hatte zu lange gelebt.

XX

TRAUER UM VICTORIA

(1900-1901)

Den Spätsommer und den frühen Herbst verbrachte die Königin nach der Zeit in Osborne in Balmoral. In ihrem Tagebuch schilderte sie die Tage als «elend» und die Nächte als «ruhelos». Als am 26. August Alberts Geburtstag kam, schien sie sich ihm näher zu fühlen als früher. «Wie gut ich mich erinnern kann, was für ein glücklicher Tag das immer war und wie ich Geschenke für ihn vorbereitet habe, die ihn freuen sollten! Ich habe viel an den Geburtstag gedacht, den wir 1845 in der lieben Rosenau erlebten, wo es mir so gut gefallen hat und wo jetzt sein armer, lieber Sohn, auf den er so stolz gewesen ist, sein Leben ausgehaucht hat.» Anfang September wurde die Besatzung in Peking durchbrochen und die britischen Streitkräfte befreit. Nach diesem glücklichen Ausgang und der Aussicht auf Frieden im Transvaal bat Lord Salisbury die Königin, das Parlament aufzulösen, damit Neuwahlen eine solidere Mehrheit möglich machen konnten. Im Laufe des Wahlkampfes deutete sich an, daß Lord Wolseley als Oberbefehlshaber der Armee zurücktreten würde. Salisbury drängte darauf, daß der beliebte Lord Roberts an seine Stelle treten sollte. Nach seinen Erfolgen in Südafrika, so meinte der Premierminister, sei keine andere Entscheidung möglich.

In Balmoral traf Victoria mit Bertie und Arthur zu einer strategischen Sitzung zusammen, bei der sie ein Verfahren überlegten, mit dem sie sich doch noch ihren Traum für Arthur erfüllen könnte. Es war ihr letzter ernsthafter Versuch, bei einem Entscheidungsprozeß persönlichen Einfluß geltend zu machen. Sie sei überrascht, so schrieb sie an Salisbury, daß der Herzog von Connaught nicht vorgeschlagen worden sei. Seine Erfahrung und seine Dienstzeit hätten ihn schon längst für das Amt qualifiziert. Sie fügte hinzu: «Bitte erinnern Sie sich an alles, was geschah. Als er so ungeduldig darauf drängte, nach Südafrika gehen zu dürfen, haben Sie mir versichert, die Tatsache, daß die Regierung ihn daran hinderte, würde nicht seine Chancen beeinträchtigen, Nachfolger von Lord Wolseley zu werden. Und ich wünsche mir natürlich, ihn noch zu meinen Lebzeiten als Oberbefehlshaber der Armee zu sehen.»

Doch Aussicht auf einen Meinungsumschwung bestand nicht. Das wußte sowohl sie als auch Arthur. Die königliche Autorität, die ihre Onkel genossen hatten, war mit dem ersten Reformgesetz geschwunden, als sie gerade dreizehn Jahre alt war und es noch fünf Jahre dauern sollte, bis sie Königin wurde. Während ihrer ausgedehnten Regierungszeit hatte sie eine weitere Schwächung der Macht erlebt, zu der sie in den allzu langen Jahren ihres bewußten Rückzuges nicht unerheblich beigetragen hatte. Am 28. September wies Salisbury auf den «sehr demokratischen Geist» hin, der den Anstoß zu Reformen gab, selbst beim Militär, und daß «der Augenblick für einen Schritt zurück ausgesprochen ungünstig sei».

In ihrer Enttäuschung schrieb die Königin aus Balmoral an Lord Roberts und klagte über den «mittelmäßigen Erfolg» selbst der besten ihrer Generäle. Es sei «schmerzlich mitanzusehen, daß dieser Heckenkrieg immer noch weitergeht». Arthur sei daran gehindert worden, die Truppen in Südafrika anzuführen. Sie deutete ohne viele Umschweife an, er hätte das, was geschehen war, besser machen können und wäre als Oberbefehlshaber auch nicht schlechter als andere Offiziere, denen nicht das Handicap einer zufällig adeligen Geburt und der erbarmungslose demokratische Geist im Wege stünden.

Die Parlamentswahlen im September – die Khaki-Wahl, wie man sie nannte – verlief wie erwartet, und Salisbury kehrte mit einer gestärkten Mehrheit zurück. Seine weitere Amtsführung in der Downing Street wurde von jedermann als selbstverständlich angesehen, aber man mußte die Formalitäten berücksichtigen. Als Vertreter der Königin nahm Sir Arthur Bigge den Nachtzug nach London, um die Kabinettsgespräche zu leiten. Seit der Veröffentlichung der Spion-Kop-Depeschen war Victoria darauf aus, daß Lord Landsdowne das Kriegsministerium verließ, und hatte seine Andeutungen vor der Wahl, er wolle zurücktreten, freudig begrüßt. Bigge kam jedoch mit der Nachricht zurück, daß der Kriegsminister sogar noch befördert worden sei. Bestrebt, sich seines zusätzlichen Geschäftsbereiches zu entledigen, hatte Salisbury Landsdowne das Außenministerium übertragen. Die Königin konnte nicht mehr tun, als ihren Befürchtungen Ausdruck zu verleihen. Ihre Macht, selbst die Macht der Überredung, war weitgehend dahin. Sie war zu alt und zu gebrechlich.

Die Königin hatte die Dinge inzwischen so wenig im Griff, daß zwei ihrer Hofdamen die Reise nach Schottland in der dritten Klasse machen mußten, da niemand für sie Vorbereitungen getroffen hatte. Marie Mallet kaufte bescheiden eine billige Fahrkarte und machte es sich über Nacht mit Kissen und Decken «bequem». Die Bahnbeamten in King's Cross ließen ihr Gepäck umsonst durchgehen, obwohl sie das Doppelte des zulässigen Gewichtes bei sich hatte.

Am Bahnhof von Aberdeen bestieg Edith Lytton den Zug, die den Rest des Weges «sehr bequem» mit ihr reiste. Sie stellte fest, wie sehr sich die Königin verändert hatte, als sie sie am 24. Oktober wiedersah. «Sie ist so dünn geworden und ihr Gesicht trägt einen so schmerzlichen Ausdruck von Leid und Erschöpfung, daß es mich ganz traurig macht.» Seit Wochen hatte Victoria an Appetitlosigkeit gelitten und war sichtlich abgemagert. Obwohl Balmoral gewöhnlich sehr belebend auf sie wirkte, war es in den letzten Monaten des Jahres 1900 keine Hilfe für sie. Lord James of Hereford, der residierende Minister, fand sie seit seiner letzten Begegnung mit ihr sehr verändert. «Die Königin hatte viel Gewicht verloren und war so geschrumpft, daß nur noch die Hälfte ihrer früheren Gestalt übriggeblieben zu sein schien. Auch ihre Lebhaftigkeit hatte sie verlassen...» Sie hatte zahlreiche Enttäuschungen erlitten. Der Preis für Südafrika war sehr hoch gewesen, und er sollte für sie noch höher werden. Am 27. Oktober traf ein Telegramm in Balmoral ein mit der Nachricht, daß Helenas Sohn, Prinz Christian Victor, der den Militärdienst in Indien, dem Sudan, dem Ashantiland und Transvaal überlebt hatte, an Malaria erkrankt sei, unmittelbar vor seiner Rückkehr nach Hause. Zwei Tage später kam Unterleibstyphus hinzu, und ein späteres Telegramm am selben Tag meldete seinen Tod. Er war gerade dreiunddreißig. «Lenchen», schrieb sie, «hat ihren Sohn so vergöttert... Immer wieder brachte der Gedanke an diesen neuerlichen Schlag und unersetzlichen Verlust Tränen in meine Augen.» Wenn sie in Gesellschaft war, machte Victoria, wie Marie fand, «heroische Anstrengungen, heiter zu sein, aber wenn sie für sich und in Ruhe ist, sieht ihr Gesicht schrecklich traurig aus; ich möchte nicht so lange leben und so alt werden, die Nachteile sind zu groß».

Die Nächte der Königin verliefen jetzt bestenfalls «störungsfrei». «Bei Mahlzeiten dabeisitzen zu müssen und nichts essen zu können», gestand sie, «finde ich höchst unangenehm.» Am 11. November schrieb sie: «Ich hatte eine schlimme Nacht, und keine Arznei konnte mich zum Schlafen bringen, denn die Schmerzen hielten mich wach. Fühlte mich sehr müde und unwohl, als ich aufstand... Konnte den ganzen Morgen nichts tun. Ruhte und schlief ein wenig.» Und doch sagte sie voller Melancholie zu Marie an einem Abend, der nur durch neue Telegramme und Botschaften über «Prinz Christle» unterbrochen wurde, daß sie nach Alberts Tod wohl «sterben wollte, aber *jetzt* will ich leben und für mein Land und alle, die ich liebe, noch tun, was ich vermag». Irgendwie gelang es ihr noch immer, zeitweise eine Spannkraft zurückzugewinnen, die jeden um sie her in Erstaunen setzte, der sich darüber Sorgen machte, daß sie gelegentlich einschlief und ihr Gedächtnis nachließ. Am 12. November tagte der Staatsrat, wie Almeric Fitzroy sich erinnerte, «und als die Übergabe der Siegel erfolgen sollte, die mit den Veränderungen im Kabinett einhergeht, leitete uns ihr Gedächtnis durch das Labyrinth einer ziemlich verwickelten Prozedur, über die in offiziellen Dokumenten nichts zu finden war und an die sich die Minister nicht erinnern konnten».

Trotzdem funktionierte der Hofstaat kaum noch, seit Victoria die Dinge nicht mehr fest in der Hand hatte, wie Maries Reisearrangement nach Schottland zeigte. Die Lakaien, beobachtete Marie, «riechen nach Whisky und reagieren niemals prompt auf die Glocke», und manches Diner gleiche «eher einem schlecht organisierten Picknick». Nur die Königin wurde sich dessen nicht gewahr. An einem Novemberabend bestellte sie nichts außer einem Schälchen Nudeln, «und das wurde schlicht und einfach vergessen, so daß sie gar nichts bekam». Victoria registrierte nicht einmal mehr recht, daß der *Munshi* zurückgekommen war, nachdem er ein Jahr in Indien verbracht hatte. Sie hatte angeordnet, der Vizekönig dort, Lord Curzon, solle nach ihm sehen. Curzon hatte pflichtschuldigst berichtet, er habe den Vater des *Munshi* getroffen, aber sein Sohn sei krank gewesen. «Warum ihn die Pest nicht hinweggerafft hat, kann ich mir nicht vorstellen», schrieb Marie an ihren Mann, «sie hätte damit wenigstens eine gute Tat vollbracht!»

Auf Prinz Christian Victors Tod hin war der Hofstaat nach Windsor zurückgekehrt, so daß Victorias letzter Aufenthalt in Balmoral auch ihr kürzester war. Ihre Jahreseinteilung, die immer pünktlich wie die Uhr gewesen war, geriet ins Wanken. Sir James Reid besuchte sie noch immer jeden Morgen, hörte ihre Klagen über Rückenschmerzen und schlaflose Nächte an und drängte sie, ihre Frühstückseier zu essen. Sie hielt noch immer routinemäßig ihre offiziellen Audienzen ein, sprach mit Lord Salisbury über Veränderungen im Kabinett und empfing eine Delegation anglikanischer Nonnen, die die Belagerung von Mafeking miterlebt hatten. Mitte November küßten die Mitglieder des neuen Kabinetts Victoria die Hand, und sie empfing eine Abordnung von hundert verwundeten Kolonialsoldaten, die in Südafrika gedient hatten. Daß Victoria nach Windsor zurückgekehrt war und die Geschäfte wieder aufgenommen hatte, anstatt sich in Balmoral mit ihren familiären Sorgen einzuschließen, tat ihr gut. Sie hieß die Soldaten mit kräftiger Stimme willkommen, dankte ihnen für ihren «treuen und hingebungsvollen Dienst» und wünschte ihnen alles Gute für ihre Heimreise. Einer, so bemerkte sie in ihrem Tagebuch, «war ein alter australischer Geistlicher, der sein Bein durch den Biß eines wild gewordenen Pferdes verloren hatte». Er saß neben ihr und benannte ihr die verschiedenen Regimenter, zu denen die Männer gehörten, denn sie konnte ihre Abzeichen nicht mehr erkennen.

Ein weiterer Besucher war Sir Redvers Buller. Er gestand, er habe nicht erwartet, daß der Krieg so lange dauern würde. Die Königin versicherte ihm loyal, er habe sein Bestes getan. Dann traf der Prinz von Wales ein und sprach «einige Zeit» mit seiner Mutter, unter anderem aller Wahrscheinlichkeit nach über die sterbende Kaiserin Friedrich, die Bertie sehr gern mochte. Am 21. November 1900 war Vickys sechzigster Geburtstag. Ihr Zustand, so wußte die Königin, war «herzzerreißend», obwohl ihr niemand irgendwelche Details berichtete. Sie schickte Beatrice über den Kanal nach Kronberg, wo Vicky bereits seit zwei Monaten mit ständigen Schmerzen zu Bett lag. Berties Bericht am 11. Dezember, der im Tagebuch der Königin wiedergegeben ist, verhüllt wohl größere Qual als er beschreibt, denn die Kaiserin sei «im Gesicht nicht viel verändert..., aber schrecklich krank und leidend»; Lesen sei ihre einzige Beschäftigung, «da sie ihre Hände nicht mehr gebrauchen kann». Diese Sätze stehen ohne jeden Kommentar da.

Am 29. November hielt Victoria eine improvisierte Truppenparade ab. Sie ließ die First Life Guards, die vom Kap zurückgekehrt waren, an sich vorbeimarschieren, während sie ihnen vom Wagen unter einem Bogen des Schlosses aus zusah. Es sei gerade ein Jahr her, sagte sie mit ihrer noch immer klaren Stimme, daß sie ihnen Lebwohl gesagt habe. «Leider», fuhr sie fort, «ist die Freude über eure sichere Heimkehr getrübt durch die Erinnerung an den traurigen Verlust vieler kostbarer Menschenleben, die ich zusammen mit euch allen zu beklagen habe.» Am nächten Tag beobachtete sie, wieder vom Wagen aus, zusammen mit einer Tochter und einer Enkelin den Vorbeimarsch von 240 kanadischen Soldaten, denen sie eine «sichere und glückliche Rückkehr nach Hause» wünschte. Die kanadischen Offziere aßen anschließend mit ihr zu Abend, wobei sie bemerkten, daß sie wegen des Todes ihres Enkelsohnes recht niedergeschlagen war. Reginald Brett (der an Neujahr den Titel Lord Esher erhielt) dachte, sie sei «unwohl... *beaucoup baissée*». Und doch sagte der kanadische Adjutant, als die Soldaten hinausgeleitet wurden, voller Begeisterung: «Ich könnte für sie sterben!» Ein Rest ihrer legendären Aura war selbst noch bei dieser Parade zu spüren, die ihre letzte sein sollte.

Anfang Dezember wurde ihre Aufmerksamkeit vom Rücktritt Lord Wolseleys und von seiner Ablösung durch Lord Roberts in Anspruch genommen. Dieser war in Südafrika vom Pferd gestürzt und hatte sich den Arm gebrochen, wodurch sich seine Rückkehr verzögerte. Kitchener sollte das Kommando am Kap übernehmen. Victorias üblicher Schwall von Memoranden, die oft in ihrem Namen von jemand anders unterzeichnet wurden, verdeckte, wie sehr ihre Kräfte nachließen. Dabei ließ sich diese Tatsache immer schwieriger verbergen. Es herrschte eine Verschwörung des Schweigens. Als der brasilianische Botschafter nach Windsor kam, um sein Beglaubigungsschreiben vorzulegen und unverrichteter Dinge wieder gehen mußte, wurde dieser peinliche Vorfall nirgendwo erwähnt.

Wieder suchte ein Aphasieanfall die Königin heim. Diese Anfälle waren häufiger geworden, aber man sprach nicht darüber. Die Königin konnte keine Besucher empfangen. Dennoch setzte der Hofstaat auch weiterhin öffentliche Auftritte auf den Tagesplan und bereitete sogar für März eine weitere Reise mit großem Gefolge nach Cimiez vor, nachdem sich die Probleme mit Frankreich gelöst hatten. Unter ihren Besuchern befand sich nun jedoch auch Berties Arzt, Sir Francis Laking, der sie drängte, ihren «Widerwillen» gegen das Essen zu überwinden und mehrmals täglich zur Appetitanregung «ein wenig Milch mit Whisky» zu sich zu nehmen.

Es galt den Anschein zu bewahren, daß sie auch weiterhin in der Öffentlichkeit auftrat, wenn auch nur für die *Hofnachrichten*. Am zwölften nahmen Beatrice und May sie in einem Wagen in das nahegelegene Rathaus von Windsor mit, damit sie auf einem Basar mit irischen Handarbeiten Geschenke einkaufen konnte. Am unheilvollen 14. des Monats, auf dem so schwere Erinnerungen lasteten, fuhr sie mit Beatrice und May und mehreren Enkelinnen den Hügel hinunter zum Mausoleum, um an einem Mittagsgottesdienst teilzunehmen, den ihr alter Freund Randall Davidson hielt, der Bischof von Worcester. Wie stets bedeutete der 14. Dezember einen Wendepunkt in ihrem Zeitplan, denn gleich danach überquerte sie den Solent – das Vorjahr war eine kriegsbedingte Ausnahme gewesen –, um Weihnachten in Osborne zu verbringen. Die Reise schien sich in nichts von Dutzenden früherer Reisen dorthin zu unterscheiden. In ihrem bequemen Salonwagen wurde sie von Jane Churchill begleitet; in Gosport lag die königliche Yacht bereit und wartete darauf, zur Trinitiy Pier hinüberzufahren. Aber die Anstrengung entkräftete die Königin derart, daß Lady Churchill zu ihrer Zofe sagte, Victoria sehe aus wie eine «sterbende Frau».

Tagelang tat sie nichts anderes als immer wieder nur schlafen. Verschwommen erinnerte sie sich an zwei Nachmittagsausfahrten mit einer Enkelin und an «ein Abendessen in dem Zimmer, in dem wir sonst frühstücken». Sie war bettlägerig und wußte wenig von dem, was um sie herum vorging. Aber sie erfuhr, daß Depeschen aus Südafrika meldeten, der Fortgang der Befriedung ließe «noch zu wünschen übrig, da die Buren überall im Lande außerordentlich aktiv sind». Sie telegraphierte eine Weihnachtsbotschaft an die Truppen, die immer noch im Buschland festsaßen.

Ihre Nächte waren weiterhin unruhig und ihre Tage unangenehm. Sie aß wenig, und ein Frühstück, das ihr «wirklich schmeckte», war ein Ereignis, das des Aufschreibens wert war. Die Feiertage fand sie aus vielerlei Gründen «schrecklich traurig». Ein Weihnachtsbaum für die Familie, von dem sie nicht viel hatte, stand im prunkvollen Durbar-Saal, und am Heiligen

Abend rollte man sie hinein, damit sie ihn anschauen konnte. Es war eines der traurigsten Weihnachtsfeste seit Alberts Tod, an das sie sich erinnern konnte. Selbst die traditionellen Kerzen schienen ihr trübe. «Ich fühlte mich sehr melancholisch», schrieb sie in ihr Tagebuch, «weil ich so schlecht sehe.» Es gab noch andere Gründe als diesen – die Verlustlisten, auf der auch Prinz Christles Name stand, ihre körperliche Gebrechlichkeit und die plötzliche Erkrankung von Jane Churchill, deren Sohn man über den stürmischen Solent holen lassen mußte. Am Weihnachtstag selbst waren zwar Kinder und Enkel anwesend, und es gab ein Menü, das aus *crème d'orge à l'Américaine, filets de sole panés sauce Ravigote, célestines à la Nol,* Roastbeef, Plum Pudding und *éclairs au chocolat* sowie den üblichen Beilagen wie Waldschnepfen-Pastete, Wildpastete und Eberkopf bestand, aber Victoria konnte nichts davon essen (sie «dinierte» allein in ihrem Zimmer). Der Tag wurde noch mehr verdüstert durch die Nachricht, daß Lady Churchill gestorben sei. Sie war eine der wenigen noch lebenden Personen gewesen, deren Erinnerungen bis in die glücklichen Tage mit Albert zurückreichten. Janes Sohn Victor – Lord Churchill – besuchte die Königin am nächsten Tag und dankte ihr für die fünfzig Jahre, die seine Mutter bei ihr Gesellschafterin sein durfte; das sei das Wichtigste in ihrem Leben gewesen. In ihrem Tagebuch, das sie schon seit Wochen ihrer Enkelin «Thora» (Helenas Tochter, Prinzessin Helena Victoria) diktierte, notierte Victoria: «Ich konnte kaum sprechen.»

Windige, stürmische Nächte am Ende des Jahres verschlimmerten noch die Schlaflosigkeit der Königin. Tagsüber war sie «niedergeschlagen und traurig» und dachte über Lady Churchills Tod nach. Trotz heftiger Stürme war ihr Leichnam am 28. auf das Festland hinübergebracht worden. An manchen Nachmittagen versuchte Victoria noch immer kurze Wagenfahrten zu unternehmen, soweit das Wetter es erlaubte. Das waren aber auch ihre einzigen Aktivitäten. Am 29. Dezember schrieb sie in ihr Tagebuch, es sei ihr «gelungen, ein wenig kaltes Roastbeef zu essen, zum erstenmal seit Wochen, und es hat mir wirklich geschmeckt». Ihr Appetit war so schlecht geworden, daß seine gelegentliche Rückkehr der besonderen Erwähnung wert war. Am letzten Tag des Jahres kam Prinz Louis von Battenberg, Flottenkapitän und Ehemann von Victorias Enkelin Victoria von Hessen, um ihre Unterschrift als neuer Verwalter für ihr «privates Geld» zu erhalten. Nach Berichten aus Südafrika, wo es «weiterhin nicht sehr gut ging», und einem Abendessen, bestehend aus Benger's Food, schlief sie ein und verpaßte somit den Anbruch des zwanzigsten Jahrhunderts.

Sie bemühte sich darum, aktiv zu bleiben. Am Neujahrstag 1901 besuchte sie mit ihrem Sohn Arthur und ihrer Enkelin Thora im Wagen das Soldatengenesungsheim der Insel und sprach ein paar Worte zu den Verwundeten, die auf dem Wege der Besserung waren. Sie freute sich, als sie am nächsten Tag erfuhr, daß Lord Roberts endlich angekommen sei, direkt aus Südafrika, den Arm noch in der Schlinge. Sie bat ihn auf fünf Uhr in das Empfangszimmer. Dieses Ereignis ließ noch einmal ihren zähen Lebenswillen aufflackern. Sehr klein und zierlich, war Roberts einer der wenigen Männer, mit denen sie von Amts wegen zu tun hatte, der beinahe ebenso klein war wie sie. Fast zweiundvierzig Jahre früher hatte sie ihn zum erstenmal gesehen und ein Victoria-Kreuz an seine Brust geheftet. Er küßte ihr die Hand und sprach anerkennend von dem verstorbenen «Christle». Am 11. Dezember hatte er auf dem Heimweg einen Abstecher nach Colenso gemacht, um das Grab seines Sohnes sowie den Ort zu besuchen, an dem er gefallen war. «Das war Mord», hatte er zu seinem Scout gesagt.

Ob er der Königin diese Episode erzählte, ist nicht überliefert. In ihrem Tagebuch berichtet Victoria, daß sie Roberts den Hosenbandorden verliehen hatte – das einzige Mal während ihrer Regierungszeit, daß ein General (außerhalb ihrer Familie) so hoch geehrt wurde. «Ich sagte ihm auch, ich würde ihn zum Earl ernennen, mit einer Erbberechtigung für seine Tochter» – da er keinen Sohn hatte, der den Titel erben konnte. Er stellte seinen Stab vor, einschließlich seiner sechs indischen Ordonnanzen, über die Victoria die für sie typische Bemerkung machte: «sehr gutaussehende Männer.»

Der Königin «geht es jetzt viel besser», schrieb Sir James am 4. Januar an Marie Mallet, «sie macht mir für den Augenblick keine Sorgen. Wie weit sie sich noch wieder erholen kann, ist in ihrem Alter unmöglich vorauszusagen, aber ich hoffe, daß sie ihre Invalidengewohnheiten noch einige Zeit beibehält und sich dadurch selbst die besten Voraussetzungen schafft.»

Die *Hofnachrichten* berichteten weiterhin täglich, die Königin «fahre aus» in Begleitung einer ihrer Damen oder einer Prinzessin, morgens und nachmittags, wobei manche der Ausflüge wohl nur auf dem Papier existierten. Seit Wochen war das Wetter bestenfalls düster gewesen, meistens aber noch schlechter, und die Welt der schwächer werdenden Königin bestand – selbst nach einem weiteren Besuch von Dr. Pagenstecher – nur noch aus verschwommen und undeutlich wahrgenommenen Eindrücken. Am 11. des Monats, einem Samstag, sollte Victoria nicht nur morgens ausfahren, sondern laut Terminkalender empfing sie an diesem Nachmittag auch noch ihren Kolonialminister, Joseph Chamberlain. Die *Hofnachrichten* berichteten jedoch nur, daß er am elften ankam und am zwölften wieder abreiste, ohne die Audienz selbst zu erwähnen, was äußerst ungewöhnlich war. Am 15. Januar berichteten die *Hofnachrichten* ganz ähnlich, daß Lord Roberts «seinen Besuch bei der Königin beendet» hatte und daß Victoria am Nachmittag mit Helena und Beatrice «ausfuhr». Aber von einer Audienz war keine Rede. Der Feldmarschall war angekommen, hatte die Königin schwach und geistig verwirrt vorgefunden und sich taktvoll wieder zurückgezogen. Wahrschienlich hatte auch Chamberlain Victoria verwirrt vorgefunden.

Am Abend von Roberts' mißglückter Audienz wurde niemand zur Königin beordert, um ein Tagebuchresümee für den Tag vorzubereiten. Am Abend vorher hatte sie ihren Eintrag Prinzessin Helena diktiert. Es war ihr letzter.

Am fünfzehnten war die Königin in den Wagen gehoben worden, weil man hoffte, sie könne ein wenig Nachmittagssonne erhaschen. Ihre verwitwete Schwiegertochter, Marie von Coburg, begleitete sie. Das Wetter blieb trübe und der Ausflug wurde vorzeitig abgebrochen. Bei einer anderen Ausfahrt im düsteren Januarlicht mit Beatrice und einer Hofdame wenige Tage zuvor hatte Victoria das Schweigen gebrochen und gemurmelt, jetzt werde sie «sehr bald wieder mit meinem geliebten Albert vereint sein».

«Ja, Ma'am», stimmte die Hofdame zu, «Sie werden bald mit Albert in Abrahams Schoß sein.»

«Ich weigere mich, Abraham zu empfangen», gab die Königin kampflustig zurück. Der Prinz von Wales hätte verstanden. Er hatte angeblich im Scherz und keineswegs im allerengsten Kreis gesagt, seine Mutter gehe nur widerwillig in den Himmel, denn dort hätten die Engel Vortritt.

Ohne den Versuch zu machen, sich mit der Königin zuvor zu beraten, benachrichtigten Hofbeamte den Eigentümer des Hotels Regina Excelsior, ihre Majestät werde im März nicht nach Cimiez kommen. Eine Rücktrittsentschädigung von 800 £ wurde ausgezahlt.

Am sechzehnten war Victoria zu schwach, um ihr Bett zu verlassen. Sir James Reid beobachtete Symptome, die er als «zerebrale Erschöpfung» bezeichnete, und eine Lähmung der rechten Gesichtshälfte. Diese klang zwar allmählich wieder ab, doch ihr Sprechvermögen schien beeinträchtigt. Er beschloß, es sei an der Zeit, ihrem Sekretariat formell mitzuteilen, daß sie ernstlich erkrankt sei. Es galt eine bürokratische Maschinerie zu bedenken, die unter diesen Umständen in Bewegung gesetzt werden mußte. Und doch ließ Victoria sich auch an diesem Mittwoch mindestens eine Depesche vorlesen, denn sie wies Sir Frank Lascelles in Berlin an, respektvoll eine ihm zugedachte Ehrung abzulehnen, die ihm ihr Enkel Wilhelm angeboten hatte. Am Tag zuvor hatte sie ihren Entschluß bekanntgegeben, Sir James Reid und seiner Frau in der Nähe des Runden Turms in Windsor eine Wohnung «in Gnade und Güte» zuzuteilen. Als der Arzt Susan Baring geheiratet hatte, war die Königin zornentbrannt gewesen. Jetzt schien sie sich bewußt zu sein, wie wichtig es war, ihn ständig nahe bei sich zu haben. Er sollte einziehen, sobald sich der Hof wieder nach Windsor begab.

Die ersten Gerüchte von der Erkrankung der Königin tauchten in den Londoner Zeitungen am 17. Januar auf, obwohl die *Hofnachrichten* schrieben – vermutlich in freier Erfindung –, daß die Königin am Tag zuvor wieder «ausgefahren» sei. Am nächsten Tag berichteten die *Hofnachrichten* jedoch auschließlich aus dem Marlborough House und York House, was die Spekulationen und Sorgen nur förderte. Keine Nachrichten bedeutete schlechte Nachrichten, und neue Gerüchte führten am Samstag zu einem verspäteten Bulletin aus Osborne mit der Überschrift: «Der Gesundheitszustand der Königin.» Victoria, so hieß es darin, «hat sich in letzter Zeit nicht bei ihrer gewohnten Gesundheit befunden und ist im Augenblick nicht in der Lage, ihre üblichen Ausfahrten zu unternehmen. Die Königin war im vergangenen Jahr großen, kräftezehrenden Belastungen ausgesetzt, die das Nervensystem Ihrer Majestät ziemlich angegriffen haben. Die Ärzte Ihrer Majestät haben es daher für ratsam gehalten, daß die Königin ... im Augenblick darauf verzichten sollte, ihre Amtsgeschäfte zu führen.» Das Bulletin verschwieg jedoch wohlweislich, daß die Königin, die bereits von Schlaflosigkeit und Unterernährung geschwächt war, mehrere kleine Schlaganfälle erlitten hatte. Ihr Gedächtnis war so schwach wie ihre Sehkraft; man mußte ihr jeweils sagen, wer gerade an ihrem Bett stand.

Ein Herzspezialist, Sir Thomas Barlow, wurde aus London gerufen, obwohl die Königin nie an Herzbeschwerden gelitten hatte, und spät am Freitag, dem achtzehnten, wurden ihre Kinder benachrichtigt. Der Prinz von Wales hatte eigentlich vorgehabt, mit einer Freundin, der schönen und eindrucksvollen Agnes Keyser, in ihrem Stadthaus am Grosvenor Crescent Nr. 17, das sie in ein privates Pflegeheim für verwundete Offiziere verwandelt hatte, zu Abend zu essen. Er beschloß, daß eine Absage auch niemandem helfen würde, und ging wie geplant hin. Am nächsten Morgen brach er nach Osborne auf. Kaiserin Friedrich in Kronberg, selbst eine abgezehrte und bettlägerige Frau, machte man keinerlei Mitteilung. Im letzten Brief, den sie von ihrer Mutter erhalten hatte und der das Datum vom 6. Januar trug, hatte die Königin ihre Hoffnung ausgesprochen, es werde ihr bald «besser gehen». Der Herzog von Connaught war zufällig gerade in Berlin, als er nach Hause gerufen wurde. Sowie Kaiser Wilhelm die dramatische Nachricht hörte, verließ er stehenden Fußes die Zweihundertjahrfeier der Hohenzollern-Dynastie in Preußen, um mit nach England zu eilen. Der Herzog versuchte noch zu arrangieren, daß der Kreuzer *Minerva* in Vlissingen den kaiserlichen Sonderzug empfing, aber da er zu spät ankam, nahmen sie einen holländischen Liniendampfer. Wilhelm hatte von seiner Großmutter gelernt, welche Wirkung unchiffrierte Telegramme auszulösen vermochten, und schickte nun eines an den Prinzen von Wales, um seine Ankunft in London für Sonntag, den 20. Januar, um 18.15 Uhr anzukündigen. Das hatte zur Folge, daß man die Öffentlichkeit nicht mehr offiziell informieren mußte. In Windeseile verbreitete sich die Nachricht in der City. Bertie kehrte zurück, um seinen Bruder und seinen Neffen abzuholen. Unterwegs hielt er am Marlborough House an, um als Höflichkeitsgeste gegenüber Wilhelm eine preußische Uniform anzuziehen. Der Anblick am Bahnhof hätte die Königin gewiß amüsiert, hätte sie ihn sich nur vorstellen können. Aber sie war abwechselnd bei Bewußtsein und im Dämmerzustand, eine zerbrechliche Gestalt in Weiß, in einem großen Bett mit einem Baldachin, die ihre Umgebung nur noch begrenzt wahrnahm.

Um Mitternacht schien sie so tief zu schlafen, daß der Bischof von Winchester, der früher am Tage wieder abgefahren war, zurückgeholt wurde. Aber sie erholte sich wieder und fragte in den frühen Morgenstunden Dr. Reid: «Geht es mir denn etwas besser?» Er sagte, das tue es, und sie bat, man möge ihren weißen Spitz Tutti bringen. Man setzte ihn zu ihr aufs Bett, bis er zu unruhig wurde, um dort bleiben zu können. Doch inzwischen war Victoria schon wieder eingeschlafen.

Der Kaiser und der Prinz blieben über Nacht in London und fuhren dann mit dem Zug nach Portsmouth. Es war jetzt später Nachmittag am Montag. Die Prinzessinnen und Bischof Davidson waren im Zimmer, als Wilhelm eintrat. «Mein erster Wunsch ist es, nicht im Rampenlicht zu stehen», sagte er, «und wenn Sie wollen, werde ich nach London zurückkehren. Ich würde Großmama gerne sehen, ehe sie stirbt, aber wenn das unmöglich ist, kann ich auch das gut verstehen.» Er hielt sich taktvoll im Hintergrund, während sein Onkel, der mit seinen neunundfünfzig Jahren kahl und silberbärtig geworden war, zuerst in das Schlafzimmer ging, um auf Victorias nächsten wachen Moment zu warten.

Prinzessin Louise erzählte Lord Esher, dem Leiter der Behörde für öffentliche Anlagen, daß die Königin, solange Bertie wartete, einmal erwachte und, ohne sich an eine bestimmte Person zu wenden, sagte: «Dem Prinzen von Wales wird es leid tun zu hören, wie krank ich bin. Meinst du, man sollte es ihm sagen?» Obwohl sich alle, die im Zimmer waren, bemühten, jedes Wort zu erhaschen, konnte sich Louise im weiteren deutlich nur noch an eine Äußerung Victorias erinnern: «Ich will noch nicht sterben. Es gibt mehrere Dinge, die ich noch ordnen möchte.»

Es war 12.15 Uhr am 22. Januar, als die Königin erkannte, daß die stämmige Gestalt an ihrem Bett ihr ältester Sohn war. Sie breitete die Arme aus und flüsterte das letzte verständliche Wort: «Bertie». Er weinte, aber das wußte sie nicht. Davidson trat wieder ans Bett, in dem sie reglos dalag, ganz «blaß und spitz». Während des hastigen Mittagessens im Kreis der

Familie beobachteten die Ärzte, die auf Victorias Ende warteten, eine Veränderung in ihrer Atmung, die sie später als «Lähmung der Lungennerven» bezeichneten. Wieder riefen sie den Bischof von Winchester, der zusammen mit dem Pfarrer von Whippingham kam. Dann wurde nach der Familie, einschließlich Wilhelm, geschickt, und während alle um das Bett herumstanden und zuschauten, sprachen die Geistlichen abwechselnd Gebete. Als Davidson den letzten Vers von Newmans «Lead Kindly Light», «Führe mich, freundliches Licht», rezitierte, wollte er «bemerkt» haben, daß Victoria zuhörte – eine recht unwahrscheinliche Möglichkeit.

Um vier Uhr, als das winterliche Tageslicht allmählich erlosch, gaben die Ärzte ein weiteres Bulletin heraus: «Die Königin verlassen langsam die Kräfte.» Reid hob ihren Kopf und stützte ihn unter dem Kissen, um ihr das Atmen zu erleichtern. Wilhelm eilte an die andere Seite, um mit seinem gesunden rechten Arm zu helfen. Die beiden verharrten in dieser unbequemen Haltung am Bett, ohne sich die nächsten zweieinhalb Stunden zu rühren. Ihre Kinder und Enkel riefen ihr jedesmal, wenn sie dachten, das Ende stehe unmittelbar bevor, ihre Namen zu, vielleicht in der Hoffnung, ein Teil von ihnen könne sie ins Jenseits begleiten. Um sechs Uhr dreißig, kurz nachdem Prinzessin May mit Arthur und seinen Töchtern eingetroffen war, entspannte sich das Gesicht der Königin, das zeitweilig gelähmt gewesen war, und wurde wieder ruhig. Zehn Minuten später wurde das letzte Bulletin in der Herrschaftszeit der Königin herausgegeben, unterschrieben von dem in Osborne House residierenden Minister, Arthur Balfour, dem ersten Schatzlord. Es war nur eine Zeile lang: «Die Königin ist um 6.30 Uhr friedlich gestorben.» Die Reporter am Tor rasten auf Fahrrädern und in Wagen zum Postamt in East Cowes, um ihre Telegramme aufzugeben.

Die Totenwache wurde sofort aufgenommen. Indische und schottische Diener der Königin bezogen an den vier Ecken des Totenbettes Posten. Als die 60. Schützenbrigade von der Parkhurst Kaserne eintraf, um die Sargwache zu übernehmen, wußte niemand über das Zeremoniell Bescheid. Seit vierundsechzig Jahren war kein Souverän mehr gestorben. Die «historische Unkenntnis all derer innerhalb der Hierarchie, die etwas über Zeremonien wissen sollten, ist unbeschreiblich», klagte Esher. «Man könnte meinen, daß seit den Tagen Alfreds kein englischer Monarch mehr beerdigt worden sei.»

Das Exerzierreglement bot auch keine Auskunft. Gemeinsam mit Sir John McNeill entwarf Fritz Ponsonby eine Zeremonie. Dann entdeckte der Herzog von Connaught, daß es das Privileg der Kompanie der Königin, der Grenadier Guards, war, über die tote Herrscherin zu wachen, und man schickte ein Telegramm, um die Wache von Windsor herbeizurufen. Inzwischen mußte man einen Sarg beschaffen und die minuziösen Anweisungen der Königin ausführen.

Am späten Abend des zweiundzwanzigsten versammelte sich die Familie um das Bett mit dem Baldachin, um der schmalen Gestalt in Weiß ein letztes Lebewohl zu sagen. Am nächsten Morgen überquerte Albert Edward, der nun nicht länger mehr der Prinz von Wales war, den Solent, um einer Staatsratssitzung im St. James's Palace beizuwohnen, bei der er zum König erklärt werden sollte. Die Einberufung, die durch einen Boten überbracht wurde, lautete: «Leverkleidung (Trauerflor am linken Arm)». In Osborne protestierte Alexandra dagegen, daß sie bereits als Königin angesprochen wurde, noch ehe man die alte Königin ins Grab gelegt hatte. Aber man schenkte ihr schon nach kurzem kein Gehör mehr. Zwischen ein und vier Uhr nachmittags durften die Bediensteten des Hofstaates und die Pächter der Höfe von Osborne Victoria in dem Schlafzimmer sehen, in dem sie gestorben war. Sie kamen in kleinen Gruppen schweigend herein. Gleichzeitig wurde das Speisezimmer in Osborne House leergeräumt und die Wände mit karmesinroten Draperien verhängt, um den Raum in eine provisorische Kapelle zu verwandeln.

In London sprach die *Times* ihren Lesern Mut zu. Die Nation könne sich in ihrem «unersetzlichen Verlust» immerhin mit der «wohlbegründeten Überzeugung» trösten, «daß die Königin einen würdigen Nachfolger hinterlassen hat, von dem man vertrauensvoll erwarten darf, daß er in ihre Fußstapfen treten wird». Dagegen hieß es in der Sonntagszeitung *Reynolds*, die mit dem Prinzen von Wales niemals zimperlich umgegangen war: «Man kann nicht sagen, daß das Leben des neuen Souveräns stets und in allen Belangen erbaulich war.» Margot Asquith meinte in ihrem Tagebuch trokken, Bertie habe «die Zeit, die er nicht mit Sport und Vergnügungen verbringt, ohne Murren auf die Pflicht verwendet». Die erste Amtshandlung des Königs in seiner neuen Rolle wurde von vielen als ein Test dafür betrachtet, ob er auf dem Pfad seiner Mutter wandeln oder seinen eigenen Kurs einschlagen würde. Als er vor Frederick Temple, dem Erzbischof Canterbury, den Eid leistete, gab er die Antwort deutlich zu erkennen. Er erklärte dem Staatsrat und den versammelten Gästen: «Ich habe beschlossen, unter dem Namen Edward zu regieren, den schon sechs meiner Vorfahren getragen haben. Dies tue ich nicht, um den Namen Albert abzuwerten, den ich von meinem stets unvergessenen, großen und weisen Vater geerbt habe, der nach allgemeiner Übereinstimmung und, wie ich glaube, zu Recht unter dem Namen ‹Albert der Gute› bekannt ist. Vielmehr wünsche ich, daß sein Name einzig vor uns stehe.»

Die Angehörigen und Hofleute, die den König nach London begleitet hatten, darunter der Herzog von Connaught und der Herzog von York – nunmehr der rechtmäßige Thronfolger –, kehrten am nächsten Nachmittag nach Osborne House zurück. Im Ratssaal wurden alle Mitglieder des Hofstaates formell vorgestellt, und nachdem ein Kissen unter den rechten Arm des Königs geschoben worden war, küßten ihm ein jeder die Hand. Osborne war für die eineinhalb Tage, die der König und sein Gefolge in London verbracht hatten, in der Obhut Wilhelms zurückgelassen worden – das einzige Mal, daß ein deutscher Herrscher (ohne gleichrangigen englischen Titel) jemals, wenn auch nur informell, über irgendeinen Teil von England regiert hatte. Er hatte die Umgestaltung des Raumes beaufsichtigt, in dem Victoria aufgebahrt werden sollte, und da die Königin untersagt hatte, ein Bestattungsunternehmen einzuschalten, hatte er sogar seine Großmutter für den Sarg gemessen. Lange eingeschüchtert von ihrer Unbezähmbarkeit, so vertraute er Bischof Davidson an, «war ich niemals mit ihr zusammen, ohne zu fühlen, daß sie in jedem Sinne meine Großmama war, und ich liebte sie auch als solche. Und doch gab sie mir in dem Augenblick, in dem wir über politische Dinge zu sprechen begannen, das Gefühl, wir seien einander gleichgestellt, und wir konnten als Herrscher miteinander sprechen.»

Obwohl er einen Arm nicht gebrauchen konnte, hätte Wilhelm die Königin persönlich in den Sarg gehoben, wenn nicht ihre Söhne auf ihr Recht gepocht hätten. Zu ihrer Überraschung stellten Edward und Arthur fest, daß Wilhelm das Umbetten tatsächlich mit seinem einen gesunden Arm fertiggebracht hätte: ihre Mutter schien jetzt fast nur noch aus Leinzeug und Spitzen zu bestehen. Am nächsten Morgen wurde der Leichnam hinunter gebracht in die *chapelle* und der Sarg auf ein kleines Podium gestellt, das, auf Wilhelms Veranlassung hin, mit einem *Union Jack* geschmückt war. Danach erbat er sich die Flagge als Andenken und nahm sie mit heim nach Berlin.

Eingerahmt von Blumen, das silberne Kruzifix, das vorher über ihrem Bett hing, in den Händen, ihren Hochzeitsschleier aus geklöppelter Spitze über das Gesicht gebreitet, das Haar von ihrer weißen Witwenhaube bedeckt, lag die Leiche der Königin, unsichtbar im schon geschlossenen Sarg, aufgebahrt im Osborne House, während in Windsor die Vorbereitungen für die Beisetzung getroffen wurden. Schwerer Samt in königlichem Karmesin verhüllte den Sarg unter der Kaiserkrone. Acht mächtige Kerzen erhellten den Raum. Der starke Geruch nach Gardenien sorgte dafür, daß die stündliche Wachablösung der Grenadiere nicht nur eine formelle Erlösung war.

Am Sonntag, dem 27. Januar, hatte Kaiser Wilhelm Geburtstag. Obwohl ein Sturm über den Solent fegte, gesellten sich der Hofstaat des Königs, der Hofstaat der verstorbenen Königin und Beamte der deutschen Botschaft in London zu den Offizieren auf Wilhelms Yacht – auf der er inzwischen Quartier bezogen hatte –, um ihm zu gratulieren. Sonst gab es nicht viel zu tun. Am nächsten Tag war das Wetter noch kälter und regnerischer, aber die Bewohner der verstreuten Ortschaften auf der Insel Wight kämpften sich zum Osborne House durch, um ihrer Königin die letzte Ehre zu erweisen.

Der Earl Marshal, der Großzeremonienmeister, war traditionsgemäß der fünfzehnte Herzog von Norfolk. In seiner Hand lagen die Bestattungsformalitäten, die Victoria so sorgfältig und detailliert festgelegt hatte. Als Oberhaupt der Armee und «Tochter eines Soldaten» hatte sie ein militärisches Begräbnis angeordnet. Am 1. Februar endlich, einem kalten, aber klaren Tag, wurde der Sarg, der mit einem Bahrtuch in Weiß und Gold bedeckt war, in Cowes auf die kleine königliche Yacht *Alberta* gebracht, die langsam, durch ein Spalier von Kriegsschiffen hindurch, nach Portsmouth fuhr. König Edward, der auf der Brücke eines Begleitkreuzers stand, stellte fest, daß die Schiffsflagge der Yacht auf Halbmast eingeholt war. Er fragte nach dem Grund. «Die Königin ist tot, Sir», wurde ihm geantwortet.

«Der König von England lebt», gab er zurück, und die Flagge wurde auf volle Höhe gehißt. Er war beinahe sechzig, seine besten Jahre lagen hinter ihm, aber er wollte seine Zeit als König uneingeschränkt nutzen. Ein Sonderzug mit zugezogenen Vorhängen brachte die sterblichen Überreste der Königin zum Bahnhof Victoria. Auf den Feldern, an denen der Zug langsam Richtung Osten vorbeifuhr, knieten die Menschen nieder. Von Victoria bis Paddington waren die Straßen, welche die Lafette mit dem Sarg nahm, von schweigenden Menschen dicht gesäumt.

Ein Staatsbegräbniszug erzeugte in den Tagen der Pferdekutschen einen eindrucksvollen Widerhall. Dröhnende Hufschläge verstärkten den gedämpften Trommelschlag, und die Staatsgeschirre der Pferde sorgten für eine Pracht, die historische Kontinuität zu verbürgen schien. Beim Begräbnis der Königin fiel aber noch anderes auf. Es war eine Zeremonie für eine Herrscherin, doch keine Frau war zu sehen. Die Könige und Prinzen und Generäle zu Pferd und die marschierenden Truppen wurden von einem halben Dutzend geschlossener Wagen begleitet. In ihnen saßen die, abgesehen von der toten Königin, einzigen Frauen in der Prozession – Alexandra und die Prinzessinen, der Öffentlichkeit verborgen. Nahe beim Sarg ritt Victorias Vetter George. Entschlossen aufrecht saß er im Sattel und schien mit weißem Schnurrbart und seiner Feldmarschallsuniform der Zeit zu trotzen. Und da war Earl Roberts, der einzige Würdenträger, so dachte Lady Monkswell, dem die Menschen während der bedrückenden Feierlichkeit wohl gerne zugejubelt hätten, denn wo er vorbeiritt, brachte man ihm unterdrückte Hochrufe aus. Unmittelbar dem Sarg folgte der neue König, und neben ihm, auf einem herrlichen Schimmel, ritt Kaiser Wilhelm. Die Kunde von seiner liebevollen Aufmerksamkeit gegenüber der Königin auf ihrem Sterbebett hatte sich überall verbreitet, und Wilhelm war von einer Atmosphäre der Bewunderung umgeben, die er in England nur selten genoß.

Vom Surrey House aus, das nordöstlich des Hyde Park lag, schaute Constance Battersea zu. Sie war «beeindruckt von der Stille in den Straßen, dem Fehlen der Musik, dem unaufhörlichen Donnern von Geschützen, das fast einen bedrohlichen Klang hatte, dem Trappeln der Pferdehufe, die auf der Straße hallten, dem Rasseln der Schwerter, dem Klirren der Steigbügel». Bei Lady Battersea war ihre Mutter, eine Tochter des Hauses Rothschild, die jetzt fast achtzig war und sich erinnerte, wie sie «in der Galerie von St. James's Palace gestanden hatte, beinahe sechzig Jahre zuvor..., und zusammen mit vielen anderen dem Triumphzug einer strahlend glücklichen, jungen Braut zuschaute, die schön war vor Glück an der Seite ihres ritterlichen und gutaussehenden Mannes...» Lady Battersea blieb «dieser kleine Sarg mit den beiden Hauptreitern» – dem englischen und dem deutschen Souverän – noch lange im Gedächtnis, nachdem die Hufschläge und die Trommelwirbel verhallt waren.

In ihren Bestattungsanweisungen hatte Victoria geschrieben: «Ich möchte nur darauf hinweisen, daß eine Lafette sehr holprig & laut ist und man sie deshalb entsprechend herrichten muß.» Da jedoch die Pferde, die die Lafette zum Schloß hinaufziehen sollten, lange in der Kälte vor dem Bahnhof Windsor gewartet hatten, zogen sie ungleichmäßig an, so daß die Stränge rissen. Die Kapelle war mit einem Trommelwirbel bereits um die Ecke verschwunden und bewegte sich bergauf. Fritz Ponsonby eilte hastig zum König, um ihm Bescheid zu sagen, doch Prinz Louis von Battenberg sagte gelassen: «Wenn es nicht möglich ist, die Stränge zu reparieren, können Sie auch die wachestehenden Marinesoldaten auffordern, die Lafette zu ziehen.» Da man dafür Stricke benötigte, nahm man den Pferden die Geschirre ab und befahl, das Notbremskabel des Sonderzuges zu holen. Und die Königin, die alles bedacht hatte, nur nicht die Unvollkommenheit menschlicher Werke, wurde von ihren Blaujacken in einer improvisierten Prozession von noch größerer Würde gezogen, als sie hatte voraussehen können.

Ein kurzer Gottesdienst, der auf Victorias Anweisung hin gefeiert wurde, folgte in der St. George's Chapel im Schloß, wo ihr Sarg, umrahmt von Blumen, bis Montag, den 4. Februar, aufgebahrt blieb. Die «extreme Kürze» des Sarges, der den Leichnam der Königin barg, so notierte Almeric Fitzroy in seinem Tagebuch, «war tief beeindruckend und erfüllte einen mit Mitleid, denn er war der Form nach beinahe ein Kindersarg, so nahe an der Mitte war die breiteste Stelle». Die Bestattungsfeier im Mausoleum von Frogmore war die erste für einen Souverän in Windsor, die vor Einbruch der Dunkelheit abgehalten wurde. Das winterliche Tageslicht war beinahe erloschen, als der kleine Sarg die Tür passierte, über der sie im Jahre 1862 die Worte hatte anbringen lassen: «*Vale desideratissime*. Lebwohl, Geliebter. Hier werde ich endlich ruhen mit Dir, und mit Dir werde ich in Christus auferstehen.» Der Glaube an eine letztliche Wiedervereinigung mit ihrem Mann war fast die Summe ihrer Theologie, von seinem Tod bis zu ihrem eigenen.

Die liegende weiße Figur, die nach den Anweisungen der Königin beinahe vierzig Jahre zuvor angefertigt worden war, um Seite an Seite mit Albert zu liegen, war von der Behörde für öffentliche Anlagen mühsam wiedergefunden worden. Ein alter Arbeiter aus Windsor, der 1863 geholfen hatte, sie aus Sicherheitsgründen einzumauern, erinnerte sich, wo man sie hingebracht hatte. Damit, daß sie an die vorgesehene Stelle gelegt wurde, endet die Geschichte der Königin genau so, wie sie es sich gewünscht hatte. In Marochettis Marmorstatue ist sie für immer jung und für immer bei ihrem Prinzen.

In Windsor hatte zwei Tage nach der Beisetzung Lord Esher eine Audienz bei Edward VII. «Die Inder – die da waren – wanderten herum wie unglückliche Geister. Nicht länger unbeweglich und statuenartig wie ehedem.» Der König sollte sie bald in ihre Heimat schicken, zusammen mit dem *Munshi*, und die Verbrennung der Papiere des *Munshi* anordnen. Boehms Bronze von John Brown wurde in einen Abstellraum verbannt, und viele Erinnerungen an den Hochland-Diener Ihrer Majestät wurden diskret weggeräumt oder zerstört. Ein Berg von Elefantenstoßzähnen, alljährlicher Tribut afrikanischer Häuptlinge, der bereits vergessen war, wurde beseitigt, während vernachlässigte Antiquitäten aus dem Brighton Pavilion Georgs IV. wieder hervorgeholt und abgestaubt wurden. Victorias Sammelsurium von Andenken sowie die Gemälde und Statuen, die alle noch an ihrem Platz waren, den Albert für sie bestimmt hatte, wurden weggenommen, weniger, um Platz für die Objekte des Königs zu schaffen, als um die Atmosphäre von 1861 durch die von 1901 zu ersetzen. «Ach!» schrieb Königin Alexandra am 14. Mai an die sterbende Kaiserin Friedrich, «während meiner Abwesenheit (in Kopenhagen) hat Bertie alle Räume Deiner geliebten Mutter (im Buckingham Palace) ausräumen lassen und alle ihre kostbaren Dinge weggeschafft.»

Die Veränderung war notwendig und spiegelte ein radikal anderes Weltbild wider. Aus Winnipeg, aus einer selbst für kanadische Verhältnisse weiten Entfernung, schrieb Winston Churchill von einer Vortragsreise, bei der er aus seinen Kriegserlebnissen Kapital schlug, an seine Mutter über die derzeitige Favoritin des Königs, die vollbusige Mrs. Alice Keppel: «Wird die Keppel zur Ersten Kammerzofe ernannt werden?» Und der König, der sich 6600 Beförderungsurkunden der Armee gegenübersah, die sich in Victorias letzten Lebensmonaten aufgestapelt hatten, ordnete an, daß seine Unterschrift mit einem Gummistempel aufgedruckt wurde – ausgenommen bei Beförderungen von Offizieren, deren Familien der Souverän persönlich kannte. Er erteilte den Befehl, neue Badezimmer und Toiletten in den königlichen Residenzen einzubauen, ließ das Telephonnetz erweitern und mehrere Wagenremisen in Garagen für Automobile verwandeln. Unter Mißachtung des Testamentes seiner Mutter, das verlangte, Osborne House solle Familienbesitz bleiben, stellte er sicher, daß er selten, wenn überhaupt je, wieder dorthin gehen mußte, indem er den ganzen Besitz der Nation schenkte, mit der Auflage, daß das Gebäude als Genesungsheim für Marineoffiziere und als Royal Naval College genutzt wurde. Genüßlich schlenderte der kahl werdende, graubärtige König durch die Räume und Korridore von Windsor und Buckingham Palace, die die Königin jahrelang nur noch in ihrem Rollstuhl durchquert hatte, geschoben von einem gleichmütigen indischen Diener. Jetzt repräsentierte er mit seinem eigenen Stil, den Hut auf dem Kopf, Jagdhunde bei Fuß, Zigarre im Mund, die neuen Kräfte, die im Empire am Werk waren. Was all denen vulgär erschien, die sich lieber an die alte Königin erinnerten, war neue Lebenskraft in den Augen der Generation, die ungeduldig darauf gewartet hatte, ihre Nachfolge anzutreten.

Victorias Welt, die geprägt war von einfachen Werten und Loyalität sowie ihrer strengen Auffassung von der Krone, war vor ihr dahingegangen. In kaum einer Hinsicht verwirklichte die Königin sich selbst, außer in der Verknüpfung ihres Namens mit einem Zeitalter: «Viktorianisch.» Die Prüderie und der Muff, die man mit ihrem Hof verband, dienten als ein Schirm, hinter dem sich nur allzu erfolgreich eine vielschichtige Frau verbarg, die ihren Unterschlupf auf der Insel und ihre Zuflucht im Hochland ihrem Palace und ihrem Schloß vorzog – wie ihr Häubchen, später ihre Witwenhaube, einer Krone, und einen Eselskarren oder, notgedrungen, einen Rollstuhl dem Thron. Sie war weder eine vorbildliche Mutter noch eine vorbildliche Königin, obwohl sie im großen und ganzen überzeugt war, sie sei beides. Sie war ebenso hochmütig wie bescheiden gewesen, ebenso oberflächlich wie scharfsichtig, ebenso anmaßend wie selbstlos. Ihre fünf Fuß hohe Gestalt steckte voller Widersprüche, die sie nie miteinander versöhnen konnte.

Sie hatte nicht die Umwandlung der Monarchie in eine öffentlichkeitsbewußte, symbolische Institution bewirken wollen, und dennoch hatte sie sich unter ihr vollzogen. In mancher Weise hatte sie zu dieser Verwandlung beigetragen – absichtlich ebenso wie durch Versäumnisse. Aber die politische Rolle der Souveränin war unerbittlich schwächer geworden. Letzten Endes hatte ihr Mitwirken bei diesem langwierigen Wandlungsprozeß, nachdem sie erst einmal aus dem Schatten der Witwenschaft herausgetreten war, die sie zunächst völlig und für immer zu verschlingen schien, den Thron mit einer Würde und einer Sinnhaftigkeit ausgestattet, die man sich während der berüchtigten Regency-Zeit und der Herrschaft ihrer wenig geachteten Onkel nicht einmal hätte vorstellen können.

Der lange Nachmittag ihrer Zurückgezogenheit nach Alberts Tod war mit seiner melodramatischen Note eher dazu angetan, nachhaltig im Gedächtnis haften zu bleiben als der strahlende Morgen und Mittag an der Seite Alberts oder der geschäftige Abend nach dem Jubiläum. Was Victoria als Erbe hinterließ, war eine gesicherte zeremonielle Monarchie, nunmehr ratifiziert durch die Zuneigung der Öffentlichkeit, durch eine Sehnsucht nach Kontinuität und Tradition und schließlich durch die Werte der Mittelschicht, die ihre eignen waren und die unter dem märchenhaften Glanz der Königswürde gewahrt blieben. Sie wurde England.

QUELLEN

Die Standardausgabe des Briefwechsels von Königin Victoria ist die Sammlung der Herausgeber A.C. Benson und Viscount Esher: *The Letters of Queen Victoria: A Selection from Her Majesty's Correspondence Between the Years 1837 and 1861*, London, John Murray, 1907. Die zweite Folge, die die Briefe von 1862-1885 enthält, wurde von George Earle Buckle herausgegeben und erschien 1926, die dritte Folge, mit den Briefen von 1886-1901, ebenfalls von Buckle herausgegeben, erschien 1932. Jede Folge bestand aus drei Bänden. Alle Bände enthalten Auszüge aus den Tagebüchern der Königin in der Abschrift, die Prinzessin Beatrice von den später zerstörten Originalen angefertigt hat. Alle Briefe werden nach dieser Ausgabe zitiert, sofern nicht andere Quellen angegeben sind. [Eine deutsche Auswahl aus den neun Bänden gibt Kurt Jagow (Hrsg.): *Queen Victoria. Ein Frauenleben unter der Krone. Eigenhändige Briefe und Tagebuchblätter 1834-1901.*, 3. Auflage Berlin, Karl Siegismund 1936] Weitere Textsammlungen, die Materialien aus Königin Victorias Tagebüchern enthalten, jedoch alle fast vollständig aus den neun Bänden Briefwechsel zusammengestellt wurden, sind: Christopher Hibbert (Hrsg.): *Queen Victoria in her Letters and Journals*, London, John Murray, 1984, und Barry St. John Nevill (Hrsg.): *Life at the Court of Queen Victoria 1861-1901*, Exeter, Webb and Bower, 1984. Zusätzliche kurze Zitate aus Victorias Briefen und Tagebüchern sind in der Biographie von Longford und in der unvollendeten Biographie von Woodham Smith (bis 1861) zu finden. (Siehe Anmerkungen zu Kapitel II.)

I Das Jubiläum, 1887

Über die Kampagne zugunsten des Guy's Hospital wird in der *Dramatic Review* vom 25. Juni 1887 berichtet und zuvor schon in der *Pall Mall*

Gazette vom 10. Dezember 1886. Nach einem Jahr hatte man lediglich 80 000 £ zusammengebracht. Die Sorge der Königin, daß Bertie nicht geeignet sei, an ihre Stelle zu treten, wird in einem Brief an Vicky vom 5. Juni 1872 ausgesprochen, der sich in dem Band *Darling Child* der von Roger Fulham herausgegebenen Briefe Victorias an die Kronprinzessin findet. Dieser Band enthält die Briefe von 1871-1878 und erschien 1976 bei Evans in London. Auch in anderer Form wird diese Sorge noch mehrmals geäußert. A.H. Wall: *Fifty Years of a Good Queen's Reign* (1886) wurde am 16. November 1886 in der *Pall Mall Gazette* ohne Namensnennung von George Bernard Shaw rezensiert. Sir John Brunners Rede an die Bürger seines Wahlkreises findet sich bei Stephen Koss: *Sir John Brunner, Radical Plutocrat*, Cambridge, Cambridge University Press 1970. Die Jubiläumsreden und -schreiben an die Königin werden, mit wenigen Ausnahmen, im Public Record Office in London aufbewahrt. Ein Katalog, der die Jubiläumsgeschenke beschrieb, wurde am 15. November 1887 von Harrison & Sons in London veröffentlicht. Eine Kopie befindet sich im Public Record Office, unter den Lord Chamberlain's Papers. Die Brüskierung der Königin und der Prinzessin von Hawaii wird beschrieben in den Memoiren von Königin Liliuokalani: *Hawaii's Story*, Rutland, Vermont, Tuttle 1964 – ein Nachdruck der Ausgabe von 1898, und in der Zeitschrift *Truth*. Das Menü des Jubiläumsmittagessens schildert Nevill. Der Brief von Häuptling Letsie findet sich in Victorias *Letters*, seine Geschichte stammt aus den State Archives von Kapstadt, einschließlich des «Läuse-Zitats». Das Tagebuch von Sir Sydney Cockerell ist in der British Library, der entsprechende Eintrag stammt vom 21. Juni 1887. Gathorne-Hardys Bemerkung über das lahme Knie der Königin steht in seinem Tagebuch, eingetragen am 18. Juni 1887, zu finden in Nancy E. Johnson (Hrsg.): *The Diary of Gathorne-Hardy*, Oxford, Oxford University Press 1981. Die Memoranden der Königin an Henry Ponsonby sind aufgeführt in Arthur Ponsonby: *Henry Ponsonby, Victorias's Private Secretary, His Life from His Letters*, New York, Macmillan 1943. Das königliche Gartenfest wird beschrieben in der Zeitschrift *The World* am 6. Juli 1887. «The Queen's Speech» im «Charing Cross Parliament» wurde im August 1887 in der Zeitschrift *Our Corner* veröffentlicht.

II Alexandrina Victoria, 1817-1820

Die Beziehung des Herzogs von Kent zu «Madame de St. Laurent» ist umfassend erforscht in Mollie Gillen: *The Prince and His Lady*, Toronto,

Griffin House 1970. Auch die 1790 spielende Episode über Adelaide Victoire, die frühere, uneheliche Tochter, findet sich in Gillen. Der Werdegang der Königlichen Herzöge ist erläutert in Morris Marples: *Wicked Uncles in Love*, London, Michael Joseph 1972; und in Roger Fulford: *The Royal Dukes*, London, Duckworth 1933. Die Hintergrundinformationen über die Herzogin von Kent (Prinzessin von Leiningen) stammen aus Harold A. Albert: *Queen Victoria's Sister*, London, Robert Hale 1967. Die Details über Amorbach stammen von der Royal Geographical Society, London, nach Auskunft von Capt. Alan Hanley-Browne. Der erste Band von Victorias *Letters* behauptet irrtümlich, daß das vor-napoleonische Leiningen sich «etwa 252 Meilen am linken Rheinufer entlang» erstreckte. Wenn das zuträfe, wäre das Fürstentum einer der mächtigsten Staaten Europas gewesen. Die Briefe der Herzogin an Polyxene von Tubeuf sind zitiert nach Elizabeth Longford: *Queen Victoria*, New York, Harper 1964. (Dt. Ausg.: *Victoria. Königin und Kaiserin. Ihr Leben und ihre Epoche*, Oldenburg, Gerhard Stalling 1966.) Die finanziellen Verhandlungen des Herzogs von Kent mit seinen englischen Geldgebern sind mit bewundernswerter Detailkenntnis geschildert in Cecil Woodham Smith: *Queen Victoria, Her Life and Times 1819-1861*, London, Hamish Hamilton 1972.

III IM GOLDENEN KÄFIG, 1820-1830

Der Auftrag der Herzogin von Clarence an den Bildhauer Scoular ist Marples *Wicked Uncles in Love* entnommen. Die Briefe der Herzogin von Kent aus dem Jahre 1827 an den König und ihr Geburtstagsbrief für Victoria einen Monat später sind Nr. 1367 und Nr. 1389 in A. Aspinall (Hrsg.): *The Letters of King George IV.*, Cambridge, Cambridge University Press 1938. Die Darlehen Leopolds an seine Schwester Victoire werden aufgeführt in den *Memoirs of Baron Stockmar*, London, Longmans, Green 1879. (In deutscher Sprache liegt vor: Ernst Freiherr von Stockmar (Hrsg.): *Denkwürdigkeiten aus den Papieren des Freiherrn Christian Friedrich v. Stockmar*, Braunschweig, Friedrich Vieweg und Sohn 1872.) Die Tagebucheinträge von Thomas Creevey sind zu finden in Sir H. Maxwell (Hrsg.): *The Creevey Papers*, London, John Murray 1903. Victorias Brief an Vicky über ihr «unglückliches Leben als Kind» datiert vom 9. Juli 1858 und steht in Fulfords erstem Band *Dearest Child, 1858-1861*, London, Evans 1964. Daß die Herzogin die Sachen aus Victorias Säuglingszeit aufbewahrt hatte, berichtet sie in einem Brief vom 10. April 1861. Victorias Erinnerungen an die Kindheit, verfaßt 1872, deren Manuskript in Windsor aufbewahrt wird, ist ausführlich im ersten Band ihrer *Letters* zitiert. Die Verhandlungen über die weitere finanzielle Unterstützung der ehemaligen Geliebten des Herzogs von Kent sind geschildert in Gillen: *The Prince and His Lady.*

Victorias Puppen wurden beschrieben und abgebildet von Frances H. Low in dem Artikel «Queen Victoria's Dolls» in *The Strand,* Nr. 4, September 1892, und von Wendy Monk (Trewin) in *Puffin Annual,* Nr. 2 (o.J.). Harriet Arbuthnots Bericht über die kleine Prinzessin Victoria stammt aus Frances Bambord and the Duke of Wellington (Hrsg.): *The Journal of Mrs. Arbuthnot,* London 1950.

IV Das königliche Pfand, 1830-1837

Die Einzelheiten über die Erblindung des Prinzen George von Cumberland werden in einem Brief von Prinzessin Lieven an Lady Cowper vom 15. September 1832 erzählt. Er findet sich in *The Lieven-Palmerston Correspondence, 1828-1856,* übers. u. hrsg. v. Lord Sudley, London, John Murray 1943. Von Victorias erstem Drawing-Room-Empfang berichtet Greville am 25. Februar 1831. Die *Greville Memoirs* werden nach der achtbändigen Ausgabe von Henry Reeve (Hrsg.), London, Longmans, Green 1896, zitiert, die als «neue Ausgabe» bezeichnet wurde. Victorias erste Rundreise mit der Herzogin ist detailliert beschrieben in Lady Elizabeth Grosvenors Briefen, zitiert in Gervas Huxley: *Lady Elizabeth and the Grosvenors,* London and New York, Oxford University Press 1965. Daß Victoria sich von dem ihr Zugemuteten «unterjocht» fühlte, stammt aus einem Brief an Leopold vom 29. Juli 1845.

Die Persönlichkeit Williams IV. zeichnet Fulford in *Royal Dukes;* Philip Ziegler: *King William IV.,* New York, Harper & Row 1973; sowie in Peter George Patmore: *The Court of Queen Victoria,* der auch Creevey zitiert. Marina Warner: *Queen Victoria's Sketchbooks* (London, Macmillan 1979) enthält auch Zeichnungen von den Opernbesuchen der Prinzessin. Grevilles Kommentare von Victoria in Ascot datieren vom 15. September 1835 in seinen *Diaries,* König Williams Geburtstagsbemerkungen über Victoria stehen im Eintrag vom 30. August 1835. Daß William Victoria zu ihrem achtzehnten Geburtstag einen Broadwood-Flügel für 200 Guineen schenkte, steht in John Aston: *When William IV. was King,* New York, D. Appleton 1896. Die Krankheit und der Tod des Königs sind anschaulich dargestellt bei Greville. Victorias Reaktionen gehen aus ihrem Tagebuch und ihren Briefen hervor.

Daß Victorias Arzt, Sir James Clark, eine Doktorarbeit über die gesundheitsfördernde Wirkung frischer und kalter Luft «De Frigoribus Effectis», geschrieben hatte, berichtet Elizabeth Longford in ihrem Aufsatz «Queen Victoria's Doctors» in Martin Gilbert (Hrsg.): *A Century of Conflict, 1850-1950*, London, Hamish Hamilton 1966. Der falsche Bericht von der Schwangerschaft Königin Adelaides steht in einem Brief vom 29. Januar 1835 von Lady Cowper an die Prinzessin Lieven.

Die weitgehend verborgene Geschichte vom Interesse Lord Elphinstones an Prinzessin Victoria ist dunkel angedeutet im Eintrag über das Leben Lord Elphinstones im *Dictionary of National Biography* und in Longfords *Queen Victoria*. Ein paar bestätigende Hinweise tauchen auch in Victorias Briefen als Königin auf und offener noch in Robert Brownings Brief vom 21. Juni 1861 an Mr. und Mrs. William Wentworth Story, der veröffentlicht wurde in Gertrude Reese Hudson (Hrsg.): *Browning to His American Friends*, New York, Barnes & Noble 1965.

V Die jungfräuliche Königin, 1837-1840

Die «Witwen»-Episode, Mrs. Stevensons Berichte über Windsor, Buckingham House und anderes, die Bemerkung über Elizabeth zu Pferde sowie die Schilderung der Herzogin von Sutherland stammen aus den Briefen, die Mrs. Sallie Coles Stevenson, Gattin des amerikanischen Gesandten Andrew Stevenson und von 1837 bis 1841 Vertraute vieler Personen bei Hofe, ihrer Schwester nach Amerika schrieb. Siehe Edward Boykin (Hrsg.): *Victoria, Albert, and Mrs. Stevenson*, New York, Rinehart 1957. Die 191 Originalbriefe befinden sich in der Duke University.

Victorias Schilderung ihrer ersten Tage als Königin findet sich in ihrem Tagebuch und in ihren Briefen. Melbournes Einstellungen sind seinen Briefen und Gesprächen entnommen, aufgeführt in Philip Ziegler: *Melbourne*, London, Collins 1976. Die Schwierigkeit, weibliche Formen für die königlichen Proklamationen und Bills wieder auszugraben, ist dargestellt in Lord George Russell: *Collections and Recollections*, anonym veröffentlicht in London und New York bei Harper's 1898. Victorias Gespräche mit Melbourne über den Sykes-Maclise-Skandal sind aus bisher unveröffentlichten Kommentaren im Tagebuch der Königin vom 2. Februar 1839 zitiert, die als Anmerkung zu einem Brief von Charles Dickens an Daniel Maclise, datiert vom 2. Juni 1840, verwendet wurden in Madeline House and Graham Storey (Hrsg.): *The Letters of Charles Dickens*, Pilgrim Edition, Bd. 2, Oxford, Clarendon Press 1969. Victorias Gespräche mit Melbourne über

Oliver Twist entstammen einem Tagebucheintrag vom 30. Dezember 1838 und wurden als Anmerkung zu einem Dickens-Brief vom 13. Februar 1840 verwendet.

Grevilles Berichte über die neue Königin sind seinen *Diaries* entnommen; die Feststellung, daß sie ihre Aufmerksamkeit fast ausschließlich Melbourne widmet, findet sich im Eintrag vom 15. Dezember 1838. Die Beziehung der Königin zu Lord Palmerston bis 1865 ist detailliert dargestellt in Brian Connell *Regina vs. Palmerston: The correspondence between Queen Victoria and her Foreign and Prime Minister 1837-1865*, New York, Doubleday 1961. Stockmars eigener Bericht über seine Rolle in der neuen Herrschaftsperiode entstammt E. von Stockmar (Hrsg.): *Memoirs of Baron Stockmar*, London, Longmans, Green 1873.

Victorias signierte Einladungen zur Krönungsfeier sind beschrieben nach den Einladungen an William, Earl of Listowel, und Countess Listowel, die das Datum vom 9. Mai 1838 tragen und als Eintrag 130 in Magg's Catalogue 1061 (1985) aufgeführt sind. Daß die Königin mit Trivialitäten überlastet wurde, berichtet Croker in seinem Tagebuch am 15. August 1837, siehe Bernard Pool (Hrsg.): *The Croker Papers*, New York, Barnes & Noble 1967. Disraelis Brief an seine Schwester Sarah über die Krönung, datiert am 21. Juni 1837, ist abgedruckt in J.A.W. Gunn et al. (Hrsg.): *Benjamin Disraeli's Letters*, Toronto and Buffalo, University of Toronto Press 1982. John James Ruskins Brief an seine Frau Margaret vom 2. Mai 1838 über die Aquarellkäufe der Königin steht in Van Akin Burd (Hrsg.): *The Ruskin Family Letters*, Bd. 2, Ithaca, Cornell University Press 1973.

Prinz Alberts frühe Briefe sind aus Kurt Jagow (Hrsg.): *Prinzgemahl Albert. Ein Leben am Throne. Eigenhändige Briefe und Aufzeichnungen 1831-1861*, Berlin, Karl Siegismund 1937, ins Englische übersetzt von E.T.S. Dugdale, London, John Murray, 1938, im folgenden Jagow genannt, und (Sir) Theodore Martin: *The Life of the Prince Consort*, London, Smith, Elder & Co., 1875-80, im folgenden Martin genannt.

VI DER PRINZGEMAHL, 1840-1843

Die Probleme um Alberts Vorrang sind beschrieben in Victorias Briefen und Tagebüchern, Jagow und Stockmar sowie in einem langen Anhang, «The Royal Precedency Question», in Greville. Die Aussage, Victoria sei «ein unvernünftiges Kind» steht in einem Brief von John James Ruskin an seine Frau, datiert am 13. Februar 1840, in *The Ruskin Family Letters*, Bd. 2.

Daß die Ärzte zur Zeit Victorias hoffnungslos unwissend waren über die empfängnisbereiten Tage im Menstruationszyklus der Frau, geht klar aus Dr. George H. Napheys Buch *The Physical Life of Women* (1869) hervor. Dort wird die Zeit, die «in der Mitte zwischen den monatlich erfolgenden Blutungen liegt», als die sicherste «für den ehelichen Geschlechtsverkehr» bezeichnet. Die Medizin nahm damals an, daß Frauen ähnlich wie Tiere Brunstzeiten haben.

Victorias Beziehung zu Palmerston geht aus dem Briefwechsel zwischen ihnen hervor sowie aus Kenneth Bourne: *Palmerston: The Early Years*, New York, Macmillan 1982. Der Besuch des königlichen Paares bei dem Porträtmaler John Lucas ist beschrieben in einem Brief von Elizabeth Barrett (Browning) an Mary Russell Mitford vom 14. Oktober 1841, in M.B. Raymond and M.R. Sullivan (Hrsg.): *The Letters of Elizabeth Barrett Browning to Mary Russell Mitford*, Waco, Texas, Browning Library & Institute 1883. Details über die Reise der Königin nach Schottland finden sich in den Aufzeichnungen des Lord Chamberlain. Die Einzelheiten über die Besuche Mendelssohns enthalten die Briefe an seine Mutter sowie die an Ignaz Moscheles, zitiert in Felix Moscheles (Hrsg.): *Letters of Felix Mendelssohn to Ignaz and Charlotte Moscheles*, Freeport, New York, Books for Libraries Press 1970. (Dt. Ausgabe: *Briefe von Felix Mendelssohn Bartholdy an Ignaz und Charlotte Moscheles*, Leipzig, Duncker & Humblot 1888, unveränderter Neudruck 1976.)

Die Anekdote über die Weigerung des Prinzen, auf Befehl Victorias von einem Abend beim Vorstand der Royal Academy nach Hause zurückzukehren, findet sich bei S.M. Ellis (Hrsg.): *A Mid-Victorian Pepys. The Letters and Memoirs of Sir William Hardman*, London, Cecil Palemer 1923. Dr. Lococks Kommentare über die Schwangerschaften der Königin gegenüber Mr. Arbuthnot stammen aus Longford: *Queen Victoria's Doctors*. Alberts eheliche Probleme mit Victoria sind am besten dargestellt in Robert Rhodes James: *Prince Albert*, New York, Knopf 1984; in Ansons Memoranden und in Alberts Botschaften an Victoria, die in den Royal Archives aufbewahrt werden.

VII DIE DOPPELMONARCHIE, 1844-1848

Victorias Selbstporträt im Alter von sechsundzwanzig Jahren ist abgebildet in Warner: *Queen Victoria's Sketchbooks*. Alberts verschiedentliche Kommentare über die Engländer, die für seine Unbeliebtheit sorgten, sind zitiert in Roger Fulford: *The Prince Consort* (London, Macmillan 1945) in dem

Kapitel «Home Life». Greville, Prinzessin Lieven und Lady Palmerston steuern weiteren Klatsch über die angebliche Unbeliebtheit der Königin bei. Edward Lear als Zeichenlehrer der Königin ist beschrieben in Lady Strachey of Sutton Court (Hrsg.): *Letters of Edward Lear*, Freeport, New York Books for Libraries Press o.J., erstmals veröffentlicht 1907.

Einzelheiten über Osborne House und seine Einrichtung enthält *Osborne House, Isle of Wight*, London, Her Majesty's Stationery Office 1960 sowie der *Catalogue of the Principal Items on View at Osborne House* vom Department of the Environment herausgegeben in London, Her Majesty's Stationary Office 1965.

Der Kunstgeschmack des königlichen Paares wurde untersucht anhand der Werke in der Royal Collection selbst und ist besprochen in Benedict Read: *Victorian Sculpture* (New Haven, Yale University Press 1982), das zahlreiche Abbildungen enthält; weiterhin in Winslow Ames: *Prince Albert and Victorian Taste* (London, Chapman and Hall 1968), ebenfalls mit vielen Illustrationen, und in Dickens' Brief über Maclise an Professor Felton, zitiert in Thea Holme: *Chelsea*, London, Hamish Hamilton 1972.

VIII Glanz und Elend, 1848-1853

Die wichtigsten Quellen sind Victoria, Martin, Greville, Stockmar und Connell (*Regina vs. Palmerston*). Die Entwicklung der königlichen Kinder zeigen am besten die bei Warner abgebildeten Zeichnungen Victorias selbst. Über die *Great Exhibition*, die Weltausstellung, existiert eine Flut von Literatur. Von einer der besten Quellen, der Prinz-Albert-Ausstellung im Londoner Royal College of Art 1983-84, gibt es keinen Katalog. Eine ungefähre Vorstellung davon vermittelt das informativ illustrierte Buch von Hermione Hobhouse: *Prince Albert: His Life and Work* (London, Hamish Hamilton 1983), das während der Ausstellung anstelle eines Katalogs verkauft wurde. Die Aufzeichnungen des Lord Chamberlain (Hofmarschalls) enthalten wertvolle Details. Reads *Victorian Sculpture* illustriert die Kunstwerke, die für Victoria und Albert von besonderem Interesse waren.

George Eliots positive Reaktion auf Albert, während Victoria einen «bejammernswerten» Eindruck auf sie machte, findet sich in ihrem Brief an Mr. und Mrs. Charles Bray in Haight vom 24. Mai 1852. Lord Stanleys Tagebuchaufzeichnungen werden zitiert nach John Vincent (Hrsg.): *Disraeli, Derby and the Conservative Party: Journals and Memoirs of Edward Henry, Lord Stanley* (später fünfzehnter Graf von Derby), New York, Harper & Row 1978, weiter zitiert als Stanley. Der zitierte Leitartikel der

Times erschien in der Ausgabe vom 2. Mai 1851. Die Einzelheiten über den «Geizhals Nield» stammen aus Thea Holme: *Chelsea*.

Wie die königlichen Kinder in Osborne den Gast mit dem deformierten Fuß ansprachen, erzählt Lord George Russell in *Collections and Recollections*. Victorias kurzer Besuch in Aboyne auf dem Weg nach Balmoral wird beschrieben in Earl of Bessborough (Hrsg.): *Charlotte Guest*, London, John Murray 1950. Das Aufschichten des *cairn* als sichtbares Zeichen des Erwerbs von Balmoral beschreibt Victoria unter dem 11. Oktober 1852 in *Leaves from the Journal of Our Life in the Highlands*, London, Smith/Elder 1868.

IX Frau und Kriegsherrin, 1853-1858

Hauptquellen sind auch hier Victoria, Martin, Greville, Stockmar und die Briefe Palmerstons sowie Stanley. Theo Aronson: *Queen Victoria and the Bonapartes* (London, Cassel 1972) und Jasper Ridley: *Napoleon III. and Eugénie* (New York, Viking 1980) enthalten viele Details über Victorias Begegnungen mit Louis Napoleons Familie hier und später. Mary Ponsonbys Erinnerungen an Victoria in Paris stammen aus Magdalen Ponsonby (Hrsg.): *Mary Ponsonby: A Memoir, Some Letters and a Journal*, London, John Murray 1927. Graf Nieuwekerkes indirekter Protest gegen die Beschlagnahme von Louvre-Bildern durch Eugénie wird von Edmond und Jules de Goncourt in ihren Tagebüchern unter dem 11. Dezember 1866 beschrieben (deutsch: Tagebuch der Brüder Goncourt. Übertragen u. hrsg. v. Hermann Uhde-Bernays, München 1947). Lady Augusta Stanley (Bruce) wird zitiert nach dem Dean of Windsor und Hector Bolitho (Hrsg.): *Letters of Lady Augusta Stanley: A Young Lady at Court, 1849-1863*, New York, George H. Doran, 1927. James Buchanans Beschreibung Victorias als «wilder kleiner Teufel» stammt aus Nathaniel Hawthorne: *The English Notebooks*, hrsg. von Randall Stewart, New York, Russell & Russell 1962, erste Ausgabe 1941.

Victorias Interesse an William Mulreadys Aktbildern wird zitiert nach Kathryn Moore Heleniak: *William Mulready*, New Haven, Yale University Press 1980; dort findet man auch eine Abbildung der männlichen Aktzeichnung, die Victoria Albert zum Geburtstag kaufte (Abb. 147). Ihre Sitzungen für Joseph Durham beschreibt Hawthorne in seinen *Notebooks* unter dem 31. August 1856. Ihre Sitzungen für Gibson werden von Read in *Victorian Sculpture* beschrieben.

Über die Beziehungen der Königin zur Presse während des Krimkrieges informieren genauer Alan Hankinson: *Man of Wars: William Russell of «The Times»*, London, Heinemann 1972; und Arthur Irwin Dasent: *John Thaddeus Delane: Editor of «The Times»*, New York, Scribner's 1908.

Über Victorias Versuche, ihre Töchter zu disziplinieren, berichtet John Ruskin seinem Vater, John James Ruskin, in einem Brief vom 30. August 1863, in Van Akin Burd (Hrsg.): *The Winnington Letters: John Ruskin's Correspondence with Margaret Alexis Bell and the Children at Winnington Hall*, London, Allen and Unwin 1969.

Der Leitartikel der *Times*, der die Gestaltung des Victoria-Kreuzes kritisiert, erschien in der Ausgabe vom 27. Juni 1857. Victorias Befürchtung, «keinen Spaß mehr» haben zu dürfen, wird von Nevill in seiner Einleitung zu *Life at the Court of Queen Victoria* zitiert; er gibt keine Quelle an.

X Albert der Gute, 1858-1861

Martin zitiert ausführlich, oft auf deutsch, aus Alberts Tagebüchern und beschreibt genau (und vielleicht unbewußt) Symptome der Krankheit(en) des Prinzen und seines zunehmenden Verfalls, die nicht mit den späteren Diagnosen seiner Ärzte übereinstimmen. Lady Augusta Bruce's Briefe beschreiben die heranwachsenden jüngeren Kinder und Alberts letzte Tage. Alberts Schwierigkeiten mit Victoria werden von Rhodes James (in seinem *Prince Albert*) anhand von Zitaten aus Alberts Mitteilungen an die Königin aus den Royal Archives beschrieben. Einzelheiten über Alberts frühere Gesundheitsstörungen und Hinweise auf Victorias Bemühen, diese zu ignorieren, enthält der erste Band der Fulford-Ausgabe ihrer Briefe an die Kronprinzessin: *Dearest Child*. Benjamin Morans Tagebücher werden nach Moran zitiert.

Die Konfrontation der Königin mit ihrem Neffen Prinz Victor (dem späteren Grafen Gleichen) behandelt ausführlich Harold A. Albert: *Queen Victoria's Sister: The Life and Letters of Princess Feodora*, London, Hale 1967. Einen Volkstanzabend in Balmoral beschreibt Bertram Mitford (Lord Redesdale) in seinen *Memories*, New York, Dutton o.J.. An Dr. William Balys Tod wird im *British Medical Journal* vom 26. Januar 1901 erinnert. Lord Clarendons und andere Briefe an die Herzogin von Manchester findet man in der Ausgabe von A.L. Kennedy. Lady Pagets Erinnerungen an das Leben am Hofe 1858-1860 stammen aus *Embassies of Other Days, and Further Recollections by Walburga, Lady Paget (Countess Hohenthal)*, Band 1, New York, George Doran 1923. Lord Torringtons Beschreibung des Weihnachtsabends in Windsor wird zitiert nach Dasent: *Delane*.

Alberts Krankheit und Sterben werden ausführlich in den vielen Biographien des Prinzen, in Victorias Briefen und Tagebüchern, bei Martin und in den Erinnerungen von Mitgliedern des Hofes beschrieben; doch nur Daphne Bennett spekuliert in einem einseitigen Anhang ihres *King Without a Crown* (London, Heinemann 1977), daß die Diagnose Typhus Alberts Symptome nicht hinreichend erklärt, und vermutet eine «zehrende Krankheit». Meine eigene Zusammenstellung der klinischen Symptome aus den Jahren 1858-61, die ich getrennt fünf britischen und amerikanischen Fachärzten vorlegte, löste erhebliche Skepsis in Bezug auf die Typhus-Diagnose aus. Die Kapitel X und XI des vorliegenden Buches beschreiben die Einzelheiten und bieten mögliche andere Diagnosen an.

Eine Beschreibung der *dramatis personae* erscheint in W. Schupbach: «*Last Moments of H. R. H. the Prince Consort*», in: Medical History 26, 1982.

XI VIKTORIANISCHE TRAUER, 1861-1866

Der Nachruf im *Observer* erschien am 15. Dezember 1861. Elizabeth Gaskells Beschreibung Londons in Trauer findet sich in ihrem Brief an Marianne Gaskell vom 26. Dezember 1861 in J.A.V. Chapple und Arthur Pollard (Hrsg.): *Letters of Mrs. Gaskell*, Cambridge, Harvard University Press 1967. Über Disraelis Reaktion berichtet Stanley, über Torringtons Dasent in *Delane*. Nachdem der erste Schock nachgelassen hatte, berichtete Victoria in ihren Tagebüchern sehr genau über die Nachwirkungen und fügte zehn Jahre danach sogar noch weitere Erinnerungen hinzu. Ihre Briefe an Vicky in Fulfords 2. Band, *Dearest Mama* (London, Hale 1968) geben detailliert und anscheinend ungeschminkt Einblick in ihr Gefühlsleben in den Jahren 1861-64. Die Trauer des Herzogs von Cumberland um seine Frau als König von Hannover 1841 ist in *Royal Dukes* beschrieben.

Dr. Clarks der Königin gegenüber geäußerte phantasievolle Diagnose von Alberts Todesursache (überanstrengtes Herz) wird von Lady Longford in «Queen Victoria's Doctors» zitiert. Clarendons Urteil über Holland und Clark («alte Weiber») und über Jenners Inkompetenz findet sich in einem Brief an die Herzogin von Manchester. Die Notiz der Königin selbst vom 7. November 1877, in der sie Jenners Behauptung zitiert, niemand könne Typhus gleich zu Anfang diagnostizieren, stammt aus «Queen Victoria's Doctors».

Die finanzielle Situation der Königin nach Alberts Tod wird in einem Brief von Sir Charles Phipps an den Lord Chamberlain (Hofmarschall)

Viscount Sydney vom 17. Januar 1862 und in anderen Dokumenten des Lord Chamberlain erörtert, abgedruckt in Vera Watson (Hrsg.): *A Queen at Home. An Intimate Account of the Social and Domestic Life at Queen Victoria's Court*, London, W.H. Allen 1952. Martin trägt noch weitere Details bei, die bestätigen, daß der Prinz «absolut kein Vermögen» hinterließ.

Zeitgenössische Berichte über das Bestreben der Königin, Albert Denkmäler zu setzen, gibt es von Torrington an Delane (bei Dasent), von Lord Clarendon in Briefen an die Herzogin von Manchester, von Charles Dikkens in seinen Briefen und sehr anschaulich in Reads *Victorian Sculpture*. Lord Derbys Gespräch mit der Königin im Juni 1862 wird von Stanley zitiert, Disraelis bewegende Rede über den Prinzen im Unterhaus und Victorias Antwort von Sarah Bradford: *Disraeli*, London, Weidenfeld & Nicolson 1982. Über Gladstones Beziehungen zur Königin in der Zeit nach Albert berichtet Philip Magnus: *Gladstone: A Biography*, New York, Dutton 1954. Das *Album Consolatium* der Königin (2 Bände) befindet sich in der British Library, Add. MSS. 62089/90. Über das satirische Plakat, das die Abdankung der Königin verkündet, berichtet Stanley. Die unsignierte Erklärung der Königin in der *Times* über die Art der Wahrnehmung ihrer Hofpflichten erschien am 6. April 1864.

Der Brief der Königin an den Prinzen von Wales anläßlich der Taufe seines zweiten Sohnes auf den Namen George wird von Kenneth Rose zitiert: *King George V.*, New York, Knopf 1984.

XII   DIE KÖNIGIN LÄSST SICH TREIBEN 1866-1872

Victorias Geschenkausgabe der Albert-Biographie für Duleep Singh wird als Nr. 149 in Paul Richards Katalog 202 von 1985 beschrieben. Zitate aus dem Buch, besonders aus den Einleitungen, wurden der Ausgabe *The Early Years of His Royal Highness the Prince Consort*, unter der Leitung von Ihrer Majestät der Königin zusammengestellt von Lieutenant-General the Hon. C. Grey (London, Smith, Elder 1867), entnommen. Zitate aus dem Tagebuch Gathorne-Hardys entstammen der Ausgabe von Nancy E. Johnson. Auszüge aus den Briefen von Lady Augusta Bruce (jetzt Stanley) wurden zitiert nach dem Dean of Windsor und Hector Bolitho (Hrsg.): *Later Letters of Lady Augusta Stanley 1864-1876*, London, Cape 1929. Wie die Königin bei ihrer Begegnung mit Dickens und auf seinen Tod reagierte, beschreibt sie selbst in ihren Tagebüchern.

Über W.E. Gladstones sexuelle Eigenarten berichten Richard Shannon:

Gladstone, Bd. 1 (London, Hamish Hamilton 1982), sowie M.R.D. Foot und H.C.G. Matthew (Hrsg.): *The Gladstone Diaries* (Oxford, Clarendon Press 1968-78); diese betreffen zwar nur die Jahre bis 1868, doch eine Fußnote, die auf eine spätere Eintragung verweist, setzt Gladstones Bemerkung über den «Kampf zwischen Pflicht und Neigung» (das Bekehren von Straßenmädchen) in Beziehung zu einer Tagebuchnotiz vom 18. Oktober 1869. Einzelheiten über Mrs. Thistlethwaites Vorleben wurden ebenfalls den *Diaries* entnommen. Gladstones Briefwechsel mit Lord Granville erschien als *The Political Correspondence of Mr. Gladstone and Lord Granville*, hrsg. v. Agatha Ramm, London, Royal Historical Society 1952. Derby und Disraeli wurden, wenn nicht anders vermerkt, nach Stanleys Tagebüchern zitiert. Die Bemerkung des Marquess von Salisbury («jüdischer Abenteurer») wurde nach Bradfords *Disraeli* zitiert. Prinzessin Feodoras Briefe an Victoria erschienen in *Queen Victoria's Sister*. Der Angriff der *Pall Mall Gazette* auf den Prinzen von Wales («Ein unglückliches Ereignis») erschien in der Ausgabe vom 11. April 1871.

Der erste Hinweis auf die Krankheit der Königin ist ihre Vermutung vom 4. August 1871, sie sei von einem Insekt gestochen worden (Journals, Royal Archives, zur Verfügung gestellt von Bibliothekar Oliver Everett). Der Bericht des *British Medical Journal* über die Krankheit der Königin vom 16. September 1871 ist bis auf wenige zusätzliche Einzelheiten identisch mit dem der *Pall Mall Gazette* vom 14. September 1871. (*BMJ* wurde mehrere Tage vor dem offiziellen Erscheinungsdatum ausgeliefert.) Die Entschuldigung der *Daily News* an die Königin steht in der Ausgabe vom 15. September. Daß Jenners ärztliche Memoranden an die Presse häufig von der Königin selbst geschrieben oder diktiert wurden, belegen Dokumente in den Royal Archives wie zum Beispiel L 25/65, wo Victoria nichtmedizinisch von ihrem «nervösen Fieber» spricht. Lady Longford bemerkt dies in «Queen Victoria's Doctors». Jenners anonyme Verteidigung der Königin erschien am 19. August 1871 im *Lancet*, und ein mit dem des *British Medical Journal* übereinstimmender Krankenbericht erschien am 16. September unter dem Titel «The Health of the Queen». Sein Brief an die Herausgeber, in welchem er bestreitet, daß die Impfauffrischung irgend etwas mit der Krankheit der Königin zu tun haben könnte, wurde von *Lancet* wie *BMJ* am 4. November 1871 abgedruckt. Unsere Mutmaßungen basieren auf Konsultationen britischer und amerikanischer Ärzte und Pathologen auf der Grundlage aller veröffentlichten medizinischen Daten und der Beschreibung der Krankheit, ihrer akuten Phase und der langsamen Genesung durch die Königin selbst in ihren Tagebüchern und Briefen.

XIII Ein Traum namens Brown, 1863-1883

W.M. Rossettis Tagebucheintrag vom 20. Juni 1870 wurde der Ausgabe von Odette Bornand (Hrsg.) entnommen: *The Diary of W.M. Rossetti, 1870-1873*, Oxford, Clarendon Press 1977. Als grundlegendes Werk über die Beziehung zu Brown gilt Tom Cullen: *The Empress Brown: The Story of a Royal Friendship*, London, Bodley Head 1969. Trotz des Titels sind seine Schlußfolgerungen nicht sensationell. Stanleys private Aufzeichnungen entstammen seinem Tagebuch. W.S. Blunts Tagebuchnotizen von Skittles Erzählungen werden zitiert nach Angela Lambert: *Unquiet Souls*; New York, Harper 1984; zusätzliche Einzelheiten aus Georgie Sumners Klatschgeschichten nach Lady Longfords Blunt-Biographie *A Pilgrimage of Passion*, New York, Knopf 1980. Wie General McNeill diszipliniert wurde, erzählt Sir Frederick Ponsonby (später Lord Syonsby) in *Recollections of Three Reigns*, New York, Dutton 1952. Browns Benehmen im Ausland und seinen Dialog mit Prinz Alfred beschrieb Henry Ponsonby in Briefen an seine Frau, abgedruckt in Arthur Ponsonby: *Henry Ponsonby, Queen Victoria's Private Secretary*, London, Macmillan 1942.

Die Briefe der Königin an und von Vicky finden sich in den verschiedenen Bänden der Fulford-Ausgabe. Der Dialog «Niemand liebt Sie mehr» stammt aus dem Korrespondenzband der Jahre 1865-70 (*Your Dear Letter*). Der private Brief der Königin an eine Verwandte Browns nach seinem Tod ist abgedruckt in Cullen: *Empress Brown*. Herzog Ernst Ludwigs und Prinz Arthurs Bemerkungen über die Ansichten der Königin, wie höhergestellte Personen sich gegenüber Bediensteten zu benehmen hätten, zitiert Hector Bolitho nach Gesprächen mit ihnen in *My Restless Years*, London, Max Parrish 1962. Victorias Intoleranz gegenüber Rauchern und die Episode, wie ein Bediensteter in Windsor die Regelverletzung bemerkte und ihr hinterbrachte, beschreibt ein unsignierter Artikel in *Hawk* vom 31. Juli 1888. Viele Geschichten von Browns Arroganz sind Henry Ponsonbys Erinnerungen (hrsg. von Arthur Ponsonby) entnommen. Wie Brown die Königin in Crathie schützte, beschrieb *The World* am 18. November 1874, und die Geschichte von Cameron of Lochiel erschien in *The World* vom 4. April 1883.

Der Bericht über Johns Tod in der *Times*, der ausführlich die Königin zitiert, erschien am 29. März 1883. Presse-Spekulationen über ihre geplante Brown-Biographie veröffentlichte *The World* unter «The Queen's New Book» am 30. Januar 1884. Weitere Einzelheiten liefern Henry Ponsonby und Bishop Davidsons Erinnerungsband. Gathorne-Hardys Tagebuchnotizen zu dem Thema stehen unter dem Datum des 27. April 1883 in der Ausgabe von Johnson. A.B. Cooke und J.A. Vincent (Hrsg.): *Lord*

Carlingford's Journal (London, Oxford University Press 1971) erwähnt unter dem Datum des 30. Mai 1883, wie Cowell nach Browns Tod den Hof in Balmoral ohne Browns Einmischungen leitete. In einer Passage vom 9. Oktober 1895 beschreibt Marie Mallet in *Life with Queen Victoria: Marie Mallet's Letters from Court, 1887-1901* (hrsg. von Victor Mallet, London, John Murray 1968), wie die Königin zwölf Jahre nach Browns Tod an einer Beerdigung in der Familie Brown teilnahm.

XIV Die Feen-Königin, 1872-1880

Die Korrespondenz mit Prinzessin Feodora wird nach *Queen Victoria's Sister* zitiert. Einzelheiten über Victorias letzten Besuch bei ihr wurden Victorias Tagebüchern und den *Late Letters* von Lady Stanley (Bruce) entnommen. Disraelis Korrespondenz wird zitiert nach G.E. Buckle und W.F. Monypenny: *The Life of Benjamin Disraeli, Earl of Beaconsfield*, London, John Murray 1929; Robert Blake: *Disraeli*, New York, St. Martin's Press 1966; Bradford und Marquis of Zetland (Hrsg.): *The Letters of Disraeli to Lady Bradford and Lady Chesterfield*, London, Benn 1929. Disraelis Auftritt 1874 wird von Bertram Mitford in *Memories* bechrieben. Disraelis Beziehungen zur Königin werden auch von Henry Ponsonby, der nicht zu seinen Bewunderern zählte, in dem von seinem Sohn herausgegebenen Erinnerungsband und in den Briefen und Tagebüchern der Königin beschrieben. Der Brief der Königin an Captain Haig, ein dreiseitiges eigenhändig unterzeichnetes Schreiben auf schwarzgerändertem Briefpapier, wurde Item 162 der Autographia (1986) in San Rafael, Kalifornien, entnommen. Victorias Korrespondenz mit Gladstone während dieser Zeit wird zitiert nach Philip Guedalla (Hrsg.): *The Queen and Mr. Gladstone*, London, Hodder and Stoughton 1933; und nach *The Political Correspondence of Mr. Gladstone and Lord Granville*.

Die schwindende Macht der Königin beschreibt Frank Hardie in *The Political Influence of Queen Victoria*, London, Oxford University Press 1935; und Walter Bagehot: *The English Constitution*, zweite Auflage, London, Kegan Paul 1879 (deutsch Walter Bagehot: *Die englische Verfassung*, Neuwied 1971). Gathorne-Hardys Tagebuch wird nach Johnson zitiert. W.H. Smiths Korrespondenz mit Disraeli und der Königin findet man in seiner von Viscount Chilston verfaßten Biographie: *W.H. Smith*, Toronto, University of Toronto Press 1965. Der Brief der Königin über Alices Tod an Prinzessin Victoria von Hessen ist nachzulesen in Richard Hough (Hrsg.): *Advice to a Grand-Daughter*, London, Heinemann 1975. «*Der alte*

Jude...» ist zitiert nach Mitford: *Memories*. Prinz Arthurs Brief an seine Mutter, in dem er sie bittet, sich durch die verschiedenen militärischen Ränge hochdienen zu dürfen, wird unter seinem Namen im Dictionary of National Biography zitiert. Die Kontroverse über die Erziehung von Berties und Alexandras Söhnen beschreibt David Duff: *Alexandra: Princess and Queen*, London, Collins 1980.

Die Beziehungen des jungen Prince-Impérial Napoleon zur königlichen Familie, sein Tod und die Reaktionen darauf werden beschrieben in Disraelis Briefen, dem Mitford-Memoirenband, E.E.P. Tisdall: *The Prince Imperial* (London, Jarrolds 1959) und Ridley: *Napoleon III. and Eugénie*, sowie in den Tagebüchern der Königin. Weitere Einzelheiten über den Zulu-Krieg stammen von Donald R. Morris: *The Washing of the Spears*, New York, Simon and Schuster 1965.

XV Der «Volks-William», 1880-1886

Gladstones Korrespondenz mit Victoria findet man bei Guedalla: *The Queen and Mr. Gladstone*. Die Briefe der Königin an Vicky (bis 1885) enthält der fünfte Band der Fulford-Serie, *Beloved Mama*, London, Evans 1981. Gathorne-Hardys Tagebuchauszüge stammen aus seinem veröffentlichten *Diary*. Auszüge aus den Tagebüchern Sir Edward Hamiltons findet man bei Dudley W.R. Bahlman (Hrsg.): *The Diary of Sir Edward Hamilton*, zwei Bände, Oxford, Clarendon Press 1972.

«The Queen and Her Ministers» erschien anonym in *The World* vom 4. April 1883. Wie Mitford versuchte, bei der Königin das Londoner Untergrundbahnprojekt zur Sprache zu bringen, wird in seinen *Memories* beschrieben. Auszüge aus den Tagebüchern des Grafen Holstein stammen aus Norman Rich und M.H. Fisher (Hrsg.): *The Holstein Papers*, zweiter Band *The Diaries* Cambridge, Cambridge University Press 1967 (deutsch: *Die geheimen Papiere Friedrich von Holsteins*, Dt. Ausg. von Werner Frauendienst. Bd. 1-4 Göttingen 1956-63). Die Nordpol-Geschichte wird in *Henry Ponsonby* erzählt; was der ernste Geistliche über die Wohnungsnot im Londoner East End berichtete, wird zitiert nach F. Ponsonby: *Recollections of Three Reigns*. Die Auszüge aus Lord Carlingfords Tagebüchern stammen aus seinem veröffentlichten *Journal*. Die Warnung vor Glücksspielen, die die Königin Prinz George schrieb, wird nach Kenneth Rose: *King George V* zitiert.

Die Auszüge aus Lady Monkswells Tagebüchern sind abgedruckt in *A Victorian Diarist: Extracts from the Journals of Mary, Lady Monkswell*.

1875-1895, Band 1, hrsg. von E.C.F. Collier, London, John Murray 1944. Das Material über Prinz Wilhelm (den späteren Wilhelm II.) stammt von Lamar Cecil: «History as Family Chronicle: Kaiser Wilhelm II. and the dynastic roots of the Anglo-German antagonism», in: John C.G. Röhl und Nicolaus Sombart (Hrsg.): *Kaiser Wilhelm II. New Interpretations*, Cambridge, Cambridge University Press 1982. Die dramatischen Ereignisse, die dazu führten, daß Downing Street Gladstone doch wieder angeboten wurde, werden Stunde für Stunde beschrieben von A.B. Cooke und John Vincent: *The Governing Passion: Cabinet Government and Party Politics in Britain 1885-86*, London, Harvester Press 1974.

XVI IM HADER MIT DER ZEIT, 1886-1890

Der Briefwechsel zwischen der Königin und Vicky nach 1886 stammt aus Sir Frederick Ponsonby (Hrsg.): *The Letters of the Empress Frederick*, London, Macmillan & Co. 1929 (deutsch: *Briefe der Kaiserin Friedrich*, hrsg. von Frederick Ponsonby, Berlin 1929). Einzelheiten über Dr. Morell Makkenzie findet man in R. Scott Stevenson: *Morell Mackenzie: The Story of a Victorian Tragedy*, London, Heinemann Medical Books 1946. Harold Nicolsons Medaillon-Anekdote wird in einem unveröffentlichten Abschnitt seines Tagebuchs unter dem Datum des 2. Februar 1942 nacherzählt; Sidney Peel war als Junge in Florenz Zeuge dieser Szene geworden. Nigel Nicolson hat freundlicherweise eine Photokopie dieser Tagebuchseite zur Verfügung gestellt, die mehr Einzelheiten als der veröffentlichte Eintrag in Band 3 seiner *Diaries* (Hrsg. N. Nicolson) enthält, wo der Vorfall in einem Brief an Vita berichtet wird. Wagners kritische Bemerkung gegenüber Cosima wegen Victorias Weigerung, zugunsten ihres Sohnes abzudanken, wird von Martin Gregor-Dellin zitiert in *Richard Wagner: His Life, His Work, His Century*, übers. v. Maxwell Brownjohn, New York, Harcourt Brace Jovanovich 1983 (deutsch: *Richard Wagner. Leben, Werk, Wirkung*, Düsseldorf, Wien 1983).

Prinz Wilhelms Beschreibung, wie sein Vater die Nachricht von seiner tödlichen Krankheit aufnahm, steht in Wilhelms Brief an Hinzpeter vom 11. November 1887, abgedruckt in Thomas A. Kohut: «Kaiser Wilhelm and His Parents: An Inquiry into the Phsychological Roots of German Policy Towards England Before the First World War», in: Röhl und Sombart (siehe Kap. XV). Die Beschreibung von Gladstones Beziehungen zur Königin stützt sich größtenteils auf *The Governing Passion* und auf Edward Hamiltons *Diaries*. Ponsonbys Bemerkung über den lebhaften

Schiffsverkehr auf dem Solent findet sich in einem Brief an Horatio Seymour, der in dem Erinnerungsband von Ponsonby unter falschem Datum erscheint. Daß Gladstone den *Home-Rule*-Aufruhr «wie ein Kind in der Badewanne» genoß, wird nach Reginald Brett (Lord Esher) zitiert, abgedruckt in: Joyce Marlow: *The Oak and the Ivy: An Intimate Biography of William and Catherine Gladstone*, Garden City, Doubleday 1977.

Von der Einladung der Königin an Madame Szrvady, in Windsor zu spielen, berichtete *The World* am 26. Mai 1886. Edward Hamilton berichtet von seinen Versuchen, Gladstone von seiner «nächtlichen Pirsch» abzubringen, in seinen *Diaries*. Gathorne-Hardys Erinnerungen stammen aus seinen *Diaries*. Der Brief der Queen an die Heilsarmee, mitgeteilt von Henry Ponsonby, wurde am 17. November 1890 von Balmoral aus geschrieben. Er wurde drei Tage darauf in der *Times* veröffentlicht.

Die verschiedenen kritischen und satirischen Bemerkungen über die Königin von Prinz (später Kaiser) Wilhelm und seiner Entourage werden von John C.G. Röhl in «The Emperor's New Clothes: A Character Sketch of Kaiser Wilhelm II» zitiert in: Röhl und Sombart. Hugo von Radolinskis Brief an Graf Holstein von der Jacht *Victoria and Albert*, datiert 20. Juli 1887, wird nach den *Holstein Papers* zitiert. Das Hofärztliche Personal von 1889 wird in den Unterlagen des Lord Chamberlain (Hofmarschalls) im Public Record Office aufgelistet. Wie skrupulös die Dinge der Königin in Buckingham Palace eingesammelt und wieder plaziert wurden, berichtet Crawford in *The Crawford Papers: The Journals of David Lindsay Twenty-seventh Earl of Crawford and Tenth Earl of Balcarres 1871-1940 During the Years 1892 to 1940*, hrsg. v. John Vincent, Manchester, Manchester University Press 1984. Bei Crawford findet sich auch Lady Ampthills Geschichte vom königlichen Zug.

Von der Weigerung der Königin, zur Begrüßung von Kaiser Wilhelm II. Beefeaters nach Cowes zu beordern, berichtet Almeric Fitzroy in seinen *Memoirs of Sir Almeric Fitzroy*, London, Hutchinson & Co. 1920. Gräfin Blüchers Erinnerungen *Embassies of Other Days* ist die Quelle für die Behauptung, die englische Königsfamilie behandle Wilhelm wie den kleinen Jungen, der er früher war. Weitere Korrespondenz zur Behandlung Wilhelms als Prinz und Kaiser findet man bei *Henry Ponsonby* und in den eigenen *Briefen* der Queen.

Gathorne-Hardy äußert seine Sorgen über die theologischen Vorstellungen der Königin in einem Tagebucheintrag vom 10. September 1888. Lady Monkswells *Diary* beschreibt den letzten Drawing-Room-Empfang der Kaiserin Friedrich in Buckingham Palace. Daß ihr Sohn die Kaiserin «abscheulich» behandle, zitiert Gathorne-Hardy am 18. November 1888 nach einer Unterhaltung mit der Queen. Dr. James Reids Kommentare zu seinen Hausbesuchen bei der Familie des *Munshi* stammen aus *Henry Ponsonby*.

XVII EIN VERSINKENDER STERN, 1891-1894

Die Organisation von Konzerten in Windsor, Osborne und Balmoral beschreibt Frederick Ponsonby in *Recollections of Three Reigns*. Duleep Singhs Kinder schildert Victor Mallet aus dem Gedächtnis in seinen Anmerkungen zu *Life with Queen Victoria*. Die Schwächen des Herzogs von Clarence sind detailliert besprochen in Kapitel VIII von James Pope-Hennessys Buch *Queen Mary*. Lady Monkswells Schilderung des Hutes der Königin entstammt ihrem *Diary*. Daß die Königin den Prinzen von Wales als Vermittler zu Rosebery einschaltete, um diesen zu drängen, Außenminister zu werden, geht aus ihrem Memorandum vom 26. Juli 1892 an ihren Privatsekretär hervor, das in *Henry Ponsonby* enthalten ist. Campbell-Bannermans Aussage, er habe sich bei einem Gespräch mit der Königin gefühlt «wie ein kleiner Junge, der mit seiner Großmutter spricht», findet sich in *Recollections of Three Reigns*. Gladstones Liste trivialer Gesprächsthemen, die Gegenstand einer langen Unterredung mit Königin Victoria waren, ist abgedruckt in Guedallas *The Queen and Mr. Gladstone*. Roseberys Hilferuf an Ponsonby, weil die Königin maschinengeschriebene Texte zurückwies, wird erwähnt in Roses *King George V*. Campbell-Bannermans Beschreibung des Lebens in Balmoral findet sich in seiner Biographie von John Wilson: *C.B.: The Life of Sir Henry Campbell-Bannerman*, New York, St. Martin's Press 1973. Cromers Botschaft über die «dunklen Tage Gladstones» trägt das Datum vom 28. Juni 1892 und kam aus Kairo. Victorias Antwort, auf die Rückseite geschrieben, stammt aus *Henry Ponsonby*. Der zähe Kampf der Königin, Posten für Prinz Arthur zu sichern, ist in *C.B.* beschrieben.

Die Schilderung der Königin in Florenz beim Einsteigen in ihren Wagen entstammt Lady Pagets *Embassies of Other Days* und bezieht sich auf April 1893. Details über Gilbert finden sich in *Victorian Sculpture* und in Richard Dorment: *Alfred Gilbert* (New Haven, Yale University Press 1985) sowie in den Briefen und Tagebüchern der Königin. Marie Mallets Beschreibung von Natalie Janotha entstammt ihrem Tagebuch, das veröffentlicht wurde unter dem Titel *Life with Queen Victoria*. Die Auskünfte über die Entlohnung der gastierenden Künstler finden sich ebenfalls dort.

XVIII Geburt eines Mythos, 1894-1897

Der schottische Akzent der Königin, den sie in Balmoral den Bediensteten gegenüber automatisch annahm, wird beschrieben von Lady Lytton in Mary Lutyens (Hg.): *Lady Lytton's Court Diary, 1895-1899*, London, Hart-Davis 1961. Sie schildert auch die Besuche von Dr. Pagenstecher im Januar 1901. Sir M.E. Grant Duff führte umfangreiche Tagebücher. Der Band, der hier verwendet wurde, heißt *Notes from a Diary, 1892-1895*, London, John Murray 1904. Frederick Ponsonby schildert seine Suche nach dem Vater des *Munshi*, einem Gefängnisapotheker, in *Recollections of Three Reigns*. Die Absetzung des Herzogs von Cambridge von seinem Posten ist aufgezeichnet in Victorias Briefen und Tagebüchern sowie in Campbell-Bannermans Biographie, *C.B.*, besonders in den Kapiteln 12-17. Georg von Münsters Brief an Holstein über das «zündende» Verhalten des Kaisers trägt das Datum vom 13. Januar 1896 und steht in den *Holstein Papers*. Der Begleiter des Kaisers, Hermann Salzmann, wird in Röhl und Nikolaus zitiert.

«Oom Paul» Krügers Besuch in England und die zweifelhaften Geschichten, die um diesen Besuch bezüglich der Königin entstanden sind, werden untersucht und als falsch bezeichnet in John Fisher: *Paul Kruger: His Life and Times*, London, Secker und Warburg 1974; und in Johannes Meintjes: *President Paul Kruger*, London, Cassell 1974. Das Zitat über «Omas Brot» stammt aus Manfred Nathan: *Paul Kruger*, Durban, The Knox Publishing Co. 1941.

Die Geschichte von der fehlenden Musikkapelle findet sich in *Recollections of Three Reigns*. Die Erinnerungen von Lady Monkswell nach 1894 sind enthalten in E.C.F. Collier (Hrsg.): *A Victorian Diarist: Later Extracts from the Journals of Mary, Lady Monkswell, 1895-1909*, London, John Murray 1946. Das häusliche Leben der Königin und das Leben in Cimiez sind vor allem in ihren Tagebüchern und in den Tagebüchern von Marie Mallet und Edith Lytton dargestellt. Das Jubiläumsporträt der Königin, mit Worten gezeichnet, ist im Besitz von Professor Gunnar Sorelius, Universität von Uppsala, Schweden, in dessen Dienstzimmer ich es anschauen konnte. Die bürokratischen Einzelheiten von Jubiläumspräsentationen, Denkschriften usw. finden sich in den Papieren von Lord Chamberlain im Public Records Office, London. Daß die Königin ihre Billigung der Bezeichnung «Diamantenes Jubiläum» in blaßblauer Kreide schrieb, steht in Lady Longfords *Queen Victoria*. Die beschriebenen Jubiläumsgeschenke sind im Victoria and Albert Museum aufbewahrt und ausgestellt.

XIX Die Kriegskönigin, 1897-1900

Almeric Fitzroys Tagebuchauszüge stammen aus den *Memoirs of Sir Almeric Fitzroy*. Daß die Königin einmal Prinz George Vorhaltungen machte, weil er Bagehot las, findet sich in Lord Riddels *More Pages from My Diary*. Die Auszüge aus Lord Eshers Tagebüchern und Briefen, die hier und in Kapitel XX verwendet werden, stammen aus Maurice V. Brett (Hrsg.): *Journals and Letters of Reginald Viscount Esher*, Bd. 1, 1870-1903, London, Ivor Nicholson & Watson 1934.

Den Besuch der Lobanoffs in Windsor schildert Mallet; die Quellen der Beschreibung von Lord Kitcheners Besuch in Balmoral sind Bernard Mallets Tagebuch und Frederick Ponsonbys *Recollections*. Die Impulsivität Wilhelms II. beschreibt Holstein am 31. Mai 1898 in einem Brief an Paul von Hatzfeldt in den *Holstein Papers*. Félix Faures Besuch bei der Königin in Cimiez schildert Ponsonby in *Recollections*. Die drei Kaiserinnen in Cimiez schildert Daphne Bennett in *Vicky*.

Eine Reihe von Details über das Schicksal der Schokoladedosen der Königin beschreibt Byron Farwell in: *The Great Boer War*, London, A. Lane 1976; Victorias Briefe und Tagebücher ergänzen weitere Einzelheiten. Die Erfahrungen, die Tom O'Casey damit machte, schildert Sean O'Casey in seinen Memoiren: *Drums Under the Windows*, New York, Macmillan 1956. Die Geschichte der Herzogin von Buccleuch über Cecil Rhodes wurde Frederick Ponsonby erzählt, der sie in die *Recollections* aufnahm. Der Ärger der Königin über die Heirat ihrer Hofdame Susan Baring mit Dr. James Reid wird von Lady Lytton geschildert, die auch die Anregung wiedergibt, die die Königin per Post bekam, sie möge sich an einen Ballon anhängen, um beweglicher zu sein.

Die Petition der südafrikanischen Untertanen der Königin ist nach der Kopie in der Univeristätsbibliothek von Kapstadt zitiert. Die Sympathien der Königin für Dreyfus werden von Mallet und Lytton geschildert und gehen auch aus den Briefen und Tagebüchern der Königin hervor. Daß sie M. Cambon mit dem italienischen Botschafter verwechselt hat, berichtet Ponsonby und wird bestätigt durch das Tagebuch der Königin. Ponsonby stellt auch sehr detailliert die Bemühungen der Hofbeamten dar, Hilfsmittel zu finden, die die nachlassende Sehkraft der Königin ausgleichen sollten. Die Installation von elektrischem Licht in Balmoral beschreibt Lady Lytton (es hat der Königin nicht geholfen). Victorias Weihnachtsfeier für die Familien aus Windsor, deren Männer als Soldaten im Burenkrieg kämpften, ist beschrieben in dem anonym veröffentlichten Buch *Notebooks of a spinster Lady, 1878-1903*, New York, Cassell 1919. Jennie Churchills Erinnerungen, die auch ihren Besuch in Windsor beschreiben, finden sich in *Reminiscences of Lady Randolph Churchill,* New York, Century 1908.

Einzelheiten über den Burenkrieg stammen aus den Tagebüchern und Briefen der Königin, aus Byron Farwell und aus Thomas Pakenham: *The Boer War,* New York, Random House 1979. Das Verhalten der Königin bei der Taufe des zukünftigen Earl Mountbatten stammt aus Philip Ziegler: *Mountbatten,* New York, Knopf 1985. Politische Karikaturen, die England und die Königin persönlich wegen des Burenkrieges angreifen, sind reproduziert in *John Bull sur la Sellette,* Paris, Librarie J. Strauss 1900. Die hier verwendete Kopie war aus den Pattee Library Special Collections (Pennsylvania State University).

XX Trauer um Victoria, 1900-1901

Die Verschlechterung des Gesundheitszustandes der Königin schildern Mallet, Lytton, Fitzroy, Esher und die Hofnachrichten, der *Court Circular* (letzterer zwar sehr diskret, aber hier sind vor allem Auslassungen vielsagend) sowie die Briefe und Tagebücher der Königin selbst. Der ärztliche Bericht über den Tod der Königin erschien im *Lancet* am 26. Januar 1901 und am gleichen Tag im *British Medical Journal.* Beide stammen eindeutig aus derselben Feder, wahrscheinlich aus der von Sir James Reid.

Den Ausspruch über seine Liebe zu Victoria richtete Wilhelm II. an Bischof Davidson; er findet sich ferner in seiner Biographie. Winston Churchills Brief aus Kanada an seine Mutter ist zitiert in Ralph Martin: *Jennie,* Bd. 1, New York, Prentice Hall 1969. Grant Duff erwähnt die Formulierung: «Levéekleidung. (Trauerflor am linken Arm)» in seinen *Notes from a Diary.* Daß König Edward VII. die indischen Diener seiner Mutter wegschickte und all ihre Spuren vernichtete sowie die meisten Andenken an John Brown, steht bei Lytton, Esher und in allen Biographien des Königs. Die Bemerkung Alexandras (gegenüber Vicky), der König habe alle Andenken Victorias weggeschafft, steht in Duffs *Alexandra.* Daß man nach der Marmorfigur von Marochetti erst suchen mußte, berichtet Esher. Die Auszüge aus Lord Edward Pelham-Clintons Tagebüchern sind aus der Ausgabe von St. John Nevill. Lady Batterseas Erinnerungen an Victorias Bestattungszug stammen aus ihren *Reminiscences,* die von Lady Monkswell aus ihrem *Diary.* Die Schwierigkeiten mit den Pferden, die den Sarg in Windsor ziehen sollten, schildert Frederick Ponsonby.

Danksagungen

Mein Dank gilt zuerst und vor allem dem Freund und Verleger, der mir vorgeschlagen hat, mich nach den vielen Büchern über das viktorianische Zeitalter und seine Persönlichkeiten an eine Lebensbeschreibung der alle überragenden Victoria selbst heranzuwagen.

Das Leben von Königin Victoria zu recherchieren ist eine so monumentale Aufgabe, daß allein das Auflisten der Quellen, die berücksichtigt werden müssen, beinahe ausreicht, um den Biographen zu entmutigen. In den vorangegangenen Quellenangaben führe ich nicht alle bisherigen Gelehrten an, auf deren Werke ich mich gestützt habe – dann wären die Anmerkungen länger geworden als das Buch selbst. Ich habe nur das Wesentliche herangezogen, besonders die Materialien, die in den letzten Jahrzehnten der Forschungsarbeit unsere Perspektive grundlegend verändert haben. Dazu gehören vor allem die inzwischen verfügbaren zeitgenössischen Tagebücher, Briefe und persönlichen Aufzeichnungen. Ich möchte meinen Dank den vielen Gelehrten und Schriftstellern, lebenden und toten, aussprechen, deren Arbeiten diese Biographie ermöglicht haben. Zu ihnen zählen (und ich werde gewiß versehentlich einige auslassen) Theo Aronson, Georgina Battiscombe, Daphne Bennett, A. C. Benson, E. F. Benson, Hector H. Bolitho, Gordon Brook-Sherperd, James Brough, George Earl Buckle, Agnes Carey, Algernon Cecil, Brian Connell, Egon Caesar Count Corti, Dormer Creston, Tom Cullen, A. W. Dasent, David Duff, Hope Dyson, Viscount Esher, E. P. Evelyn, Sir Roger Fulford, Charles Grey, Philip Guedalla, Alan Hardy, Christopher Hibbert, Hermione Hobhouse, Kurt Jagow, Robert Rhodes James, Clare Jerrold, Lady Elizabeth Longford, Mary Lutyens, Sir Philip Magnus, Victor Mallet, Dorothy Marshall, Sir Theodore Martin, Bertram Mitford (Lord Redesdale), James (Jan) Morris, Barry St. John Nevill, Alison Plowden, Arthur Ponsonby, Frederick Ponsonby, Magdalen Ponsonby, James Pope-Hennessy, Gwen Raverat, John Raymond, Kinley E. Roby, Dame Ethel Smyth, Baron E. Stockmar, G. Lytton Strachey, E. E. P. Tisdall, W. W. Tulloch, A. H. Wall, Tyler Whittle, Cecil Woodham-Smith, Kenneth Young und Philip Ziegler.

Diejenigen, denen ich besonderen Dank für die Hilfe schulde, die sie mir während der Forschungsarbeiten und des Schreibens dieser Biographie geleistet haben, sind: John Burnside, M. D., Harry P. Clark, Louis Crompton, Frances Dimond, Jenny Emrys-Roberts, Kenyon Emrys-Roberts, Meyrick Emrys-Roberts, M. D., Oliver Everett, Patrick Garland, Joseph Glick, Alan Hanely-Browne, Eileen Hanley-Browne, John Hargleroad, M. D., Bridget Henisch, Heinz Henisch, Charles W. Mann, Jr., Keith Mantz, M. D., Nancy McCall, James Milholland, Jr., Nigel Nicolson, Robin Price, John Röhl, Shirley Rader, Judith Rayback, Jacqueline Rogers, Ulrich Ruch, Jeffrey Senior, D. M. D., Tom Smith, Peter Stansky, Alfred Triolo, Rodelle Weintraub und Philip Winsor.

Die für meine Nachforschungen wesentlichen Institutionen und Archive waren: die Barbican Library, London, die British Library und ihre Newspaper Library, die Guildhall Library der City of London, die London School of Economics and Political Science und ihre Bibliothek, die Pattee Library, die Pennsylvania State University, das Public Record Office in London, die Rutgers University Library, die State Archives in Kapstadt, die Surveyor of the Queen's Pictures, die University of Cape Town Library, das Victoria and Albert Museum, das Wellcome Institute for the History of Medicine sowie die Bibliothek von Windsor Castle.

Ich möchte mich auch für die großzügige Erlaubnis Ihrer Majestät Königin Elizabeth II. bedanken, Materialien der Royal Archives neu publizieren zu dürfen, die urheberrechtlich geschützt sind.